张世英
哲学思想研究文集

北京大学哲学系（宗教学系）
北京大学美学与美育研究中心 编

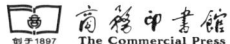

图书在版编目(CIP)数据

张世英哲学思想研究文集 / 北京大学哲学系（宗教学系），北京大学美学与美育研究中心编. — 北京：商务印书馆，2020
ISBN 978-7-100-19191-3

Ⅰ. ①张… Ⅱ. ①北… ②北… Ⅲ. ①张世英—哲学思想—研究 Ⅳ. ① B262.5

中国版本图书馆CIP数据核字（2020）第208473号

权利保留，侵权必究。

张世英哲学思想研究文集
北京大学哲学系（宗教学系） 编
北京大学美学与美育研究中心

商 务 印 书 馆 出 版
（北京王府井大街36号 邮政编码100710）
商 务 印 书 馆 发 行
上海新艺印刷有限公司印刷
ISBN 978-7-100-19191-3

2020年11月第1版　开本 640×960　1/16
2020年11月第1次印刷　印张 38
定价：136.00元

编者的话

2020年9月10日,百岁哲人张世英先生仙去。这位当代享誉中外的著名哲学家、哲学史家、美学家,自早年在西南联大学习期间开始,在哲学的世界里跋涉耕耘,一生留下大量研究著作,在哲学基本理论、西方哲学、中西哲学会通比较、美学等领域都取得卓越成就,并形成了具有突出原创性和强烈生命力的哲学思想体系。从早年深耕黑格尔哲学,到晚年着力中西会通,追求"万有相通"的哲学境界,在求真、求通、求新的道路上,为人们的精神世界点亮一盏明灯。

为了深入研究张世英先生的哲学思想和智慧人生,纪念这位百岁哲人给我们留下的宝贵精神遗产,北京大学哲学系暨北京大学美学与美育研究中心编选了这本《张世英哲学思想研究文集》。感谢学界同仁惠于赐稿,感谢商务印书馆在时间紧迫的情况下接受出版此书。

编者
2020年10月20日

序

王博[*]

哲学家的职责是通过解释世界来改变世界,他们的工作是思想,在思想中有所见,经由分析和论证讲出一个道理。一个哲学家有没有讲清楚一个道理,决定了他在哲学史上的地位。

讲清楚一个道理不是一件容易的事情,尤其是在一个全球化的时代。这不仅需要各种知识的积累,更需要开阔的视野,包括专业的、跨学科的和跨文明的视野。视野的拓展让知识产生化学反应,成为产生新思想的深厚土壤。

张世英先生是这个时代具有原创性思想的哲学家之一。德国古典哲学的根基,现代哲学的滋养,以及旧邦新命的中国哲学自觉,让这个百岁哲人一方面在跨文明的视野中思考中国精神传统,另一方面又在坚持中国哲学主体性的同时,吸收和借鉴人类文明的优秀成果,开创面向未来的中国哲学。借助于自我独立和万有相通,张先生阐明了一个道理,恰当地揭示了这个时代的精神。这个精神的实质是在世界文明之中确立中国文化的自我,搭建连接中国和世界的桥梁。

---

[*] 王博:北京大学哲学系教授,北京大学副校长。

张先生 2020 年 9 月 10 日离世后，朱良志教授先生撰写了一副挽联，我们沟通之后做了一些小的调整。挽联云：人生鲜能百，贯中西学，入澄明境，贵自我之独立；旨趣归于一，究天人际，成不朽言，明万有而相通。

　　斯人虽去，精神长存。对前辈最好的纪念就是在积累和传承中创新。这是后辈的使命和责任。

　　火传也，不知其尽也。

　　是为序。

目 录

第一部分 "万有相通"的哲学观

003 心游天地外，意在有无间
　　——悼念张世英先生 // 叶　朗

013 究天人之际　通古今之变　成一家之言
　　——张世英的哲学观 // 杨寿堪

021 面对现实　超越现实
　　——张世英老师的哲学精神 // 孙月才

034 论张世英的哲学—伦理观 // 陈泽环

050 通古今之变，成一家之言
　　——张世英关于"天人之际"问题的研究 // 林可济

062 张世英和雅斯贝尔斯对主客二分的认识 // 李雪涛

073 "事"与人的世界
　　——从张世英先生"天人合一与知行合一"论说起 // 杨国荣

096 时晕与几微
　　——现象学时间与《周易》象数时间的原结构比较 // 张祥龙

128 "万物一体"与全球化的形上之基（论纲）
　　——从张世英先生"万物一体"说的本体论说起 // 吴根友　刘　旭

145 "境界"何以可能
　　——张世英先生"境界"说小议 // 孙向晨

154 试析中国古典哲学中的万物一体观念及其在当代的发展 // 韩林合

199	论张世英的希望哲学　//　顾春芳	
222	立足于本体论重构哲学体系	
	——张世英先生对当代本体论复兴的贡献　//　江　畅	
240	试论张世英先生的比较哲学研究	
	——以普遍性问题为切入点　//　戴茂堂	
254	回归自我的思想家园	
	——我读张世英先生　//　甘绍平	
258	论张世英"万有相通哲学"的原创性　//　胡自信	
270	复返其根　会通创新	
	——《归途：我的哲学生涯》述评　//　赵　涛	
282	从四本哲学原理著作看中国当代哲学原理的演进	
	——当代哲学原理著作研究之一　//　张　法	
313	从"原理"到"导论"：哲学基本观念的变迁　//　张立波	
325	"万有相通"与"人类命运共同体"的构建　//　李　智	
333	追问哲学在当代中国的起点	
	——读张世英、俞宣孟先生之本体观有感　//　刘潼福	
360	不同者如何相通？	
	——谈谈张世英先生的"两种目标"说对于现象学翻译理论的启示　//　方向红	
371	中国哲学何处去？	
	——与张世英先生商榷　//　郭云峰	

第二部分　"美在自由"的美学观

385	人生终极意义的神圣体验　//　叶　朗　顾春芳
396	张世英对中国当代美学理论的推进　//　毛宣国
418	论张世英先生的美学思想及其与中国美学的关系　//　李昌舒
429	六经责我开生面
	——读《中西古典哲理名句：张世英书法集》　//　彭国华

446	"万物一体"思想与中华诗学的审美特征 //	张　晶
465	张世英"万物一体"学说的美学意蕴 //	孙　焘

第三部分　康德、黑格尔研究

479	张世英主编《黑格尔著作集》 　　和《世界思想家译丛》的贡献和意义 //	赵敦华
488	张世英与中国黑格尔哲学研究 //	王蓉蓉
497	张世英先生的康德黑格尔研究 //	杨　河
531	精神哲学 　　——张世英先生哲学研究的开创之功与未竟之业 //	邓安庆
541	论张世英对黑格尔学术的贡献 //	李超杰
559	西方学者看张世英的黑格尔哲学研究 //	胡自信
572	否定性与辩证唯物主义 　　——张世英对黑格尔辩证逻辑的解读 //	彼得·巴腾

1
第一部分

"万有相通"的哲学观

心游天地外，意在有无间

——悼念张世英先生

叶 朗[①]

9月10日传来消息，张世英先生在上午去世了。我大为震惊。张先生身体这么好，怎么会突然去世？

张先生今年正好百岁，照过去的观念，当然是长寿了。但是在我们的心目中，张先生现在去世，还是太早了，令我们无限悲痛！前年（2018年）12月18日，《张世英书法集》出版，我们在燕南园56号院举行新书沙龙。张先生在会上讲话，讲得那么好，讲得那么清晰，一个字不多，一个字不少。当时张先生已是98岁高龄了。在开会前我和张先生聊天。我说："我感到学哲学能使人长寿。"张先生说："我同意你的看法。"为什么学哲学能使人长寿？就因为哲学学得好，能使人有高远的精神境界，就是张先生书法集里这两句话："心游天地外，意在有无间。"这种高远的精神境界，必然使人长寿。古人说："期之以米，望之以茶。"当时张先生已经过了米寿，我们相信他必然健康地走向茶寿。现在却突然去世，不是太早了吗？

张先生是西南联大的学生。张先生说过，他在西南联大，开始在经济系，后转入社会系，因为听了贺麟先生的《哲学概论》，感到比起经济学、社会学来，哲学最能触及人的灵魂，同时他还发现，哲学才最适合他从小就爱沉思默想的性格，因此他就转到哲学系，从此走上一生研究哲学的道路。张先生说，他的学问是他内心的一种表现，"自己心里好像有泉水要涌出来"。张先生最初是研究德国古典哲学，康德、黑格尔的哲学，有许多这方面的著作。上世纪80年代中期以来，

[①] 叶朗：北京大学哲学系教授，北京大学文科资深教授。

张先生逐渐延伸到西方现当代哲学和中国传统哲学的研究，在中西会通的基础上，又对哲学基本理论进行了研究，出版了《天人之际》《进入澄明之境》《哲学导论》《境界与文化》等著作。在这些著作中，张先生在哲学、美学基本理论的核心区域提出了一系列具有原创性的思想，最重要的是提出了"万有相通"的哲学（新的"万物一体"的哲学）。在哲学基本理论和美学基本理论的核心区域提出一些新的概念和新的想法，这是最宝贵的，也是最困难的。

张先生的这些原创性观点，他的"万有相通"的哲学，是在会通中西哲学的基础上提出来的，这就是冯友兰先生说的"接着讲"。冯先生说，自然科学、技术科学不一定"接着讲"，人文学科一定要"接着讲"。"接着讲"不是"照着讲"。"接着讲"是发展，是扬弃，是飞跃。对人文学科来说，"接着讲"才可能有原创性。当然，"接着讲"，还要思想解放，要敢于突破旧说，才能有原创性。思想解放我们天天说，但真正做到思想解放，敢于突破旧说，并不容易，这需要理论勇气。张先生的著作的原创性，是融会中西哲学的成果，同时表现出极其可贵的理论勇气。

张先生这几年常说，他虽然身体有些疲惫，但他胸中仍然波涛汹涌，万马奔腾。张先生的生命力和创造力依然十分旺盛。同冯友兰先生、朱光潜先生一样，张先生也是"欲罢不能"。这说明做学问是张先生的生命所在，张先生的学问已经进入他生命的核心里面。

近二十年，我和张先生的交往比较密切，并且深受张先生的思想和著作的影响。影响是多方面的，最主要的有三点，一是张先生对超越主客二分的"万物一体"的哲学的阐述，这对于我们突破美学研究的旧的思维模式，对审美活动（美和美感）获得一个新的理解有重大的启发；二是对人生境界的论述；三是美感的神圣性的思想。下面就分别从这三个方面来谈谈张先生的思想对我的影响。在谈这三个方面的影响之前，先说一说张先生关于黑格尔的新的见解。

西方很多大哲学家都是踩着黑格尔的肩膀起飞的

张先生是我们国内研究黑格尔最有成就的学者，这一点是国内外学术界公认的。张先生早期出版了《论黑格尔的哲学》（1956年）、《论黑格尔的逻辑学》（1959年）、《黑格尔〈精神现象学〉述评》（1962年）等著作，80年代之后又陆续出版了《黑格尔〈小逻辑〉绎注》（1982年）、《论黑格尔的精神哲学》（1986年）、《自我实现的历程——解读黑格尔的〈精神现象学〉》（2001年）等著作。这些著作，不仅向中国读者系统地讲解和诠释了黑格尔的哲学，更重要的是提出了对黑格尔哲学的新的见解。

无论在西方和中国，学术界都有一些人以批评黑格尔（寻找他的错误和毛病）为时髦。当年恩格斯就曾对这种批评黑格尔的时髦进行过批评，因为这种批评黑格尔的时髦在恩格斯那个时代就有了。恩格斯说："由于'体系'的需要，他（指黑格尔）在这里常常不得不求救于强制性的结构，这些结构直到现在还引起他的渺小的敌人如此可怕的喊叫。但是这些结构仅仅是他的建筑物的骨架和脚手架，人们只要不是无谓地停留在它们面前，而是深入到大厦里面去，那就会发现无数的珍宝，这些珍宝就是在今天也还是具有充分的价值。"[1] 恩格斯又说："不要到黑格尔的著作中去寻找成了他的结构和杠杆的那些错误结论和有意歪曲，这纯粹是小学生的作业。更为重要的是，在错误的形式下和人为的联系中找出正确的和天才的东西来。"[2]

恩格斯对黑格尔的那些"渺小的敌人"的批评多么精彩！恩格斯指出，只要深入到黑格尔体系的大厦中去，你就会发现无数的珍宝，至今依然具有充分的价值。他又指出，要在黑格尔的错误的形式中去

---

[1] 恩格斯：《路德维希·费尔巴哈和德国古典哲学的终结》，载《马克思恩格斯选集》第4卷，人民出版社，2012年，第251页。

[2] 恩格斯：《致康·施米特》，载《马克思恩格斯选集》第4卷，第476页。

找出正确的和天才的东西来。

张先生正是这样做的。他不仅深入到黑格尔体系的大厦中去寻找正确的和天才的东西,而且把这些天才的东西和西方现当代哲学的发展联系起来,从而使他的研究具有一种历史的高度。

张先生认为,"黑格尔哲学既是西方传统而上学的顶峰,更蕴涵和预示了传统形而上学的颠覆和现当代哲学的某些重要思想,例如现当代现象学的'回到事情本身',其内涵和实质就可以从黑格尔《精神现象学》序言关于'实体本质上是主体'的著名命题中得到真切的理解和说明"。

张先生说:"黑格尔的《精神现象学》突出地体现了他对西方的'主客二分'思维方式的批判,为西方现当代哲学中'人与世界融合为一'的基本思想铺垫了宽广的道路,对现当代现象学的建立起了积极的作用。我过去总爱说:黑格尔是西方传统形而上学之集大成者,其实,**我们更应该说,黑格尔是他死后的西方现当代哲学特别是人文主义思潮的先驱。因为现当代许多批评黑格尔的大哲学家们,往往是踩着黑格尔的肩膀起飞的。**"[①]

张先生的这些论述,既有理论的深度,又有历史的高度。

张先生的这些论述,对于西方哲学史的研究,对于西方现当代哲学的研究,对于哲学、美学基本理论的研究,都有很大的启发。

美和美感就是人心赋予事物以精神性的意义

张先生指出,在西方哲学史上,关于人与世界万物的关系的看法,主要有两种。一种是把世界万物看成是与人处于彼此外在的关系之中,并且以我为主体,以他人他物为客体,主体凭着认识事物(客体)的本质、规律性以征服客体,从而达到主体与客体统一。这种关系叫"主客关系",又叫"主客二分"。另一种看法是把二者看作血肉相连的

---

① 林可济、黄雯:《张世英哲学思想研究》,人民出版社,2008年,第323页。

关系，没有世界则没有人，没有人则世界万物是没有意义的。用美国当代哲学家蒂利希的话说就是"没有世界的自我是空的，没有自我的世界是死的"。这种关系是人与世界万物融合的关系。这种关系就是海德格尔说的"此在"与"世界"的关系。"此在"是"澄明"，是世界万物的"展示口"。这种关系也就是王阳明说的"天地万物与人原是一体，其发窍之最精处是人心一点灵明"。这种关系可以借用中国哲学中的"天人合一"的命题来表达。在这种关系中，人是一个寓于世界万物之中、融于世界万物之中的"灵明"的聚焦点，世界因为人的"灵明"而成为有意义的世界。①

张先生的这些论述，推动我把海德格尔等西方现当代哲学的观点和中国传统美学的观点进一步融合起来，在美学基本理论核心区域，从主客二分的思维模式转向天人合一的思维模式，提出了"美在意象"的命题。

"美在意象"的命题，把"意象"作为美的本体范畴提出，把意象的生成作为审美活动的根本。"意象"既是对美的本体的规定，又是对美感活动的本体的规定。审美活动是在瞬间的直觉中创造一个意象世界、一个充满意蕴的完整的感性世界，从而显现或照亮一个本然的生活世界。

意象的生成就是人心赋予天地万物（如王阳明说的"岩中花树"）以精神性的意义。张先生说："人与万物（万物既包括物，也包括人）都处于一个无限的精神性联系的整体之中。无精神性的物本身是抽象的，无意义的。处于审美意识中的物（艺术品）之所以能与人对话、交流，就在于人与物处于精神性的统一体之中，处于人与世界的合一之中。"②张先生在这里强调"无精神性的物本身是抽象的，无意义的"，这样的物当然也就谈不上美。王阳明说的岩中花树，在深山自开

---

① 以上参看张世英：《哲学导论》，《张世英文集》第6卷，北京大学出版社，2016年，第3—5页。

② 同上，第249页。

自落,并不存在意义,只有当有人欣赏它时,才赋予此花一种精神性的意义,"此花颜色一时明白起来",人心照亮了此花,此花也就有了美。这就是柳宗元说的"美不自美,因人而彰"。美离不开人的审美活动,美是照亮,美是创造,美是生成。这是"心"的重新发现。心的作用,如王阳明论岩中花树所揭示的,就是赋予与人无关的物的世界以各种各样的精神性的意义。这些意义之中也就涵盖了"美"的判断。离开人的意识的生发机制,天地万物就没有意义,就不能成为美。所以宗白华先生说:"一切美的光是来自心灵的源泉,没有心灵的映射,是无所谓美的。"[1] 用王阳明的例子,只有在心灵的"照亮"下,花才显现,才明白起来,才进入我们的世界,才有意义。世界万物由于人的意识而被照亮,被唤醒,从而构成一个充满意蕴的意象世界(美的世界)。意象世界是不能脱离审美活动而存在的,美只能存在于美感活动中,这就是美与美感的同一。

可以看出,张先生关于超越"主客二分"的"万物一体"的哲学观点,关于人与万物处于精神性的统一的论述,对于美学基本理论核心区域的理论建构,有多么重要的启示。

学者要注重提升自己的人生境界

人生境界的学说是冯友兰先生哲学思想的一个核心内容。冯先生说,中国传统哲学中最有价值的内容就是人生境界的学说。

冯先生说,从表面上看,世界上的人是共有一个世界,但是实际上,每个人的世界并不相同,因为世界对每个人的意义并不相同。

人和动物不同。人对于宇宙人生,可以有所了解,同时人在做某一件事时,可以自觉到自己在做某一件事。这是人和动物不同的地方,就是人的生活是一种有觉解的生活。宇宙间的事物,本来是没有意义的,但是有了人的觉解,就有意义了。在这个意义上可以说,人的觉

---

[1] 宗白华:《艺境》,北京大学出版社,1989年,第15页。

解照亮了宇宙。

就每个人来说，他对宇宙人生的觉解不同，所以宇宙人生对于他的意义也就不同。这种宇宙人生的不同的意义，也就构成了每个人不同的境界。

张先生赞同冯先生的观点，他从冯先生的观点"接着讲"。

张先生用王阳明说的"人心一点灵明"来说明人生境界。

张先生说，**人与动物不同，就在于人有这点"灵明"**，正是这点"灵明"照亮了人生活于其中的世界，于是世界有了意义。"'境界'就是一个人的'灵明'所照亮的、他所生活于其中的、有意义的世界。动物没有自己的世界。"①

但是张先生有一点和冯先生不同，张先生说的"境界"，并不限于主观的"觉解"。他认为，每个人的境界都是由天地万物的无穷关联形成的，这无穷的关联包括自然的、历史的、文化的、教育的等因素，一直到每个人的具体环境和具体遭遇。他说："境界是无穷的客观关联的内在化。这种内在化的东西又指引着一个人的各种社会行为的选择，包括其爱好的风格。"

张先生和冯先生一样，认为哲学、美学的一个重要功能就在于提升人生境界，使人具有一种超越现实的高远的精神追求。张先生认为，最高品位的人生境界乃是审美境界，他在《哲学导论》一书中对此做了深入的分析和论证。张先生的这种观点和西方现当代的一些哲学家的观点很类似。如法国哲学家福柯就认为，审美活动是人的最高超越活动，它在不断的创造中把人的生存引向人的本性所追求的精神自由的境界，这是别的活动不能做到的。

我受冯先生、张先生的影响，把"人生境界"作为美学基本理论核心区的一个概念。我的《美在意象》(《美学原理》)最后一章就是讲人生境界。我认为，审美活动可以从多方面提高人的文化素质和文化品格，但审美活动对人生的意义最终归结起来是提高人的人生境界。

---

① 宗白华:《艺境》，第 81 页。

一个人如果在自己的生活实践中能够有意识地追求审美的人生，那么他同时也就在向着最高的层面提升自己的人生境界。

什么是审美的人生？审美的人生就是诗意的人生、创造的人生、爱的人生。

诗意的人生就是跳出"自我"，跳出主客二者的限隔，用审美的眼光和审美的心胸看待世界，照亮万物一体的世界，体验它的无限意味和情趣，从而享受"现在"，回到人的精神家园。

创造的人生是一个人从事文化、艺术、科学、技术的创造，生命力和创造力高度发挥，甚至达到极致。这是生生不息的人生，这是自我实现的人生，这是五彩缤纷的人生。

爱的人生是在万物一体的体验中产生的感恩的心情，一种拥抱一切的胸怀，一种"世界何等美好"的感悟，一种回报的渴望，一种崇高的责任感。

正是在冯先生和张先生的感召下，我在《美在意象》这本书中，以及这几十年所有的讲课和讲演中，都一再向读者和听者强调，一个人，一个学者，不仅要注重增加自己的知识和学问，更重要的还要注重拓宽自己的胸襟，涵养自己的气象，提升自己的人生境界，要去追求一种更有意义、更有价值、更有情趣的人生。

对高远的精神境界的追求赋予人生以神圣性

和"人生境界"的观点相联系，张先生在《境界与文化》一书中提出了"美感的神圣性"这个美学观点。他说："中国传统的万物一体的境界，还缺乏基督教那种令人敬畏的宗教感情，我认为我们未尝不可以从西方的基督教里吸取一点宗教情怀，对传统的万物一体做出新的诠释，把它当作我们民族的'上帝'而生死以之地加以崇拜，这个'上帝'不在超验的彼岸，而就在此岸，就在我们的心中。这样，我们所讲的'万物一体'的境界之美，就不仅具有超功利性和愉悦性，而且具有神圣性。""具有神圣性的'万物一体'的境界，是人生终极关怀之所在，是最高价值之所在，是美的根源。"①

"美感的神圣性"的命题体现了对中西方美学思想最深层的以及最核心的内涵的把握。"美感的神圣性"向我们所揭示了对于至高的美的领悟和体验，是自由心灵的一种超越和飞升。这种自由心灵的超越和飞升因其在人生意义上的终极的实现，闪耀着"神性的光辉"。它启示我们，对至高的美的领悟不应停留在表面的、肤浅的耳目之娱，而应该追求崇高神圣的精神体验和灵魂超越，在万物一体、天人合一的境界中，感受那种崇高的神圣的体验。

"美感的神圣性"的体验并不离开日常生活，它就存在于现实人生之中，存在于日常生活之中，但这种体验只有在精神境界的不断超越和提升中才有可能实现。"美感的神圣性"的命题体现出一种至高的人生追求，一种崇高的人生境界，它的产生需要一种心灵的提升。所以，**"美感的神圣性"的命题是一种心灵的导向、精神的导向，它向人们揭示了一个心灵世界不断上升的道路。**

2014年11月，北京大学美学与美育研究中心举办了一个题为"美感的神圣性"的美学沙龙，张世英先生、杨振宁先生、杜维明先生以及潘公凯、丁方等著名学者、艺术家都参加这次沙龙并发表讲演。张世英先生从西方文化思想史的角度论述了"美感的神圣性"这个命题形成的过程。杨振宁先生是大科学家，他谈到科学家在科学研究中获得一种对于宇宙无限存在的美感，即人们常说的宇宙感，这是一种庄严感、一种神圣感、一种初窥宇宙奥秘的畏惧感，他们能感受到哥特式教堂想要体现的那种崇高美、灵魂美、宗教美、最终极的美。这就是大科学家对美感神圣性的体验。

张先生指出，讨论"美感的神圣性"的意义，就在于赋予人世以神圣性。美除了应该讲究感性形象和形式之外，还具有更深层的内蕴。这内蕴的根本是在天人合一、万物一体的境界中，感受人生的最高的

---

① 张世英：《境界与文化——成人之道》，《张世英文集》第7卷，北京大学出版社，2016年，第260—261页。

意义，从而有一种高远的精神追求。"离开了人生的崇高价值、绝对价值，就没有真正的美。"[①] 从我个人的体会来说，我感到"美感的神圣性"的观点集中体现了张先生本人的人生追求。我们从张先生的人生和著作中处处可以看到这种对高远的精神境界的追求。张先生的著作是他最深心灵的呈现。我们读张先生的著作，不单纯是读到文字，我们读到的是张先生的人格性情、心灵节奏、生命情调。张先生的著作有一种从他心灵深处发出的光芒。这是一种精神的光芒、一种对高远的精神境界的追求。这种精神追求，给人生注入了一种严肃性和神圣性。

张先生的人生是圆满的。赵朴初《遗嘱》说："生固欣然，死亦无憾。花落还开，水流不断。我兮何有，谁欤安息？明月清风，不劳寻觅。"弘一法师《辞世二偈》之二说："华枝春满，天心月圆。"这些遗言，都显示了一种人生圆满的喜悦。张先生书法集中的两句话"心游天地外，意在有无间"同样显示了一种人生圆满的喜悦。

张先生辞世时十分平静。听张先生的家人说，张先生是在熟睡中辞世的。而且头几天就嘱咐家人，身体如有不适，要留在家中，不要去医院。可见张先生对自己生命的来去和人生的圆满有十分清晰的自我感觉。这是一位哲学家的圆满。因为人生的圆满，所以对生命的来去持有平静的心态。

张先生去世了，但是张先生并没有离开我们。张先生的学问，张先生的精神，张先生的人格，张先生的爱心，都依然伴随着我们，依然照亮我们的心灵，激励我们去从事文化学术的创造，去追求人生的神圣价值，追求人生的圆满和平静。

[①] 张世英：《境界与文化——成人之道》，第245页。

究天人之际　通古今之变　成一家之言[①]
——张世英的哲学观

杨寿堪[②]

张世英先生近一二十年来，结合中西哲学研究，思考哲学问题，寻找一条哲学新思路、新方向，提出许多哲学新见解，形成一套有独创性和时代气息的哲学观。"究天人之际，通古今之变，成一家之言。"我认为以司马迁这句话来评价张先生近二十年来的哲学研究，是十分贴切的。

"文化大革命"后，特别是从上世纪80年代开始，我国哲学今后如何发展，它的思路与方向是什么，如何理解中西哲学的发展规律，从中吸取什么经验与教训，如何与现代西方哲学结合起来思考我国未来哲学问题，等等，成为哲学界、学术界共同关心的问题。在这种大背景下，张世英先生从上世纪五六十年代开始研究西方哲学，特别是将黑格尔哲学的"他说"转变为"我说"，即以中西哲学的发展为线索，研究哲学新问题，探索哲学新方向。我认为这个转变是张先生哲学研究历程的一个质的飞跃，是其哲学观走向成熟的重要标志。也许是由于国家的政治环境原因以及苏联哲学研究的影响，我国上世纪五六十年代哲学界对于中西哲学的研究，一般都只是停留在注释与介绍上，即所谓"我注六经"。研究马克思主义哲学也不例外，虽不乏大块文章，但究其实质，亦不过是对马列经典著作的注疏，亦是"说他说"。尽管有的学者对此做了许多工作，做出了贡献，对于帮助读者理解哲学家的思想，特别是令人费解的像康德、黑格尔的哲学，起到了

[①] 本文原载《江海学刊》2005年第2期。
[②] 杨寿堪：北京师范大学哲学与社会学学院教授。

很好的作用，但这毕竟还只是"说他说"，而且花费人力过多，重复劳动比比皆是。事实表明，如果我国哲学界还继续沿袭这种做法，跳不出"他说"，哲学研究就无法前进。我国今后哲学要更上一层楼，不能停留在"说他说"，而是要"说我说"。当代德国哲学家施莱尔马赫说得好：哲学的拯救，在于"重建自我""建立我说"。张世英先生近二十年来不顾年迈与劳累，全身心投入到哲学研究中，"建立我说"，也许原因就出于此。

一

发展与繁荣我国哲学社会科学，创立新的理论体系，我认为其中最重要的一条就是要坚持历史与现实相结合的原则。历史是一面镜子。以什么观点来反思与梳理中西哲学发展的历史，从中吸取什么思维经验与教训，是我们首先必须思考的问题。从张先生近年来的论著中，我们清楚地看出，他在这个问题上始终贯穿一条主线，即主体与客体关系问题，他以此为出发点考察中西哲学发展的轨迹，提出许多创造性见解。随着研究的深入，有关的论述与提法更加精确化与规范化。他的许多论述，给人以耳目一新之感。

他认为，人与世界的关系是哲学的根本问题，在人类思想发展史上，对于这个哲学根本问题的看法，可分为三个阶段。在第一阶段，无论是从个人的角度还是从整个人类思想发展的角度而言，都还不能区分我与物，而处于不分主体与客体的人与世界浑然一体的关系里，这阶段可称为"前主客关系的天人合一"阶段。第二阶段是"主体与客体关系"的阶段，从个人来说，有了自我意识之后，人的一生多处于此阶段；从整个人类思想发展史来说，要达到此阶段需经历以百年或千年计的时间。第三阶段是"后主客关系的天人合一"阶段，它是既包含又超越"主客关系"的阶段，是人生或人类思想发展的最高阶段。

张先生从这个原则与思路出发，对西方哲学从古到今做了具体分析。在苏格拉底—柏拉图以前古希腊早期的自然哲学，其主导原则是不分主客的"前主客关系的天人合一"阶段。柏拉图理念论始开主客关系的先河。近代笛卡尔明确地建立"主客关系"式的哲学。黑格尔把主客关系式哲学发展为最完备形式。概括说来，这种主客关系思维方式的主要特征是：外在性，即人与世界万物的关系是外在的；对象性，即以人为主，以世界万物为客，世界万物处于主体认识或被征服对象的地位；中介性，即建立主客的统一，必须有由此及彼的桥梁（中介），此桥梁就是认识。这种主客关系式的哲学又称"主体性哲学"。由古代"前主客关系的天人合一"哲学发展到"主客关系"式哲学，是人类思想史的一大进步。它强调人的主体能动作用，主张知识万能、理性至上，促进了西方近代社会的科学发展、生产力的提高。但是这种主客关系式的哲学片面强调主体对客体的改造与征服，主张人类中心论，热衷于向自然"进军"，肆意开发，导致全球生态危机日益严重，自然界对人类"报复"事件频繁发生，人与自然之间的矛盾日益突出。所以从19世纪中叶起，现代西方哲学家如狄尔泰、尼采、海德格尔、伽达默尔等人，对主客关系式的哲学的弊端进行批判，努力寻求一种超越主客关系式哲学的道路，主张"后主客关系的天人合一"，认为人与世界万物是血肉相连的关系，人是世界万物的灵魂，万物是人的肉体；人与世界万物的关系是灵与肉的关系。无世界万物，人这个灵魂就成了魂不附体的幽灵；无人，世界万物就成了无灵魂的躯壳。

张先生并没有用主客关系的原则生硬地套用在中国传统哲学问题上，而是从中国哲学实际出发进行科学分析。他认为中国传统哲学占主导地位的哲学原则尚处于"前主客关系的天人合一"阶段。但要注意中国的"天人合一"与西方现代哲学主张的"后主客关系的天人合一"不同，因为后者既包含又超越前一阶段"主客关系"哲学，而中国哲学无论是儒家还是道家都缺乏或者说较少区分主体与客体的思想。一直到19世纪中叶以后，近代先进思想家才意识到，中国传统哲学那种不分主体与客体的"天人合一"理论不利于国家经济生产的发展，不利于强国富民,于是大力介绍西方近代的"主体性哲学"。谭嗣同主张区分我与非我,强调心之力。梁启超极力介绍与赞赏笛卡尔、康德主客关系的理论和主体性哲学。孙中山提出精神与物质二元论,更明确地宣传西方主客二分的思想。中国哲学从此开始进入"主客关系"式的哲学阶段。那么,我们是否应按西方步伐,先花几百年时间补完主客关系思维方式和主体性哲学,再走西方现当代"后主客关系的天人合一"哲学之路?张先生回答说,这是不行的。正确的道路是,一方面在吸取中国传统哲学"天人合一"思想的合理之处的同时,批判和避免"天人合一"中不分主客、不重视人的自由主体之弊端;另一方面在继续吸收西方近代"主体性哲学"的精神的同时,批判其人类中心论思想,把中国传统的"万物一体"与西方主客关系思想结合起来,提倡中西哲学的会通。总之,我们提倡的中国哲学之路是"后主客关系的天人合一"之路,但并不是亦步亦趋地走现代西方哲学的道路,而是走一条有民族特色的"后主客关系的天人合一"哲学之路。这是张世英先生研究中西哲学得出的结论,也是他对中国未来哲学的展望。

二

张世英先生近年的论著,有一个鲜明的特色,就是结合现代西方哲学关于"在场"与"不在场"的理论,提倡与推崇"万物一体"哲学。这里,他联系中西文学诗词的内容对"相同"和"相通"的诠释,对"在场的东西"与"不在场的东西"的理解,对"显现"与"隐蔽"的解释,不仅把哲学的内在深刻性生动地展现在人们的面前,而且使人真正领会到哲学之理玩味无穷。读后,哲学视野豁然开朗,思想自由翱翔。

张世英先生学术思想研究天地万物千差万别,各不相同,但彼此不同的东西之间又有相互联系、相互影响和相互作用,因此万物不同而又相通,这是万物之所以能构成"一体"之根据。任何一个当前事物或现象的背后都有无穷事物或现象,它之所以成为当前的这个样子,都是以那些隐蔽的东西为根据或作为构成因素,用现代西方哲学语言来说,就是"在场的东西"以"不在场的东西"为根据,"在场的东西"与"不在场的东西"一体相通。"万物一体"也可表述为"万有相通",这可称为"万有相通的哲学"。

中国古典诗词有一个特点:意在言外。如元稹的《行宫》:"寥落古行宫,宫花寂寞红;白头宫女在,闲坐说玄宗。"诗中一个"在"字,用得很妙,它点出了白头宫女在(场),从而更烘托出当前的凄凉;然而后者只是言外之意,词外之情,既是隐蔽的,又是现实的。柳宗元的《江雪》:"千山鸟飞绝,万径人踪灭;孤舟蓑笠翁,独钓寒江雪。"这首诗描写的画面真是状溢目前,历历可见。但如果仅从这首诗的画面,显然还不能领会到它的诗意。实际上这首诗的妙处就在于它显现了可见画面背后的一系列不畏雨横风狂而泰然自若的孤高情景。这些情景都在诗人的言外和词外,虽未出场,却很现实;虽未能见,却经由画面而显现。

在这里,张先生对想象的作用与意义、想象与思维的关系做了精彩的论述。他认为,把在场的东西与不在场的东西、显现与隐蔽综合为一的途径是想象。想象不像旧形而上学运用思维达到事物的界限,而是超越这种界限,伸展到无穷无尽的事物中去,甚至想象到一种尚未实际存在的可能性。诗人富于想象,让鉴赏者从显现的东西中想象到隐蔽的东西。如李白的《秋浦歌》之十五:"白发三千丈,缘愁似个长。"这是一种对实际存在中从未出现的东西的想象。白发竟有三千丈之长,此乃实际未有过的,诗人通过极端夸张手法,通过幻想,超出了实际存在可能性之外;但这一超出不但不是虚妄,反而让隐蔽在白发三千丈背后的愁绪之长显现得更加真实。再有凡·高画的《农鞋》,显现出隐蔽在它背后的各种情景,即各种关联:农夫艰辛的步履,对面包的渴求,在死亡前的战栗等。正是这些在画面中未出场的东西构成在场中的农鞋。

那么,如何看待哲学想象与哲学思维的关系?张先生做了辩证的答复。想象扩大和拓展了思维的范围,达到思维所达不到的可能,让人们想象未来、超越在场的东西；但想象并不违反逻辑思维，可以说逻辑思维为想象提供了一个起点和基础。科学发明与发现主要靠思维（包括感性直观），但也需要想象，科学家如果死死抓住一些世界上已存在过的可能性不放，囿于实际存在过的范围，就不可能在科学研究中有创造性的突破。张世英先生通过对哲学史、现代哲学以及经典的中国古诗词的分析和评述，最后得出这样的结论：拓展想象，超越当前，超越一切在场的藩篱与限制，放眼未出场的东西，就会发现一个无限广阔的天地，这就是当今哲学所指引我们的新方向。今后哲学应该着重研究以下诸范畴：在场与不在场，显现与隐蔽，相异与相通，有穷与无穷，有与无，言与无言，超越与限制，中心与边缘，思维与想象，思与诗，等等。尽管张先生这些看法还有待研究与讨论，正如他所说的"新的哲学方向究竟应该包括哪些内容、哪些范畴，是一个需要深入细致地长期探讨的问题"，但这毕竟是他经过长期思考与科学论证后提出的，言之成理，持之有据，值得进一步探讨。

三

境界说自古有之。冯友兰先生提出的人生四种境界说，许多人都在引用，当作对境界说的一种经典表述。张世英先生结合中西哲学的理论，联系现实，从多种维度对人生境界的内涵做了深入阐释，视角独特，论述精辟，成为他的哲学观的重要组成部分。

1. 从哲学追求最终目的的维度阐释人生境界说。西方传统的主客关系式的哲学，把哲学的最高任务看作通过人的理性思维，认识客体的普遍规律，达到主客对立的统一，于是哲学成了追求普遍规律的学问。把哲学界定为只是对客体之普遍性规律的追求，张先生认为这种看法已经过时了。哲学应该是以提高人生境界为目的的学问，是提高人生境界之学。就是说，哲学应讲人对世界的态度，讲人怎样生活在这个世界上。一个人或一个群体抱怎样的态度来面对世界，这是一个人或一个群体的境界问题。当然，人生境界不是独立自生的和随意产生的，有它产生的经济基础、地理环境、时代背景、民族性格、历史文化传统等缘由。就一个人来说，甚至与他的血型、秉性、出身、遭遇等都有或多或少的联系。

张先生从这种角度论述人生境界时，并没有像哲学史上一些哲学家以及神秘主义者那样采用"弃知识"或"限制知识"之说，而是把哲学境界与知识统一起来。他认为，以提高人生境界为目的的哲学，并非抛弃知识，无视普遍规律，而是在它们的基础上提高人生境界。特别是在今天科学日新月异的条件下，更是如此；但又必须指出，哲学又要超越科学知识与普遍规律。只有这样，哲学才既非脱离科学知识的空洞、玄虚之学，又非等同科学之学，而是追求人生境界之学。

2. 从"万物一体"的维度阐释人生境界说。人与事物一样，都是宇宙间无穷无尽的相互关联的网络中的一个交叉点或聚焦点。人不同于物的地方就在于这个聚焦点是"灵明"，而物无此"灵明"。正是这点"灵明"，构成了一个人的"境界"。所以"境界"就是一个人的"灵明"所照亮了的、他所生活在其中的世界。

我们根据万物不同又是相通的道理，就应该承认不同民族、不同人群包括统治者与被统治者之间的精神境界是可以相互沟通的。我们平常讲的宽容，其实一方面是容许人的独立性与差异性，另一方面又认为可以建立同类感与共通感。中国哲学史上张载的"民胞物与"的精神、王阳明的"一体之仁"，去其封建义理，加以新的诠释，可以作为今天沟通各民族、各群体精神境界的理论根据。但遗憾的是，今天的人们往往缺乏"万物一体"的境界，以自我为中心和主体，以他人为客体和被利用的对象。要改变这种状况，最根本的还是通过教育提高人的精神境界。

3. 从真、善、美三者关系的维度阐释人生境界说。张先生首先分析了西方哲学对于三者关系的理论观点。他认为，大体上来说，在古希腊，实际兴趣高于审美兴趣，并较多地受善的制约。中世纪轻视艺术美，但中世纪审美意识强烈。托马斯·阿奎那认为美高于善，只是他这种思想是与禁欲主义相联系的。中世纪关于美的看法，可以看作古代到近代的一个过渡。在近代,哲学家大多认为审美兴趣高于实际兴趣,美高于善。例如席勒认为一个完全的人、有文化教养的人,是"审美的人"。他把人的发展分为"物质状态""审美状态"和"道德状态"三个阶段。在他看来,要把物质状态下感性的人变成道德状态下理性的人,唯一途径是先使他成为审美的人。而且他明确地认为"审美意识"即"游戏冲动",是"感性冲动"与"理性冲动"的统一。单纯的"感性冲动"使人受制于感性的物欲,是一种限制;单纯的"理性冲动"使人受制于理性法则,也是一种限制。只有"游戏冲动"才是不受限制的自由活动。由此得出"游戏冲动"的人才是获得最高自由的人、完全的人。但是总体来说,近代哲学家认为美较多地受真的制约。现代哲学以海德格尔为代表的"显隐说",主张美不仅在于超越感性,而且在于超越理性的抽象概念世界,在于超越在场的具体的东西,而显现不在场的具体的东西。在海德格尔看来,美明显比真有更高的地位。

张先生认为中国传统哲学的"万物一体"理论,经过批判改造可以为人类思想史上真、善、美的统一提供可贵的基石。就人们在无穷的普遍联系即"万物一体"中才能认识到事物的真实面目(知)而言,它是真;就"万物一体"使人有"民胞物与"而有责任感和同类感(意)而言,它是善;就当前在场的事物通过想象而显现未出场的东西,使人玩味无穷(情)而言,它是美。"万物一体"与真、善、美三位一体,人领悟到"万物一体"就达到人生的最高境界。老骥伏枥,志在千里。张世英先生虽年事已高,但一直在"哲学"这块园地辛勤劳作着,笔耕不辍。他与时俱进,在学术上不断创新,近年来不时有很高学术价值的专著与论文问世,形成有自己特色的哲学思想,在哲学上做出突出贡献,值得我们学习与敬佩。

面对现实　超越现实[①]

——张世英老师的哲学精神

孙月才[②]

世英师是我北大的老师,师生间至今还有来往,我一直有幸拜读他的各种新著。同窗高宣扬君说得好:我们是世英师"永远的学生"。世英师有漫长而精彩的学术生涯,这是一个哲学家步履不停的精神旅程。我想对他的学术思想的发展变化谈点心得体会,谨以此敬贺世英师九五华诞。

世英师的学术生涯可以"文革"为界分前后两个时期。前期是以黑格尔为主的西方古典哲学研究,后期延续黑格尔研究,但重点转向了中西哲学会通。本文重点放在后期,尤其涉及世人尚少论及的、由世英师提出的"中华精神现象学"的问题。

一、黑格尔研究的"视角转换":从重视黑格尔的纯概念转到重视人的精神、自由问题

"文革"之前,世英师以黑格尔哲学专家蜚声于世。这是他学术生涯的第一个阶段。

世英师最早一本著作,是1956年的《论黑格尔的哲学》。这本书言简意赅,清晰地梳理、剖析了黑格尔的哲学体系,短短数年内重印再版了十余次,发行总计十几万册,当时中国人民大学哲学系的同学

[①] 本文原载2016年5月27日《文汇报》"文汇学人",刊出时标题为"张世英老师的哲学生涯",现按手稿恢复原标题。
[②] 孙月才:上海社科院哲学所研究员。

几乎人手一册。我对黑格尔哲学有所了解也是从这本书开始的。那时我国尚没有西方哲学史方面的教科书，苗力田老师的西哲史课离黑格尔还远。所以《论黑格尔的哲学》起到了重要的启蒙作用。此后，世英师相继出版了《论黑格尔的逻辑学》和《黑格尔〈精神现象学〉述评》（1962年）。《论黑格尔的逻辑学》共出了三版（1959、1964、1981年），第三版已是"文革"以后的事了，内容较前二版有很大的扩充和深化。2010年，还被人大出版社收入"当代中国人文大系"丛书，再次面世。

早在1975年，"文革"还未结束，《论黑格尔的逻辑学》即被日本学者译成日文在日本出版。译者"序言"说：这是中国第一部系统研究黑格尔逻辑学的专著。情况确是如此。我国黑格尔研究自20世纪初从严复、马君武、张颐开始，总体上处在评介式的单篇论文状态，张颐曾出版过英文版的《黑格尔伦理学探究》，但始终未出版过系统的研究逻辑学的专著。《论黑格尔的逻辑学》是中国第一部这方面的专著，也是我国第一部以马克思主义为指导研究黑格尔的专著，故放在西方同类著作中，也有其不可替代的特色。它有作者自己独到的见解。这本书推动了中国学人对黑格尔哲学的研究，帮助人们加深了对马克思主义辩证法的理解和对《资本论》逻辑的把握。改革开放后，世英师说，他对黑格尔研究的视角和整体把握有了新的变化和发展，这本书已不能代表他当前的观点。对黑格尔哲学的深入研究自然会带来"整体把握"的变化，但曾经的"视角"还是很有意义的，它对学术界的功绩也将长存于世。

是的，新时期世英师延续黑格尔研究，进入了一个新的境界。传统的看法认为，黑格尔是笛卡尔后西方近代哲学的集大成者。随着研究的深入、视野的开阔，世英师认为，黑格尔在近现代西方哲学史上是一个承先启后的人物。他的"实体即主体"的观点，即自由的观点，预示了黑格尔后西方现代哲学的出现。由此，世英师从重视黑格尔纯概念的优越性，转到重视人的知、情、意统一体，做了一次重大的"视角转换"。

《论黑格尔的精神哲学》（1986年）首次展示了黑格尔哲学研究的

新视角。贯穿这本书的基本观点是，在黑格尔看来，人的本质是精神，精神的特点是自由。因而，精神哲学是关于人的学问，是"最高"的学问。黑格尔论证这一思想的基础是德国唯心主义传统，极为深刻。世英师认为，黑格尔的精神哲学是其整个体系的最高峰，理应比他的逻辑学受到更大的重视。他坦言，这本书如果在"文革"前出版，不可能揭示黑格尔哲学的精髓，大概会把批判唯心主义立场、批判"绝对精神"作为焦点。早在1965年前，他已为撰写这本书做了很多资料上的准备。经过"文革"，世英师以全新的眼光来看黑格尔了，黑格尔似乎也得到了新生。世英师的这本书是我国有关黑格尔精神哲学研究的第一部专著。世英师对黑格尔哲学的重新认识还体现在对《精神现象学》的两次不同解读。第一次解读是1962年出版的《精神现象学述评》，主要立足于批判黑格尔的唯心主义。2001年出版了《自我实现的历程——解读黑格尔的〈精神现象学〉》，则走出了新路子，着力阐明《精神现象学》体现了黑格尔对西方传统的"主客二分"思维方式的批判，是现代西方哲学中人与世界融合为一的基本思想的先导。它是一部描述人为了自我实现所必须通过的、艰难曲折斗争历程的伟大著作。两次不同解读，时隔38年，凝结着世英师从青年到老年的生活经历，及时代风云变迁对他哲学观点的影响，再次印证了黑格尔的一句话：同样一句格言，人老年时和年轻时的体会是不同的。

世英师还出版过《黑格尔〈小逻辑〉绎注》和《康德的〈纯粹理性批判〉》。黑格尔和康德的这两部著作在西哲史上以艰涩难解闻名，经世英师用精确流畅的文字阐发，变得清楚明白。特别是为写《黑格尔〈小逻辑〉绎注》，他几乎翻遍《黑格尔全集》，同时参照欧美学者的相关绎注。他自称这是"以黑格尔注黑格尔"，同时又是"集注"。所以，这本书以"绎注"精确著称，号称"绎注"，却有丰厚的学术含量。他对康德《纯粹理性批判》的解读，突破了国内学界认为康德限制知识，只是为了调和科学和信仰、维护宗教神学的旧说。他的看法恰恰相反，认为康德为信仰留下地盘，正是为个人的主体性和自由留下空间。

世英师还是《黑格尔全集》中文版（人民出版社）主编、《黑格尔辞典》主编，为黑格尔著作在中国的流播，方便学者研究黑格尔哲学倾尽心力。

世英师对黑格尔的研究引起国际学界的重视。除上述日文译本外，2007年加拿大学者彼得·巴腾（Peter Button）就撰有题为《否定性与辩证唯物主义：张世英对黑格尔辩证逻辑的解读》（参看夏威夷大学《东西方哲学》杂志2007年1月第57卷，第63—82页）。作者认为，张世英对黑格尔逻辑学研究强调"思辨否定性"概念，它是"扬弃"旧事物，而又"超越"旧事物，它是"创新的源泉和动力""自我前进的灵魂"。作者准确地把握了世英师的黑格尔研究的精神实质。也正是黑格尔的否定性辩证法，影响了世英师学术研究中的思想方法，及至他的精神发展和认识态度。另有法国学者白乐桑（Jöel Bellassen）、巴迪欧（Alain Badiou）著有《论黑格尔辩证法的合理内核——根据张世英的一本书》，该书翻译、介绍、评注了《论黑格尔的哲学》，1978年在巴黎出版，2010年重印，中文版即将由上海三联书店出版。国外对我国当代哲学家著作的翻译、研究，至今还是凤毛麟角，世英师黑格尔研究的国际反响尤其难能可贵。

改革开放后，世英师有广泛的国际学术交流，多次应邀前往欧洲、美国、日本参加学术会议，以西方哲学、黑格尔哲学和中西哲学之结合为主题做学术演讲。德国哲学家加·格洛伊在德国哲学刊物《哲学研究》上发表的《关于人的理论》一文中说：张世英先生"在西方广为人知"。"张世英的贡献首先在于将一种独特的解释引介到中国。他的贡献还在于与别人合作编纂了多卷本辞典，并于1985年创办了《德国哲学》杂志。"（译文参看《湖北大学学报》1990年第2期）

"文革"前，世英师还参与了西方哲学史的编纂工作。1972年由汪子嵩、张世英等在1957年《哲学史简编》的基础上做了改写、扩充，以《欧洲哲学史简编》书名出版。这本西哲史现在看来很单薄，却是我国第一部完整的从古希腊罗马哲学讲到现代西方哲学的哲学史。作者都是对西方哲学很有造诣的大家。它结构严谨，行文简洁清通。简史是以哲学基本问题为纲来编写的，可以被看作我国西哲史研究历程中的一种"范式"（paradigm）。

二、会通中西古今，独创"万有相通"哲学，推崇"崇高境界"

世英师后期研究主要抓住黑格尔哲学中人的精神发展、自由问题，这既使他的黑格尔研究趋向完整化，也可以看作中西会通研究的前奏，两者的思路是相通的。

中西哲学会通，是世英师步入人生后期的研究重点，其主要成果就是以《哲学导论》为中心的一系列论著。这是他对中国哲学发展新路子、新方向的一种探索。《哲学导论》初版于2002年，以后一版再版，重印多次，其读者远超出哲学界。去年（2015年）在上海获得了第三届"思勉原创奖"。最近又出版了第三版，对旧版的核心内容有所增补。

世英师把自己的新哲学观称为"万有相通"的哲学，也可称"新天人合一"论。"天人合一"是中国古典哲学的固有概念。世英师的哲学观"新"在哪里呢？这是一个与中西古今哲学史和人的精神发展史相关的问题。

世英师认为，西方哲学史的历程可分三个阶段，即由古希腊的"主体—客体"不分，到近代的"主体—客体"二分，再到现代的超"主体—客体"，即更高一级的"主客融合"。

中国古代哲学中的"天人合一"，还处于"我"与外物、人与世界浑然一体的阶段，借用西方的哲学概念就是"主客不分"。中国哲学要到1840年后，受到西方文化强势侵入后，原始的"天人合一"思想才逐渐让位于"主客二分"的主体性哲学。历史和现实已经证明，西方近代开始的以主体征服客体为特征的"主客二分"哲学，尽管在现代世界取得了很大的成就，但也破坏了人与自然、人与人的和谐关系，所以世英师主张把中国传统的"天人合一"与西方近代的"主体—客体"式关系融合起来，从而既避免中国传统"天人合一"不分主客体之弊，也避免西方近代"主客二分"的主体性哲学的负面影响，形成一种新的超越主客关系的"万有相通"的哲学。这种新哲学是以"万物不同而相通"为根据的，物之不同是"相通"的前提，如果强求简单的同一、物无不同，就无所谓"通"不"通"了。又是"相通"把不同的物联系起来。就人与物的关系来说，这种联系已不是那种无意识的不可分离的自然现象，而是人对物有了认识、领悟之后的通晓、"灵通"。正是这种"灵通"代表了它的超越性。所以，"万有相通"是本体论上的一个新概念，由此引出了它的审美观、伦理观、历史观，展现了一片哲学新天地。

人与世界关系反映在哲学史上的这三个阶段，也是人的精神、意识的发展过程，即从本能状态到知识、功利、道德活动，再进而到审美意识的过程。由于人类精神文化的发展史是一个从实际兴趣向审美兴趣上升的过程，所以美包含真又优于真，审美意识包含道德意识又优于道德意识。"万有相通"是真、善、美的统一体。这样，人对"万有相通"的体悟，构成了人生境界，体悟的深浅决定了境界的高低。或者说，有"灵通"才有境界，"通"得越透、越明，境界也就越高。世英师认为，人生的根本问题，也是哲学的根本问题，就是："人怎样生活在这个世界上？抱着什么态度来面对这个世界？"这样，哲学就会变得生动活泼、富有诗意，引导人进入澄明之境。所以，他称"万有相通"论也就是人生境界之学。

《哲学导论》推崇"崇高境界"，称"崇高是美的最高阶段""崇高是有限者对无限者的崇敬感，正是它推动着有限者不断超越自身"。我个人很欣赏这个关于崇高的观点。景仰崇高是境界论之光，人们向往和追求的崇高美，不是杏花春雨、秦淮桨声，而是大江东去、泰山绝顶，是它们无尽的气势。景仰崇高就是敬仰理想，景仰伟大的心灵。正是崇高激励人奋勇向上、勇于献身、勇于创新。所以，崇高的审美自由，是最高的自由。个人自由的实质，就是如何一步一步超越外在束缚，以崇高为目标，提高精神境界的问题，如果每个人的精神境界都逐步得到了提高，也必将提升整个社会的自由度。马克思在《共产党宣言》中说：更美好的世界，"将是这样一个联合体，在那里，每个人的自由发展是一切人的自由发展的条件"。可见，个人境界的提高，不仅仅是个人的问题，也关涉到整个社会的发展。

《哲学导论》对古典的"万有相通"做了新的诠释，赋予它现代哲学精神。从而使中国文化从传统的"天人合一"走向"万有相通"之境。世英师在如何对待传统的问题上，有一个很精辟的观点。他说："我们应当摒弃那种一提到发扬传统就是发思古之幽情、维护旧东西的陈腐观念，而应当强调如何从旧传统中敞开一个新世界。这种敞开一方面是由传统出发，一方面又是展现未来，出发点是既定的，前景则是无限的。"（《我看国学——传统与现代》，载《光明日报》1994年9月21日）这种敞开的传统观使他敢于将中国传统哲学中深邃的道理与现代西方哲学中合理的要素，用缜密的逻辑融为一体，使"万有相通"的哲学，既是对当代世界人生危机的深入反思，又展示了具有现代意义的人生远景。

世英师有时把自己的哲学思想归结为：面对现实，而又超越现实。我以为这正是世英师一路走来的哲学精神。"超越"并不脱离现实，不脱离时间和有限性，它是从有限的东西进入无限广阔的天地，即从有限性中体悟到无限性，体悟到"万有相通"。他在给北京大学哲学系新生讲《哲学导论》时，有一个满怀激情的"开讲词"。他说：哲学一方面很玄远，但又总和人生紧密相联。哲学好像深居寂寞冷宫的仙女，似乎不食人间烟火。但仙女思凡，凡心一动，就想下到人间生儿育女，向往生活的荣耀。所以，哲学家应既有兴趣逛王府井百货公司，又要念念不忘回到未名湖畔的哲学之路，从而思考一些超然物外的玄远问题，让"向外驰逐的精神回复到它自身"（黑格尔语）。

世英师用了20年的心血来思考研究写作这个新哲学问题。《哲学导论》出版前，先有《天人之际——中西哲学的困惑与选择》（1995年）和《进入澄明之境——哲学的新方向》（1999年）问世。两书已包含了《哲学导论》的一些基本观点，可以把两书看作对新哲学系统的理论准备。《哲学导论》的出世则是水到渠成的事。

《哲学导论》出版后，立即引起了学界的强烈关注。2005年第2期的《江海学刊》设专栏"张世英先生学术思想研究"，发表了南京、北京、福州、上海的学者以《哲学导论》为主干的张世英哲学思想的研究论文，充分肯定了"万有相通的哲学"为建构有中国特色、中国气派的新哲学做了创造性贡献。我也写了一篇题为《一个民族的现代的哲学系统》的评论。早在2003年我就在《社会科学报》发表过一篇小评论（《希望哲学：生长"能思想的苇草"》），认为《哲学导论》"由'万有相通'所展开的一系列概念、命题，构成了一个原创性的哲学系统"。我在评论中也提出过一些批评性意见。如："万有相通"论是否可以将社会存在论看作万物关系中最基本的关系，而使"生活世界"更具体而现实呢？世英师十分欢迎学术异见。他在有关著作中收录了我的小评论，还在《回忆录》中说，这些不同意见激发了他撰写另一部新著：《境界与文化》（这也是北大今年5月份召开的张世英先生九五寿诞祝寿会暨学术研讨会的主题）。实际上，这部新著的意义远超"补不足"的意思，而是着力探讨"如何发展中华民族文化？如何提高和改进我们民族的人文文化和个人的文化素养？有什么途径可循？"这正是当前亟待解决的重大文化问题。这本书提供了很有见地的一家之言。

三、首创"中华精神现象学"，探索中国人独立性、创造性的精神发展

学术异见，即使有所误解，也在所不计，反而激发思考、反思自己、再出成果。世英师的《觉醒的历程——中华精神现象学大纲》就是这样"激发"出来的。

北大心理学系朱滢教授在《文化与自我》一书中说，张世英先生主张的是"互倚型的自我"，强调自我与他人与社会的相互依赖，"代表中国哲学对自我的看法"。这显然是有所误解。从世英师的多种论著看，他主张的是独立自主型的自我。但他注意到了朱滢根据心理实验

和社会调查得出的结论：当今中国人，尤其是年轻人的自我观，缺乏独立性和创造性。这一事实让他认识到，太强调超越"主客二分"不利于弘扬自我的主体性和创造性。于是他在九十高龄之年撰写了《觉醒的历程——中华精神现象学大纲》（中华书局，2013年），作为"万有相通"论的一大补充和发展。这本新著首先以单篇形式在《北京大学学报》连载六期（2010.9—2011.7）。第一期有"主编按语"："论文首创中华精神现象学，稽述远古，参伍因革，绾合中西，肇开贤蕴。其现实意义重大，学术价值弥珍。"说得十分中肯。

建构"中华精神现象学"何以可能？有什么意义？

为学界所熟知的"现象学"有两种含义。一是黑格尔的精神现象学，一是胡塞尔的现象学。黑格尔的精神现象学循现象而本质，是精神向往绝对精神的旅程。它把最初最简单的直接意识作为人的精神开端。精神经过艰苦、曲折的斗争，一步一步克服其对立面，达到高一级的统一。这个对立统一，一层一层由低到高逐步推进，精神也就随之一步一步展开，最后达到"绝对知识"，"自我"得到最终实现。黑格尔的"自我"意识、精神，不仅是指个人的"自我"、精神，也是指民族的、人类的"自我"、精神。所以黑格尔的精神现象学有宏伟的历史意识，它强调发展过程，展示了个人、民族、人类的精神发展的曲折性、丰富性。美国新黑格尔主义哲学家鲁一士（J. Royce）把黑格尔的"绝对精神"比作坚忍不拔的"战将"，它走到我们面前已是鲜血淋漓、伤痕遍体，但它胜利了。"战将"的比喻颇为生动、确切，且耐人寻味。过程比结论更为真实。一个人、一个民族要达到有高度教养、高度成熟、坚强的精神境界，就需有"战将"的经历。强烈的历史意识、"战将"的精神可是胡塞尔现象学所没有的。尽管胡塞尔也研究"为了人的原因而斗争的近代哲学史"，并为之而提出"生活世界"的概念，但就人的精神发展历程的全部丰富性和曲折性而言，却不是能与黑格尔相比拟的。

世英师的"中华精神现象学"显然是受黑格尔式精神现象学的启发。他是以西方文化中的"自我"发展为参照来探讨中华文化中"自我"发展的精神历程的。

西方的"自我"意识萌发于古希腊。德尔菲神庙有"认识你自己"的铭文，教人在同中求异，确立自我。赫拉克利特有"我自己寻求"的独立意识。这都十分珍贵，然仅是个别的哲学观点。希腊有自由与命运抗争的悲剧，但它的人生理想，主要表现在追求"高贵的单纯，静穆的伟大"（温克尔曼语）这一纯净的境界，从尚存于世的希腊雕塑中可以看出这一特质。中世纪的"自我"受神学的压制，人努力在超时间、超感觉的永恒中寻找慰藉，对现世则是消极被动的。直到近代笛卡尔提出"我思故我在"，有独立意志的"自我"才获得哲学的表达。这是文艺复兴、启蒙运动批判神权、王权以后，人文主义勃兴的产物。此后，随着西方社会自身的发展，自我独立的意志自由已是大势所趋，不是任何力量可以扼杀的。

在中国历史上，人的精神受到双重束缚。

首先，原始的"天人合一"，人与天地浑然一片。"自我"湮没于宇宙自然的整体之中，导致人听命于自然而缺少征服自然的志向。这是中国科学不发展的重要原因之一，如张衡这样的科学家寥若晨星。传统中也有荀子的"明于天人之分""制天命而用之"的可贵思想，但终究不占主导地位，又被悠长的农耕文明埋没了。

其次，人的独立自主的精神发展更受传统人伦思想的压制，"自我"湮没于儒家的人伦社群之中。

传统中国，也有类似于古希腊的"自我"意识的萌芽，孔子有"三军可夺帅，匹夫不可夺志"，老子有"我独异于人"，孟子有"万物皆有备于我""富贵不能淫，贫贱不能移，威武不能屈"的大丈夫精神，可惜这并没有成为他们哲学的出发点。汉以后的"罢黜百家"，阻碍了个体自我的精神发展。尽管有魏晋的"人的觉醒"，毕竟只是局限于少数文人的文化活动，不可与西方文艺复兴时反神权反王权的"人的觉醒"相提并论，它还没有相应的现实世界的基础。直到20世纪初，这种压抑"自我"精神发展的专制统治才寿终正寝，但这不等于自我从此就有独立自主的自由精神了。纵观历史，自我的每一步觉醒，都会遭到专制的无情扼杀，但个体自我同样会给予强烈的反抗，两者的较量斗争，形成了中华儿女精神觉醒的悲壮历程。

早在先秦就有在黑白颠倒的社会中"独清""独醒"的屈原；汉处百家罢黜之世，仍有成一家之言的司马迁，以及敢于"问孔刺孟"的"异端"王充；魏晋有不"自以心为形役"的陶渊明；明有强烈反对"以孔子之是非为是非"、不自由毋宁死的李贽；清有斥责理学家"以理杀人"的戴震；有倡导"众人之宰，非道非极，自名曰我"的龚自珍；有"冲决"封建"网罗"，为个性解放而壮烈牺牲的谭嗣同；有坚持反抗封建统治宁可人头落地的女革命家秋瑾；强调"精神战胜物质"、"心"的主体作用的孙中山，更用革命方式埋葬了中国最后一个封建王朝。历史上这些具有个性自我的人物可以列出一长串，他们都是崇高理想的追求者，虽然他们中的大多数都成了悲剧角色，但都是照亮中华儿女精神发展道路上的光。

世英师说："东西方个体性自我发展的差异背后有经济问题，生产方式问题。"[1] 当代生产力已大为提高，建立了市场经济体制，似乎个体自我的发展得到了有力支撑。但如果没有相应的启蒙，没有精神世界的自觉，没有现代文明的发展，人依然会跌入自我异化的陷阱。列维纳斯所说的"自我专制主义"在某种意义上就是现代的产物，因此他提出"尊重他者""他者优先"的观点。尊重"自我"必须包含对"他者"的尊重。不尊重"他者"当然也得不到"他者"的尊重，两者是相互依赖、相互转化的。在国际关系上，西方世界尤其需要列维纳斯式的哲学。世英师"主张把中华文化以'我们'（群体）优先的特点同西方传统文化以'自我'优先的特点、列维纳斯所提倡的以'他人'优先的观点结合起来"[2]。三者相融的"自我"，是"和而不同"中的"自我"，"民胞物与"中的"自我"。简而言之，一方面要伸张"自我"，另一方面又要超越"自我"，既有我又忘我。这就是

---

[1] 张世英：《觉醒的历程——中华精神现象学大纲》，中华书局，2013年，第175页。
[2] 同上，第151页。

"中华精神现象学"所主张的"自我"。

从黑格尔的精神现象学到"中华精神现象学",具体到把中华精神的发展作为哲学分析的对象,这将丰富和提升中国哲学的层次。19世纪德国文艺理论家施莱格尔说:"对人的精神的真正发生发展的研究,实际上应该是哲学的最高任务。"[1]进而言之,研究精神发展是"人的哲学"的最高任务,这是有道理的,说得通的。俄国思想家赫尔岑有言:"谁要是没有经受过黑格尔的精神现象学……谁要是没有穿过这种锻炼人和净化人的烈火,那他就不是完整的、纯粹的人,不是现代的人。"[2]现代人的素质是面对现实不回避困难,面对困难不怕紧张,面对挑战奋斗不止。用世英师的话来说,"超越之路意味着痛苦和磨炼之路"[3],这就是现代人的精神之路。在中国,研究精神发展,特别是研究中华精神的发展,还是一片哲学荒原,世英师的《觉醒的历程》是有学术预见力的超前研究,起到了拓荒的作用。他首创的"中华精神现象学"是一个新概念。这是对中西古今的精神发展史进行艰苦深入的反思得来的思想结晶,是对"现象学"这一世界性学问的贡献。

如果把"中华精神现象学"纳入"万有相通"论,我以为也可以把世英师的哲学称为中国的"人的哲学"。

世英师早年毕业于西南联大哲学系,受教于冯友兰、汤用彤、金岳霖、贺麟等名师,在中西哲学上得到严格训练。这为他往后新意迭出、思想深邃、笔力矫健的各种论著奠定了坚实的基础。他从青年时代开始一直处在时代风云人生波澜之中,却以浮士德精神孜孜不倦地探求哲学新问题,深究人生的意义。但浮士德最后在创造事业的高峰说了声:"你真美呀,请停留一下!"违背了自己在进取道路上永不满足的誓言,只好由"天使"引导他上升到"天界"。世英师是不会满足的,他的追求没有止境,他要不断更新、不断攀登,

---

[1] 转引自贺麟、王玖兴译黑格尔《精神现象学》"译者导言",商务印书馆,1979年。
[2] 梅林:《论文学》,人民出版社,1982年,第314页。
[3] 张世英:《哲学导论》,北京大学出版社,2008年,第114页。

引领他上升的也不是"天使",而是"道",是"面对现实,超越现实"的哲学精神。

北京大学出版社近日出版了十卷本的《张世英文集》,汇集了世英师多方面学术研究的成果,为我们呈现了世英师哲学探索的卓绝道路,以此来敬贺他九五华诞是非常有意义的。这是一笔丰厚的精神财富。我谨送世英师 32 个字:巍巍上庠,特立独行;万有相通,和而不同。晓风残月,桌有青灯;世纪风云,英气沉沉。[①]

---

① "巍巍上庠,世纪风云"是季羡林先生为北大百年校庆的题词。

论张世英的哲学—伦理观[①]

陈泽环[②]

20世纪70年代末期以来的改革开放时代，也是我国哲学发展史上的一个富有创造力的时代。一些学贯中西的哲学家不仅系统地总结了中西哲学大家的思想，把对哲学史的研究推进到一个新的阶段；而且自觉地倾听时代精神的呼唤，提出了具有原创性的哲学体系，极大地深化了对道德哲学的研究。例如，张世英在其《哲学导论》等论著[③]中，鉴于我国哲学界自20世纪80年代初期以来对"主体性问题"的讨论，围绕着"中国哲学向何处去""哲学何为"等问题，在深入研究西方现当代哲学和中国传统哲学的基础上，力求把中国传统哲学的人与万物一体的思想、西方现当代关于人与世界融合为一的思想同西方近代的主客关系思想结合起来，倡导一种"以进入人与世界融为一体的高远境界为目标之学"的哲学，其中所阐述并蕴涵着的深刻的哲学—伦理学思想，作为现代中国综合古今中西文化、创新哲学与伦理学话语体系的积极成果，值得我们予以充分重视和进行深入思考。

一、哲学是追求人与万物一体的境界之学

关于哲学是什么的问题，张世英首先认为，思考普遍性问题是哲学的开始，即把世界（包括人在内）作为一个整体来考虑的这样一种

[①] 本文原载《上海师范大学学报》2004年第5期，2004年10月。
[②] 陈泽环：上海师范大学哲学与法政学院教授。
[③] 张世英：《哲学导论》，北京大学出版社，2002年；《进入澄明之境——哲学的新方向》，商务印书馆，1999年；《天人之际——中西哲学的困惑与选择》，人民出版社，1995年。

最大最高的普遍性问题,正是哲学研究的对象。当然,即使是最大最高的普遍性也是与具体的、个别的事物和现象相联系的,即哲学是与人们的现实生活相联系的。有了对这种普遍性问题的惊异、好奇,就意味着哲学问题的提出和哲学的产生。据此,张世英应用德国现代著名哲学家海德格尔等人的研究成果,考察了哲学史上对哲学的界定,指出关于哲学是什么的问题在西方哲学史上约有三个不同阶段的回答。

在古希腊早期思想家赫拉克利特那里,"爱智慧的"这个形容词指人对万物(一切存在者)合而为一的一种和谐一致的意识,指对万物统一的爱、人和万物合一、人和存在合一,有些类似中国传统哲学的"万物一体""天人合一"。但是,在智者派追求理智性的、概念式的东西之后,"爱智慧"所追问的问题就变成了"什么是存在者?"从此,"哲学就是以进入抽象概念的王国为最终目标的学问……自柏拉图到黑格尔,在西方哲学史上占统治地位的这种概念哲学尽管与西方科学的繁荣发达有密切联系,但他又的确把哲学变成了苍白无力、抽象乏味的东西,把人生引向枯燥而无意义的境地"[①]。因此,西方现当代哲学家大多反对和批评这种独立于人之外的概念王国,主张哲学应从抽象的天国回到具体的人世和现实生活;反对主体与客体二分,强调人与世界合一、物我交融的生活世界。

由此可见,张世英把是"天人合一"还是"主客二分"作为哲学的基本问题,指出这两种关系在中西哲学史上表现为三个阶段:第一个阶段是不包括"主体—客体"在内的"天人合一",即"前主客关系的天人合一"。第二个阶段是"主体—客体",这是西方近代哲学的主导原则。第三个阶段是扬弃了"主体—客体"式的"天人合一"。原始的天人合一固然有引人进入高远境界的魅力,但无助于认识自然、发展科学。因此,人类思想由此发展到明确地以"主体—客体"式哲学为主导原则,是思想史上的一大进步。但是"主体—客体"式哲学也有它的弊端和流弊:一是把哲学引向脱离现实、脱离人生的苍白乏味

[①] 张世英:《哲学导论》,第6页。

的境地；二是造成物欲横流、精神境界低下和自然对人进行报复的现象。所以，西方现当代的人文主义思想家们大多主张"后主客关系的天人合一"思想。

据此，张世英主张哲学是讲人与世界交融合一的生活世界的意义的学问，是追求人与万物一体的境界之学。当然，"这种境界不是抛弃主客关系，而是需要包括主客关系却又超越之；这种境界不是不需要知识和规律性、必然性，不是'弃智'，而是需要广泛的知识和规律性、必然性而又超越知识、超越规律性、必然性；不是不要功利追求，而是既讲功利追求又超越功利追求"①。这就是说，把关于最普遍规律的学问冠以哲学之名的时代应该终结了。这种哲学与西方传统的概念哲学有关。当然，以提高人生境界为目标的哲学绝非抛弃普遍概念和普遍规律，绝非抛弃知识，而是要在其基础上提高我们的人生境界。

关于当今中国需要提倡什么样的人生境界和哲学的问题，张世英认为，我们今天亟需发展科学，需要有经世致用的哲学观点，但由于现在人们过分地热衷于功利追求，对自然采取人类中心主义，对人采取自我中心主义，破坏了人与人、人与自然之间的和谐。因此，他主张在重视实用的同时，应该更多地提倡诗意境界和"民胞物与"的精神及其理论基础"万物一体"的哲学。总之，张世英强调，人与万物一气相通，融为一体，因此，人对他人、他物应有同类感，应当以仁民爱物的态度和赤诚之心相待。这是一种真、善、美相统一的境界，也是一种人与万物一体的哲学。

以上概括了张世英的基本哲学观念：把世界（包括人在内）作为一个整体来考虑，强调哲学与生活的密切联系，这是我们在研究其哲学时首先要把握的。其次，他对西方主体性哲学特点的概括是比较完整和有启发意义的：它成为科学发展的思想基础，同时奠定了近代的民主和自由；但也带来了本质主义、单面人生的弊端，特别是把人与自然、人与人的关系"主客二分"化了。他把西方哲学概括为三个发

---

① 张世英：《哲学导论》，第9页。

展阶段：原始的天人合一、主客二分、高级的天人合一，并主张"哲学是讲人与世界交融合一的生活世界的意义的学问"，突出了"意义"问题，这和西方哲学从本体论、意识论到语言论的三次范式转换是相应的。

由此，哲学在张世英那里有了新的主题：哲学从以进入抽象概念的王国为最终目标的学问转变为关于人对世界的态度或人生境界之学，并由此倡导一种"追求人与万物一体的境界"的哲学。当然，他在提出新的哲学主题时，对先前的哲学主题采取了一种辩证扬弃的态度：万物一体的境界需要包括主客二分关系却又超越之；不能把哲学看成是一种知识和关于最普遍规律的学问，但也绝非抛弃规律和知识，而是要在其基础上提高人生境界。正是基于上述对哲学主题、哲学使命的新的理解，张世英认为21世纪的中国哲学要继续发展主客体的思维方式，伸张主体性哲学，这条道路是发展科学和民主的必然；但是也不要把人的主体性吹胀到万能的地位，对自然采取人类中心主义，对他人采取自我主义。

这就是说，在总结中西哲学史和审视其发展趋势的基础上，张世英提出的"哲学是追求人与万物一体的境界之学"的命题，其实质在于发挥一种新的哲学观念。现在的问题是，这种哲学观念是否合理？如果合理，它的意义又何在？对此，笔者认为，他的哲学观念是合理的。其合理的根据不仅在于，它是在对中西哲学史做了深入、系统和独特的研究基础上提出来的；更重要的是，它反映了现当代社会的基本现实：科学技术早已成为人类生活的支配力量，哲学的主要任务已不再是为其提供认识论基础，而是帮助人们如何应用科学技术成就，即探讨人类生存的意义问题。张世英提出的"人生态度之学"的哲学观念，其意义就在于自觉地体现了人类社会生活及其哲学思考的发展趋势。当然，要充分把握其哲学观的意义，还必须了解其基本哲学观点。

二、"主客二分"和"万物一体"作为人与世界的两种关系

在提出了哲学是关于人对世界的态度或人生境界之学,即论证了哲学主题的转变之后,张世英就从本体论与认识论统一的角度阐述超越主客关系的万物一体观以及对万物一体的领悟即诗意境界和民胞物与的精神。他认为,在中西哲学史上,主要有两种关于人与世界万物关系的看法:一种把世界万物看成是与人处于彼此外在的关系之中,并且以我为主(体),以他人他物为客(体),主体凭着认识事物(客体)的本质、规律性以征服客体,使客体为我所用,从而达到主体与客体的统一,即主客二分。人与世界万物的另一种关系是把二者看成血肉相连的,即万物一体。没有世界万物则没有人,没有人则世界万物没有意义。就这两种人与世界结构的相互关系而言,他认为"天人合一"产生"主客二分",生活实践产生认识。"只有在生活、实践中人与自然融合为一这个大前提,然后,人才可能作为主体而认识客体,没有这个大前提,主体是不可能超出自己的范围而认识外在的客体的,也就是说,不可能达到主客的统一,主客的统一根植于人与世界的融合、合一。"① 这就是主客二分与天人合一的关系。

由于两种人与世界关系的存在,在哲学史上也就产生了两种超越的方式:纵向超越把世界当作一种外在于人的对象来追问,即西方哲学传统概念从感性中的东西超越到抽象的永恒的世界之中去。横向超越则把世界当作一种本来与人自己融为一体的整体来领悟,是从在场的现实事物超越到不在场的(或者说未出场的)现实事物。两种不同超越的方式不仅决定着两种不同超越的途径:思维与想象;而且也决定着两种不同超越的目标:思维以把握事物间的相同性(抽象同一性、普遍性概念)为目标;想象以把握不同事物间即在场的显现的事物与不在场的隐蔽的事物间的相通性为目标。相通指彼此不同的东西而又

---

① 张世英:《哲学导论》,第 8 页。

能相互沟通,相通的关键在于不同者所反映的全宇宙的唯一性。

从在场到不在场的横向超越是由显现处超越到隐蔽处,也可以说是由明处超越到暗处。事物所隐蔽于其中或者说植根于其中的未出场的东西,是无穷尽的,即事物是无根无底的。而西方"在场形而上学"所讲的认识只停留于在场的一边,不容许有想象不在场的东西的空间。从而,这种由纵向超越到横向超越的转向,也可以说是"从有底论到无底论的转向",是从"思维的无限到想象的无限的转向",而在真理观上,则表现为从符合说到去蔽说的转向。真理的处所不在认识上的判断,而在人("此在")对存在者以如其所是样子的揭示、去蔽。超越就是超越在场的东西,通过想象把在场与不在场结合为一,从而达到人与万物一体的自由境界,亦即达到去蔽说和本体论意义上的真理。

真理就是这种人与万物一体的境界。人究竟如何达到这种境界呢?人们之所以难以达到这种境界,主要是因为执着于日常生活中小小的自我。所以要达到这种境界,就要超越自我。而要超越"自我",就要超越主客的二元对立,超越自我与他人、他物之间的外在性和对立性,达到"真我"和"本我"。这里的关键在于悟到"本我"既各有个性和独特性,又不是独立不依的实体而是交叉点,进而悟到其他事物也不是独立不依的实体而是交叉点,悟到此与彼的交叉融合。通俗一点地说,"本我"的观点,也就是不执着,就是从宇宙整体联系之网的观点看待一切:不执着于我就是我,不执着于此就是此、彼就是彼。不执着则能获得自由。

这就是说,在万物一体之中,"任何一个人,和任何一个物一样,都是宇宙间无穷的相互关联(相互联系、相互作用、相互影响)的网络中的一个聚焦点或交叉点。……人之不同于物的地方在于人这个聚焦点是'灵明'的,而其他万物则无此'灵明'。'灵明'的特点就是前面说的能超越在场,把在场者与背后千丝万缕的不在场的联系结合为一。正是这点'灵明'构成了一个人的'境界'"[①]。当然,这一"境

[①] 张世英:《哲学导论》,第79页。

界"不仅是个人主观的东西,而且有更重要的物质、社会、客观的方面。因此,在当代社会中,我们不仅要用"万物一体""民胞物与"的精神提高和沟通不同的精神境界,而且要使这种沟通和提高体现在现实的社会生活中。至于超越之路,张世英认为应该既坚持其天人合一、万物一体的高远境界,又要强调达到这种高远境界所必须经历的道路和过程。

以上概括了张世英万物一体哲学观的基本观点。他首先区分了"主客二分"和"万物一体"这两种人与世界的关系,并确定了其基本特征和相互关系。"主客二分"具有外在性、人类中心论和认识桥梁型的特点,其核心为人类中心论,世界万物只不过是人认识和征服的对象。与此不同,"万物一体"的三个特点是:内在性、非对象性、人与万物的相通相融,强调人与世界的关系不是对象性关系,而是共处和互动的关系,世界因人而有意义。应该说,张世英在此区分人与世界万物的两种关系,十分重要和精练,把当代哲学思维的核心问题提了出来;就人与自然的关系而言,把通常的生态伦理学论证一下子提高到哲学本体论与认识论的层次,发人深省;此外,关于"万物一体"和"主客二分"相互关系的论证,也是辩证的。

那么,从哲学本体论和认识论相统一的角度来看,"主客二分"和"天人合一"这两种人与世界关系的区别究竟何在呢?本文认为,这就是张世英提出的"纵向超越与横向超越"两种超越方式、"相同与相通"两种超越目标、"思维与想象"两种超越途径、"有底论与无底论""思维的无限与想象的无限"两种无限观、"符合说与去蔽说"两种真理观的区别,而其实质或核心则在于"在场的形而上学"与"在场与不在场相融相通的生存哲学"的区别。这就是说,理解张世英万物一体哲学观的关键在于,要充分把握张世英所发挥的现当代西方哲学的重要范畴:"在场"与"不在场"及其相互关系。可以说,如果把"主体"和"客体"作为"主客二分"哲学观的基本范畴;那么,就可以把"在场"与"不在场"作为"万物一体"哲学观的基本或核心范畴。

正是有了"在场"与"不在场"这对新的、基本的、核心的范畴，张世英才得以赋予中国传统哲学的"万物一体"观以当代的意义："在场与不在场、显现与隐蔽相互构成的境域是万物之本源。也就是说，不在场的、隐蔽的东西是显现于在场的东西的本源。按照这种新的哲学方向和观点来追究一事、一物之本源，则需要从在场者追溯到不在场者，而不是像旧的概念哲学那样到抽象的概念中去找本源。"① 从而，人从无自我意识到主客关系式的感性认识与理性认识，包括在主客关系中的实践，再进而到对超主客关系的万物一体的领悟，或者换句话说，从对在场者的感性认识与理性认识到在场与不在场的想象中的结合和对不在场者的无限追寻，乃是"人生在世"的全过程。那种只讲主客关系式中对在场者的认识与实践，不讲超主客关系式中对不在场的无穷尽性的想象与追寻的西方"在场形而上学"，可以说是在人生旅途中半途而废。当然，人生往往是主客关系与超越主客关系两种态度交织在一起的。敢于面对主客关系的日常生活而又能从中挣脱出来（不是逃避），以无底深渊的整体为人生的家园，这就是只有人才能实现的超越。

三、把道德意识建立在万物一体的本体论基础之上

在从本体论和认识论上论证了人与世界的两种关系之后，张世英从西方传统哲学向现当代哲学转向的角度对其实质做了进一步的发挥：哲学所讨论的重点问题大体上由主客关系转向语言与世界的关系，由主客关系的观点转向人与万物融合的观点，并由此导致人们的真理观、审美观、伦理观和历史观的深刻变化：真、善、美统一于万物一体。"'万物一体'既是美，也是真，也是善：就一事物之真实面貌只有在'万物一体'之中，在无穷的普遍联系之中才能认识到（知）而言，它是真；就当前在场的事物通过想象而显现未出场的东西从而使人玩味

---

① 张世英：《哲学导论》，第 151 页。

无穷（情）而言，它是美；就'万物一体'使人有'民胞物与'的责任感与同类感（意）而言，它是善。'万物一体'集真善美三位于一体，人能体悟到'万物一体'，就能产生一种令人敬爱、仰慕的宏伟气魄和胸怀。"①

因此，张世英认为，要把道德意识的同类感建立在万物一体的本体论基础之上，要求达到超道德意识的审美意识领域。泰初本是一体。人与万物一体的关系是统一体之内的关系，正是这作为整体的存在支持着个人的生存，它是个人生存的源泉。面对这无限的整体或一体性，有限的个人总是从自己现有的地位出发，不断地超越自身，为无限的整体或一体性而献身，这中间就包含着人对人的责任感。这样的自我实现，既是最高的美，也是最高的善，既是审美意识，也是道德意识，既有审美愉悦感，也有道德责任感。人生的意义就在于此。从而，善是美的必然结论，审美价值决定着道德追求和科学技术发展的目标："道德意识之成立，就在于把原无明确目的和目标的超主客关系的审美境界，按主客关系的思维方式，转换成一种明确的目的和目标（亦即某人心目中的'善'）而加以追求，也就是把审美意识中之'所是'转换成道德意识中之'应该'。"②

在研究了万物一体作为真、善、美的基础，特别是提出和论证了"把道德意识的同类感建立在万物一体的本体论基础之上"的命题之后，张世英开始探讨狭义的伦理观问题。为此，他首先批判了当代人类的道德生活状况：人们过多地被自我中心论所控制，把自我看成是主体，其他都是客体，自我的活动就是使他人、他物对象化，亦即把他人、他物看成是我的对象，而最终是占有他人、他物。然而，人们越是一心一意地把他人、他物当作对象，越是斤斤计较眼前的小小筹码，这些对象和筹码就越是侵蚀人们的精神，使人们自身也被异化而失去主体的意义。这就是说，人不能把世界万物只看作可供自己使用

---

① 张世英：《哲学导论》，第 232 页。
② 同上，第 251 页。

的对象。更重要的是，人应该以仁爱的态度、以"万物一体""民胞物与"的态度对待世界万物。虽然，人不能没有"主客关系"而生活，但人"不能死于主客关系"公式而不悟。

万物一体和主客二分的不同表现在人与自然的关系问题上，就是人类中心主义和民胞物与说（特别是"物与说"）的不同。人类中心主义以人为中心，人处于支配和统治的地位，自然处于被支配和被统治的地位。而民胞物与说认为，不仅天下之人皆如我的兄弟，而且天下之物亦皆我的同类，我对他人他物均应像兄弟一样对待。当然，民胞物与坚持人的卓越地位。"万物一体和'物与'的精神并非指人与生物一律等价，而是包含等级差异的，这种差异就在于人有自我意识和道德意识，而其他生物则无……我们既主张万物一体和物与精神，又承认人与物的高低之分殊并论证了这种分殊的标准，两者是统一的。正因为论证了人物间价值高低之分及其区分之标准，所以我们认为人有权利、有理由为了自己的生存而牺牲其他生命；正因为主张万物一体和物与精神，所以我们又认为人应该尽量培育保护其他生命的意识，应该在不得已而牺牲其他生命时抱有同类感和恻隐之心，从而采取尽量减少其他生命痛苦的措施。"[①] 因此，人与自然和谐相处就是服从和顺应自然的规律性与必然性以改造自然物（与自然做斗争），使自然物适应人。

和人与自然的情况相反，人与人之间则是有心灵者与有心灵者之间的关系，因此能相互理解。人可以通过理解他人而日益与他人相通相融，和谐相处。一方面，人与人之间通过相互理解而和谐相处；另一方面，和谐相处并非保持绝对一致，其中仍有差异和矛盾。因此，人与人要和谐相处，首要的是尊重他人的相异性和独特性，而不是消灭相异性，强求一致。当然，相互尊重和容忍不等于互不相涉。相通就有相互作用、相互干涉。从而，相应于哲学的重心由认识自然、征服自然的旧传统向人与人之间的相互交往和相互理解的转变，建立道

[①] 张世英：《哲学导论》，第272页。

德律的方式也发生了从独白到对话的转变,从"主体性"到"互主体性"的转变,例如从康德的绝对命令伦理学到哈贝马斯的交谈伦理学的转变。

在了解了张世英本体论和认识论思想的基础上,我们就可以把握其道德哲学的基本观点了。根据其万物一体的真理观、审美观、伦理观和历史观,万物一体是真、善、美的本体论基础和依据,真、善、美统一于万物一体,并由此为其伦理观奠定了新的道德哲学基础。笔者认为,这对于多年来对道德主要进行社会学论证的我国伦理学研究来说,是一个重大的理论突破。而就统一于万物一体的真、善、美的关系而言,特别是就其中的审美意识与道德意识的关系而言,他也提出了值得重视的新观点:由于道德意识包含有功利追求,并表现为"应该"的意志要求,就没有真正达到人与天地万物一体的境界,从而审美意识优于道德意识,道德"应该"建立在审美意识即超越主客关系所到达的"高级的天人合一"之上,只有加强审美意识的修养,才有可能提高道德水平。

这就是说,万物一体首先是一种本体论关系,是一种存在的基本本体论结构;同时,作为一种境界,人以与万物一体相通的精神来对待人和物,就使人与万物(包括物和人)处于一种无限的精神性联系的整体之中,这就是包括道德意识在内的审美意识。由此,张世英不仅论证了"把道德意识的同类感建立在万物一体的本体论基础之上"的命题,而且也表明了自己的道德观念:批判那种把一切都归结为使用对象的人生态度,主张不要把他人、他物看作单纯的对象或物,而要首先把他们看作和自己一样具有主体性的东西,要用对待人一样的精神对待他人、他物。也正是在此基础上,他才能够在人与自然、人与人的关系问题上发挥独特的见解,为相关的生态伦理学和道德社会学论证提供深刻的道德哲学基础。

张世英强调,万物一体和物与说大不同于认为人可以任意支配和统治自然物的人类中心论,但是它仍然坚持人之异于和高于其他自然物的卓越地位。当然,这种区分是万物一体之内的区分,而人与自然实现和谐相处也不是没有斗争的。毫无疑问,这里对人与自然关系的道德哲学论证是发人深省的,它综合和超越了当前在生态伦理学问题上关于"人类中心主义"和"自然中心主义"的争论。而在人与人的关系问题上,他则把重点放在倡导人通过相互理解而和谐相处上。张世英认为,人与人要和谐相处,首要的是尊重他人的相异性和独特性,而不是过分地强调一致性,更不能消灭相异性,强求一致。在关于经济全球化与文化多元化的问题上,他强调要适应时代要求,批判继承,着力于使中华文化与世界文化发展的大道接轨;既要看到文化多元化是顺应经济全球化的精神产物,又要看到人类文化不断走向融合的大趋势。显然,张世英的上述观点是符合时代精神的。

四、哲学家应按自己的哲学信念生活

张世英在概括自己的哲学观念、基本观点及伦理观时还体现出来一种不同于西方概念哲学的哲学气质,即强调"哲学家本人也应按自己的哲学信念生活"[①]。他提出这一命题,是从考察"知行问题的道德含义与认识论含义"着手的:把知行问题归结为主体认识和改造客体的传统主要来自西方的主客二分哲学,至于中国哲学传统所讲的知行问题主要是伦理道德问题,知行合一就是为了达到天人合一的最高境界,知行合一是方法,是手段,天人合一是理想,是目标。知行合一之本体就是天人合一。可以说,儒家这种重"为道"、"知"哲学与"行哲学"相统一的传统,作为一种趋势也出现在西方现当代哲学中。虽然有着多方面的根本性不同,但是在要求"按照自己的哲学信念生活"方面,西方现当代哲学家和中国儒家哲人非常相似。从而,在经历了从天人合一到主客二分、从道德意义上的知行合一到认识论意义上的认识与实践之后,现在应多提倡哲学家按自己的哲学信念生活。

这就是说,哲学是关于人的学问,本不应自外于实际生活,哲

---

① 张世英:《哲学导论》,第303页。

家本人也应该按自己的哲学信念生活，否则，哲学便会失去自己的光辉和生命力。正是基于上述观念，张世英倡导以突破固定的概念框架、超越现实、拓展未来的希望哲学代替一味强调尾随于现实之后的猫头鹰哲学。"现实的东西都是有限的，有限就是有界限、有限定：感性中的东西固然是有界限、有限定的，即使是思维中的概念也是有限定的，因而在一定意义上也是有限的。人生的'生'就是生存、生活，而生存、生活是一种行动、一种活动，行动、活动就意味着不断地突破有限。人如果停滞在现实性中而不思突破其有限性，或者说，安于现实而不思前进，那就是死亡而不是人生：停滞于感性中有限的东西，固然是死亡；停滞于一些固定的概念，那就叫作思想僵化，也是一种死亡。所以人生应是一种不断突破现实的有限性的活动，这种活动就是人们通常所说的希望。"[①] 希望使人不满足于和不屈从于当前在场的现实。人生的意义就在于超越现实，即超越在场、超越有限、挑战自我，不断创新。显然，正是希望而不是现实，才更显示人生的最高意义和真实性。

人在现实与希望的统一体中，以现实为基地，以希望为动力，在人生的道路上向着未来奋战前行。但人不可能料事如神，事事都能如愿，都能按照自己的希望达到目的，人生的这种有限性也有其必然性。所以，克服人生道路上重重阻力和平息各种叹息的勇气，不在于无限吹胀人的主体性，而在于对人的有限性的意识和主动积极接受有限性这一必然性事实的态度。从而，希望就是超越有限、超越现实；人只有以勇敢的态度面对现实和有限，才是真正超越了现实和有限，才是真正从现实性和有限性的束缚中解放了出来，这也就是一种人与万物为一的人生最高境界。"希望有大有小，有高有低，我以为人生最大最高的希望应是希望超越有限，达到无限，与万物为一，这种希望乃是一种崇高的向往，它既是审美的向往，也是'民胞物与'的道德向往。"[②]

[①] 张世英：《哲学导论》，第406页。
[②] 同上，第412页。

张世英哲学—伦理思考的一个重要特点就是善于总结中西哲学史上的积极成果，并加以符合时代精神的发挥，这一点尤其表现在他对"哲学家应按自己的哲学信念生活"的倡导中。他提出这一问题，是基于中国传统哲学的"知行"问题主要是伦理道德问题，同时也注意到了西方现当代哲学紧密联系人生的思潮。因此，张世英这样做时，并没有简单地回到儒家哲学；毋宁说，这是与他讲的哲学从"前主客关系的天人合一"经"主体—客体"到"后主客关系的天人合一"三阶段发展进程相应的。由此，张世英才能在吸取儒家"知行合一"思想积极因素的同时，清醒地坚持：儒家的义理之天必须被打倒，不同的哲学思想和哲学信念通过彼此间的交往和讨论而深化，不能把哲学与实际的社会政治思想、生活搅浑在一起而不对哲学做专门的研究。

同样，就哲学的气质而言，张世英的哲学—伦理观不仅强烈地关注现实生活，而且是十分积极进取的。千万不能误解，以为他的"万物一体，民胞物与"的哲学—伦理观是一种退回到个人生活、只注重人的精神维度的哲学。对此，张世英反复强调：万物一体这种境界不是单纯精神上的安宁或精神享受，而是对人世间一切现实活动的高远态度。张世英这种把积极进取精神和超脱旷达胸次结合起来的哲学气质集中地反映在他对"希望哲学"的阐发上。联系我们当前的生活实际和面临的挑战，再来看他关于停滞于固定概念的思想僵化也是死亡、希望就是虚拟、希望意味着冲破界限、希望塑造着命运等观点的论述，确实是富有启发和振奋意义的。从而，张世英的《哲学导论》以"什么是哲学"开始，以"希望的哲学"结束，对包括哲学观念、哲学—伦理观的基本观点、哲学家和哲学等问题展开了系统的、深刻的、独特的论证，是含有深意的。

张世英哲学—伦理观的提出，从哲学史的角度来看，是以海德格尔等西方现当代哲学家对西方传统"概念哲学""在场形而上学"的批判为基础的，其实质是发挥了一种以"在场与不在场相通相融"为核心的天人合一思想。从而，在一系列涉及哲学—伦理观的基本问题上，它表现出对以"主体与客体的辩证统一"为核心的主客二分思想的超越和扬弃:主体性→主体间性、实体→关系、认识论→美学、科学→人文、自由→团结、科学家→诗人、现实→希望、执着→旷达,等等。如果说,人们一般都会承认,以上几个方面体现了张世英哲学—伦理观对以黑格尔为代表的西方主体性"概念哲学"的超越和扬弃,那么,对于我们来说,更重要的问题在于,他的哲学—伦理观和我国以"教科书"为代表的哲学体系的关系如何?从其本人的话来看:"半个世纪以来,我们所广为宣传的哲学观点主要是要求主体认识客体、利用客体、征服客体,以达到'主客的统一'。这种哲学观点的要害就是把世界万物当做对象:认识的对象和征服的对象。"[1] 他的超越和扬弃显然是把"教科书"哲学包括在内的。当然,由于这里还涉及与马克思哲学本身的关系,在对此做出明确的结论之前,还需要进行彻底的思考,本文在此只是把问题提出来。

此外,就当代哲学的发展而言,虽然哈贝马斯把"后形而上学思想"看作"标志着现代与传统的决裂"的"20世纪哲学研究最重要的原动力"之一,强调哲学"只能发挥批判力量,因为它已经不再拥有一种关于好的生活的肯定理论"。[2] 但他也并不反对"对形而上学问题,或有关人和世界的整体性的问题所做的任何一种探讨"[3]。那么,在他所认可的"对于在日常生活中和超常事物打交道仍然具有不可替代的规范作用"的宗教之外,以及他本人的"程序合理性"的交往行为哲学之外,是否还可能有一种既摆脱了逻各斯中心主义,但又"仍然和前理论知识以及生活世界非对象化的整体之间保持着一定的联系"[4] 的实质性哲学呢?

从这一意义来考察张世英的哲学—伦理观,可以说它的意义在于:在哲学的"后形而上学思想"时代,阐述了一种不同于程序合理性哲学的实质性、普遍性、整体性的广泛理论,为人们形成个人的世界观

---

[1] 张世英:《哲学导论》,第254页。
[2] 哈贝马斯:《后形而上学思想》,曹卫东译,译林出版社,2001年,第49页。
[3] 同上,第14页。
[4] 同上,第47页。

和人生观提供了一种比较成熟的选择。当然，在当代多元化的市场经济社会中，就哲学与人们共同生活的关系而言，人们更多地关注的是发挥其形式"程序合理性"，而不是"终极性"、整合性的形而上学思想。但是，对程序合理性的强调，并不意味着必须否定任何实质性的广泛理论。难道人们的共同生活，永远只能停留在程序合理性的水平上吗？如果有共同生活的程序合理性和个人生活的实质合理性之间的积极互动，不是更好吗？因此，作为一种后形而上学时代的实质性哲学，张世英的哲学—伦理观将给予人们深刻的启示。

通古今之变，成一家之言[1]

——张世英关于"天人之际"问题的研究

林可济[2]

  北京大学外国哲学研究所教授张世英先生，是我国研究黑格尔哲学的著名专家。正如他自己所说，他的学术研究，有一个从前期到后期的转向。"前期"主要是研究西方哲学，特别是德国古典哲学、黑格尔哲学。20世纪50年代中期，作为当时北大哲学系的在校学生，我曾经听过张先生主讲的有关欧洲哲学史和黑格尔哲学的课程。半个世纪过去了。2003年夏，我去北京时，曾两次到中关园拜访他。他对我谈到他"后期"（近二十年来）的学术研究工作的情况。他说，20世纪80年代初，我国哲学界开始讨论主体性问题，不少人把主体性等同于主观片面性；更多的人，远未能明确地从人与万物的"主客二分"关系（subject-object dichotomy）来理解主体性。而当时学术界占主导地位的看法，是把哲学问题仅仅归结为主客二分的关系问题。这就引起了张先生的困惑，同时也激发了他集中研究西方现当代哲学（特别是尼采、狄尔泰、海德格尔、伽达默尔等人的哲学）和中国传统哲学（特别是老子、庄子的道家哲学）的兴趣，并从中西哲学结合，特别是中国传统哲学与西方现当代哲学相互结合的视角，研究了"天人之际"的有关问题，逐渐形成了一系列关于"天人之际"的新观点。这些观点最初体现于1995年出版的《天人之际——中西哲学的困惑与选择》（人民出版社）、1999年出版的《进入澄明之境——哲学的新方向》（商务印书馆）两本内容相关的书中。2002年1月，北京大学出版社

---

[1] 本文原载《北京大学学报》（哲学社会科学版）2005年第1期。
[2] 林可济：福建师范大学公共管理学院教授。

推出了张先生的新力作《哲学导论》,将上述两本书中提出的新观点做了系统化的总结。而不久前(2004年5月),由广西师范大学出版社出版的《新哲学讲演录》,则以"讲课实录"的形式,把他在《导论》等书中所阐发的新哲学观点,更加详细、更加生动地展示出来。本文仅就张先生关于"天人之际"的研究,特别是"天人合一"的思想,及其在研究中所遵循的方法论原则——"融汇古今""贯通中西"——做简要的评论。

司马迁说,他作《史记》是为了"究天人之际,通古今之变,成一家之言"。而要"究天人之际",关键就是深入地领悟"天人合一"的思想,即把握人与自然界之间的相互依存的对立统一的关系。著名哲学史家张岱年先生认为,中国文化、中国哲学的基本精神,主要包括四项基本观念:天人合一,以人为本,刚健有为,以和为贵。其中"天人合一"被列为第一。在中国,"天"固然有自然、宗教、伦理、政治等多种含义,但张世英先生所讲的"天",是指自然之天,即天地万物之意。从下几个方面可以看出,他对"天人合一"思想的研究,始终体现着"融汇古今""贯通中西"的方法论原则。

一、从中西对照的宏观视角,对"天人合一"思想的发展做历史考察

为了把"天人合一"思想放在一个更广阔的背景中加以全面的审视,张先生提出了关于"在世结构"的新概念。他认为,哲学是关于人对于世界的态度或人生境界之学,是真、善、美的统一。哲学的最根本的问题,是研究人怎样生活在这个世界上,也就是"在世结构"的问题。所谓"结构",就是人与世界相结合的关系和方式。张先生认为,在中西哲学史上,对"在世结构"问题的看法,可粗略地分为两个层次、三个发展阶段。第一个层次,是把人与世界万物看成息息相通、融为一体的内在关系。人与世界万物的关系,不是征服与被征服的关系,而是相通相融的,其表达式是:人—世界。借用中国传统

哲学的术语，就是"天人合一""万物一体""万有相通"。第二个层次，是把世界万物看成是与人处于彼此外在的关系之中，并以我为主体，以他人、他物为客体，两者是相互外在的，而认识则是由此及彼的"桥梁"。主体通过人的主观能动性去认识事物的本质、规律性，以征服客体，使客体为我所用，从而达到主体与客体的统一，其表达式是：主体—客体。用西方哲学现成的术语，就是"主体—客体"的关系。这两个层次不是并列或互相排斥的，后者是以前者为基础，前者是后者之可能发生的前提。如果把中西哲学史综合起来看，上述两个层次的关系，大体上表现为三个发展阶段：第一阶段，是以"人—世界"关系为主导。用中国哲学的语言来说，就叫作"人与天地万物一体"或"天人合一"。在这个阶段，整个人类思想的发展，尚处于主客不分为主导的状态。由于缺乏主客二分和与之相联系的认识论，故称之为"前主客关系的天人合一"或"前主体性的天人合一"。在西方哲学史上，在苏格拉底、柏拉图以前，早期的自然哲学关于人与自然关系的学说，属于这个阶段。古希腊的早期思想家赫拉克利特最早用了"爱智慧的"这个形容词。但它与后来说的"哲学的"完全不是一个意思。其中的"爱"是指人和事物之间的和谐一致、相互适应的意思；"智慧"是指所有存在的东西（存在者）都在存在之中，都属于存在，一切存在的东西都在存在中统一为一个整体。这类似中国哲学所说的"万物一体""万有相通"或"天人合一"。中国哲学史上的"天人合一"的思想，在西周的"天命论"中就有了萌芽，而"天人相通"的哲学观念则起于孟子。老庄也主张"天人合一"，但老庄的"道"没有道德意义。孟子的以道德原则为本根的"天人合一"说，至宋明道学而发展到高峰。张载的"天人合一"是宋代道学的开端，他在《西铭》中提出的"民吾同胞，物吾与也"的思想，就是要破除"自我"与他人、他物的对立，达到人我无间、天人合一的境界。张载以后，道学的"天人合一"说，逐渐分为程（程颢、程颐）、朱（熹）理学和陆（象山）、王（阳明）心学两派。

第二阶段，是以"主体—客体"或"主客二分"关系为主导。在这个阶段，人类作为主体，要占有或消灭自身以外与自己对立的、作为客体的现成外物，认识论问题成为哲学的中心或重点。哲学中唯物主义与唯心主义的争论，主要发生在这个阶段。古希腊的柏拉图提出"理念论"，从认识论的角度讲客观的"理念"是认识的目标，从而开启了"主体—客体"式思想的先河。但明确地把主体与客体对立起来，以"主客二分"式作为哲学主导原则的真正开创者，是近代哲学家笛卡尔。从笛卡尔到黑格尔，西方近代哲学的原则是"主体—客体"式的，黑格尔是这种思想的集大成者。这个阶段的哲学家逐步地把一系列抽象的概念当作独立于人以外的东西加以追求，哲学成为以进入抽象概念的王国为最终目标的学问，成了"概念哲学"。中国传统哲学中占主导地位的哲学原则尚处于"前主客关系的合一"阶段，缺乏或较少区分主体与客体的思想。一直到鸦片战争，中国受到帝国主义的侵略之后，一批先进思想家们才意识到：传统的那种不分主体与客体的"万物一体"或"天人合一"思想，缺乏实用价值。它固然有引人进入高远境界的魅力，但无助于认识自然、发展科学。明清之际以后的近代哲学家中，王船山第一次比较明确提出了类似"主客二分"的主张。以后，万物一体、天人合一的思想愈来愈受到批判。例如，谭嗣同主张区分我与非我，强调"心之力"；梁启超大力介绍并赞赏笛卡尔和康德的主客关系和主体性哲学；孙中山的精神物质二元论，更是明确地宣扬西方主客二分的思想。而"五四运动"所提出的"民主"与"科学"的口号，正是这种思潮发展的合乎逻辑的结果和某种总结。

第三阶段，是经过了"主体—客体"式思想的洗礼，包含"主体—客体"在内而又"扬弃"了"主体—客体"式的高级的"天人合一"，可称之为"后主客关系的天人合一"或"后主体性的天人合一"。这个阶段不是第一阶段的简单重复，而是否定之否定，是在高级的水平上，向"万物一体""万有相通"或"天人合一"的复归。在西方哲学史上，黑格尔以后，从主要方面来说，大多数西方现当代哲学家，特别是人文主义思潮的哲学家，都贬低或反对并力求超越"主体—客体"式，企求达到一种类似中国"天人合一"的境界。其中，海德格尔是一个划时代的人物，他是西方现代哲学中"人—世界"合一思想和反对旧形而上学思想的一个主要代表和集大成者。而在中国，严格地说，目前还没有与之相对应的哲学和哲学家。由以上所述可以看到，张先生既从历史的发展，又从中西对照的视角，把"天人合一"思想的丰富内容和历史发展，完整地揭示出来了。

二、从几位代表性哲学家思想的比较，看中国"天人合一"思想同西方现当代哲学思想的同与异

张先生不满足于上述的宏观考察，还进一步对几位具有代表性的哲学家的思想，进行了具体的比较。他把海德格尔当作实现了从经过和包摄"主客二分"到更高一级"天人合一"这个重大哲学转向、现当代西方哲学家中思想最深刻者来看待，认为海德格尔在中西哲学的对比中占有重要的特殊的地位。

马丁·海德格尔（Martin Heidegger, 1889—1976年），德国哲学家，被视为开辟了现象学运动的一个新方向，并被奉为存在主义哲学的创始人和主要代表。张先生在几本著作中，都以"天人合一"的思想来说明海德格尔哲学的基本观点。他指出，海德格尔所说人"在世界之中存在"（In-der-Welt-sein）这句话，颇类似中国人的一句口头语"人生在世"。所谓"在世界之中"的"在之中"（In-Sein）有两种不同的含义，实际上也是关于人和世界关系的两种不同理解。海德格尔认为，一种意义是指两个现成东西，其中一个在另一个"之中"。例如，水在杯子"之中"，椅子在教室"之中"。这样，人在世界之中，就等于说，人本来是独立于世界的，世界是碰巧附加给人的。这样，"人"这个现成东西，就在"世界"这另一个现成的东西之中。这两者的关系是两个平等、并列的现成的东西的彼此外在的关系。西方哲学传统中主客的关系，就是这样的"在之中"关系。这就必然产生一个问题：主体怎样能够认识客体？"在之中"的另一种意义，海德格尔称之为"此在与世界"的关系。按照这种意义的"在之中"，人乃是"融身"

在世界之中，而世界由于人的"此在"，对人揭示自己、展示自己。人（"此在"）是"澄明"，是世界万物的展示口，世界万物在此被照亮。按照海德格尔的这种解释，人认识万物之所以可能，是因为人一向就已经融合于世界万物之中。

张先生指出，"海德格尔的语言比较晦涩，他的基本思想和意思还是比较清楚的：生活、实践使人与世界融合为一，人一生下来就处于这样一体之中；所谓'一向'如此，就是指一生下来就是如此，所以'此在'与'世界'融合为一的这种关系是第一位的。至于使用使人成为认识的主体，世界成为被认识的客体的这种'主体—客体'关系则是第二位的，是在前一种'一向'就有的关系的基础上产生的。'此在—世界'的结构产生'主体—客体'的结构，'天人合一'（借用中国哲学的术语）产生'主客二分'，生活实践产生认识。这些就是我对海德格尔的上述思想观点的解读"。当然张先生也指出，海德格尔的"天人合一"不等同于中国传统的"天人合一"。他关于主客的统一根植于人与世界的融合的论断，是对海德格尔思想的深刻理解。张先生指出，作为道家创始人的老子和重要继承者庄子，都是主张"天人合一"的。老庄认为"道"是宇宙万物的本根，人以"道"为本，人的一切都不是独立于自然界的，而为自然之物。在谈到人生的最高境界时，老庄的"天人合一"思想更加明显。老子轻视知识、提倡寡欲和回复到婴儿状态，实际上是要人达到原始的"天人合一"的境界。庄子主张通过"坐忘""心斋"，取消一切差别，以达到"天地与我并生，而万物与我为一"的"天人合一"境界。老庄的"天人合一"境界是否达到了海德格尔所主张的高级的人与世界合一的水平呢？不能这样说。由于老庄哲学缺乏"主—客"式的思想和认识论，因此，"老庄哲学和海德格尔哲学的区别，不仅是中国哲学与西方哲学的区别，而且是有古代哲学和现代哲学的区别的意义"。

张先生还将作为儒家重要代表的王阳明与海德格尔做了比较。他认为，由于王阳明认识"人与世界万物息息相通、融为一体的程度，比起程朱哲学来要深刻得多"，因此，"王阳明似乎是中国哲学史上

'天人合一'说的一个最有典型性的代表，他的思想的地位同海德格尔的'此在—世界'的思想在西方哲学史所占的地位有点类似"。但是，王阳明的思想缺乏"主体—客体"式的思想及其相联系的认识论，他讲的"人心"属于理性，具有道德意识，并且没有个人的选择自由。所以，"王阳明作为中国哲学家和古代哲学家，与海德格尔作为西方哲学家和现代哲学家，两人的'天人合一'思想又有根本的区别"。张先生在他的著作中，还对海德格尔与陶渊明，尼采与老庄、李贽，萨特与王阳明，黑格尔与朱熹、王船山，西方近现代哲学与程朱陆王哲学，做了相当深入的专题比较。因篇幅所限，恕不详列。

三、具体分析高级的"天人合一"与"主客二分"思想在哲学各个领域中的体现

所谓高级的"天人合一"，即包摄并超越"主客二分"，处于第三阶段的"天人合一"思想。它在哲学的各个领域中，有哪些具体的体现呢？

在哲学本体论方面，由于人与世界万物的关系，存在着"主客二分"与"天人合一"这两种根本不同的看法，因此，面对当前的事物，也有两种追问的方式：一种是"主体—客体"结构的追问方式：外在的客体"是什么"？这是西方传统的概念哲学所采用的由感性中的东西到理解中的东西的追问方式。它是沿着"纵深路线"，为着对外在的客观事物根底的把握，达到抽象同一性或普遍性概念，以把握事物的"相同"。另一种是"人—世界"（"天人合一"）结构的追问方式：人"怎么样"与世界万物融合为一？这是西方现当代的哲学家所采用的从一些现实事物到另一些现实事物的"横向路线"的追问方式。海德格尔所讲的从"显现"或"在场"（presence）的东西到"隐蔽"或"不在场"（absence）的东西的追问，就属于这种。它并不摒弃概念、普遍性，而是要超越"在场"的"事理"，进入"不在场"的"事理"，以把握世界万物的"相通"，达到万有相通、万物一体的境界。据此，

张先生更愿意把这种哲学叫作"万有相通"的哲学。

在认识论方面，上述两种超越的途径是不同的：旧形而上学的"纵向超越"主要靠思维，它奉理性、思维为至上；而西方现当代哲学所强调的"横向超越"，就不能只靠思维，而要靠想象。想象让隐蔽的东西得以"敞亮"而显示出事物的意义，使人回到了现实。从这个意义上说，重想象的现当代转向突破了思维的极限和范围：想象不是排斥思维，而是超越了思维。与此相联系，旧形而上学从主客二分的模式出发，认为彼此外在的主体与客体通过认识而得到统一，它的真理观就是"符合说"；而西方现当代哲学家海德格尔等人认为，任何客观的事物，都只是因其呈现于人面前而显示其意义。事物在没有被人陈述或判断时，处于遮蔽状态，对人没有意义；而当一个陈述或判断揭示出事物的本来面目时，事物就达到了"去蔽"的状态而为人所见，这个陈述或判断便是真的。他们并不否认事物离开人的独立存在，但却认为事物的意义，包括事物之"成为真"，是离不开人的揭示的。这就是"去蔽说"的真理观。

在审美观方面，张先生说，"按主客关系式看待人与世界的关系，则无审美意识可言；审美意识，不属于主客关系，而是属于人与世界的融合，或者说天人合一"。婴儿处于原始的天人合一境界中，尚无主客之分，可称为"无我"；有了主客二分，有了自我意识，可称为"有我"；超越主客二分，达到高级的天人合一，即达到了"忘我"。审美意识是超越主客的产物，属于忘我或"物我两忘"之境。西方传统艺术哲学基本上以"典型说"为其核心，认为艺术品或诗就在于从特殊的感性事物中，见出普遍性，见出本质概念，它要求说出事物"是什么"。而一些西方现当代哲学家，如海德格尔等人，则要求显示事物是"怎么样"的，也就是要显示事物是怎样从"隐蔽"中"显现"于当前的这个样子的。按照这种新观点，文艺作品不再是以写出具有普遍性的典型性格为主要任务，而是要求通过"在场"的东西，显现出"不在场"的东西，从"显"中看出"隐"，这就是"显隐说"。随着缺乏审美意识或诗意的传统哲学的终结，"诗意哲学"的建立已经成为时代的潮流。

在伦理观方面，张先生认为，人生之初，不能区分主体—客体，故无自我意识，亦无善恶之分，无道德意识；随着岁月的增长，逐渐有了主体—客体之分，并进而辨别善恶，也就有了道德的意识和道德实践；只有达到高级的"天人合一"，才能超越道德意识。它不是不讲道德，而是自然地合乎道德。张先生指出："要回复到一种既有理性、文明和人欲，又能超越它们而在更高的基础上保持原始的同类感的领域，这就要求我们把道德意识的同类感建立在万物一体的本体论基础之上，要求达到超道德意识的审美意识的领域。"既然如此，提高道德意识，就不能单靠道德说教，而要"多提倡一点审美意识的修养和崇高境界的培养，也就是多提倡一点超主客关系的精神"。在历史观方面，传统形而上学的主客关系把古与今、过去与现在，看作相互对立、彼此孤立的东西，认为研究历史就是把古的、过去的东西，当作外在的客体来对待，研究历史的最高目的就是寻找"原本"，以恢复过去的原貌。但是，历史研究的最高兴趣并不在此。而事件的意义总是与当时的历史背景（隐蔽的东西）紧密相关的，因此，随着时间的推移和背景的改变，事件的意义必将随之而改变。离开了古与今、过去与现在的内在联系，而追求历史的"原本"，就像康德的"物自体"那样，只能是抽象的东西。

四、在当今中国需要提倡什么样的哲学的问题上，要正确处理"古今中西"的关系

上述旧意义的哲学终结以后，哲学究竟该研究什么呢？在西方哲学也已进入后现代的发展阶段的背景下，我们需要一种什么样的哲学呢？我们是仍然像"五四运动"时期那样，为了要学习科学而相应地坚持学习西方主客二分的哲学原则，还是完全抛开主客二分的哲学原则，直接照搬西方后现代的哲学呢？张先生的回答：要正确地对待中国传统哲学，正确地对待西方近代的"主体—客体"式的哲学原则，

正确地对待西方现当代哲学，走出一条与西方现当代哲学相通而又具有中国民族特点的哲学之路。

张先生认为，中国传统的"天人合一""万物一体"，正如马克思对希腊艺术、史诗的赞赏那样，虽然不能照搬到今天，但仍有其永恒的魅力。但是，由于中国古代传统哲学的主导原则是原始的"天人合一"，它缺乏明确的"主客二分"观念，不重视认识论的研究，从而影响了科学的发展。所以，我们在批判地吸取中国传统的天人合一思想合理之处的同时，"要避免其不重主客关系思维方式的认识论、方法论的缺点，把西方近代的主客关系思维方式补充进来（也包括发掘和阐发中国的天人相分的思想），使两者相结合"。在主客二分的思想原则没有充分发展的中国，想用传统的天人合一，代替和排斥主客关系的思维方式，并从原始的"天人合一"直接进入西方的后现代的高级的"天人合一"阶段，是办不到的。

西方近代的主客关系式和主体性，由于它被抬高到唯一至尊的地位，从而在现当代日益显露其弊端，例如物欲横流、环境污染，反而造成了物统治人的现象，使人丧失了精神上的自由。本来这并非主客关系式和主体性哲学之过，然而，"中国学术界有一种意见却认为这是由于主客体的思维方式强调人与自然斗争的结果，应该反对西方近代的主客关系式，用中国传统的天人合一来代替它，以达到与自然和谐相处。其实，要想与自然和谐相处，就更应该依靠主客关系的思维方式，以认识自然规律，支配自然，否则，不重视自然科学，忽视自然的必然性、规律性，自然就会报复人，人与自然反而不能和谐相处"。

我们今天亟需发展科学，理所当然地需要有经世致用的哲学观点和主客二分的思维方式，但这只是问题的一个方面；另一方面，现在人们过分地热衷于功利追求，对自然采取人类中心主义，对人采取自我中心主义，破坏了人与人、人与自然之间的和谐。针对这点，我们应当在"重视实用的同时，更多地提倡诗意境界和'民胞物与'的精神及其理论基础'万物一体'的哲学"。这种"万物一体"的境界，不是抛弃主客关系，不是不要知识和功利追求，而是包括主客关系，却又超越之；需要知识和规律性，而又超越之；既讲功利，而又超越功利追求；从而实现真、善、美的完美统一。这是教人以经得起痛苦和磨炼的人生态度之学，是面对人世间一切现实活动的高远态度。

综上所述，可以看出，"融汇古今""贯通中西"是张先生开展研究工作的一个重要的方法论原则。张先生说："作为一个多年研究西方哲学的专业工作，却在这20多年里花了更多时间读中国传统哲学的著作，我感到如果陷在这个圈子里出不来，无论怎么研究来、研究去，也很难为中国人的哲学和思想找到一个新路子。于是我在二十多年里又同时仔细地、认真地研究西方现当代哲学，特别是欧洲大陆人文主义思潮的哲学。我近些年的很多观点和思路或者说一得之见，都是受西方现当代思想的启发，通过自己的思考，重新审视中国传统哲学后，才得到的。"张先生认为："中国传统哲学中有很多可贵的东西似乎尚处于沉睡中，需要用西方的思想来激活它们，而它们一旦被激活以后，就比西方的哲学思想更具魅力。"因此，"中西贯通"这个提法，"不应该只是对某个人学术成就的赞美之词，而更应该是学术研究的方法论上的一条原则"。这既是张先生个人的体会，更是广大学者的共识。

近代以来，由于西方列强的入侵，大大有利于西方各种文化随之进入中国；与此同时，一部分中国人也开始感到西方国力之强盛，必与其文化有密切的关系。而关注西方文化，就必然会关注作为文化核心的西方哲学。在如何对待西方哲学、如何看待我国传统哲学、如何创建中国的新哲学这三个问题上，存在着全盘西化派、文化保守主义派、改良主义派的严重分歧，"古今中西"之争时有发生。20世纪30年代起，一些中国哲学家在吸收西方哲学的基础上，形成了若干现代型的哲学体系：先有熊十力、张东荪，后有冯友兰、金岳霖。张东荪、金岳霖的哲学，其影响比不上熊十力、冯友兰的哲学，究其原因是由于后者是"接着"宋明理学讲的，更具有中国特色。1949年后，在相当长的时期内，哲学研究的成绩是很不理想的。80年代后，情况虽大有改观，但还没有出现像熊十力、张东荪、冯友兰、金岳霖那样的大家。但人们也注意到，某些研究西方哲学或同时研究中西哲学的学者，曾努力利用中国哲学对西方哲学进行解读，在把西方哲学中国化和在中国哲学与西方哲学相互贯通方面，做了有益的尝试，取得了可喜的成果。而张世英先生则是其中受人关注的一位，他以83岁高龄，仍在著书立说，笔耕不辍，并把研究成果看作"愿意生死以之的东西"，确实令人钦佩。

在当前新的时代，由于经济全球化、科技一体化、信息网络的普遍化，世界文化的发展呈现多元共存、多元对话的局面。我们必须在发挥中国传统哲学固有的内在精神的同时，大力引进现代西方哲学和其他民族的文化，以便跟上世界哲学发展的总趋势，对人类社会做出较大的贡献。

张世英和雅斯贝尔斯对主客二分的认识

李雪涛[①]

在德国哲学传统中,不论是康德,还是雅斯贝尔斯都特别重视 philosophieren,这个词是 Philosophie(哲学)的动词形式,意思是"做哲学"或"进行哲学思考"。我认为,在张世英先生几十年的哲学探索中,他绝不仅仅是做中国哲学史或德国哲学史的研究,他在这些研究过程中也不断在"做哲学"。而对"主客二分"的关注,可以看作张世英进行哲学思考的起点。在其哲学实践中,张世英除了对西方哲学史上的这一问题做了系统的梳理之外,同样对中国哲学史上的"天人合一"做了阐释。德国哲学家雅斯贝尔斯在其哲学中对"主客体分裂"也做了极为详尽的论述。本文拟对东西方的这两位哲学家对这一问题的认识做一个初步的分析,从而比较他们对于"主客二分"认识的异同。

一、主客二分

张世英是从希腊哲学史的角度来讲述"主客二分"这个问题的,他认为柏拉图开启了"主体—客体"式之先河。但真正近代哲学意义上的主客体关系,是由欧洲"理性主义哲学"奠定人笛卡尔创立的。主体和客体间尖锐的对立反映着笛卡尔哲学中思维和广延物间的对立。笛卡尔认为思维(主观性)是精神的本质,广延物(res extensa)则是物质的本质。这种模式在西方哲学中被称作 subject-object dichotomy。张世英将这一术语译作"主客二分",他解释说,这是"主体—客体"

[①] 李雪涛:北京外国语大学历史学院、全球史研究院教授。

式，或称作"主客关系"。[1]

张世英解释说："主客二分"不仅指主客之间的分离、对立，而且包括通过认识而达到的主客统一。"主体—客体"的思维模式，其要旨就是认为主体（人）与客体（外部世界）原来是彼此外在的，主体通过对客体的认识而利用和征服客体，以达到主客的对立统一。[2]

欧洲汉学家很早就开始关注传统中国主客体不分的问题，1912年开始在德国柏林大学汉学系任教的荷兰汉学家高延（Jan Jakob Maria de Groot）于1918年用德文出版的《天人合一》（*Universismus*）一书，对此有特别详细的说明。高延认为，不论是中国语言还是文化的各种形式，如宗教、建筑等无一不体现了所谓的"天人合一"的思想，"这项工作的目的是确定和解释中国宗教和伦理学、国家制度和学术的基础"[3]。

当然，如果没有主客体的分离，就不可能有现代性。尽管早在荀子的思想中就已经有了"制天命而用之"（《荀子·天论》），主张在一定的范围内改造自然，但之后中国哲学并没有从中发展出主—客二分的思想。罗哲海（Heiner Roetz）认为，一直到鸦片战争之后的"近代"，中国依然只有所谓的"半现代性"（halbe Moderne）：张之洞曾尝试使当时的中国和现代性达成妥协，但这种现代性止步于不容改革的领域。[4] 它限制了黑格尔所认为的构成现代性的原则，即"自由主体性之原则"（Prinzip der freien Subjektivität）。[5]

---

[1] 张世英：《简论中西哲学之会通》，载张世英：《张世英学术文化随笔》，中国青年出版社，2002年，第8—13页，此处见第10页。

[2] 同上，第10页。

[3] J. J. M. de Groot, *Universismus. Die Grundlage der Religion und Ethik, des Staatswesens und der Wissenschaften Chinas*, Verlag von Georg Reimer, 1918, Vorwort.

[4] 罗哲海2007年的演讲稿《儒学之复兴与中国的身份认同问题》（*Die Wiederkehr des Konfuzianismus und die Frage der Identität Chinas*），未刊稿，第2页。

[5] Hegel, *Rechtsphilosophie* §273, Zusatz. 中译本参看黑格尔：《法哲学原理》，范扬、张企泰译，商务印书馆，1961年，第291页。中译本中将这一词组译作"自由主观性的原则"。

二、雅斯贝尔斯的"主客体分裂"

雅斯贝尔斯在他的"实存哲学"（Existenzphilosophie）中是将"主客体分裂"（Subjekt-Objekt-Spaltung）作为其哲学的出发点来看待的。"主客体分裂"是指一种基本的认知理论结构，根据雅斯贝尔斯的说法，这种结构是由人的意识指代对象这一事实得出的。雅斯贝尔斯认为，客体（认识对象）和认识主体之间存在着无可争辩的区别。这也同样适用于对作为客体的自我的认识。他认为，主客体的分裂是笛卡尔以来整个西方哲学最大的问题。这也是他的整个哲学要解决的问题：如何从分裂之中对实存进行澄清，进而达至包罗主客体的统摄（das Umgreifende）。在雅斯贝尔斯看来，完整的存在既非主体，亦非客体，而是在这一分裂之中作为现象的"统摄"。[①] 除了认识论外，雅斯贝尔斯同样认为，超越主客体分裂是本体论和宗教哲学的前提。

雅斯贝尔斯用主客体"分裂"（Spaltung）而不用主客体"关系"（Beziehung）是有其道理的。两个已经分离的事物之间的关系，暗示着主客体本身起初就是相分离的，只是以后才将它们联系在一起。因此德语里会说：zwei Dinge miteinander in Beziehung bringen，意思是：将两件事情联系起来。其所指的是，之前这两者即便有联系也是不为人知的。而主客体分裂所表达的是起初为一体的事物，后来被强行撕裂开来的情形。雅斯贝尔斯希望用这一个术语来强调起初未分裂的事物，[②] 这既是"存在"（Sein），也是"统摄"，也是"历史的起源与目标"中的"起源"（Ursprung）。

主体能够把握的"存在"并非"自在之存在"（An-sich-Sein），而仅仅是"为我们之存在"（Für-uns-Sein），这些是作为对象的"现象"

---

① Karl Jaspers, *Einführung in die Philosophie*, R. Piper & Co. Verlag, 17. Aufl., 1988, S. 25.

② Cf. Hans Saner, *Jaspers*, Rowohlt Taschenbuch Verlag GmbH, 10. Aufl., 1996, S. 85.

(Erscheinung)。也就是说，我们思考和谈及的，永远不可能等同于我们自身的某物，因为它已经成为与我们作为主体相对应的客体。这也同时说明了有超越现象存在的东西。这一观点马上让我们想到了康德有关"物自体"（Ding an sich）以及"为我之物"（Ding für sich）的概念。① 在康德看来，我们永远无法认识到作为"物自体"的存在，却可以认识到它"为我"的存在。② 谢林通过与同时代的思想家的论争所发展出来的同一哲学（Identitätsphilosophie）以及黑格尔哲学的思辨方法，都可以被理解成为了克服康德所创立的主客体分裂所做的尝试。雅斯贝尔斯在康德的基础之上，通过"主客体分裂"更加透彻地阐明了这一问题。

康德也不认为"灵魂"（Seele）和"神"（Gott）可以作为认知的对象来予以认识。雅斯贝尔斯同样认为："如果不使用神秘的表达方式来言说'灵魂'和'神'的话，在哲学话语中就说'实存'（Existenz）和'超越'（Transzendenz），这一切是不属于世界的。它们都不可能在同样意义上，像世上的事物一样被认知。虽然它们不能被认知，但却绝非乌有，尽管不能被认知，但却可以观想。"③

在雅斯贝尔斯看来，"存在"是抽象的，是不可以被认识的，但它包含了被分裂的具体的存在物。"存在物"（Seiende）则是具体的。作为"现象"显现的，只是"存在物"。在"存在"无法作为对象来认识的情况下，用什么方法可以达至一种无须规定性就能对被思物做出的思忖（Hindenken）呢？雅斯贝尔斯认为可以通过"澄明"（erhellen）来达到这一目的。雅斯贝尔斯在《哲学》第二卷中，将这一问题称作"对实存之澄明"（Existenzerhellung）。他所谓的"基本操作"

---

① 石川文康等编：《カント事典》，弘文堂，1997年，第507页右栏及以下3页。
② 雅斯贝尔斯后来在阐述这一问题时写道："凡是对我们来讲可以作为对象而加以认识的事物，在某种意义上仅仅是现象而已，而不是存在本身（康德）——我们的认识可以捕捉到作为设想对象的存在本身（托马斯·阿奎那）。" *Karl Jaspers*, herausgegeben von Paul Arthur Schilpp, W. Kohlhammer Verlag, 1957, S. 795.
③ Karl Jaspers, *Philosophie II. Existenzerhellung*, Vierte, unveränderte Aufl., Springer Verlag, 1973, S. 1.

(Grundoperation)正是处于主客体分裂之中,这是一个可以导向"存在"的存在物成为超越的场所(Ort)。雅斯贝尔斯认为,场所常常通过"临界境况"(Grenzsituationen)而得以体现:人在面对死亡、痛苦、斗争、罪责等境况时,现实的全部可疑性都会突显出来,在那里,以往固定的、不容置疑的东西全部消失了。在这一境况中,人或者通向存在和统摄,或者走向灭亡。

其实,雅斯贝尔斯对"轴心时代"各种文明之梳理,在很大程度上是考察人类历史上中国、印度和希腊三种文明是以何种方式达到"统摄"的。而孔子、老子以及佛陀、龙树的思想在澄明存在的方式方面,给予了雅斯贝尔斯极大的启发。

海德格尔在雅斯贝尔斯的《世界观的心理学》(*Psychologie der Weltanschauungen*, 1919)出版后的书评中写道:"主客体关系的根本意义是分裂。只有当未被分裂的事物作为根本现实性被看待时,这种分裂才有意义。"[1]海德格尔将哲学形而上学部分或全部地理解为一种必然的主客体分裂。

三、张世英对"天人合一"的批判

20世纪90年代,有的中国学者认为,中国传统的"天人合一"观念实际上已经超越了西方哲学的主客二分哲学,"认为西方现当代最前沿的东西,中国古已有之"[2]。针对这一观点,张世英认为,天人合一不是主体与客体的统一,它缺乏主体与客体的划分,也缺乏在二者之间进一步搭上认识之桥的思想。[3]

张世英认为,明清之际,特别是鸦片战争之后,"'主—客'式的

---

[1] Heidegger, "Anmerkungen zu Karl Jaspers *Psychologie der Weltanschauungen*", in *Wegmarken*, Klostermann, 2004, S. 1–44, Hier S. 21.
[2] 张世英:《简论中西哲学之会通》,第12页。
[3] 张世英:《张世英自述》,载张世英:《张世英学术文化随笔》,第367—382页,此处见第372页。

思想成分逐渐抬头，传统的天人合一遭到批判"[1]。他列举了19世纪末20世纪初的一批先进的中国知识分子，如谭嗣同、梁启超等人。他们明确提出要区分"我"与"非我"——主客，或极力介绍西方自笛卡尔以来的"主—客式"或"主体性"哲学。他认为，当时梁启超所撰写的几篇介绍康德和笛卡尔的文章都是与此相关的。张世英同样认为，孙中山的精神物质二元论更明显地是主客二分的思想。"五四运动"所提出的"科学与民主"的口号，"从哲学上讲，实可归结为对西方'主—客'式和'主体性哲学'的追求，因为'主—客'式和'主体性哲学'正是强调作为主体的人对客体（包括自然和封建统治者）的支配权和独立自主性"[2]。

因此，在张世英看来，中国传统的天人合一基本上是一种前"主—客"式、前主体性的思想，缺乏西方原来意义的主体性，这特别不利于科学与民主的发展。而代表西方现当代的人文主义思潮的哲学家们如尼采、海德格尔等所提出的不分主客的"主体已经死亡"，实际上已经超越了"主—客"式，超越了"主体性哲学"。[3]

在"主—客"式哲学方面，现阶段中国哲学的任务是什么呢？张世英否定了亦步亦趋地学习西方的方式：先花几百年的时间补完我们欠下的"主—客"式和"主体性哲学"之课，在此基础之上再走批判和超越"主—客"式的道路。张世英提出了将中西哲学结合为一体的解决方案：利用、吸取和发扬中国固有的天人合一思想之优点，例如它给我们提供某种高远的境界，但我们所需要提倡的境界不是前"主—客"式的，而是既包含又超越"主—客"式的。也就是说，我们决不能停留在"主—客"式和"主体性哲学"的阶段，而是应当提倡一种超越主客关系的理想人格和哲学原则。[4]

其后张世英又清楚地指出：

---

[1] 张世英：《简论中西哲学之会通》，第11页。
[2] 同上，第11页。
[3] 同上，第12页。
[4] 同上，第12页。

> 不能一见到中国哲学谈到人心与万物，就说这是区分主体与客体的思想。西方的主客关系式，说的是主体与客体原本二元对立、相互外在，但主体是中心，世界万物是客，处于被认识、被征服的对象地位，只是靠主体的认识和支配征服才使主客达到对立统一。这种思想是中国传统的"天人合一"所缺乏的（不是说完全没有）。王阳明所说的"天地万物与人原是一体，其发窍之最精处是人心一点灵明"，这里虽然谈到人心与万物，但显然不是西方主客关系式的思想。①

这其实是一个正反合的"三一式"（Triade），从黑格尔的哲学发展中我们可以清晰地认识到，这是从逻辑学（正）、自然哲学（反）到精神哲学（合）的发展。当大多数中国学者认为中国传统哲学中的"天人合一"是西方现当代哲学家所追求的超越"主一客"式的二分哲学，且对此沾沾自喜之际，张世英却清楚地认识到"天人合一"其实是处于三个阶段之中的第一个阶段。

从19世纪末以来，被介绍到中国来的欧洲思想家常常是反西方传统的，如伏尔泰、马克思、尼采、弗洛伊德等。大部分中国人在没有了解欧洲传统之前，就被告知西方传统都是反动的。按照黑格尔辩证法正反合的理论，如果不了解正命题（These）的话，那也根本没有办法理解反命题（Anti-These），当然也就无从达到对立面之相互联系、转化和统一。张世英清楚地看到了这一点。

张世英从来不盲目崇拜中国古代的一些观念，对"天人合一"也是如此。他写道："我还着重批评了儒家的天人合一说中一般把封建道德原则客观化、神圣化、绝对化为'天理'的旧思想，主张把人从永恒的抽象的'天理'中解放出来，使其还原为现实的、具体的人。"②他在这里所提到的"旧思想"应当是鲁迅在《狂人日记》中所提到的"吃人"

---

① 张世英：《简论中西哲学之会通》，第25页注①。
② 张世英：《张世英自述》，第374页。

吧。张世英认为，否定人的个体精神自由、贬抑人的生存发展的"天理"理应受到批判。这一解释在一定的历史时期是非常有意义的。

四、庄子的"道术裂"与雅斯贝尔斯的"基本操作"

在论及"大全"与《庄子·天下》篇中"道术"的关系时，复旦大学的张汝伦在《"轴心时代"的概念与中国哲学的诞生》一文中写道：

> 任何不怀偏见的人都会看到，《庄子·天下》篇是主张道术之整全而反对"道术为天下裂"的。然而……（有学者）认为庄子恰恰是主张"道术裂"的，原因在于，"'breakthrough'和'裂'好像是天造地设的两个相对应的字"。他想要证明的是："中国古代的'道术为天下裂'和西方现代的'轴心突破'是两个异名同实的概念，在比较思想史或哲学史的研究上恰好可以交互阐释。"因此他断定："庄子不但是中国轴心时代的开创者之一，参与了那场提升精神的大跃动，而且当时便抓住了轴心突破的历史意义。"[①]

尽管张汝伦在之前不断用雅斯贝尔斯的哲学思想来论证轴心时代及其实存哲学的关系，但在这段论述中谈到的并非"统摄"（所谓"大全"）本身，而是实现"统摄"的"基本操作"（Grundoperation）。作为"统摄"的存在（das Sein），不可能被理解为一个有限的存在物，因此也不可能作为客体而被认识。但是雅斯贝尔斯却认为可以通过哲学的"基本操作"来澄明之。"统摄"包容了分裂，但其自身却不能成为客体的东西。雅斯贝尔斯认为，尽管我们的思维无法超出主客体的分裂，但由于我们意识到这种分裂，因此我们也就得到了对象性的前提（Bedingung）和临界（Grenze）。这个"临界"使以统摄为根据的存在物成

---

① 张汝伦：《"轴心时代"的概念与中国哲学的诞生》，载《哲学动态》2017年第5期，第5—14页，此处见第12页。

为超越的场所，使统摄能够在有限物中获得一个显现方式的场所。①

雅斯贝尔斯认为，统摄常常保持隐匿，使我们的意识难以觉察到，只有通过客体，统摄才能变得清晰。统摄不会变为一个客体，但只能在"我"与客体的分裂中才能得以显现。②凡是可以传达的东西，都具有"主客分裂"的性质，而想触及那种根源性的无限，完全是不可能的。"它存在于我们称之为具有思辨性的哲学思想的背景之中，构成了哲学思想的内容与意义。"③

五、结论

很明显，雅斯贝尔斯接受了康德的认识论立场，特别是有关"物自体"是不可认识的理论。他不认为可以通过"主—客"式的方式认识到存在。他也清楚地认识到了康德哲学的局限：仅仅以理性的方式无法重建形而上学，也无法达到存在本身——对存在只有通过澄明才可能达到。

张世英认为，西方哲学史由旧的主客关系到现当代的主客不分，再到主客融合的转向，从另外一个角度来看，也就是由"在场的形而上学"到在场与不在场的思想的转向。哲学因此变得生动活泼、富有诗意，引导人进入了澄明之境。④近年来他也提出了将"主体—客体"与"人—世界"的结构按照萨利斯（John Sallis）的看法，分别称作

---

① Cf. Hans Saner, *Japsers*, S. 86-97. 实际上，雅斯贝尔斯的《哲学》第二卷是专门用来讨论"对实存之澄明"这个问题的。Cf. Karl Japsers, *Philosophie, II. Existenzerhellung*. 此外，也请参看 Wolfgang Stegmüller, *Hauptströmungen der Gegenwartsphilosophie. Eine kritische Einführung*, Band 1, Alfred Kröner Verlag, Sechste Auflage, 1978, S. 201ff.。
② Karl Japsers, *Was ist Philosophie? Ein Lesebuch*, herausgegeben von Hans Saner, Piper Verlag GmbH. 2. Aufl., 1997. S. 47.
③ Ibid., S. 49. 相对应的德文原文为：Daß es aber im Hintergrund jener philosophischen Gedanken steht, die wir die spekulativen nennen, macht deren Gehalt und Bedeutung aus。
④ 张世英：《张世英自述》，第 374—375 页。

"纵向超越"与"横向超越"。最终目的是实现由"纵向超越"到"横向超越"的转变,从而摆脱旧形而上学的羁绊,让"此在"(Dasein)在"世界"之中找到栖身之地。①

张世英在《中西哲学对话》的《超越自我》一章中,引用了青原唯信的三境界说:老僧三十年前,未参禅时,见山是山,见水是水。及至后来亲见知识,有个入处,见山不是山,见水不是水。而今得个休歇处,依前见山只是山,见水只是水。②张世英在晚年的时候认为,禅宗通过"无"而克服和超越了"主—客二分":

> 禅宗认为最高境界,即能"见山只是山,见水只是水"的我,不是不可二分式的"自我",而是"真我"。这"真我"既非实体,亦非与世界万物和"自我"对立,禅宗把它叫作"空"或"无"。"空"或"无"不是乌有和空虚,它就是前面所说的那个永远不能作为认识对象而又主持着认识活动的"真我"。③

这一点与雅斯贝尔斯对"存在"和"统摄"的认识是一致的。只不过张世英通过东亚禅宗的智慧巧妙地超越了西方哲学近代以来所存在的主—客二分的问题。张世英同样破解了康德希望以理性建构人类一切知识的尝试,形而上学范围内的知识是不属于理性的范畴的。在此,禅宗的智慧,使主客二分得以被超越。雅斯贝尔斯指出:"理性如果没有它的另一面非理性的话,是不可想象的;实际上,如果没有非理性,理性也不会出现的。"④

不论是雅斯贝尔斯还是张世英,都将人类思想文化作为一个整体来看待。雅斯贝尔斯认为世界哲学是"在人类的大共同体中,在一个

---

① 张世英:《中西哲学对话——不同而相遇》,东方出版中心,2020年,第38页及以下。
② 同上,第89页。
③ 同上,第92页。
④ Karl Jaspers, *Vernunft und Existenz*, Fünf Vorlesungen gehalten vom 25. bis 29. März 1935, R. Piper & Co. Verlag, 1973, S. 7.

共同的空间中的思想"。在这样的思想面前,即便是西方哲学也过于狭隘了,所有的民族哲学都只是"某些类似乡土艺术的东西"[1]。而在雅斯贝尔斯的潜意识中,哲学是永恒哲学(philosophia perennis),它属于人类,是某种特定文化传统的产物,只是以历史性的具体的形态出现而已!张世英指出:"任何不同的东西,都是唯一的宇宙整体的普遍联系、相互作用之网上的纽结或交叉点,每一个纽结、每一事物,都如莱布尼茨所说,是宇宙整体的一面镜子,反映着全宇宙,或者说就是全宇宙,只不过各事物反映的形式、方式、角度、阶段不同。说'不同',是指反映的形式、方式、角度、阶段不同;说'相通',是指它们都反映了唯一的宇宙整体。不同而相通,这就是中国哲学所讲的万物一体;万物各不相同,人一体相通。"[2] 面对近代以来在西方哲学的冲击下中国哲学将何去何从的问题,张世英认为中国的哲学家如果不能继承和发展自己的哲学传统,不能吸收并融会西方哲学,是无法创造出新的中国哲学的。而西方哲学家、汉学家对中国哲学的理解也常常失之宽泛:"时至今日,我们的中国哲学的研究仍缺乏足够的逻辑上的论证与细致的分析,西方现当代哲学家对于中国传统哲学所讲的精神境界亦少深层的领会。"[3]

---

[1] Cf. Hans Saner, *Jaspers*, S. 104.
[2] 张世英:《简论中西哲学之会通》,第 8—9 页。
[3] 同上,第 13 页。

"事"与人的世界

——从张世英先生"天人合一与知行合一"论说起

杨国荣[①]

上世纪 90 年代后期，张世英先生曾对天人关系做了历史的梳理和理论的考察，提出了不少值得注意的看法。以中国哲学为出发点，张世英先生指出："'知行合一'与儒家的'天人合一'有密切的关系，可以说，知行合一就是为了达到天人合一的最高境界。知行合一是方法，是手段，天人合一是理想，是目标。"[②] 广而言之，天人合一既是人所追求的境界，也可以视为形而上的存在形态。达到这种境界和存在不仅关乎认识、体验的过程，而且与实际的建构相关（包括重建天与人的统一），后者使知行合一不仅仅关乎观念之域，而且与人的做"事"相联系。事实上，这一意义上的"知行合一"，也可以理解为人所做之"事"的展开过程。本文将以此为切入点，对人与世界的关系做一考察。

与本然的存在不同，现实的世界因"事"而成。人通过"事"而与"物"打交道，"物"在人做事的过程中被把握、被规定。"事"的展开过程，也是"物"的意义不断呈现的过程。生成于"事"的世界，具体表现为属人的世界或人化的存在，其内在特点在于既涉及事实之维，也关乎价值规定。关注世界的现实性，同时需要避免化"事"为"心"或化"事"为"言"。以"事"为源，现实世界在扬弃存在本然性的同时，又确证了其实然性。

---

① 杨国荣：华东师范大学哲学系教授。
② 张世英：《天人之际》，人民出版社，1995 年，第 186 页。

一

何为"事"？概要而言，"事"可以理解为人的活动及其结果。人的活动即人的广义之"为"，所谓"事者，为也"[①]。这一意义上的"事"，首先与"自然"相对，荀子曾言简意赅地指出了这一点："不事而自然谓之性。"[②] "事"表现为人的作用，"自然"则意味着人的作用尚未参与其间，从而，"事"与"自然"构成相反的两端，"不事"与"自然"则彼此一致。在荀子看来，本然层面的"性"尚处于人的作用之外，其特点表现为无涉于"事"而自然。对"事"与"自然"关系的以上理解，从一个方面彰显了"事"与人及其活动的关联。从赞天地之化育，到经济、政治、伦理、科学、艺术等活动，"事"展开为多重形态。引申而言，人的活动既关乎行，也涉及知，从而，广义之"事"也兼涉知与行。

以上视域中的"事"首先展开为动态的过程，后者可进一步引向事物和事件。事物和事件表现为人活动的结果。与"不事而自然"之物不同，事物是经过人的作用并打上了人的不同印记的对象，这种对象以合乎人的需要为指向，从生产活动所需要的各类劳动工具，到满足人安居与出行所需要的房宇、舟车，从文化领域的书画，到日常生活中的服饰，事物展现为多样的形态。在引申的意义上，事物也指综合性的社会现象，如"旧事物""新生事物"等，这一类事物同样是人的活动的产物：在因"事"而成这一点上，二者具有一致性。

事物表现为"事"的特定产物或结果。相对于此，事件更多地展现为已完成的行为过程，它可以由单个的行为过程构成，也可以表现为已发生的行为系列，其内容则涉及人类生活的各个方面。作为已完成的行为过程，事件同样与人的活动无法分离。这一意义上的事件与

[①] 《韩非子·喻老》。

[②] 《荀子·正名》。

所谓"物理事件"需要做一辨析：物理事件如果发生于人的作用之外，如因云层自身互动而形成的降雨，可视为自然现象；物理事件如果发生于实验或人工条件之下，则已非纯粹的自然现象，而是融入于"事"并成为与人相涉的广义事件的构成，如人工降雨便属后一类事件。

与"事"相对的是"物"。以人的活动及其结果为存在形态，"事"与人无法相分。与之不同，"物"首先呈现为与人相对的存在。《大学》曾指出："物有本末，事有终始，知所先后，则近道矣。""物有本末"是从本体论上说，着重于"物"自身的本体论结构；"事有终始"则是就人的活动而言，主要侧重于实践或广义之"行"的秩序。本体论结构属对象性的规定，实践或广义之"行"的秩序则关乎人自身的活动过程，二者各有自身的规定，但又彼此相关，而所谓"知所先后"，则是要求把握"事"与"物"的实质关联，由"事"而达"物"。在《大学》看来，对"物"与"事"的不同规定及相互关联的把握，是合乎道的前提。由此做进一步分析，则可看到，以上论域中的"物"表现为两种形态：其一为尚未进入人的知行领域的对象，这一形态的"物"可以视为本然的存在；其二为已进入知行之域的对象，这一形态的"物"近于中国哲学所说的"所"，其特点在于已与人形成对象性关系，并具体表现为"境之俟用者"。以上两种形态的"物"或者尚处于人的活动领域之外，或者主要表现为人的作用对象，从而不同于作为人的活动及其结果的"事"。在哲学的视域中，如何避免人的物化，是一个无法回避的问题，而这种追问的逻辑前提，便是人与"物"之别。当然，如后文将进一步讨论的，与人相对的"物"也可以进入作为人的活动的做事过程，并通过人的作用（做事）过程而成为事物。事实上，作为人的活动结果的事物，往往同时基于人对"物"的作用（做事）过程。与之相关的事物，也相应地表现为"物"的转化形态。

海德格尔在《何为物》一书中曾区分了"物"这一词所表示的不同对象，它包括：可触、可达到或可见者，亦即在手边的东西；处于这种或那种条件下，在世界中发生之事；康德所说的物自体。[①]这一看法注意到了广义的物既涉及本然存在（如物自体），也关乎已进入知行之域的对象（在手边的东西）。不过，将"世界中发生之事"归为"物"，表明海德格尔对"物"与"事"的实质性分别，未能给予充分的关注。如前所述，"事"首先表现为人的现实活动，正是这一规定，使之区别于作为人作用对象的"物"。"事"的以上内涵，似乎处于海德格尔的视野之外。就总体而言，海德格尔关注的主要是"此在"的生存过程，这一过程首先与烦、畏等心理层面的体验相涉，后者不同于通过"事"以成就世界，将"事"归入"物"与这一立场无疑存在内在的关联。从逻辑上看，"事"与"物"界限的模糊，不仅制约着对"物"的理解，而且限定了对"事"的把握。

现实世界形成于"事"。这里所说的现实世界，不同于本然的存在，而是对人呈现不同意义的实在。这一视域中的现实世界，其具体含义从韦应物的名句"春潮带雨晚来急，野渡无人舟自横"[②]中亦可有所了喻。诗中的"无人"事实上以"有人"为前提：野渡无人所表明的仅仅是人的暂时不在场，其情境不同于人类出现之前的洪荒之世。洪荒之世或许可以有"春潮"、可以有"雨"，但其中既无"野渡"，也无"自横"之舟："野渡"和"舟自横"存在于人做事于其间的现实世界。从本然存在或抽象的形而上视域看，与"事"无涉的"物"似乎具有本体论的优先性。然而，以现实世界为指向，则"事"呈现更本源的意义："物"的变革或"物"转换为"事物"、现实世界本身的形成，都基于"事"。作为扬弃了本然形态的存在，现实世界处处打上了人的印记；人既生活于其间，也参与其形成过程，所谓"赞天地之化育"，便肯定了这一点。

从"赞天地之化育"的角度看，"物"乃是通过"事"而进入现实

[①] Heidegger, *What is a Thing?* trans. W. B. Barton, Jr. and Vera Deutsch, Regnery, 1967, p. 5.

[②] 韦应物：《滁州西涧》。

世界。正是在人做事的过程中，本来与人无涉的"物"，开始成为人作用的对象，并由此参与现实世界的形成过程。在"事"之外，"物"固然存在，但其意义却隐而不显，唯有在做事中，"物"的不同意义才可能逐渐敞开。如前所述，"事"作为人之所"为"，既涉及"行"，也包含广义的"知"，后者关乎科学研究活动或多方面的认识活动。与之相联系，"物"的意义之敞开及其进入现实世界，也呈现不同的形式。在某些情况下，"物"固然难以在"行"的层面成为人实际作用的对象，但却可以在"知"的层面进入现实世界。距地球数十万光年或数百万光年的星球，在未被射电望远镜等考察手段发现之前，无疑尚处于本然形态。然而，在这种星球成为天文观察的对象之后，人虽依旧无法对其产生任何实际的变革，但它却可以在"知"的层面成为现实世界的一部分。河外星系由本然形态向认识领域中的天文学对象的这种转换，离不开人所"从事"的科学探索活动。"物"的以上转换过程，同时表现为意义呈现的过程。宽泛而言，意义相对于人而言，其具体内涵既关乎价值—目的，也涉及认知—理解，做事的过程不仅在评价的层面上显现了"物"对人的价值意义，而且也在事实的层面上展示了"物"的认知意义。从宏观之域新的天体的测定，到微观之域基本粒子的发现，"物"之进入现实世界，都离不开人的做事（包括不同领域的科学探索活动）过程。

在谈到真理时，海德格尔曾以"去蔽"或"解蔽"为其原始的内涵。[1]海德格尔所说的真理不仅涉及认识论，而且具有本体论意义：对他而言，"事实上存在就同真理'为伍'"[2]。后一视域中的"真理"，同时指向本体论意义上的"真"或真实。"去蔽"或"解蔽"意味着被蔽者显现出来或呈现出来，但问题在于，被蔽者究竟是什么？如何使之呈现？从形而上的层面看，被蔽者可以视为本然的存在：存在的本然

---

[1] 参看海德格尔：《存在与时间》，陈嘉映、王庆节译，生活·读书·新知三联书店，2006年，第252页；《路标》，孙周兴译，商务印书馆，2000年，第219页。
[2] 海德格尔：《存在与时间》，第246页。

形态在尚未转化为现实世界时，对人而言具有"蔽"而未显的特点。海德格尔以"去蔽"规定"真理"，其中多少蕴含着肯定人可以"去蔽"之意，这一立场不同于康德之强调本然存在（自在之物）无法到达。然而，海德格尔同时以思辨的方式谈"去蔽"或"解蔽"，认为其实质在于"把存在者从晦蔽状态中取出来而让人在其无蔽（揭示状态）中来看"[1]，这种抽象的表述使相关问题不免显得玄之又玄。相对于此，如果引入"事"的视域，并将其与本然世界和现实世界的区分联系起来，那么，问题就会比较明朗。相应于存在的本然形态对人"蔽"而未显，所谓"去蔽"或"解蔽"，也就是存在走出以上的本然形态，而由此显现的"真理"或真实存在，则在实质上表现为由本然存在转换而成的现实世界，相对于"蔽"而未显的本然存在，现实世界无疑更多地呈现真切的实在性。与海德格尔的思辨、抽象理解不同，在其现实性上，超越本然形态（蔽），乃是基于广义的人之所"为"或人所做的多样之"事"，这种"为"或"事"以人所展开的知、行活动为具体内容。

广而言之，"何物存在？""如何存在（物以何种方式存在）？"是追问存在的过程中难以回避的问题。历史上的形而上学，往往以思辨的方式回应这些问题，这一意义上的"物"，也每每表现为思辨的构造。在其现实性上，以上这一类问题固然具有形而上的性质，但其解决却离不开形下之域的做事过程。从日常生活到其他领域，"物"的外在形态和内在规定，都是在人所从事的多样活动中被把握的。在饮食起居等日用常行中，人不仅确证了消费对象的实在性，而且也了解了其不同的功能属性，包括它们能够分别满足衣、食、住、行多样需要的各自特点。通过更广领域的"事"与"为"，人对何物存在、如何存在等问题也达到更广层面的认识。可以看到，"物"敞开于做事过程，其属性、功能以及存在的方式，也是在做事的过程中被把握和规定的。这里特别需要关注"物"的被规定问题，它意味着"物"在成

---

[1] 海德格尔：《存在与时间》，第252页。

为人的作用对象之后，其存在方式并非完全自在或既定：通过做事，人可以赋予"物"以更为多样的存在形态。以伐木为材、木材加工等活动（事）为前提，森林中的树木可以取得建筑材料、家具、交通工具（如舟船）等形式，后者作为树木这种"物"在现实世界（不同于本然之域）的存在方式，并非其自在和既定的形式，而是因"事"而成。"物"之获得以上这一类存在形式，同时体现了"事"对"物"的规定。

人通过"事"而与"物"打交道。在此意义上，人与"物"的关系，乃是以人与"事"的关系为中介的。"物"唯有融入"事"，才呈现其多样的意义；"事"的展开过程，也是"物"的意义不断呈现的过程。以"为"或"做"为形式，"事"同时包含人对"物"的作用。从认知的层面看，通过这种作用，物之"是其所是"的品格由隐而显；就评价的层面而言，通过这种作用，物之"是其所不是"的趋向也得到了呈现。所谓"是其所是"，也就是物自身所具有的规定；"是其所不是"，则是"物"对人所呈现的价值意义，这种意义并非"物"的本然规定，而是生成并彰显于做事的过程：当"物"与人的需要之间呈现一致性时，其价值意义便得到呈现，通过人的做事过程，"物"所内含的这种价值意义从可能化为现实，而"物"也由此"是其所不是"（获得其本然形态所不具有的品格）。

在谈到治国方式及君子特点时，荀子曾指出："若夫谲德而定次，量能而授官，使贤不肖皆得其位，能不能皆得其官，万物得其宜，事变得其应，慎、墨不得进其谈，惠施、邓析不敢窜其察，言必当理，事必当务，是，然后君子之所长也。"[①]这里也涉及"物"与"事"的分别："物"不同于人的活动（事），而是表现为人的作用对象；作为人的活动所面对的对象，"物"具有宜或失宜的问题。所谓"万物得其宜"，也就是通过人的活动，使不同的对象都得到适当的安置。相对于此，"事"则表现为人的活动及其结果，"事变得其应"，表明人的活

---

① 《荀子·儒效》。

动过程中所涉及的问题都得到合理应对,"事必当务"则进一步强调所做之事须依循必然、合乎当然。在这里,"物"主要呈现为对象性的存在,"事"则与人自身的存在无法相分;"物"与人相对,但其"得宜"与否,则离不开人的作用过程(事)。

从哲学史上看,关于"事"与"物"的关系,存在不同的理解进路。首先是以"事"释"物",郑玄对"物"的诠释便体现了这一点:"物,犹事也。"① 这一界定一再为后起的哲学家所认同,从朱熹到王阳明、王夫之,儒家一系的哲学大都上承了这一诠释路向。② 在《易传》的"开物成务"等表述中,也可以看到将"物"置于"事"(人的活动)中加以理解的趋向:"务"属人所"从事"的活动,"成务"以人的作用和活动为具体内容,而"开物"(以物为对象并作用于物),则同时展开为"成务"的过程。不难看到,这里所体现的,是"物"(本然对象)与"事"(人的活动)的沟通,以引"物"入"事"、以"事"成"物"为具体内容,这种沟通同时赋予"事"以更本源的性质。

与以上进路相对,另一种哲学趋向更侧重于"物"与"事"的分别,从庄子的相关论述中,可以比较具体地看到这一点。在谈到圣人的时候,庄子指出:"圣人不从事于务,不就利,不违害。"③ 圣人作为理想的人格,同时可以视为人的完美体现,"不从事于务",也就是不参与人的各种活动("事"),"不就利,不违害"则是超越价值的追求,二者体现的都是"不事而自然":"不从事于务"即远离于事,"不就利,不违害"则由拒绝价值追求而与"事"隔绝。对"事"的疏离,相应于对自然的崇尚。在天人之辩上,庄子的基本主张是"无以人灭天",这一观念赋予自然原则以优先性。从形而上的层面看,"物"的本然形态更多地与自然相涉,从自然原则出发,庄子显然难以对旨在

---

① 郑玄注《礼记·大学》。
② "物即事也。"(王阳明:《传习录》,载《王阳明全集》,上海古籍出版社,1992年,第47页)"物,谓事也。"(王夫之:《张子正蒙注·诚明》,载《船山全书》第12册,岳麓书社,1996年,第115页)
③ 《庄子·齐物论》。

改变"物"之自然规定的"事"持肯定的态度:"不从事于务"与"无以人灭天"前后一致,其要义在于维护自然之物而拒斥人为之事。物与事的这种分离,逻辑地导向物之本然形态(自然状态)的理想化,而因"事"而成的现实世界则由此被置于视野之外。

就"物"与"事"之辨而言,以"事"释"物"展现了"物"与人的关联:唯有进入人的活动过程("事"),"物"才能敞开并获得其意义;"不从事于务"则侧重于"物"与人之别:从存在形态看,本然之物外在于人的活动之域("事")。前者肯定了可以通过"事"而把握"物",后者则确认了原初形态中的"物"具有本然性,二者分别从不同方面突显了"物"的内在品格。当然,仅仅限于以"事"释"物",在理论上可能由过度强化人的作用而弱化现实世界的实然性;单纯地强调"不从事于务",则将由悬置"事"而使世界的现实性品格难以落实。

在现代哲学中,维特根斯坦曾突出了"事实"(facts)与"物"(things)之别。在早期的《逻辑哲学论》中,维特根斯坦即指出:"世界是事实(facts)的总和,而不是物(things)的总和。"[1]这里的着重之点便在于区分"事实"和"物"。"事实"可以视为进入人的知行之域的对象,就其超越了本然的存在而言,它无疑不同于"物"。不过,尽管事实作为知行之域的存在已与人相关,但它又有别于表现为人的活动之"事"(engagements):事实更多地表现为人的活动之结果。这样,当维特根斯坦强调"世界是事实(facts)的总和,而不是物(things)的总和"之时,他固然注意到现实世界不同于与人无涉之"物",但对更本源意义上的"事"(作为人的活动之"事"),却未能给予充分的关注。历史地看,人乃是在广义的做事过程中作用于"物",并化本然之"物"(things)为"事实"(facts)。与之相联系,理解现实的世界不仅需要注意"事实",而且应关注更本源意义上的"事"(affairs)。尽管维特根斯坦后期也注意到日用常行在语言理解中的作

---

[1] 维特根斯坦:《逻辑哲学论》,郭英译,商务印书馆,1985年,第25页。参看 Wittgenstein, *Tractatus Logico-Philosophicus*, Dover Publications, Inc., 1999, p. 29。

用，但其早期思想仅仅限于"物"（things）与"事实"（facts）之辩，这一进路无疑使其难以真正达到现实的世界。

二

"事"展现为人的活动及其结果，生成于"事"的现实世界相应地无法离开人的所"作"所"为"。人做事的过程，涉及对"物"的作用，通过这种作用，人同时在因"事"而成的世界中打上自己的印记，而现实的世界则具体表现为属人的世界或人化的存在。

基于"事"的现实世界首先与事实相涉。如前所述，事实不同于本然之物，而是表现为进入知行之域的对象。作为人的作用之产物，现实世界中的存在首先表现为事实，而非人的作用之外的"物"。当维特根斯坦肯定世界是事实的总和而非物的总和时，无疑也注意到这一点。就事实与"物"的分别而言，现实世界也可以视为事实之域。

从认识世界的角度看，事实之域涉及科学的世界图景。在狭义上，事实常常关乎科学认知，科学的世界图景，则首先通过事实而展现。作为不同于思辨构造或思辨推绎的把握世界方式，科学以事实为其出发点，无论是近代以来的实验手段，还是更广意义上的数学方法，都以事实为其指向。从形式的层面看，以实验及数学方法为手段，科学对世界的理解不同于单纯的现象观察而更多地呈现理论化的特点，其展现的世界秩序也有别于日常的经验之序而呈现为通过理论及逻辑活动而展示的存在结构，后者在一定程度上疏离于感性的直观。不过，以科学的概念、数学的模型等为构架，科学同时又在更深层、更内在的层面，展示了世界之序。究极而言，这种秩序既基于事实，又展示了事实之间的关联。

"事"作为人的活动，最终以实现人的价值目的为指向，在此意义上，它不仅关乎事实，而且包含价值之维。与之相联系，基于"事"的现实世界，并非仅仅表现为与本然之物相对的事实，而是同时展现其价值的向度。换言之，它既是事实界，也是价值界。宽泛而言，价值的追求及其结果体现于现实世界的各个方面。人在世的过程总是面临多方面的需要，从基本的生存过程（生命的维持），到社会、文化层面的发展，人的需要呈现多样形态。然而，本然之物不会主动地适应人，也不会自发地满足人的需要，唯有通过以不同的方式作用于世界，本然的对象才能获得"为我"的性质。事实上，"事"作为人的活动，其作用之一就在于使自在的对象成为合乎人需要的"为我"之物，后者同时表现为价值领域的存在。从早期的渔猎、采集，到现代高科技领域的生产活动，广义之"事"在改变世界和改变人自身的同时，也从本源的层面赋予世界以价值意义。

价值之维不仅涉及获得人化形式的对象世界，而且关乎社会领域中的社会实在，后者与自然对象的不同，首先在于其形成、作用都与人自身之"在"相联系。自然对象在进入知行之域以前呈现本然的形态，社会实在则并不具有以上论域中的本然性：它形成于人的知、行过程，其存在离不开人的做事过程。与对象世界一样，社会实在呈现多样形式，包括体制、组织、交往共同体以及与之相关的活动过程，后者同时展示了社会历史的内涵，并呈现更为稳定的特点。从其具体形态看，社会实在（体制、组织等形态）涉及经济、政治、法律、军事、教育、文化等各个领域。以现代社会而言，在经济领域，从生产到流通，从贸易到金融，存在着工厂、公司、商场、银行等各种形式的经济组织；在政治、法律领域，有国家、政党、政府、立法机构、司法机关等体制；在军事领域，有军队及民兵等正规或非正规的武装组织；在教育领域，有大、中、小学，成人学校等各类教育、培训机构；在文化领域，有出版社、报刊、媒体、剧团、各种文学艺术的协会等组织和机构；在科学研究领域，有研究所或研究院、学术刊物、各类学会等组织形式，如此等等。作为价值之域的存在，这些社会实在形成于社会领域的多样之"事"（人的不同活动），其不同的功能和作用也实现于人的做事过程。

人的存在过程总是伴随着价值的关切，存在的价值意义也在人的生存过程中得到了更为具体、多样的展现。海德格尔的基础本体论以人的生存为关注之点,其考察也涉及价值的内涵。在总体上,海德格尔将人的存在视为向死而在的过程。对他而言,尽管人具有自我筹划的能力,其存在形态也相应地非既定固有,而是具有面向未来的开放性,但其生存过程总是难以摆脱"烦"、操心等体验。同时,在与人共在的过程中,作为个体的人往往处于沉沦之中,难以达到本真的自我,唯有在对死的畏之中,个体才能真正感受到自身存在的一次性、不可重复性和不可替代性,从而回归本真之我。以上看法的主要之点,在于将人的生存过程主要与烦、畏联系起来,并以对死的先行体验为确认个体存在价值的前提。烦常常伴随着操心、忙碌、不顺,等等,畏虽不同于特定的惧怕,但却内在地包含无奈、无力、虚无等感受,无论从生活的实际境遇看,还是就自我的情感体验而言,以上意义中的烦和畏都呈现出某种消极的意味。对人的存在的如上理解固然包含价值的向度,但是这种价值关切同时又缺乏积极、向上的内涵。

与海德格尔以"不知死,焉知生"理解生存过程不同,中国哲学更侧重于"未知生,焉知死"[①],其中蕴含的是对生的注重:"生生之谓易""天地之大德曰生。"[②] 从形而上的层面看,死意味着生命的终结,这种终结同时表明人的发展已走向终点。与死的这一意义相对,生既蕴含着多样的发展可能,也面向着宽广的意义空间。在人的存在过程中,生命的延续同时伴随着人自身的创造活动,这种创造性活动不仅改变了对象,而且也赋予人自身以存在的意义,尽管个体的存在确实具有一次性、不可重复性和不可替代性,但通过对世界的创造性变革(立功)、自身人格的涵养和提升(立德)、文化上的承先启后(立言),等等,人既可以展现自身的内在力量,也可以体验生命的真实意义,正是在此生的这种自我肯定中,人的存在价值获得了现实的根据。从这方面看,本真的存在不是向死逼近或对死的体验,而是对生的认同和生命意义的自我实现。较之海德格尔的向死而在,肯定"未知生,

---

① 《论语·先进》。
② 《易传·系辞上》《易传·系辞下》。

焉知死"的中国哲学似乎更深刻地切入了存在的意蕴。

从个体生存的具体过程看,其中无疑存在引发烦、畏的现实之源,个体自身也确乎常常经历这一类的情感体验,海德格尔对此的描述,显然不乏细致、深入之处。不过,人的生存过程,并非仅仅限于这一类现象,而是包含更为丰富的内容。烦产生于人做事或处事的过程,做事或处事既需要与物打交道,也无法避免与人打交道,这一过程确乎常常面临让人操心或不如人意的方面。然而,无论是与物打交道,还是与人打交道,人的存在过程都并非单纯地呈现消极或否定性的趋向。就与物打交道而言,前面已提及,人与物的互动同时展现为人通过作用于对象创造性地变革世界,使之合乎人的价值需要。作为包含人的创造性活动的过程,人与物的互动不仅包含积极的、建设性的内容,而且可以使人感受到自身本质力量的外化,并由此获得具有审美意义的体验。同样,在与人打交道的过程中,个体并非如海德格尔所认为的,仅仅沉沦于大众或走向常人,而是同时可以处处感受到人性的光辉。通过主体间的理性对话、理解和沟通,人与人之间将趋向于不断化解可能的紧张和冲突,逐步建立合理的交往关系,后者既赋予人以自主意识,也使人性平等的观念得到确认。尤为重要的是,与人打交道的过程中不仅包含理性层面的交流,而且渗入了情感层面的沟通,从家庭中的亲情到朋友间的友情,从传统意义上的仁民爱物到现代社会中的人道关怀,人与人之间的交往多方面地涉及情感之维。这种情感是否能够视为本体(所谓"情本体")当然可以讨论,但基于情感的交往,以亲情、友情以及更广意义上的仁道之情等形式呈现的情感体验确乎内在于人的整个在世过程,并表现为人的基本生存境况。人的存在中这一情感之维,显然无法简单地归为"烦""沉沦"或真实自我的失落。事实上,它更应该理解为本真之我的内在体现,而在如上的情感沟通和体验中,人也同时从正面感受到存在的意义。

烦既意味着费心费神,也与忙(繁忙)相关。做事涉及多重方面,从谋划、操作到过程中的协调,做事总免不了忙碌。然而,"事"并不仅仅指向烦和忙。历史地看,人类在做事的过程中既创造了多样的文化成果，也使自身超越了仅仅为生存而做事：随着必要劳动时间的逐渐缩短，人类做事的领域不断突破生产劳动，获得愈益多样、广阔的形态。从经济领域到政治领域，从科学研究到艺术创作，人做事的过程固然往往呈现忙的形态，但同时又不断摆脱不同形式的强制而走向自由。进而言之，人的现实存在总是在忙与逸的互动中展开。就做事过程而言，其展开过程每每伴随有张有弛的节奏，这种张弛有度的运行方式，本身也表现了忙与逸的交互作用。从更广的生活过程看，与逸相关的空闲、休闲很早已进入人的生存领域，在人类历史的早期，日出而作、日入而息已成为生活的常态，其中的"息"相对于"作"而言，便体现了生活中逸、闲的一面。在现代社会，自由时间的增加进而为生存过程中的逸、闲之维提供了更多的可能，做事与闲逸之间，也常常呈现彼此交错的形态。要而言之，"事"中的张弛有度与"事"外的闲逸有致，从不同方面展现了人的生存过程的多维度性，其中包含多方面的价值意蕴。

可以看到，科学图景所敞开的事实之域和生存过程所展现的价值之维构成了基于"事"的现实世界的不同方面。事实之域既可以表现为认识论上的所知，也可以呈现为本体论上的人化实在，价值之维则是包含评价意义的人化规定，二者都因"事"而"在"，并相应地打上了人的印记。在此意义上，事实和价值都具有"为我"的性质而不同于"自在"的形态。就形而上的层面而言，作为外在于人的知、行过程的存在，本然世界既没有进入事实之域，也尚未取得价值的形态。相形之下，现实世界则以事实之域和价值之维为其相关的构成。

然而，作为现实存在的不同规定，事实之域和价值之维在形成于"事"并内在于现实世界的同时，又包含着各自单向展开甚至相互相分的可能。人的活动过程固然赋予现实世界以事实之维和价值之维，但事实之域首先关乎真，价值之维则涉及善，二者内涵的不同规定，常常在历史中引向彼此的分离。以本然之物向事实之域的转换为前提，科学的图景首先将世界还原为数学、物理、化学等规定：在事实之域中，世界呈现为可以用数学等方式来处理的形式，数学、逻辑之外的属性往往隐而不显，由此呈现的世界，多少失去了诗意的光辉，而与之相关的存在过程，则常常趋向于认同真而疏离善。事实既关乎真，又表现为实然，与实然相对的则是当然。以目的、理想的实现为指向，善的追求同时展现为对当然的关切，价值则往往被视为超乎实然的存在形态或理想（当然）之境。在超乎实然的同时，不仅价值本身的现实根据容易被悬置，而且善的确认每每隔绝于真的求索。在单向的价值追求中尽管也似乎涉及"真"，如海德格尔便把理想之我与本真自我联系起来，但这种"真"往往远离现实的存在形态：在海德格尔那里，通过从共在中抽身而去以及对死的先行体验而达到的"本真"自我，本身乃是缺乏现实性的抽象存在形态。

事实与价值、真与善、实然与当然的彼此相对，往往取得了不同形态。在休谟那里，它表现为"是"与"应当"的分野。"是"作为实然，属事实，"应当"则体现了人的理想、要求，从而与价值相涉。对休谟而言，"是"与"应当"缺乏逻辑的蕴含关系，因此从"是"之中无法推出"应当"。"是"与"应当"的如上分别，同时蕴含着事实与价值之间的某种鸿沟，后者在更广意义上科学与人文的对峙中得到了进一步的体现。以事实为指向的科学领域与追求人文价值的文化领域，往往构成了各自封闭的文化界限，二者之间既无法理解，又难以交流，逐渐形成了文化的鸿沟。这种文化分离在不同哲学思潮的对峙中也同样有所折射：科学主义与人本主义、分析哲学与现象学等分野，便表明了这一点。就个体而言，以上分野和对峙所导致的，则是内在精神世界的单一化与片面化，它使个体往往或者接受数学、符号构成的世界图景，或者认同诗的意境；二者各自对应于数理的运演和诗意的体验。

扬弃以上对峙，需要回到基于"事"的现实世界。在"是"与"应当"的分野中，事实与价值之间的对峙主要呈现为与推论相关的逻辑关系，在科学与人文等对峙中，二者之间则涉及更广意义上的观念取向。然而，就其现实性而言，事实与价值既非仅仅限于逻辑的关联，也非囿于观念之域，其更内在之源应追溯于"事"。综而论之，"事"与价值和事实之间呈现错综的关系：一方面，事实与价值内在于现实世界，后者则因"事"而成，就此而言，事实与价值的分离本身以现实世界在"事"中的生成为其前提：在现实世界之外本无事实和价值这一类"为我"或人化的存在形态，从而也谈不上二者的分离；另一方面，克服以上分离，又以"事"以及"事"所建构的现实世界为条件。在纯粹的逻辑视域中，"是"与"应当"确实并不包含蕴含关系，但在现实的层面，事实与价值则是同一存在的相关方面，二者之间更多地表现为基于"事"的相互制约而非仅仅是逻辑的推论关系。人的生存过程总是包含着多重的需要，正是后者推动着人从事多样的活动（做事）。同时，人们往往基于一定的需要（包括认知层面的需要和生存方面的需要），从已形成的价值取向出发，去"从事"多样的活动，接触不同事物，由此进一步了解相关事物的属性，使之由尚未为人所知的本然形态转换为人所把握的"事实"形态。现实需要和价值取向对本然之物转换为"事实"的如上制约，一开始便决定了事实和价值一开始就无法相分。通过"事"的展开，事物在事实层面的属性与人在价值层面的需要又相互关联，而事物对人的价值需要的实际满足和事物所含价值意义的敞开则呈现为同一做事过程的两个方面。在这里，事实与价值无法相分。从具体过程看，"事"的展开既需要基于事实的认知，也离不开价值的评价：如果说，价值的评价规定了人应当做什么，那么，事实的认知则制约着人如何做；前者关乎做事的价值方向和目标，后者涉及做事的方式、程序、途径。作为人的活动，做事既与正当性相关，也与有效性相涉，"事"的正当以合乎当然（体现合理的价值方向）为前提，"事"的有效则基于合乎实然（与存在法则一致）。在化本然界为现实世界的做事过程中，事实认知和价值评价从不同的方面为人提供引导，并进而担保"事"本身的有效和正当。不难看到，现实世界的生成过程并不仅仅限于事实认知，也非单纯地表现为价值评价，其间始终交织着二者的互动，而由此形成的现实世界则表现为事实之域和价值之维的统一。在这里，"事"既从本源上引向事实和价值的沟通，也为克服二者的分离提供了前提和根据。

要而言之，以"事"为视域，需要关注本然世界与现实世界在存在形态上的分别。本然世界固然具有实在性，但尚未进入人的知、行领域，也未通过"事"而与人发生实质的联系，其具体意义还没有向人敞开和呈现。相形之下，现实世界作为生成于"事"的实在，已取得了"为我"或人化的形态，其中既有认识论和本体论意义上的事实之维，也包含评价意义上的价值规定。本然世界虽不同于现实世界，但可以通过"事"而转换为现实世界，这种转换同时意味着赋予世界以事实和价值等相关内涵。

三

现实世界因"事"而成，这种生成品格，同时表现为对存在本然性的扬弃。然而，历史地看，尽管现实世界的生成性在哲学上得到了某种肯定，但在如何理解现实世界的这种生成性或非本然性方面，却存在不同的进路。

众所周知，康德区分了现象与物自体。从本然与现实的分别看，物自体存在于人的知行过程之外，属本然的存在，现象则已进入人的认识领域，从而超越了本然性并获得了现实的品格。对康德而言，现象的呈现，以人的先天直观形式（时空）作用于感性材料为前提，在此意义上，现象本身具有被构造的性质。可以看到，在康德那里，现象已扬弃了本然性，进入广义的现实世界；现象的这种现实品格，并非既成，而是由先天的认识形式所规定，这一看法无疑已从现象这一层面注意到现实世界的非本然性。然而，康德同时强调，现象的非本然性主要源于先天的认识形式，这种抽象的先天形式显然不同于作为人的现实活动的"事"，它对现象的规定，也有别于因"事"而成。

黑格尔理解的世界，同样不同于本然的存在。如前所述，康德在区分现象与物自体的前提下，仅仅确认了现象的非本然性。与之不同，黑格尔以绝对精神为第一原理，并赋予这种精神以能动的力量，肯定其能通过自身的外化而生成自然及更广意义上的世界。对黑格尔而言，精神外化为自然和世界，不仅使自然和世界获得了实在的根据，而且也扬弃世界与精神的分离。尽管黑格尔以精神为源,但其肯定自然和世界的实在性,无疑又有别于贝克莱等怀疑世界的真实性,而对世界与精神分离的扬弃,则展现了其试图超越近代以来心物、天人之间彼此对峙的趋向。按其实质,黑格尔所理解的绝对精神,可以视为人的观念、精神的形而上化和思辨化,以这种精神为自然与世界之源,在某种意义上也以思辨的方式触及现实世界的生成和人的关联。不过,在黑格尔那里,作为存在根据的精神本身表现为思辨和抽象的产物,从而不同于人的现实精神,以精神的形而上化、思辨化为前提的自然与世界的生成固然有别于本然的存在,但却缺乏基于"事"的人化世界的现实性。黑格尔在肯定精神外化的同时,又强调随着自然、社会以及人的观念之展开,精神最后又回到自身。这种始于精神、终于精神的演化过程,与通过人的现实活动("事")以赞天地之化育,显然相去甚远。

前文已论及,海德格尔提出基础本体论,以个体的生存为主要关注之点。在海德格尔看来,个体并不是被规定的既成存在,而是包含着面向未来的不同可能,这种可能,为个体生存过程中的自我筹划提供了前提。个体的生存关乎广义的生活世界,将个体的存在过程理解为自我筹划或自我谋划的过程,同时意味着把生活世界的展开与人自身的活动联系起来。不过,海德格尔所说的筹划或谋划,基本上限于观念之域,这种观念性活动,与作用于对象并实际地变革对象的"事",显然有所不同。在海德格尔那里,个体的生存过程,同时又以烦、畏等心理体验为具体的内容。如果说,筹划、谋划主要从观念的层面体现了个体存在的自主性,那么,烦、畏等体验则更多地展现了个体内在的精神世界,二者都未超出观念的领域。较之作用于对象并实际地变革对象的活动,无论是人的筹划和谋划,还是烦、畏等体验,都属广义的"心"。从实质的方面看,海德格尔对人的生存过程及生活世界的理解表现出有见于"心"、无见于"事"的特点,其关注之点主要限于人的存在的意识或精神之维,而人的实际做事过程,则基本上处于其视野之外。

绝对精神的外化,首先关乎外在世界;个体的意识活动,则涉及与人的生存过程相关的生活世界,二者在限定于广义之"心"的同时,又都承诺了不同于本然的存在。现代哲学中,理解世界非本然性的另一种进路,体现于语言与世界的关系。随着所谓语言学转向的出现,从语言的层面理解世界成为一种趋向。

在肯定"世界是事实(facts)的总和,而不是物(things)的总和"的同时,维特根斯坦又强调:"语言(我所理解的唯一的语言)的界限,意味着我的世界的界限。"[1]这里值得注意的是,他将语言与世界的界限联系起来。从逻辑上说,把语言规定为世界的界限,表明人所达到的世界,仅仅是语言中的存在。维特根斯坦之后的分析哲学家,往往在不同程度上沿袭了上述思路。奎因提出了本体论承诺,但同时又将"实际上什么东西存在"的问题从本体论的承诺中剔除出去,而将本体论问题仅仅限定于对"说什么存在"问题的讨论,并认为后者"差不多完全是与语言相关的问题,而什么存在则属另一个问题"[2]。质言之,奎因的本体论承诺主要涉及对存在的言说和表述。在这里,语言同样构成了世界的界限。塞拉斯也曾论及语言与世界的关系,在他看来,人可以创造自己生活于其间的环境,这种创造同时意味着使世界成为"我们的世界"(our world),后者的形成主要与语言的运用和共同的意向相联系;人创造环境的过程,也主要以此为前提。[3]这里固然注意到了人的世界("我们的世界"),但这一世界及其生成,却主要被归诸语言活动。由此,塞拉斯进一步认为,质(qualities)、关系(relation)、类(class)等,都属"语言的实体"(linguistic entity),也"都是语言的表述"。[4]这种看法从另一方面将世界还原为语言。

---

[1] 维特根斯坦:《逻辑哲学论》,第79页。
[2] 参看 Quine, *From a Logical Point of View*, Harvard University Press, 1980, pp. 15–16。
[3] Wilefrid Sellars, "Philosophy and the Scientific Image of Man", in *In the Space of Reason—Selected Essays of Wilefrid Sellars*, eds. Kevin Scharp and Robert Brandom, Harvard University Press, 2007, pp. 406–408.
[4] Wilefrid Sellars, "Abstract Entities", in *In the Space of Reason—Selected Essays of Wilefrid Sellars*, p. 163.

与肯定语言是世界的界限相联系的,是世界与语言的某种重合。戴维森在谈到语言与世界的关系时,曾指出:"我们共有一种语言(在这里是为交流所必需的任何一种含义上)时,也就共有一幅关于世界的图景,这幅图景就其大部分特征而论必须是真的。因此,我们在显示我们的语言的大部分特征时,也就显示了实在的大部分特征。"① 语言与世界的图景在这里被理解为一种合而为一的关系:拥有共同的语言,同时也就拥有共同的世界图景;正是二者的合一,决定了语言的特征可以折射实在的特征。这里所展现的内在趋向,是化世界为语言,而当语言与世界图景彼此合一时,人的全部活动便难以超出语言:他所达到的,只是语言,而不是世界本身;语言之外的世界,在某种意义上成为康德所理解的物自体:在语言成为界限的前提下,人显然难以达到"界限"之外的真实世界。

当然,作为人所把握的存在,语言中的世界已不同于本然的存在:在非本然性这一点上,语言中的世界与现实世界似乎具有相通之处。不过,与现实世界形成于"事"(人作用于对象的实际活动)有所不同,语言中的世界主要表现为语言的构造。当语言成为世界的界限时,语言同时也被赋予某种本源的形式:世界似乎主要基于"言",而非基于"事"。

现实世界是否源于并限于"言"或"名"? 在回答这一问题时,首先需要考察"言"("名")与"事"的关系。从"言"或"名"本身的起源看,其作用首先在于指实,荀子所谓"制名以指实",已注意到这一点。② 以名指实,并非仅仅源于某种观念的兴趣,而是基于现实的需要。在谈到"制名以指实"的意义时,荀子便着重从"上以明贵贱,下以辨同异"的角度做了解释。③ "明贵贱"展开于社会领域,"辨同异"则涉及更广的对象,二者都与"事"相关:"明贵贱",意味

---

① 戴维森:《真理、意义、行动与事件》,牟博译,商务印书馆,1993年,第130页。
② 参看《荀子·正名》。
③ 同上。

着通过社会领域的不同活动以建立一定的人伦秩序;"辨同异",则是在区分不同事物的前提下,在更广的领域作用于对象。无论是社会领域的活动,还是在更广领域中对物的作用,都表现为处事或做事的过程:前者基于人与人之间的交往,后者表现为人与物的互动,二者作为"事"的不同形式,同时为名言(语言)的发生提供了现实的推动力。诚然,在某些情况下,语言的运用与现实之"事"似乎具有某种距离,但进一步分析则不难发现两者之间的关联。以审美判断而言,其中无疑包含语言的运用,而从形式的层面看,这种运用与"事"好像并没有直接的联系。然而,审美判断本身表现为人以审美方式感受、把握世界的过程。在艺术创作过程中,这种判断与人"从事"的创作活动难以相分。在审美鉴赏中,则涉及人的感官(眼、耳等)与审美对象的互动,在欣赏自然山水之时,审美鉴赏过程进一步与拾阶登高、移步湖畔等活动相联系。以上互动和活动都关乎人之所"作",从而也与广义之"事"相涉,基于此的审美判断以及渗入其中的语言,也相应地无法离开上述意义中的"事"。名言(语言)与做事过程的这种关联,同时表现为因"事"而有"言"。

语言关乎意义。就意义而言,语言不仅仅与指实相联系,而且涉及具体的活动过程。后期维特根斯坦提出"语言游戏说",并肯定语言的意义在于使用。相对于早期对语言的理解,这一看法更多地触及了人的活动对语言意义的制约作用。人的活动的基本形式之一是做事,在日常的做事过程中,可以具体地看到语言意义与做事的关联。以施工过程而言,如果参与施工的某一劳动者高声说"钳子"或"锤子",则同一施工过程中的其他劳动者便会递上钳子或锤子。在这里,"钳子"或"锤子"的意义不仅仅在于指称某种特定的工具,而且包含诸如"现在需要使用钳子(锤子),请递上"等含义。以上场景以较为形象的方式,展现了语言意义与做事过程的内在关联,并具体地表明:正是做事的过程,赋予"言"以具体的内涵。

进而言之,从人之所"为"与语言的关系看,一方面,人之所"为"可以呈现符号和语言的意义:从最简单的手势,到所谓行为艺术，都体现了这一点；另一方面，"言"不仅参与做事的过程，而且其运用过程本身也可以获得"事"的意义，所谓"言语行为"（speech act），便涉及"言"的这一方面。根据奥斯汀的看法，当我在船下水时作出"我把这艘船命名为伊丽莎白女王号"这类表述时，我并不是在记述或报道某种行为，而是同时在实施这一行为（to do it），相关的句子则可称之为"施行句"（performative sentence）。[①] 日常有关允许、道歉、指责、赞成、请求等表述，也包含类似的意义，这种言语行为同时被称为"以言行事"（illocutionary acts or to do things with words）。[②] 宽泛而言，言说行为本身也可以视为广义的"做事"过程，它虽然不同于实际地变革对象的感性活动，但作为人之所"为"，与上述之"事"无疑有相通之处，在引申意义上甚而可归属其中。

"言"与"事"的以上关系表明，语言并不具有本体论上的优先性。相反，从其起源、意义的获得到"言语行为"，语言都无法离开"事"；在"以言行事"的情形中，言说之成为实施某种行为的方式，同样以归属广义之"事"为前提。语言的这种非本源性，也规定了它难以成为现实世界的终极构造者。分析哲学以语言为本，显然未能理解现实世界生成的真切前提。

黑格尔的思辨哲学、海德格尔的基础本体论或存在哲学以及分析哲学尽管展现了不同的哲学趋向，但在离开"事"而谈现实世界这一点上，却呈现出某种相通性。前文曾论及，"事"在广义上本来包括对世界的把握和变革，而对世界的把握则包含知。在此意义上，以绝对精神、个体意识等形式表现出来的"心"以及被规定为存在界限的"言"并非与"事"完全悬隔。然而，以上的哲学进路却仅仅限于观念之域，而将以做事的方式作用于外部对象的现实过程置于视野之外，这就在实质上通过"事"的抽象化而消解了现实之"事"。在梁漱溟那里，对"事"的这种抽象化和消解表现得更为直接。梁漱溟首先

[①] J. L. Austin, *How To Do Things With Words*, Harvard University Press, 1975, pp. 5–6.
[②] Ibid., pp. 94–108.

将宇宙理解为生活，认为"宇宙是一生活，只是生活，初无宇宙"。而生活则规定为"事的相续"："生活即是某范围内'事的相续'。这个'事'是什么呢？照我们的意思，一问一答即唯识学家所谓一'见分'，一'相分'——是为'一事''一事'又'一事'……如是涌出而已，是为相续。"① 这里所说"见分"和"相分"是唯识宗的概念，作为心识之域的作用者和作用对象，二者都主要意识或观念相涉。梁漱溟以"见分"和"相分"释"事"，意味着将"事的相续"等同于意识（心）的活动。如果说，黑格尔的思辨哲学、海德格尔的基础本体论以及梁漱溟的相关看法趋向于以"心"观之并进而化"事"为"心"，那么，分析哲学的哲学取向便表现为以"言"观之并进一步化"事"为"言"。② 这里似乎存在某种"悖论"：一方面，就广义而言，以"心"观之和以"言"观之都属于人之所"为"或人之所"作"，另一方面，在以上哲学视域中，相应于离"事"而定位"心"与"言"，不仅"心"与"言"被赋予本源的意义，而且世界本身也被奠基于"心"与"言"之上。从现实世界的生成看，这种哲学进路诚然注意到本然之物与现实世界的分别，但在超越本然存在的同时，将绝对精神（黑格尔）、个体意识（海德格尔）、语言形式（分析哲学）视为世界之本，无疑又趋向于疏离实然。

  人存在于其间的现实世界确乎不同于本然之物，但通过人的活动（"事"）以扬弃存在的本然性，改变的主要是其存在方式（由自在的存在转换为人化的存在），本然之物在获得现实形态之后，其实然性并没有被消解。与"心""言"在观念领域的单向构造不同，"事"首先表现为人对外部对象的实际作用，基于"事"的现实世界也相应地在扬弃存在本然性的同时，又确证了其实然性。

---

① 梁漱溟：《东西文化及其哲学》，载《梁漱溟全集》第 1 卷，山东人民出版社，2005 年，第 376—377 页。
② 事实上，塞拉斯便把行动理解为"语言对环境的输出"。参看 W. Sellars, "Some Reflection of Language", in *Science, Perception and Reality*, Routledge and Kegan Paul, 1963。

时晕与几微[1]

——现象学时间与《周易》象数时间的原结构比较

张祥龙[2]

小序

值此 2020 年的多事之秋，我们以自己的方式来预祝张世英先生的百年诞辰，暂时摆脱一下"防疫隔离""中美摩擦"的气氛，既为北大哲学系又一位卓越学者的长寿而庆贺，又可通过审视张先生的人生和著作来观察一个世纪以来中国哲学运动的命运。在此小序中，我只想作为张先生的一名学生和同事来做少许回顾，谈一点感想。

我直接见到张先生，大约是在"文革"后考入北大的第二年。张先生为我们开出关于黑格尔逻辑学的选修课，地点在第二教学楼。张先生授课，思路清晰，语言生动，略带湖北口音的普通话字正腔圆，尾音微颤而更显韵味，将那么晦涩的书讲得活灵活现，很受同学们欢迎，也给我留下深刻印象。

1992 年，我留学归来，进入母校的外国哲学研究所，与张先生成了同事，但那时好像在所里很少见到他老人家。不久，我写了一篇关于海德格尔的《康德书》（即《康德与形而上学问题》）的论文，重点讲海德格尔如何解释康德《纯粹理性批判》中的"演绎"部分，拎出特别是该书第一版中关于"先验想象力"的思路，大加发挥，由此打

---

[1] 本文原载《中国现象学与哲学评论》第 21 辑（《现象学与天道》），2018 年。这次做了修订，有某种思路上的深化，主要体现在对"时晕""非定域性"的讨论中。
[2] 张祥龙：北京大学哲学系教授。

开理解《存在与时间》之门。张先生正在主编《德国哲学论文集》，我就将此文投了过去。这篇文章的思路在当时的中国学术界应该是很另类的，居然将那位被不少人讲成反理性主义的海德格尔的哲学，与理性至极的康德批判学说挂钩（后来有一位编辑就表示过不理解，认为此文的讲法乃至一些关键词的译法颇为怪诞）。但很快，张先生痛快地接受了它，并按当时的出版速度而言，比较快地登出了它，收入第 13 辑。此文于 1995 年获金岳霖学术奖。那时还没有现在的这一套劳什子，比如"重点刊物"的等级制、烦琐的报奖过程和几乎无处不在的权力垄断，让人感觉舒服得多。

后来与张先生熟识些了，就登门拜访。他那时住在中关园某楼的一层，外边还有一个小院。与张先生谈的主要就是哲学，感到他的思想兴趣已经有所并正在继续转化，不但从古典西方哲学比如黑格尔哲学转向了当代西方哲学，而且从西方哲学转向了中国自家的哲学。如果没有记错，张先生与我谈过他与汤一介先生的友谊及思想交流，似乎汤先生在引起张先生对中国哲理的兴趣方面，还起过作用。这并不是说，他转向新的方向就不顾以前的思想和立场了，而是说他最关注的是思想本身，并不固守某一哲学家、学派甚至学科，所以一直在探寻更真切的哲理，因而就不断地开拓自己的方法论视野。像他这样的跨越中西的真诚思想者，在他那一辈的中国学术界，就我的目力所及，并不多见。王树人先生和叶秀山先生是另两位。

又过了些年，我读到张先生撰写的《进入澄明之境——哲学的新方向》，感到是一部得力之作，不但观点在当时中国大陆的哲学界比较新颖，而且很有方法上的自觉。尤其是，他真诚地反省自己以前所走的哲学道路的狭隘和不足，直抒新的哲理方法带来的思想新境甚至欣喜之意，这种"朝闻道，夕死可矣"的恳挚、"思如泉涌"[①]的体验，令我感佩。所以，我还曾写了一个短评《中国的哲学需要"转向"——读张世英先生的〈进入澄明之境〉有感》，发表于《光明日

[①] 张世英：《进入澄明之境——哲学的新方向》，商务印书馆，1999 年，第 4 页。

报》(2000 年 5 月 30 日)。

之所以选择以下这篇文章,是由于我感到张先生这些年来,于中西哲理的比较和贯通,乃至新的哲学思路的开发,用力甚勤且成果显著,所以,为了庆贺他老人家的百年华诞,就选用了这篇在我看来是探讨中西哲理根基之一的文章,以求得到先生及同仁们的指点。

衷心祝愿张先生寿比松柏,以更多的佳作来泽及吾等后学。[①]

正文:

胡塞尔开创的现象学以内时间意识之流为自己全部学说的源头,而这种时流的突出现象如声音旋律乃至其发生结构,就是"时晕"。实际上,如果不从时晕出发,时流的学说是无法透彻理解的。华夏《易》学为了具备在时间中旅行或"彰往察来"[②]的能力,诉诸爻卦之象以及对它们所做的语言解释之辞。《易传》或十翼阐发的重心就是这种象与辞的特点及其关系,汉及三国的《易》学为了更细密地追寻此关系,集中于对卦变及其时间含义的传承和发掘。它们的一个重大发现就是象辞关系只能是发生式的,而非静态对位的。而使这种发生性关联得以可能的要害,在于找到它们的内在时-空-间结构。为此,对于《周易》的卦爻象进行结构性变形以及阴阳时间赋意,就是必要的。而要使这种变形和赋意摆脱形式化、范畴化或现成化,具有某种原发生性或时机性,其关键就在于找到其"几微"所在。这种几微与现象学讲的"时晕"之间,出现了某种哲理思想的家族相似。本文拟探讨两边各自的含义,特别是时晕或几微的象数及卦气体现,以便更加具象和深入地显示现象学与《易》学的关系,一种虽然跨越两千年和两

---

① 就在此文接近完成时,突然接到张世英先生去世的消息,为之震惊和惜悼!愿先生走好!
② 《周易集解纂疏》(简称《纂疏》),李道平撰,潘雨廷点校,中华书局,1994 年(2004 年重印)。《周易·系辞下》,参看《纂疏》第 658 页。那里的原文是:"夫易[《易》],章[彰]往而察来,而微显阐幽,开而当名。"

个文明但仍然微妙有趣的关系。

一、时晕的现象学含义

1. 胡塞尔提出的时晕与时流

现象学时间观的起源在于发现了"时晕"（Zeithof）[①]的结构，即由滞留（保持）和前摄（预持）交融成的时间晕，并因它的特性而有内在的时间流；当然也可反过来说，正因为意识的本性是时间流，它知觉时间对象时就必以时晕的而非点串的方式来进行。胡塞尔开创的当代现象学可称为意识现象学，因为他像东方的唯识论者一样，相信广义的意识体验是所有意义生成和哲理思考的不二起点和底色。他主张这种意识体验一定以先验主体性为终极，不管是收敛极还是单子极，因此意识不必局限于单个的主体里边，可以有甚至首先有主体间的意识生活。而唯识宗则否认意识的终极是主体性，认为那只是意识对自身的执着而已。

胡塞尔发现意识有两个最基本的含义，即意向化的体验和内感知的体验。[②] 意向化的或意向性的体验从表面看是一种对象化体验，总是关于某物的意识，但由于意向体验不是完全现成的或不限于实显映射面的，所以可以说在原本的意义上是非现成的[③]，这种"关于某物的

[①] 胡塞尔：《内时间意识现象学》，倪梁康译，商务印书馆，2009年，第68、212页。对于胡塞尔，每一个被感知着的时间点（如被听到的旋律中的一点）都是一个时间晕，比如他讲"现在点重又具有一个时间晕"、"时间晕的连续统"（68页）、"时间晕也有一个将来"（212页）；但他也认为，构成这时间晕的滞留（保持）和前摄（预持）各自——当然它们没有任何实质的"各自"——也是晕："每个感知都有其滞留的和前摄的晕。即便是感知的变异也必须——以变异了的方式——含有这种双重的晕。"（140页）

[②] 参看倪梁康：《胡塞尔现象学概念通释》，生活·读书·新知三联书店，1999年，"意识"（Bewußtsein）条目。

[③] 参看张祥龙：《什么是现象学》，载《社会科学战线》2016年第5期，第1—10页。那里从多个角度来论述，现象学首先是对可能性而非现成性的直观体验及其当场的意识自觉。

意识"就总是以视域交织的内在方式进行着或被构成着的，不可能是充分对象化^①和定域性^②的，必同时产生出"盈余"意识，因此它实际上离不开内感知体验，也就是伴随它的自身意识或随附意识。胡塞尔一开始还沿袭传统西方哲学的路数，以为这种自身意识一定是反思型的或内对象化的，也就是以正在进行的意向意识为对象的更高层意识。但后来，尤其是他追究了内时间意识之后，才明了如果随附意识是对象式地运作的话，必陷于无穷后退而无止境，导致整个说明的落空。又加上他越来越领会到视域对于理解意识活动的关键地位，于是明察到自身意识的非对象化的纯构造性。^③ 这一转变和明察为后来所有的重要现象学家接受并光大之。

可见，意识的这两个含义——意向体验和自身体验——都以意识活动的视域性为前提。"视域"（Horizont，又可译为"视界""地平线"）在胡塞尔和后来的现象学运动中，意味着任何意识活动或意向行为必预设和寄生于其中的发生背景场或非对象化的意义构成空间。而这种意识视域的最纯粹、完整和终极的样式，在胡塞尔学说中就是内时间意识。历史上也不乏认意识的根极在于时间的思想者，因为纯意识似乎只在我们的内心中，而纯内心活动好像与空间无本质关联，而只与时间或不如说是内时间相关。但按胡塞尔的看法，在他之前只有

---

① 实际上，"意向对象"或"意向相关项"（noema）已经不同于实证主义和经验主义意义上的对象（Objekt），因为它超出了实显面（Abschattung，从某个角度"看"到的映射面），是过去的经验积淀和未来的可能经验的交织。所以严格说来，胡塞尔揭示的"意向对象"在相当的程度上是非现成的。后来，早期的海德格尔也曾在这种构成的意义上使用"对象"（Gegenstand），将它与现成对象化的"客体"（Objekt，现成对象）区别开来。

在本文乃至本文作者的其他作品中，"非对象化"表达中的"对象"的确切含义，应该在其现成化的意义上也就是当作"*Objekt*"来理解。

② "定域性"（locality）又译为"地方性""局域性"等。"定域"的基本意思是"可做因果解释""服从物理时空逻辑"。爱因斯坦用它来说明科学理性的特性，并反驳对量子力学的"非定域"（non-local）解释。现在看来，这种反驳并不成功。以下对此概念会做进一步讨论。

③ 参看《胡塞尔现象学概念通释》，"内意识"条目。

威廉·詹姆士发现了内在时间的视域性结构，即在开创其"意识流"学说时揭示了时间意识的视域性或边缘域（fringe、halo）性。而他则将这种视域性深化为他的意向性和时间意识学说中的晕化灵魂，尽量摆脱詹姆士那里还有的心理学的主观色彩。而且，"视域"本身就有很强的空间性，当然是非对象化的构造式空间。所以倪梁康写道：

> "时间视域"在胡塞尔现象学中是指各种时间性当下化（再－回忆和先－回忆）的权能性之活动空间。这种权能性在"内时间意识"或"生动当下"的被动的和连续的原综合中通过连续的滞留性（以及与此相应的前摄性）蕴含构造起自身。①

所谓"权能性之活动空间"，指隐蔽的、非对象化的应机变现能力所依据者，当然也是使回忆和预期等"当下化"活动可能的意识空间。相比于反映论的认识或符合论的真理，这种变现能力是更高或更深维度的随机实现的能力，用现在人工智能的时髦话说就是"深度学习"及其所隐含的随机应变的能力。当然，人工智能的这种能力目前还很初步，局限于浅层。人的意识空间则要更深层、繁杂和广阔得多，使人不必依循线性通道乃至定域化联系来因果式地概括和推导，而是凭借高维度的网－域互联优势走时机化的最佳捷径。它是主动与被动（或自动）的结合，也就是说，它的主动实现以被动综合为前提，并会导致新的被动综合，因此这种"能行空间"又是以滞留及前摄交融形成的时晕和时流为根的。在这里，意识的原时间与原空间已经互补相须了。

时晕就是此原初视域，是内时间的底蕴和源头。胡塞尔在其时间观形成的前期，还认构成此时晕的滞留和前摄是对原印象的保持和预持，但起码从《贝尔瑙手稿（1917—1918）》②起，他已经知道原印象

---

① 《胡塞尔现象学概念通释》，"时间视域"条目。
② 胡塞尔：《关于时间意识的贝尔瑙手稿（1917—1918）》，肖德生译，商务印书馆，2016年。参看其中的"编者引论"第三部分，特别是第 24 页。

只是非对象化的滞留和前摄的界线（区别点），而不是它们注定要抬的轿子。其实，从一开始，他既然将滞留和前摄说得那么原发，不是布伦塔诺讲的"[对感知内容的]原初想象"①，并由这想象附加给意识以时间感，而是对时间现象的原初感知及构成，那么它们就只能是非对象化的和随机参与的。看来，它们既不是或不仅是对原印象的保持和预持，好像它们是一个预设了其他行为和存在者的次级行为，也不是完全无中生有的创造，而是被触发的缘创造，即在保持和预持中对原印象的原构造。所以，它们只能是原构造晕，由它们的交织——这是晕的另一种体现——所构造出的最"基本"时间单位也只能是时晕而非时点。而这没有确定边界的时晕，也就不可能不保持住以往的时晕，并引出后续的时晕，即预持住还没有现成化的时晕。由此，时晕就必牵拉出时流，并因这原融着和再融着的关联结构而构造出原意义（意义可能态）、意义的意义，以及权能性的自由空间，使得回忆和想象可能。它不必预设主体性，而主体性没有它就会失源而抽缩为逻辑设定。它是意义包括存在意义的源头，掩盖住它则意义就失身为意义的对象或客体。

2. 詹姆士的先导

什么是"晕"的确切含义呢？简言之，即朝向意义和存在的源-缘构造方式。我们知道，使用"晕"（Hof、halo、fringe 等）或"视域"，而不是"印象""观念""刺激""实体"等话语来表达最根本的构造，与威廉·詹姆士有很深的关系。詹姆士在《心理学原理》（1890 年）的《思想流》一章里，对它做了详审精妙的阐发。比如，他将我们的思想流分为"实体部分"和"过渡部分"，后者是思想"飞翔"着的地方②，

---

① 胡塞尔：《内时间意识现象学》，第 48 页。
② 詹姆士：《心理学原理（选译）》，唐钺译，商务印书馆，1965 年，第 91 页。此书的英文全本是 William James, *The Principles of Psychology*, Dover Publications, Inc., (1890)/1950/2016。《思想流》一章属于此英文本的第 9 章。此外，此书第 15 章《对时间的知觉》和第 16 章《记忆》，都与本文论题有关。

正是晕之所在[1]。思想的根本既然是"流"而不是"串"或"系列",那么它自然是以平日人们注意不到的过渡部分或晕结构为基底了。但我们反思式的内省却抓不到它。"要内省这些过渡部分是多么困难……事实上等于捏住正在旋转的陀螺,想捉到它的运动,或是等于想快快开亮煤气灯,看黑暗的样子。"[2] 但这过渡部分或"趋势之觉"却是真正存在着的并先于实体部分的思想。"设想我们追忆一个忘了的姓。……我们意识里有个缺口,但却不只是缺口。这缺口是个极端活动的缺口。这缺口里好像有[那]个姓的魂魄,指挥我们朝某方向去……假如想起来的姓是错的,这个非常特别的缺口就立刻排斥它,因为这些姓与这个缺口的模型不相配。两个缺口,只作为缺口讲,当然好像都是空无所有;可是这一个字的缺口跟另一个字的缺口,我们觉得不相似。"[3] 这样的生动例子,詹姆士举出的还有许多。它们相互映衬,发人深省,可看作西方思想和哲理中去蔽显真的禅机,是启发胡塞尔时间观和帮助无数哲学家摆脱实体化传统的点悟之作。

"心理学家[当然还有哲学家]硬要忽视的,正是这种自由的意识流。心上的确定意象,个个都是在这种在它四围流动的自由水里浸渍着,濡染着。我们对于这个意象的近的远的关系,关于这意象来处的余觉(dying echo),关于它的去处的初感(dawning sense),都与这个自由的水连带着。这个意象的意义和价值整个都在这环绕护卫它的圆光(halo)或淡影(penumbra)里头——或许应该说,那光影与这意象融合为一而变成它的精髓。"[4] 这里讲的"自由水""圆光""淡影"就是我们所谓的"晕";"余觉"和"初感"就是胡塞尔所谓的"留滞"和"前摄"的先声;而"自由的意识流"就是"内时间意识流"的浅显表达。

---

[1] 其实"实体部分"又何尝不是晕的某种体现呢?只是它容易让人误以为是具有自身实体性的东西而遮掩了它的晕来源。"过渡部分"则更鲜明地展示出晕的特征。
[2] 詹姆士:《心理学原理(选译)》,第92页。
[3] 同上,第98页。
[4] 同上,第102—103页。

3. 时晕的非定域性

为了更加深入、痛切地理解这种"晕",引入"非定域性"(non-locality)可能会有帮助,因为"晕"相对于"现成的对象"——不论是客体化对象,还是主体化对象——就相当于"非定域性"相对于"定域性"。晕不只是"场""波"(比如"波粒二象性"的"波")之类的非定点的存在体,而首先是非定域的关联。

要理解非定域,先要知道什么是"定域"或"定域性"(locality,又译作"地方性""局域性""区域性")。一般说来,"定域"指某个确定的地域,而"定域性"是这样一种思想倾向,认为什么东西都有个可对象化的来头或出身,不是突然从虚空中蹦出来的。而"非定域性"则意味着可以超定域地起作用(但仍然可以是理性的,比如现象学理性、实践理性、美感理性的),或者表现为一种顽强的不可充分确定的状态。而从哲理的角度看来,定域性就是指这存在界中没有根本处的断裂,不管是物质的还是观念的。也就是说,无论以什么方式,哪怕要诉诸非实体对象如"场""气""弦",定域性保证最终总可用不间断的因果关系说明现象,即便现在还没找到它。

用马瑟的话来讲,爱因斯坦用它来说明"理解自然的关键先决条件",并视之为"凝结了两千年的[西方]哲学和科学思想之精华"[1],并用它来反对对于量子力学的海森堡—玻尔解释,尽管他自己也参与了量子力学的创立并因此获得一生中的唯一一个诺贝尔奖。在他看来,海—玻的量子解释——如不确定性原理(不可同时确定微观粒子的位置和动量)、哥本哈根诠释[2]——违背了定域性原则,因为它会导致肯

---

[1] 乔治·马瑟(George Musser):《幽灵般的超距作用:重新思考空间和时间》,梁焰译,人民邮电出版社,2017年(英文原版2015年出版),第5页。

[2] 沃尔特·艾萨克森写道:"根据玻尔等量子力学先驱提出的哥本哈根解释,在这样一种[对基本粒子的干扰性]观察做出之前,粒子的实际位置状态仅仅是这些[被'波函数'描述的]概率。对系统进行的测量或观察使得波函数发生坍缩,系统瞬时归于某一特定位置或状态。"(沃尔特·艾萨克森:《爱因斯坦传》,张卜天译,湖南科学出版社,2014年[原书2007年出版],第400页)

定量子的非定域性行为，如量子纠缠、量子叠加等①，也就是肯定了一种"幽灵般的超距作用"。

更平白地讲，定域性原则说的是：万物既可分得开，也需连得上。"可分得开"是讲两个在空间中分离的系统是独立存在的，所以我们可以分别认识它们，不会像量子纠缠所说的，一个量子的变化可以瞬间连带出另一个相距遥远的量子的变化，以至于无法分开对它们的认识。"需连得上"是指：一个系统要影响另一个相距遥远的系统，必须凭借某种可对象化的接触，比如通过在它们之间传递某种波、信号或信息，而这种传递的速度不会超过光速。"如果太阳此时突然消失，那么在引力场变化以光速传到地球所需的八分钟内，地球轨道将不会受到影响。"②两者相互需要，说的是一个意思。只有可分得开，才会有对各自因果链的需要，或者说才有前因后果之别；而唯有需要连得上才会有影响，就导致了在无因果连续处分得开。

可见，爱因斯坦阐发和坚持的定域性原则是对象化地认识世界的"公理"或"公设"，可以说是传统理性的定海神针和最后底线。而非定域性现象，对于这种理性而言是幽灵般的超距作用或终极性的待定状态，实在无法被收编到其中。它们如果被认可，则意味着物理学乃至整个科学认知方式的翻天覆地的变化。但不幸而又万幸——对于传统理性思维不幸，可对于不满足于这种思维的理性、德性和精神又是

---

① 量子纠缠（entanglement）说的是："无论现在距离多远，两个曾经有过相互作用的粒子的量子态此后必须合在一起描述，一个粒子发生的任何变化都会瞬间[*以相反的方式*]反映于另一个粒子。"（沃尔特·艾萨克森：《爱因斯坦传》，第399页）

而量子叠加（superposition）讲的是一个量子与自己的纠缠，也就是它的两个对立的状态的同时存在："在量子世界中，原子核处于一种'叠加态'，也就是说，它同时作为已衰变和未衰变的混合态而存在，直到被观察时波函数发生坍缩，它才或变成已衰变，或变成未衰变。"（沃尔特·艾萨克森：《爱因斯坦传》，第401页）于是有"薛定谔的猫"，在未被观察到时或"箱盖打开以前"，这只量子态的猫"既死又活地坐在箱子里"（沃尔特·艾萨克森：《爱因斯坦传》，第402页）。而非要说它在被观察到之前，"事实上"或是死的或是活的，没有意义，那是坍缩后的状态。

② 沃尔特·艾萨克森：《爱因斯坦传》，第395页。

极其幸运——的是,自上世纪60年代约翰·贝尔(John S. Bell)提出了相关的实验检测方法以来,多次实验的结果都证明非定域性才是量子世界、也就是我们这个世界的根底特征。"爱因斯坦1935年作为一种破坏量子力学［的海—玻式解释］的方法而提出来的［极其深刻的］量子纠缠思想,现在已经成为物理学中最不可思议的内容之一,因为它是如此与［日常和传统科学的因果思维的］直觉相悖。然而,每年都有支持它的新证据出炉,公众对它的兴趣也与日俱增。"[1] 一位世界领先的物理学家蒂姆·莫德林说:"非定域性的发现和证明是20世纪物理学的一个最惊人的发现。"[2] 在中国,这幽灵般的量子纠缠,在其实用层次上也得到公众和媒体的关注。2016年8月,科学实验卫星"墨子号"发射。随后几年内,它成功实现了远距离的量子纠缠,即两个量子纠缠的光子被分发到相距超过1 200公里的距离后,仍可继续保持其量子纠缠的状态,由此初步实现了量子保密通讯。但是在学术界,特别是思想界和哲学界,量子纠缠或非定域性的去幽灵化,还远远没有完成。

由以上的讨论可知,既然我们认为时晕是非定域的,那么这"晕"就不等于一般意义上的"场"(field),如弥散于空间的磁场、引力场;"视域"也不等于"定域"。场可以是定域性的,而作为晕的视域,其本性是非定域的。所以,时晕可以被看作一种特殊的场,也就是非定域场,或非对象化的边缘场。这是一条更清楚和深刻的方法论界线,必须说明,不然就理解不了此文的要旨。

4. 此节总结

总之,"晕"就意味着非实体、非现成、非定域但又原生发的元结构;而"时晕"则是晕思维在现象学时间观中的表达。时晕的基本特性是:

---

[1] 沃尔特·艾萨克森:《爱因斯坦传》,第403页。
[2] 乔治·马瑟:《幽灵般的超距作用:重新思考空间和时间》,第11页。

（1）非现成的盈余性。你无法用物理时刻来精准地规定时晕在哪里，它总溢出既成状态而有盈余。或者说，它就是这盈余。但时晕也不是浑浑噩噩、随意而定，而是有其出生地、方向、次序这些定域性的支架，还有自己的"魂魄"，也就是其内在生命和纠缠势态，就如同詹姆士讲的记忆"缺口"一样。

（2）与主体有关，但不必主体化，也就是不必认定它只能归属于一个更高级的主体性或收敛极。就此而言，时晕也不完全等同于一般意义上的视域，后者似乎还有（当然不是必然有）少许主体化的意味。对于主体而言，时晕是"失控"①的，或非定域的。动物比如猩猩、海豚，甚至狗和鸟的意识中应该也有时晕，但它在人的意识流中达到了最深长蓬勃的形态。

（3）时晕由互补对立的区别因子即滞留（保持）/前摄（预持）Retention/Protention）的交融互持所构成，不需要更高一级或更低一级的存在预设。这是造就其他性状的关键特性。

（4）时晕是非定域性的。首先，它不服从可分性原则，滞留与前摄分不开，它们各自不是独立存在者，而是相互需要、相互做成的"一对"，就像纠缠中的量子那样。其次，时晕起作用的方式不必是因果连续的，而是可以"凭空出现"或"有无相生"的，用《周易·系辞上》的话讲，就是"寂然不动，感而遂通"的。因此这时晕也不是什么都没有，而是其中有空缘，有大象，有意境，有发生结构，还有坍缩或实现为对象的可能。如此看来，它并不超越一切时间，像某些物理学家所想的那样。"量子纠缠中的瞬间作用"只是超越了定域性的时间，只表明一般意义上的物理时间及空间不够用了，并没有否定时间本身的真实性。因此，圈量子引力论创始人之一李·斯莫林写道："时间不但是真实的，而且是最为真实的。它的真实性如此贴近大自然的核心，我们所知、所感的一切事物与概念无出其右。……在量子力

---

① 参看凯文·凯利（Kevin Kelly）：《失控：机器、社会与经济的新生物学》，东西文库译，新星出版社，2010年。

学与时空、引力及宇宙学的终极大统一之中，我开始相信，时间将发挥至关重要的作用。"①

（5）原发生性。时晕不只是关系、过程、绵延、缘分或流变，而是源头处的生成和缘起，前面那些只是它的次级展现而已。

（6）元构意性和趋势性。它生成的首先是非对象化和非观念化的含义、势态、道端②、原存在和时机，就像詹姆士书中一再例证的那样。

二、朝向几微的象数

1. 毕达哥拉斯之数

相比古代其他哲学传统中思想凭之立身的"象""数"，只有华夏的"《易》象数"本身是有时间含义的。西方科学和哲学依凭的象数——数字关系和几何之象——在颇大程度上来自古希腊的毕达哥拉斯学派，"他们认为数的本原即是万物的开始。因为在所有的本原中，数在本性上是居于首位的，在他们看来，同火、土、水相比，数和那些存在着的东西以及生成着的东西有着更多的相似"③。这段引文末的所谓"相似"，可以看作我们对数象的理解，可以导致、引出甚至深化我们对万物的理解。这里还提及"生成着的东西"，表明这一派有通过数象来领会变化事物、生成过程乃至时间现象的意向。

而且，此派也发现在这数的根本处的，是一对因子："他们认为，数的元素是偶和奇；其中偶为无限，奇为有限，而1这个数则出自两者（因为1既属偶又属奇）；而数又是出自1这个数。"④所以他们

---

① 李·斯莫林（Lee Smolin）：《时间重生：从物理学危机到宇宙的未来》，钟益鸣译，浙江人民出版社，2017年，第 VIII 页。
② 让道路、道理、道义可能的开道之发端、起势。
③ 此为亚里士多德在《形而上学》卷 A（全书第 1 卷）第 5 章中对毕达哥拉斯学派哲理的记述。译文取自苗力田主编：《古希腊哲学》，中国人民大学出版社，1989（1996）年，第 70 页。
④ 苗力田主编：《古希腊哲学》，第 71 页。

达到了"对立"也是万物本原的思想。[①] 而且,这内含对立的数象的思想的一个来源就是时间现象,如谐音。据恩披里柯和杨布利柯的记载,毕达哥拉斯有一次听到铁匠铺传出的打铁声形成了谐音,就进去察看铁锤,发现或证实它们的重量是成数字比例的,像 2∶1、3∶2 或 4∶3。[②] "他们还看到,音阶(和谐)的特点和比率也在数之中;并且,一切其他事物都表明,其整个的本性乃是对数的模仿。"[③] 不管这种观点即认万物的本性是对数的模仿是否完全站得住,它对人类提示了一个有魔力的思路,即数——数字关系和几何图像特性——会深刻改变我们与万物(含我们自身)的关系,让人能够从一个新维度来认知、调控和逼问万物,获得神话中巫师那样的能力,只是这魔力是通过"理性"(rationality,率[lǜ]性)达到的,因为万物的"本性"或"理"之所在就是比率(ratio)的形成。经过两千年的磨炼和变样,新毕达哥拉斯主义造就了近现代西方的自然科学,又通过几次技术革命及与科学的结合把我们带入一个由数来主导的时代。当我们眺望未来的时候,望到的几乎都是数,各种各样、花样翻新的毕达哥拉斯之数。

虽然这种数可以用来测量时间、刻画谐音,却不能用来理解原本时间,因为它们没有朝向现象本身,却急于解释和规范现象。它面对谐音现象时,不去追究这谐音所属的旋律或曲调,探察那使它们可能的时化结构,而是用比率的数字关系来把握谐音的本质,静化我们对声音现象的充满趋势之觉的理解。它抓住的是本质吗?是的,不过只是声音的某一种本质,也就是可以被数字关系抓住的那个层次——声音与声音的对位关系——上的规律化本质,可以被例如作曲家和科学家用来去有意识地构造更多的谐音,就像某种力学公式可以抓住"陀螺的旋转规律"那样;但它并没有抓住谐音音调和陀螺旋转的生发本质或呈现天性(Wesen),因为那使声音、谐音和旋转可能的原现象已

[①] 苗力田主编:《古希腊哲学》,第 71—72 页。
[②] 引自汪子嵩、范明生、陈村富、姚介厚:《希腊哲学史》第 1 卷,人民出版社,1997 年,第 273 页。
[③] 苗力田主编:《古希腊哲学》,第 70—71 页。

经被漏过去了。因此我们必须承认这样两种认知的合法性，即毕达哥拉斯式的和胡塞尔式的。前者抓住的毕竟也是万物的本质，由此而可以从万物那里逼问或逼索出规律和越来越深入的实情，由此而"为自然立法"，操纵和控制一切可对象化的现象，包括人本身。后者则将"朝向事情/现象本身"的现象学宗旨贯彻到尽可能原本和自发的程度，将对现象本身的忠诚保持到让现象自身的构成显露出其内在发生机制。而这首先就是时间现象的发生机制。

这个意思还可以通过再打量那段描述毕派主张的话来显示："数的元素是偶和奇；其中偶为无限，奇为有限，而1这个数则出自两者（因为1既属偶又属奇）；而数又是出自1这个数。"它并未将数看作从1起往下延续的无穷系列，而是看作由偶数/奇数或无限/有限这样的对立互持结构所构成的，所以数本原中蕴含着对立本原，而对立既源于1，又包含1。这是一个很不错的起点，但毕派最终还是遗失了它，因为1与其他数字的关系没有得到合适的处理。1在数结构中占有一个特殊的地位，既是其他众数的父母，又是它们的儿女。可是，毕派提出的包含十对对立的对立本原列表中，1出现在左侧，与众多相对，而与有限（/无限）、奇数（/偶数）、右方（/左方）、光明（/黑暗）、善良（/邪恶）、阳性（/阴性）等具有相同的地位。[1] 这样，1丧失了它特别的"太极"地位，沦为了一个数，一个高于其他数字的数，一个光明的、善良的和阳性的数。于是，对立本原的结构就偏向左边和称王之1，而失去了1与2之间的微妙平衡。因此，这种数尽管有它的内在构造力和存在引发力，但已硬化得达不到发生着的现象。

2.《周易》的象辞如何能通时？

《周易》（含经与传）的象数结构和阴阳解释结构拥有毕达哥拉斯学派缺失的东西，而与现象学的哲理见地接近，尽管它没有从明显的意识现象分析入手。它与毕派相似之处在于其也有自己的象数，为一

---

[1] 苗力田主编：《古希腊哲学》，第71页。

个文明提供了全方位的思想构架。阴阳的确显示出了《易》象数的思想要害,即位于一与二之间的发生张力或张力发生。阴阳是相互区别的,甚至可以说是相互对立的。就此而言,它们是二。但这个二不是两个数、两种数(比如偶/奇)、两种元素或两个可分高低的对立双方,因为阴阳不但离了对方就不再是它,而且在每一瞬间、每一"点"上都相互需要地区别于对方,所以必纠缠于、交合于对方。由此可见,此阴阳之二趋向一,但又不是一,因而可用德里达的话称之为"趋别"(延异)于一。① 我称之为"一/对"——既非一,亦非二或寻常的一对,而是一二之间之根处的"产生差异的运动",或没有预设本原的发生源。"阴阳"(陰陽)源自阳光的向背,阳的缺失就是阴,阴的缺失就是阳。毕派的十对立中,阳性/阴性、光明/黑暗是最接近《易》阴阳的,但由于它们被毕达哥拉斯之数包裹着、统率着,所以没有达到像阴阳那样终极致密的境地。比如,将阴性/阳性看作对象化的性别或这种意义上的个体,就会面临无性生物和无性繁殖的挑战。只有《易》阴阳那样的无现成性的纯象化的对立互补,才是哲理层次上的发生机制。

《易》被一些人说成是占筮之书。即便这说法有道理,却并不表明它在纯思想殿堂中属于出身寒微之族,而只显明此书与人的生存时间有内在关联,它是朝向将来和过去的。"夫易［《易》］,章［彰］往而

---

① 朱刚写道:"索绪尔极重视差异,但差异在他那里仍是静态的、现成的和被产生的。……延异［différance,张祥龙译为'趋别'］包含双重意思:既是延迟又是差异,是延迟着的差异,正在到来的、正在发生着的、在路上的差异［可见主要不是'延迟',而是'趋向'——张祥龙评］,而不是任何现成的、已经被规定好了的差异。差异就是由这种延异的运作或踪迹(trace)生产出来,并凭借后者而发挥作用。德里达说,没有踪迹,'差异就不可能发挥作用,意义就不可能显现';又说,踪迹、延异'并不涉及被构造出来的差异,而是涉及在完全确定内容之前产生差异的纯粹运动'。"(朱刚:《本原与延异:德里达对本原形而上学的解构》,上海人民出版社,2006年,第205页)

德里达讲的"趋别(延异)先于差异"有助于我们理解"阴阳"的微妙性。阴阳不是现成的差异,而是在构造自身和意义之中的缘差异。

察来，而微显阐幽。"① 但它不是一般的算命书，而是能通过揭示生存时间的特点而（首先通过《易传》）讲明人乃至万物的性命之书，"穷理尽性以至于命"②，而这就与它"算命"的独特方式有关。

那么它靠什么来"算命"或进入人的生存时间呢？靠打通象与辞，也就是六十四卦象三百八十四爻象与卦爻辞。所谓卦爻辞，即对每一卦每一爻的文字描述和吉凶判断。但是，打通此书的象与辞为什么就能预测未来和彰显过去呢？这正是全部《易传》要回答的。简略的答案是：因为这象与辞的特点及其关系的非现成性和发生性。试引一段《系辞》：

> 夫《乾》，其静也专，其动也直，是以大生焉。夫《坤》，其静也翕，其动也辟，是以广生焉。广大配天地，变通配四时，阴阳之义配日月，易简之善配至德。③

《周易》六十四卦象以《乾》《坤》两卦为发端门户，而它们各自由纯阳爻和纯阴爻组成，其它六十二卦可以看作它们的衍生。这就表明《易》象最大的一个特点，即此引文中讲的"易简"，也就是所有卦象都来自《乾》《坤》，"《乾》以易知，《坤》以简能"④，而它们则由最简易的区别性特征即一对爻象"-- / —"构成。这几乎就是迄今最简易的构象方式。为什么这极度的简易可以"配至德"呢？在儒家的话语中，"至德"就是中庸之德。"子曰：'中庸其至矣乎！'"⑤ 而此至德的要害就在于"时中"，"君子之中庸也，君子而时中"⑥。此时中即

---

① 《周易·系辞下》，引自《周易集解纂疏》，第 658 页。
② 《周易·说卦》，引自《周易集解纂疏》，第 690 页。
③ 《周易·系辞上》，引自《周易集解纂疏》，第 564 页。
④ 《周易·系辞上》，第 545 页。
⑤ 《礼记·中庸》，引自《礼记正义》（下册），郑玄注，孔颖达疏，龚抗云整理，王文锦审定，北京大学出版社，1999 年，第 1424 页。
⑥ 《礼记·中庸》，第 1424 页。

诚,"诚者不勉而中,不思而得,从容中道"①。而"至诚之道,可以前知"②,与《易》旨就相符了。那么为何易简或简易能够让人不勉而中、不思而得、知往察来而入时呢?这涉及一个很长的故事,但我们在此尝试着说出它的轮廓。

莱布尼茨是一位新毕达哥拉斯主义者,之所以"新",在于他改进了毕派技术上的一个关键缺陷,即其数象的不简易。数是十进制,象是几何图像,想让它们与辞打通极其困难,"四是正义""五是婚姻""正方是不变之有限""长方是变化之无限"之类的赋值③无法令人满意。而柏拉图、亚里士多德摒弃绝大多数毕氏象数而求诸理式、观念和逻辑的做法,也只导致了观念形而上学。绝顶聪明的莱布尼茨创立的二进制,用"0/1"来表示一切数,因为"[上帝]从无[0]中产生一切,壹[1]就足够了"④。这里1似乎还是像在毕派里那样享有崇高地位,但整个结构的巨变已经使它从国王变成父系家庭夫妇关系中的丈夫了。由此,数与象的关系、数象与语言的关系都有了重大改进,其潜力在计算机和人工智能里正步步实现,莱氏当年也曾凭借它而看到《周易本义》所载《伏羲六十四卦方位图》中的卦象数字及其语言含义。⑤这种简易化的数字已经直观化和视像化了,如莱氏所言:"我们不经计算,不须记忆,即可写出我们要的数字……[从中]可看出和谐的序列与美。"⑥这种与数字之间比较随意而行的关系,就有少

---

① 《礼记·中庸》,第1446页。
② 同上,第1449页。
③ 苗力田主编:《希腊哲学史》第1卷,第四章,特别是第三节。
④ 这是莱布尼茨在他设计的一枚纪念币上的铭文,用来表明他开创的二进制数学对于理解整个世界乃至上帝创世的意义。具体出处参看敝作《思想避难:全球化中的中国古代哲理》,北京大学出版社,2007年,第125页。
⑤ 有关的讨论可参看拙文《象、数与文字——〈周易·经〉、毕达哥拉斯学派及莱布尼兹对中西哲理思维方式的影响》,载《思想避难:全球化中的中国古代哲理》,第95—133页。特别是其中的第二、三节。
⑥ 张祥龙:《象、数与文字——〈周易·经〉、毕达哥拉斯学派及莱布尼兹对中西哲理思维方式的影响》,第124—125页。

许时机化含义。而到了《易》象，在我们的视野中，这二进制中还存在着的呆板被进一步破除，比如我们甚至都不必再记住形态上不相关的 0 与 1，而是只面对一对相似到只差一个缺口的互补形象。同样关键甚至更关键的是，对爻象和卦象的"阴阳"语义赋值，使得《易》象与《易》辞之间出现了中道和时间。

什么样的象辞关系有利于突破现在（或现成）而深入将来和过去呢？首先，它们不能毫无深层关系，或只是随机的任意关系。其次，也不只是合理的对位关系，比如毕派给数字和几何图像赋予的语词解释，或人们常举出的一些静态的取象之法，如下位爻的爻辞就言及处于下方的东西，像《乾》初九爻辞言及"潜龙"，等等。再次，也不能只靠从过去成功筮例中总结归纳的象辞关系，因为未来如野兔，守株待兔不明智。能信任的只有"与时偕行"的象辞互凑生成法。总之，要沟通象与辞，就要找到合适的取象之法，它既涉及对卦爻象的重组转化，充分发挥易象简易善构的互联特点，让它们相互以种种样式联系起来，也涉及用对立而又互补的自然语言对卦爻象及其关联的赋意，使它们具有可直接被领会的意象，比如日月、父母、子女、龙马、水火，等等。这其中最重要和最成功的就是阴阳赋意。

所有这些卦爻重组和语言赋意的目的就是：(1) 增大象与辞的接触面，让易象与那些似乎无厘头的象爻辞之间出现可解释、可理解的甚至充满哲理深意的关联。但是，增得过大，则会让象辞关联过于随意杜撰，既不令人信服，也会损害筮占能力或穿越时间的能力。因此，就必须（2）找到象与象、象与辞、辞与辞之间的深层的、有收敛力的联系，最好是非对象化的联系，使繁多的象变和赋意能挂搭到主干主根上去，尽管这根干可能不止一个。这就是所谓"象辞互凑"，而互凑的渠道既丰富多样，又交叠成晕而内敛。于是，解释卦爻象就有了当场感应发挥的自由空间，其实也就是合理地随机应变的时间性，使得广义的"算卦"不再限于星座算命一类的"查字典"的呆板方法，而是能深入到此算卦经验或解释经验本身中去，就其势而得到时间旅行的或预测/回溯的能力。"象辞互凑生成法"的时机命脉就在这里。简言之，就是从现成化的境外算法转为当场入境的变通构成化的算法。此乃中国古代哲理的活眼所在。

而从以上的讨论中可以看出，时间——不管是现象学讲的内意识时间流或生存论时间、康德《纯粹理性批判》"演绎"部分讲的由先验想象力构成的"时间图式"（Schema），还是量子物理学家开始谈论的与量子纠缠相关的时间——既然如李·斯莫林所说的，"它的真实性如此贴近大自然的核心"[①]，那么如果《易》的"象辞互凑生成法"的变通构成，的确让人进入了某种真实的时间境域，那么通过它而取得意识与现实事件的某种关联，就不是完全不可思议了。

三、几微之义

所谓"几（幾）微"，就是使这种"变通构成"得以可能的原发交生。《周易·系辞下》引孔子话曰：

> 知几，其神乎！……几者，动之微，吉之先见者也。[②]

可以先这么叙述这一小段的意思："知晓'几'，就可达到神妙或阴阳的原发状态了。……'几'是指极微小或微妙的变动，乃吉（凶）的先兆。"由此可见"几"对于理解《易》的要害地位。知道它就是知道阴阳构造的最生动原发的体现，即"阴阳不测之谓神"[③]的"其神乎"的境界。所以，几就是"吉之先见者也"，进入它就能够进入未来（及过去）。所以有的注家就不要将这个"吉"依《汉书·楚元王传》的引文看作"吉凶"，而就读为"吉（利）"，因为"微者，道心之动也。道心动则吉，故曰'吉之先见者也'。他本'吉'下有'凶'字者，误

---

① 李·斯莫林：《时间重生：从物理学危机到宇宙的未来》，第 VIII 页。
② 引自《周易集解纂疏》，第 648 页。
③ 《周易·系辞上》，第 562 页。

也"①。换言之，如果君子事先就知几，那么就会采取相应对策，何凶之有？尤其是，如果这君子不止于在事件的层次上知几，而是能领会这几的哲理乃至道德要害，因而能从长远的历时势态上见几慎微，那么他就进入了吉的生存境界，"是以自天佑之，吉无不利"②。而这正是最被儒家看重的象辞互凑而生成的《易》经验。

那么该如何理解这"极微小或微妙的变动"呢？第一，这变动必微小得容不下任何现成的存在者或实有者，所以韩康伯注曰："已著则有形，未动则无迹，皆不得谓之'几'。故几者，去无入有，有其理而无其形。虽名为'几'，究不可以名寻。"③不考虑韩氏所受老庄及王弼的影响，他这注解的要义在视"几"处于有无之间，或在"去无入有"之际。由于"无"挤净了所有现成之形，所以"几"可说是无形而有势（"理"作如是解）、有名而无定名者。第二，这几之微动不仅要作"正在去无入有"的动态来理解，而且，要作阴阳的交合来看待。以上将阴阳称为介于一与二之间的一/对，其互补对立必导致交合而生发。④尚秉和认为其师吴挚父所言"凡阳之行，遇阴则通，遇阳则阻"，实为整本《周易》之精髓⑤，这个见解可延伸为：阴阳交则亨通吉利，不交则偏阻凶吝。阴阳交则发生，处于有无之间，而且是新鲜的去无入有，

---

① 《周易集解纂疏》，第 650 页。
② 《周易·系辞上》，第 627 页。
③ 《周易集解纂疏》，第 649 页。
④ 最新的《周易》英文译本将"几"或"幾"译为 "the subtlest Spring of Changes"（最微妙的变化源头），很有味道（*I Ching=Yijing: The Essential Translation of the Ancient Chinese Oracle and Book of Wisdom*, trans. by John Minford, Penguin Books, 2014, pp. 26–27）。

另一个 Rutt 的译本则将"几"译作 "the first sign of development"，稍嫌呆板，未捕捉到"几"的"微妙地生发"的含义。参看 *The Book of Changes (Zhouyi)*, trans. Richard Rutt, Routledge Curzon, 2002, p. 417。

而著名的卫礼贤（Richard Wilhelm）的德文译本（*I Ching: Das Buch der Wandlungen*, 1924）将"几"译作 "Keim"（胚胎、萌芽、发端），也很不错。
⑤ 尚秉和：《周易尚氏学》，中华书局，1980（1998）年；《周易尚氏学·说例》，第 20 条。

故成几。第三，几乃最原发之阴阳交合。阴阳相交也有原发还是不够原发的区别，因《易》结构中处处有阴阳，爻、卦、爻位、取象等皆如此，所以解释易象时，常有不同的观察阴阳交合的视角，它们之间也不乏冲突，于是就应该有能在深层协调它们、判别它们的元角度或元趋别。为此，汉代三国时期的解《易》者特别是荀爽和虞翻，皆从象数阴阳的角度开示出几微的奥义。虞翻注解"知几，其神乎"时写道：

"几"谓阳也，阳在《复》初称"几"。①

他的意思是："几"指一种阳（气），也就是在《复》卦初九爻位置上的阳。虞翻说几是阳，似乎违背阴阳交为几的基本易理，但这只是他剑走偏锋而终刺要害的伎俩，因为下面马上讲这阳要在《复》之初爻上才是几。那么这"《复》初"有何特别之处呢？回答是：它是整个《易》卦象的最根本的那次转折，也是最原发的阴阳相交。

《复》卦象由两个三爻卦重叠而成，即震下坤上（䷗），只有最下面的初爻是阳爻，上面五爻皆为阴；在下面要说到的辟卦图中，它紧跟在全阴爻组成的《坤》后边。基于这两点，可能还有更多的理由，它被认为是在表达"一阳来复"的格局，所以卦名为"复"。那该如何观察这卦象特别是其初九爻而得其几意呢？有几个观法。其一，在此卦内来观，则这根底部的阳爻有向上之势（按《周易》观卦之法，每卦六爻从下向上排序），于是必与其他五阴爻相交而生。但这种交合不是虞翻要讲的，它生成几微的能力不见得比《泰》（䷊）的乾下坤上更强。

其二，于卦际间来观，首先是将它视为《乾》（䷀）《坤》（䷁）相交的结果，也就是《乾》出于其阳必与阴交之本性，将自己的一阳爻交合于《坤》，入其初爻，于是成《复》。在《周易》尤其是其中的《易传》里，《乾》《坤》相交而生其他卦象是一个基本的见地。将此两

---

① 《周易集解纂疏》，第 648 页。

卦置于开端以取得构造性的门户地位，就是这个见地在易象和卦序上的一种显示。而著名的"是故《易》有太极，是生两仪；两仪生四象，四象生八卦"①之说，当然有其卦象含义，其中"两仪"既被视为"天地"或"阴阳"，也被解释为"《乾》《坤》"②。这两种赋意在《周易》语境中本为一体，"天尊地卑，《乾》《坤》定矣"③，天即《乾》，地即《坤》。这《乾》(☰)《坤》(☷) 两仪相交生其他的六纯卦（先生出长子长女即《震》《巽》，再生其他四卦），即所谓"《乾》《坤》生六子"④，八卦再重叠而生出六十四卦。

涉及《复》卦，还有更具体的说法。"《乾》，天也，故称乎父。《坤》，地也，故称乎母。《震》一索而得男，故谓之长男。"⑤ 这里讲的"《震》一索而得男"，意指"《坤》初求得《乾》气为《震》"⑥，即《坤》的初爻向《乾》求得阳气而构成或生出了长子《震》(☳)，而《震》正是《复》(☷☳)的内卦和唯一阳爻所在。由此看来，《复》正是《乾》《坤》阴阳相交而诞生的第一胎，即头生的儿子，因此它在《易》学特别是西晋前的《易》学中占有极其重要的原初地位。延续这个传统，《纂疏》在解释《乾》卦卦辞"元亨利贞"之"元"时，先引了《子夏传》所言"元，始也"，然后写道："《易》出《复》初，'万物资始'，故云'元，始也'。"⑦ 其意为："《周易》出自《复》卦的初爻，这正是'万物所凭之而开始者'，所以《子夏传》要说'《乾》之元德，就意味着这个开始'。"这就不仅将《乾》《坤》阴阳初交所生《复》之初九爻所象征的"几"看作《乾》元所在，而且更将它视为理解整个《易》的源头。由此可知，构成"《复》初"之几的阴阳相交是特别原发的。

---

① 《周易·系辞上》，第 600—601 页。
② 《周易集解纂疏》，第 600—601 页。
③ 《周易·系辞上》，第 541 页。
④ 《周易集解纂疏》，第 602 页。
⑤ 同上，第 703 页。
⑥ 同上，第 704 页。孔颖达语。
⑦ 同上，第 27 页。

其三，更自然、动态和深妙的"《复》初"含义要在生存时机化的卦际间发现，展示于卦气学说①，集中体现在各种表示阴阳消息的卦气图中。汉代至三国的儒家解《易》者，承接先秦乃至更古老的传统，用卦气说来收拢众多卦变法和取象法，给予《易》象辞关系以极其生动丰富和"发而中节"的解释空间。所谓卦气说，就是以重组的卦爻的排列方式来对应人的生存时-空-间结构，首先是对应一年四季十二个月二十四节气七十二物候三百六十五又四分之一日，及相应的方位，由此而观其中阴阳的消长进退、再现循环，并因此而赋予众易象以特别的年季月日辰等时间含义和相应的天象物候及人生历世的含义，当然还有方位这样的生存空间义，以便在理解象辞关系和占筮时具有网状互联的，但又可以是非定域的动态依据，更确切地说，是赋予《易》思以更加完整自发和可亲切体会的天地生命时-空-间结构，首先是原时间结构。而卦气，就指卦爻象表示的阴阳之气或阴阳的首要存在方式。儒家看重阳，可能由于阴阳赋意源于太阳，所以郑玄写道："卦气，阳气也。"②但很明显，无阴之阳根本不成其阳，因此道家尚阴也不碍其根于阴阳。至于"气"，意味着没有可把捉之形，而有可感通之象（趋势）、可冥会之意，或构造化的区别性特征，也就是以上讨论易象的简易特点时所隐含的那层意思：《易》的至简至易达到了挤净任何对象化和观念化的无为而为、感而遂通的程度。正如《乾凿度》所言："通情无门，藏神无内也。……气更相实，虚无感动，清净炤晢。"③即在那对概念化或定域化思维来说的"无门""无内"中通达情势、蓄藏神明；这样的卦气让"天地万物各得以自通"④，在主客二

---

① 卦气说在现存的各种解易学说中，属于最古老和最正宗之列。参看《篡疏》，第12、24页；尚秉和：《周易尚氏学》，第8页；刘大钧：《"卦气"溯源》和《今帛本卦序、先天方图及"卦气"说的再探索》两文，载《周易概论》（增补本），巴蜀书社，2008年，第240—270页。
② 《七纬》，赵在翰辑，钟肇鹏、萧文郁校，中华书局，2012年，第68页。
③ 同上，第30页。
④ 同上，第30页。郑玄注。

元被虚无化之中得到感应发动，因其结构的"清净"或不掺杂现成者而生发出耀明如火般的智慧。总之，此气乃元（"元亨"之"元"）气，非物非心，又亦物亦心，其结构特点可与上文所讲胡塞尔时间观中的时晕之态相比拟。

各种卦气图[①]用来直观显示此卦气说，通过它们来理解《复》初之几会更容易些，尽管要变通着来看才不会将它定域化。下面这幅《十二辟卦（方位）图》，"来源甚古"[②]，为汉儒通用。"辟"意为"君""主"，这里指这十二个卦为十二个月之主。

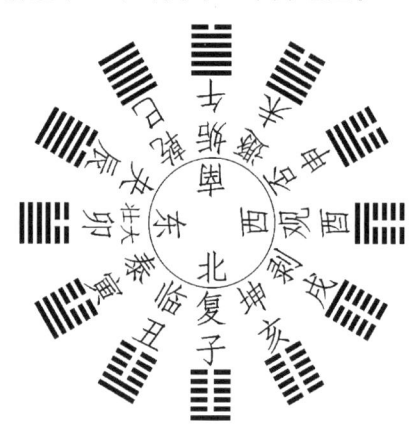

《十二辟卦（方位）图》

这十二卦，特别是其阴阳爻的涨落所显示出的一年十二个月中的阴阳消息或阴阳消长，其实是以这些卦象并通过它们的变异（各种卦变），为全部卦爻象辞乃至《易传》赋予了自然的和沟通天人的充沛时－空－间意象和富于内结构的互联语义。以它为背景视域，再来审视虞翻所言"'几'谓阳也，阳在《复》初称'几'"[③]，才会有更深长的意味。之所以是"阳在《复》初称'几'"，是因为阳气经过一年的起伏长消，到戌位《剥》时只剩最上边一根残阳，而至亥位《坤》则

[①] 以下的卦气图皆取自《周易辞典》（张善文著，中国大百科全书出版社，2005年）的"图表"部分。
[②] 《周易译注》，黄寿祺、张善文撰，上海古籍出版社，1996（1989）年，第56页。
[③] 《周易集解纂疏》，第648页。

全部阳气隐藏，显象为全阴爻而成隆冬。下一时刻，到达子位《复》，可视作《剥》之颠倒，残阳变新阳，此时独有初爻一阳复现，于漫漫冬夜末见一线光明，浓郁绝望时萌一丝生机，展示出《乾》、《坤》、阴阳、天地相交的原生时态和情态，所以为《易》家所重。按一般人习惯的线性思维，从午位至亥位的阴盛阳消实在是势不可挡、愈演愈烈，最后达到阳气完全不见的黑暗，似乎世界也就只能这样消亡了。想想漫漫南极冬夜吧，企鹅们在漆黑无尽的风雪酷寒中挤在一起，似乎永无尽头。但忽有一丝初阳复出，证明这个世界是由阴阳、《乾》、《坤》构成，而不是由毁灭生命的线性逻辑统领！太极阴阳的无限伟大和生生至德，由此确立。所以《乾·彖》唱出颂歌："大哉乾元，万物资始！"[1]《乾》或阳的真身并不在《乾》之全部六阳爻或《易》卦全部一百九十二阳爻，而是在此《复》初！《乾》初爻即《复》初爻。所以干宝注《乾》初九爻辞"潜龙勿用"时写道："阳在初九，十一月之时，自《复》来也。"[2]正因为如此，《周易·复·彖》要极赞《复》尤其是《复》初，曰：

《复》其见天地之心乎。[3]

如果做一般理解，那么，"天地之心"是指天地或《乾》《坤》的要害或核心，恰是《复》展现了它。但如何更具体地理解这"心"呢？荀爽为这句话注道：

《复》者，冬至之卦，阳起初九，为"天地心"，万物所始，

---

[1] 《周易集解纂疏》，第35页。李道平先引《九家易》"《乾》者纯阳，众卦所生"来注此句，又引《乾凿度》"《易》始于一"，疏之曰："盖《乾》始一画，六十四卦，三百八十四爻，皆受始于《乾》之一阳，故云'众卦所生'。"
[2] 《周易集解纂疏》，第28页。
[3] 同上，第263页。

吉凶之先，故曰"见天地之心"矣。①

首先，这心有强烈的天地时间性，上应十二星次的元枵，下处二十四节气的（大雪及）冬至。其大致情势和时机，见于《杭氏卦气六日七分图》，如下：

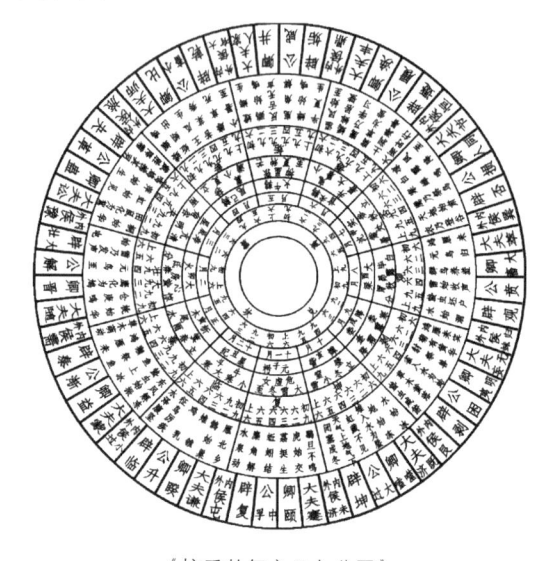

《杭氏卦气六日七分图》

但是，要害甚至不在于《复》之全部，而只在《复》的"阳起初九"，只有此时此处才是"天地心"，才是《周易》之真太极所在。这表明华夏古学的一个中心思路，即终极真实者不是静态的对象，甚至不是可定域化的对象，不管称之为什么最高级的存在者，而是"阳起初九"这样的时－空－几－微。

其次，这心义在于"元交"，即天地之交、阴阳之交、乾坤之交、过去与将来之交。《纂疏》曰：

乾、坤［之］《彖传》曰：大哉"乾"元，至哉"坤"元，"《乾》元"即"《坤》元"，"天心"即"地心"也。冬至之时，

---

① 《周易集解纂疏》，第263页。

阴气已极，一阳复生，天心动于地中，故云"阳起初九，为天地心"。"天地之心"即天地之元，"万物资始"于《乾》元，故云"万物所始"。《震》为"动"，"几者动之微，吉之先见者也"，故云"吉凶之先"。盖在《乾》《坤》则为元，在天地则为心。而其端倪，实于《复》之初阳见之，故曰"见天地之心"。①

这就说出了"心"的另一个含义，即"元"："在《乾》《坤》则为元，在天地则为心。"我们知道，"元"是这门户两卦卦辞的第一字，意味极深厚，有"始""善之长［至善］""春""仁"等义。但是，此元并非《乾》《坤》之固有属性，而是其"待发本性"，即只能在《乾》《坤》始交时或"天心动于地中"时构成。所以"元"即"始交""元发"和"元时"，处于阴阳的纠缠、叠加之中，还未坍缩为器物对象。于是董仲舒有言："是故《春秋》之道，以元之深正天之端，以天之端正王之政。"②当元发动时，才有天的端正，一种无形的、凭借"幽灵般的超距作用"或"至诚如神"③心态的端正。至于"心"的《坎》义④，这里就不讨论了。

而且，上引《纂疏》语将对《复》初和《乾》《坤》之元的讨论带回了"几微"。其实，本节以上的讨论一直讲的都是几微。"《复》初"（阳起初九）、"卦气"、"天地心"、"元"皆在显示几微。可以说，《复》初即几微，天地心即几微，元即几微，时即几微。不过，对于此"微"还可以有更微妙的理解。

从卦气图中可见，从《剥》到《复》要经过《坤》，也就是"一阳"也不见的全阴状态、对于阳而言的断裂处。或者，从《乾》《坤》交而生《复》的角度看，也有《坤》的原本地位。所以表面上主张阳

---

① 《周易集解纂疏》，第264页。
② 《春秋繁露·玉英》，载《春秋繁露新注》，曾振宇、傅永聚注，商务印书馆，2010年，第48页。
③ 《礼记·中庸》，第1449页。
④ 《周易集解纂疏》，第263—264页。

主阴从的虞翻写道:"《坤》为《复》。"① 《纂疏》解曰:"《乾》交《坤》始,复阳位为《复》,故云'《坤》为《复》'。"② 但《坤》中无阳爻,怎么领会其中的《复》道呢?这就是所谓"隐初入微"要讲的。

虞翻注《系辞上》"非天下之至神,其孰能与于此"一句时写道:"至神谓易,隐初入微。"③ 所谓"隐初入微",指《乾》《坤》或《易》化阴阳相交之原初态。具体讲则是《乾》卦之阳爻交入《坤》卦之初爻,但还没有表现出来形成《复》卦,而是就"隐"藏在坤卦的"初"爻里,所以称"微"或"入微"。这是"几者动之微"讲的"微"的最微义,君子如领会了它,就是"知几,其神乎"④ 了。可见"微"是潜伏着的"几","几"是从卦象上表现出来的"微",虽然也还未成形。故《纂疏》通过再解释"寂然不动,感而遂通天下之故。非天下之至神,其孰能与于此"⑤ 来疏解这个意思:"阳伏坤初,其几息[休息潜藏]矣,故'寂然不动'。变而成震[即《复》的内卦],其几生矣,故'感而遂通'。隐初入微为'至神',故'知几其神乎'。"⑥ 总之,几微是隐初入微和一元来复的《乾》《坤》元交晕态,体现"易"之本意或"至神"处。

四、对比和结语

福柯批评现象学不像结构主义那样可以解释意义的产生和作用方式,因为它缺少"语言学类型的结构";又批评现象学达不到弗洛伊德讲的无意识,因而不能理解超出主体赋意的存在境界。⑦ 如果将现象学

---

① 《周易集解纂疏》,第 264 页。
② 同上,第 264 页。
③ 同上,第 592 页。
④ 《周易·系辞下》,第 648 页。
⑤ 同上,第 592 页。
⑥ 同上,第 649 页。
⑦ 福柯:《结构主义与后结构主义》,载《福柯集》,杜小真编选,上海远东出版社,1998 年,第 488—489 页。福柯在那里写道:"人们发现现象学不能像结构(转下页)

局限于胡塞尔的中期，即阐发意向性、还原、意向相关项构成的静态现象学阶段，那么这两个批评似乎勉强说得过去，因为胡塞尔在《逻辑研究》和《观念1》等著作中主要讨论了意义的性质和在意向构成中的立义作用，而没有展示或充分展示意义本身的构成，也没有正面阐发前主体化的、前述谓的被动综合造就的权能性和生活世界。但胡塞尔在他的发生现象学阶段正视并有深度地揭示了这两个维度，因为他这时更充分地领会了内时间意识流及时晕的原初地位。但是，时晕有福柯心目中的"结构"，比如索绪尔和雅各布森在语言学及语音学中提出的结构吗？或者说，"滞留／前摄"是"语词符号的横纵向组合"或"语音的区别性特征"那样的对位结构吗？似乎不很像，因为"滞留／前摄"虽有对立互补的关系，但其本身是晕状的，不像"高／低∥前／后∥左／右……""升音／非升音""受阻／不受阻"那样是对位结构化的。没错，"滞留／前摄"是更原发的，能比结构主义更原本地说明意义的起源，也有自己的多层多维的结构[①]，但是它缺少可对象化的现实支点。可是，《易》象却提供了这样的支点，同时又如本文以上所表明的，它们的根基处也是晕状的，或更确切地说，是时晕化的。就此而言，《易》特别是西晋之前儒家对它的卦气化的解释，可以曲折地填补现象学与结构主义之间的鸿沟，也可以为西方当代欧陆哲学与中国古

（接上页）分析那样解释意义的作用。意义的作用可以由语言学类型的结构产生出来，在此结构中，现象学意义上的主体不能作为意义的赋予者参与进来。因此，现象学作为联姻的一方由于在解释语言方面无能为力而理所当然地失去了资格，结构主义便取而代之成为联姻的新的一方。……无意识无法进入现象学类型的分析。……萨特或梅洛－庞蒂……一起在努力贬低对于他们来说属于弗洛伊德常说中的实证主义或机械主义或物质主义的内容。他们所依凭的乃是对主体的自主建构的确信。……拉康说：'你们将徒劳无功，因为如此发挥作用的无意识不能被还原为由意义（这个意义的现象学主体是可能的）所赋予的效果。'拉康提出了一个与语言学问题绝对对称的问题。与被语言学理论取消资格相仿，现象学又一次被精神分析取消了资格。"

[①] 胡塞尔曾试图用"时间图式"来表示这结构，参看《内时间意识现象学》第一部分第 10 节，《关于时间意识的贝尔瑙手稿（1917—1918）》第一编的第一、二篇，其中补足了以往图式中前摄的缺失（第二篇第 1 节及以下）。

哲理的交流提供桥梁。

为了有在时间中旅行的能力，《易》必须使用象辞互凑的意义生成法，即凭借爻卦象的变化和对它们的多层次多维度的阴阳赋意，比如卦变和卦气图，来打通象辞，使得广义的占筮活动获得内在的时间性或当场生成性，而不再是查字典式的静态算命。而这种内在时间性的获得，就意味着时晕在占筮特别是解释卦爻象中的出现。

本文从几个角度揭示了这种《易》化的时晕。首先，爻象结构的至简至易使其包含变易，并且逼得此变易是原生的而不是次生的，或只表现某个现成者的变动的，由此逼近了晕的含义。其次，阴阳赋意极为贴切地展示了此爻象乃至卦象蕴涵的互补对生的纠缠结构，即阴阳离开对方则无意义，与柏拉图的太阳喻和洞喻的二元趋向大异其趣。而阴阳的对交则意味着发生，但这个发生源并不能归为某个存在者，如天文学意义上的太阳（尽管"阴阳"的字面义从向阳/不向阳而来），而是被视为太极。此太极（太一、太初）的哲理含义也不是或不只是古代华夏天文学讲的北辰（北极星），而是如周敦颐讲的"无极而太极，……太极，本无极"[①]意义上的非现成的、非定域的发生终极。再次，阳/阴、太阳/月亮、昼/夜的赋意，具有时-空-间性，首先是四时、朔望或阴阳消长的循环发生时间，更由卦气图赋予人与世界交融的生存时-空-间性，以超出对象化的因果关系的方式，揭示出人与物、意识与世界的相互纠缠。又再次，极简易之阴阳的非现成性势必悬置起卦气图的外在时间性或黄历性，显露其非定域的几微性。西晋前的易学家将"几"或《乾》《坤》之元解释为卦变中的"《复》初"，而将"微"看作"隐初入微"的《坤》初爻。通过这种对解释象辞关系之辞（比如《复》之《彖传》和《系辞传》的相关阐发）的卦爻象再解释，不仅在深层上交互沟通象辞，而且将卦气图时间性的时晕特征——非现成的时间和意义的发生源——表达得微妙深刻。更何况，在这些解释中，不仅就几微各自而言，而且几与微之间的关系也

---

① 周敦颐：《周敦颐集》，梁绍辉、徐苏铭等注，岳麓书社，2007年，第5—6页。

是阴与阳、滞留与前摄的交织。几(《复》初)从微(《坤》初)来，但微那里已经以潜伏的方式有了几(因而有"隐初入微"的说法)①；所以，微以前摄的方式交于几，而几以滞留的方式交于微。一句话，卦气即时气，几微即时晕，卦气图表现的就是源于时晕的生存时间流。《易》象数与毕达哥拉斯之数最大的不同，就是此数是有时晕或气运之数，其中富含余觉和初感的纠缠和回旋。

  几微与胡塞尔讲的时晕当然有区别，前者没有后者的主体内意识的特点，但它也不就是"宇宙论"的。从"《复》其见天地之心"的意思上看，它未必就完全没有广义的"心"乃至"识"的含义，起码有"意义之源"的意义，由此也包括时晕意义上的"意识之源"的意思。胡塞尔开创的时晕思路，在后来的现象学家们那里经历了极度的拓扑变换，甚至是非定域变换，比如海德格尔的非主体化的时间性、梅洛－庞蒂的身体图式和知觉场、德里达的趋别或延异、列维纳斯的绝对他者(去显晕而开隐晕，切断任何定域联系)。但是，这时晕的精髓即非现成的互补对生性却从未被放弃。没有它，现象学就不成其为现象之学，就会丧失让自己在哲理上成活的几微。

---

① 荀爽写道："《坤》位在亥，下有伏《乾》，阴阳相和。"(《周易集解纂疏》，第656页) 此"伏《乾》"可以理解为"《复》初"。

"万物一体"与全球化的形上之基（论纲）

——从张世英先生"万物一体"说的本体论说起

吴根友　刘　旭[①]

一、引言

一般而言，全球化（Globalization）指的是世界观、产品、概念及其他文化元素的交换所带来的国际性整合的过程。[②] 全球化作为一个哲学思想的概念，有的学者认为它是一个现代概念[③]；但如果从历史的角度看，有些学者则认为在地理大发现阶段，全球化进程就已经开始了；甚至还有学者认为全球化可以追溯到公元前 2000 年。[④] 从中国哲学的视角来看，笔者认为，在文化上与中国发生直接而深刻联系的全球化运动，自耶稣会士来华（与地理大发现几乎同时）开始大约已有 500 余年的历史；这 500 余年的全球化历史，可以说是由欧洲向世界各

[①] 吴根友：武汉大学哲学学院教授；刘旭：武汉大学哲学学院 2018 级中国哲学专业博士生。

[②] Martin Albrow and Elizabeth King eds., *Globalization, Knowledge and Society*, Sage, 1990, p. 8. 笔者在本文中所采用的是尽量简洁的定义，这样便于兼容其他关于全球化的定义与讨论。当然，在笔者所查阅的材料中，全球化的定义大多以"关系的整合"以及"时间""空间"等概念为讨论核心，具体参看 David Held, David Goldblatt, Anthony McGrew and Jonathan Perraton, *Global Transformations*, Polity Press, 1999; Paul James, "Arguing Globalizations: Propositions Towards an Investigation of Global Formation", *Globalizations* 2.2 (2005): 193–209。

[③] Paul James and Manfred B. Steger, "A Genealogy of Globalization: The Career of a Concept". *Globalizations* 11.4 (2014): 417–434.

[④] Andre Gunder Frank, *ReOrient: Global Economy in the Asian Age*, University of California Press, 1998.

地史诗般地展开，但这一过程是伴随着资本主义国家的帝国主义、殖民主义与文化毁灭等恣意横行的历史内容的。学术界通常将全球化划分为三大领域：经济全球化、政治全球化和文化全球化。本文无意就此三方面对全球化展开全面的探讨，而是将全球化概念限定在哲学的形而上学意义上加以思考，即思考在唯一的现实世界中，人与人、人与物、群体与群体、国家与国家之间的普遍联系，以及彼此间无可逃脱的伦理责任。因此，本文将要深入探讨张世英先生的形上学思想宗旨——"万物一体"的思想，并认为其为500余年的全球化运动提供了真正的哲学的形而上学的基础。目前本文只以论纲的形式呈现出来，许多具体的细节需要以专著的形式来加以分析。本文将分为五部分：第一部分：引言；第二部分，笔者将阐述关于全球化历史的三种主要叙事：自由主义、民族主义与马克思列宁主义的全球化观念；第三部分，笔者将以约翰·罗尔斯、丹尼尔·贝尔和哈贝马斯三位哲学家关于全球化的伦理构想为主线，介绍20世纪以来也即深度全球化时代的伦理思考；第四部分，笔者将着重探讨中国当代哲学家张世英先生的形而上学思想——"万物一体"说，并论证张先生的"万物一体"说可以为全球化奠定本体论基础，尽管张先生本人可能并无意于此；第五部分，笔者将简要总结本文。

二、全球化历史的三种叙事

自16世纪地理大发现以来，由资本主义生产—生活方式孕育、成长、成熟到鼎盛的历史过程，500余年来的全球化运动，主要是以资本主义及其生产—生活方式为主导、社会主义运动为辅助的人类现代运动的展开史。这一基于西方基督教基本精神而发展出来的扩张式与殖民式的全球化历史过程，简略地讲，主要有三种叙事方式，即自由主义的、马克思列宁主义的和民族主义的叙事方式。当然，笔者深知这三者之间并非截然分开的，甚至是紧密交织的，但从各自理论的主要面向来看，三者之间是有明显的差异的。

从自由主义的自由、民主、平等、人权等观念叙事的角度看，这一历史过程是就充满着自由、民主、平等、人权的实现过程和人的解放过程。然而实际上并不是这样的美好过程。早期资本主义以自由贸易为借口，不断从事着扩张式的战争。这种战争，先是在欧洲内部展开，主要是以争夺海外殖民地为主要目标。18 世纪后期到整个 19 世纪，都是以武力的方式打开亚洲、非洲各民族国家的市场为主要方式，进行资本主义的海外掠夺与抢劫，同时把所谓的"资本主义文明"带到这些后发现代化的国家，打断这些民族国家的自我历史进程。对于这一残酷的资本主义海外殖民史，只有马克思主义经典作家才给予了有力的批判与揭露，在《共产党宣言》中，马克思尖锐地批判了现代资产阶级的无耻与冷酷：

> 资产阶级在它已经取得了统治的地方把一切封建的、宗法的和田园诗般的关系都破坏了。它无情地斩断了把人们束缚于天然尊长的形形色色的封建羁绊，它使人和人之间除了赤裸裸的利害关系，除了冷酷无情有的"现金交易"，就再也没有任何别的联系了。它把宗教虔诚、骑士热忱、小市民伤感这些情感的神圣发作，淹没在利己主义打算的冰水之中。它把人的尊严变成了交换价值，用一种没有良心的贸易自由代替了无数特许的和自力挣得的自由。总而言之，它用公开的、无耻的、直接的、露骨的剥削代替了自由宗教幻想和政治幻想掩盖着的剥削。[①]

不仅如此，马克思还进一步批评现代资本主义文明的罪恶："资产阶级抹去了一切向来受人尊崇和令人敬畏职业的神圣光环。它把医生、律师、教士、诗人和学者变成了它出钱招雇的雇佣劳动者。"[②]

---

① 马克思、恩格斯：《共产党宣言》，载《马克思恩格斯选集》第 1 卷，人民出版社，2012 年，第 403 页。
② 同上，第 403 页。

在《波斯和中国》一文中，恩格斯斥责英帝国的侵略者道："这些把炽热的炮弹射向毫无防御的城市、杀人又强奸妇女的文明贩子们，尽可以把中国人的这种抵抗方法叫作卑劣的、野蛮的、凶残的方法。"①

从马克思、列宁主义的角度看，全球化就是被压迫的农民、工人阶级不断砸碎锁链、获得解放的过程。在资本主义的社会里，无产阶级一无所有，他们将砸碎旧世界的锁链、获得自身的解放，同时也将获得全世界。对于这一点，马克思系列的经典著作，如《共产党宣言》有非常经典的表述："随着大工业的发展，资产阶级赖以生产和占有产品的基础本身也就从它的脚下被挖掉了。它生产的是它自身的掘墓人。资产阶级的灭亡和无产阶级的胜利是同样不可避免的。"②"代替那存在着阶级和阶级对立的资产阶级旧社会的，将是这样一个联合体，在那里，每个人的自由发展是一切人的自由发展的条件。"③

从民族主义（含民粹主义）的角度看，全球化就是发达的资本主义国家侵略不发达国家的历史过程，因而可以视之为殖民与反殖民的历史斗争过程。就现代民族主义兴起的学术源头而言，它实发源于现代欧洲。但全球化运动过程中的民族主义，主要表现为后发现代化的民族国家以整个民族国家的政治与精神形式，来反抗资本主义的殖民与扩张。世界范围内的现代民族主义的内容极其丰富，此文一时难以尽述，现仅以中国现代新儒家的重要代表人物之一张君劢有关民族主义的论述作为典型的例证。他将民族主义视为一"民族的大彻大悟"："活动于一民族之中者，事事以民族为念，而忘个人之荣辱得失，以民族之痛苦为痛苦，以民族之利害为利害。凡有害于民族者，去之唯恐不尽，有益于民族者，为之唯恐不力。"④在民族主义的思想旗帜下，其练兵、理财、用人、开发文化等活动，均将以有利于民族国家的发展为目的："质言之，全国人民向右心中所蕴蓄之力量开发之、积蓄之，

---

① 马克思、恩格斯：《波斯和中国》，载《马克思恩格斯选集》第 1 卷，第 798 页。
② 马克思、恩格斯：《马克思恩格斯选集》第 1 卷，第 412—413 页。
③ 同上，第 422 页。
④ 张君劢：《民族复兴之学术基础》，中国人民大学出版社，2009 年，第 3 页。

以为国家对外竞争之用,此种以民族本身为一切军事、政治、经济、教育之出发点,即我之所谓大彻大悟,亦即吾族起死回生之良剂也。"①

当然,由于论说者的角度不同,对于史诗般的500余年全球化运动过程,可以有不同的叙事角度。女性主义也可以说是女性摆脱男权的压迫、获得自己性别解放的历史过程。这一叙事角度也具有相当合理、真实而丰富的历史内容。不过,在自由资本主义的拥护者看来,这一追求自由、民主、人权、平等的过程,是充满着人性的光辉与理想的。至少在资产阶级上升的历史时期,还是充满着深厚的诗情画意的。甚至马克思在肯定资本主义的现实贡献时,也曾在《共产党宣言》中肯定了,资本主义所开拓的世界市场对于改变人们的物质生活与精神生活的贫乏性而具有某种程度的诗意。如马克思、恩格斯在《共产党宣言》中说:"资产阶级在历史曾经起过非常革命的作用。"②其具体表现主要在如下三个方面:其一,"资产阶级在它已经取得了统治的地方把一切封建的、宗法的和田园诗般的关系都破坏了"③。其二,"资产阶级,由于一切生产工具的迅速改进,由于交通的极其便利,把一切民族甚至最野蛮的民族都卷到文明中来了。它的商品的低廉价格,是它用来摧毁一切万里长城、征服野蛮人最顽强的仇外心理的重炮"④。其三,资产阶级创造了大量的物质财富:"资产阶级在它不到一百年的阶级统治中所创造的生产力,比过去一切世代创造的全部生产力还要多,还要大。自然力的征服,机器的采用,化学在工业和农业中的应用,轮船的行驶,铁路的通行,电报的使用,整个大陆的开垦,河川的通航,仿佛用法术从地下呼唤出来的大量人口——过去哪一个世纪料想到在社会劳动里蕴藏有这样的生产力呢?"⑤但是,马克思主义经典作家无法看到19世纪末20世纪初资本主义社会的迅速变质。20世

---

① 张君劢:《民族复兴之学术基础》,第3页。
② 马克思、恩格斯:《共产党宣言》,第402页。
③ 同上,第402—403页。
④ 同上,第404页。
⑤ 同上,第405页。

纪两次世界大战的惨痛教训、德国纳粹主义与反犹太人的丑恶历史、日本军国主义的残酷与残暴,彻底地粉碎了资本主义全球化所制造的幻象,以及在其上升期所表现出的一点一滴的诗意。

三、"后工业社会来临"与"万民法"的时代构想

20世纪60年代以后,欧美的工业化进入了后现代工业化的阶段。世界范围内的社会主义阵营也在展开自己的工业化。虽然全球化的过程中有各种局部的战争,苏联与美国两大阵营的对抗最后发展成为冷战,但人类的工业化的步伐还是在向前迈进。人类一体化的进程在以缓慢的步伐向前迈进。就哲学思想的层面说,欧美社会的思想界相对比较活跃,社会主义阵营里的哲学思想没有多少突破。20世纪70年代,罗尔斯的《正义论》出版,引起了欧美世界的政治哲学热。1991年12月25日,戈尔巴乔夫辞职,苏联解体,引起了世界政治巨大的震荡。而其在思想界引起的余波,就是日裔美籍学者福山(Francis Fukuyama)的《历史的终结及最后之人》(*The End of History and the Last Man*)一书的出版,该书在仓促中宣告自由资本主义世界的胜利。他在书中认为,西方国家自由民主制的到来可能是人类社会演化的终点,是人类政府的最终形式,这就意味着:自由民主制将成为所有国家政府的唯一形式,而且是最后的形式。福山的观点被称为"历史终结论"。然而,到今天为止,自由资本主义很难说是胜利了。特别是目前肆虐全球的新冠肺炎疫情,恰恰暴露了自由资本主义社会的根本问题。

苏联解体,以及美国对伊拉克、阿富汗的战争,对南联盟的轰炸,美国自身遭遇的"9·11"事件等巨大的政治动荡,并没有阻止全球化的进程。特别是20世纪70年代末中国走上了一条改革开放的道路,对世界的政治、经济、科技、文化等多方面,逐步产生越来越重要的影响。作为思想的事件,1999年,罗尔斯出版的《万民法》,对于全球化的世界历史来说,是具有里程碑意义的。该书的出版表明,西方一

流的思想家开始在自己的思想传统里思考全球化的精神一体化或一体性问题。

《万民法》的理论资源主要是西方的，尤其是康德政治哲学，但其面临的国际社会是多元文化、多民族主权国家的政治与社会现实。罗尔斯《万民法》所建构的世界政治理论构想，比塞缪尔·亨廷顿的"文明冲突论"要高明很多。亨廷顿1993年在《外交》(Foreign Affairs)季刊夏季号发表《文明的冲突？》("The Clash of Civilizations")一文，以一个政治学教授的学术敏感预测了苏联解体后世界政治格局及其冲突的根源问题。尽管他的观点遭到了强有力的学术挑战[1]，但其影响力却并不衰减，特别是现实世界政治中所表现出的美国与中东各国的政治冲突，仿佛印证了基督教文明与伊斯兰文明的冲突，而这实际上是美国的资本家利益与其他国家的利益冲突。亨廷顿的"文明冲突论"在相当大的程度上掩盖了作为典型资本主义国家的美国国家利益与其他民族国家利益相冲突的事实，具有极强的理论与学术迷惑性。罗尔斯则不一样，他是要动用古罗马的"万民法"的思想资源，在他的新自由主义的理论基础上去整合人类世界，使之逐步走上一体化的道路。罗尔斯认为，虽然公民所奉行的"完备性学说"(comprehensive doctrines)各不相同且互不兼容，但这并不妨碍他们就正义的基本原则达成"重叠共识"(overlapping consensus)，而这种基本正义原则是他们分别在自身的自由平等世界中去证明的。这就等于预设了，他们能够吸收根植于西方自由民主制传统中关于个体、社会与公共理性等的共同理想。[2] 非常有意思的是，罗尔斯将自己的政治哲学理论称为现

---

[1] 如阿马蒂亚·森、萨义德、乔姆斯基等学者认为，亨廷顿的观点只是制造价值对立、种族主义、新官方宣传，对亨廷顿的"文明冲突论"给予了强有力的回应与批评。中国学者杜维明先生也就此做出过回应，认为亨氏的学说是"有排斥性的西方中心论"，并强调应发扬儒家文化中所具有的涵盖性的人文精神。参看杜维明：《杜维明：文明的冲突与对话》，湖南大学出版社，2001年；将亨氏与杜氏思想进行比较研究的成果可参看吴根友：《判教与比较：比较哲学探论》，东方出版中心，2019年，第240—248页。

[2] John Rawls, *Political Liberalism*, Columbia University Press, 1996.

实主义的乌托邦（realistic utopia）。这一富有张力的"现实主义的乌托邦"，由于不能平等地对待、处理非自由民主社会的"万民"在世界共同体中的位置问题，注定只能是乌托邦的而非现实主义的。

与罗尔斯齐名、大体上也处于同时代的德国哲学家哈贝马斯的"交往理论"，也在尝试建构全球化时代的多元社会伦理基础。与罗尔斯相反，哈贝马斯认为，甚至在多元社会中对价值与良善生活问题持不同意见的社会成员之间，就一般规范性原则达成一致而言，也存在着一个更加普遍的基础。社会行动者是自我解释的主体，通过交往互动来取得和再生产他们的认同；在生活的社会—文化形式的再生产中，旨在达成理解的行为比策略行为扮演了更基础的角色；并且在商谈中承认理性辩护的交往行动者，含蓄或明确地向对方提出有效性要求，也包括规范要求。[①] 同时，哈贝马斯比罗尔斯更进一步地认为，应当以世界法（cosmopolitan law）取代国际法，直接授权个体合法行动的权利，且将超民族国家的政治机构置于民族国家之上。这一想法实际上与20世纪初伯特兰·罗素的世界政府的构想有某种相似之处，就人类目前以主权国家为执法实体的现实来看，其可能性是微乎其微的。问题还在于，哈贝马斯的交往理性与商谈伦理所触及的，还只是人类在理性层面的相互"理解"，而在实际的社会生活层面，相互理解是否就是相互承认、相互接受还是一个未知的问题。关于这一点，赵汀阳有非常精辟的论述。[②]

如果从现代学术史的角度再往前追溯，关于人类一体化的哲学思想考，雅斯贝尔斯在其《历史的起源与目标》中就已经从历史哲学的高度做了深入的思考。雅斯贝尔斯认为，人类应该"超越西方学者自

[①] Jürgen Habermas, *The Theory of Communicative Action*, 2 Vols., trans. T. McCarthy, Boston, 1985/1987. 中译本参看哈贝马斯：《交往行为理论》，曹卫东译，上海人民出版社，2018年。

[②] "理论上说，跨文化指的是在实践上对他者的接纳而不仅是科学地观察他者，重点在于相互认可，不仅是理解。"（赵汀阳、阿兰·乐比雄：《一神论的影子：哲学家与人类学家的通信》，王惠民译，中信出版集团，2019年，第45页）

18世纪末以降形成的欧洲中心主义思想框架,努力从人类的整体性与未来世界的一体化的新角度,来思考整个人类的历史命运问题"[1]。在雅斯贝尔斯之前,黑格尔的历史哲学就已经在思考、勾画全球一体化的问题了。黑格尔认为,"历史"或"世界历史"便是精神自我实现的过程,黑格尔所言的"精神"的本性便是自由。而自由有两层含义:一是从外在的控制下得到解放,即对于法律的服从源于自我意识的认可;二是从内在的情欲束缚中得到解放。[2] 因此,我们可以看出,黑格尔所构想的全球化进程事实上便是"精神"的上升进程,也即理性的自我实现进程。但在黑格尔的时代,全球化的问题还只是一种历史的趋势,黑格尔有关人类整体性的思考还是建立在抽象、思辨的哲学思考层面上。雅斯贝尔斯的历史哲学思考虽然带有了更多的实证材料,但他的"轴心时代"的构想、世界一体化的抽象人性基础,对于世界如何能走向一体化,还未提出更加具体而清晰的思想论证。

不过,就政治哲学的思考而言,中国哲学家赵汀阳于2015年再版的《天下体系:世界制度哲学导论》一书,与罗尔斯的《万民法》一起,可以被看作20世纪末21世纪初有关"全球一体化"的政治哲学论述的双璧。赵氏通过激活中国传统政治学中古老的"天下"观念,从政治哲学的角度阐述了全球一体化的新政治理论,以超越基于主权国家的"国际"(inter-nationality)与"世界"(World)的观念局限性。同时,赵氏还提出"共存在""关系理性"的概念,试图改善人与人交往的利益最大化的追求。当然,赵氏天下理论的明确意图是回应康德的永久和平理论,并不是回应罗尔斯"万民法"的问题。但从其政治哲学理论试图回应全球一体化的现实问题的角度看,二者在学理上具有相通性。而且,在著作及其回应的一些说法中,他也提到过"万民"的概念。就罗尔斯与赵汀阳在世界政治问题方面有关全球一体化

---

[1] 关于雅斯贝尔斯关于"世界历史"的论述与比较研究,参看吴根友:《判教与比较:比较哲学初探》,第63—90页。
[2] 黑格尔:《历史哲学》,王造时译,上海书店出版社,1999年,第7页。

的哲学思考而言，他们各自所取的"原型观念"都是自己传统中的思想资源。

如前所述，两位现代西方政治哲学家罗尔斯与哈贝马斯的分歧在于"公共理性"如何运用，罗尔斯以窄化的"公共理性"论证不同的公民为不同的自己所认为的合理的"完备性学说"进行公共辩护，进而形成"重叠共识"，并得到承认。哈贝马斯则否认"重叠共识"为公共辩护的基础，并认为他所提出的"交往理论"只需在参与者之间寻求共识：参与者自身与世界产生联系，并判断参与者的表达是否与客观世界（作为一切实体的总体性并使真实的表达成为可能）、社会世界（作为一切正当人际关系的总体性）、主观世界（作为只有言语者才被特许进入的经验的总体性）相吻合。[①] 但如果从赵汀阳的"共存在""关系理性"、张世英先生的"万物一体"思想来考察二者的理论，就会发现罗尔斯的"重叠共识"与哈贝马斯的"交往理论"都是一种个体本位的伦理学，他们的理论都无法回应人与人、人与物、群体与群体、国家与国家之间的关系问题，且无法为联系越发紧密的全球化时代奠定本体论基础，即在何种理论基础上，万有可以实现相通？尤其是在现实利益冲突日趋剧烈的当下世界。为了回应这个问题，笔者认为，当代中国哲学家张世英先生的"万物一体"说，似乎更能为当今的全球化奠定坚实的哲学本体论基础。

四、"万物一体"说与全球化时代的形上学基础之建构

张世英先生在晚年的哲学创作过程中，通过涵化海德格尔"人生在世"（In-der-Welt-sein）理论、美国当代哲学家萨利斯提出的"横向的架构"（horizontal structure）与法国现代哲学家伊波利特的"横向超越"（vertical transcendence）与"纵向超越"（horizontal

---

[①] Jürgen Habermas, *The Theory of Communicative Action*. 中译本参看哈贝马斯：《交往行为理论》，第 131—132 页。

transcendence）理论，活化中国传统哲学中的阴阳观念与天人合一的结构，以及宋明理学中的仁者与天地万物为一体的思想等，以综合创新的方式提出了新的"在场与不在场"的形上学与"万物一体"理论。就其理论结构、内涵与创新性而言，张世英先生的"万物一体"说可以从本体论的角度为全球化提供形上学基础。①

尽管张先生本人在构建其"万物一体"说时并没有要为全球化的时代提供一个哲学形上之基的目的，但在其最近出版的《中西哲学对话——不同而相通》一书中，我们可发现张先生的"万物一体"思想正可以作为全球化的形上学基础：

> 天地万物都处于普遍的内在的联系之中，更确切地说，都处于相互作用、相互影响、相互勾连之中，这种联系使得每一人、每一物甚至每一人的每一构成部分或每一物的每一构成部分都有一个千丝万缕的联系、作用与影响的交叉点，此交叉点无广延性，类似几何学上的点，但它是真实的而非虚构。……每一交叉点都是一个全宇宙，但又各有其个性，因为各自表现了不同的相互作用、相互影响的方式，或者说，各以不同的方式反映了唯一的全宇宙。②

此处，张先生从普遍与特殊相互贯通的角度论述了"万物一体"说的根据，即天地万物是内在的、普遍的、相互联系的，且万事万物

---

① 当然，就此问题深入思考的古今中西哲学家不在少数，如奥古斯丁的《上帝之城》、康德的《论永久和平》等。尽管他们的理论并不是直接面对全球化的思考，但全球化以及全球化中国家与个体的命运等问题在理论上都可以追溯到这些先哲的思考。中国当代哲学家赵汀阳曾经就此提出了"共在存在"的哲学本体论，以应对全球化时代人类的生存境况。其正式的表述见于《每个人的政治》一书中："每个人都存在于与他人的共在关系中，每个人都不可能先于共在而具有存在意义，在共在之前，每个人只是一个自然存在而尚未成为一个价值存在。"参看赵汀阳：《每个人的政治》，社会科学文献出版社，2010年，第167页。

② 张世英：《中西哲学对话——不同而相通》，东方出版中心，2020年，第52—53页。

又以个体的方式反映了唯一的全宇宙，因此万物本为一体。基于此，我们可以从三个主要方面初步揭示张先生"万物一体"说在全球化时代的本体论意义。

1. 超越论

张世英先生所言的"天地万物处于普遍而内在的联系之中"背后是其独特的"横向超越"论。他认为，从柏拉图到黑格尔的传统的主客二元对立的形上学是"纵向超越"的形上学，这样的形上学"从感性中个别的、变化着的、有差异的、表面现象的、具体的东西追问到理性或理解中普遍的、不变的、同一的、本质性的、抽象的东西的纵深路线，达到对外在的客观事物之根底的把握"[①]。但张先生认为，从尼采开始，尤其在海德格尔哲学那里，传统的主客二元对立的结构转变为"人生在世"的结构，即人在世界之中，曾经主客相互外在的关系转变为相互融合的关系，近似于中国的"天人合一"的关系。在这样的关系中，传统的"纵向超越"转变为"横向超越"，即不再是追问抽象而永恒的本质，而是在变动不居的现实世界中追问"不在场"的现实事物，笔者将此理解为由"在场"的事物发现其背后现实的普遍联系。

基于此，我们可以发现，张世英先生的"横向超越"的形上学突破了传统的主客相互外在（彼此不通）的形上学。传统的形上学尽管构建了超越的本体，但本体与现实的存在相互隔绝，并无现实的联系，但在张先生的形上学架构中，只有一个现实的世界，在这个世界中，万事万物普遍联系，内在体验取代了外在认识，主客对立发展为万有相通，现实的民胞物与的道德情感超越了难以企及的彼岸关怀。

显而易见，在多元且复杂的全球化时代，相比于传统的"纵向超越"的形上学，张世英先生的"横向超越"形上学更具理论与现实的意义，万有相通的现实世界相较于超越的本体世界是更可欲的。

[①] 张世英：《中西哲学对话——不同而相通》，第40页。

2. 真理论

张先生认为,"哲学似乎首要地应当讲本体论(存在论),认识论是从属于本体论的"[①]。因此,张先生"万物一体"说的第二层次是真理论(认识论)。

他认为,在中西哲学史上的真理论经历了从"符合说"到"去蔽说"的发展历程,后者不仅是对前者的突破,而且为前者提供了存在论的基础。[②] 传统的真理论——符合说——指的是"真理是事物与观念或理智相符合,或者是观念或理智符合于事物"[③]。张先生指出,符合说的基础在于主客关系的思维模式,即认识主体与被认识的对象相互外在,通过认识而达到统一。[④] 尽管主客相互外在,但依然是相关联的,因此主体对认识对象做出判断并非是"对某独立于人之外的事物做出陈述或判断,而是对某人与人(此在)相关联的事物做出陈述或判断……因此,对某事物做出陈述或判断,也就是揭示某事物的意义"[⑤]。当主体的陈述或判断揭示出事物的本来面目——即去蔽的状态——之时,该陈述或判断即为真。因此,"去蔽说"不仅扭转了占据主导地位的主客二元对立思维,而且为传统的真理论——符合说——奠定了存在论基础。

结合前面论述的超越论,我们可以将张先生的"去蔽"真理论总结为"在世间的真理论",即在现实的普遍联系中,在主客相交融的现实世界中对存在的原本面目的揭示。这一真理论与全球化的关系究竟是什么?按照张先生的说法,"真理在于从个别存在者的束缚中解放出来"[⑥],"人的'自由'的特性使人超越在场的个别的存在者,把它与不

[①] 张世英:《中西哲学对话——不同而相通》,第 80 页。
[②] 同上,第 62 页。
[③] 同上,第 61 页。
[④] 同上,第 63 页。
[⑤] 同上,第 64 页。
[⑥] 同上,第 67 页。

在场的'存在者整体'('世界整体')关联起来,结合为一,从而让某一个别存在者如其所是地显示自身"①。即是说,个别的存在者能够意识到自我不是偶然、孤独、外在于他者的存在者,而是与存在整体相互关联,与整个世界融为一体,且能够超越自身所处的传统与境况,进而实现"参与的敞开"(海德格尔语)。我们可以由此得出这样的结论:经过张先生改造之后的"去蔽说"形式下的真理论,将求真的认识活动建基于普遍联系的现实世界中,与其说真理论在于求真,毋宁说是对于存在本身的把握,对于存在本身的回归——万物一体的状态;并且,个别的存在者都是存在整体的参与者,而不是自外于他者。这正是"在世间"的全球化所需的认识论:个体与个体、群体与群体、国家与国家等都参与到这个世界中,处于真实而普遍的联系之中。"真理"不再是某种形式的断言,而是存在本身相互的承认与接受的共识与行为准则。

3. 境界论

首先需要说明的是,张先生所言的境界不同于中国传统文化,尤其是古典文学中所言的道德修养与审美意识,而是"人的'灵明'所照亮了的、他所生活于其中的世界。……约略类似于'生活世界'"②。张先生认为,"不同类型的境界之所以有可能相互沟通,就是以万物各不相同而又相通的道理亦即'万物一体'论为其最根本的哲学本体论的根据"③。如前所述,天地万物、每个个体都是普遍联系的,各不相同而又彼此相通,那么处于不同境界或不同"生活世界"的个体、群体、民族乃至国家的相容相通就有了形上学的基础。

张世英先生以哈贝马斯的"商谈伦理学"为例,认为哈贝马斯所力图构建的适用于各民族、群体的普遍伦理道德规范是值得赞赏的努

---

① 张世英:《中西哲学对话——不同而相通》,第 67 页。
② 同上,第 72—73 页。
③ 同上,第 82 页。

力，但并非最根本的路径。因为就连哈贝马斯本人也承认其所预设的"理想的谈话环境"只是一种"假定"或"预期"。从张先生的境界论的视角来看，哈贝马斯的交往理性缺少坚实的本体论基础，所以只能在"假定"的条件下展开构建，张先生说："哈贝马斯的商谈伦理学和当前一些学者所企图建立的普遍道德规范，我想，都需要建立在万物不同而相通的'万物一体'论的基础上。否则，就没有商谈伦理学之商谈的前提和道德规范之普遍性的前提。"[①]

这里不得不提的是，张先生所言的境界是"固执的，同时是可移易的"[②]。这就是说，不同个体、群体乃至国家得以相通的基础是"万物一体"思想，其相通的现实条件是境界（生活世界）的可调适性。

综上所述，张先生的"万物一体"说从三个层次为今日深度的全球化运动提供了极其融贯的形上学基础。仔细考察张先生的"万物一体"理论，其主要的思想资源是中国传统哲学的"天人合一"思想，尤其是宋明理学中的"民胞物与"（张载）与"一体之仁"（王阳明），同时涵化了近现代西方哲学，特别是后现代哲学的思想资源（海德格尔），在古今之别的基础上，以综合创新的进路构建了"横向超越"的"在场"形上学：只有一个现实的世界，万事万物普遍联系，主体是这个世界的参与者，真理在于对存在本真状态的把握，不同境界（生活世界）在调适中能够相容相通。显而易见，因为他的"万物一体"思想是在古今中西的思想基础上建构出来的，而且其理论的目的即是追寻"万有相通"的自由境界，既然是"万有"，那么其哲学必然是面向全人类现时代的生存境况的。尤其在当前深度全球化时代人类整体命运现实地紧密交织在一起时，张先生颇具"现实感"的形上学让"全球一体化"的自在状态和非哲学的思想状态（如经济学与政治学的思想形式）提升到哲学的普遍性高度，奠定了本体论的基础："万物一体"说让古今中西的人与物共同存在于这个"唯一的"现实世界中，

---

① 张世英：《中西哲学对话——不同而相通》，第83页。
② 同上，第80页。

万有相联，把握存在，调适境界，走向相通；尽管张先生的形上学并没有就普遍联系为什么会带来人与人之间的关怀给出论证，如功利主义、义务论或者美德论的理由，抑或是另一种新的伦理学理由；且未对现实存在中的政治、经济、人伦日用等方面给出指南与例证。当然，这些并非是张先生"万物一体"说的理论目的。

当然，我们需要进一步追问和反思的是：近400年来的哲学史中，有没有类似的或更好的哲学思想可以作为全球化的形上学基础？翻看哲学史与张先生的著作，我们可以发现不少，如马丁·布伯的我－你（I and Thou）的论说，有列维纳斯的"他者"理论等。但相比较而言，尽管这些理论的原创性与关怀性都很强，但均未从万有普遍联系的高度给予本体论的奠基，即未从万有都"在世界之中"的角度为全球化时代的人与人、群体与群体、国家与国家等的关系提供一种"无外"（赵汀阳语）的哲学基础。如果说，哈贝马斯的交往理论、互主体性观念、商谈伦理等为全球化时代人的交往提供了一种沟通理性，罗尔斯的"万民法"、赵汀阳的新"天下"观念为全球化时代的人类政治一体化提供了可供选择的政治建构方案，则张世英先生的"万物一体"说可以说为"全球化"实然经验现象及其进一步发展的趋势提供了一种哲学的形上学基础。就近400年来以西方哲学为主流的世界哲学的发展趋势而言，亦可以说是由自笛卡尔以来以主体为中心的哲学认识论向以存在为中心的新的哲学本体论的回归。

五、结语

当前，国际政治形势显现出"逆全球化"的浪潮，美国政府从一些重要的国际组织中退群、脱离，在新冠肺炎疫情的应对过程中，也表现出一些各自为政的现象。实际上，美国从现有的一些国际组织中退群，并不是要真正地脱离世界，而是试图重建新组织，以确立美国的主导地位与优先价值。在抗击新冠肺炎疫情的过程中，少数国家自以为是（但都付出了沉重的代价，美国还在继续付出沉重的代价），但绝大多数国家还是相互支持、相互分享各种有价值的信息，尽管世界卫生组织承受着来自多方不同的诉求与压力，但它仍然在发挥着协调的积极作用。而这些逆全球化的浪潮，其实正从反面证明，我们恰恰需要"万物一体"的观念与现实关怀，以应对当今深度的全球化所暴露出的一系列问题，如民族主义、本国优先等问题。传统政治哲学中基于原子论式的个人主义，个人权利的现代伦理、政治思想，以及基于这种个人权利的国家主权观念及其现实政治操作方式，已不足以应对深度全球化所面临的一系列问题。阻挡当今世界深度全球化的势力很多，在思想观念层面则是带有分离主义、排他主义倾向的宗教、伦理、哲学、政治的观念。当然，主张世界应走向一体化的各种新哲学思想也在不断产生，如本文所讨论的现当代西方哲学家，但他们囿于现代西方的主体性哲学与个体本位主义的强大思想传统，无法从"存在"自身来思考人类的一体化所需要的哲学本体论。经过100余年对西方哲学思想的吸收与改造，同时在近40年里通过激活中国传统哲学思想资源，涵化西方现代与后现代思想资源，张世英先生提出"万物一体"的新本体论或新形上学，可以被视为当代中国哲学家对新阶段的全球化所做出的形上之思。这一形上之思在笔者看来，似可以作为全球化现实运动的一种哲学本体论。

"境界"何以可能

——张世英先生"境界"说小议

孙向晨[①]

谈起哲学,人们往往会以西方哲学为标准,并以此来衡量中国哲学。这样的理解自然会遮蔽很多中国的思想资源,因此有人主张"以中释中",拒绝西学对于中国哲学的"误导"。张世英先生在阐发他的思想时,却常常能够在中西会通之中阐发中国哲学所特有的思想传统,并用西学方式来做进一步的阐释,这一哲学方式很独特,对于深入推进中国哲学思想大有裨益。在他的哲学体系中一以贯之的"境界"说就是如此。"境界"说是中国哲学所独有的一种形态,其学说源远流长,在现代中国哲学中尤其得到了相当开阔的展开。从王国维、冯友兰、熊十力、牟宗三、唐君毅、李泽厚等都有很大发挥。在这一脉络下,张世英先生的哲学亦提出"境界"说,非常令人瞩目。张世英先生何以在中西会通的语境中圆融地论述一种具有中国思想传统特色的哲学话语呢?这是我们特别要仔细考察的问题。

一、"觉解"决定的"境界"及其问题

中国哲学有着很长的"境界"说传统,蒙培元先生以"心灵超越与境界"学说涵盖整个中国哲学的发展变化,并且以西方的"实体论"与"境界说"做比较,以此说明中西哲学两者之间的根本差异。他认为只有"境界"说才"能体现中国哲学之精神意蕴也"[②]。在现代中国

[①] 孙向晨:复旦大学哲学学院教授。
[②] 蒙培元:《心灵超越与境界》,人民出版社,1998年,第1页。

哲学的"境界"说中，尤以冯友兰先生的"境界"说最具代表性。蒙培元先生认为"境界说是冯友兰先生为了继承发扬中国传统哲学而提出的一种新的人学形而上学，是他的哲学体系的灵魂"[①]。因此，我们不妨借助冯友兰先生的"境界"说来看看近现代中国哲学"境界"学说的一些特点。冯友兰先生晚年在《三松堂自序》中曾说：中国哲学的根本任务是提高人的精神境界。[②]因此冯先生努力以一种较为严格的概念分析和逻辑演进来推动这一形态的中国哲学的发展，也就是以"辨名析理"来推动对于"境界"说的研究。

冯友兰先生在《新原人》中，集中地论述了他的"境界"学说。他认为，人们虽然生活在同一个世界，对于每一个人来说，各人世界又是完全不同的。在这个意义上，"世界"对每个人的"意义"也不相同。那么究竟是什么使不同的人面对着不同的世界呢？冯友兰先生认为是人的"觉解"。"人对于宇宙人生在某种程度上所有底觉解，因此，宇宙人生对于人所有底不同底意义，即构成人所有底某种境界。"[③]人的境界主要是由人对于宇宙与人生的"觉解"所决定的，"觉解"即意味着对于事物意义的一种"贯通"的"了解"。

冯友兰先生为此区分了四种"境界"：自然境界、功利境界、道德境界和天地境界。首先是自然境界：在自然境界的人，凿井而饮，耕田而食，"不识不知，顺帝之则"，尚没有达到"知"与"识"的程度。冯友兰先生引用孟子的话："行之而不著焉，习矣而不察焉，终身由之而不知其道者，众也。"[④]其次是功利境界：功利之境的人算是有知有识了，这种"知"与"识"只限于对于自己利益的了解，"他了解他的行为是怎么回事，其行为虽万不同，但最后的目的，总是为自己的利"[⑤]。再者是道德境界：在中国文化传统中，与"利"对立的便

---

① 蒙培元：《心灵超越与境界》，第384页。
② 冯友兰：《三松堂自序》，生活·读书·新知三联书店，1984年，第370页。
③ 冯友兰：《贞元六书》（下），华东师范大学出版社，1996年，第552页。
④ 同上，第555页。
⑤ 同上，第555页。

是"义",于是道德境界便是"行义",讲究能跨出自我,"求社会的利"。冯友兰先生认为:"人不但须在社会中,始能存在,须在社会中,始得完全。"① 因此,道德境界就是要为社会做出贡献,以此为目的也是对于人的精神境界的进一步提高。最终则是天地境界:人生不仅有"我",不仅生活在"社会"之中,在此之外还有"宇宙天地"。如果说,在此之前的论述还是中西相通,那么"天地境界"则更倾向于中国思想传统。冯友兰先生说:"人必于知有宇宙的全时,始能使其所得于人之所以为人者尽量发展,始能尽性。"② 这与讲究主一客二分的西方哲学传统完全不同。中国思想传统强调天、地、人三才,由此则人不但对社会有贡献,对宇宙亦有贡献,从而实现"与天地参"。这就是冯友兰先生的"天地境界"。

冯友兰先生的"境界"说虽有来自各方的批判,但在现代中国哲学中无疑成了某种标尺,在此稍加详细地展开,也是为了以此为坐标,更突显在"境界"说中,张世英先生所做的新推进与贡献。冯友兰先生的"境界"说主要奠基在他的"觉解"说上,尽管有西方哲学的概念分析作奥援,但无论是"觉解"这个概念,还是由"觉解"所决定的"境界",都与中国哲学传统一脉相承,尤其是宋明理学传统。这样一种理解方式也受到佛学的影响。佛家说:"每人各有其自己的世界,在表面上,似乎是诸人共有一世界;实际上,各人的世界是各人的世界。"不同的"觉解"对于每个人便有不同的意义,于是呈现出不同的"境界"、不同的"世界"。

在佛教传统中,把心之所游履者称为"境",对应于"六根"就有了"六境"之说,色、声、嗅、味、触、法为六境。"六境"主要是人体感官所面对的对象,也泛指由"六根""六识"所展开的世界。于是,"境界"相当于人们现在所说的"视野",每一个人因为自身的"根识"不同,便有了不同的"视野",有了各自的世界。冯友兰先生

---

① 冯友兰:《贞元六书》(下),第556页。
② 同上,第556页。

对于"境界"的理解大凡不脱这个框架,这一框架的重心还在于"知"与"识",重视认识所开显出来的"世界"。由此在具体解释"四种境界"之前,冯友兰先生花很大功夫来解释"觉解",因为"境界"是由"觉解"决定的。总体上,冯友兰先生展开的还是一种主—客观的模式,"境界"也体现在把主观价值投射到客观世界之上。

张世英先生的"境界"说是要破除这种"主—客观"的模式,他更强调"在场"与"不在场"之间的结合,他把西方的传统哲学看作一种只强调"在场"的形而上学,而他恰是要把那"不在场"的无穷关联带出来。那个联结"在场"与"不在场"的"点",张先生称之为"灵明"。"境界"就是一个人的"灵明"所照亮的世界。这个"灵明"来自王阳明的说法,看上去似乎与冯友兰先生的"觉解"有相像之处,但"灵明"在此并不是一种认知态度,而是在世界之中的存在,是联结"在场"与"不在场"的聚集点。它能够照亮周围的世界,一如"此在"之于世界的关系,正是"灵明"构成了一个人的境界。由此,张世英先生也把时间性问题带入"境界"。境界是一个人活动于其中的"时间性场地"(时域),"它是一个由过去与未来构成的现实的现在,也可以说,是一个融过去、现在与未来为一的整体"[①]。"境界"浓缩了一个人的过去、现在与未来,形成一种与世界打交道的风格。[②]这样一种时间性的境界结构。

二、"人生在世"作为"境界"说的起点

张世英先生提出了"四重境界"。欲求境界:原始的不分主客的在世结构;求实境界:进入主—客的在世结构,有一种科学追求的精神,有一种求实的精神;道德境界:认识到万物一体,但只是作为"应然而然"的阶段,尚没有超越主—客体二分;审美境界:完全超越了

[①] 张世英:《中西哲学对话——不同而相遇》,东方出版中心,2020年,第73页。
[②] 同上,第74页。

主—客体问题，在此"完全处于一种人与世界融合为一的自然而然的境界之中"①。审美境界也就是自由境界，是万物相通的境界。最后一点也是张世英先生最为看重，阐发得也最为详尽。

笔者在这里并不想就此做全面阐释，张先生也曾说："我不打算提出新的分类法，只想谈谈不同群体的境界之间的沟通问题和如何提高境界的问题。"②与冯友兰先生重点阐发四大境界的"觉解"有所不同，张世英先生更重视"境界"何以形成和提升的问题。在这个问题上，张世英先生有自己的思想路径，形成了自身阐发"境界"说的特点，在笔者看来最主要的有两点：一是"人生在世"，要与世界"打交道"，二是"横向超越"，从"在场"的揭示出"不在场"的。笔者认为这二点最能彰显张世英先生"境界"说的特点，也从根本上显示了"境界"何以可能以及何以提升的问题。

张世英先生的"境界"说较之冯友兰先生有很大突破。其哲学起点与冯友兰先生有很大不同，他从"人生在世"③来展开他的哲学，突破了西方哲学传统所确立的主体—客体框架，也突破了认识优先的框架。张世英先生借助海德格尔"在世界之中存在"（being-in-the-world）的学说，努力避开这种认识优先性的模式，用"人生在世"为"主体—客体"的模式重新奠基。在这个意义上，张世英先生的哲学从一开始就超越了"觉解"性的模式。如果单是由"觉解"决定"境界"，那么与世界"打交道"的维度就没有足够的理论空间来予以展开。

张世英先生花了很大篇幅来谈"人生在世"的生存论结构。在这个结构中，世界首先是作为人与之打交道、起作用的东西而展示出来。④人生在世就是同世界万物打交道、对世界万物有所作为，而不首先是对外在现成事物的凝视和认识。这是张世英先生的哲学不同于冯友兰先生"境界"说的一个根本着眼点。以此来理解"境界"说，首

---

① 张世英：《哲学导论》，北京大学出版社，2016年，第88页

② 同上，第82页。

③ 张世英：《中西哲学对话——不同而相遇》，第23页

④ 同上，第28页。

要问题不是"认知",不是"觉解",而是与世界"打交道"。张世英先生说:"'境界'这个范畴可以说是对于人所寓于其中的活生生的生活世界的最恰切、最深刻的表达。"① 张世英先生强调:"境界"不单是对于生活世界的一种态度,更是生活于世界之中的整体状态,是一种生活方式。中国人谈"境界",一般总是把它理解为一种精神境界,张世英先生在论述"境界"时超越于前人的地方,在于他受现代西方哲学影响后,对于中国哲学传统论题有一种再推进。他直接把"境界"问题与现代西方哲学中的"生活世界"勾连起来理解,张先生非常敏锐地意识到"中国传统思想所讲的'人生境界'与西方现当代一些思想家们所讲的'生活世界'有了对话的机缘"②。因此,"境界"不能仅仅是心态,更包含着与世界"打交道"的方式。③ 这也为我们进一步推进"境界"说提供了更多的思想资源。

"生活世界"是胡塞尔后期提出的概念,延续了其现象学的一贯思路,他把"生活世界"作为意向性经验的相关项。这是一个一般性的结构。"生活世界"作为前历史—文化经验的世界,是使我们得以与自然互动的基础,是不同文化中各种事物显现的基础。在这个意义上,对于不同的文化差异的探索可以揭示生活世界的"不变结构"。胡塞尔的论述与"境界"说似乎有很大差距,它更偏向于一种客观结构,而不是主观认知。但恰是这一理论,如张世英先生所说,给我们提供了更大的对话机缘。在这里,我们可以进一步借助海德格尔的哲学。海德格尔哲学中讲此在"在世界之中存在",讲与世界的关系从"实践性"关系入手,这为胡塞尔的"生活世界"与"境界"说的关系,搭起了进一步沟通的桥梁。这也涉及张先生所说的与世界"打交道"的问题。通过人生在世,在与其他存在者"打交道"的过程中显示出其不是一个对象,而是通过"指引联系"引出的整个周遭环境,或者说

---

① 张世英:《中西哲学对话——不同而相遇》,第 75 页。
② 同上,第 77 页。
③ 同上,第 78 页。

"周遭世界"，世界随着这种指引整体地显露出来。正是在与世界的这种多番、多重的"交道"中，可以有所认识，有所"觉解"，在此"觉解"与"认识"较之"打交道"都是第二位的。"打交道"才是"人生在世"更基本的形态。但海德格尔的问题在于，其"交道"只着眼于"工具"，而张先生更强调与世界"打交道"的层次是多方面的，"境界是一个有层次的结构网，有深层次的，有浅层次的"①。这是有层次的"世界"，这种层次性是海德格尔所不了解的，却正是"境界"形成的关键。

总之，人生在世，"境界"问题不只是一个"觉解"问题，首先是在世界之中与万事万物"打交道"的问题。在这个问题上，张世英先生与冯友兰先生有着根本区别，冯先生说："人的境界是一个关于认识的问题，不是一个关于存在的问题。"②张世英先生恰恰认为"境界"是一个生活方式问题，"境界乃是个人在一定的历史时代条件下、一定的文化背景下、一定的社会体制下，以至在某些个人的具体的遭遇下所长期沉淀、铸造起来的一种生活心态和生活方式"③。换言之，也就是一个关于人的存在的问题。

三、境界的提升靠"横向超越"

"境界"的提升涉及我们对于世界的整体"领会"。"境界"的提升并不是把我们与世界的关系看作某种主观价值的投射，不是将一个现成主体与现成对象聚集在一起。"境界"说的意义就在于，用与世界的根本性关系来阐发"人生在世"不同层次的意义。因此，"境界"根本在于与世界"打交道"，在这种"打交道"中，已经包含有某种在我们对世界的领会中解释出来的东西。这是一种海德格尔式的说法，在与

---

① 张世英:《中西哲学对话——不同而相遇》，第78页。
② 冯友兰:《三松堂自序》，第252页。
③ 张世英:《中西哲学对话——不同而相遇》，第78页。

世界"打交道"中包含着"领会"。就存在而言，人总已经对世界有所领会，并且将总是从可能性角度来领会。"领会"是此在的存在方式，在这种"领会"中，"境界"说有了展开的可能。

为此，张世英先生提出了"纵向超越"与"横向超越"的问题，"纵向超越"乃是从感性之物上升到理念世界，上升到形而上学领域。张世英先生把中国文化传统中的超越称为"横向超越"，也就是从"在场"的现实事物超越到"不在场"的现实事物，从显现的超越到隐蔽的。蒙培元先生也曾用"横向超越"与"纵向超越"的说法[①]，但讲的与张先生恰好相反。在蒙先生看来，西方是主体与客体之间的"横向超越"，而中国哲学则是"境界"层次中的"纵向超越"。在这个问题上，笔者更倾向于张世英先生的说法。张世英先生的说法涉及中西方思想更深层次的结构。对于西方思想传统来说，可能更根本的还不是主—客体之间的关系，而是柏拉图哲学所给出的感性—理念世界之间的区别与关系，是基督教中此岸与彼岸之间的区别与关系，因此它是要超出此岸的现实事物，是一种"纵向超越"。中国文化传统强调"道不远人""砍柴担水无非妙道"，这些都是在此岸之中的现实事物，无须超出这个世界便能实现"超越"。如张世英先生所说，可以从在场的现实事物向不在场的"道"超越，这就是"横向超越"。这种"纵向超越"与"横向超越"的关系是由中西思想结构的根本差异所决定的。正是在这种"横向超越"中实现了"领会"的提升，因此在与世界"打交道"中也体现了"境界"的不同。

这里特别值得一提的是，张世英先生在论述"境界"提升问题时，没有流于认知范畴，而是强调这种"超越"是一种磨炼。"磨炼"的概念是可以与"打交道"相衔接的，张先生甚至用黑格尔哲学中的"经验"来解释这种"磨炼"。"黑格尔的'经验'也可以说是一种教训，教训就是认识到原先以为是真的后来才知道是不真的。"[②] 这里的要害

---

① 蒙培元：《心灵超越与境界》，第79页。
② 张世英：《中西哲学对话——不同而相遇》，第119页。

是把一种经验的"过程"引入了"境界"说,"这样的过程也是漫长曲折,而且是永无止境、无穷进展的……"① 其实,张先生的"磨炼"论与中国哲学传统中的"功夫论"是极其相应的。尤其在宋明理学传统中,一切莫不是从"切己体察"开始,朱子讲:"大学所以说格物,却不说穷理,盖说穷理则似悬空无捉摸处,只说格物,则只就那形而下之器上便寻那形而上之道,便见得这个元不相离。"② 西方的理念世界便似"悬空无捉摸处",而中国哲学传统通过"格物",从形而下之器去探寻形而上之道,这"过程"就是一个"功夫"的概念。通过这个概念,就可以把中国哲学中"洒扫应对"的功夫实践与"境界"的提升紧密结合在一起,可以把"在场"与"不在场"关联起来。这种"境界"的层次与提升是西方哲学传统非常陌生的内容,也是海德格尔哲学非常薄弱的环节。在这些方面,张世英先生借助西方哲学,为中国哲学的发展开辟了很多可以继续进行下去的理论空间,这些工作非常值得我们进一步来推进下去。

---

① 张世英:《中西哲学对话——不同而相遇》,第 120 页。
② 朱熹:《朱子语类》第 62 卷。

试析中国古典哲学中的万物一体观念及其在当代的发展

韩林合[①]

按照通行的理解，中国哲学最为独特的特征是万物一体观念。我不太认同这种理解。在我看来，万物一体观并非中国哲学的独特特征。在西方及印度哲学传统中也可以找到这样的万物一体观的大量例子。不过，在此我们将不讨论西方及印度哲学传统中的万物一体观，而仅仅尝试梳理和分析中国哲学传统中的万物一体观，着力指出儒、道两家万物一体观中的差异。最后，我们还将简短地讨论一下中国现当代哲学家冯友兰和张世英先生的万物一体观。

引言

在中国传统哲学语境中，"万物一体"是简写，其完整形式是这样的："天地万物与人原是一体"或"圣人（或者仁者）或至人以天地万物为一体"。诸如此类的说法在不同派别的哲学家那里意义并非是一样的，而且，即使在同一派哲学家那里，其意义也有这样或那样的或大或小的区别。不过，总体来说，这些说法的基本意义如下：本质上说来或根本说来，人与天地万物构成了一个整体、一个统一体，甚至于可以说天地万物本来就是人的身体的诸部分；或者说，圣人（或仁者）或至人与天地万物构成了一个整体，甚至可以说天地万物构成了其身体的诸部分。按照更为激进或更为彻底的理解，类似的说法的意义最后应当是这样的：人与天地万物本来没有任何区别（所谓"万物齐

[①] 韩林合：北京大学哲学系暨外国哲学研究所教授。

一"），甚至于根本就不存在人与天地万物的区别（所谓"万物为一"），世界本质上说来就是没有任何区别的"至一"；或者说，在至人或圣人那里，通常意义上的物我之别进而其他一切区别均是不存在的。正因如此，至人或圣人可以说就是世俗之人所谓与天地万物同而为一之人。

与"万物一体"这种说法相比，中国哲学研究者更喜欢用"天人合一"这样的说法来刻画中国传统哲学的独特特征。实际上，在适当的理解之下，这两种说法本来就没有什么区别。因为在中国传统哲学中，在具有哲学意义的语境之中，"天"恰恰常常是用来代称天地进而天地万物即世界整体的，而且，这种意义上的天常常又被等同于中国传统哲学中的另一个重要概念即道。这样，"万物一体"或"圣人或至人以天地万物为一体"或"人与天地万物原是一体"与"天人合一"就成为同义语了。进而，激进意义上的或彻底意义上的"万物一体"与"与天为一"或"天人一"也是同义的。

在接下来的两小节中，我们将依次简要分析儒家和道家学者有关万物一体或天人合一的不同说法。后面两小节讨论一下冯友兰和张世英先生对中国古典万物一体观的继承和发展。

一、儒家万物一体观

按照儒家的观点，根本说来，人与万物原本就息息相关，构成了一个统一体；或者说，对于圣人来说，他与万物息息相关，万物均构成了其身体的诸部分，因而整个宇宙可以说就构成了其身体。对这种观点，儒家学者主要从两个方面进行了论证：其一，人与万物最终说来均是由同一种要素即气构成的，并且最终均源自原始之气（元气），即均从原始之气演变而来；其二，人与万物均受制于同样的道德法则——诸如仁义礼智信之类的"（天）理"。

儒家虽然讲天人合一、万物一体，但是同时也特别强调万物的不同之处。对于儒家的圣人来说，或者说就人之本质来说，我与非我（物）之间的区别不存在了，因为任何非我均包含在了我之内，均是我的一个有机的部分。在这种意义上,儒家的圣人或者说处于本真状态的人可以说"与物无对"。不过,在儒家圣人的境界之内,或者说就人之本质来说,还是存在着万物之别,特别是作为现象的人与万物的区别乃至人与人之间的区别,正如在一个人的身体之上存在着四肢和大脑之间的区别一样。这也就是说,儒家不接受万物一齐观,更不接受万物为一观,即这样的观点:万物之间的区别是不存在的,所谓万物不过是人心的造作而已,世界的本质在于至一。

下面我们讨论一下历史上重要的儒家学者的万物一体观。

儒家万物一体观的首倡者是孟子。其相关观点主要表达在如下段落之中:

> 万物皆备于我矣。反身而诚,乐莫大焉。强恕而行,求仁莫近焉。①
>
> (公孙丑问)曰:"敢问夫子之不动心,与告子之不动心,可得闻与?""告子曰:'不得于言,勿求于心;不得于心,勿求于气。'不得于心,勿求于气,可;不得于言,勿求于心,不可。夫志,气之帅也;气,体之充也。夫志至焉,气次焉。故曰:'持其志,无暴其气。'""既曰'志至焉,气次焉',又曰'持其志无暴其气'者,何也?"(孟子)曰:"志壹则动气,气壹则动志也。今夫蹶者趋者,是气也,而反动其心。""敢问夫子恶乎长?"曰:"我知言,我善养吾浩然之气。""敢问何谓浩然之气?"曰:"难言也。其为气也,至大至刚,以直养而无害,则塞于天地之间。其为气也,配义与道;无是,馁也。是集义所生者,非义袭而取之也。行有不慊于心,则馁矣。"②

上述段落中与万物一体观相关的思想是这样的:充体之气如果配

---

① 焦循:《孟子正义》,中华书局,1987年,第882—883页。
② 同上,第194—202页。

上义与道进而不间断的德行或善行（所谓"集义"），最终会塞于天地之间，成为浩然之气。相应地，相关的主体的身体就会充塞于天地之间，甚至直接同于天地万物。这样，其浩然之气也可以说就是其充体之气。浩然之气即天地万物之正气；与此气匹配的是天地万物之正理。只有圣人才拥有这样的浩然之气（或者说，只有就其本质来说，众人才拥有此气）。圣人的浩然之气与其心或"心之所之"即"志"之间的关系不同于通常人的充体之气与其心或志之关系。通常人的心或志统领着其充体之气，而圣人的心或志与其浩然之气则处于相得益彰之关系，并不是统领与服从的关系。因此，圣人就是拥有天地万物之正理进而天地万物之正气之人，进而可以说就是同于天地万物之人。正是在这种意义上，孟子说："君子（即圣人）……上下与天地同流。"①

在此要特别注意的一点是，当孟子说"万物皆备于我"时，他并不想否认万物之间的区别，更不想否认天地万物的客观实在性。他断言："夫物之不齐，物之情也；或相倍蓰，或相什百，或相千万。子比而同之，是乱天下也。巨屦小屦同贾，人岂为之哉？从许子之道，相率而为伪者也，恶能治国家？"② 在这里，孟子还从实用的或政治的角度对"物之不齐"论题进行了论证：如果认为万物一齐，那么社会就会大乱，因此我们必须承认万物的差别。

在宋明理学中，孟子的万物一体观得到了澄清和进一步的发展。按照朱熹的解释，孟子的命题"万物皆备于我"应当这样来理解："万物之理具于吾身""大则君臣父子，小则事物细微，其当然之理，无一不具于性分之内"③ "人之所以为人，道之所以为道，圣人之所以为教，原其所自，无一不本于天而备于我"④。这也就是说，万物之理（即天理）构成了圣人的本性（而且也构成了众人的本性）。在《中庸章句》中，朱熹进一步说道："天地万物本吾一体，吾之心正，则天地之心亦

---

① 焦循：《孟子正义》，第 895 页。
② 同上，第 399 页。
③ 朱熹：《四书章句集注·孟子集注》，中华书局，1983 年，第 350 页。
④ 同上，第 17 页。

正矣，吾之气顺，则天地之气亦顺矣。"① 在《论语集注》中谈到曾点时，朱熹说："其胸次悠然，直与天地万物上下同流。"② 后面这些说法表明，朱熹除了通过"万物之理具于吾身"这样的断言解释孟子的命题"万物皆备于我"以外，还试图进一步按照该命题的字面意义来诠释之：天地万物一起构成了圣人的身体（或者说，天地万物本来构成了众人的身体），进而圣人之心也构成了天地万物之心。

朱熹的上述解释应当是受到程颢的直接影响的结果。请看程颢的如下论述：

> 医书言手足痿痹为不仁，此言最善名状。仁者，以天地万物为一体，莫非己也。认得为己，何所不至？若不有诸己，自不与己相干。如手足不仁，气已不贯，皆不属己。故"博施济众"，乃圣之功用。仁至难言，故止曰"己欲立而立人，己欲达而达人，能近取譬，可谓仁之方也已"。欲令如是观仁，可以得仁之体。③
>
> 学者须先识仁。仁者，浑然与物同体。义、礼、知、信皆仁也。识得此理，以诚敬存之而已，不须防检，不须穷索。若心懈则有防，心苟不懈，何防之有？理有未得，故须穷索。存久自明，安待穷索？此道与物无对，大不足以名之，天地之用皆我之用。孟子言"万物皆备于我"，须反身而诚，乃为大乐。若反身未诚，则犹是二物有对，以己合彼，终未有之，又安得乐？《订顽》意思，乃备言此体。以此意存之，更有何事？"必有事焉而勿正，心勿忘，勿助长"，未尝致纤毫之力，此其存之之道。若存得，便合有得。盖良知良能元不丧失，以昔日习心未除，却须存习此心，久则可夺旧习。此理至约，唯患不能守。既能体之而乐，亦不患不能守也。

---

① 朱熹：《四书章句集注·中庸章句》，第18页。
② 朱熹：《四书章句集注·论语集注》，第130页。
③ 程颢、程颐：《二程集》，中华书局，1981年，第15页。

"刚毅木讷"，质之近乎仁也；若夫至仁，则天地为一身，而天地之间，品物万形为四肢百体。夫人岂有视四肢百体而不爱者哉？圣人，仁之至也，独能体是心而已，曷尝支离多端而求之自外乎？故"能近取譬"者，仲尼所以示子贡以为仁之方也。医书有以手足风顽谓之四体不仁者，为其疾痛不以累其心故也。夫手足在我，而疾痛不与知焉也，非不仁而何？世之忍心无恩者，其自弃亦若是而已。

是以仁者无对，放之东海而准，放之西海而准，放之南海而准，放之北海而准。医家言四体不仁，最能体仁之名也。①

我们看到，程颢明确地断言，圣人以天地万物为一体甚或一身，即天地万物一起构成了了圣人的身体——天地万物构成了圣人的四肢百体。在这种意义上，圣人也可以说将自己等同于天地万物了。因此，圣人与物无对，对于他来说，无一物非己。既然圣人将万物均看作自己的一个部分，那么他自然会以仁爱之心进而按照所有天理或道德法则的要求来对待他人和万物，"博施济众"。因此圣人就是至仁者。这样，我们也可以说"仁者，以天地万物为一体，莫非己也""仁者无对"。

程颢还以中医的说法来形象地解释其上述观点。中医将四肢麻木称作"四体不仁"。在某个身体部分麻木的状态下，我们感觉不到这些部分的疼痛，有的人甚至于会随意处置它们，比如故意用刀刺它们。更有甚者，有的人会认为麻木的肢体根本不是自己的一个部分。此即所谓"四体不仁"。在四肢处于正常状态时，我们能够感觉到其上的疼痛，不会随意处置它们，更不会将其视作外物，而是悉心爱护之。众人对待他人和万物的方式往往就像肢体麻木的人对待自己的麻木肢体一样。就此而言，他们可以说常常处于麻木不仁的状态。与此相反，圣人认为，他人和万物与自己息息相关，甚至于将它们看作自己的一

---

① 程颢、程颐：《二程集》，第 16—17、74、120 页。

个部分，因此会以仁爱之心对待他们。

与孟子一样，程颢也认为，虽然圣人与物同体，甚至可以说就同于天地万物，但是对于圣人来说天地万物之间仍然是存在着区别的，只是他将自己等同于本来就不齐同或齐等的天地万物之全体了。程颢说：

> 事有善有恶，皆天理也。天理中物，须有美恶。盖物之不齐，物之情也。但当察之，不可自入于恶，流于一物。
>
> 圣人即天地也。天地中何物不有？天地岂尝有心拣别善恶？一切涵容覆载，但处之有道尔。若善者亲之，不善者远之，则物不与者多矣，安得为天地？故圣人之志，止欲老者安之，朋友信之，少者怀之。
>
> 命之曰易，便有理。若安排定，则更有甚理？天地阴阳之变，便如二扇磨，升降盈亏刚柔，初未尝停息，阳常盈，阴常亏，故便不齐。譬如磨既行，齿都不齐，既不齐，便生出万变。故物之不齐，物之情也。而庄周强要齐物，然而物终不齐也。①

在本文开始我们说，在中国古典哲学语境中，"天"往往是天地万物之代称。因此，所谓圣人以天地万物为一体或同于天地万物，实际上就意味着"天人合一"，甚至于意味着"天人一"。按照程颢的观点，人本可以包含天（即天地万物），天人本无二或本无间，但是众人背离了这样的本真状态，只有圣人才始终处于这样的状态。因此，真正说来，"天人合一"这种说法甚至于都是有问题的，因为天人本来就是合一的，甚至于就是同一的。请看他的如下精彩论述：

> 言体天地之化，已剩一体字。只此便是天地之化，不可对此个别有天地。

---

① 程颢、程颐：《二程集》，第17、32—33页。

故有道有理，天人一也，更不分别。浩然之气，乃吾气也。养而无害，则塞乎天地；一为私心所蔽，则欿然而馁，却甚小也。

除了身只是理，便说合天人。合天人，已是为不知者引而致之。天人无间。夫不充塞则不能化育，言赞化育，已是离人而言之。

须是合内外之道，一天人，齐上下，下学而上达，极高明而道中庸。

天人本无二，不必言合。

"天地之大德曰生""天地絪缊，万物化醇""生之谓性"，告子此言是，而谓犬之性犹牛之性，牛之性犹人之性，则非也。万物之生意最可观，此元者善之长也，斯所谓仁也。人与天地一物也，而人特自小之，何耶？

冬寒夏暑，阴阳也；所以运动变化者，神也。神无方，故易无体。若如或者别立一天，谓人不可以包天，则有方矣，是二本也。[1]

张载也坚持着前述意义上的万物一体观。按照他的理解，世界的本体是太虚，但太虚不能不表现为各种形式的气（所谓"太虚不能无气"），而气又不能不聚而为万物，万物又不能不散而为太虚。各种形式的气进而天地万物不过就是太虚的各种表现形式或存在形式，其实它们就是太虚；反之，太虚就是各种形式的气进而就是天地万物。如果人能够去其成心，即去其私心私意，因而能够大其心，就能无小我，进而无物我之别。这样，人就能体天下之物，就能视天下无一物非我，成为大我，即圣人。圣人以天地万物为其身体，因而可以说充塞乎天地之间；其心为无外之心，为天地万物之心（简言之，"天心"；正是在这种意义上，张载说"圣人为天地立心"）；因此，其本性通于甚或同于天地万物之性，可以说为"天地之帅"。圣人就是同于太虚之人

---

[1] 程颢、程颐：《二程集》，第18、20、33、59、81、120、121页。

（或者说人原本就是同于太虚的）。对于圣人而言，"聚亦吾体，散亦吾体"。他的上述思想表达于如下段落之中：

> 太虚无形，气之本体，其聚其散，变化之客形尔；至静无感，性之渊源，有识有知，物交之客感尔。客感客形与无感无形，唯尽性者一之。天地之气，虽聚散、攻取百涂，然其为理也顺而不妄。气之为物，散入无形，适得吾体；聚为有象，不失吾常。太虚不能无气，气不能不聚而为万物，万物不能不散而为太虚。循是出入，是皆不得已而然也。然则圣人尽道其间，兼体而不累者，存神其至矣。彼语寂灭者往而不反，徇生执有者物而不化，二者虽有间矣，以言乎失道则均焉。聚亦吾体，散亦吾体，知死之不亡者，可与言性矣。①
>
> 知虚空即气，则有无、隐显、神化、性命通一无二，顾聚散、出入、形不形，能推本所从来，则深于易者也。若谓虚能生气，则虚无穷，气有限，体用殊绝，入老氏"有生于无"自然之论，不识所谓有无混一之常；若谓万象为太虚中所见之物，则物与虚不相资，形自形，性自性，形性、天人不相待而有，陷于浮屠以山河大地为见病之说。此道不明，正由懵者略知体虚空为性，不知本天道为用，反以人见之小因缘天地。明有不尽，则诬世界乾坤为幻化。幽明不能举其要，遂蹈等妄意而然。不悟一阴一阳范围天地、通乎昼夜、三极大中之矩，遂使儒、佛、老、庄混然一涂。语天道性命者，不罔于恍惚梦幻，则定以"有生于无"，为穷高极微之论。入德之途，不知择术而求，多见其蔽于诐而陷于淫矣。
>
> 气之聚散于太虚，犹冰凝释于水，知太虚即气，则无无。故圣人语性与天道之极，尽于参伍之神变易而已。诸子浅妄，有有无之分，非穷理之学也。

---

① 张载：《张载集》，中华书局，1978年，第7页。

无我而后大，大成性而后圣，圣位天德不可致知谓神。故神也者，圣而不可知。

大其心则能体天下之物，物有未体，则心为有外。世人之心，止于闻见之狭。圣人尽性，不以见闻梏其心，其视天下无一物非我，孟子谓尽心则知性知天以此。天大无外，故有外之心不足以合天心。见闻之知，乃物交而知，非德性所知；德性所知，不萌于见闻。

成心忘然后可与进于道。成心者，私意也。化则无成心矣。成心者，意之谓与！无成心者，时中而已矣。

可欲之谓善，志仁则无恶也。诚善于心之谓信，充内形外之谓美，塞乎天地之谓大，大能成性之谓圣，天地同流、阴阳不测之谓神。

乾称父，坤称母；予兹藐焉，乃混然中处。故天地之塞，吾其体；天地之帅，吾其性。民，吾同胞；物，吾与也。

为天地立心，为生民立道，为去圣继绝学，为万世开太平。①

与程颢一样，张载也以"天人合一"或"天人本无二""天人一"这样的说法来表述其万物一体观——此即其著名的"民胞物与"命题所要表达的意思。请看如下段落：

天人异用，不足以言诚；天人异知，不足以尽明。所谓诚明者，性与天道不见乎小大之别也。义命合一存乎理，仁智合一存乎圣，动静合一存乎神，阴阳合一存乎道，性与天道合一存乎诚。天所以长久不已之道，乃所谓诚。仁人孝子所以事天诚身，不过不已于仁孝而已。故君子诚之为贵。诚有是物，则有终有始；伪实不有，何终始之有！故曰"不诚无物"。

"自明诚"，由穷理而尽性也；"自诚明"，由尽性而穷理也。

---

① 张载：《张载集》，第8—9、17、24—27、62页。

性者万物之一源，非有我之得私也。唯大人为能尽其道，是故立必俱立，知必周知，爱必兼爱，成不独成。彼自蔽塞而不知顺吾理者，则亦末如之何矣。天能［谓］性，人谋［谓］能。大人尽性，不以天能为能而以人谋为能，故曰"天地设位，圣人成能"。尽性然后知生无所得则死无所丧。未尝无之谓体，体之谓性。

天所性者通极于道，气之昏明不足以蔽之；天所命者通极于性，遇之吉凶不足以戕之；不免乎蔽之戕之者，未之学也。性通乎气之外，命行乎气之内，气无内外，假有形而言尔。故思知人不可不知天，尽其性然后能至于命。知性知天，则阴阳、鬼神皆吾分内尔。天性在人，正犹水性之在冰，凝释虽异，为物一也；受光有小大、昏明，其照纳不二也。天良能本吾良能，顾为有我所丧尔。明天人之本无二。

释氏语实际，乃知道者所谓诚也，天德也。其语到实际，则以人生为幻妄，［以］有为为疣赘，以世界为荫浊，遂厌而不有，遗而弗存。就使得之，乃诚而恶明者也。儒者则因明致诚，因诚致明，故天人合一，致学而可以成圣，得天而未始遗人，易所谓不遗、不流、不过者也。彼语虽似是，观其发本要归，与吾儒二本殊归矣。①

在如上段落中，张载特别强调了其天人合一观或天人为一观中的如下重要之点：圣人（或处于本真状态的人）与天（或天地万物）既是同一的，又是有差异的，所谓"得天而未始遗人"，即通常所说的即世又离世的观点。这也就是说，虽然对于圣人来说（或者说，就人之本性来说），他（或者说本真之人）就是作为整体的天地万物，但是他同时又不同于任何个别的天地万物。而且，圣人并不否认人与人之间的差别以及人与万物之间的差别，也不否认天地万物之间的差别，而且他就生活在众人和天地万物之间。张载将此种观点称作儒家之"二

---

① 张载：《张载集》，第 20—22、65 页。

本"观。关于这点,请进一步参考他的如下论述:

> 有无虚实通为一物者,性也;不能为一,非尽性也。饮食男女皆性也,是乌可灭?然则有无皆性也,是岂无对?庄、老、浮屠为此说久矣,果畅真理乎?
>
> 天包载万物于内,所感所性,乾坤、阴阳二端而已,无内外之合,无耳目之引取,与人物蕞然异矣。人能尽性知天,不为蕞然起见则几矣。
>
> 有无一,内外合,庸圣同。此人心之所自来也。若圣人则不专以闻见为心,故能不专以闻见为用。无所不感者虚也,感即合也,咸也。以万物本一,故一能合异;以其能合异,故谓之感;若非有异则无合。天性,乾坤、阴阳也,二端故有感,本一故能合。天地生万物,所受虽不同,皆无须臾之不感,所谓性即天道也。
>
> 老子言"天地不仁,以万物为刍狗",此是也;"圣人不仁,以百姓为刍狗",此则异矣。圣人岂有不仁?所患者不仁也。天地则何意于仁?鼓万物而已。圣人则仁尔,此其为能弘道也。[鼓万物而不与圣人同忧,天道也。圣不可知也,无心之妙非有(心)所及也。]
>
> 神则不屈,无复回易,"鼓万物而不与圣人同忧",此直谓天也。天则无心,神可以不诎,圣人则岂忘思虑忧患?虽圣亦人耳,焉得遂欲如天之神,庸不害于其事?圣人苟不用思虑忧患以经世,则何用圣人?天治自足矣。
>
> 圣人所以有忧者,圣人之仁也;不可以忧言者,天也。盖圣人成能,所以异于天地。[1]

宋代儒学另一重要代表陆九渊实际上也坚持着万物一体观或天人

---

[1] 张载:《张载集》,第63、188—189页。

合一观。按照他的观点，人皆有心（指孟子所说的"本心"），心皆具众理，甚至于心可以说就是众理；而众理充塞于宇宙（即天地万物）之中，因此可以说"宇宙便是吾心，吾心即是宇宙"。最后，我们便可以说，人本来就同于宇宙，或者说圣人就是同于宇宙之人：所谓"宇宙不曾限隔人，人自限隔宇宙"[①]。请进一步参看陆九渊的如下论述：

  道塞宇宙，非有所隐遁，在天曰阴阳，在地曰柔刚，在人曰仁义。故仁义者，人之本心也。

  此理充塞宇宙，天地鬼神，且不能违异，况于人乎？诚知此理，当无彼己之私。善之在人，犹在己也。

  "吾何容心"之说，即无心之说也，故"无心"二字亦不经见。人非木石，安得无心？心于五官最尊大。洪范曰："思曰睿，睿作圣。"孟子曰："心之官则思，思则得之，不思则不得也。"又曰："存乎人者，岂无仁义之心哉？"又曰："至于心，独无所同然乎？"又曰："君子之所以异于人者，以其存心也。"又曰："非独贤者有是心也，人皆有之，贤者能勿丧耳。"又曰："人之所以异于禽兽者几希，庶民去之，君子存之。"去之者，去此心也，故曰"此之谓失其本心"。存之者，存此心也，故曰"大人者，不失其赤子之心"。四端者，即此心也；天之所以与我者，即此心也。人皆有是心，心皆具是理，心即理也，故曰"理义之悦我心，犹刍豢之悦我口"。所贵乎学者，为其欲穷此理，尽此心也。有所蒙蔽，有所移夺，有所陷溺，则此心为之不灵，此理为之不明，是谓不得其正，其见乃邪见，其说乃邪说。一溺于此，不由讲学，无自而复。故心当论邪正，不可无也。以为吾无心，此即邪说矣。若愚不肖之不及，固未得其正，贤者智者之过失，亦未得其正。溺于声色货利，狃于谲诈奸宄，牿于末节细行，流于高论浮说，其智愚贤不肖，固有间矣，若是心之未得其正，蔽于其私，而使

[①] 陆九渊：《陆九渊集》，中华书局，1980年，第401页。

此道之不明不行，则其为病一也。

此理塞宇宙，谁能逃之，顺之则吉，逆之则凶。其蒙蔽则为昏愚，通彻则为明智。昏愚者不见是理，故多逆以致凶。明智者见是理，故能顺以致吉。

四方上下曰宇，往古来今曰宙。宇宙便是吾心，吾心即是宇宙。千万世之前，有圣人出焉，同此心同此理也。千万世之后，有圣人出焉，同此心同此理也。东南西北海有圣人出焉，同此心同此理也。近世尚同之说甚非。理之所在，安得不同？古之圣贤，道同志合，咸有一德，乃可共事，然所不同者，以理之所在，有不能尽见。虽夫子之圣，而曰："回非助我""启予者商"。又曰："我学不厌。"舜曰："予违汝弼。"其称尧曰："舍己从人，唯帝时克。"故不唯都俞，而有吁咈。诚君子也，不能，不害为君子。诚小人也，虽能，不失为小人。

宇宙内事，是己分内事。己分内事，是宇宙内事。

人心至灵，此理至明，人皆有是心，心皆具是理。

先生言："万物森然于方寸之间，满心而发，充塞宇宙，无非此理。孟子就四端上指示人，岂是人心只有这四端而已？又就乍见孺子入井皆有怵惕恻隐之心一端指示人，又得此心昭然，但能充此心足矣。"乃诵："诚者自成也，而道自道也。诚者物之终始，云云天地之道，可一言而尽也。"①

毫无疑问，王阳明是儒家万物一体观或天人合一观之集大成者。与孟子、程颢和张载等儒家学者一样，王阳明也认为，人本来是与天地万物构成了一个整体甚或人本来就同于天地万物，或者说圣人以天地万物为一体甚或就同于天地万物。

夫人者，天地之心。天地万物，本吾一体者也，生民之困苦

---

① 陆九渊：《陆九渊集》，第9、147、149—150、257、373、423页。

茶毒，孰非疾痛之切于吾身者乎？不知吾身之疾痛，无是非之心者也。是非之心，不虑而知，不学而能，所谓良知也。良知之在人心，无间于圣愚，天下古今之所同也。世之君子唯务致其良知，则自能公是非，同好恶，视人犹己，视国犹家，而以天地万物为一体，求天下无治，不可得矣。古之人所以能见善不啻若己出，见恶不啻若己入，视民之饥溺犹己之饥溺，而一夫不获，若己推而纳诸沟中者，非故为是而以蕲天下之信己也，务致其良知，求自慊而已矣。尧、舜、三王之圣，言而民莫不信者，致其良知而言之也；行而民莫不说者，致其良知而行之也。是以其民熙熙皞皞，杀之不怨，利之不庸，施及蛮貊，而凡有血气者莫不尊亲，为其良知之同也。呜呼！圣人之治天下，何其简且易哉！①

基于孟子等人的理解，王阳明对万物一体观从三种不同的角度进行了论证：通天下一气（或者说血气流通于万物），所以万物一体；仁义等道德原则（所谓"理"）不仅制约着人，而且支配着万物，所以万物一体；心即理，心即物，心外无理，心外无物（万物本为人心之造作），所以万物一体。下面我们依次分析一下相关论述。

王阳明断言，人或人心之所以原本是与万物同体的，是因为通天下一气，正如我的身体的各部分之所以一起构成一个身体，是因为血气流通于它们之中一样。

> 风雨露雷、日月星辰、禽兽草木、山川土石，与人原只一体。故五谷禽兽之类，皆可以养人；药石之类，皆可以疗疾，只为同此一气，故能相通耳。
>
> 问："人心与物同体，如吾身原是血气流通的，所以谓之同体。若于人便异体了。禽兽草木益远矣，而何谓之同体？"先生曰："你只在感应之几上看，岂但禽兽草木，虽天地也与我同体

---

① 王守仁：《王文成公全书》，中华书局，2015年，第98—99页。

的，鬼神也与我同体的。"请问。先生曰："……如此，便是一气流通的，如何与他间隔得！"①

仁义等道德原则（所谓"理"）不仅制约着人，而且支配着万物，构成了天地万物的根本原则，所以人原本与天地万物为一体，只是常人受到私心私欲之蔽，而背离了人之本质。相反，圣人作为至仁者则事实上就是以天地万物为一体的，是唯一"全得仁体"（即"全其万物一体之仁"）之人。

夫圣人之心，以天地万物为一体，其视天下之人，无外内远近，凡有血气，皆其昆弟赤子之亲，莫不欲安全而教养之，以遂其万物一体之念。天下之人心，其始亦非有异于圣人也，特其间于有我之私，隔于物欲之蔽，大者以小，通者以塞，人各有心，至有视其父子兄弟如仇仇者。圣人有忧之，是以推其天地万物一体之仁以教天下，使之皆有以克其私，去其蔽，以复其心体之同然。其教之大端，则尧、舜、禹之相授受，所谓"道心唯微，唯精唯一，允执厥中"。而其节目则舜之命契，所谓"父子有亲，君臣有义，夫妇有别，长幼有序，朋友有信"五者而已。

盖其心学纯明，而有以全其万物一体之仁，故其精神流贯，志气通达，而无有乎人己之分，物我之间。譬之一人之身，目视、耳听、手持、足行，以济一身之用。目不耻其无聪，而耳之所涉，目必营焉；足不耻其无执，而手之所探，足必前焉；盖其元气充周，血脉条畅，是以痒疴呼吸，感触神应，有不言而喻之妙。此圣人之学所以至易至简，易知易从，学易能而才易成者，正以大端唯在复心体之同然，而知识技能非所与论也。

问："'一日克己复礼，天下归仁。'朱子作效验说，如何？"先生曰："圣贤只是为己之学，重功夫不重效验。仁者以万物为

---

① 王守仁：《王文成公全书》，第133、153—154页。

体，不能一体，只是己私未忘。全得仁体，则天下皆归于吾。仁就是'八荒皆在我闼'意，天下皆与，其仁亦在其中。如'在邦无怨，在家无怨'，亦只是自家不怨，如'不怨天，不尤人'之意。然家邦无怨，于我亦在其中，但所重不在此。"

大人者，以天地万物为一体者也，其视天下犹一家，中国犹一人焉。若夫间形骸而分尔我者，小人矣。大人之能以天地万物为一体也，非意之也，其心之仁本若是，其与天地万物而为一也。岂唯大人，虽小人之心亦莫不然，彼顾自小之耳。是故见孺子之入井，而必有怵惕恻隐之心焉，是其仁之与孺子而为一体也；孺子犹同类者也，见鸟兽之哀鸣觳觫，而必有不忍之心焉，是其仁之与鸟兽而为一体也；鸟兽犹有知觉者也，见草木之摧折而必有悯恤之心焉，是其仁之与草木而为一体也；草木犹有生意者也，见瓦石之毁坏而必有顾惜之心焉，是其仁之与瓦石而为一体也；是其一体之仁也，虽小人之心亦必有之。是乃根于天命之性，而自然灵昭不昧者也，是故谓之"明德"。小人之心既已分隔隘陋矣，而其一体之仁犹能不昧若此者，是其未动于欲，而未蔽于私之时也。及其动于欲，蔽于私，而利害相攻，忿怒相激，则将戕物圮类，无所不为，其甚至有骨肉相残者，而一体之仁亡矣。是故苟无私欲之蔽，则虽小人之心，而其一体之仁犹大人也；一有私欲之蔽，则虽大人之心，而其分隔隘陋犹小人矣。故夫为大人之学者，亦唯去其私欲之蔽，以自明其明德，复其天地万物一体之本然而已耳；非能于本体之外而有所增益之也。

明明德者，立其天地万物一体之体也。亲民者，达其天地万物一体之用也。故明明德必在于亲民，而亲民乃所以明其明德也。是故亲吾之父，以及人之父，以及天下人之父，而后吾之仁实与吾之父、人之父与天下人之父而为一体矣；实与之为一体，而后孝之明德始明矣！亲吾之兄，以及人之兄，以及天下人之兄，而后吾之仁实与吾之兄、人之兄与天下人之兄而为一体矣；实与之为一体，而后弟之明德始明矣！君臣也，夫妇也，朋友也，以至于山川鬼神鸟兽草木也，莫不实有以亲之，以达吾一体之仁，然后吾之明德始无不明，而真能以天地万物为一体矣。夫是之谓明明德于天下，是之谓家齐国治而天下平，是之谓尽性。①

王阳明断言，心即理，心外无理，而理构成了天地万物的根本原则，所以心即物，心外无物。从这个角度说，人原本与万物构成了一个整体，甚至就同于天地万物。他进而断言，天地万物均是人心的造作，离开人心（如果没有人心中的天地万物的概念），便无所谓天地万物了（在这种意义上，也可以说心即物，心外无物）；反过来，人心必然充满着天地万物的概念，因此，没有了天地万物的概念进而没有了天地万物，也就无所谓人心了。如此说来，人原本就同于天地万物便是题中应有之义了。

身之主宰便是心；心之所发便是意；意之本体便是知；意之所在便是物。如意在于事亲，即事亲便是一物；意在于事君，即事君便是一物；意在于仁民爱物，即仁民爱物便是一物；意在于视听言动，即视听言动便是一物。所以某说无心外之理，无心外之物。②

人的良知，就是草木瓦石的良知。若草木瓦石无人的良知，不可以为草木瓦石矣。岂唯草木瓦石为然，天地无人的良知，亦不可为天地矣。盖天地万物与人原是一体，其发窍之最精处，是人心一点灵明。……

先生游南镇，一友指岩中花树问曰："天下无心外之物，如此花树，在深山中自开自落，于我心亦何相关？"先生曰："你未看此花时，此花与汝心同归于寂。你来看此花时，则此花颜色一时

---

① 王守仁：《王文成公全书》，第 66—68、136、1113—1114 页。
② 同上，第 7 页。

明白起来。便知此花不在你的心外。"①

先生曰:"你看这个天地中间,什么是天地的心?"对曰:"尝闻人是天地的心。"曰:"人又什么教做心?"对曰:"只是一个灵明。""可知充天塞地中间,只有这个灵明,人只为形体自间隔了。我的灵明,便是天地鬼神的主宰。天没有我的灵明,谁去仰他高?地没有我的灵明,谁去俯他深?鬼神没有我的灵明,谁去辨他吉凶灾祥?天地鬼神万物离去我的灵明,便没有天地鬼神万物了。我的灵明离却天地鬼神万物,亦没有我的灵明。……"又问:"天地鬼神万物,千古见在,何没了我的灵明,便俱无了?"曰:"今看死的人,他这些精灵游散了,他的天地万物尚在何处?"

"人之为学,求尽乎天而已。"此明德之意,本欲合天人而为一,而未免反离而二之也。人者,天地万物之心也;心者,天地万物之主也。心即天,言心则天地万物皆举之矣,而又亲切简易。故不若言"人之为学,求尽乎心而已"。②

与其他坚持万物一体观的儒家学者一样,王阳明也反对万物一齐的观点,认为包括人在内的天地万物之间必定存在着各种各样的差别,这些差别恰恰构成了事物之间的自然的条理,因此人们在对待相关的事物时必须依据这些差别而区别对待之。儒家的整个道德学说便是建立在这样的自然的条理基础之上的。请看他的如下评论:

问:"大人与物同体,如何《大学》又说个厚薄?"先生曰:"唯是道理,自有厚薄。此如身是一体,把手足捍头目,岂是偏要薄手足,其道理合如此。禽兽与草木同是爱的,把草木去养禽兽,又忍得。人与禽兽同是爱的,宰禽兽以养亲,与供祭祀,燕宾客,心又忍得。至亲与路人同是爱的,如箪食豆羹,得则生,不得则

---

① 王守仁:《王文成公全书》,第133页。
② 同上,第153—154、259页。

死,不能两全,宁救至亲,不救路人,心又忍得。这是道理合该如此。及至吾身与至亲,更不得分别彼此厚薄。盖以仁民爱物,皆从此出;此处可忍,更无所不忍矣。《大学》所谓厚薄,是良知上自然的条理,不可逾越,此便谓之义;顺这个条理,便谓之礼;知此条理,便谓之智;终始是这条理,便谓之信。"①

按照王阳明的理解,圣人以天地万物为一体或圣人与天地万物为一(简言之,圣人"与天为一")就意味着:圣人之体就是天地之体,而圣人之心就是天地之心,进而圣人之所为就是天地之所为。圣人之所以能够与天地万物为一,其原因在于圣人无我,进而无人欲之私,其心纯于天理(即天地万物之理),而"循理则与天为一"。因此,对于王阳明来说,正如对于其他儒家学者一样,万物一体也就意味着天人合一。

> 先天而天弗违,后天而奉天时:"大人与天,一而已矣。"
> 大人于天,默契其未然者,奉行其已然者。夫大人与天,一而已矣,然则默契而奉行之者,岂有先后之间哉?昔文言申于九五爻义而及此意,谓大人之于天,形虽不同,道则无异。自其先于天者言之,时之未至,而道隐于无,天未有为也;大人则先天而为之,盖必经纶以造其端,而心之所欲,暗与道符,裁成以刱其始,而意之所为,默与道契。如五典未有也,自我立之,而与天之所叙者有脗合焉;五礼未制也,以义起之,而与天之所秩者无差殊焉。天何尝与之违乎?以其后于天者言之,时之既至,而理显于有,天已有为也,大人则后天而奉之,盖必穷神以继其志,而理之固有者,祇承之而不悖,知化以述其事,而理之当行者,钦若之而不违。如天叙有典也,立为政教以道之,五典自我而敦矣;天秩有礼也,制为品节以齐之,五礼自我而庸矣。我何

---

① 王守仁:《王文成公全书》,第133—134页。

尝违于天乎？是则先天不违，大人即天也；后天奉天，天即大人也。大人与天，其可以二视之哉？此九五所以为天下之利见也欤！大抵道无天人之别，在天则为天道，在人则为人道，其分虽殊，其理则一也。众人牿于形体，知有其分，而不知有其理，始与天地不相似耳。唯圣人纯于义理，而无人欲之私，其体即天地之体，其心即天地之心，而其所以为之者，莫非天地之所为也，故曰："循理则与天为一。"[①]

二、道家万物一体观

与儒家相比，道家整体说来坚持着一种更为彻底意义上的万物一体观或天人合一观。

在《道德经》第25章中，老子说："道大、天大、地大、人亦大。域中有四大，而人居其一焉。人法地，地法天，天法道，道法自然。"由于天、地、人以及其他事物均源自道而且均受到道的支配，因此在行事时均应当效法道进而均应该尊重自己及万物的本来的样子（所谓"法自然"）。至少在这种意义上，老子坚持万物一体观。

道家万物一体观的集大成者无疑非庄子莫属。在庄子看来，人与天地万物最终说来均是由同一种要素即气构成的，并且最终均源自原始之气（元气），即均从原始之气演变而来。因此，人与天地万物是统一在一起的，构成了一个整体。请看如下段落：

> 庄子妻死，惠子吊之，庄子则方箕踞鼓盆而歌。惠子曰："与人居，长子老身，死不哭亦足矣，又鼓盆而歌，不亦甚乎！"庄子曰："不然。是其始死也，我独何能无概然！察其始而本无生，非徒无生也而本无形，非徒无形也而本无气。杂乎芒芴之间，变而有气，气变而有形，形变而有生，今又变而之死，是相与为春

[①] 王守仁：《王文成公全书》，第 1352—1353 页。

秋冬夏四时行也。人且偃然寝于巨室，而我噭噭然随而哭之，自以为不通乎命，故止也。"①

生也死之徒，死也生之始，孰知其纪！人之生，气之聚也；聚则为生，散则为死。若死生为徒，吾又何患！故万物一也，是其所美者为神奇，其所恶者为臭腐；臭腐复化为神奇，神奇复化为臭腐。故曰"通天下一气耳"。圣人故贵一。②

进一步说来，原始之气进而人与天地万物最终说来均是由道生成的，而且均受道的支配；或者，更准确地说，人与天地万物乃至原始之气的本质均在于道，均是对整全之道所做的人为划分之结果。此道即作为整体之世界进而作为整体之世界本身，即"至一"（the One、the Perfect One）——此一并非一、二、三、四等数目序列中的"一"，而是超越于这样的数目序列的"一"，无所谓一或多之分的"一"。

古之人，其知有所至矣。恶乎至？有以为未始有物者，至矣，尽矣，不可以加矣。其次以为有物矣，而未始有封也。其次以为有封焉，而未始有是非也。是非之彰也，道之所以亏也。道之所以亏，爱之所以成。

今且有言于此，不知其与是类乎？其与是不类乎？类与不类，相与为类，则与彼无以异矣。虽然，请尝言之。有始也者，有未始有始也者，有未始有夫未始有始也者。有有也者，有无也者，有未始有无也者，有未始有夫未始有无也者。俄而有无矣，而未知有无之果孰有孰无也。今我则已有谓矣，而未知吾所谓之其果有谓乎，其果无谓乎？天下莫大于秋豪之末，而大山为小；莫寿于殇子，而彭祖为夭。天地与我并生，而万物与我为一。既已为一矣，且得有言乎？既已谓之一矣，且得无言乎？一与言为二，二

---

① 郭庆藩：《庄子集释》，中华书局，2013年，第545页。
② 同上，第646页。

与一为三。自此以往，巧历不能得，而况其凡乎！故自无适有以至于三，而况自有适有乎！无适焉，因是已。

夫道未始有封，言未始有常，为是而有畛也，请言其畛：有左，有右，有伦，有义，有分，有辩，有竞，有争，此之谓八德。①

因此，庄子不仅坚持万物一体观，而且坚持万物为一观。在论证其万物为一观过程中，作为预备步骤，庄子提出并论证了万物一齐观，即这样的观点：即使存在着天地万物，它们之间也不存在大小、美丑、善恶、真假、是非、贵贱、穷达、祸福、成毁、生死、梦觉等之别。因此，通常所谓大就是小、美即是丑、善即是恶、真即是假、是即是非、贵就是贱等。庄子说：

物无非彼，物无非是。自彼则不见，自知则知之。故曰彼出于是，是亦因彼。彼是方生之说也，虽然，方生方死，方死方生；方可方不可，方不可方可；因是因非，因非因是。是以圣人不由，而照之于天，亦因是也。是亦彼也，彼亦是也。彼亦一是非，此亦一是非。果且有彼是乎哉？果且无彼是乎哉？彼是莫得其偶，谓之道枢。枢始得其环中，以应无穷。是亦一无穷，非亦一无穷也。故曰莫若以明。以指喻指之非指，不若以非指喻指之非指也；以马喻马之非马，不若以非马喻马之非马也。天地一指也，万物一马也。

可乎可，不可乎不可。道行之而成，物谓之而然。恶乎然？然于然。恶乎不然？不然于不然。物固有所然，物固有所可。无物不然，无物不可。故为是举莛与楹，厉与西施，恢诡憰怪，道通为一。其分也，成也；其成也，毁也。凡物无成与毁，复通为一。唯达者知通为一，为是不用而寓诸庸。庸也者，用也；用也

---

① 郭庆藩：《庄子集释》，第 71—72、75—76、80 页。

者，通也；通也者，得也；适得而几矣。因是已。已而不知其然，谓之道。劳神明为一而不知其同也，谓之朝三。何谓朝三？狙公赋芧，曰："朝三而暮四。"众狙皆怒。曰："然则朝四而暮三。"众狙皆悦。名实未亏而喜怒为用，亦因是也。是以圣人和之以是非而休乎天钧，是之谓两行。

兼怀万物，其孰承翼？是谓无方。万物一齐，孰短孰长？道无终始，物有死生，不恃其成；一虚一满，不位乎其形。年不可举，时不可止；消息盈虚，终则有始。是所以语大义之方，论万物之理也。物之生也，若骤若驰，无动而不变，无时而不移。何为乎，何不为乎？夫固将自化。①

庄子认为，在人生之初和人类之初，人的心灵不包含任何区分的观念。此时人是与道同体的，或者说就是至一。随着成心的形成，人逐渐背离了道，远离了至一：首先区分开我与物，其次区分开此物与彼物，进而区分开此物的是彼物的非、此物的真彼物的假、此物的善彼物的恶、此物的美彼物的丑、此物的真彼物的假、此物的是彼物的非、此物的贵彼物的贱，等等。做出诸如此类的区分之后，人们便争先恐后地求取各自认为好的方面，同时躲避各自认为坏的方面，这样纯一之道便被分割了。正因如此，人生最终变得没有任何价值和意义，社会也失去了其最初的和谐状态。为了让人生重新获得价值和意义，社会重新回到和谐状态，人们必须进行心斋，即所谓"听止于耳，心止于符"：首先，去除心中业已存有的各种各样的区分观念，特别是物我之分的观念；其次，让感官和心灵均停止其通常的感知和思维活动。通过心斋，人们便能够齐同万物，进而绝对于安命，最后便能够复归于至一，即回到与道同体的状态。这样的状态就是庄子所谓逍遥游的状态，在其中存在着绝对自由、绝对安全、至福、至善、至美、至真、永恒，等等。

---

① 郭庆藩：《庄子集释》，第64—65、67—68、520页。

瞽者无以与乎文章之观，聋者无以与乎钟鼓之声。岂唯形骸有聋盲哉？夫知亦有之。是其言也，犹时女也。之人也，之德也，将旁礴万物以为一，世蕲乎乱，孰弊弊焉以天下为事！之人也，物莫之伤，大浸稽天而不溺，大旱金石流土山焦而不热。是其尘垢秕糠，将犹陶铸尧舜者也，孰肯以物为事！

圣人愚芚，参万岁而一成纯。万物尽然，而以是相蕴。

若一志，无听之以耳而听之以心，无听之以心而听之以气！听止于耳，心止于符。气也者，虚而待物者也。唯道集虚。虚者，心斋也。

死生亦大矣，而不得与之变；虽天地覆坠，亦将不与之遗。审乎无假而不与物迁，命物之化而守其宗也。……自其异者视之，肝胆楚越也；自其同者视之，万物皆一也。夫若然者，且不知耳目之所宜，而游心乎德之和；物视其所一而不见其所丧，视丧其足犹遗土也。

颜回曰："回益矣。"仲尼曰："何谓也？"曰："回忘仁义矣。"曰："可矣，犹未也。"他日，复见，曰："回益矣。"曰："何谓也？"曰："回忘礼乐矣。"曰："可矣，犹未也。"他日，复见，曰："回益矣。"曰："何谓也？"曰："回坐忘矣。"仲尼蹴然曰："何谓坐忘？"颜回曰："堕肢体，黜聪明，离形去知，同于大通，此谓坐忘。"仲尼曰："同则无好也，化则无常也。而果其贤乎！丘也请从而后也。"

夫道，覆载万物者也，洋洋乎大哉！君子不可以不刳心焉。无为为之之谓天，无为言之之谓德，爱人利物之谓仁，不同同之之谓大，行不崖异之谓宽，有万不同之谓富。故执德之谓纪，德成之谓立，循于道之谓备，不以物挫志之谓完。君子明于此十者，则韬乎其事心之大也，沛乎其为万物逝也。若然者，藏金于山，藏珠于渊，不利货财，不近贵富；不乐寿，不哀夭；不荣通，不丑穷；不拘一世之利以为己私分，不以王天下为己处显。显则明，万物一府，死生同状。

> 夫天下也者，万物之所一也。得其所一而同焉，则四支百体将为尘垢，而死生终始将为昼夜而莫之能滑，而况得丧祸福之所介乎！①

庄子常常在与道同义的意义上使用"天"，因此，其体道观或其万物一体观或万物为一观就是其天人合一观或天人为一观。

> 夫明白于天地之德者，此之谓大本大宗，与天和者也；所以均调天下，与人和者也。与人和者，谓之人乐；与天和者，谓之天乐。
>
> 子，天之合也；我，人之合也。
>
> 牛马四足，是谓天；落马首，穿牛鼻，是谓人。故曰，无以人灭天，无以故灭命，无以得殉名。谨守而勿失，是谓反其真。
>
> 夫欲免为形者，莫如弃世。弃世则无累，无累则正平，正平则与彼更生，更生则几矣！事奚足弃而生奚足遗？弃事则形不劳，遗生则精不亏。夫形全精复，与天为一。天地者，万物之父母也，合则成体，散则成始。形精不亏，是谓能移；精而又精，反以相天。
>
> "何谓人与天一邪？"仲尼曰："有人，天也；有天，亦天也。人之不能有天，性也，圣人晏然体逝而终矣！"
>
> 若正汝形，一汝视，天和将至；摄汝知，一汝度，神将来舍。德将为汝美，道将为汝居，汝瞳焉如新生之犊而无求其故！
>
> 介者拸画，外非誉也；胥靡登高而不惧，遗死生也。夫复謵不馈而忘人，忘人，因以为天人矣。故敬之而不喜，侮之而不怒者，唯同乎天和者为然。出怒不怒，则怒出于不怒矣；出为无为，则为出于无为矣。欲静则平气，欲神则顺心，有为也。欲当则缘于不得已，不得已之类，圣人之道。

---

① 郭庆藩：《庄子集释》，第 31、94、136、174—175、256—258、367、630 页。

> 不离于宗，谓之天人。不离于精，谓之神人。不离于真，谓之至人。以天为宗，以德为本，以道为门，兆于变化，谓之圣人。①

荀子对庄子的天人观给出过如下著名的评论："庄子蔽于天而不知人。"②张岱年认同荀子的这种批评，他说：

> 庄子更将"天"与"人"对立起来，主张"不以心捐道，不以人助天"（《庄子·大宗师》），"无以人灭天"，"无以故灭命"（《秋水》）。这是要求放弃人为，随顺自然。如果完全放弃了人为，就达到"畸于人而侔于天"（《大宗师》）的境界，也称之为"与天为一"（《达生》）。但是这所谓"与天为一"不是天人相合，而是完全违背了人。所以荀子批评庄子"蔽于天而不知人"（《荀子·解蔽》），这是完全正确的。③

在荀子等儒家学者所理解的"天"和"人"的意义上，荀子的批评当然是有道理的。但是，从庄子的观点来看，儒家恰恰错误地理解了天和人，因为按照人之本质，人恰恰就同于天（或道或至一）。因此，按照庄子本人对于天和人的理解，他既非"蔽于天"，也非"不知人"；相反，儒家倒是既不知人，又不知天。

张岱年断言，张载是中国第一个明确提出"天人合一"四字成语的思想家。他还进而断言，张载也是中国第一个明确地提出天人合一命题的思想家。④前面的讨论表明，张岱年的第一个断言是值得商榷的，第二个断言则明显是错误的。我们看到，庄子明确地提出并以多

---

① 郭庆藩：《庄子集释》，第 412、427、523、561—562、611、650、716、935 页。
② 荀子：《荀子集解》，中华书局，1988 年，第 393 页。
③ 张岱年：《中国哲学中"天人合一"思想的剖析》，载《北京大学学报》1985 年第 3 期，第 3 页。
④ 同上，第 1、4 页。

种形式论证了天人合一进而天人为一的命题。

道家的另一个重要代表郭象也坚持万物一体观。他是通过注解《庄子》的方式表述其观点的。他首先消解了庄子哲学中作为万物的创造者和支配者的道。他断定，根本不存在创造和支配一切事物者，因为如果存在着这样的东西，那么它必然或者是至无，或者是某一个特定的事物。但是，至无显然不可能拥有创造和支配任何事物的能力，而任何特定的事物又不可能创造和支配万物万形。因此，无论如何都不可能存在创造和支配一切事物的道。在这种意义上，庄子所谓道只能是至无。在坚决地否定了创造和支配万物的道的存在之后，郭象对万物产生和变化的最终的原因提出了自己的看法。他断言万物最终说来均是自生自灭自成自毁自变自化的。此即其独化概念的意义之一。郭象不仅认为根本不存在创造和支配万物的道，而且进一步认为万物彼此之间也没有任何因果依赖关系。在这种意义上，万物也是自生自灭自成自毁自变自化的。此即其独化概念的另一种意义。显然，这种意义上的独化更其极端。如果说任何一个特定的事物既不可能是由无或道创生的，又不可能是由另一个事物创生的，也不可能是由自己创生的（因为此时它还根本没有存在），那么其生成就只能是不知其所以生而自生的结果。而且，任何一个特定的事物的变化的情况也是一样的：这样的变化既不是由无或道造成的，也不可能是由另一个事物造成的，更不是由自己造成的，而只能是不知其所以然而自然的结果。

郭象的这种事物观显然是完全违背人们的常识理解的。按照通常的理解，事物之间是存在着各种各样的依赖关系的，而因果关系即是其中最为重要也是最为普遍的一种。那么，郭象是如何消解其理论中的这个困难的呢？我们知道，因果关系是一种依赖性的协变关系：作为原因的事物中的某种变化，决定进而导致了作为结果的事物中的某种相应的变化。郭象虽然否认事物之间有依赖或决定关系，但是他并不否认事物之间有某种意义上的协变关系：如果一个事物发生某种变化，那么另一个事物就发生某种相应的变化。郭象将这种协变关系称作"相因""俱生"。在此,"因"当为因任、因应、因顺、因循之因,而非原因之因,因此并非意指引起或依赖。在郭象看来,世界中的事物本质上均处于这样的相因或俱生关系之中。而且,事物之间的这种普遍的相因或俱生关系往往还是一种不期然而然的互相帮助的关系——所谓"相为""相使"或"相与"。比如,在正常情况下,人一生下来便拥有嘴唇和牙齿,它们本来各有各的功用,彼此均不是为了对方而长出来的。尽管如此,它们还是彼此为对方提供了帮助:没有了嘴唇,牙齿会受到寒冷的侵袭;没有了牙齿,嘴唇也就失去了依靠。此即唇齿相依之理。我们的其他身体器官还有四肢的情况也是这样的。用庄子的话来说,事物之间的这种复杂的协变或俱生关系就是"相与于无相与""相为于无相为"。①

在有的地方,郭象的相关观点变得甚为极端。他甚至认为世界中的任何一个事物的存在都极大地关乎另一个事物的存在(特别是人之生)。因此,如果任何一个事物不存在了,那么所有其他事物的存在(至少是人之生)都跟着成问题了(因为其存在的完整的理由链条不复存在了);如果任何一个事理没有得到实现,那么所有其他事理的实现(至少是人生之理之实现)就会成为不可能(因为其实现的完整的理由链条缺失了)。他说:

> 人之生也,形虽七尺而五常必具,故虽区区之身,乃举天地以奉之。故天地万物,凡所有者,不可一日而相无也。一物不具,则生者无由得生;一理不至,则天年无缘得终。②

郭象将世界中的诸事物本质上所处的这种复杂的协变或俱生、相因关系——进而"相与于无相与""相为于无相为"关系——称作"玄冥"或"玄合"。他认为,这种玄冥之境构成了独化的最高境界——所

---

① 郭庆藩:《庄子集释》,第241、513—514页。
② 同上,第206页。

谓"独化之至"。此种玄冥之境显然是一种极为独特的万物一体之境。

按照郭象的观点，圣人始终独化于玄冥之境，或者说始终以天地万物为一体。圣人之所以能够做到这点，是因为他无心，进而无我，因而无我之分，所以能够齐同万物，能够绝对地安命。首先，圣人无条件地顺应进而接受万物万事，此即所谓"（与物）无不顺""无物不宜""与物无不冥""无往而不冥""与物俱往"。其次，圣人无条件地顺应进而接受万化万变，此即所谓"体化合变""随变任化""与化为体""与化为一"。总而言之，圣人做到了"体天地而合变化""玄同万物而与化为体""与物无不冥，与化无不一"。此即所谓"以天下为一体"或"与天为一"（在此，"天"或"天地"代指万物万事、万变万化之总和）。圣人所处的这种玄冥之境就是郭象所说的无待逍遥之境——绝对自由、绝对安全、至适至乐、无为而无不为之境。

夫举万岁而参其变，而众人谓之杂矣，故役役然劳形怵心而去彼就此。唯大圣无执，故苊然直往而与变化为一，一变化而常游于独者也。故虽参揉亿载，千殊万异，道行之而成，则古今一成也；物谓之而然，则万物一然也。无物不然，无时不成；斯可谓纯也。……积是于万岁，则万岁一是也；积然于万物，则万物尽然也。故不知死生先后之所在，彼我胜负之所如也。

夫画地而使人循之，其迹不可掩矣；有其己而临物，与物不冥矣。故大人不明我以耀彼而任彼之自明，不德我以临人而付人之自［德］，故能弥贯万物而玄同彼我，泯然与天下为一而内外同福也。

无所藏而都任之，则与物无不冥，与化无不一。故无外无内，无死无生，体天地而合变化，索所遁而不得矣。此乃常存之大情，非一曲之小意。

此玄同万物而与化为体，故其为天下之所宗也，不亦宜乎！

夫体天地，冥变化者，虽手足异任，五藏殊官，未尝相与而百节同和，斯相与于无相与也；未尝相为而表里俱济，斯相为于无相为也。若乃役其心志以恤手足,运其股肱以营五藏,则相营愈笃而外内愈困矣。故以天下为一体者,无爱为于其间也。

安于推移而与化俱去,故乃入于寂寥而与天为一也。

形与物夷,心与物化,斯寄物以自载也。

是以至人无心而应物,唯变所适。[1]

郭象认为,常人本来也是独化于玄冥之境的。但是,常人恰恰背离了这样的状态,因为他们均持有分外之心(即庄子所谓"成心"),均不安于性分,认为事物均是相依相待的。因此,他们总是挖空心思地寻求相为、相与、相使,结果使得自己和他人均陷入内外交困的境地。因此,为了回归于玄冥之境,常人只有去除其分外之心,安于自己的性命之分。

按照庄子的理解,所有人的本性均是一样的。郭象不接受这种观点。在他看来,每个人的本性均不一样,而且圣人的本性与常人的本性更有天壤之别,不可同日而语:圣人之本性无限、无极,而常人之本性均有限、有极,各有定分或至分。因此,在谈及常人的本性时,郭象常常使用如下说法:"本性之分""天然之分""自然之分""性命之分""所受(禀)之分",等等;简言之,"性分""本分""素分",等等。在其思想体系之中,郭象更将一个人所遭遇到的一切事情——特别是对于其一生来说有着重大意义的事情——均看作其本性中的成分。比如,不同人之间的等级差别以及这种差别所带来的诸多限制在他看来便构成了一个人的本性或性分的核心要素。

按照郭象的理解,常人不可能像圣人那样做到玄同彼我,他们心中不能不装有各种各样的区别。不过,只要他们能够做到无分外之心,安于自己的命运或性分,冥其极,守其分,那么至少就此说来万物的区别对他们来说就不那么重要了,甚至于就不存在了——此时可以说万物均齐于性足或自得(即得其真性或自然)。这样,他们也能够获得

---

[1] 郭庆藩:《庄子集释》,第97、170、224、225、241、253、598、809页。

逍遥。

> 夫小大虽殊，而放于自得之场，则物任其性，事称其能，各当其分，逍遥一也，岂容胜负于其间哉！
> 夫庄子之大意，在乎逍遥游放，无为而自得，故极小大之致，以明性分之适。
> 夫大鸟一去半岁，至天池而息；小鸟一飞半朝，抢榆枋而止。此比所能则有间矣，其于适性一也。
> 苟足于其性，则虽大鹏无以自贵于小鸟，小鸟无羡于天池，而荣愿有余矣。故小大虽殊，逍遥一也。①

不过，常人的逍遥全然不同于圣人的逍遥，是有待逍遥，因为其真正的实现最终还是需要具备一定的条件，而最终说来只有圣人才能够提供这样的条件。为了让常人能够获得逍遥，圣人（严格说来，圣王）所能提供的相关条件也甚为简易，即无条件地尊重常人各自的本性，任其自能，任其自为，不随意干扰之，此即老子所谓"法自然"，也即其所谓"无为"。由于完全没有外在的干扰，所以常人乃至万物最终说来便能够按照各自的本性而自行、自动、自为、自化、自长、自成；进而，由于万物本质上说来彼此就处于普遍的非依赖的协变关系之中，乃至本来就是相为于无相为、相与于无相与的，所以常人这时便能获得其各自的逍遥的条件，能进入自得的（进而自由自在的）逍遥之境。

> 夫宽以容物，物必归焉。克核太精，则鄙吝心生而不自觉也。故大人荡然放物于自得之场，不苦人之能，不竭人之欢，故四海之交可全矣。
> 至人知天机之不可易也，故捐聪明，弃知虑，魄然忘其所为而任其自动，故万物无动而不逍遥也。

---

① 郭庆藩：《庄子集释》，第1、3、6、10页。

恣其天机，无所与争，斯小不胜者也。然乘万物御群材之所为，使群材各自得，万物各自为，则天下莫不逍遥矣，此乃圣人所以为大胜也。①

前文提到，按照郭象的理解，圣人就是"与天为一"之人。在此"天"为天地万物之代称。在郭象的庄子注中，"天"被赋予了三种意义：其一是指物质之天；其二是指天地万物之总和；其三是指自然。他说："天地者，万物之总名也。"② 常人当然不能像圣人那样"与天为一"。不过，如果我们将此语境中的"天"理解为自然，即万物的本来的状态或本性，那么常人应当并且也可以做到"与天为一"或"天人合一"。实际上，只要常人安于自己的性命之分，他们便做到了这种意义上的"与天为一"。不过，在此关键问题是如何界定常人之天，即其自然或本性。在《秋水》中，庄子说："牛马四足，是谓天；落马首，穿牛鼻，是谓人。故曰，无以人灭天。"关于这段话，郭象做出了如下注解：

人之生也，可不服牛乘马乎？服牛乘马，可不穿落之乎？牛马不辞穿落者，天命之固当也。苟当乎天命，则虽寄之人事，而本在乎天也。穿落之可也，若乃走作过分，驱步失节，则天理灭矣。③

庄子这段话的原意是这样的：如果你总是尊重事物的自然（本然）状态（比如牛马四足、马有首、牛有鼻，等等），不强改变之，那么这便说明你已经与天或道同而为一了；反之，如果你不尊重事物的自然（本然）状态，而总是企图改变之（比如络马首、穿牛鼻），那么这

---

① 郭庆藩:《庄子集释》，第 149、527—528 页。
② 同上，第 21、106、205、614 页。
③ 同上，第 524—525 页。

说明你仍然是一个经验主体，是万物中之一物，是天或道之一个部分。郭象则完全曲解了庄子的原意，荒唐地认为牛马的自然或本性中本来就包含了鼻被穿、首被络之类的"人事"。不过，他也不得不承认，一些过分的人为之事（比如"走作过分，驱步失节"）的确超出了牛马的自然或本性。相应地，他会断言，每个人的自然或本性中便已经包含了其所处的等级地位及其所带来的诸多限制。从今天的观点看，郭象这种关于人之自然或本性的界定进而其有关常人之天人合一或天人为一观显然是不可接受的。

郭象的万物一体观或天人合一观某种意义上可以说融合了儒、道两家的观点。圣人的万物一体完全是庄子式的，而常人的万物一体则貌似（但并非同于）儒家的观点。

三、冯友兰整合儒道万物一体观的失败尝试

在其著名的人生境界说中，冯友兰也试图将儒、道两家的万物一体观整合在一起。他写道：

> 在天地境界中底人的最高底造诣是，不但觉解其是大全的一部分，而并且自同于大全。如庄子说："天地者，万物之所一也。得其所一而同焉，则死生终始，将如昼夜，而莫之能滑，而况得丧祸福之所介乎？"得其所一而同焉，即自同于大全也。一个人自同于大全，则"我"与"非我"的分别，对于他即不存在。道家说"与物冥"。冥者，冥"我"与万物间底分别也。儒家说："万物皆备于我。"大全是万物之全体，"我"自同于大全，故"万物皆备于我"。此等境界，我们谓之为同天。此等境界，是在功利境界中底人的事功所不能达，在道德境界中底人的尽伦尽职所不能得底。得到此等境界者，不但是与天地参，而且是与天地一。得到此等境界，是天地境界中底人的最高底造诣。亦可说，人唯得到此境界，方是真得到天地境界。知天事天乐天等，不过是得

到此等境界的一种预备。①

同天境界，儒家称之为仁。盖觉解"万物皆备于我"，则对于万物，即有一种痛痒相关底情感。程明道说："学者须先识仁。仁者浑然与物同体，义礼智信皆仁也。""此道与物无对，大不足以明之。天地之用，皆我之用。孟子言万物皆备于我。须反身而诚，乃得大乐。若反身未诚，则犹是二物有对，以己合彼，终未有之，又安得乐？"在普通人的经验中，人与己，内与外，我与万物，是相对待底。此所谓"二物有对"。如"二物有对"，则无论如何"以己合彼"，其间总有隔阂，所以"终未有之"。但仁者"浑然与物同体"，他与万物，无此等隔阂。在仁者的境界中，人与己，内与外，我与万物，不复是相对待底。在这种境界中，仁者所见是一个"道"。"此道与物无对，大不足以名之。"与物无对者，即是所谓绝对。②

从前文的讨论不难看出，冯友兰这种整合儒、道两家的努力不能不说是一次注定失败的尝试。因为，儒家和道家的万物一体观进而天人合一观是完全不同的，在一些根本的方面甚至于是完全对立的。比如，就万物是否齐同或万物是否为一这两点来说，儒、道两家的观点是完全对立的。尽管两家的观点都可以用"与物无对"来刻画，但是该语在儒、道两家那里的意义当是完全不同的，甚至于恰好相反的：对于儒家来说，"与物无对"只是意味着圣人（或处于本真状态的人）将本来并非齐同的天地万物看作自己的诸部分；而对于道家来说，该语则进一步意味着圣人（或处于本真状态的人）根本没有自我观念，根本不区别物我，进而也就根本不区别天地万物，因而他与天地万物从数上说是同一的。

显然，任何一个人，作为一个经验个体或主体，均是作为大全意

---

① 冯友兰：《新原人》，载《冯友兰全集》第4卷，河南人民出版社，2001年，第569页。
② 同上，第570页。

义上的天中的一个分子。作为天之一个分子，一个人如何能够同于天本身？从逻辑上说或者说从理性认识的角度来看，这样的事情显然是不可能的。但是，按照冯友兰的论证，这点完全是可能的。下面我们将其核心论证引述如下，以备分析。

> 人的肉体，七尺之躯，诚只是宇宙的一部分。人的心，虽然亦是宇宙的一部分，但是其思之所及，则不限于宇宙的一部分。人的心能作理智底总括，能将所有底有，总括思之。如此思即有宇宙或大全的观念。由如此思而知有大全。即知有大全，又知大全不可思……知有大全，则似乎如在大全之外，只见大全，而不见其中底部分。知大全不可思，则知其自己亦在大全之中。知其自己亦在大全中，而又只见大全，不见其中底部分，则可自觉其自同于大全。自同于大全，不是物质上底一种变化，而是精神上底一种境界。所以自同于大全者，其肉体虽只是大全的一部分，其心虽亦只是大全的一部分，但在精神上他可自同于大全。①

关于天或大全之不可思，冯友兰论证道：

> 同天的境界，本是所谓神秘主义底。佛家所谓真如，道家所谓道，照他们的说法，固是不可思议底。即照我们的说法，我们所谓大全，亦是不可思议底。大全无所不包，真正是"与物无对"。但思议中底的大全，则是思议的对象，不包此思议，而是与此思议相对底。所以思议中底的大全，与大全必不相符。此即是说，对于大全底思议，必是错误底思议。所以对于大全，一涉思议，即成错误。庄子齐物论说："即已为一矣，且得有言乎？即已谓之一矣，且得无言乎，一与言为二。"郭象注说："一即一矣，言又二之。"此所谓一者，是总一切而为一。一即总一切，则言说

---

① 冯友兰：《新原人》。

中之一因其不能总此言说，所以即不是总一切之一。总一切之一，是不可言说底。此意与我们以上所说相同。①

我们首先来分析冯友兰关于天或大全不可思之论证。这个论证假定了如下前提：思维主体必定处于其所思维的对象之外，不能是这样的对象的一个部分。因此，当一个主体声称自己在思考大全的时候，他和他的思考活动必定是处于大全之外的；这点说明，他所思考的东西并非是真正的大全，因为真正的大全当然包括他和他的思考活动。由于同样的话适合于任何主体，所以大全是不可思的。那么，冯友兰的这个假定成立吗？对此，回答当是否定性的。正如冯友兰自己所承认的那样，人与动物的本质区别之一便是人有自我意识（冯氏称之为"自觉"或"觉"），而自我意识当然是一种思考自身的活动。②而且，事实上，我们只能作为大全的一个部分而思考大全；我们根本没有办法将自己置身于大全之外来思考大全。

接下来，我们分析一下冯友兰关于同天的论证。这个论证可以整理如下：

（1）借助其思维能力，任何一个主体均可以产生所有存在物的总和或大全的观念。

（2）这也就是说，任何一个主体均可知有大全。

（3）认识主体必定处于其所认识的对象之外，不能是这样的对象的一个部分。

（4）所以，知有大全的主体必定处于大全之外。

（5）处于大全之外的主体必定只知道大全，而不知道其中的部分。

（6）任何一个主体均不能思考大全。

（7）所以，任何一个主体均在大全之中（因为否则的话，大全便可思了）。

---

① 冯友兰：《新原人》，第 571 页。
② 同上，第 471—472 页。

(8) 知道自己既在大全之中又在大全之外（进而，只知道大全，而不知道其中的部分）的主体必定是同天主体。

(9) 对于任何具备正常的思维能力的主体来说，上面的论证均适用，所以任何这样的主体均可自觉其同于大全。

在我看来，上述论证不能成立。

其一，(3) 不成立。

其二，即使假定 (3) 成立，进而假定 (4) 也成立，那么 (5) 也无法成立。

其三，为了得到 (7)，根本不需要 (6)，因为 (7) 不过是一个事实陈述。而且，从 (6) 也无法合乎逻辑地得到 (7)。

其四，此论证的核心步骤 (8) 根本不能成立。知道自己既在大全之外又在大全之中的主体如何可能就是自觉其同于大全的主体？冯氏之能够得出这样的结论，当是假定了如下前提：只有针对一个事物本身，我们才能有意义地说它既在它自己之中又在它自己之外。但是，首先，这样的说法恰恰是没有意义的，是对"在……之中""在……之外"等语词的严重的误用。其次，大全本是至大无外的，这样，"在……之外"等语词就其字面意义而言根本就不能用在大全之上。而如果我们假定大全是有限的，那么我们似乎更应当将既在大全之中又在大全之外的主体等同于大全的"界限"（就这个词的字面意义而言），而非其本身。

其五，如果冯友兰的如上论证成立，那么单纯的逻辑论证便保证了任何具备正常的思维能力的主体均可轻而易举地同于大全或天。

对他的这种同天论证，冯友兰是相当自信的，认为借助这样的论证，他的新理学便成功地避免了陆王心学的"空疏"之弊。

陆王一派的方法，是"先立乎其大者""识得此理，以诚敬存之"。但如何"先立乎其大者"，如何"识得此理"，陆王一派未有详说。他们所靠者，似乎是学者的悟。……象山语录……谓："他日侍坐先生，无所谓。先生谓曰：'学者能常闭目亦佳。'某因此无事则安坐闭目，用力操存，夜以继日，如是者半月。一日下楼，忽觉此心已复澄莹中立，窃异之。遂见先生。先生目逆而视之曰：'此理已显也。'"陆王一派所谓"先立乎其大者"底办法，大致如此。他们不于"即物而穷其理"上求致知。所以程朱一派，以他们的方法为空疏。①

其实，如将致知作为一种求天地境界的方法看，则所谓致知者，并不必求知事物的理的完全底内容，更不必求知一切事物的理的完全底内容，而只在于了解几个哲学底观念。了解这几个观念，即可以是"先立乎其大者"。如此，则纵使理在心外，而"先立乎其大者"，亦不是不可能底。而"先立乎其大者"的"立"，亦不是没有方法，而专靠学者的悟底。②

但是，从以上简短的分析不难看到，冯友兰的这种自信是没有根据的。

四、张世英先生弘扬和发展中国古典哲学之万物一体观的努力

在其最近一些年发表和出版的论著中，张世英先生一直在努力弘扬和发展中国古典哲学中的万物一体观。在结束本文之前，我们尝试对张世英先生的令人钦佩的不懈努力做一简短的介绍和评论。

从前文我们看到，与孟子、程颢和张载等儒家学者一样，王阳明也认为，人本来是与天地万物构成了一个整体甚或人本来就同于天地万物，或者说圣人以天地万物为一体甚或就同于天地万物。我们也指出，王阳明对这些说法从三种不同的角度进行了论证：通天下一气（或者说血气流通于万物），所以万物一体；仁义等道德原则（所谓

---

① 冯友兰：《新原人》，第 587 页。
② 同上，第 590 页。

"理")不仅制约着人,而且支配着万物,所以万物一体;心即理,心即物,心外无理,心外无物(万物本为人心之造作),所以万物一体。在一些地方,张世英先生特别提到并批评了王阳明对于万物一体观的第二种形式的论证。在其最新出版的著作《中西哲学对话——不同而相通》中,他写道:

> 天地万物究竟如何一体相通?中国旧的传统哲学对此都讲得太笼统。是由于王阳明所说的"仁"渗透于其中而使之成为一体的吗?把道德意义的"仁"赋予"天"是一种不合实际的强加。是由于莱布尼兹的"前定和谐"使得不同的万物(包括人与物的不同和人与人的不同)成为一体而彼此相通的吗?我以为莱布尼兹的"单子没有窗户"的观点是站不住脚的,它否定了万物之间的相互影响、相互作用,其目的是为神的存在提供论据。否定了神,就无法说明他所主张的每一单子反映全宇宙的观点。近来我国有人把儒家的和谐思想比拟为莱布尼兹的"前定和谐",我以为是不恰当的,儒家没有"前定和谐"的思想。[①]

在做出如上批评后,张世英先生对万物何以能够成为一体或万物何以能够"一体相通"这个中国古典哲学的核心问题给出了自己的回答:万物相通的关键在于万物所反映的全宇宙的唯一性。请看如下段落:

> 天地万物都处于普遍的内在的联系之中,更确切地说,都处于相互作用、相互影响、相互勾连之中,这种联系使得每一人、每一物甚至每一人的每一构成部分或每一物的每一构成部分都(构成)一个千丝万缕的联系、作用与影响的交叉点,此交叉点无广延性,类似几何学上的点,但它是真实的而非虚构。尼采

[①] 张世英:《中西哲学对话——不同而相通》,东方出版中心,2020年,第52页。

关于事物是相互作用的总和的思想是合理的。由于每一交叉点集全宇宙普遍作用与影响于一身，因此，我们也就可以说每一交叉点都反映全宇宙，或者说，就是全宇宙，类似莱布尼兹所说的每一"单子"都是全宇宙的一面镜子，也类似华严宗所说的"一即一切，一切即一"。不同的是，华严宗讲的是事与理的关系，相当于现象与本体的关系，我则是讲每一交叉点与整体的关系；莱布尼兹的"单子没有窗户"，靠神的"前定和谐"而反映全宇宙，我所说的交叉点本身就是全宇宙内部的相互作用、相互影响的结晶。张三是此一宇宙内部相互作用、相互影响的结晶，李四亦然，草木瓦石鸟兽虫鱼亦如是。每一物、每一人、每一部分，一句话，每一交叉点都是一个全宇宙，但又各有其个性，因为各自表现了不同的相互作用、相互影响的方式，或者说，各以不同的方式反映了唯一的全宇宙。我以为这就足以说明部分能与整体相通，此一部分能与彼一部分相通。简言之，各不相同的东西都能彼此相通：说"不同"是指普遍的相互作用、相互联系的方式不同；说"相通"是指它们都反映唯一的全宇宙，或者说它们本是一体。这里的"相通"显然不是指从不同的东西中抽象出相同的共同性。相通的关键在于不同者所反映的全宇宙的唯一性。[①]

张世英先生注意到，他的如上回答中所使用的"反映"或"镜子"这样的说法容易引起误解，好像每个事物均像照相那样将其他事物机械地表现在其自身之内。而且，在如此理解之下，他的回答根本解决不了万物本身何以相通的问题。因此，他特别就此做出了澄清：

上面说每一交叉点或每一物、每一人都反映唯一的全宇宙，都是全宇宙的一面镜子，这里所谓的反映和镜子只有比喻意味，不能理解为照相那样，把宇宙整体的模样机械地、具体而微地缩

[①] 张世英：《中西哲学对话——不同而相通》，第52—53页。

小到每一交叉点或每一物、每一人这样的小小照片中。"反映"是指联系、作用、影响之类的含义。例如某一特殊的人之所以为他，乃是无限联系、作用、影响的结果，这些联系、作用和影响包括父母的以至祖祖辈辈的，朋友的以至不相识者的，近处的以至遥远的，现有的以至过去的，物质的以至精神的，有形的以至无形的，重要的以至不重要的，如此等等，以至无穷。总之，每一交叉点就每一物、每一人都向全宇宙开放而囊括一切，一切又向它集中，交织于它。就是在这种意义下，我说它"反映"全宇宙。①

张世英先生还试图以痛感为例，具体地说明其对于本来不同的万物又何以相通这个问题的解答。请看如下段落：

还是以……痛感为例。由于我与你都是唯一的全宇宙的反映，我的身心、血性、禀受等与你的身心、血性、禀受等都是唯一的全宇宙普遍联系与作用的结晶，所以我的痛感会牵动你的不忍之心，这就是我和你之间彼此相遇。但你反映唯一的全宇宙的方式与我反映唯一的全宇宙的方式又是不相同的，所以你的痛感与我的感受又不是绝对相同的。不相同而相通，这就是我在这里所论说的主旨。企图达到两个人之间的痛感完全相同，那是不可能的，但这并不妨碍一个人的痛感可以与别人交流。②

张世英先生在上引段落中所表达的万物一体观可以总结如下：

（1）世界内的所有事物均处于普遍的内在联系之中。进一步说来，所有事物都处于相互作用、相互影响的关联之中。因此，所有事物均可以说处于这种普遍的联系或互相作用、相互影响的交叉点之上，或

---

① 张世英：《中西哲学对话——不同而相通》，第54页。
② 同上，第53页。

者说它们就是这样的交叉点。

由此我们可以进一步说：(2) 每个事物均集全宇宙普遍作用与影响于一身；(3) 每个事物均向所有其他事物乃至全宇宙开放，每个事物都囊括了一切事物。因此，每个事物均反映了全宇宙，甚至可以说就是一个全宇宙。由此我们便解释了万物何以能够构成一体或者说何以能够"一体相通"。

(4) 虽然每个事物都反映了全宇宙，甚至就是一个全宇宙，但它们又不是相同的或同一的，而是各有其个性，因为它们各自表现了万物之间不同的相互作用、相互影响的方式，或者说，它们各以不同的方式反映了唯一的全宇宙，进而各以不同的方式同于唯一的全宇宙。

因此，(5) 世界中的万物虽然彼此不同，但是，它们毕竟又是彼此相通的。

对张世英先生的万物一体观，我们尝试做出如下简短评论。

毫无疑问，世界中所有事物均处于普遍的联系之中，而且这种联系很大程度上是因果的联系。我们可以说，它们构成了无穷无尽的因果链条的诸环节。因此，张世英先生万物一体观的第 1 点内容应当是可以接受的。但是，由此我们不能合乎逻辑地推导出这样的结论：每个事物均集万物乃至整个宇宙于一身；更推导不出每个事物都囊括了一切事物或每个事物就是一个全宇宙这样的结论。这也就是说，张世英先生万物一体观的第 2 和第 3 点内容是值得商榷的。

就其第 4 点内容来说，只有在预设了有关（数的）同一性的相对主义的理解的前提下，它才是成立的。按照通常的理解，如下有关同一性的说法均是可以接受的："甲同于乙"，或者"甲与乙是同一的"，或者"甲与乙是相同的"。一些哲学家认为，这样不加任何限制地或者说绝对地谈论同一性是不适当的，甚至于根本就没有意义。我们应当说：甲与乙是同一个（相同的）F (x is the same F as y)。其中，"F"为某个一般词项，它代表的是某个分类概念 (sortal concept)。而且，这些哲学家还进一步断言，"甲与乙是相同的 F"不能分析成如下两个命题的合取:"甲是 F(并且乙是 F)","甲与乙是相同的"或"甲同于乙"。换言之,"甲与乙是相同的 F"并没有蕴涵"甲同于乙",进而在甲是 G 的情况下也没有蕴涵"甲与乙是相同的 G",这时甲与乙仍然可以是不同的 G。这也就是说,一般词项 F 在这里所起的作用是限定或识别同一性关系的种类,而并非如人们通常所认为的那样是限定或识别关系项甲和乙的所指的。因此,命题"甲与乙是相同的 F"和"甲与乙是相同的 G"涉及两种不同的关系:一为"……与……是相同的 F",一为"……与……是相同的 G"。不存在单纯的"……与……是相同的"关系——通常所谓的同一关系、真正的或有意义的同一性总是相对的。此即有关同一性的相对主义理解的基本要点。按照张世英先生的理解,即便每个事物均同于唯一的全宇宙,但是每个事物均是在不同的作用或影响方式下同于唯一的全宇宙的。因此,每个事物均不同于其他任何事物。按照通常的理解,如果每个事物均同于唯一的全宇宙,那么每个事物就均同于所有其他的事物(此即同一性传递性)。但是,按照相对主义的理解,即便每个事物均同于唯一的全宇宙,它们也可以是在不同的方式或角度下同于唯一的全宇宙。因此,前一个断言并没有蕴涵万物均是相同的结论。不过,相对主义的同一观受到了许多哲学家的强有力的反驳。因此,张世英先生万物一体观的第 4 点内容至少是有争议的。

　　张世英先生以痛感为例而对万物相通而不同的道理所做的具体说明也有可讨论的余地。为了解释你我的痛感之不同而相通这个极为普通的现象,我们只需要援引常识或相关的科学原理即可,而完全不需要援引任何形式的宏大的哲学理论,特别是万物一体观,包括张世英先生版本的万物一体观。而且,张世英先生版本的万物一体观也很难令人信服地解释这个现象:即便我们承认你的痛感和我的痛感都以不同的方式"反映了"甚或就同于唯一的全宇宙,这点也无法解释你我痛感的可交流性。

　　在前面讨论的相关论述中,张世英先生似乎是将万物看成了世界整体的诸部分了。那么,世界整体最终说来真的是由万物或其诸部分构成的"大全"吗？对此，他给出了否定性回答：真正说来，世界本没有所谓部分。他写道：

> 上面说部分与部分相通，部分与整体相通，其中所谓的部分只有相对意义。严格讲来，每一部分都是一个整体，因此也可以说，世界上归根结底，没有部分。说"部分"，乃是人为地把整体（全宇宙）加以割裂和撕裂的结果，所以部分总是抽象的。①

张先生的这种最终立场似乎包含着某种内在的张力：一方面，他特别强调，他的哲学立场是主张万物相通而不同；另一方面，如果万物根本说来本是人之"造作"之结果，那么万物之间的区别真正说来就不存在了，进而万物就不只是彼此相通了，而且根本就是相同的，即同一的。此即我们所理解的道家的根本立场。实际上，张世英先生一再声明，他是不接受这种立场的。

---

① 张世英：《中西哲学对话——不同而相通》，第53—54页。

论张世英的希望哲学

顾春芳[①]

当代哲学基本理论在吸收和融合西方学术成果的同时,如何体现中国精神和中国特色,并提升中国哲学在世界哲学史上的层次和地位,是哲学学科建设和中国哲学本身的一个根本问题。这个问题在 21 世纪全球化时代人类普遍的精神困境中变得更为迫切。

作为一位哲学家和哲学史家,张世英先生的学术视野贯通古今中西,他以"思与诗"融合的独特方式形成了他鲜明的学术特色。他对人类心灵超越和精神境界的浓厚兴趣;对宇宙和人生的自我觉醒式的不懈追求;对中西方古典哲学、现当代哲学的比较研究和深入反思;以及他宏大而又缜密的哲学思维,勇于创新的哲学体系构建……无不对中国现当代哲学的研究与发展产生了深远的影响。他在《哲学导论》以及《希望哲学论要》中都提到,他所主张的哲学是一种突破固定的概念框架、超越现实、拓展未来的哲学,他称之为——希望哲学。

研究一个人的思想,不能离开他本人的理想和具体的历史文化,因为具体的历史文化与理想之间的冲突往往赋予个体内在精神超越的动能。张世英先生的哲学研究先后受到贺麟、冯友兰、汤用彤的影响,特别受到金岳霖哲学思想的影响。他早期致力于西方古典哲学的研究[②],

---

[①] 顾春芳:北京大学艺术学院教授,北京大学美学与美育研究中心研究员。
[②] 《论黑格尔的哲学》(1956 年)、《论黑格尔的逻辑学》(1975 年)、《论黑格尔的精神哲学》(1986 年)是张世英著名的黑格尔研究三部曲。《论黑格尔的精神哲学》之后,他的研究更加重视黑格尔哲学中人的精神发展、自由问题,并由黑格尔的精神现象学思考"中华精神现象学"的问题,对中国哲学的当代开拓做出了卓有特色的贡献。此外他还出版有《黑格尔〈小逻辑〉绎注》和《康德的〈纯粹理性批判〉》。为写《黑格尔〈小逻辑〉绎注》,他参照欧美学者的相关绎注,几乎翻遍(转下页)

之后又转向了西方现当代哲学。① 正是基于中西方哲学史研究的扎实功底，才能对西方哲学发展的脉络和线索形成了准确的判断。张世英先生认为西方从中世纪到现当代，人权和人的自由本质的观念大体上经历了三个阶段：第一个阶段是人的个体性和自由本质受神权压制的阶段，直到文艺复兴把人权从神权的束缚下解放出来；第二个阶段是人的个体性和自由本质被置于超感性的、抽象的本质世界中，受制于旧形而上学的时代，康德、黑格尔的哲学就诞生于这个阶段；第三个阶段是黑格尔之后的西方现当代哲学，是人的个体性和自由本质逐渐从超验的抽象世界中解放出来并转向现实的生活世界的阶段。人不仅仅作为认识（知）主体的抽象的人，更是成为知、情、意合而为一的具体的人。他认为现当代哲学由此进入了更符合人性的、体现人的自由本质的阶段。②

《论黑格尔的精神哲学》和《康德的〈纯粹理性批判〉》完成之后，张世英先生认为中国哲学不能再亦步亦趋地重走西方"主客二分"的道路，而应该尽快探索中国当代哲学对话世界哲学的新航路。他

（接上页）《黑格尔全集》。他对康德《纯粹理性批判》的解读，突破了国内学界认为康德限制知识，他的哲学是为了调和科学和信仰、维护宗教神学的看法，为阐释"个人主体性和自由"拓展了空间。他还从德文原文翻译了德国著名哲学史家库诺·菲舍尔（Kuno Fischer，1824—1907 年）的《近代哲学史》（Geschichte der Neuer Philosophie）一书的部分篇章，定名为《青年黑格尔的哲学思想》（吉林人民出版社 1983 年版）。他还主编了《新黑格尔主义论著选辑》上下卷（商务印书馆 1997 年、2003 年版）和《黑格尔辞典》（吉林人民出版社 1991 年版，后又在台湾重印），他本人撰稿约 10 万字。2006 年担任《黑格尔全集》中译本的主编，是张世英为黑格尔哲学所做的最后一项重要的工作。

① 他在会通中西的研读中发现了尼采、海德格尔、伽达默尔等人的哲学思想，这些人的思想以批判西方传统"主体性哲学"为特点，强调生活在世界中的活生生的人，强调把个性从共性（普遍性）束缚下解放出来，把具体存在从抽象本质束缚下解放出来。张世英结合老庄，以及宋明道学，特别是王阳明的思想，找到了中西方当代哲学在"存在的意义""人的解放和超越"等方面相互会通的可能性。并提出了他关于中西哲学的结合的一个公式："前主体—客体式的天人合一→主体—客体二分或主体性原则→后主体—客体式的天人合一。"

② 参看张世英：《归途：我的哲学生涯》，人民出版社，2008 年，第 84 页。

说:"我的总体志向,是要探索追寻到一条哲学的新路子,新方向。"①所以,他的研究重点从康德、黑格尔哲学转向了中西方哲学在现当代核心问题上的比较,力求从中发现中西方哲学各自的优势和局限。在此过程中他紧紧抓住"哲学的意义"(哲学何为)以及"哲学的道路"(哲学往何处去)两个根本性问题,并把自己的哲学思考全部灌注于寻找中国哲学在当代哲学的世界版图中的独特价值和积极意义。这种独特价值和积极意义在很长时间内都是被漠视,甚至被遮蔽的。这就是张世英先生后期哲学研究发生重大转向的出发点和立足点,他后期的哲学研究的抱负在于:为中国哲学开拓出具备未来学意义的足够空间。

在我看来,张世英哲学生涯的自觉转向源于三个方面的原因:第一,他意识到探究"关于人的主体性和自由本质的意义"的问题,可以尽快缩短中西方哲学思考的历史差距。第二,他认识到黑格尔哲学与现当代现象学的渊源关系,认识到黑格尔不仅是西方传统形而上学之集大成者,也是"他死后的西方现当代哲学的先驱"②。而他以往的黑格尔研究已经为自己后来要走的哲学道路奠定了坚实的基础。第三,他发现以海德格尔为代表的一些现当代西方哲学家的思想和中国传统哲学思想有着内在精神、哲学智慧上的关联度和相似性,他从中看到了中西方哲学融通的途径,也看到了这一学术空间拓展的可能性。

从《天人之际》开始,经过《进入澄明之境》《哲学导论》,再到《境界与文化》等著作,他的哲学研究始终聚焦于中西方现当代哲学的基本命题,以本体、审美、伦理和历史为支柱建构了他个人"万有相通"的哲学体系的大厦。这个哲学体系的大厦最终要解决的是人的精神层面的问题,也就是人的境界提升的问题。张世英先生认为:"哲学的中心问题应该是对人的追问,而黑格尔的精神哲学,即他自己所称的'最高的学问',正是关于人的哲学。"③在张世英看来,"一部中国

---

① 参看张世英:《归途:我的哲学生涯》,人民出版社,2008年,第80页。
② 同上,第85页。
③ 张世英:《哲学导论》,北京大学出版社,2008年,第83页。

近代思想史，可以说就是向西方近代学习和召唤'主体性'的历史。只可惜我们的步伐走得太曲折，太缓慢了，直到 80 年代上半期才公开明确地提出和讨论主体性问题"[1]。

"希望哲学"正是产生在这一历史背景和学术背景下的，用以概括其个人哲学思想和体系的鲜明标识。张世英先生将自己的哲学称为"希望哲学"，我以为大有深意。这篇文章主要讨论张世英先生的"希望哲学"，以及"希望哲学"在西方哲学和美学强势传入的历史语境中的重要价值和当代意义。

一、以诗意的哲学代替抽象的哲学

张世英先生在《哲学导论》[2]中提出"希望哲学"的概念。他说自己主张和强调的，"正是要突破固定的概念框架、超越现实、拓展未来，所以我想把这种哲学叫做希望哲学，以与猫头鹰哲学相区别"[3]。

那么，张世英先生所提出和倡导的"希望哲学"究竟是怎样一种哲学呢？他提出"希望哲学"的目的是什么呢？他说他想探讨的是："人生的意义和真实性是否只在于现实性。"[4]"希望哲学"指出，唯有意义才能引领希望，张世英先生"希望世人不满足于和不屈从于当前在场的现实"[5]。在他看来，哲学的根本问题是引导意义和希望的问题，所以他的"希望哲学"关心的最终极的问题是人生意义，以及如何实现人生意义的问题。

---

[1] 张世英：《归途：我的哲学生涯》，第 98 页。
[2] 张世英在 2001 年在北大给本科新生开设"哲学导论"课程。2001 夏初到 2002 年大约八九个月的时间里，在《天人之际》（1995 年）和《进入澄明之境》（1999 年）两本书的基础上，结合新的讲课内容，张世英完成了《哲学导论》一书，由北京大学出版社以"北京市高等教育精品教材建设项目"的名义出版。
[3] 张世英：《哲学导论》，第 365 页。
[4] 同上，第 365 页。
[5] 同上，第 366 页。

在主客二分的思维中，中国当代哲学一度成为追求普遍规律的学问。主客二分的思维模式认为哲学的最高任务就是"从感性中直接的东西上升到理解中的东西，从而以'永恒在场'的本质概念或同一性为万事万物的根底，这种哲学观点把人的注意力引向抽象的概念世界，哲学变得远离现实，苍白乏味"①。张世英先生认为哲学不应该以追求知识体系或外部事物的普遍规律为最终目标，他从现当代哲学的人文主义思潮以及一些后现代主义思想家的哲学中，看到了一种超越"在场的形而上学"的哲学，这种哲学强调把显现于当前的"在场"和隐蔽于背后的"不在场"结合为一个"无穷尽的整体"加以观照。于是，"旧形而上学所崇尚的抽象性，被代之以人的现实性，纯理论性被代之以实践性。哲学与人生紧密结合，变得生动活泼，富有诗意，引导人进入澄明之境"②。只有超越主客二分的思维，才能将抽象的哲学变为诗意的哲学。

张世英先生认为，传统哲学是缺乏审美意识的哲学，"在这种形而上学家看来，个人的意识发展也好，整个人类思想的发展也好，都只不过是从原始的主客不分到主客关系的过程而已，他们似乎不知道有超主客关系的高一级的主客不分。旧形而上学哲学家所谓主客统一只是认识论上的统一，只是通过认识把两个彼此外在的东西（主体与客体）统一在一起，完全不同于超主客关系的有审美意识的'诗意的'境界"③。他早在尼采的哲学中看到了超主客关系的、具有审美意识的哲学，这种哲学"摒弃主体的概念"，摒弃"主体—客体"的公式；提倡超主客关系，以达到"酒神状态"；审美不再先行于哲学，而是哲学的目的，这样一来哲学就从"绝对理念""自在世界"回到了人的生活世界。审美意识（诗意）不是分析的结果，而是超越主客关系的瞬间激起的惊异，惊异是创造性的发现。张世英先生认为："哲学本质上应

---

① 张世英：《归途：我的哲学生涯》，第99页。
② 同上，第100页。
③ 张世英：《哲学导论》，第133页。

该具有审美意识的惊异"[1],"惊异使世界敞亮"[2],惊异是哲学和审美意识(诗意)的灵魂。他认为,中世纪的哲学与美学遗忘了自柏拉图以来的"惊异",正如奥古斯丁所说,"创造或追求外界的美,是从这至美取得审美的法则,但没有采纳了利用美的法则。这法则就在至美之中,但他们视而不见"[3]。在海德格尔那里,诗的惊异就是哲学的惊异,"海德格尔恢复了存在,恢复了惊异,从而也恢复了哲学的生气和美妙(Wonderful,令人惊异)"[4]。

张世英先生的哲学体系中,我认为有两个地方特别具有原创性,第一,他借用华严宗"一即一切,一切即一"的佛理[5]提出"天地万物都处于普遍的内在的联系之中……这种联系使得每一人、每一物甚至每一人的每一构成部分或每一物的每一构成部分都成为一个千丝万缕的联系、作用与影响的交叉点,此交叉点无广延性,类似几何学上的点,但它是真实的而非虚构"[6]。他又用更加简练的话说:"任何一个人,和任何一个物一样,都是宇宙间无穷的相互关联(相互联系、相互作用、相互影响)的网络中的一个聚集点或交叉点。"[7]很少有哲学家能够用如此通透的话,把"万物一体"阐述得如此清楚,如此直观和形象。第二,他把过去、现在和未来看作一个整体,确认不同时间的相通性。在每一个现在中包含着过去,所有的现在中又隐藏着未来。"古今不同而相通,二者原本'一体'"[8],这一观点是他借鉴阐释

---

[1] 张世英:《哲学导论》,第134页。
[2] 同上,第135页。
[3] 奥古斯丁:《忏悔录》,周士良译,商务印书馆,1996年,第219页。英文译文参看 Saint Augustine of Hippo, *Confessions*, the Catholic University of America Press, 1996, p. 310。
[4] 张世英:《哲学导论》,第134页。
[5] 莱布尼茨也有"每一'单子'都是全宇宙的一面镜子"的思想,类似华严宗"一即一切,一切即一"的思想。
[6] 张世英:《哲学导论》,第34页。
[7] 同上,第69页。
[8] 同上,第37页。

学的理论诠释历史观的重要发现和总结。他吸收了阐释学关于历史研究的最高任务的观点,那就是不能只停留于恢复过去的原貌,停留于对历史事件发生的时间、地点等事实性考证,甚至也不在于对作者本人之意图、目的和动机的甄别,而在于理解历史事件的意义。解释历史传统的根本要义,就在于指向现在,让过去的已经确定了的东西生动起来,使远离我们的东西,化为贴近我们的东西,由此形成他个人的"通古今之变"的历史观点,并据此在他的哲学研究中对历史和传统做出了全新的解释。所以,在他看来,对于"人类的历史"和"整全的宇宙"的认识和把握,不能单单依靠外在的认识,需要运用想象,以现在的视域和过去的视域有机结合在一起的"大视域"来看待历史,要依靠内在的体验和想象,唯有体验和想象才能把握整全。

他认为哲学本质上应具备诗意(审美意识)的惊异,因此,"超越主客关系,达到人与物融合为一的境界或海德格尔所说的'此在与世界'的关系(即'在世'的境域),乃是个人意识发展的更高级的阶段"[①]。人生在世的全过程就是从主客二分关系中不断超越,并最终超越主客二分领悟一个更广大庄严的整全的宇宙(有限的在场和无限的不在场)。一个不能超越主客关系阶段的人,在张世英先生看来是根本没有诗意的人。

他希望当代哲学要以更加整体的观念来看待个体生命和我们身处的世界,也通过整体的观念来看待人和宇宙万物的关系。"在更高的基础上回复到不分主客、人与世界融合为一的整体,亦即从宇宙整体的内部体验到一种物我(包括人和己)两忘的境界,这就是最高的审美意义的价值所在,其中很自然地包含了一种'民胞物与'的伦理道德的感情和意志。"[②] 这就是不同于抽象思维的、超越在场的、富有想象力的诗意的把握世界的方式,他说:"这里所体现的诗意境界也正是人

---

① 张世英:《归途:我的哲学生涯》,第58页。
② 同上,第38页。

生的最高意义和最深远的向往（希望）之所在。"①

二、在有限的时空中做无限的追求

真理的本质在于超越和自由。张世英先生说："人是有限的，又是无限的，可以说，人生就是有限者在无限中的追寻。"②他又说："希望就是超越有限、超越现实，人能做出希望，此乃人之不同于一般动物之处。"③人们在日常生活中习惯于按主客关系式看待周围事物，所以要想超越主客关系，达到审美意识的天人合一，就需要修养，也就是美的教育。按主客关系的模式看待周围事物，则事物都是有限的，一事物之外尚有别的事物与之相对，我（主体）之外尚有物（客体）与之相对。超越主客关系就是进入天人合一的审美意识，人意识不到外物对自己的限制，一切有限性都已经被超越了。超越主客关系，就是超越有限性。

思维和想象是两种超越的途径，张世英先生的"希望哲学"赋予"想象"以前所未有的重要意义。《哲学导论》的第四章主要论述了"两种超越的途径：思维与想象"。旧形而上学阶段按照"纵向超越之路（通过认识、思维、超越主体—客体对立中的主体或自我，一步一步地达到主客统一的抽象概念王国）"，追求抽象永恒的本体世界或自在世界，并以之为当前事物之底，而通向这个"底"的途径就是"思维"。哲学的"横向超越之路（超越主客对立中的自我或主体，通过想象，达到在场与不在场的融合为一的万物一体的境界）"，要求把在场的东西与不在场的东西、显现的东西与隐蔽的东西结合在一起，以致天地万物之相通相融，这个途径就是"想象"。张世英先生反对把想象置于思维的下层，或把想象看成低一等级。他认为想象诞生于思维的

---

① 张世英：《哲学导论》，第 366 页。
② 同上，第 369 页。
③ 同上，第 369 页。

极限处,正是基于想象,哲学才能对于真理问题、历史问题,在"有和无""古与今""大和小""显与隐""传统和现在"的问题上有新的认识。张先生肯定了"横向超越之路",肯定了"想象"的意义和作用,正是"想象"赋予物以丰富的意义,让隐蔽的东西得以敞亮而显示事物的本然。"想象"让哲学变得生动活泼,富有诗意,引导人进入澄明之境。

从抽象的哲学变为诗意的哲学尤其需要拓展想象并超越在场。没有孤立的现在或孤立的过去,在场的一切事物在其背后都隐藏着无穷无尽的与现实世界的关联。想象可以将不在场的事物和在场的事物综合为一个共时性的整体,从而扩大思维所能把握的可能性的范围。张世英先生在《哲学导论》第三章中提出了特别精彩的"无底之底"说,用以解释在场和不在场的关系,以及整体性的体验。"有底论"就是从现实具体事物到抽象永恒的本质、概念的超越,也就是从感性中个别的、变化着的、有差异的、表面现象的、具体的东西,追问到普遍的、不变的、同一的、本质性的、抽象的东西。关于"无底论",他在《归途:我的哲学生涯》中也做了解释,他说:"任何一事物都既有其出场(在场)的方面,又有其未出场(不在场)的方面,而显现于当前在场的方面总是以隐蔽于其背后的不在场的方面为根源或根底。这种根底不是抽象的同一性或普遍性概念,而是与在场方面同样具体的东西。……这种根底又是无穷无尽的,因为任何一件事物所植根于其中的因素是无穷无尽的,所以也可以说,这种根底是无底之底。"[①]

"无底论"就是从在场的现实事物推及不在场的事物。意识到"无底之底",我们的思维才能不局限于"在场",不局限于已有的固定的思维定式。张世英先生认为隐蔽在"在场"背后的"不在场"的东西是无穷尽的,"每一事物都埋藏于或淹没于无穷尽性之中"[②]。"有底论"实际上以抽象的"真无限"(超时间的完满的概念)概念为底。黑格尔

[①] 张世英:《归途:我的哲学生涯》,第100页。
[②] 张世英:《哲学导论》,第31页。

认为"有底论"的"真无限"是一整体，但这个整体是抽象的、靠纯思维达到的抽象同一性。"无底论"的"坏无限"（时间之内的无穷尽展）则不是靠思维而是靠想象达到现实的相通相融的一体性。张世英先生认为："哲学的'公开性'的彻底性在于从在场到不在场的超越始终不脱离时间和有限的现实。"[①] 他认为哲学的最高任务"不仅仅停留于达到同一性，而是要达到互不相同的万物之间的相通相融"[②]。在此基础上他提出"三突破"，即"真理观的突破""美学观的突破""历史观的突破"。张世英的这一思想是对黑格尔"真无限"概念的扬弃，他所追求的超越不在离世的理念世界，不脱离时间和有限性，体悟到在场的有限与不在场的无限是一体的。在我看来，"无底论"[③]关乎张世英先生晚年的哲学，即"超越主客、万有相通和万物一体的哲学思想"的总纲与枢机。

张世英先生认为超越之路不能脱离时间和有限性。他借鉴康德和胡塞尔关于"想象"的理论，特别是胡塞尔关于"时间性"（Temporalitaet，过去、现在、未来融为一体）的思想，力求扭转传统哲学重思维、轻想象的观点，重新阐释了在场与不在场、过去与现在、传统与当下的关系。"想象"在张世英的"希望哲学"中被作为境界提升和超越的一种非常重要的方法，这个方法直接作用于真理性的把握。想象并不违反逻辑，他认为："想象是超逻辑的——超理性的、超思维的。"[④] 即便是科学的进展中"时常有过去以为是颠扑不破的普遍

[①] 张世英：《哲学导论》，第 107 页。
[②] 张世英：《归途：我的哲学生涯》，第 101 页。
[③] 与"无底论"相对的是"有底论"，黑格尔认为"有底论"的"真无限"是一整体，但这个整体是抽象的、靠纯思维达到的抽象同一性。概念哲学和旧的形而上学以"理念""自在世界""绝对理念"作为根底的"纵向超越"理论在张世英的哲学中被称为"有底论"。他把欧陆人文主义思潮的哲学家要求回到具体的现实世界，从当前的在场事物超越到其背后未出场的东西，称为"无底论"。"无底论"的"坏无限"则不是靠思维而是靠想象达到现实的相通相融的一体性。张世英的这一思想是对黑格尔"真无限"的扬弃。
[④] 张世英：《哲学导论》，第 46 页。

性原理被超越，不能不说与科学家的想象力，包括幻想，有很大关系"①。张世英先生认为想象赋予"物"以意义，让遮蔽的意义得以敞亮，唯有这样哲学才能超越科学。他甚至认为"在当今结束旧传统形而上学的国际思潮面前，我以为哲学应该把想象放在思想工作的核心地位"②。

人的精神境界决定了人的超越性的层次。沉沦、痛苦或是超越，呈现了不同层次的人生，其背后有不同的人生追求和精神进阶，低级趣味和诗意境界的人必然过着截然不同的生活。那么人如何超越有限呢？张世英先生说："人只有以勇敢的态度面对现实和有限，这才是真正超越了现实和有限，才是真正从现实性和有限性的束缚中解放了出来，这也就是一种人与万物为一的最高境界。"③张世英先生以中国哲学所倡导的"境界"这一范畴对话西方晚近哲学中以胡塞尔为代表的哲学家提出的"生活世界"的概念，从而催生了中国当代哲学的"新枝"。

张世英先生指出"境界是无穷的客观关联的内在化""现实的人都是一个具有由客观的社会历史性和主观的创造性两者相交织而成的境界的人，人就是在这样的境界中生活着、实践着，人的生活姿态和行动风格都是他的境界的表现"④。在《哲学导论》第八章《境界与文化》中，通过对比卢梭的"道德意识的同类感"和张载等人的"民胞物与"、王阳明的"一体之仁"，张世英先生提出了人生的四种境界：欲求境界（满足个人生存所必需的最低欲望）、求实境界（主客二分，追求外在的客观事物的规律，是一种科学追求）、道德境界（主客二分，以对万物一体相通的领悟作为精神追求的最高目标）、审美境界（天人合一，自然而然的境界）。这四种境界在实际人生中错综复杂，交杂相生，对于个体、民族和时代而言，张世英先生最希望倡导的是基于"万物一体""民胞物与"感悟的知行合一的人生境界，这个境界既是

---

① 张世英：《哲学导论》，第46页。
② 同上，第47页。
③ 同上，第370页。
④ 同上，第73页。

审美境界也是道德境界。

在审美意识和境界中，一切有限性都已经被超越了，审美意识称为"物我两忘"或"忘我之境"。审美意识的超越，是有限的人生与宇宙万物一气流通、融合为一，从而超越了人生的有限性。人在这种一气流通中体验到永恒，就这个意义来说，人变成了无限的，即无限制的。审美意识的诸种特性都在于超越主客关系，这种"超越"并不脱离现实，不脱离时间和有限性，它是从有限的时空进入无限广阔的天地，从有限性中体悟到无限性，体悟到"万有相通"。所以，"万有相通"的哲学其本质是人生境界之学。

三、以审美达到最高的自由

不自由是主客关系式的必然特征。因为主一客关系式是以主客彼此外在为前提，主体受客体的限制乃是主客关系式的核心。欲念中利害的计较给人以烦恼、痛苦，如能做到不"以物累形"，不"以心为形役"，那就到达了自由。在张世英先生看来，唯有超越主客关系式，才能从欲念、利害乃至整个认识领域里逻辑因果必然性的束缚下获得解放和自由，这就是他关乎自由的理论根据。唯有超越，才能获得真正的自由。

审美意识的根本特点就在于"超越性"。认识的结果只是关于必然性的知识，而审美意识则可以显示无限的可能性，这是一种不受限制的自由，一种最大的自由。他把人生之初原始的天人合一境界叫作"无我之境"，主客二分的自我意识叫作"有我之境"，超越主客二分的天人合一叫作"忘我之境"。按自由的观点来看，"无我之境"既然无自觉，也就无自由的意识可言；"有我之境"是不自由；而"忘我之境"则是审美意识，是自由。

张世英先生指出："审美意识给人以自由。"[1]

---

[1] 张世英：《哲学导论》，第125页。

审美意识是超越性的，它能"激发人从有限的感性现实上升到无限的超感性的理性世界，从而达到一种超越有限的自由"[①]。审美意识具有直觉性、创造性、不计较利害和愉悦性等特点。张世英先生把审美意识中思与情相结合的特点，把俘获"真实"的审美意识称为"思致"，即思想、认识在艺术家心中沉积日久而转化成的情感所直接携带的"理"，也就是渗透于审美感兴中并能直接体现的"理"。他说："思属于认识。原始的直觉是直接性的东西，思是间接性的东西，思是对原始直觉的超越，而审美意识是更高一级的直接性，是对思的超越……超越不是抛弃，所以审美意识并不抛弃思，相反，它包含着思，渗透着思。可以说，真正的审美意识总是情与思的结合。"[②]

艺术的美是如何发生的？艺术的创造其实要教会我们不要用知识之眼，不要用概念之眼，而是要用意象去心通妙悟，所以在审美当中很重要的一点就是直觉，诗性的直觉。它经过对于原始直觉的超越，对主客关系的超越，然后又经过了对于思维和认识的超越，最终达到了审美意识。审美意识具有超越性和独创性，它带来的直接感觉就是愉悦性、超功利性。也可以说诗性直觉在艺术家的创作中指的是一种透过事物的表象来创造审美意象的想象力，对于观众来讲是透过艺术品来体验审美意象的想象力，无论是创造还是欣赏，都是超越逻辑思维的。诗性直觉和逻辑思维不同，它不是逻辑思维的结果，它是非概念性的，接近于艺术创造的本源，直接表达艺术家审美经验中对于美和意义的经验。

审美意识的创造性表现在意象生成上，艺术意象呈现的是如其本然的本源性的真实。"意象世界"呈现一个本真的世界，体现了艺术家自由的心灵对世界的映照，体现了艺术家对于世界的整体性、本质性的把握。基于"思致"和"意象"的艺术外部呈现的形象，不仅仅是模仿外物的表面的"真实"，还达到了情与理的高度融合，从而实现了

[①] 张世英:《超越有限》，载《江海学刊》2000 年第 2 期，第 73—78 页。
[②] 张世英:《哲学导论》，第 121 页。

最高的"真实"。这就是审美意识所要开启的真实之门，以及意象世界所要达到的自由之境。

审美意识所见到的总是全新的、独特的，张世英先生说："主客关系模式只能见到重复的、共同的东西，只有审美意识的人才能发现这只能一次出现的奇珍。"如姜夔的《点绛唇》："数峰清苦，商略黄昏雨。""清苦""商略"就是不能重复的、只能一次出现的奇珍，这是姜夔的创造。"一般人主要是按主客关系式看待周围事物（尽管人实际上都生活在天人合一之中），唯有少数人（一般人则只有在少有的情况下）能独具慧眼和慧心，超越主客关系，创造性地见到和领略到审美的意境。"① 审美意识是超越主客关系达到与周围事物交融合一境地的一种感受，"这种感受是人的生命的激荡，人因这种激荡，特别是这种激荡得到适当形式的表现和抒发而获致一种精神上的满足感，这种满足感就是所谓'美的享受'"②。在此境界中，人就超越了限制自己的外物，从而回到了自己的精神家园，这就是"物我两忘"或"忘我之境"。在此意义上，张世英先生认为审美意识的在世结构，就是人与世界的融合。

张世英先生指出，审美意义上的自由高于道德意义上的自由。他认为："一个真正有审美意识的人，一个伟大的诗人，都是最真挚的人，审美意识使他们成为最高尚、最正直、最道德、最自由的人。光讲德育，不讲或不重美育，则很难教人达到超远洒脱、胸次浩然的自由境界。"③ 美育不是教人知识，而是教人体验生活，体验人生的意义和价值，培养人在审美直观中把握整体的能力，培养超凡脱俗的高尚气质，这既是审美的培育，也是德性的培育。张世英先生的美育思想归结到一点就是教人超越主客关系，超越知识和欲望，超越人我之间、人与世界之间的隔阂和对立，回复到类似人生之初的天人合一的

---

① 张世英：《哲学导论》，第122—123页。
② 同上，第123页。
③ 同上，第126页。

境界。对个体和时代而言,境界提升的过程必须经由漫长的超越有限性的"痛苦和磨炼之路"。他说:"把'天人合一''万物一体'理解为单纯的悠闲自在、清静无为的看法,是对超越的误解,这种所谓超越,实无可超越者、无可挣扎者,既无痛苦磨炼,也谈不上圣洁高远。"① 他所提出的新的"万物一体"的思想,集真、善、美于一体,他说:"人们经常谈论真、善、美的统一,究竟统一于什么?如何统一?我想'万物一体'应该是最好的答案。"②

后现代以来的艺术热衷于消解意义,传统的美在后现代艺术中基本销声匿迹了,"崇高的美"只能在古典艺术中寻觅。那么,为什么张世英先生把"崇高之美"置于美感体验的最高处?在《哲学导论》第十五章《审美价值的区分》一节中,张世英先生将美和艺术价值分了几个层次,"模仿"处于艺术价值的最低层次,具有初步的审美价值;"典型"具有较高的审美价值和诗意,比模仿更高一级;"意象"说,比起模仿性艺术和典型艺术来说,应居于艺术之最高峰。以在场显现不在场即显现隐蔽的东西的艺术,是最高意义的诗意境界。以"有尽"表现"无穷"的诗意境界,就是中国传统美学思想的基本观点。张世英先生最为推崇万物一体的崇高境界,他所说的崇高是指"万物一体的崇高境界",这是超越有限的意识所无穷追寻的目标。他认为崇高是美的最高阶段,这个境界才是最高层次的美。单纯提高审美意识并不够,最重要的是提高诗意的境界,特别是崇高的诗意境界。崇高可以推动着有限者不断超越自身。所以张世英先生称"崇高是美的最高阶段""崇高是有限者对无限者的崇敬感,正是它推动着有限者不断超越自身"。张世英先生的"显隐说"与崇高的观念紧密相联,显现与隐蔽构成非封闭、流通着的万物一体的整体,是一种崇高的境界,而正是万物一体的崇高境界,才是超越有限的意识所追寻的目标。

孙月才教授曾说,他个人很欣赏张世英先生对崇高境界的推崇,

---

① 张世英:《哲学导论》,第 111 页。
② 同上,第 211 页。

"景仰崇高是境界论之光,人们向往和追求的崇高美,不是杏花春雨、秦淮桨声,而是大江东去、泰山绝顶,是它们无尽的气势。景仰崇高就是敬仰理想,景仰伟大的心灵。正是崇高激励人奋勇向上,勇于献身,勇于创新。所以,崇高的审美自由,是最高的自由。个人自由的实质,就是如何一步一步超越外在束缚,以崇高为目标,提高精神境界的问题,如果每个人的精神境界都逐步得到了提高,也必将提升整个社会的自由度。马克思在《共产党宣言》中说:更美好的世界,'将是这样一个联合体,在那里,每个人的自由发展是一切人的自由发展的条件'。可见,个人境界的提高,不仅仅是个人的问题,也关涉到整个社会的发展"[1]。这段话向我们阐释了张世英先生将"崇高美"置于美感的最高层次的理由。

事实上,后现代以来的艺术大多热衷消解意义,传统的美在后现代艺术中基本销声匿迹了,"崇高的美"只能在古典艺术中寻觅。张世英先生的哲学虽然关注并借鉴了西方后现代哲学的一些思想,但是他推崇"崇高的美"的原因在于他反对意义的虚无。在后现代的语境下,他依然肯定艺术和美的意义和价值,避开了虚无主义的思想泥潭,延续了中国哲学致力于现世救赎的人文品格。人如何生活在这个世界上,如何存在于这个世界上,这是个人和世界的关系的问题,也就是哲学的根本问题。他的哲学回答了这些根本问题,其所透出的人文精神始终围绕人的超越和自由,以及如何超越和自由的问题。

四、美感的神圣性体验就在当下

张世英先生在《境界与文化——成人之道》[2]一书中提出了"美感的神圣性"这个美学观点。他说:"中国传统的万物一体的境界,还缺

---

[1] 孙月才:《张世英老师的哲学生涯》,载《学林》第246期,2016年5月27日。
[2] 《境界与文化——成人之道》一书是张世英继《哲学导论》之后的进一步从"社会存在"维度拓展自己哲学体系的一本重要著作。他从境界和文化两个层面讨论科学、道德、审美、宗教和哲学,同时论述了境界和文化之间的关系。

乏基督教那种令人敬畏的宗教情感，我认为我们未尝不可以从西方的基督教里吸取一点宗教情怀，对传统的万物一体做出新的诠释，把它当作我们民族的'上帝'而生死以之地加以崇拜，这个'上帝'不在超验的彼岸，而就在此岸，就在我们的心中。这样，我们所讲的'万物一体'的境界之美，就不仅具有超功利性和愉悦性，而且具有神圣性。具有神圣性的'万物一体'的境界是人生终极关怀之所在，是最高价值之所在，是美的根源。"[1]

张世英先生认为，对于自然和艺术的美的体验是感通宇宙大道的出发点和归依处，也是人类体验生命和宇宙人生的最理想的方式，更是养成健全人格和审美心灵的必由之路。他关于的新的"天人合一""万有相通"的思想借由在形而上层面的领悟，生发出安然从容的在世情怀，并由此产生对整个人类的同情与关怀。"天人合一"的境界是中国哲学讲的"安身立命"之所在，也就是人生的终极关怀之所在，是人生的最高价值所在。中国哲学不讲"上帝"，而讲"圣人"。"上帝"是外在的人格神，而"圣人"只是心灵的最高境界，也就是"天人合一"的境界，冯友兰称之为"天地境界"。

"万物一体"的觉解是个体生命在现实世界中生发神圣性美感体验的基础，又是实现"天人合一"精神境界的终点。人若能够运用灵明之性，回到"万物一体"的怀抱，实现"天人合一"的境界，就能在有限的人生中与无限融合为一。"万物一体"的觉解是美的根源，也是美的神圣性所在。因此，正是"万物一体"的智慧领悟，生发出美感的神圣性体验。

"美感的神圣性"这个观点是一个关乎中西方美学的重要问题，更是一个关乎如何在当代重新审视和发现美的本质意义和价值的关键问题。这个命题的提出对于今天的哲学和美学研究具有极为重要的启示意义。这一命题，吸收了西方古典哲学美学中关于"美与心灵""美与精神信仰"的联系的思想，吸收了古希腊以来柏拉图的"理念之美"、

---

[1] 张世英:《境界与文化——成人之道》，人民出版社，2007年，第244—245页。

普罗提诺的"艺术之美体现神性"等思想,并且沿着"美"在它的最高实现上是一种超越个体的"境界之美"的思想道路,肯定了"美"具有显示心灵、光辉和活力的特点。它也吸收了中世纪基督宗教美学中的道德内涵,即审美不应该只是个体的享受和精神的超越,而应当具有道德意义上的人格之美。神圣之美应该超越一般感性形象和外在形式,超越世俗世界和现实功利,应该具备更深层的意蕴,能够显示出人生的最高价值与意义。

康德认为美具有解放的作用,审美可以把人从各种功利束缚中解放出来。席勒继承和发展了康德的思想,他进一步认为只有"审美的人"才是"自由的人""完全的人"。法兰克福学派把艺术的救赎与反对"异化""单向度的人"以及人的自我解放的承诺更加紧密地关联起来。海德格尔更是倡导人回到具体的生活世界,"诗意地栖居"在大地,回到一种"本真状态",达到"澄明之境",从而得到万物一体的审美享受。

神圣性的美感体验是超越现实功利的一种精神体验,但并非脱离现实、不问世事的人生体验。"美感的神圣性"的体验,并不离开日常生活,就在于日常生活之中,这里包含着人与自然万物、与社会生活以及人与自己的最平常的相处。美的神圣性体验作为高层次的美感体验,并不意味着脱离现实世界而追求在宗教彼岸的世界,它可以落实于现实人生。张世英先生说:

> 我们讲美的神圣性,决不是要脱离现实性,脱离现实的生活。例如饮茶,就可以有单纯的现实境界,又可以同时有诗意的审美境界。一个没有审美境界的人,饮茶就是解渴而已。一个有诗意的人,饮茶一方面解渴,一方面还能品出茶的诗意来。既有现实性,又有神圣性;既有了低级欲求的满足,又有了审美的享受。[1]

---

[1] 顾春芳:《美感的神圣性——北京大学"美感的神圣性"研讨会综述》,载《美育学刊》2015年第1期。

实现人生最终极的意义不再需要通过世俗和神性的贯通而获得，不再基于宗教或神性而得到阐释。一方面艺术承担救赎的使命成为可能，另一方面美的意义和独立地位得到了前所未有的肯定。"美感的神圣性"可以在超越现实苦难世界的过程中，在一个去除功利欲求的心灵里得以实现，它的实现在我们生活的世界，以"万物一体"的诗意境界为最终极的目标，来实现人生的最高价值。

其一，美的神圣性的体验指向一种终极的生命意义的领悟，指向一种喜悦、平静、美好、超脱的精神状态，指向一种超越个体生命有限存在和有限意义的心灵自由境界。达到这种心灵境界，人不再感到孤独，不再感觉被抛弃，生命的短暂和有限不再构成对人的精神的威胁或者重压，因为人寻找到了那个永恒存在的生命之源，人融入了那个永恒存在的生命之源。在那里，他感到万物一体，天人合一。其二，在神圣性的体验中包含着对"永恒之光"的发现。这种"永恒之光"不是物理意义上的光，这种光是内在的心灵之光，是一种绝对价值和终极价值的体现。这种精神之光、心灵之光放射出来，照亮了一个原本平凡的世界，照亮了一片风景，照亮了一泓清泉，照亮一个生灵，照亮了一段音乐，照亮了一首诗歌，照亮了霞光万道的清晨，照亮了落日余晖中的归帆，照亮了一个平凡世界的全部意义，照亮了通往这个意义世界的人生道路。这种精神之光、心灵之光，向我们呈现出一个最终极的美好的精神归宿。这是"美感的神圣性"所在。[①] 日常生活的神圣之美的体验启示我们，不用追寻彼岸或上帝的国度，彼岸世界真切地存在在我们脚下的土地，神圣的体验不在天国，而在生活本身。人、一切生灵、万事万物都体现着宇宙的神性，体现着宇宙的生意，体现着宇宙的大全。

"美感的神圣性"不离现实世界，也不拒绝和逃避现实世界，这种

---

① 叶朗、顾春芳：《人生终极意义的神圣体验》，载《北京大学学报》（哲学社会科学版）2015 年第 3 期。

体验源自超越现实功利的心境。由于人们习惯用主客二分的思维模式看待世界，用功利得失的心态对待万物，因此一个本来如是的"生活世界"的美的光芒被遮蔽了。中国美学思想所倡导的神圣体验源自人与世界万物一体的最本原的存在，源自超然物外的非功利的生命状态。孟子标举人性乃"天之所与我者"（《孟子·告子上》）。张载提出："因诚至明，故天人合一。"程颢论天人关系时说："天人本无二，不必言合。"禅宗所谓"砍柴担水做饭，无非是道"。这些思想的核心都是倡导人在日常生活中体验并实现人生的全部意义。

所以，"美感的神圣性"的命题体现出一种至高的人生追求、一种崇高的人生境界，它远远高出一般的审美体验，它的产生需要一种心灵的提升。所以，"美感的神圣性"的命题并不是一个静态的命题，它是一种心灵的导向、精神的导向，它向人们揭示了一个心灵世界不断上升的道路。[1]

"美感的神圣性"的命题，指向人生的根本意义，体现了一种深刻的智慧和对于崇高的人生境界的向往。张世英先生借此所要传达的思想是，"人生的最高价值和终极意义就在于对'万物一体'的智慧和境界的领悟，在于对一个充满苦难的'有涯'人生的超越，这种超越，在精神上的实现不再是对宗教彼岸世界的憧憬，而是在现实世界中寻找一种人生的终极意义和绝对意义，获得精神的自由和灵魂的重生"[2]。

五、结语

张世英先生的"希望哲学"体系呈现了"诗思一体"的总体气质。[3] 他的哲学研究启示我们，唯有以扎实的哲学史研究为基础，在

---

[1] 叶朗：《美学原理》，北京大学出版社，2009年，第136页。
[2] 叶朗、顾春芳：《人生终极意义的神圣体验》。
[3] 张世英：《归途：我的哲学生涯》，第80页。

中西方哲学比较研究的开阔视野中,在人生的磨难和超越性的感悟中,才能发现真正价值的、关键性的哲学命题。正如他所说的那样:"如果没有这近20年的延误,我不会有这样的领会。"[①] 他本人围绕着"希望哲学"所建构的关于"万物一体、万有相通"的哲学思想就是具有原创性的一个当代哲学体系。孙月才先生在《希望哲学:生长"能思想的苇草"》中认为:张世英先生的《哲学导论》不只是哲学的"导论",而是接续了熊十力、冯友兰等先生哲学原创的传统,提出了自己独创性的哲学体系。[②] 我深以为然。

"希望哲学"既是诗意的哲学,是智慧的哲学,也是道德的哲学。正如他自己所说的那样:"人生的希望有大有小,有高有低,我以为人生最大最高的希望应是希望超越有限,达到无限,与万物为一,这种希望乃是一种崇高的向往,它既是审美的向往,也是'民胞物与'的道德向往。"[③] 人的精神超越之路注定是充满艰难的,用张世英先生的话来说,"超越之路意味着痛苦和磨炼之路"[④],但是这才是通向希望的唯一的道路。

张世英先生的哲学是人生境界之学。张先生有一句话:"心游天地外,意在有无间。"唯有这种境界的超然,才可超越功利心,回归万物一体的审美境界,才能超越主客二分的眼光来看待世界这个客体,融入到这个世界之中,从而看到一个不离现实世界的审美世界,既在现实世界,身处各种各样的问题和矛盾中,同时又能做到"心游天地外",从一个"漂泊的异乡者"成为一个"返回故乡的人",一个真正有家的人。张世英先生倡导一种对待人生的审美的态度,倡导通过艺术不断发现和涵养心灵的自由与高尚,以此方式将哲学意义上的个体超越,落实在现实人生的意义世界和价值世界之中,而他的这种哲学

---

① 张世英:《归途:我的哲学生涯》,第83页。
② 参看孙月才:《希望哲学:生长"能思想的苇草"》,载《社会科学报》2003年5月29日。
③ 张世英:《哲学导论》,第370页。
④ 同上,第114页。

和美学精神也是中国美学的根本精神。

除了引领生命层面的醒觉,张世英先生的哲学立足于当下和未来的突出问题,他在《"万有相通"的哲学——我的〈哲学导论〉》一文开宗明义地指出,撰写该书的初衷是在传统哲学的基础上思考当今哲学面临的迫切问题:"当今的世界正处于普遍性、规律性和必然性知识日新月异、迅猛扩展的时代,我们以什么样的人生态度来面对这样的世界?我将如何不断更新自身以适应不断更新的世界?我们应当以什么样的境界来指导我们的行动?"[①]他的"哲学何为之思"提出了"对话"原则,是其"万有相通"哲学所体现出的解决世界性问题的智慧。他在"第二十四届世界哲学大会"启动仪式上的演讲中指出未来世界的哲学前景,中西方需要用包容和发展的眼光与自己、与客体、与世界去沟通、对话、融合,西方式的"后主客"式的天人合一,与中国式的"后主客"式的天人合一,两者对话交融才能迎来一个"对话交融的新天地"。[②]他认为未来的哲学"应该讲各种现象领域的哲学:美的哲学、伦理道德的哲学、科学的哲学、历史的哲学、经济的哲学、政治的哲学……"[③]

张世英的"希望哲学"在当前的突出意义在于:在西方哲学和美学的强势语境中,在新的研究方法和研究资料层出不穷的情况下,他所坚守和发展的中国哲学的核心价值、基本精神和道路选择,呈现出中国当代哲学的人文品格,为中国当代哲学免于坠落奠定了纵深拓殖的基础。以"人本"为核心的哲学和美学研究的思想主旨,让张世英先生的哲学美学思想成为中国人文主义现代思想体系中极为重要的一个存在。他自觉参照中西方哲学各自的历史和历史成就,以扎实的哲学史学术背景为依托,兼容并蓄西方现当代哲学的成果,开拓了中国当代哲学独特的理论形式和思想体系。他富有创新精神的"万有相通"

[①] 张世英:《归途:我的哲学生涯》,第113页。
[②] 张世英:《世界哲学在走向中西哲学互通互融的大道上大步》,2017年8月13—14日,第二十四届世界哲学大会启动仪式暨"学以成人"国际学术研讨会上的致辞。
[③] 张世英:《归途:我的哲学生涯》,第113页。

的哲学体系，确立了中国当代哲学的人文价值、世界意义和未来学意义。在危机重重的全球化时代，面对世界范围内的观念、文化和利益的冲突，他努力从中国古代的哲学中寻找智慧，以超越于中西方传统哲学的思维、观念和表达，继承和发扬了中国哲学的基本精神和生命格调，体现出中西方哲学思想剧烈碰撞下鲜活而又自信的文化品格。张世英先生的"希望哲学"的思想体系，对于当前中国哲学如何继续研究发掘和继承传统的哲学思想、建构具有中国特色的当代哲学理论具有典范意义。

正如张世英先生在《精神现象学》序言中指出的那样，"哲学或真理本身不在于单纯的最终结论或结果，而在于'结果连同其成为结果的过程'，在于实现这一结果或目的的'现实的整体'，而这一过程或整体就是实现'实体本质上即是主体'这一结论（结果、目的）的全部过程、全部体系"[1]。张世英先生的"希望哲学"的意义不仅仅在于最终呈现的结论，而在于他前后四个阶段的持之以恒的哲学探索和思想超越，在于他的人生和哲学生涯的全部过程和全部体系。

---

[1] 张世英：《归途：我的哲学生涯》，第86页。

立足于本体论重构哲学体系

——张世英先生对当代本体论复兴的贡献

江 畅[①]

自休谟对本体是否存在表示怀疑、康德断定本体（物自身）不可知之后，哲学界兴起了一股否定本体存在、拒斥形而上学的强大思潮。虽然康德之后属于西方人本主义思潮的一些哲学家仍然注重本体问题研究，但大多数哲学学者尤其是近几十年兴盛的应用哲学学者基本上不关心本体问题，甚至完全丢掉本体论来研究哲学。中国本体论思想源远流长，春秋战国时期儒、道两家都有系统的本体论哲学，宋明理学更将中国传统本体论哲学研究推向了高峰。然而，我国辛亥革命后至改革开放前虽有哲学研究者涉及本体论问题，但他们的理论不系统，社会影响也不大。改革开放后，伴随着改革开放的深入，一些学者鉴于现代文明的种种严重问题，寻求走出现代文明困境的出路，致力于在当代复兴本体论。张世英先生就是研究西方哲学的学者在当代复兴本体论并立足于本体论构建哲学体系的典型代表。[②] 他一方面坚持中西哲学的古典传统，立足于本体论构建自己的哲学体系；另一方面又借鉴西方现当代哲学的新内容，其哲学体系又充分体现了时代精神。他在超越中国传统的"万物一体"和西方近代的"主客二分"观念的基

[①] 江畅：湖北大学哲学学院教授。
[②] 其他的学者如俞宣孟、陈来、杨国荣、江畅等。陈来和杨国荣的观点参看吴根友：《当代中国哲学鸟瞰及其反思》，载《思想与文化》第23集，华东师范大学出版社，2019年；俞宣孟的观点参看其论文《将形而上学进行到底》，载《南国学术》2014年第2期；江畅的观点参看其论文《论本体论的性质及其重建》，载《哲学研究》2002年第1期。

础上构建的"新的'万物一体'哲学"或"万有相通的哲学"[①],为本体论在当代的复兴做出了重大贡献,并给这一复兴以强有力的推动。张先生的努力和贡献不仅本身意义重大,也给后辈哲学学者诸多启迪。

一、张世英先生哲学体系的本体论根基

张先生原本是研究德国古典哲学的学者,是著名的黑格尔哲学专家。"文革"结束后,他多次参加国际学术研讨会或应邀到国外讲学,学术视野大为开阔,加上改革开放后较宽松的学术氛围,促使他自 80 年代中后期开始,研究范围逐渐由德国古典哲学、黑格尔哲学转向现当代西方哲学与中国古代哲学,致力于中西哲学如何结合的问题,特别是关于哲学何为与中国哲学向何处去等问题的研究。这一转向是他构建自己哲学体系的起点,也是他从一位哲学史家迈向哲学家的起点,用他自己的话说,"在浪迹天涯三十年之后踏上了返回自我思想家园的归途"[②]。在接下来的三十年,张先生不顾年迈体弱,始终笔耕不辍,先后出版了他哲学体系的六部扛鼎之作:《天人之际》(1995 年)、《进入澄明之境》(1999 年)、《哲学导论》(2002 年)、《境界与文化》(2007 年)、《中西文化与自我》(2011 年)、《美在自由》(2012 年)。张先生 91 岁时出版《美的自由》,标志着他的哲学体系构建的最终完成。张先生的哲学体系融本体论、认识论、审美观、伦理观、历史观于一体,是 20 世纪以来中国唯一根据哲学范式和时代精神构建的完整哲学体系。张先生哲学体系丰富而深邃,而其立足点是他的本体论,即他创立的"万有相通的哲学"。正如他自己指出的,"从理论上讲,哲学需要把本体论放在首要位置"[③]。

张先生的哲学体系构建是从研究本体论开始的,而促使他以本

[①] 张世英:《改革开放——我哲学生涯的分水岭》《我的哲学追求》,载《张世英文集》第 10 卷,北京大学出版社,2016 年,第 669、701 页。

[②] 张世英:《改革开放——我哲学生涯的分水岭》,第 670 页。

[③] 张世英:《哲学导论》,北京大学出版社,2016 年,第 76 页。

体问题研究入手的原因,至少有三个方面:第一,他以哲学家特有的敏锐目光深刻洞察到作为现代文明根基的"主客二分"观念的严重后果,而"主客二分"观念实质上就是一种本体观。要解决现代文明的问题,必须从对这一观念进行深入学理反思和批判着手。当时,张先生所关心的问题,是在现代文明背景下"哲学何为"以及"中国哲学走向何方"的问题,他感到要对这两个问题做出正确的回答,就必须检讨"主客二分"观念,也不能简单附和后现代主义把主客二分和主体性当作过时话题的做法和认为主体已经死亡的观点,而必须把中国传统的天人合一与西方传统的主客二分结合起来。第二,他在20世纪80年代以前已经是著名的德国古典哲学专家,尤其是对黑格尔哲学有很深的造诣,黑格尔哲学就是一个庞大的本体论(或形而上学)体系。这种深厚的学养为他思考和回应时代问题提供了独到的视角和切入点。张先生意识到要回答时代面临的问题,必须像康德、黑格尔那样从本体上探讨其根源,寻求其出路。第三,他上世纪80年代对现当代西方哲学特别是德国现当代哲学和中国古代哲学的关注和研究,为他将中西结合起来探索一条哲学新路提供了契机。张先生上世纪80年代初的基本学术进路是:从德国古典哲学转向德国现当代哲学研究,与此同时将西方哲学与中国古代哲学加以比照,寻找两者结合的可能性。这种努力的结果就是他创立了新的万物一体哲学体系,这一体系是在批判地吸取西方近代的"主客二分"和中国古代的"天人合一"基础上对现代文明时代问题的解答。张先生的哲学体系虽然受尼采、狄尔泰、海德格尔、伽达默尔等西方现当代哲学家的深刻影响,但他没有走向非理性主义,而是借助中国古代哲学智慧来探讨和回答时代问题,以克服非理性主义的偏颇。针对非理性主义哲学家所宣称的"主体死亡",他明确表示:"我不赞成'主体死亡',我主张主体—自我应被超越。"[①]

张先生认为,哲学研究人对世界或天地万物的态度或关系问题。在中西哲学史上,关于人与世界的关系问题有两种基本看法:一是把

---

① 张世英:《哲学导论》,第6—7页。

世界看成是与人处于彼此外在的关系之中，并且以人为主（体），以他人、他物为客（体），主体凭着认识事物（客体）的本质、规律性以征服客体，使客体为我所用，从而达到主体与客体的统一。哲学界通常把这种关系称为"主客关系"或"主客二分"。二是把人与世界看成血肉相连的关系。人是世界万物的灵魂，万物是肉体，人与世界万物是灵与肉的关系。没有世界万物则没有人，没有人则世界万物是没有意义的。在张先生看来，中西哲学史对这两种关系的看法经历了不包括"主体—客体"关系在内的"天人合一"、"主体—客体"、包含"主体—客体"在内而又超越了"主体—客体"式的"天人合一"（又称"后主客关系的天人合一"或"后主体性的天人合一"）三个阶段。西方现当代人文主义思想家们大多主张后一种观点，他们强调人与世界的融合为一以及对这种合一体的领悟。张先生基本上赞同这种观点，但认为"这种领悟和'前主客关系的天人合一'一样，也是一种高远的境界，但这种'天人合一'的境界，不是抛弃'主体—客体'关系，而是包括'主体—客体'关系而又超越之，不是抛弃科学，而是包括科学而又超越之"[①]。他将上述两种观点统一起来，认为人与世界的关系问题包括两个层面：一是"人—世界"结构，即人与世界万物一体（简称"天人合一"），二是"主体—客体"结构，即人作为主体，世界作为客体，二者一主一从。这两个层面的关系不是平等并列、相互排斥的，而是后者以前者为基础，即是说，"天人合一"是"主体—客体"之可能发生的前提。这大致上就是张先生本体论的最基本观点。

张先生的认识论是与本体论密不可分的。他认为，与对人与世界关系的看法相一致，有两种哲学追问方式：一是"主体—客体"结构的追问方式。这种方式是西方传统的概念哲学所采用的由感性的东西至理解的东西的追问。其特点是作为主体的人站在客体以外追问客体的根底，追问的是外在客体是什么，或者说把世界当作一种外在于人的对象来追问。二是"人—世界"结构（"天人合一"）的追问方

---

① 张世英:《哲学导论》，第16页。

式，其特点是人处于万物之中体悟（甚至不能用"追问"）人如何与无穷无尽的万物融为一体，所追问的是人怎样与世界融合为一，也就是把世界当作一种本来与人自己融为一体的整体来体悟。这种方式是尼采、海德格尔、伽达默尔等人不满足于概念哲学追求形而上的本体世界，追求抽象的、永恒的本质，而要回到具体的、变动不居的现实世界。他们也要求超越，但不是超越到抽象的永恒的世界之中去，而是从当前在场的东西超越到其背后的未出场的东西。张先生把前一种追问方式称为"纵向超越"，后一种称为"横向超越"。由此，张先生引出了两种超越的途径——思维和想象，两种无限观——"思维的无限"与"想象的无限"，两种真理观——符合说与去蔽说。如此，张先生就在阐述本体论的同时阐明了人的认识如何从对在场的事物的认识达到对背后的天地万物的真理的认识。

当张先生把真理理解为超越和自由的时候，人生问题、伦理问题、审美问题和历史问题就凸显出来了。张先生认为，真理的本质在于自由。"自由把存在者带入在场与不在场结合为一的去蔽状态，使存在者显现其真实面目（'如其所是'）。"[①]就是说，真理的处所不在认识上的判断，而在我（"此在"）对存在者以如其是的样子的揭示、去蔽。在他看来，任何一个人，和任何一个物一样，都是宇宙间无穷的相互关联的网络中的一个聚集点或交叉点。人与物之不同在于人这个聚集点是"灵明"，即能超越在场，把在场者背后千丝万缕的不在场的联系结合为一。正是"灵明"构成了一个人的境界。"'境界'就是一个人的'灵明'所照亮了的、他生活于其中的、有意义的世界。"[②]境界不是自然天成的，而是无穷的客观关联的内在化，但人在自己的生活世界中有自己的主观能动性和创造性的自由。张先生将人生境界划分为欲求的境界、求实的境界、道德的境界和审美的境界四种。其中审美境界是最高境界，在这一境界中，"人不再只是为了'应该'而做某事，

[①] 张世英：《哲学导论》，第73页。
[②] 同上，第77页。

而是完全处于一种人与世界融合为一的自然而然的境界之中"[1]，这种"自然而然"是不同于"应然而然"的完全的自由。现实的人都是一个由客观的社会历史条件和主观的创造性两者相互交织的人，而人的意义不在于满足现状、得过且过，而在于按照历史，不断超出自身而不执着。所以，人理解历史实际上就是理解人自身，就是在历史的时间性中、在人生的有限性中追寻人的存在意义，提高自己的境界。正是基于以上的分析和构建，张先生认定哲学是追求人与万物一体的境界之学。如此，张先生就在本体论的基础上实现真、善、美的有机统一，本体论、认识论和作为价值学科的伦理学、美学和历史哲学的有机统一，从而也就完成了他的"万有相通的哲学"的构建。

二、张世英先生为本体论复兴所做出的贡献

中国传统哲学是本体论、认识论和价值论（主要是伦理学）一体的，但这种学术传统到清朝已经丧失殆尽。新中国成立前，有少数学者（如冯友兰、贺麟、熊十力等）试图恢复这种传统，但由于种种原因，他们的努力并没有成功。改革开放后，西方哲学流行于中国大陆，虽然出现过存在主义热，尤其是萨特热，但在科技成为我国时代主旋律之一的时代，西方科学主义思潮影响更大。逻辑实证主义者"拒斥形而上学"的口号，分析哲学家把分析语言的意义视为哲学的使命，使我国学术界轻视甚至否定本体论成为一种时尚。最近还有学者针对有学者主张"将形而上学进行到底"，明确提出"'形而上学进行到底'不是一个中国人愿意与否的问题，而是中国人能够与否的问题；进一步说，不是中国人能够与否的问题，而是人类能够与否的问题"[2]。该文的作者是像康德那样认为本体超出了人类认识的极限，是

---

[1] 张世英：《哲学导论》，第88页。
[2] 陈炎：《如何"将形而上学进行到底"？——向俞宣孟研究员请教》，载《南国学术》2015年第1期。

人类所认识不了的。在这种风潮影响下，许多哲学学者羞于谈论本体问题，更不敢去构建自己的哲学体系。但是，自20世纪90年代开始，一些哲学学者出于哲学学科发展和回应时代问题的需要，致力于本体论研究并致力于构建自己的哲学体系，他们的努力和成就推动了本体论研究在当代的复兴。张先生就是始作俑者之一，并成为当代最富有建树的哲学家，而其哲学体系牢牢植根于自己所创立的"万有相通"本体论。20世纪下半叶以来，西方乃至整个世界哲学界本体论研究衰落，没有出现一位有国际影响的本体论哲学家，张先生的努力和成就对世界本体论复兴也将起到重要的唤醒和推动作用，具有世界性意义。

张先生为本体论的当代复兴做出的贡献是多方面的，这里举要阐述之。

第一，针对西方语言分析哲学思潮尤其是逻辑实证主义的反本体论主张，旗帜鲜明地从人与世界的关系的角度研究本体问题并以此为基础构建自己的哲学体系。逻辑实证主义者认为哲学不应该成为科学之科学，而应成为科学的奴仆，哲学家的任务不应去创造一套凌驾于科学之上的体系，而应该对已经提出的科学经验、命题、语言进行逻辑分析，排除其中的矛盾，分析出它们的结构的纯粹形式。他们分析的结果之一是："在形而上学领域内，包括全部价值哲学和规范理论，逻辑分析得出了反面结论：这一领域里的全部断言陈述全都是无意义的。"[①] 为此，逻辑实证主义者卡尔纳普还专门写了一篇《通过对语言的逻辑分析清除形而上学》的著名文章，并明确打出了"拒斥形而上学"的旗号。语言分析哲学则认为，传统哲学关于形而上学的思辨是没有意义的，主张哲学的任务在于"清思"，用尽可能客观的方法对语言进行逻辑分析，并阐明它们的意义。张先生在构建自己的哲学体系的过程中，虽然没有直接批评分析哲学的反形而上学思潮，但他以自己的实际成果对这股思潮给予了坚决否定的回答。他通过审视中西哲

---

① 卡尔纳普：《通过对语言的逻辑分析清除形而上学》，载洪谦主编：《逻辑经验主义》（上卷），商务印书馆，1982年，第13页。

学史上种种对哲学的界定,明确指出:"哲学是以进入人与世界融为一体的高远境界为目标之学。"① 他强调,这种精神境界不是单纯精神上的安宁或精神享受,而是对人世间一切现实活动的高远态度。张先生虽然认为那种以形而上的抽象普遍性、统一性、终极性为最高原则的哲学应当终结,所谓寻求普遍规律的哲学也应该终结,可以交给科学去探讨,但肯定超越自我、提高境界的哲学是任何科学知识所不能替代的。"这里需要的是陶冶和修养,需要的是超越知识,老子所谓'学不学''欲不欲',其庶几乎!"② 张先生正是以这种积极的建设性态度为哲学和形而上学开辟了一条超越自我、提高境界的新路径,并在传承中国传统哲学将本体论、认识论和价值论统筹考虑的基础上,构建了一个以本体论为基点、涵括人与世界关系基本方面的哲学体系。

第二,针对当代仍然十分盛行的"主客二分"观念,在吸取中国传统的"天人合一"合理因素的基础上使两者有机统一起来,创建了"新的天人合一"哲学。现代社会"主客二分"观念的形成是与弗朗西斯·培根和笛卡尔的名字紧密联系的,其共同特点是将西方人的眼光从中世纪的瞄向上帝转向了瞄向自然。他们两人的人类要面向自然、认识自然、开发自然、做自然的主人的主张,以及通过寻求正确的方法获得科学知识以使之作为人类成为自然主人的工具的主张,还有笛卡尔明确地将认识主体与认识对象区别开来的"主客二分"观点,实际上就奠定了西方近代以人类为主体征服自然的思想观念的基础。此后,西方人借助市场经济及其所引发的工业革命,对自然展开了大规模征服的现代化运动,引发了当代人类陷入受环境污染、生态破坏以及现代战争、恐怖主义威胁的严重生存困境。张先生深刻洞察到现代文明问题的根源和症结就在于"主客二分"观念,因此他到中国传统哲学和文化中去寻找资源。他发现,"万物一体"或"天人合一"是作为中国本土文化两大支柱的儒家和道家的哲学思想之核心,为解决当

---

① 张世英:《哲学导论》,第9页。
② 张世英:《天人之际——中西哲学的困惑与选择》,《张世英文集》第5卷,序言第7页。

代人与人、人与自然和谐相处问题提供了理论基础。但是，他也深深感到它们都"不以区分主客为客观原则，不重物我之分，不重认识论，不重作为主体的人对作为客体之自然物的认识与征服"[①]。鉴于这种情况，张先生试图把主—客关系融入万物一体、天人合一，以构建新的"天人合一"哲学。经过三十年的不懈努力，张先生到耄耋之年最终完成了这种新天人合一哲学的构建，为哲学何为以及中国哲学向何处去的问题提供了一个厚重的答案。

第三，针对西方近代以来非理性主义对理性作用的否定，将本体论置于新理性主义的基础之上，使想象成为哲学的主要思维方式。自19世纪开始，伴随着现代文明的问题日益突出，一些非理性主义哲学家对基于理性主义的现代文明进行了深刻反思，并将理性主义视作现代文明问题之根源而否认理性主义。张先生是著名的研究理性主义哲学大师黑格尔的专家，他不赞成非理性主义对理性主义采取简单否定的做法，但从两个方面吸取了他们思想的合理内容：一是吸取了他们对传统形而上学和哲学的深刻批评，正是他们的批评使张先生看清了传统"概念哲学"尤其存在着重大局限；二是吸取了许多非理性主义哲学家的新思想、新观点，特别是海德格尔"人—世界"的人与世界之间关系的基本结构框架。正是在对传统哲学与现当代哲学的对比中，张先生在哲学的两种超越（纵向超越和横向超越）之间、两种超越途径（思维与想象）之间、两种无限观（思维的无限和想象的无限）之间、两种真理观（符合说与去蔽说）之间做出了区别，从而完成了他的哲学方法论构建。但是，张先生也看到了非理性主义哲学的局限，清楚意识到这种哲学并不是哲学的正确道路，因为它们都不是以积极的建设性态度指引人们追求与世界万物相融合，达到天人合一境界，而这正是哲学的真正使命。他指出："哲学的最高任务不只是达到同一性或相同性，而是要进而达到各种不相同的东西相互融合的整体，亦

[①] 张世英：《改革开放——我哲学生涯的分水岭》，第669页。

即达到天地万物之相通、相融。"① 通过什么途径才能达到这个目标呢？张先生认为，这就不能靠思维（抽象），而要靠想象。想象是把不同的东西综合为一个整体的能力，把出场的东西和未出场的东西综合为一个整体的综合能力。张先生在这里虽然对思维与想象做出了区别，但仍然肯定想象属于广义的思维，属于理性的范畴。不仅如此，张先生还强调哲学要说理，要运用概念性语言。他说："哲学之为哲学，其最高任务诚然应该是把握天人合一的整体，就此而言，哲学与诗是完全一致的，但就把握的通道和途径来说，哲学毕竟不是诗，哲学总是要说理，要运用概念式语言。"② 这里所说的"概念式语言"实际上就是基于理性的自然语言。由此看来，张先生虽然从现代西方哲学吸取了滋养，但并不赞成他们的非理性主义立场。这种既不同于传统理性主义又不同于非理性主义的观点，可称之为新理性主义或理智主义③，而这种理智主义正是他新天人合一哲学的基础。

三、张世英先生哲学提出的值得深究的问题

张先生创立的万物一体的哲学在内容和方法上都给当代本体论的复兴做出了重大贡献，同时也提出了不少本体论复兴面临的重大理论问题，值得进一步加以探讨。根据笔者的粗浅理解，张先生的哲学至少提出了以下四个方面的问题需要进一步探究。其中有些问题已经有了答案，但可能有商榷意见，而有些问题尚未展开，需要做更充分的阐发。

第一，"横向追问"与"纵向追问"的关系问题。张先生像传统本

---

① 张世英：《哲学导论》，第46页。
② 张世英：《进入澄明之境——哲学的新方向》，商务印书馆，1999年，第69页。
③ 在英文中，"理性"与"理智"没有多大差别，指人的思维能力（知）。而在汉语中，两者是有明显区别的，理性是指人知，而理智则指知、情、意的有机统一。作为张先生哲学基础的不单纯是知的方面，也包括情和意的方面，是三者的统一，所以可视之为理智主义。

体论哲学家一样，承认理性具有不满足现状、不断追求和不断超越的本性，体现在哲学上就是不断追问。但与传统哲学家不同，他认为理性的追问有两种：一种是"纵向追问"，另一种是"横向追问"。前者是"主体—客体"结构的追问方式，是作为主体的人站在客体以外追问客体的根底，所追问的是外在客体是什么；后者是"人—世界"的追问方式，是人处于世界万物之中体悟自己如何与无穷无尽的万物融为一体，所追问的是人怎样与世界融合为一。"总之，前者是把世界当作一种外在于人的**对象**来追问，后者是把世界当作一种本来与人自己融合为一的**整体**来体悟。"① 在张先生看来，第一种方式是西方传统哲学所采取的由感性的东西到理解中的东西的追求，后一种是西方人文主义哲学家不满足于传统哲学家所采取的一种新的追问方式。张先生显然赞成后一种方式，而且对这种方式的优越性做了很多阐释。但与西方当代人文主义哲学家批判和否定"横向追问"方式不同，张先生并不认为两者之间的关系是否定关系，而是一种超越关系，就是说，"纵向追问"方式是包含在"横向追问"方式之中的。对于这一点张先生虽没有阐明，但从他反复强调的新天人合一是超越"主体—客体"关系这一点可以清楚地看出来。他说他不赞成"主体死亡"，而主张主体—自我应被超越，也表明了这一点。这里就存在着一个需要进一步讨论的问题：如果用"横向追问"方式直接否定了"纵向追问"方式，当然就没有什么值得讨论的。但如果说后者包含前者，那么就存在这样一个问题，即一位哲学家如何做到既纵向追问，又横向追问，或者说，他什么时候该纵向追问，什么时候该横向追问，以及如何使两种追问方式得出的结论统一起来。这个问题需要做出进一步明确的回答，不然持异议者就有可能批评新天人合一哲学在方法论上仍然停留在西方现当代人文主义哲学而没有新的突破。

第二，万物一体与个人自主的关系问题。"万物一体"或"天人合一"是张先生哲学的最基本观点，与传统的"万物一体"不同的是，

---

① 张世英：《哲学导论》，第 29 页。

他将"主体—客体"融入其中,在其中加入了认识自然、征服自然以达到与自然和谐相处的内涵。张先生在谈到境界时,认为宇宙间的任何一个事物都是宇宙无穷的相互关联的网络中的一个聚焦点或交叉点。人不同于物之处在于人这个聚焦点是"灵明"的,而境界就是一个人的"灵明"所照亮了的、他生活于其中的、有意义的世界。而人在这个世界中怎样生活、怎样实践,这就要看他的那点"灵明"怎样照亮这个世界。根据这种看法,人完全应该通过自己创造性的能动活动来改进世界,使世界更为美好,而无论这个世界是什么样的世界。这里所说的"应该"是人的使命或责任,只有履行了这种使命,他才能给世界光亮。不过,张先生在谈到人生的最高境界审美境界时,认为达到这种境界的人不再只是出于道德义务的强制而做事,不再只是为了"应该"而做事,而完全处于一种人与世界融合为一的自然而然的境界之中。张先生这里实际上隐含着一个重要的前提,即世界本身是和谐美好的。就是说,世界本身就是和谐美好的,一个人就应该追求达到融合于其中的境界。问题在于,自从人类进入文明社会以来,就人类社会而言的世界从来没有真正和谐美好过,总是存在着这样那样的问题,存在着丑恶肮脏的一面,只是程度有所不同而已。在这种情况下,如果只是讲人生的最高境界就是与世界融合为一体,而不考虑这个世界本身是否值得与之融为一体,可能就会发生很多问题,甚至会有同流合污之嫌。从这种意义上看,人始终都要保持个人的独立自主性,尤其是个人的独立人格、善恶判断和行为选择,并通过个人的创造性活动使世界变得更好。这就提出了这样一个问题,当世界不是美好的而是丑恶的时候,人应当怎样与世界融合为一才能达到审美境界的问题。

第三,天人合一与人类中心的关系问题。传统天人合一观念所说的"天"有不同的含义,但基本含义或普遍认同的含义是自然,而这种自然是原生态的自然。传统天人合一观念作为一种价值观念,或者说它所包含的价值意蕴,是要求人类与这种原生态的自然相融合。然而,经过几百万年的人类活动,尤其是英国工业革命以来的活动,原生态的自然已经被破坏殆尽，环境污染、生态破坏已经成为不争的事实。在这种情况下，人类面临的问题不是将自己融入自然，与自然一体，而是要在保护和合理利用自然的前提下改造自然，使自然本身达到新的和谐，并与此同时使自然与人类达到和谐。如果我们承认今天的人类必须改造自然，否则有人类存在自然就不可能和谐的话，那么我们就得承认在改造自然时，人类必定会为自己的生存和发展需要考虑，必须以人类的需要为尺度，简言之，必须以人类为中心。西方现当代人文主义哲学家几乎都否定以人类为中心，他们认为当代人类的环境危机及其所导致的人类生存危机，其罪魁祸首就是主张以人类为中心的人类中心主义。然而，人类以自己为中心对待自然是一种自然倾向，而且这也并非必然导致自然严重遭到破坏的问题。实际上，以人类为中心有两种方式：一种是竭泽而渔，拔苗助长；另一种是放水养鱼，呵护生长。当人类以后一种方式对待自然时，世界不但不会遭到破坏，而且会更美好。因此，问题不在于以人类为中心，而在于如何以人类为中心，是极端利己地还是利益共进地。就此而言，新天人合一哲学面临着如何与已经被严重破坏以致威胁人类生存的自然融为一体的问题。张先生谈到，他的哲学是包含而又超越了"主客二分"的，也肯定了人类认识自然、征服自然的必要性，还需要阐明的是，在自然问题已经十分严重的情势下如何实现人与自然的新和谐。

第四，哲学证明与经验证实的关系问题。张先生不畏惧逻辑实证主义明确反对形而上学的主张，构建了一种新的形而上学体系，以实际行动回应了逻辑实证主义者的狂妄和对哲学的无知。但是，他们提出的这样一种观点需要给予回应，即形而上学命题既不能用经验证实，也不能用逻辑证明，是没有意义（主要是指真假意义）的妄命题。他们很明确地肯定，本体论命题不是真理，因而也不是真正的知识。张先生赞同海德格尔的观点，认为从根本上说真理不在于事物与观念或理智相符合，而在于命题或陈述给处于遮蔽状态的事物去蔽从而为人所见。"对某一事物做出陈述或判断，也就是揭示某事物的意义。事物在没有被人陈述或判断时，处于遮蔽状态，即是说没有意义；而当一个陈述或判断揭示出事物的本来面目时,事物就达到了去蔽的状态而为人所见,这个陈述或判断就是真的。"[①] 显然,根据这种真理的"去蔽说",逻辑实证主义者断定一切形而上学命题都是没有真假意义的妄命题就不能成立。因为虽然形而上学命题不能用经验加以证实,也不能用逻辑加以证明,但它可以通过揭示世界的意义、人类的意义、"人—世界"结构的意义而使自己成为真理。但是,需要有针对性地为新万物一体哲学体系以及所提出的一些基本命题的真理性做出论证,以回应逻辑实证主义和其他哲学家对本体论真理性的挑战。

四、张世英先生哲学贡献给我们的启示

张先生学术贡献重大,思想深邃,境界高远,我们哲学界的后学不仅要认真学习他的原著,把握其思想精髓,而且要从张先生的学术人生中吸取哲学智慧。

首先,关注和钻研本体论,将本体论作为构建哲学学术体系的基础。张先生能够在哲学学术上有重大建树,与他终生热爱和钻研本体论有着直接的关系。他在六十岁以前的三十年里没有因为受到各种冲击而放弃晦涩的黑格尔哲学研究,改革开放后注意到西方现代本体论研究发生了重大转向,立即跟踪研究。不同时代的本体论深刻地体现了那个时代的时代精神,关注和研究这个时代的本体论就可以使研究者走向时代的深层,洞察其根本问题。张先生对西方现代本体论的关注和研究,使他意识到我们时代的最重大问题就在于天人关系问题,并紧紧抓住这一问题深化研究,力图从本体论上给予回答,提出了他独树一帜的新天人合一哲学。

今天,无论是中国哲学界还是西方哲学界受科学主义和分析哲学影响太深,不少哲学学者不仅不关注和研究本体问题,而且对本体论谈虎色变,避之唯恐不及。这种否弃本体论的做法导致了哲学碎片化、

[①] 张世英:《哲学导论》,第 70 页。

浅表化、工具化、实用化等诸多问题，到今天不同哲学学者彼此隔膜，不能对话沟通，自以为是，孤芳自赏。其结果是哲学学者种了别人的田，荒了自己的地，哲学再也没有自己真正的领地。这些问题的存在，究其原因，放弃对本体论的关注和研究应首当其冲。哲学原本是从本体论起家的，对本体问题的回答是哲学的根基。这就是张先生所说的，"哲学之为哲学，或者说严格意义下的哲学，乃是源于对世界整体性的把握这样一种最大最高的普遍性问题的惊异"[1]。今天哲学学者纷纷丢掉这个把哲学学者联系在一起的根基，大家彼此陌生，没有共同语言，甚至相互轻视便不可避免。

有学者可能会说，张先生一直都是研究本体论的，当然会以本体论为基础构建哲学体系，但我们缺乏这个基础，所以不能相提并论。张先生毕生研究本体论不假，但如果想到张先生六十岁的时候，已经功成名就，而这时他还去研究海德格尔等人的思想，我们就应注意到是哲学家的使命意识使张先生这样去做。相比较而言，我们年富力强的哲学研究者似乎没有多少理由不关注和研究本体论。没有本体论根基的哲学，不是真正的哲学，至少不是好的哲学。这是张先生给我们的首要启示。

其次，洞察和体悟时代精神，研究和回答时代的重大问题。对当代本体问题研究的关注使张先生洞察到现当代的时代问题，对时代问题的关注又使他从本体论的角度来回答时代问题，提炼和提升时代精神，使时代精神的精华凝练在自己的哲学之中。张先生年轻时就受闻一多先生的影响开始关心现实，参加学生运动，逐渐走向进步。他说："走出象牙塔的方向是正确的，人不能脱离现实，搞学问需要联系现实。"[2]当然，他也对现在学术界过于现实十分反感，希望今天能从象牙之塔里借来一点清风吹散当今学术界的乌云。所以，他说："面对现

---

[1] 张世英：《哲学导论》，第2页。
[2] 姜红：《张世英：面对现实 超越现实》，载《张世英文集》第10卷，第654页。

实,超越现实,这正是哲学最大的意义。"①他在回顾自己创建新天人合一哲学的经历时说,他的思想经历了两次变化。第一次是他由西方古典哲学逐渐转向西方现当代哲学,并结合中国传统哲学中天人合一、万物一体的思想进行比较研究,由过去重抽象的理念世界转而重具体的生活世界,强调要在天人合一的思想基础上,吸取西方的主客二分、自我独立的精神,但也要超越西方的自我,避免西方自我主义的弊病。第二次是他深感中国传统的"互倚型自我"根深蒂固,强调自我主体性颇具现实紧迫性,强调中国人需要独立的自我意识,从而使中华思想文化进一步获得发展。他强调,中华文化要向前发展,就要在传统文化的基础上向前提高一步,超越一步;中华文化要走出去,除了要将传统文化翻译、介绍出去外,更重要的是进行自我创新,推出新的独创性理论与世界对话,唯有如此,中国文化才能更自信地走向世界。从张先生的自述可以看出,他始终将自己的学术研究与时代要求和民族发展紧密地结合起来,自觉地担当起哲学家的神圣使命。今天,我们仍然有不少学者沉醉于古书堆,两耳不闻窗外事,发掘微言大义,甚至钻牛角尖,还蔑视别人所从事的现实研究,责怪社会对他不重视。张先生的学术经历和经验告诉我们,他的代表作都是为了回答时代的关切所形成的成果,不关注现实和时代,至少就哲学而言难成大器。

再次,夯实中西哲学知识基础,为中西文化走向融通贡献力量。张先生在回顾自己的人生历程时,谈到了他是如何会通中西哲学的。他说,上世纪80年代初期,中国哲学界兴起了一股讨论"主体性"的热潮,这引起了他重温自笛卡尔以来的近代"主体性哲学"的兴趣,同时又进一步把他引领到黑格尔死后以批判"主体性哲学"为主要特点之一的西方现当代哲学的领域。他感到欧洲大陆的现当代人文主义思潮特别是海德格尔的思想与中国古代老庄哲学虽不相同,却又有相通之处,中国古代哲学似乎闪现了西方现当代人文主义思潮的某些火花。他于是又重新拾起青年时期比较熟悉的中国古典哲学著作特别是

---

① 姜红:《张世英:面对现实 超越现实》,第654页。

老庄的经典,并把中国哲学和西方哲学放在整个人类思想发展的历史长河中去评价其地位、作用和意义,以会通中西,探寻中国哲学以至哲学本身的出路,为中国人,也为人本身,寻找"安身立命"之所。他的这段回忆不仅体现了他作为哲学家的崇高使命感,也特别凸显了中西哲学基础知识对于在哲学上有所建树的极端重要性。如果没有对哲学所反映的"主体性"这一时代问题的关注,张先生就不会重新整理和反思西方近现代的主体哲学思想;如果没有良好的中国古代哲学的根基,他也许不会想到海德格尔与老庄之间的关系;即使想到了,如果没有扎实的老庄哲学基础,也无法将中西会通起来。张先生的治学经验告诉我们,要想在哲学领域有所作为,中西哲学史的基础必须扎实牢固,而且要不断根据哲学学术的新进展温故而创新,实现中西古今的融会贯通。在当今世界,中西仍然是世界哲学和文化的两块主阵地,这两大阵地的哲学和文化融通势在必行,而文化融通的关键在哲学融通。因此,我们哲学学者要像张先生那样,不断夯实中西哲学知识,着力中西哲学融通,以助力中西文化隔阂的消除,加速两者融会贯通的进程。

最后,不断提升人生境界,用哲学之美造就哲学人生。张先生的人生是典型的哲学人生,是闪耀着"哲学之美"的美好人生。他在讲到审美时指出,和谐、匀称、比例恰当等,乃美之所以能悦人耳目的必要条件,但不足以穷尽美的深层内涵,"远不足以涵盖天人合一、万物一体、物我两忘那种高远的人生境界之美,后者才是美之极致"[①]。他把这种美称为"崇高之美",认为哲学应以追求此种美为最高任务,此乃哲学之美之所在。张先生身体力行,率先垂范,终生追求境界高远的哲学之美。然而,现实是很残酷的。在当代,哲学已经职业化了。上大学时,没有多少人报考哲学专业,就业后,没有多少从事哲学专业的人生活富裕从容,真正从事哲学研究的学者不得不为谋生计奔波。所以,有人将从事哲学的学者划分为"哲学匠"和"哲学家"。"哲学

---

① 张世英:《我的哲学人生》,载《张世英文集》第10卷,第686页。

匠"就是以哲学为职业谋生的人，是从事哲学职业者中的大多数。他们大多不是冲着对哲学之美的热爱而是由于多种原因迫不得已从事哲学职业的，而且面临着哲学这一职业缺少其他职业优势的劣势，因此他们不得不着眼于谋生的需要对待哲学，很难达到物我两忘的崇高哲学境界。然而，哲学家是追求自由的，而"不为名利所束缚方可获得真正的自由"[①]。在生活基本条件得不到保障的情况下，哲学学者谋求利益是可以理解的，也是正当的，但即使在这种情况下也不能为功名利禄不顾一切，成为其奴隶。相反，既然我们走进了哲学殿堂，再也无路可选，与其完全受缚于功名利禄，不如有点孔颜之乐的情怀，在追求哲学之美的过程中享受哲学之美，领略精神境界之美。张先生谆谆告诫我们："哲学以提高精神境界为己任。只要我们能通过哲学的追求，达到一体、圆融无碍的生活境界，那就有了艺术人的生活，那种生活就是'最好的作品'。这样的哲学追求该是多么美妙啊！我希望好学深思之士都能分享一点哲学之美。"[②]张先生的人生就是富有哲学之美的人生，我们要像张先生那样追求哲学之美、享受哲学之美，让普通人能够与我们一起分享哲学之美。

[①] 姜红：《张世英：面对现实 超越现实》，第 653 页。
[②] 张世英：《我的哲学人生》，第 687 页。

试论张世英先生的比较哲学研究

——以普遍性问题为切入点

戴茂堂[①]

在我的理解中,张世英先生是做比较哲学研究的。在当代中国,有一批做哲学研究的学者,往往都"情不自禁"地走向了比较哲学研究,如叶秀山先生、邓晓芒先生、王树人先生、赵汀阳先生、吴根友先生、彭富春先生,等等。张世英先生尤其突出。张世英先生的哲学思想具有很强的比较研究意味。尤其是进入晚年后,比较研究意味更加突出。张世英先生正是在德国古典哲学与德国现当代哲学的比较研究中实现了从热衷于黑格尔向钟情于海德格尔的"华丽转身"。张世英先生直接撰写的比较哲学方面的作品就非常之多,如《天人之际——中西哲学的困惑与选择》《中西文化与自我》《美在自由——中欧美学思想比较研究》以及新近出版的《中西哲学对话——不同而相通》。

当然,仔细琢磨,又可发现,学者们从哲学研究走向比较哲学研究,其中有一种逻辑上的必然性与情感上的合理性,甚至可以说是"命中注定"。或许,哲学与比较哲学之间本来就没有缝隙。没有比较,哲学几乎说不出话来,或者无话可说。换言之,几乎每一个哲学命题的背后都有一个比较的影子或底子。张世英先生走向比较哲学研究,应当与他对哲学本身的理解密不可分。在张世英先生看来,哲学的任务是解释普遍性问题。因此,研究张世英先生的哲学思想,可以从普遍性问题入手。而从普遍性问题切入,恰好最容易理解为什么张世英先生的哲学研究"命中注定"会走向比较哲学研究。

[①] 戴茂堂:湖北大学哲学学院教授,湖北省道德与文明研究中心研究员。

一、哲学面向普遍性问题

在古希腊时期,柏拉图哲学已经有对普遍性问题的自觉意识。他的最重要的哲学概念"理念"代表的就是恒久不变的普遍性,以区别瞬息万变的个别性。亚里士多德特别强调,哲学是探讨"存在之为存在"的普遍性学问,而不是关于个别对象的学问。他说:"智慧是由普遍认识产生的,不从个别认识得来。"[①] "任何事物的认识均凭其普遍性。"[②] 黑格尔指出:"哲学以思想、普遍者为内容,而内容就是整个的存在……什么地方普遍者被认作无所不包的存在,或什么地方存在者在普遍的方式下被把握……则哲学便从那里开始。"[③] 对于哲学与普遍性的关系,在中国当代哲学家中,张世英先生尤其重视。可以说,对于哲学与普遍性的关系,张世英先生有一种学术立场上的高度自觉与敏锐。他说:"最大最高的普遍性问题正是哲学研究的对象。"他还说:"哲学之为哲学,或者说严格意义下的哲学,乃是源于对世界整体性把握这样一种最大最高的普遍性问题的惊异。或者倒过来说也一样,有了对这种普遍性问题的惊异、好奇,就意味着哲学问题的提出和哲学的产生。"[④]

如何解读普遍性,学术界有不同的声音。对于普遍性,张世英先生有自己细腻而严谨的理解。这种理解是围绕哲学与科学之间的比较而展开的。张世英先生一方面引述罗素的话指出,哲学与科学都面向普遍性问题而生。罗素是这样说的:"当有人提出一个普遍性问题时,哲学就产生了,科学也是如此……提出普遍性问题就是哲学和科学的

[①] 亚里士多德:《形而上学》,吴寿彭译,商务印书馆,1980年,第3页。
[②] 同上,第55页。
[③] 黑格尔:《哲学史讲演录》第1卷,贺麟、王太庆等译,生活·读书·新知三联书店,1956年,第93页。
[④] 张世英:《中西哲学对话——不同而相通》,东方出版中心,2020年,第3、5页。还可参看张世英:《哲学导论》,北京大学出版社,2008年,导言第2页。

开始。"① 但另一方面,张世英先生又立马察觉到,在面向普遍性问题时,哲学与科学之间存在明显的差异。科学和哲学如果没有对普遍性问题的追问就谈不上"学"(既谈不上科学也谈不上哲学)。但是,对于普遍性问题的解释与追问,科学走向了抽象,哲学走向了反思。通过抽象,科学最后"找到了"普遍性,但是这种普遍性在形式上是抽象的,尽管普遍性具有了客观性,但特殊性内容却从普遍性中被"抽取"掉了;通过反思,哲学发现,如果没有了特殊,普遍性就成了空无一物的"虚幻物",找到了这样的普遍性又有何用?为了避免这种虚幻,张世英先生反对从感性中个别的、变化的、有差异的东西追问普遍的、不变的、本质的东西的"纵向超越"路线,反对借助"纵向超越"以达到对外在的客观事物之根底的把握,而主张从当前在场的东西超越到其背后的未出场的东西的"横向超越"路线,这未出场的东西和当前在场的东西一样是现实的事物。可见,与纵向超越不同,横向超越绝不摒弃普遍性,反而特别强调普遍性离不开感性中的特殊性。② 所以,与其说在普遍性问题上,哲学与科学拥有最多的相似,不如说,恰恰在如何理解普遍性问题上,哲学与科学呈现出最大的不同。张世英先生指出:"如果说,在自然科学那里,重要的问题是如何使个体性纳入普遍性,那么,在精神科学这里,问题则侧重于如何使普遍性适合个体性。说得更具体通俗一点,就是如何让个人的东西通过普遍的东西而得到他人的理解,或者说达到一种共识。"③ 在科学那里,关注的是如何使个体性被普遍性所统摄,走的纵向超越路线;在哲学那里,关注的是如何使普遍性适合个体性,也就是如何让个人的东西通过普遍的东西而得到他人的认同,达成一种共识。人是通过把自己扩展到他人的生活空间并与他人达成共识来彰显人的普遍性的。因此,普遍性的形成以关注和尊重他人的个性为前提。也就是说,不能让人

---

① 罗素:《西方的智慧》上卷,崔权醴译,文化艺术出版社,1997年,第6、14页。
② 张世英:《中西哲学对话——不同而相通》,第45页。
③ 同上,第154页。

的个性淹没在普遍性之中，不能用普遍性来消解个性，只能从个性出发去建构普遍性，只能让普遍性从个体性内部逻辑地生长出来和建构起来。因此，普遍性只能是个人之中的普遍性，而不能是个人之上、个人之外的普遍性。①这就是别尔嘉耶夫所说的："普遍不是作为在个性之外的东西而存在，而是作为个性生命的最高内容存在，作为个性中的超个性的价值而存在。"②

在科学那里，普遍性与个别性是势不两立的对抗关系，正是因为这种与个别性的对抗，科学意义上的普遍性显得既抽象又狭隘。张世英先生是这样表述的："科学所讲的普遍性、规律性是较小范围的普遍性。"③相比于科学意义上的普遍性与个别性彼此对立、相互排斥，哲学意义上的普遍性并不与特殊性形成对立和排斥关系。甚至相反，哲学就是要去揭示特殊与普遍能否贯通以及如何贯通，就是要在充满差异性的世界图景中尤其是在普遍性与差异性之间的张力关系中去体会和彰显普遍性。所以，张世英先生既批评了哲学的科学化，又批评了哲学的概念化。对于哲学的概念化，张世英先生批评指出，从苏格拉底以来，哲学家就逐步把抽象的概念如思维、存在等当成一种独立于人的东西加以追求，哲学就变成了在抽象概念里打圈圈的学问，变成了苍白无力、抽象乏味的东西，最终将人生引向枯燥而无意义的境地。④对于哲学的科学化，张世英先生批评指出："近半个世纪以来，我们所广为宣传的哲学，一般是把哲学界定为自然科学与社会科学的概括与总结，是关于自然、社会和思维的本质和最普遍的规律的学问。……如果把哲学看成是一种知识，那么，哲学的发展史也许可以说是内容越来越贫乏空洞的历史。……只要我们把哲学当作一种知识体系来看，那么，哲学作为一种关于最普遍规律的问题，其内容将会

---

① 参看戴茂堂、李家莲：《哲学引论》，人民出版社，2014年，第13页。
② 别尔嘉耶夫：《美是自由的呼吸》，方珊、何卉、王利刚编译，山东友谊出版社，2005年，第2页。
③ 张世英：《中西哲学对话——不同而相通》，第3页。
④ 张世英：《哲学导论》，导言第5页。

越来越被科学（科学就是有体系、有规律的知识）所代替。……现在有的主张哲学是关于最普遍规律的学问的人不是在大讲哲学是科学吗？的确，只要把哲学界定为关于讲普遍规律之学，它就是科学。但我认为，把这样的学问冠以哲学之名的时代应该终结了。"① 张世英先生还批评指出："哲学比科学有更多、更高的任务，它既需要科学知识，需要掌握普遍的规律性、必然性，又要超越科学知识、超越普遍的规律性、必然性。超越不是抛弃，而是指抱什么样的人生态度、以什么样的精神境界来面对日新月异的科学知识和普遍性、必然性。"② 最后，张世英先生带有总结性地指出："人的现实生活是具体的、生动的，科学抽象是第二位的。单纯的科学技术只能使世界黯然失色，使事物成为枯燥的、仅仅为人所开发、利用的对象。所以我们主张哲学应当超越科学。"③

对于普遍性与差异性之间的张力关系的重视，隐藏在张世英先生比较意味最浓的《中西哲学对话——不同而相通》一书的副标题之中。对于副标题"不同而相通"，张世英先生的解释是："说'不同'，是指普遍的相互作用、相互联系的方式不同；说'相通'，是指它们都反映唯一的全宇宙，或者说它们本是一体。这里的'相通'显然不是指从不同的东西中抽象出相同的共同性。相通的关键在于不同者所反映的全宇宙的唯一性。"④ "不同而相通"的重点在于"相通"。在张世英先生看来，"相通"不是发生在全宇宙的一个偶然的现象，而是根本性的、不可逃避的。因为"相通"表明不同的东西本来是一体的，都反映唯一的全宇宙。从这个意义上讲，"相通"是"普遍"的"相通"。"相通"几乎就是"普遍"本身的别称。所以，张世英先生一方面强调哲学家的最高任务应该是把握最大最高的普遍性，另一方面又强调："哲学家的最高任务应该是把握万有相通的整体。"⑤ 但是，这种

---

① 张世英：《哲学导论》，导言第 7—8 页。
② 张世英：《归途：我的哲学生涯》，人民出版社，2008 年，第 113 页。
③ 张世英：《哲学导论》，第 49 页。
④ 张世英：《中西哲学对话——不同而相通》第 53 页。
⑤ 同上，第 59 页。

"普遍"又与"个别"存在着某种张力。这就是说，即便全宇宙是普遍"相通"的，但在这种普遍"相通"中，相互作用、相互联系的方式也是"不同"的，也会体现出一种"不同"来。

赵汀阳先生重视"天下"、吴根友先生重视"世界历史"，与张世英先生重视"普遍性"，借用张世英先生的说法，可谓"不同而相通"，"它们本是一体"。"不同而相通"与其说是张世英先生开展中西哲学对话所要达到的重要结论，不如说是张世英先生想要揭示出的哲学所要把握的"普遍性"的基本特征。普遍性既是比较哲学得以展开的前提，又是比较哲学需要秉持的视野。只有把视野放大到最大最高的程度，才能看清全宇宙的"万物一体"。"'万物一体'保证人与人之间相互理解的可能性"[①]，也保证了人与世界相互澄明。其实，"万物一体"正是张世英先生发现的最大最高的普遍性问题。[②] 而发现这一问题，表明张世英先生有宏阔的宇宙情怀、深邃的世界意识。张世英先生以其特有的宇宙情怀和世界意识，敏锐地体验到了"万物一体"。这就为张世英先生进行比较哲学研究，准备了最好的理论平台，提供了最高的"本体论根据"。[③] 进一步说，这也促成了张世英先生将他的哲学研究逻辑地推演成为比较哲学研究。

二、普遍性通向真理

哲学之所以要面向普遍性问题，是因为哲学越是面向普遍性问题，就越接近"真理"和"智慧"。哲学在古希腊被定位为"爱-智"（Philo-sophia）。哲学是一种智慧，是真正的智慧、最大的智慧。别尔嘉耶夫说："哲学一直就是并永远是智慧。智慧的终点就是哲学的终点。哲学是对智慧的爱，是在人身上揭示智慧，是向存在的意义的创造性突

---

① 张世英：《中西哲学对话——不同而相通》，第187页。
② 张世英先生说："我的主张，说得简单一点，就是万有相通，亦即万物一体。"（张世英：《哲学导论》，第32页）
③ 参看张世英：《哲学导论》，第74页。

破。"① 正因为哲学是最高的智慧、最大的智慧,所以,哲学必须面对最大最高的普遍性问题。普遍性"提示"着真理、"象征"着真理。简言之,普遍性通向真理。哲学如果囿于个别性问题,必定与真理无缘,至多能产生"意见"。所以,黑格尔指出:"哲学的目的就在于掌握理念的普遍性和真形相。"② 哲学如果掌握了普遍性,也就掌握了"真形相"。"真形相"就是"真理"、就是"真相"。

那么,什么样的问题才是普遍性问题呢？可以通过举例来进一步加以说明与讨论。如"什么是道德的"这个问题就不是普遍性问题。这个问题针对个别现象在发问,每个人都可以站在自己的处境和从自己的经验出发来给予回答,答案可以是张三提供的——"诚实守信是道德的",也可以是李四提供的——"见义勇为是道德的",并且还可以被王五等人无限地提供出来。这样的问题的答案为什么可以被无限地提供出来？原因就在于:对于"什么是道德的"这个问题,如果非要回答,那么答案反映的也只能是个别性的经验。只要愿意,每个人都能够从自己的处境和经验出发给出一个无须别人认同的、个别性的"事实判断"。这就是说,这样的问题因为属于个别性问题,所以其本身是拒绝相互承认、相互比较的,也不在乎答案是否普遍一致。即便张三、李四、王五给出的"事实判断"彼此相互否定,也无可争辩、无须争辩、无须较真。经历过助人为乐的人会说"助人为乐是道德的",经历过诚实守信的人会说"诚实守信是道德的"。这两种回答可以同时为真,同时存在,即便有差异,也无须辩驳。出现这样的结局,显然是因为"什么是道德的"这个问题原本就不构成一个真问题,还不足以上升到普遍性的学理或学问的层次。也正是因为问题本身不真,因此对于此类问题的回答,永远也不可能通向真理,最多只能算是表达了个别性意见或私人性判断。

显然,哲学要避开这种个别性问题,而去努力追问普遍性问题。

---

① 别尔嘉耶夫:《美是自由的呼吸》,第 114—115 页。
② 黑格尔:《小逻辑》,贺麟译,商务印书馆,1980 年,第 35 页。

如果说"什么是道德的"是个别性问题，那么"道德是什么"就是普遍性问题。"道德是什么"这样的普遍性问题所追问的是——为何对诚实守信、见义勇为等种种很不相同的行为却可以做出相同的道德评判。当然，也只有哲学才会、才能去回答种种很不相同的行为为何可以普遍去做出道德评价。这是因为，对于哲学来说，重要的是追问各不相同的道德行为何以可能做出相同的道德评判。这是一种追根溯源的工作，而追根溯源的目的就是为了远离个别性的意见而趋向于那个普遍性的真理与智慧。古希腊最早的一批哲学家都以探问这个世界绝对的、最高的本体（或者叫作"始基""本源"）是什么而在寻找一种普遍性的真理。泰勒斯将这种最高的本体称为"水"，毕达哥拉斯称之为"数"，柏拉图称之为"理念"，赫拉克利特称之为"火"，而德谟克利特称之为"原子"。尽管名称各不相同，但它们却都是哲学家为了避开个别性的意见而达到最高的真理所做的努力。

对于"什么是道德的"，我们可以从个人的经验出发回答说"见义勇为是道德的"，也可以从个人的经验出发回答说"诚实守信是道德的"。但对于"道德是什么"，我们却不可以回答说"道德是见义勇为"，也不可以回答说"道德是诚实守信"。因为这是一个普遍性问题，对于这个普遍性问题的回答不可以表达个别性意见，当然也不允许两个不同的回答同时为真，同时存在。如果出现不同的回答，那就必须展开争辩，刨根问底，直至达成或取得普遍性共识。因为只有达成或取得普遍性共识，才算拥有真理。如何追问？张世英先生说："哲学史上，粗略地说，有两种追问的方式：一个是'主体—客体'结构的追问方式，一个是'人—世界'结构（'天人合一'）的追问方式，也可以说，一个是以'主体—客体'结构为前提，一个是以'人—世界'结构（'天人合一'）为前提。前者是作为主体的人站在客体以外追问客体（客观事物）的根底，后者是人处于世界万物之中体悟人如何与无穷无尽的万物融为一体；前者追问的是：外在的客体是什么，后者追问的是：人怎样与世界融为一体。所以严格地讲，对于后一种活动来说，不能用'追问''追求'之类的语词，这些词总是带有外在性，总是意味着对外在的东西的一种渴望,而后一种活动乃是一种内在的体悟的活动,它所要求于人的是,人怎样体悟到自己与世界万物一体。总之,前者是把世界当作一种外在于人的对象来追问,后者是把世界当作一种本来与人自己融为一体的整体来体悟。"①张世英先生将前一种追问称为纵向超越理论,称为有底论,而把后一种追问称为横向超越理论,称为无底论。横向超越拒绝以主体—客体关系为前提展开追问,尤其拒绝概念哲学所追求的形上世界、抽象本质,主张从当前在场的东西超越到其背后的未出场的东西,这未出场的东西也和当前在场的东西一样是现实的事物,而不是什么抽象的、永恒的本质或概念。不过,横向超越绝不是摒弃概念、取消普遍性,只是强调概念、普遍性不可以离开感性中的特殊性。纵向超越所要达到的抽象同一性或普遍性概念表现为"相同",横向超越所要达到的不同现实事物(在场与不在场)之间的相互融通的整体表现为"相通"。②在张世英先生看来,哲学所要达到的是"相通"而不是"相同"。抽象的同一性或普遍性不能通向真理,而只有互相融通的整体才是真正普遍的,才具有真理性。

张世英先生的哲学希望达到的真理是什么呢?前面已经提到的"万物一体"就是张世英先生哲学所要达到的真理。而在张世英先生的眼里,一个人如果体认到了"万物一体",就意味着进入了一种高远的境界。③哲学是人类崇高的事业,它能鼓舞我们的灵魂,并展开最宽广的愿景。所以,一种称得上是哲学的哲学其实就是境界学。张世英先生指出:"哲学是追求人与万物一体的境界之学。"④人与天地万物一气相通,融为一体,因此,人对他人、他物应有同类感,应当以仁民爱物的态度和赤诚之心相待。这是一种真、善、美相统一的境界,也是哲学的希望之乡。他还进一步解释说:"对于哲学目标的这一界定,意

---

① 张世英:《中西哲学对话——不同而相通》,第38页。
② 同上,第42—45页。
③ 张世英先生说:"'能以天地万物为一体',是一种境界。"(张世英:《哲学导论》,第39页)
④ 张世英:《哲学导论》,导言第7页。

在把中国传统哲学的人与万物一体的思想和西方现当代关于人与世界融合为一的思想同西方近代的主客关系思想结合起来。所以，这种境界不是抛弃主客关系，而是需要和包括主客关系却又超越之；这种境界不是不需要知识和规律性、必然性，不是'弃智'，而是需要广泛的知识和规律性、必然性而又超越知识、超越规律性、必然性；不是不要功利追求，而是既讲功利追求又超越功利追求。总之，这种境界不是单纯精神上的安宁或精神享受，而是对人世间一切现实活动的高远态度。"① 张世英先生特别看重哲学的艺术化，特别看重审美意识。他说："人的精神意识发展的最高阶段是审美意识。它是高级的'天人合一'境界。审美意识的天人合一以原始的'天人合一'和'主体—客体'关系的诸阶段为基础，它依存于前此诸阶段，包含前此诸阶段，而又超出前此诸阶段。"② 张世英先生不仅赞赏审美意识，而且提出"人本来就是诗意地栖居在这大地上。这样，哲学本身就是艺术哲学"③。张世英先生将哲学理解为艺术哲学，显然与他将哲学理解为境界学有关。本来，人生的最高境界就是审美境界、艺术境界，人生的家园只有在艺术中、在审美中才能到达。

真正的哲学不以追求人对世界的知识体系为目标，而是以提高人对世界的态度或人生境界为目标，是一种教人以经得起痛苦和磨炼的人生态度之学。一个个体、一个群体、一个时代、一个民族有什么样的人生态度或人生境界，就一定会有什么样的哲学。④ 也正是在这个意义上，张世英先生反对哲学变成了那种独立于人之外的概念王国，主张哲学应该从抽象的天国回到具体的人世、人间。张世英先生说："哲学的中心课题应该是研究人，回避人的问题而言哲学，这种哲学必然是苍白无力的。"⑤ 毫无疑问，张世英先生的哲学对于人有着永远的关

---

① 张世英：《哲学导论》，导言第 7 页。
② 同上，第 23 页。
③ 张世英：《美在自由——中欧美学思想比较研究》，人民出版社，2012 年，第 40 页。
④ 参看戴茂堂、李家莲：《哲学引论》，第 35—36 页。
⑤ 张世英：《归途：我的哲学生涯》，第 193—194 页。

怀和深层的关切。对于张世英先生而言，在"万物一体"中，蕴含着哲学所深爱的人和人所深爱的哲学共同的秘密。马克思曾经说过："哲学家并不像蘑菇那样是从地里冒出来的，他们是自己的时代、自己的人民的产物，人民的最美好、最珍贵、最隐蔽的精髓都汇集在哲学思想里。"[①]张世英先生的哲学属于自己的时代，张世英先生对于人的存在的关怀与关切都珍藏在关于整体性问题的哲学思考里、关于"万物一体"的深刻体认中。我想借用别尔嘉耶夫的话来总结张世英先生的哲学思考与体认："哲学最终必然成为精神的哲学，而且只有在这个意义上，它才不依赖于科学。哲学人学应该成为基本的哲学学科。哲学人学是精神哲学的核心部分。它与对人的科学研究有原则性的区别，如对人的生理学、社会学和心理学的研究。这个区别就在于，哲学是从人出发，在人身上研究人，它所研究的是属于精神王国的人，而科学所研究的人属于自然界的王国，这样的人在人之外，是客体。哲学根本不应该有客体，因为对于哲学来说，什么也不能成为客体，成为被客观化的。精神哲学的主要标志就是，在其中没有认识客体。从人出发和在人身上认识，就意味着不进行客体化。只有这时，意义才能被揭示。只有当我在自己之中，即在精神之中，只有当对于我而言不再有客体性和对象性时，存在的意义才能被揭示。"[②]

三、真理由"比较"而来

中国有一个俗语，叫作"较真"。何谓较真？较真，可以理解为通过比"较"走向"真理"。"较真"这个说法揭示出，真理是在比较当中获得的。古希腊哲学热心于讨论本体，其主要表现是追问这个世界的本质和本原。而古希腊哲学所要追问的本质和本原本身就被赋予了真理性的特质。古希腊哲学相信，与相对、残缺、有限的现实世界

[①] 马克思、恩格斯：《马克思恩格斯全集》第1卷，人民出版社，1995年，第219页。
[②] 别尔嘉耶夫：《美是自由的呼吸》，第115页。

相比较，绝对、完美、永恒的本体世界代表了一种真理。古希腊哲学具有的"较真"性格成为以后哲学的普遍样态。中世纪哲学在"天国"与"俗世"之间"较真"；近代哲学在"经验"与"理性"之间"较真"；现代哲学在"科学"与"人文"之间"较真"。还有，道德哲学在善与恶之间"较真"，审美哲学在美与丑之间"较真"，认知哲学在真与假之间"较真"，等等。严格说来，哲学来到这个世界就是要"较真"的，哲学作为智慧之光就是要把真相、真理呈现在"光天化日"之下。哲学家都是"较真"的人。张世英先生也是一个较真的人。他在《中西哲学对话——不同而相通》中，在"纵向超越"与"横向超越"之间，"有底论"与"无底论"之间，"显"与"隐"之间，"主客二分"与"主客不分"之间，"在场"与"不在场"、"道德意识"与"审美意识"之间展开了仔细的"较真"，以图获得普遍的真理。

在张世英先生的哲学思想中，"较真"大致分为两步。

第一步是在"较真"中找到各自的不同并加以承认。张世英先生从来不用普遍性去简单地否定个别性。这体现在他对"惊异"的高度关注中。"惊异（Wonder）是哲学的开端"这样的观点，在柏拉图的哲学思想中初见端倪。柏拉图在《泰阿泰德篇》中说道："这种疑惑感（thaumazein）是哲学家的一个重要标志。哲学确实没有别的起源（arch），把伊里斯（Iris）说成是萨乌马斯（Thaumas）的女儿的人，真是一位好系谱学家。"[①] 伊里斯是古希腊神话中的彩虹女神，智慧超凡，而萨乌马斯与"惊异"（thauma）、"疑惑感"概念恰好同源。柏拉图将萨乌马斯看作伊里斯之"父"，正是为了说明哲学"根植"于惊异。柏拉图的学生亚里士多德首次从自我意识的确立引发人的求知欲的角度直接提出"哲学始于惊异"的命题。他在《形而上学》中写道："古往今来人们开始哲理探索，都应起于对自然万物的惊异。"[②] 柏拉图、亚里士多德都强调"哲学开始于惊异"。海德格尔认为，这句话

---

① 柏拉图：《柏拉图全集》第 2 卷，王晓朝译，人民出版社，2003 年，第 670 页。
② 亚里士多德：《形而上学》，第 5 页。

必须重新被理解:"说哲学开始于惊异,意思是:哲学本质上就是某种令人惊异的东西,而且哲学越成为它之所是,它就越令人惊异。"① 张世英先生完全接受了海德格尔的观点。他说:"越是真正的哲学,越令人惊异。"② 反过来说,如果有一天,惊异从哲学中消失了,哲学恐怕也就回到了那种抽象、枯燥的状态。他说:"惊异终止了,新奇也就结束了,世界只是'散文式'的,人们最终能达到的只是一些表达客体之本质的抽象概念,就像黑格尔的由一系列逻辑概念构成的'阴影王国'。哲学成了(除了在开端之外)远离惊异、新奇和诗意的枯燥乏味、苍白无力、脱离现实的代名词。"③ 张世英先生批评旧形而上学说,在旧形而上学那里,惊异意味着从无自我意识状态中惊醒,至于真正的惊醒状态如精神的东西则不属于惊异。④ 张世英先生还对于当代美国著名哲学家萨利斯批评旧形而上学认为"推动知识前进的,不是惊异,而是否定性的力量"⑤,表示了支持。

"惊异"说的就是万物彼此存在的差异(及其表现出来的唯一性)是令人惊讶的。"惊异"并没有走向对个别性的简单否定。世上万事万物,如果彼此之间没有不同,便不能形成彼此的边界并成为自己。令人惊讶的是,世上的确没有完全相同的两个事物。在这个意义上说,"较真"其实就是通过比较,发现并承认世上万物彼此之间存在差异。

第二步是在"较真"中发现不同的事物又是相通的。其实,所有个别性,继续往前追问的时候,背后隐藏着的普遍性更是令人惊异!就此而言,"哲学在本质上是令人惊异的"这一命题不是对"哲学面向普遍性"这一命题的消解,而是一种呼应、深化和发展。它表明,哲学的使命就是在充满差异性的世界图景中,尤其是在普遍性与差异性之间的张力关系中去把握普遍性。世上万事万物,如果彼此之间没有

---

① 张世英:《哲学导论》,第135页。
② 同上,第135页。
③ 同上,第133页。
④ 参看张世英:《谈惊异——哲学的开端与目的》,载《北京大学学报》1996年第4期。
⑤ John Sallis, *Double Truth*, State University of New York Press, 1995, p. 196.

相通，那世界就成为一个七零八落的世界，就成了一个互无关联的世界，就是碎片化的。事实上，尽管世上没有两片相同的树叶，但不同的树叶都可以被称为"树叶"本身又表明了相通是普遍的；尽管世上有张三、李四和王五，他们互不相同，但张三、李四和王五都可以被称为"人"本身又表明了相通是普遍的。相比于差异性所引起的惊异而言，更深的惊讶、更大的惊叹缘于万物"差异"的背后居然有"相通"。在深入的"较真"之后，可以看出，对"惊异"更进一步的理解应该是"惊"于"异而不异"。"异而不异"是"惊"的原因，"惊"是"异而不异"的结果。可见，对于哲学而言，"惊异"这个概念骨子里体现出来的是对"普遍性"的尊重，准确地说是对差异性和普遍性具有的"内在张力"的尊重。康德通过把普遍性问题的讨论和对判断力的类型学考察放在一个框架中展开分析，令人惊讶地发现普遍性有"客观"与"主观"之分，并在"主观普遍性"中揭示了"打通"普遍与特殊的可能，揭示了普遍与特殊之间的张力，揭示了哲学意义上的"普遍性"的"特殊性"，从而守护了哲学的普遍性面向。[1] 特别值得重视。

至此，可以总结，张世英先生哲学研究的思想逻辑大致是这样的：哲学面向普遍性，普遍性通向真理，真理是比较而来的，因此哲学归根结底就是比较哲学。这就解释了为什么张世英先生在讨论比较哲学的专著《中西哲学对话——不同而相通》一书刚开始不久，偏偏讨论哲学面向普遍性问题。在比较中，可以发现，哲学之所以要面向普遍性问题，是因为哲学本来就是关于绝对真理、普遍原理的智慧之学，而不是关于个别现象的意见或建议。哲学思想越是具有面向普遍性问题的解释力，就越接近真理和智慧，也就越有价值和意义。而是否接近真理和智慧，是否具有价值和意义，全都有赖于比较或"较真"的效果。

---

[1] 参看康德：《判断力批判》，邓晓芒译，人民出版社，2002年，第13—14、47、50页。

回归自我的思想家园[①]

——我读张世英先生

甘绍平[②]

1987年,我同罗桔芬同学一起考入北大外哲所,成为张世英先生的第一批博士生。报考张先生的理由十分简单:仰慕他的通贯学识、精深理路和澄澈语句。三十年后的今天,若问还有什么新的觉解体悟的话,我当然就要加上一句:钦佩他的精神追求、情感维系与价值依归。

上世纪80年代标识着张先生学术生涯的分水岭。之前,黑格尔由于作为马克思主义三个理论来源之一,而成为我国西方哲学研究仅有的合法对象,康德等则难获受到自由讨论的资格。此时张先生对黑格尔的研究当然便一直都深深地刻有与"理论来源"的关联的印记。80年代之后,张先生对黑格尔的关注则在一种宽松的氛围里转而集中锁定在"主体性"和"自由本性"两大理念上。[③]从某种意义上可以说,这被张先生归结为"西方传统的思维方式"的两大理念,遂成为他以后钻研述造、精微阐释、对比中西、提炼价值、凝聚情怀的学术焦点。

依凭黑格尔《精神现象学》史诗般的宏观概览,通过张先生剔精抉微的笔触,西方式主体性的自我实现的历程得到了全景性的展演:从求知阶段开始,自我成为主体,作为主体的自我在随后的发展进程中一步步地克服其对立面,以达到主客体的统一,并积较小的主客对立统一达到较大的统一,以致完成了最大的主客体统一——绝对主体,

---

[①] 本文原载《应用伦理研究》2017年第1期,总第2期。
[②] 甘绍平:中国社会科学院哲学所研究员。
[③] 王蓉蓉:《张世英与中国黑格尔哲学研究》,载《巴迪乌论张世英(外二篇)》,谢晶译,上海三联书店,2016年,第99页。

它是自我的最高及最终的实现与化身。①毫无疑问,西方式的主体性概念提振了人的精神,战胜了自然客体,催生了科学技术,促进了物质文明,推动了人类发展。但另一方面,通过不断吞噬对立面而膨胀了自身,以致成为一种百战百胜的战将的主体,也盛极而衰并且逐渐陷于为西方现代思潮所摈弃的境地。

对"自由本性"的探索,是张先生在中西思想文化对比的宏观背景下运思的。他通过对西方哲学史起承转合的逻辑经脉的钩玄提要,描绘了意志自由的概念从奥古斯丁,经基督教,再到笛卡尔的变迁与发展理路,揭示了西方自由思想起源于上帝的恩典,却又受到封建教会的压制,直到近代借助人类对自然必然性的征服、主宰和驾驭,终得以确立的艰难历程。②值得注意的是,在叙述笛卡尔之后,先前深得张先生重视的黑格尔的自由的思想,在这里却并没有受到提及,更未能作为西方自由思想的重要发展脉络而得到延伸性的阐释。张先生的这样一种处理方式上的微妙变量,给人留下了相当大的深思空间。

张先生在谈到中国文化发展之时区分了两条线索:一条是融自我于社会伦常关系或宇宙自然整体的旧传统,另一条是以杨朱的"贵己"、道教的"我命在我不在天"、玄学审美境界中的个性解放为代表的自我觉醒、突显个体性的思想脉络。其实,如果以自由概念为焦点,西方文化发展何尝不也是伸展着两条相互区别的致思线索:一条是以伊壁鸠鲁的自由观念,基督教的意志自由学说,启蒙运动时代洛克、康德的自由理论贯构起来的自由思想传统,正是这一传统才体现了人类对自由本质的本真理解。另一条则是始于柏拉图、亚里士多德,在斯宾诺莎、黑格尔哲学中达到顶峰的所谓传统理性主义哲学世界观。这一世界观的代表人物如黑格尔当然也谈论自由,但区分了两种自由:一种是所谓抽象的、独立于他者的、纯粹关涉自身的自由,它体现为为所欲为的破坏性力量。另一种则是具体的自由,即是对他人及自身

---

① 张世英:《觉醒的历程——中华精神现象学大纲》,中华书局,2013年,第154—155页。
② 同上,第163页。

之必然性的一种洞察觉解,自由作为具体事物,就必须与必然性密不可分,而这种必然性要归溯为绝对精神、客观理性,并进而具体外化为国家的法律及制度。这便赫然呈示出一种所谓决定论的自由。

这种决定论的自由观看似辩证中允,实则贻害无穷。这种自由观的致命之处在于,把必然约束作为自由之存在的前提条件,其实质结果便是彻底阉割了自由这一概念的精髓。因为所谓自由本来就是指并未事先规定好的意愿的自我确立,是通过自我决定而做自己的主人。人的意志如果先在地取决于某种外部的原因,就根本谈不上自由,故自由只有作为必然性的反面才可以想象。这里需要区分两个层次的问题:人享有自由,就意味着行为主体可以不受任何外在因素影响地决断,这种自我决断的主体权利是人之所以为人并享有人的尊严的关键所在。因而把人作为人来看待,并且把尊重人的自由作为人际交往和社会建制的最根本和最首要的原则,这是第一层次的问题。而人的自我抉择究竟是对的因而受到褒扬、还是错的因而受到谴责,是给自己和国家带来荣耀还是灾难,是否合乎社会通例、公序良俗,是否有益于行为主体本身的预期目标,这完全是第二层次的问题。而传统理性哲学自由观的要害恰恰就在于,将两个层面的问题完全搅和在一起,并且用宇宙理性整体所蕴含的必然约束来窒息行为主体所有的自由自主的努力。所以实在来说,黑格尔哲学中虽确也有自由的理念,但这种理念能够给人提供的拥有击透纸背式力度的思想启迪,肯定是非常有限的。这或许就可以解释,为什么张先生在对西方自由思想的历史文脉进行穷源溯流式的抉发检视之时,对黑格尔做了一种"遗漏式"的处理。

张先生所面临的是庞大的中华精神文化现象,其特征在他看来是缺乏自我主体性以及独立自我的观念,故对于张先生来说,倡导自我主体性、呼唤人的自由本质的显现,便成为其对中华精神文化反思中最紧迫的思想旨趣和最深刻的理论关切。纵观张先生学术思想发展历史,他长期倚靠的是传统的思想文化宏观背景,早期依凭的是养分颇为贫乏的黑格尔自由思想的资源,即便是在这样一种历史所造成的思想纵深度十分有限的场域条件下，他仍然能够如此顽强地秉持精神觉解，坚守人性理想，在追求自由之真谛、回归自我的思想家园的漫漫长路上倾注精益、栉风沐雨、持续奋争，用绵密周至、精辟透彻的学术著述来见证其体大思精的精神刻度。所有这一切均映射出张先生引领时代的价值取向和高蹈卓拔的人格特质。张先生说，在中华思想文化史上，个体性的自我为争取独立自主奋斗自拔的进程至今尚未结束，真正实现突破那种融自我于社会伦常关系或宇宙自然之整体的旧传统，乃鸦片战争以后之事；从龚自珍将"我"视为一切的主宰，到魏源对"万物一体"说不足以"制国用""苏民困"的批判；从梁启超学习笛卡尔、康德思想，鼓吹"非我随物、乃物随我"，到孙中山的心物二元论以及"精神战胜物质"之学说；而"五四运动"才构成中国历史上一次真正意义的个性解放运动，但这也是仅仅召唤了一点西方先进的个体性自我观，而这种中国式的文艺复兴在张先生看来着实来得太晚，中国式的个体自我解放之途实在是过于长久！当然，在这样一条漫长的道路上，我们看到了张先生自己不仅是一位观察者、总结者，而且更是一位践行者、奋争者，他在长久的学术积淀中用鸿篇巨制里所蕴含着的高识深论、超迈见解，为自己塑造建构出了一个杰出哲学家和思想贡献者的身影。

论张世英"万有相通哲学"的原创性[1]

胡自信[2]

北京大学的张世英教授是享誉海内外的大哲学家。《人民日报》与《光明日报》称其为"著名哲学家",中国新闻网称其为"哲学界泰斗"[3]。改革开放以来,张世英先生创立了特色鲜明的万有相通哲学。这是我们这个时代与社会发展进步的重要标志。回首上个世纪五六十年代,我国只有"哲学工作者",没有"哲学家"。改革开放之后,我们的社会鼓励学者成名成家。时代与社会的这种进步,应该说是巨大的。张先生的万有相通哲学就是这个时代的产物。本文旨在探讨这种新哲学在本体论上的创新。在张世英哲学中,本体论是基础,认识论、伦理学、美学、历史观等理论,都建立在本体论之上。因此,本体论是重中之重。限于篇幅,本文只讨论张世英哲学的本体论创新。本文共分三部分:第一部分介绍该哲学的理论基础,第二部分阐述其本体论,第三部分探讨其原创性。

一、万有相通哲学的理论基础

本节的论题是,张先生在马克思主义哲学、西方哲学以及中国传统哲学领域的建树,为后来的万有相通哲学奠定了理论基础。众所周知,我国的哲学研究通常分为三大领域:马克思主义哲学,中国传统

---

[1] 本文原载《哲学分析》第 8 卷第 1 期,2017 年 2 月。
[2] 胡自信:北京第二外国语学院英语学院教授。
[3] 张世英:《希望哲学论要》,载《人民日报》2013 年 7 月 18 日;《我们还要"述而不作"吗?》,载《光明日报》2011 年 9 月 30 日。陈静:《第三届思勉原创奖颁奖——学者共议"原创之源"》,载"中国新闻网"2015 年 12 月 20 日。

哲学以及西方哲学。我们自然要问：张世英哲学究竟属于哪个领域？笔者的回答是：哪一个都有关系，但哪一个都不合适。为什么说哪一个都有关系呢？因为在这三个领域，他都有重要建树；把这些建树有机地融合起来，就是其一家之言——万有相通的哲学。如此看来，万有相通的哲学既非传统的马克思主义，又非西方哲学，亦非中国传统哲学。在马克思主义哲学与西方哲学领域，张先生的贡献真可谓具有里程碑式的意义——他让中国哲学走向世界，而且走得很潇洒，因为那不是我们一厢情愿的"送去主义"，而是西方有识之士的"拿来主义"。[①] 我之所以把马克思主义哲学与西方哲学放在一组，有两个原因，一是因为马克思主义本来就是西方哲学，再就是因为张先生把马克思主义放在西方哲学的历史长河中进行研究。质言之，1978年，法国的三个青年学者阿兰·巴迪欧（Alain Badiou）、约尔·白乐桑（Jöel Bellassen）与路易斯·莫索（Louis Mossot）通力合作，在法国编译出版了《黑格尔辩证法中的合理内核：对张世英的一部著作的翻译、介绍与评论》[②]。张先生的原著是《论黑格尔的哲学》[③]。巴迪欧等编译、注释的这本书，取材于《论黑格尔的哲学》第四章《论黑格尔哲学的"合理内核"》。当年的巴迪欧，现已成为法国著名哲学家；当年的白乐桑，现已成为法国著名汉学家、汉语总督学。沧海桑田，法文版《黑格尔辩证法中的合理内核》出版34年后，作为译者之一的白乐桑先生，拜见了他留学北大时的老师张世英教授。张先生的回忆录详细记述了这次会面的情况。[④] 根据该书英译者涂子谦对巴迪欧的采访录，我们很容易发现，张先生对巴迪欧的影响是巨大的：通过译注张先生的著作，巴

---

① 借用季羡林先生语。参看季羡林：《三十年河东，三十年河西》，当代中国出版社，2006年，第186页。
② 参看其英文版 Alain Badiou, Jöel Bellassen and Louis Mossot, *The Rational Kernel of the Hegelian Dialectic: Translations, Introductions and Commentary on a Text by Zhang Shiying*, ed. and trans. Tzuchien Tho, re.press, 2011。
③ 张世英：《论黑格尔的哲学》，上海人民出版社，1956年。
④ 参看张世英：《张世英回忆录》，中华书局，2013年，第344页。

迪欧认识到，辩证法在黑格尔哲学中发挥着极其重要的作用。从此，巴迪欧在著作中经常论及黑格尔。[①] 除此之外，北美汉学家彼得·巴腾（Peter Button）撰写的《否定性与辩证唯物主义——张世英对黑格尔辩证逻辑的解读》进一步证明，西方学者高度重视并认可张先生的黑格尔研究。[②] 笔者认为，巴腾的主要目的是纠正冷战思维模式对中国哲学的丑化与污蔑。在他看来，张先生的黑格尔研究是真正的哲学，而非政治宣传或意识形态的说教。在我看来，巴腾对我们的另外一个重要启示在于，不能全面否定"文革"前或"文革"中的学术研究；虽然学术离不开政治，但是我们不能把学术归结为政治；只有仔细甄别，才能去伪存真。根据张先生的回忆，从1949到1953年，他一直在教"马列主义基础"，后来还教过列宁的《哲学笔记》。[③] 当时那种极左的教条的马克思主义认为，马列主义是唯一正确的哲学，西方哲学和中国传统哲学都要为它服务。张先生在西方哲学领域的上述重要建树，就是在为马列主义哲学服务的过程中形成的。这说明，早在改革开放以前，张先生已是马列主义与西方哲学两个领域的专家；我们可以称之为万有相通哲学的两大基石。第三大基石是中国传统哲学，建造于改革开放之后。

在中国传统哲学领域，张先生同样取得了令人瞩目的成就。其《觉醒的历程——中华精神现象学大纲》，赢得学术界的高度赞誉。[④] 中国哲学史家张立文认为："张先生在我心目中是非常大的人物。在我们哲学界看来，他是我们的泰斗……我们知道中国哲学人，一般对西方哲学不是太了解，搞西方哲学的对中国哲学不太了解……张先生既懂

---

① 参看 Alain Badiou, Jöel Bellassen and Louis Mossot, *The Rational Kernel of the Hegelian Dialectic: Translations, Introductions and Commentary on a Text by Zhang Shiying*, p. 95。

② Peter Button, "Negativity and Dialectical Materialism: Zhang Shiying's Reading of Hegel's Dialectical Logic", *Philosophy East and West*, Vol. 57, No. 1, 2007, pp. 63–82.

③ 《文化选择与文化发展：杜维明、张世英、黄枬森先生中西马高端对话》，载《北大中国文化研究》第1辑，社会科学文献出版社，2011年，第14页。

④ 张世英：《觉醒的历程——中华精神现象学大纲》，中华书局，2013年。

西方哲学,又懂中国哲学。"[1]张立文的这些论述现在仍然适用,学中国传统哲学的,对西方哲学所知甚少,学西方哲学的,对中国传统哲学所知甚少。而会通中西是一件极富挑战性的工作,学者至少必须精通一门外语,还必须有良好的古文基础。在这方面,张先生具有得天独厚的优势:他能够熟练使用德语和英语,不仅具有良好的古文基础,而且在中国古典文学方面造诣颇深。《北京大学学报》主编程郁缀教授以饱满的热情,畅谈了《觉醒的历程》所激发的社会反响:

> 张先生的这本《觉醒的历程》首先是在《北京大学学报》连载。这在《学报》引起了强烈的反响,从来没有一个人的学术文章在学报上连载。张先生的文章我们分六期连载,是因为张先生在中国精神现象学方面的研究有着开拓和创新,是从中国的、自己的精神现象里进行研究,这是很难得的。
>
> 张先生的研究建立在中国国学与西方研究的基础上,以后很难会有像张世英先生这样,把中国的传统国学研究和西方的哲学研究结合起来,讲得这么深入的了。[2]

张先生在中国传统哲学领域的成就说明,他是名副其实的学贯中西的大家。他对中国传统哲学的研究,具有明显的原创性,与其在改革开放以前对马列主义与西方哲学的研究,形成鲜明对照。他在其学术自传中明确指出,其改革开放前的学术原创性,远不及改革开放之后,这是时代造成的。综上所述,张先生在马列主义哲学、西方哲学与中国传统哲学三大领域,均有重要建树。在这三大基石之上,他会通中西,融贯古今,创造了万有相通的哲学体系。这个体系的基础,则是万有相通的本体论。

---

[1] 《九十二岁老人的"自我"主张——张世英教授新书发布暨学术思想座谈会实录》,载《出版广角》2014年1月下,第39页。
[2] 同上,第39页。

二、万有相通哲学的本体论

张先生的哲学创新似乎可以用这样一句话来概括：面对现实，会通中西，放眼未来。面对现实的意思是，其哲学具有强烈的时代性，直面现实。会通中西的意思是，汲取中西哲学之精华，解决现实问题。放眼未来的意思是，借用张载的话说，为生民立命，也就是说，为人们提出一种可望而又可即的人生理想。张先生这样写道：

> 我们今天亟需发展科学……但现在人们过分地热衷于功利追求，对自然采取人类中心主义，对人采取自我中心主义，破坏了人与人之间、人与自然之间的和谐……针对这些情况，我主张在重视实用的同时，更多地提倡诗意境界与"民胞物与"的精神及其理论基础"万物一体"的哲学。①

万物一体的哲学是张先生的创新。他给自己的哲学先后起过几个名字：新天人合一，希望哲学，新万物一体，以及万有相通。他比较喜欢最后一种说法，我完全赞同。我觉得万有相通这种提法至少具有两大优点：一是这种说法最能表达其思想精髓，张先生强调世界万物的互联互通；二是该说法能够避免"天人合一"的烦琐称谓，在以前的论著中，张先生区分了"前主客二分"或"前主体性"的天人合一与他所倡导的"后主客二分"或"后主体性"的天人合一，或说低级形态的天人合一与高级形态的天人合一。较之"万有相通"的说法，这些称呼不够简明。根据我的理解，从广义说，天人合一、希望哲学、万物一体、万有相通这四个称呼，是可以互换的；但从狭义说，根据张先生对《哲学导论》的增补，我们必须清楚地区分"天人合一"与

---

① 张世英：《哲学导论》，北京大学出版社，2002年，导言第12页。

"万有相通",前者特指中国传统哲学,后者特指张先生自己的体系。[①] 万有相通哲学的目标很明确:恢复被破坏了的人与自然、人与人以及自然与自然的和谐关系。

何谓本体?何谓万有相通?万有相通的本体论究竟为何物?张先生的新本体论立足于当代欧洲大陆哲学(特别是海德格尔哲学)与中国传统哲学(特别是天人合一的思想)。本体是一个令人困惑的概念,海德格尔以前的哲学家大都是柏拉图主义者,他们认为,本体是一种超时空的永恒的存在物。与海德格尔同时代的逻辑实证主义者则认为,本体概念是心灵的虚构,只表达主观感受,不描述客观事实,没有任何意义。海德格尔则不然,他认为本体就在时空中,它是人类生活不可或缺的一个要素。张先生汲取了这个合理思想。他说本体论旨在揭示万物之本源,"中国文化的本体是天人合一、万物一体、阴阳融通"[②]。张先生把"本体"与"本源"看作同义词。万物一体的思想来自何方?来自人的现实生活。人生在世,必然要与他人或他物打交道,其方式不外乎"主客二分"与"主客不分"两种。主客二分的意思是,人把自己当作主体,把他人和他物当作客体,主体与客体的关系是外在的,即主体在客体之外,客体亦在主体之外。例如茶水与茶杯的关系,或学生与学校的关系,茶水可以在茶杯中,也可以不在茶杯中,学生可以在学校,也可以不在学校。"西方哲学把这种关系叫作'主客关系',又叫作'主客二分'……其特征是(1)外在性……(2)人类中心论……(3)认识桥梁型。"[③] 主客二分的世界观把他人看作"外人",把他物看作"外物",把自我看作中心,外人和外物是自我的对立面,它们即我的"自然界"。我要征服自然,改造自然,而征服与改造的前提是认识自然,认识的方式是在主客之间建造一座桥梁,实现主客统一。这是海德格尔之前西方哲学史的大致轮廓。这种世界观的

[①] 张世英:《哲学导论》,第420页。
[②] 《中西文化与美学的走向——专访著名哲学教授张世英先生》,载《中国文艺评论》2015年第3期,第117页。
[③] 张世英:《哲学导论》,第3页。

优点是，高扬人的主体性，反对教会神权，科学技术突飞猛进。但其恶果也很明显，而且影响巨大：人与自然、人与人以及自然与自然的和谐关系遭到破坏。①

与主客二分相对的另外一种人生在世的方式或世界观，被称为"主客不分"的人生态度。这种态度认为，人与自然、人与人以及自然与自然是相互依存、须臾不可分割的关系。没有人，世界毫无意义；没有世界，人无法生存。人与世界、主体与客体是相互内在、相互连通的关系。用前一段的例子说，茶水可以离开茶杯，学生可以离开学校，但是人不可能离开世界，无论何时何地，人都在世界之中。用张先生的话说，

> 人是世界万物的灵魂，万物是肉体，人与世界万物是灵与肉的关系，无世界万物，人这个灵魂就成了魂不附体的幽灵；无人，则世界万物成了无灵魂的躯壳，也就是上面所说的，世界是无意义的……这种关系的特征也可归结为三点：(1)内在性……(2)非对象性……(3)人与天地万物相通相融。②

张先生援引我国明代大哲学家王阳明所谓"人心一点灵明"，来阐述这种主客不分的世界观。人心的灵明就是人的理解力，这种理解力完全不同于逻辑实证主义所谓的科学理性。科学理性只关心科学规律，而科学规律不过是宇宙万物所具有的诸多规律之一。与此相反，主客不分的世界观是一种整体论，这种理论立足当前，放眼世界。它认为，人与世界、主体与客体的关系是互为前提的，你中有我，我中有你，相互作用；他人与他物不是我要征服和利用的对象，相反它们和我一样，都是万物中之一物，我与它们是平等的，所以我不能以自我为中心，也不能破坏环境；我必须尊重别人，保护环境，因为我与它们属

---

① 张世英：《哲学导论》，第15—16页。
② 同上，第4—5页。

于同一个整体。①

这种主客不分的整体论就是张先生所谓万有相通的本体论。下面一段话清楚地表达了这种理论的基本主张。

> 自然界和社会上的各种事物以至个人自己的各种先天的和后天的各种生理因素和心理因素,以远近程度不同和千变万化的联系方式构成千姿百态的交叉点或"本我",因此每一个交叉点、每一个"本我"虽然都是同一个宇宙之网的整体,但彼此之间又有各自的个性与独特性。个体性融合在整体性之中,每个"本我"即是整体,整体即是每一个"本我"。这就是为什么"本我"既有我性又超出我性而为宇宙整体的道理。正因为如此,我与他人、他物才融为一体,无有隔碍,而又能同时保持我自己的独立性、创造性和自由。这也就是我所谓的"天人合一"或"万物一体"。②

如上所述,广义而言,天人合一、万物一体、万有相通是同义词。我采用最后一种提法:万有相通本体论的关键是个体性与整体性的关系。上面这段话至少包含四层意思:(1)个体性寓于整体性之中。(2)整体性寓于个体性之中。(3)万有相通这个本体在时空之中。(4)个体性与整体性是万有相通本体的两个不可或缺也不可分割的组成部分。首先,个体性寓于整体性之中,意思是说,任何人、任何事物都在这个普遍联系的大网之中。区别在于,有些人知道其存在,有些人不知道。哲学家凭借其"一点灵明",为我们揭示了它的存在。理解它并以此为家,人们就能进入一个更高的精神境界。其次,整体性寓于个体性之中,意思是说,万有相通是万物之本体,即使有些人不知道它,它依然存在。一如婴幼儿不知地球,但地球依然存在;原始部落的人

---

① 张世英:《哲学导论》,第88页。
② 张世英:《天人之际——中西哲学的困惑与选择》,人民出版社,1995年,第268页。

不知现代科技，但现代科技依然存在。事物在哪里，万有相通这个本体就出现在哪里。中国人、美国人、法国人和非洲人，表面上各不相同，实际上互联互通。换言之，这里的经济衰退了，那里会受影响；那里的环境被破坏了，这里也会受影响，以此类推，以至无穷。再次，万有相通这个本体在时空之中，意思是说，本体与具体事物是一个世界，而非两个不同的世界。张先生说："我以为万物一体之外，别无其他任何所谓超时空的本体，那是不现实的、抽象的。"① 柏拉图的理念与黑格尔的绝对精神，都在时空之外，因此都不可信。海德格尔认为，传统形而上学的根本问题是："为什么有某物而不是无？"② 他的回答晦涩难懂，有的西方学者甚至抱怨说，他是在玩文字游戏。在会通中西的基础上，张先生提出一种清晰而深刻的回答："超越'有'而达到'无'……也就是达到了无的境界，颇像中国人所说的'即世而出世'的境界。所以只有采取超越的态度以达到'无'的境界，才算真正把握了整体。"③ 这就是说，某物之所以存在而不是无，全靠"存在者的整体性"或"万有相通"。张先生清楚地回答了这样一个本体论难题：本体何以在时空（及万物）中，却非万物中之一物。笔者认为，这是张先生的一大贡献。最后，个体性与整体性是万有相通本体的两个不可或缺也不可分割的组成部分，意思是说，个体与整体具有同等重要的意义，不可偏重其一，忽视其他。个体性与整体性并重，显然是一条具有重要意义的辩证法原理，也是万有相通哲学的一大特色。这是张先生的创新之一，我们将在下一节探讨这个话题。

三、万有相通哲学的原创性

原创性，顾名思义，是指某人或某种力量创造了某种史无前例

---

① 张世英：《进入澄明之境——哲学的新方向》，商务印书馆，1999年，第120页。
② 海德格尔：《路标》，孙周兴译，商务印书馆，2000年，第450页。
③ 张世英：《进入澄明之境——哲学的新方向》，第56页。

的事物，例如新的思想观念、文艺作品、科学技术上的发现与发明等。这个词至少有两种不同的含义：基督教所谓上帝的创造与希腊神话所谓神的创造。前者的创造是无中生有，上帝凭借其意志而创造世界；后者的创造其实是一种改造，神把已经存在的混沌状物质改造为天、地、海洋等。我们通常所说的创造，是指改造——对旧的东西去粗取精、去伪存真，发现或发明某种新的东西。这就意味着，新、旧东西之间必然既相似，又不同。这种既相似、又不同的关系，正是张先生所谓和而不同，不同而相通。众所周知，相似不等于相同，一如人与猿相似，但人不是猿；父子相似，但子不是父；亚里士多德哲学与柏拉图哲学相似，但亚里士多德不是柏拉图；阿奎那神学与亚里士多德哲学相似，但阿奎那不是亚里士多德；孟子的思想与孔子的思想相似，但孟子不是孔子，如此等等，不胜枚举。同理，张世英哲学与海德格尔哲学的相似性，是不同而相通，即同中有异，异中有同。这个"不同"就是他的创新，我认为，这是哲学的不同，也是时代的不同；一个有创新能力的哲学家，赶上了一个鼓励创新的好时代，所以他成就了这样一番事业。具体而言，张世英哲学的原创性至少表现在以下六个方面：(1) 哲学术语不同。张先生把海德格尔哲学中国化了，这是一种创造性改造，或说再创造。天人合一、万物一体、万有相通、主客二分、主客不分（主客合一）、超越主客、前主体性主客合一、后主体性主客合一等术语，都是张先生的创造或再创造。换言之，在他那里，这些本体论术语都获得了我们这个时代的新意。(2) 思想的立足点不同。张先生的立足点起码有三个：一是当代中国社会，二是中国传统文化，三是西方文化。孙月才称张世英哲学为"一个民族的现代的哲学体系"，我认为，这种描述是恰如其分的。[1] (3) 哲学研究的目的不同。海德格尔哲学主要服务于西方文化，张世英哲学主要服务于中国文化，这是毋庸置疑的。他们都放眼世界，但是路径不同。众

---

[1] 孙月才：《一个民族的现代的哲学体系——读张世英先生〈哲学导论〉》，载《江海学刊》2005年第2期，第28页。

所周知，海德格尔曾仔细研读老子，这说明他的路径是由西方而延伸至东方。张世英的思想路径与此不同：他是由东方而延伸至西方。这正是本文第二节的主题句对张世英哲学的概括：面对现实，会通中西，放眼未来。(4)哲学思想的清晰度不同。在中国，学哲学的人大部分都知道，海德格尔哲学晦涩难懂，张先生的著作则清晰易懂。只有清晰易懂的思想，才能实现其教育人民、改造社会、提高人们精神境界之目的。张先生把抽象、晦涩的海德格尔哲学，转化为清晰易懂的当代中国哲学，这就是创新。(5)张先生强调主客二分在万有相通本体中的重要作用，海德格尔则不然。张先生是著名的黑格尔哲学专家，深知辩证法的真理性。在他的哲学中，海德格尔、黑格尔与中国传统哲学融会贯通，三者形成一个有机的整体。在阐述万有相通的本体论时，他总要强调主客二分的必要性，因为他对中国传统哲学的研究告诉他，少了主客二分这个环节，主客不分的本体论必然是模糊不清的，缺乏说服力。[1]与张世英哲学不同，为了批评传统哲学，海德格尔极少提到主客二分的重要性。这是张世英与海德格尔的一大差异，也是前者的一大创新。因为只有以中国传统哲学为背景，主客二分式思维的重要性与必要性才能凸显出来。(6)哲学的解释力不同。这本来是分析哲学的一个术语。牛津大学教授斯文伯恩说："只有当我们能够获得更大的解释力（即能够解释新的事物），或者整个世界图像变得更清晰时，我们才放弃旧解释，而接受新解释。"[2]旧解释不如新解释，因为在前者看来，某两件事情毫不相干，但是在后者看来，它们就是有关系的，甚至还有密切联系。很显然，解释力变大是哲学进步的标志。我认为，张世英哲学的解释力，大于海德格尔哲学。海德格尔虽然也讲中国哲学，但毕竟讲得不多。比较而言，张先生却是中西并重，双管齐下，相得益彰。如《第三届思勉原创奖公告》所言，张世英先生"……精心撰写的《哲学导论》，在我国哲学研究范式发生急剧变革的

---

[1] 张世英：《张世英文集》第6卷，第410—411页。
[2] Richard Swinburne, *The Existence of God*, Oxford University Press, 1991, p. 84.

年代，为中国哲学走向世界做出了杰出贡献"[①]。张先生提出的新解释，就是一种新的哲学范式，即万有相通的哲学。这种哲学既讲中国传统文化，又讲西方传统文化；万有相通理论所阐述的人类思想的三个发展阶段——天人合一，主客二分，万有相通——既能解释西方哲学，又能解释中国哲学。从这种意义上说，张世英超越了海德格尔。这是思想的超越，更是时代的超越。我们的古人说，后之视今，亦犹今之视昔。辩证的否定是无止境的。在我们这个需要创新、鼓励创新的伟大时代，张先生已然成为莘莘学子的典范。美学家叶朗说，"张世英先生的研究非常有价值。但在学术界，对张世英先生的重视还不够……我们能做的，是要宣扬真正有学问的人，这个对整个国家、整个民族是有好处的"[②]。这也是笔者的坚定的信念、真诚的期待与不懈的追求。

[①] 《第三届思勉原创奖公告 2015 年第三号》，载《光明日报》2015 年 10 月 9 日。
[②] 金涛：《燕南园里的美学散步》，载《中国艺术报》2015 年 7 月 31 日。

复返其根 会通创新

——《归途：我的哲学生涯》述评

赵　涛[①]

著名哲学家张世英先生早年以德国古典哲学研究享誉海内外，特别是对黑格尔哲学的精湛研究，更是影响了一代又一代青年学人。值得关注的是，及至晚年，张先生却回复到中国古典哲学研究，结合对西方现当代哲学的学习与思考，逐渐形成并系统提出了新"天人合一""万有相通"这一可以"与熊、冯、金的体系比肩"[②]的具有原创性的哲学体系。复返其根，会通中西，在新体系的观照下，年近九秩的张世英先生再次焕发出惊人旺盛的学术生命力，谈虚拟，论想象，言境界，说希望，以不能自已的创造激情，连续出版了《天人之际——中西哲学的困惑与选择》《进入澄明之境——哲学的新方向》《哲学导论》《新哲学讲演录》《境界与文化——成人之道》等一系列诗、史、思结合的学术精品。

有人说："哲学是反体系的。"但黑格尔认为："哲学若没有体系，就不能成为科学。没有体系的哲学理论，只能表示个人主观的特殊心情，它的内容必定是带偶然性的。"[③]新"天人合一""万有相通"哲学体系的提出，就如同是一次思想的层级跃迁与范式转换，在"山重水复疑无路"的学术瓶颈期，独辟蹊径、别开生面，给渐趋沉寂的理论研究注入一湾活水，传统的本体论、认识论、美学、伦理学、历史观等在新哲学体系的烛照下获得了全新的阐释，带给广大读者耳目全新、

[①] 赵涛：江苏省社会科学院《江海学刊》杂志社副总编辑、研究员。
[②] 孙月才：《一个民族的现代的哲学系统——读张世英先生〈哲学导论〉》，载《江海学刊》2005 年第 2 期。
[③] 黑格尔：《小逻辑》，贺麟译，商务印书馆，1980 年，第 56 页。

圆融无碍、一通百通的澄明之感。张世英先生的学术发展历程具有一定的代表性，可以说是中国近现代以来哲学发展道路的一个缩影；他所揭橥的哲学新方向，必将对未来中国哲学的创造性转化、创新性发展产生重大的影响。

由是观之，张先生新近出版的《归途：我的哲学生涯》（人民出版社 2008 年版）一书，作为一部个人自传性文本，就具有了十分独特的学术价值。它不仅是我们了解张先生生平及其半个多世纪学术心路历程的最佳窗口，也是我们直接把捉其学术思想内核以便快速进入其哲学新体系的理想指南。张先生以"归途"二字来概括其哲学生涯，固然如其所描述的，"就像我的哲学足迹，虽然遍历中西古今，最终还是向往少年时期所迷恋的老庄家园一样"[1]，是个人回归自我精神家园的真实写照，但这一回归及其晚年所发生的重大学术转向，对当前的中国哲学研究也不无借鉴与启示意义。

一

这部篇幅不长的自传由正文和附录两大部分组成。正文部分包括 16 篇回忆文章，附录部分则以较多篇幅收录了张先生不同时期发表的相关随笔、代表性论文和若干记者访谈资料。正文和附录构成一个彼此呼应、便于读者参照翻检的完整阅读体系。

在具有自传性的 16 篇回忆文章中，张先生以清晰简明的笔墨，生动地讲述了他从启蒙阶段以至西南联大求学期间的问道生涯，对自己 60 年来的学术发展道路也做出了严格的自我解剖和深刻反思，特别是对改革开放后近 30 年学术转型的心路历程做出了说明。这为我们从思想发生史的视角理解作为哲学家的张世英先生的学术思想的来龙去脉提供了宝贵的第一手资料。

和许多会通中西的学术大师一样，童年及青少年时期的张世英先

---

[1] 张世英：《归途：我的哲学生涯》，人民出版社，2008 年，第 2 页。

生熟读中国典籍文献,自小就打下了坚实的国学基础。在父亲张石渠的影响下,童年的张先生喜爱老庄和陶渊明,"归去来兮",这不仅是张先生最早的哲学启蒙,也像一粒种子,孕育和影响了他未来的哲学生涯。少年时期的张世英先生曾在当时全市中学国文年级比赛中,以《论时间》一文获得第一名,很早就崭露出非同寻常的哲学思辨能力。

进入西南联大后,张先生先学经济,后出于对宇宙人生沉思默想的偏好,也由于受到哲学家贺麟先生的巨大影响,转入哲学系,在冯友兰、贺麟、汤用彤、冯文潜、吴宓、金岳霖、闻一多等诸多学术大师的指引下,踏上了究天人之际、通古今之变、成一家之言的上下求索之路。

是时的西南联大名家荟萃,学风自由,气象宏伟。这样一所"春风化雨、弦诵不绝"的学术殿堂,无疑为张先生学术思想的成长提供了最为适宜的土壤。"西南联大是百花园,学子在这里可以任意采摘;西南联大是万神庙,学子在这里可以倾心跪拜。"[①] 在张先生的笔下,每一位联大名师无不才情充沛、性格迥异、风采斐然。贺麟先生以"荷花出污泥而不染"诠释黑格尔的"绝对精神",解说辩证法,通俗而新奇;讲授英国诗歌的吴宓先生,却偏爱中国经典,给学生推荐的参考书大多是关于中国古典文学的;研究逻辑的沈有鼎先生和专治文学的闻一多先生同开"易经"课,却还像学生一样彼此旁听对方的课程,课后两人常并肩而谈,进行严肃的学术争论。前辈学者会通中西的世界眼光、崇尚学术的名士风范无疑对张先生日后的治学态度及治学方法产生了重要影响。

不仅如此,联大名师,尤其是哲学系的诸位学术大师们关于中西文化比较的诸多思考也给当时敏而好学又能举一反三的张先生以深刻的启迪。他们的致思取向如同一湾清泉在潜移默化中导引和滋养着张先生未来的治学之道。

张先生当时看一些讲中国哲学史的书,都觉得理论分析少,不甚

---

① 张世英:《归途:我的哲学生涯》,第40页。

了了，并因此常常迁怒于中国人的传统思维方式：笼统、混沌。但听过冯友兰先生的课后，觉得他对许多中国古代的思想学说解释得那么清晰，评论得那么近情近理。冯友兰先生受英美新实在论的思想影响较深，他讲中国哲学史，总是联系西方哲学史来考察，这也把张先生的学术兴趣引向了西方哲学史。当时张先生就敏锐地意识到："中国传统思想缺乏分析和逻辑论证，许多内蕴很深厚的东西都被掩藏了起来，可以玩味，却难于解说。"①而冯友兰先生"近所谓东西文化之不同，在许多点上，实即中古文化与近古文化之差异"，将中西文化的差异看成是时代性差异的观点，时至今日，仍然为张先生所服膺。半个多世纪后，张先生在为一位学者撰写的《西方哲学东渐史》一书所写的序言中，再申此说，"与西方近代哲学相比，中国传统哲学显然落后了一个时代，在哲学发展的程度上和前进的步伐上低了一个层次"②，并认为这与中国传统哲学不重主客二分的"天人合一"、少有认识论与方法论、更缺少演绎法有关。张先生认为："从缺乏逻辑的认识方式到重逻辑的认识方式，是人类认识道路上的一个重大的前进性步伐。西方近代哲学重逻辑推理，把哲学弄成了缺乏诗意的抽象概念王国，这个缺点是人类认识史上前进中的缺点，我们不能因为这个缺点就停留在中国传统哲学那种缺乏逻辑论证和理论说明的低层次的认识水平上……中国传统哲学要想前进，就必须学习、吸取西方哲学的认识论与方法论，使自己走出那种朴素的简单直观的状态。"③

张先生日后关于中国哲学发展道路的许多思考，都未脱离冯友兰先生这一"东西文化差异说"的思想底板，他所阐发并系统提出的新"天人合一""万有相通"的哲学体系，其实就包孕和含摄了西方"主客二分"思维方式的积极因素。作为一位受传统旧学影响颇深的学者，张先生及至晚年都没有表现出丝毫的文化保守主义倾向，故步自封，

---

① 张世英：《归途：我的哲学生涯》，第 43 页。
② 张世英：《境界与文化——成人之道》，人民出版社，2007 年，第 295 页。
③ 同上，第 296 页。

而是一再强调学习西方特别是学习西方哲学的重要性,强调"中国传统哲学确有其重大的优点,但我更多地想到它的缺欠"[①],希望用西方近现代哲学的认识论与方法论来激活、惊醒中国传统哲学这头"雄狮"。这当然与他多年研习西方哲学、对西方哲学的历史与现状有深刻的理解有关,但也明白无误地传递出一位睿智的文化老人对中国传统思维方式自身存在弊病的清醒认知。

思想的发展总是在正反合的辩证之途中自由演进的。如果说冯友兰先生讲授中国哲学史,更多地将张先生引向了对逻辑推理和概念分析的重视的话,那么,西学造诣极深、西方哲学功底"如撒盐水中,化影响于无形,不露任何痕迹"[②]的佛学大师汤用彤先生则将张先生带入了一个高深莫测的"玄远之境"。汤用彤先生讲授魏晋玄学,在课堂上强调最多的是"物我两忘"和"即世而出世""应物而无累于物"。汤先生说:"笛卡尔明主客,乃科学之道,但做人做学问还需要进而达到物我两忘之境,才有大家气象。"他所强调的大家气象,给张先生留下了深刻的印象。张先生后来经常强调的既要重主客,又要超主客,强调科学与哲学的结合,就与汤用彤先生当年的教诲有一定的联系。而在张先生的新"天人合一"体系中,哲学更是被定义为提高人生境界的学问,"应是以进入人与世界融为一体的高远境界为目标之学"[③]。

诚如张先生所言:"创新就是在学术界已经达到的水平上前进一步,在祖述前人(包括已发表过研究成果的同时代人)的基础上开花结果。"[④]从张先生对西南联大的回忆中,我们可以很清晰地看到其与先师之间思想谱系的承传关系,正因为张先生的思考站在了前辈学术大师的肩上,"继承了'五四'以来我国现代创造哲学体系的理路,糅

---

① 张世英:《新哲学讲演录》,广西师范大学出版社,2004年,第584页。
② 王元化:《谈汤用彤》,载《王元化集》第7卷,湖北教育出版社,2007年,第49页。
③ 张世英:《哲学导论》,北京大学出版社,2006年,第9页。
④ 张世英:《新哲学讲演录》,第583页。

合中西资料又自成一家"①,所以,和那些搞概念分析的厚重艰涩的哲学游戏不同,张先生的学术著作深入浅出,大气磅礴,有体系又不过分概念化,气韵灵动,思想鲜活,读后给人以莫大的理论享受和智慧启迪。

二

当年联大名师所提示的把握中西哲学之分际的主客关系问题,日后成为贯穿张先生思考中西哲学发展轨迹的一条主线,也是我们理解张先生学术思想精髓的重要枢纽。新时期以来,张先生的新"天人合一""万有相通"哲学体系即发端于对主体性哲学的反思,对主体性哲学的超越则是张先生所揭橥的哲学新方向。

在张先生的哲学新体系中,哲学的根本问题被概括为人生的"在世结构"问题。所谓"在世结构"是指人与世界相结合的关系和方式,这又可以粗略地分为两个层次:一个是"主体—客体"的追问方式,一个是"人—世界"("天人合一")的追问方式。前者以我为主体,以他人、他物为客体,两者是相互外在的东西;后者把人与世界万物看成是息息相通、融为一体的内在关系。相应地,上述两个层次在中西哲学史和个人精神发展中大体上表现为三个阶段:"前主客关系的天人合一"阶段;以"主客二分"为主导的阶段;最后是经"主客二分"式思想的洗礼,包含"主体—客体"在内而又超越之的高级的"天人合一"阶段,又可称之为"后主客关系的天人合一"。②这样,"天人合一""万物一体"本是个人和人类精神发展的逻辑起点,又成为其最终归宿。当然,在对主体性哲学有深湛研究、对其利弊有十分清醒认知的张先生那里,新"天人合一""万有相通"的哲学体系绝不是对原始

---

① 孙月才:《希望哲学:生长"能思想的苇草"》,载张世英:《归途:我的哲学生涯》,第303页。
② 张世英:《归途:我的哲学生涯》,第253—261页。

的"前主客关系的天人合一"的简单回复,而毋宁是一种辩证的更高层次的回归。因为中国古代传统的天人合一理论,大体是从道德的角度而言的,少有认识论的意义;而张先生的天人合一观则融入了西方认识论的成果。诚如张先生所言:"《老子》教人复归于婴儿,并不是说高级'天人合一'等于简单回复到原始的'天人合一'。所谓出污泥而不染,也必须在污泥之中而又超脱之,没进过污泥的人,何不染之有。"[①]正是在这一思想的正反合的辩证运动中,晚年的张世英先生从西方哲学回复到中国古典哲学,发挥中国古典哲学重人生的特点,结合对西方现当代哲学的学习与思考,复返其根,以西释中,创造了独具民族特色的思想体系,实现了中国哲学自身的返老还童。可见,新的"天人合一""万物一体"观与中国传统的天人合一理论相比,无疑已跃升到一个崭新的思想层次。

真正的哲学创新从来都不是积累性的,不太像经验科学那样,可以通过积少成多来完成,它归根结底是元哲学层面的重建,有赖于哲学家天才的洞察和顿悟,可谓"一是皆是,一非皆非"。而一旦取得突破,就为哲学的未来发展开辟了广阔的空间。张先生的新哲学体系冲决了主体性哲学的狭窄眼界的限制,从元哲学层面揭示了西方现当代哲学转向的本质与趋势,为中国哲学的未来发展指明了方向,它在本体论、认识论、美学、伦理学、历史观等方面实现的变革为我们带来了全新的思考。

第一,在本体论和认识论上,张先生强调"由'在场的形而上学'到在场与不在场相结合的思想转向"[②],从"有底论"向"无底论"转向。

在张先生看来,任何一个事物都有其出场(在场)的方面,又有其未出场(不在场)的方面,在场的东西以不在场的东西为根底,彼此一体相通。由于这种根底是无穷无尽的,所以这种根底也就是

[①] 张世英:《哲学导论》,第28页。

[②] 张世英:《归途:我的哲学生涯》,第99页。

无底之底。

传统的"在场形而上学"坚持僵硬而绝对的本体观念,把人的注意力引向抽象的概念世界,哲学变得脱离现实,苍白乏味。而转向"在场与不在场"的结合,强调事物的隐蔽方面,则把人的注意力引向活生生的现实世界。"哲学与人生紧密结合,变得生动活泼,富有诗意,引导人进入澄明之境。"①

既然当前在场的东西总是以隐蔽在其背后的不在场的东西为根源或根底,那么,人类认识的目的就绝不能仅仅满足于求真、追求主客观相一致,局限于变动不居的在场之中,而更重要的是求新和创造,这样,传统真理观的符合说、反映论也就让位于真理的去蔽说。在张先生看来,认识要"达到互不相同的万物(包括在场与不在场的、显现的与隐蔽的)之间的相通相融""不能单靠思维,而还要靠想象"②。想象是从在场的当前事物冲向不在场的事物,冲向无限开放的领域,冲向不断更新的世界,行走于显(在场)与隐(不在场)之间,通向万有相通的现实整体的唯一桥梁。

正是基于对想象的高度重视和对思想创新的极大推崇,在一场"超越现实性哲学的对话"中,张先生就现实与虚拟的关系做出了全新的思考。他批评传统的现实性哲学框架,因为在这一框架中,"现实者,在场,出场之谓也,根本不可能出场的东西就是不现实的东西,就是不真的""哲学要创新,必须把想象、虚拟放在核心地位""想象把人的注意力指向不在场的领域,它是人的创造性和虚拟性的源泉"③"一味强调现实,死死地把当前在场的东西限制在固定的模式下,我们这个社会是没有希望的,历史是无法前进的"④。

第二,在审美观中,张先生强调审美意识在存在论上的根据就是

---

① 张世英:《归途:我的哲学生涯》,第 100 页。
② 同上,第 101 页。
③ 张世英、陈志良:《超越现实性哲学的对话》,载《中国人民大学学报》2001 年第 3 期。
④ 张世英:《新哲学讲演录》,第 575 页。

"万物一体",在于"天人合一"。"按主客关系式看待人与世界的关系,则无审美意识可言;审美意识,不属于主客关系,而是属于人与世界的融合,或者说天人合一。"[①] 由此,张先生主张在艺术观上应以现代的显隐说来取代传统的"模仿说"和"典型说",强调"隐蔽对敞亮、不在场对在场的极端重要性"[②],推崇的是从在场的东西显现出隐蔽的东西。按照这种艺术观,一件艺术品留给我们的想象空间越大,则其艺术价值就越高,而不是像传统观点所认为的那样,由模仿得像不像来决定其艺术品位。

为更深刻地揭示从主客关系的在世结构到超主客关系的在世结构、从重在场到重不在场的当今艺术哲学新方向,张先生还结合中国古典诗论中的"隐秀说",熟练地引用了刘勰《文心雕龙·隐秀》中的不少名句,以及元稹、柳宗元、杜甫等杰出诗人的著名诗篇,阐幽抉微,妙语解颐,以中国读者喜闻乐见的诗意语言生动地叙说了中国诗歌注重"意在言外""言约旨远""言有尽而意无穷"的含蓄之美,让人读后既感新奇,又觉亲切有味。

第三,在伦理观上,张先生则认为对"万物一体"的领悟是提高道德水平的基础,并呼吁在重视经世致用的同时,更多地提倡诗意境界和"民胞物与"的精神。张载《西铭》有云:"民吾同胞,物吾与也。"讲的就是人本身即植根于万物一体之中,人与天地万物原为一体。只是由于人执着于主客关系,执着于自我,执着于当前在场的东西,片面地重实用或者说片面地把天地万物都归结为使用对象,因此遮蔽了人的自我超越之路,无法以仁爱的态度、以"民胞物与"的精神对待自然和对待他人,无法达到"万物一体"的高远境界。

因此,在张先生看来,今天弘扬"万物一体"之仁的思想,更多提倡一点儒家天人合一思想中的"一体之仁"的观念,人与人之间就能多一分一体同类之感,就会多一分爱的温情。这不但为人伦道德找

---

① 张世英:《哲学导论》,第121页。
② 同上,第151页。

到了深远的根源,提高了中华文化的道德意蕴,而且为人与自然的和谐相处提供了理论根据。① 毫无疑问,这样的伦理观也为当前的和谐社会、和谐世界建设奠定了哲学本体论上的依据,值得进一步研究与弘扬。

第四,难能可贵的是,张先生不仅将新"万物一体"哲学思想横向地运用于共时性的空间研究,还将其纵向地运用于历时性的时间研究。在历史观上,借鉴伽达默尔的古今融合论,张先生提出了从传统的历史还原论到现代的古今融合论的转变。在张先生看来,万有相通一万物一体,这是古今融合、传统与现代融合历史观的存在论依据。"过去与未来、古与今都是唯一的宇宙整体自我展开、自我发展的不同阶段和不同状态。所以,过去与未来、古与今虽不同而又能相通,历史的昨天和今天是一个相互贯通的有连续性的整体。"② 在历史研究中,有必要把古今沟通起来,而不是使古与今彼此异己,相互隔离。

这样一种开放的历史观就为我们正确对待历史与传统提供了某种必要的前提。正因为我们永远处于历史的流变中,我们就无法把历史简单地视作为外在的被认识的客体,历史研究的目的就不仅仅在于恢复历史的原貌,而应"通古今而计之"(王船山语),从历史流变的"大视域"来看待历史。这就为我们的历史研究开辟了广阔的崭新的视野。

同样道理,传统也有一个从古及今、由过去到现在的流传过程。传统虽有惰性和滞后性,但其流传过程也是一个不断远离原本、不断更新、不断充实、不断开放的过程。因此,"老传统而无新解释,老传统就会死亡"③。所以,对待传统,正确的态度应该是:"我们应当摒弃那种一提到发扬传统就是发思古之幽情、维护旧东西的陈腐观念,而应当强调如何从旧传统中敞开一个新世界。"④

---

① 张世英:《归途:我的哲学生涯》,第 272 页。
② 同上,第 291 页。
③ 张世英:《进入澄明之境——哲学的新方向》,商务印书馆,1999 年,第 165 页。
④ 同上,第 170 页。

针对当前国学研究虚热的现状,张先生强调:"我们不能片面地重国学而轻西学;在国学研究方面也不能拜倒或变相拜倒在传统脚下,而应当把中国的思想与文化放到全人类思想与文化的大视野中去审视,在中外思想文化相互撞击的过程中,自然地淘汰那些无生命的东西,发扬那些有生命的东西。"①

三

一名记者在报道《归途:我的哲学生涯》一书出版消息时,将张先生60年的学术生涯归结为"三十年求进步,三十年寻归途"②,虽然十分简洁,但我总以为有些不妥。且不说这里将进步与归途截然对立,暗含一种历史的荒诞与虚无感,即便是把"归途"二字仅仅理解为张先生个人回归自我精神家园的写照,在我看来,都未免太过狭窄,未能从中西学术的大势透辟地揭示"归途"一语所蕴含的深意。事实上,张先生立意高远,始终把握住哲学的根本处,回到中华民族的原始智慧,参照西方现代理论,融汇古今,贯通中外,他创立的是一个由新"万物一体"所展开的由一系列概念、命题构成的包罗广泛、纲举目张的带有一定原创性的哲学系统。这一归途不应仅仅被解读为张先生个人对自我精神家园的回归,其致思取向直接继承了"五四"以来熊十力、冯友兰、金岳霖诸家建构现代中国哲学的优良传统,实现了民族性与现代性的完美统一。张先生的归途更应该被理解成中国哲学的归乡之旅。

张先生复返其根、会通中西的治学之道是具有一定代表性的,在国内人文科学诸多领域我们都可以看到踏上这一"归途"的学者的身影。"一个非常有趣的现象是,国内热衷于中西哲学比较的,往往是那些长期从事西方哲学研究的中国学者……他们的热情要远远高于只从

---

① 张世英:《归途:我的哲学生涯》,第291页。
② 《张世英:30年求进步,30年寻归途》,载《新京报》2008年12月3日。

事狭义中国本土哲学研究的学者们。"[1] 这一方面是因为这样的一批学者获得了一种异域的理论视野,"穿越西方是为了更好地阅读中国",有能力以一种世界眼光的宏大视域来跳出中国看中国,进行超越性的反思。西方的他者镜像构成了我们认识自己的必要前提,认识自己成为遍历西方的最终归宿;另一方面也是因为,"反者道之动",道的萌动,总是从回归开始,万物的运动都有一种复归的倾向,都要回到运动的原点,在新的认识和新的经验的基础上,重新再出发,进而上升到更高的境界。从某种意义上讲,"回归""反哺"是事物发展的根本条件。在充分体认中西文明的基础上,回归文化元典,会通中西理论,融合以期创新,就是重新打通中国学术的任督二脉,让中国学术再次获得淋漓生气和勃发生机的必要前提。

对于这一学术致思取向,张先生有一个非常精辟而警醒的说明:"我也认为中国传统哲学固有的优点也只有在与西方哲学结合的条件下,才能重振自己的活力。中国传统哲学中有很多可贵的东西似乎尚处于沉睡中,需要用西方的思想来激活它们,而它们一旦被激活以后,就比西方的哲学思想更具魅力。"[2] 因此,我们期待有更多的中国学者踏上这样的"归途",中华民族的学术还乡之日,也就是中华文化在世界上大放异彩之时。

---

[1] 余治平:《中西比较:处境分析与方法超越》,载《社会科学》2008 年第 11 期。
[2] 张世英:《新哲学讲演录》,第 584 页。

从四本哲学原理著作看中国当代哲学原理的演进[1]

——当代哲学原理著作研究之一

张 法[2]

中国改革开放以来的哲学演进，从逻辑上讲，是从马克思主义哲学的变革开始的，这里包括了多方面（从哲学学科内部和学术体系关系看）的展开。但对于哲学本身的演进来说，关键性的一点就是：把哲学原理与马克思主义哲学原理区分开来。这样，不是从作为哲学之一的马克思主义哲学，而是从哲学本身来讲哲学原理。从更宽更高的角度来讲这一演进，孙正聿的说法是，共和国以来的中国哲学，可以分为三个阶段，一是20世纪80年代以前的教科书哲学，二是20世纪80年代的教科书变革哲学，三是20世纪90年代的后教科书时代的哲学。讲详细一点，可以说，20世纪80年代以前的教科书哲学就是马克思主义哲学；20世纪80年代的教科书变革哲学既是马克思主义哲学自身的变革，又是对马克思主义哲学的一种变革；20世纪90年代的哲学的一个重大的标志，就是哲学原理的出现。自20世纪90年代以后，开设哲学原理类型的课程，已经成为大学哲学院系里的一种普遍的现象，哲学原理类型的专著已成为哲学出版物的重要构成部分。

在这些已出的哲学原理的著作中，我们选取四种，作为哲学原理演进的方向。一是孙正聿的《哲学通论》（2006年），是以马克思主义哲学为主体探索一种哲学原理的方向；二是叶秀山的《哲学要义》（2006年），是以西方哲学为主体来探索一种哲学原理的方向；三是张

---

[1] 本文原载《中国政法大学学报》2010年第5期。
[2] 张法：浙江师范大学人文学院教授。

世英的《哲学导论》(2002年)，是以中国古代哲学和西方现代哲学为基础，来探索一种哲学原理的方向；四是余敦康的《哲学原理》，要求以西方、中国、印度这三种哲学为基础，以一种宇宙人生的胸怀去研究哲学问题。列了这四种方向，从逻辑上我们会说，还应该有一种哲学原理，即纯粹从中国古代哲学来讲的哲学原理，或者纯粹从印度哲学来讲的哲学原理。这样的著作是有的，如郭齐勇关于儒家的哲学，如巫白慧关于印度的哲学，如方立天的佛教哲学……但这类哲学课程或哲学著作，都不自称或被称为哲学原理，而要以前面的定语"儒家"或"印度"或"佛教"而被定位为一种个别哲学。相反，孙正聿的《哲学通论》其实只是马克思主义哲学和西方哲学，叶秀山的《哲学要义》其实只是西方哲学，却大大方方地自称也被称为哲学原理，是一种普遍性的通论或要义。这是因为，一是在中国现代以来的哲学传统中，这两种方式已经被认为是一种哲学原理；二是在改革开放以来的哲学演化中，这两种方式也被认为是走向新的哲学原理的正确路径。孙正聿的著作，马克思主义哲学加西方哲学，是建立在两个主流哲学之上的；叶秀山的西方哲学，也是建立在主流哲学之上的。哲学之为哲学，本来就是由西方建立起来的，只有在这一正源里寻根，才能找出哲学的正路。我们举出的另外两本原理，张世英和余敦康的哲学导论，张世英从西方哲学与中国古代哲学的对接上来讲哲学原理，既有主流文化的西方哲学，又有本土文化的中国哲学，中西结合而创新路，这也是一个中国现代以来一直被公认的路；余敦康从梳理中、西、印三种哲学同异，来探索哲学原理应当怎样进行，这是一条更为宽广而又更为艰难之路，但也是中国现代以来被公认的哲学之路。

这里，人们也许会问：为什么这四条道路是被公认的走向哲学原理之路，而中国古代哲学、印度哲学、佛教哲学不是？

在这四条道路上，都有一个共同项存在：西方哲学。哲学本就来自西方，因此，抓住西方哲学，就可以理直气壮地讲哲学。而其他哲学，如与西方哲学区分开来的马克思主义哲学，如中国哲学，如印度哲学，都是在西方哲学这一参照系中，其哲学性质才显示了出来。这就是西方文化率先现代化而处于主流地位之后，其他文化的哲学要走向哲学原理的现实处境。这里包含了很多的问题。不在此展开。在这四种路径中，叶秀山的《哲学要义》只讲西方哲学，而最接近于西方哲学的原义。其他三人把西方哲学与不同的哲学相结合，在结合的过程中，西方哲学为了与这一种或两种不同的哲学结合，而呈显出不同的面貌。孙正聿书中的西方哲学的主题是思维与存在的关系，它由古希腊本体论到近代的认识论到现代的语言论到后现代哲学。在叶秀山的著作中，西方哲学就是存在论和认识论，然后加上现代的价值论。在张世英的著作里，西方哲学在前苏格拉底时代是人与世界合一，柏拉图到黑格尔是主客二分，到现代哲学是更高层面的超越了主客二分而又包含主客二分于其中的人与世界合一。在余敦康的讲义中，西方哲学的核心是逻各斯，在西方哲学发展的不同时期，逻各斯发展为不同的形式。可以说，四本哲学原理著作，呈现出了四种不同的西方哲学。这一现象，是中国的哲学原理要进一步发展时需要认真考虑的。

从中国哲学原理发展的角度看，这四本哲学原理著作究竟体现了哪些特点，有哪些学术建树，这些建树对于哲学未来的发展又有什么样的意义呢？

一、从政治型哲学原理到学术型哲学原理

四本哲学原理的最为共同的一点，就是把教科书时代的政治型哲学原理转为后教科书时代的学术型哲学原理。政治型的哲学原理提倡改造世界，让哲学成为改造世界的工具，这工具的最大特点就是直接为现实服务。这就是实践论中所谓面对现实，感受活生生的矛盾，从感性认识到理性认识，再把这得出的理性认识，用之于现实，让现实证明这一理性认识的真理。整个政治型哲学，一句话，就是要有现实功用。四本哲学原理的学术型转向，毫无例外地都是坚决地与现实功利拉开距离。

1. 孙正聿《哲学通论》里的转型方式

孙正聿的《哲学通论》里，首先让哲学回到爱智，爱智不是一般的智慧，而是大智慧。哲学的大智慧不是熟知，而是真知。熟知是对世界的名称式把握，而真知是对熟知的名称进行概念的反思，熟知的名称被人们称为有知，而对有知之"知"的反思和超越，才能发现所谓的"有知"其实是"无知"，有了这一无知感，才达到哲学的智慧。"在爱智的追求和追问中，一切的既定的知识和现成的结论都是批判与反思的对象，因而一切的'有知'在批判性的反思中都成了'无知'。歌德说，'人们只是在知识很少的时候才有准确的知识，怀疑会随着知识一道增长'。在一定的意义在说，人们的学习和生活的过程，就是从'有知'发现'无知'、从'熟知'求索'真知'的过程。"① 以上的三个对子，与苏联型和中国型的教科书哲学明显地不同，教科书哲学是从无知到有知，通过有知去掌握现实，改变现实。孙正聿则是从有知中发现无知，从熟知中求索真知。为什么二者对哲学前提的假设有这样的不同呢？前者是革命的政治型哲学，要在现实中动员群众，要从群众中来到群众中去，从而获得现实的功利性。后者是学术型哲学，要与现实拉开距离，从而对现实进行求真知的学术性思考。对于进入现实还是与现实拉开距离，在孙正聿的《哲学通论》中理论地体现为哲学与常识的区别。

什么是常识呢？

> 常识是人类世世代代的经验产物，是人类在最实际的水平上和最广泛的基础上对人类生存的自然环境、社会环境和一般文化环境的适应……
>
> 常识是每个健全的正常人普遍认同的，人人都在生活经验中分享常识、体验常识、重复常识和贡献新的常识。在常识的概念

---

① 孙正聿：《哲学通论》，复旦大学出版社，2006年，第8页。

框架中，人们的经验世界得到最广泛的相互理解，人们的思想感情得到最普遍的相互沟通，人们的行为方式得到最直接的相互协调，人们的内心世界得到便捷的自我认识。常识是人类把握世界与自我的最具普遍性的基本方式。

常识的最本质的特性，是它的经验性。

常识来源于经验，常识符合于经验，常识适用于经验。对经验的依附性，是常识的概念框架的实质。因此，在常识概念框架中，概念总是依附于经验表象，并围绕着经验表象旋转。由此形成的世界图景，就是经验的世界图景。

……常识的世界图景是由人们的共同经验构成的。在"共同经验"中，人们形成了共同的"世界图景"。这种共同的世界图景，具有直观性或给予性、凝固性或非批判性等特征。

……人们以常识的概念框架去观察、描述和解释世界，其实质是以经验的普遍性去把握世界，去形成共同性的世界图景。正是由于这种常识的世界图景以经验的共同性为实质内容。所以它符合经验主体的直接经验，并适合于对这种直接经验的解释。……经验的普遍性与共同性，是常识的世界图景构成中介与实质内容的统一。经验主体就是在常识的概念框架与经验直观的统一中而达到对经验世界的自我理解，以及经验主体之间的相互理解。由此便构成了人们的常识的世界图景。[1]

……

常识，它作为人类把握世界的基础层次的概念框架，既具有描述和解释世界的功能，又具有约束和规范人的思想和行为的功能。它规范着人们所思所想和所作所为……常识作为最普遍、最平常但又最持久的**知识**，它的规范作用也是最为普遍和持久的。[2]

---

[1] 孙正聿：《哲学通论》，第 41—42 页。

[2] 同上，第 46 页。

由上可知，常识，来源于经验，形成了自己的概念框架，成为一种世界图景，是一种知识，可以描述和解释世界，而且符合于经验、适应于经验，具有共同性和普遍性。这里（先附带讲一下，对常识的描述，可以适应于中国古代哲学的性质。也许，这是孙正聿的哲学原理中可以不要中国古代哲学的原因之一），只要把"经验"一词换成"实践"一词，常识就正好与政治型马克思主义哲学相合。这里的"经验"有理论框架，有世界图景，明显已经不仅是经验，而已经达到了理论层面，而且具有了体系性。政治型马克思主义哲学正是紧紧抓住经验或实践，而且理论的真理性要由实践（经验）来判断，因此，就有了作为常识特点的"非批判性"。孙正聿说，常识与哲学的区分在于四点：第一，常识的经验性与哲学的超验性；第二，常识的表象性与哲学的概念性；第三，常识的有限性与哲学的无限性；第四，常识的非批判性和哲学的批判性。在这四点中，第一点恰好说明这种哲学是学术型哲学，因为政治型哲学一定是从经验（实践）始，又回到经验（实践）的。第二点与论述不符，常识有概念框架，有世界图景，虽然它的概念不离开经验表象，但仍是概念。第三点也与论述不符，常识是普遍的、持久的，而且会根据经验（实践）不断地"贡献新的常识"，当然也是无限。第四点也可以讨论，常识以经验（实践）为基础来获得要描述和解释世界的概念框架，又不断地根据经验（实践）来改变和新增自己的概念框架，以适应现实，这种改变、新增、适应不是一种批判性吗？虽然常识的批判性比起西方型哲学公开宣告自己的批判态度和否定态度来说，是很弱的，我们为什么不可以将之考虑为另一种批判类型呢？当然，按照孙正聿的理路，批判是对现实（经验、实践）的批判，批判性要突出的是与现实的距离性。因此，这四条中能点出常识与哲学区分的是两条：非批判性与批判性，经验性与超验性。孙正聿又讲了哲学作为理论的四条社会功能：解释性功能、规范性功能、批判性功能、理想性功能。[①] 这四条功能中，前两条是哲学与

---

① 孙正聿：《哲学通论》，第59页。

常识共有的；后两条，是常识没有而哲学具有的。而这两条要突出的，同样是哲学应当与现实（经验）拉开距离。强调哲学与常识的区分，即强调哲学与现实（经验、实践）拉开距离，提出了一个问题，即对中国马克思主义一开始的哲学大众化的道路究竟应当做怎样的思考？

正是基于与现实（经验、实践）拉开距离这一根本的理路，孙正聿对哲学的性质下了一个新的定义——"哲学是一种'反思'的思维活动"①。

"反思是思想以自身为对象反过来而思之。显然，反思的对象就是思想。"②以前的马克思主义哲学认为，哲学的根本问题是"思维与存在的关系"。当把哲学定义为"反思"之后，对这一马哲根本问题的修正顺理而来就是："'反思'是思维对存在的一种特殊关系。思想对存在的反思关系，从根本上说，就是思维把'思维与存在的关系'作为'问题'（对象）来思考。"③从孙正聿反思哲学的角度对马哲的基本问题进行的修正，详而言之，如下：

> 思维与存在的关系，却可以归为两个最基本的维度：一个是构成思想的维度，也就是思维以人的认识活动和实践活动为中介而实现的思维与存在相统一的维度；二是反思思维的角度，也就是思想以自身为中介而实现把"思维与存在的关系"作为"问题"而予以"反思"的维度。这就需要我们从"构成思想"与"反思思想"这两个思维的比较中，去理解哲学的"反思"。
>
> "构成思想"与"反思思想"，是人类思想的两个最基本的维度。"反思思想"是人类思想的哲学维度，"构成思想"则是人类全部认识活动的思想维度。④

---

① 孙正聿：《哲学通论》，第91页。
② 同上，第97页。
③ 同上，第89页。
④ 同上，第92页。

这样一分,所谓反思就清楚了,常识、神话、宗教、艺术、伦理、科学……这些在卡西尔那里成为人类符号形式的样式,成为孙正聿理论里的"构成思想",而对这些思想的反思,就形成"反思思想"。构成思想和反思思想的区分,就是具体学科或具体思想样态与哲学的区分。这样一分,哲学就与现实拉开距离了。把以前马哲的理路与孙正聿的理路综合起来,呈现为这样:对现实的反映形成思想(所谓存在与思维的关系),对思想的反思形成哲学(所谓对思想进行思想)。这一对思想的思想,不与现实发生关系,只与思想发生关系,因而必然是一种学术型哲学。不管哲学即反思的定义好不好,但在最关键性的一点上成功了。让一种政治型哲学变成了学术型哲学。

2. 叶秀山《哲学要义》里的转型方式

叶秀山《哲学要义》的主旨,是要回到哲学本身,由于哲学是西方文化的产物,因此所谓回到哲学本身,就是要回到西方哲学本身。而西方哲学,在叶秀山看来,不是从马克思主义哲学中呈现出来的西方哲学,而是从西方哲学自身来看的西方哲学。即从古希腊开始,哲学以科学的形态出现,在柏拉图和亚里士多德那里,成了一个知识系统。而德国古典哲学,为哲学作为一个科学奠定了基础。现代哲学虽然发展到海德格尔,但并没有脱离这一基础。与海德格尔一样,叶秀山认为,目前,哲学遇上了危机,这一危机主要体现在,哲学(其实是西方哲学的主要精神和主要内容)被遗忘了或者说被遮蔽了。很多人以为自己是在做哲学,其实只是像是(it seems)哲学,但不是(it is not)真正的哲学。什么才是真正的哲学呢?哲学被遮蔽了的精神要怎样才能开显出来呢?叶秀山认为,首先是要理解哲学的权利。他认为,哲学的权利有三。

第一,哲学给人以理解的权利。即作为人,我要知道这个世界。这知道不是按神话的方式或宗教的方式,而是按理性的方式,让这个世界的一切向人的理性敞开,在这一意义上,哲学既是一种理性之学,又是一种启蒙,让人有敢于认识世界的勇气。因此不妨将哲学这一理解的权利称为认识之自觉。

第二,哲学给人以自由的权利。自由,首先是理性从感性中获得自由。人的感性受身体欲望支配,是不自由的。而人运用理性,以逻辑来支配自己的思想,用逻辑来理解自身和世界,摆脱了感性必然的支配,获得了自由。其次,从现象世界中获得自由。人生活在现象世界之中,受变化不定的现象所缠绕,是不自由的,但人通过运用理性,从纷繁变幻的现象中发现的内在规律,从而通过掌握规律而驾驭住了现象。再次,从技术中获得自由,人运用技术来应会现实,同时受现实所支配,而哲学以逻辑从技术超越出来,形成脱离技术的科学,形成按自身逻辑运行演进的知识体系。最后,由于人摆脱了自身欲望的支配、繁乱现象的缠绕、实用技术的局限,从而具有了创新的自由。哲学给人以自由的权利,就是给人以创造的权利。这都是在对现实(身体现实、现象现实、技术现实)的摆脱和超越而获得的自由中实现的。

第三,哲学给人以追求真理的权利。真理不在于"真",更在于包括在真之中的"理"。这"理",不是一种现实的物质获得,而是一种理论的精神收获。追求真理的前提,能够去追的条件,就是人要摆脱自身欲望的支配,摆脱现实利害的纠缠,摆脱当下视野的局限。因此,叶秀山说,"认知的权利和自由的权利(创造的权利)结合起来,就是自古以来我们哲学所追求的目标——真理的权利"[1]。

叶秀山讲的哲学权利是从西方哲学的内在精神讲的。一个核心的东西,就是超越具体、超越现实,而寻求具体事物后面的东西,观出现实事物后面的东西。因此,在叶秀山看来,"在哲学这三大权利的维护下,哲学进行着两个方面的工作,存在论和认识论,求存在论和认识论的统一"[2]。这里重要的不是现实,而是在现实之后而又决定现实之存在。所谓认识论,就是要认识这一存在(being),所谓真理论就

---

[1] 叶秀山:《哲学要义》,世界图书出版公司,2006年,第10页。
[2] 同上,第10页。

是求存在之真。在这一意义上,"真理论是和知识论、存在论结合在一起的"①。虽然叶秀山考虑到20世纪法国哲学形成了价值论,从而其哲学体系可以是三大部分——存在论、认识论、价值论——但这三大部分以存在论为核心。当把西方哲学的根本概念——存在,作为哲学的核心——与马克思主义的根本概念——物质(matter)——明显地区别开来,后者围绕物质的展开,而物质就是物质现实,就是现实,从而走向了政治型哲学;前者围绕存在的展开,存在指向现实(to be),但不是具体的现实,不是现实中的具体物,而是现实(现实具体物)后面的东西、超越于现实的东西,从而走向学术型哲学。哲学的权利是挣脱身体现实、现象现实、实用技术而获得自由。哲学的自由性追求,是追求超越于现实利益之上的存在。叶秀山与改革开放后一大批西方哲学研究者一道把被马克思主义哲学边缘化了的存在重新复辟到哲学的王位上,并作为自己哲学原理的中心词,完成了一种从政治型哲学向学术型哲学的转型。

3. 张世英《哲学导论》的转型方式

张世英通过对世界哲学史的重新定义来展开自己的哲学原理。不过,他的世界哲学史其实只是西方和中国哲学史。他认为,哲学就是"把世界作为一个整体来考虑的……最大最高的普遍性问题"②。从哲学史上看,这一最大最高的普遍性,首先体现在西方对"哲学"一词的命名中,哲学一词在古希腊出现时是(爱智慧):"'爱智慧'中的'爱'中指事物之间的和谐一致、相互适应的意思。'智慧'是指有存在的东西(存在者)都在存在之中,都属于存在,都集合于存在之中,存在(又译作'是','是'在希腊文中是及物动词'聚集''集合'的意思)把存在的东西(存在者)集合为一。也就是说,'一'(整体)

---

① 叶秀山:《哲学要义》,第11页。
② 张世英:《哲学导论》,北京大学出版社,2002年,第1页。

统一着一切的东西,一切存在的东西都在存在中统一为一个整体。"①我们看到,张世英从古希腊开始自己的哲学讲述,与叶秀山一样,从西方哲学的中心概念 being(存在)开始,但是张世英的哲学原理不仅限于西方,而是要把西方哲学与中国哲学结合起来。当从中国哲学来看西方哲学的时候,他把西方哲学由 being(存在)开始的世界统一性,认为就相当于中国的"万物一体"的思想。他说:"我以为赫拉克利特所说的'爱智慧'约略类似于中国传统哲学讲的'天人合一'。"②这样的比较,是为了建立中西哲学的共同基础,也是为了张世英哲学转向建立基础。

在这一共同的基础上,张世英对中西哲学史的发展历程做了如下的归纳:西方在苏格拉底、柏拉图之前,是"万物一体"的天人合一哲学。从苏格拉底、柏拉图开始到黑格尔,成了一种主客二分的概念哲学。所谓概念哲学,就是"把抽象的概念如思维、存在、普遍性、特殊性、本质、现象、一、多、质、量、必然、自由等等当作一种独立于人以外的东西来加以追求"③。而西方现当代的哲学思想又回到了苏格拉底以前的万物一体的哲学。"但这不是一种简单的回复,他们所讲的人与世界合一、物我交融的思想是经过西方几千年传统的主客关系式的洗礼之后的一种超越主客关系的合一或物我交融。"④中国哲学呢,在鸦片战争以前主要是天人合一、万物一体的哲学占主导地位,类似于苏格拉底之前的爱智学和西方现当代的后哲学。鸦片战争以后,主要属于西方传统的主客二分的概念哲学。这样一来,西方是从天人合一的爱智哲学走向主客二分的概念哲学再走向万物一体的后哲学,中国是从天人合一的传统哲学走向主客二分的概念哲学再到张世英所倡导的万物一体的哲学。张世英《哲学导论》第二章中把这一中西哲学史的历史性演化,转化为人的精神思想发展的一般性规律。人的精

---

① 张世英:《哲学导论》,第 3 页。
② 同上,第 3 页。
③ 同上,第 5 页。
④ 同上,第 6 页。

神发展是从原始的天人合一阶段，到主体—客体的关系阶段，再到高级的天人合一阶段。初看起来，张世英对中西哲学演化做了一个求同的归纳，并将这一历史演化定义为人的精神发展的一般规律，显得勉强和附会。然而，在这求同和定性之中的重要之处，在于他通过西方哲学与中国传统哲学的比较而得出的共同点，揭示了中西哲学中被遮蔽的东西，即虚实相生的原理。这将在后面详论。与本节主题相关的是，张世英的后哲学阶段的高级的天一合一哲学是怎样的呢？第一是超越之性，第二是境界之学。哲学不是为了实现一种现实的目标，而是为了进入一种精神的境界。这与冯友兰对哲学的定义是一样的，而冯友兰提出哲学是一种境界，正是建立在对实用功利的超越上的。当张世英提出"哲学是追求人与万物一体的境界之学"时，必须强调哲学对现实功利和实际知识的超越性。只是作为改革开放时代的人，他用了与主流思维"继承/发展"统一的表达模式，来讲述这一超越性。他说：

> 哲学应是以进入人与世界融为一体的高远境界为目标之学。我对哲学目标的这一界定，意在把中国传统哲学的人与万物一体的思想和西方现当代关于人与世界融合为一的思想同西方近代的主客关系思想结合起来。所以，这种境界不是抛弃主客关系，而是需要和包括主客关系却又超越之；这种境界不是不需要知识和规律性、必然性，不是"弃智"，而是需要广泛的知识和规律性、必然性而又超越知识、超越规律性、必然性；不是不要功利追求，而是既讲功利追求又超越功利追求。[①]

正是在这一"不是……而是……"的"既/又"表述中，对主客关系的超越、对知识的超越、对规律性和必然性的超越这一面的强调，使张世英的哲学原理从政治型哲学转向学术型哲学。

---

① 张世英：《哲学导论》，第7页。

4. 余敦康《哲学导论》的转型方式

余敦康与张世英和叶秀山一样，于新世纪初在北京大学给哲学系本科生讲哲学导论课。张、叶二人的讲稿都已正式出版，余敦康的讲稿尚未出版，只以现场录音实记的形式登在北京大学哲学系的网站上。由于是未定稿，因此可以理解一些细节和语词因讲课原因显得不甚精确，但其主旨是清楚的。如果说，叶秀山欲从西方哲学中找到哲学原理的基础，张世英想在西方哲学的基础上加上中国哲学，从中西哲学的共同性中寻找哲学原理的基础，那么，余敦康则在西方和中国之上，再加上印度。他说：

> 这次的哲学导论课，我有一个想法，就是把各种哲学——西方哲学、中国哲学、印度哲学——放在同一个平台上来加以比较。
> 全世界只有三个地方有哲学，或者说只有在这三个地方产生了哲学突破：西方，中国，印度。在西方，希腊出现了苏格拉底、柏拉图、亚里士多德等人，在中国，出现了孔子、老子、墨子等思想家，在印度则有佛教、耆那教等。这是很奇怪的现象。这三个地方形成的哲学，在轴心期都是在本地的地区性文化中自然而然地发展起来的，这样发展起来的哲学，因此也都具有自己独立的价值、独立的思路、独立的哲学问题，从而形成了三大哲学系统：希腊系统、中国系统以及印度系统。在当时这三大系统之间并没有直接的交流，而是各自走上了自己的发展道路。16世纪以后，希腊系统扩充到了整个欧洲，经过文艺复兴、宗教改革，势力越发强大，而中国系统和印度系统相比之下则处于弱势地位，从而出现了西方文化的话语霸权。我们要追本溯源，就是把哲学放到它的起源时期来加以考察，分析各种哲学的基本思想及其发展理路有哪些不同……通过三大哲学系统的起源及其各自的演变，把握它们各自的特质，最后落实到我们自己的哲学——中国哲学，

询问它在现代社会中发展的可能性。这个问题我们可能暂时无法解决,但是我们起码可以为解决这一问题提供一个思路。①

余敦康的思路,是沿着雅斯贝尔斯、梁漱溟、金岳霖的思想,给予一个初步的总结。但他的核心思想,主要是依照金岳霖。他说:"希腊、中国、印度三个地方的哲学有一个共同的特点,就是把世界一分为二:我们生活的现实世界,以及理想的世界。我们生活在现实的世界当中,一定要去追求理想的世界,所以每一种哲学都有一种理想的追求,这是它所具有的价值理想。价值理想的设想各不一样,所以三个文化的哲学就产生了很大的差别。古希腊把逻各斯的世界当作理想,印度哲学把"梵我同一"当作理想,中国哲学把"有道"当作理想。但是希腊的逻各斯世界是可以通过人类的理性去认识、用分析的手段去追求,这样西方就走上了科学的道路;印度的梵我同一则是超出经验、超出逻辑的,只能用体验去把握,带有很强的神秘性,所以突出个体的感受;而中国的有道和无道则可以通过社会现状表现出来,有道就是太平盛世,无道就是民怨沸腾,所以中国的哲学就走上了关注社会伦常的道路。有学者在三者之间做了比较,得出的结论就是:古希腊哲学中的两个世界的区分驱使古希腊人去求知,所以知识论是西方哲学的传统;印度哲学两个世界的区分驱使印度人去追求一种宗教的体验,所以神秘主义是印度哲学的要点;中国哲学则注重实践,所以践行是中国哲学的特长。②这里对西方哲学的核心概念讲的是逻各斯而不是存在,与叶秀山和张世英总结的核心点不同。对于余敦康来说,最主要的是,三种哲学是完全不同的,因此,要给哲学下一个总的定义是困难的。虽然对哲学下一个总的定义困难,但对于哲学是什么却要通过对中、西、印三种哲学的仔细研究而得出来。在这一路径上,哲学不可能是政治型的哲学,而只能是学术型的哲学。哲学原理

---

① 余敦康:《哲学导论》,北京大学哲学系网站。
② 同上。

只能从这三种哲学的学术思考中得出。

5. 四本哲学原理著作的转型方式呈现出的问题

四本哲学原理著作的转型,从政治型哲学转回到学术型哲学,呈现出了三个问题。

第一,从哲学回到哲学史,而哲学史的核心是西方哲学史。虽然孙正聿在回到西方哲学史的同时坚持了马克思主义哲学,并将二者接合,张世英回到西方哲学史的同时把中国哲学的内容多多地加入了进来,但西方哲学仍是其主要构架。余敦康回到西方哲学史的同时加上了中国哲学和印度哲学,但西方哲学是使中、西、印哲学得以进行共同论述的基础。虽然三者的核心是西方哲学,但从逻辑的角度把四本原理著作作为一个整体来看,转型中的哲学以西方哲学为基础,并由此进行着西方哲学与马克思主义哲学、中国哲学、印度哲学的对话。如果从中国当代哲学界的研究整体来看,这一对话已经相当地深入,无论在西哲史、马哲史、中哲史、印哲史,乃至世界其他哲学史,如伊斯兰哲学史、佛教哲学史、拉美哲学史……中都有了相当的进展。但把整个世界哲学史总结成为哲学原理,还处在初创阶段。而从四本哲学原理著作的巨大差异呈现出的,也正是初创阶段的探索性质。

第二,从"改变世界"的哲学回到"解释世界"的哲学。马克思主义哲学对西方哲学的改变,体现在《关于费尔巴哈的提纲》的一句话里:"哲学家总是用不同的方式解释世界,而问题在于改变世界。"从这一视点看,可以说,西方哲学是"解释世界"的哲学,而马克思哲学是"改变世界"的哲学。当这一改变世界的哲学与现实的无产阶级革命结合起来,马克思主义哲学就成了政治型哲学和工具型哲学。马克思主义让哲学成为"改变世界"的哲学,对人类历史具有重大的意义。同时,马克思主义哲学成为"改变世界"的哲学,在实践中(特别是在苏联马克思主义和中国马克思主义的实践中)产生的一系列问题,对人类历史的反思,也具有重大的意义。对马克思主义哲学成为"改变世界"的政治型哲学和工具型哲学后在实践中出现的问题进行思考，让中国哲学从"改变世界"的哲学又重回到"解释世界"的哲学。这一转型对中国哲学意味着什么？对世界哲学的演进又意味着什么？

　　第三，从现实工具的哲学走向反思现实的哲学。四本哲学原理著作回到"解释世界"的哲学，其"解释世界"并不只是对已成世界和已成现实进行马后炮式的解释，而是从世界整体，即从包括过去、现在、未来的最大最高的普遍性，来解释现实。正因为有了这一角度，叶秀山和张世英回到与过去、现在、未来的一切存在者（beings）相关的存在（being），余敦康遍观能代表整个世界哲学的西方、中国、印度的哲学史，孙正聿坚持要把哲学与常识区分开来，让哲学站在超越常识的制高点上，对思想进行反思。因此，四本哲学原理著作一致认为，哲学不是现实的工具，而是从世界整体的角度，对现实进行反思的工具。正因为从世界整体的角度出发，从而是对现实的超越、对工具性的放弃。四本哲学原理著作的这一工具，从某种意义上说，又是与西方现当代哲学对工具理性和价值理性的区分相关联的。西方现当代哲学在区分工具理性和价值理性的时候，是贬低工具理性而抬高价值理性的。四本原理哲学著作正是从一种世界整体的价值理性的角度，来重新探讨哲学原理的基础的。在世界整体的价值理性的基础上，孙正聿和张世英明确地提出了哲学态度、哲学品格、哲学境界，叶秀山与余敦康以自己的哲学中心词——叶秀山的存在，余敦康的逻各斯、梵、道——站到了一个世界哲学的普遍性和超越性的基点上。因此，不从表面的语词而从实质性内容看，四本哲学原理著作在从工具型哲学的区别和超越中，走向了一种境界哲学。用张世英的话来说：哲学是追求万物一体的境界之学。从这一角度看，四本哲学原理著作，虽然各自带着自己独特的味道，但都回到了冯友兰哲学的基点。哲学是境界之学，境界一词带着中国语言和中国哲学特殊的内涵，在其他语言中难以找到恰当的语言来表达。如果说，四本哲学原理著作都有回到西方哲学超越性的趋向，而四本哲学原理著作在对西方哲学的理解中，都有抬高超越性而轻视工具性的一面，经验主义对于实证工具的强调，理性主义对于逻辑工具的强调，实用主义对功用验证的强调，都或多或少地被轻视了。而当张世英和余敦康大量援引中国哲学资源的时候，儒家哲学的实用理性也被轻视了。这大概一是因为四本哲学原理著作在处理现实性与理想性、工具性与超越性时，仍持有西方哲学和中国现代哲学把二者截然对立的思维模式；二是因为在中国的哲学转型中，坚持工具型哲学还有强大的势头，因此，一种强烈的现实感迫使其必须强调超越性而轻视工具性。然而，境界一词的提出和境界固有的含义，内蕴着把超越性与工具性结合起来的可能。正是在境界一词本来的意义上，似可说，当四本哲学原理著作从工具性哲学转为境界性哲学时，已经昭示了中国哲学原理发展的一个方向。

二、四本原理著作的体系性

四本哲学原理著作，都建立了自己的体系。四种哲学体系，呈现了中国当代哲学原理的走向。先看孙正聿《哲学通论》的体系。该书除导言外，共有7章，分别是：哲学的自我理解、哲学的思维方式、哲学的生活基础、哲学的主要问题、哲学的派别冲突、哲学的历史演进、哲学的修养和创造。

从哲学体系的角度来看《哲学通论》，主要有三个关键点。一是孙正聿关于哲学的定义：哲学是一种反思的思维活动。导言和第一、二、三章都是围绕这一哲学定义进行的。这一点前面已讲。二是哲学的历史演进和派别斗争，这一点放到后面去讲。三是哲学的主要问题，这是孙正聿哲学体系的体系性所在。哲学体系的理论结构由五个方面构成：在的本体论，真的认识论和逻辑学，善的伦理学和价值论，美的哲学问题，关于人的哲学。在这一"在、真、善、美、人"的结构中，在马克思主义哲学的本体论、认识论、逻辑学、伦理学上，加上了美学与人学。实际上可以归纳为如下三点。第一，回到了西方哲学的基本结构之中，由本体论的存在到真、善、美，真、善、美统一于存在。第二，孙正聿的本体论虽然在概念上回到了存在，但他的"存在"基本上不是古希腊的 being，而是黑格尔的存在。进一步说，存在是马克思主义的现实存在，更进一步说，存在是马克思主义在20世纪80年代转型中的关于人的存在。因此，第三，孙正聿的哲学体系是西方哲学与马克思主义哲学的结合。

其次来看叶秀山的体系。叶秀山的《哲学要义》除了前言，共有13讲，分别为：哲学的危机与哲学的权利、哲学道路与学习哲学的最佳途径、如何理解"哲学"、形而上学的哲学、何谓"存在"、如何"存在"、传统存在论向现代存在论的过渡、现代存在论、"语言是存在的家"、知识论、经验科学知识论与存在论、价值论、通向宗教的价值论。

叶秀山的体系可以归为三点。第一，以存在论为核心。包括古希腊的实体的存在论和黑格尔的主体的存在论，再到非存在进入存在的现代的存在论。同时存在包括了思维与存在的同一性思想（从巴门尼德到黑格尔）和思维与存在的二元论思想（康德）。还包括了"语言是存在的家"的语言论思想。西方学者的哲学史叙述，认为西方哲学的发展是从本体论到认识论到语言论，而叶秀山以存在为核心，贯穿了整个从本体论到认识论到语言论的哲学历史。当然，由于他以存在论来统驭语言论（以及认识论），西方现代语言论的重要思想难以进入。但正因为这一方式，存在论的核心地位得以保证。第二，认识论的重识。叶秀山认为，西方哲学基本上就是本体论和知识论。因此，虽然他以存在论为核心，并认为知识论要以存在论为基础，但还是要把知识论作为一个基本项来讲。不过中国学人少用知识论而惯用认识论。在叶秀山看来，认识论主要从思维与存在的关系来讲知识，因此这一认识论的问题可以归到本体论上去讲。而知识论主要从知识本身来讲，因此构成另一大项。在这里，叶秀山一方面包括西方知识论的古今资源，如在知识的要项上，讲知识的前提、基础、根据、局限。如在知识的性质上，讲知识是一种权利、知识是自由的知识、知识是理性的、知识需要启蒙。对于中国现代哲学来说，叶秀山的主要变革，是突显了中国以前讲知识论（认识论）时被忽略的东西：一是强调了经验科学知识论的局限性。这一点对已经有浓厚的科学万能气息的现代中国具有警醒作用。二是西方知识论是一种自由的知识、理性的知识,强调了知识对人的功利性天然具有中立性质,同时强调理性之为理性,正是在其超越感性的现实性和功利性的一面。正因为知识和理性是超越功利性的,因此需要启蒙。第三,价值论的新潮。叶秀山对于现代兴起的价值论予以关注。从逻辑上说,价值论是放不到存在论和知识论中去的,因为前者与后二者的基本点不一样。但由于叶秀山坚持认为哲学主要是存在论和知识论,因此,他一方面将价值论单列出来,在目录上形成与存在论和知识并列。但在讲解时,他既关注到"价值论非常严重地涉及到存在论的合理性"[①],另一方面又坚持论述"价值论是存在论的一个部分"[②]。但正是在这种对价值论属于存在论的论述中,他进一步呈现了存在论的超越性:

> 价值论立足在非存在论上,好像立足在一个空的地方,如果不以时间观念看,好像脱离了存在论;但如果把时间观念引向价值论,那么价值论实际上是存在论的一个部分。根据何在?根据就是我们一直强调的对过去、现在和未来的理解。
>
> 我们区别存在物和存在。如果说科学是关于存在物的知识,那么哲学是关于存在的知识。这个存在恰恰是时间性的。真、善、美之所以被认为是在存在论之外,就是因为它们是超乎在场,超乎存在物的。所以,在某种意义上说,它们不同于存在物,而恰恰都在存在物的范围里,它们强调的是过去和未来。
>
> 什么是"真"?哲学的"真"在过去和未来。什么是"善"?"善"强调的也不是现在、现实的东西,而是过去和未来。一切从未来的眼光看,所有存在物都是过去;而未来是不确定的,在科学上只有极有限的预言权,未来是永远开放的、有机遇的。"美"

[①] 叶秀山:《哲学要义》,第118页。

[②] 同上,第226页。

同样不是现在，也体现着过去与未来。一切都是自由的，并不是现在有用的东西。

　　就真理问题来说，哲学的真理蕴含了过去、展现了未来，它是一个自由的时间。真、善、美不仅仅是善涉及非存在，超越存在物，真和美也超越存在物，进入了存在的行列之中。在这个意义上，真、善、美同样是一种价值。并不是说，真就是知识论，善就是价值论，美就是艺术的，在存在论的意义上，真、善、美是同一的。①

把价值论与存在联系起来，而不是与存在物联系起来，从基本理路上是不错的，但在具体的论述上还是有问题的。这里通过区分存在与存在物，把存在的超越性（同时也是与存在相关的价值论的超越性）呈现了出来。

叶秀山的哲学原理体系可以简括为：以存在论为核心，让存在论贯穿到知识论和价值论之中。讲述为三：存在论、知识论、价值论。核心为一：存在论。

再看张世英的哲学体系。其《哲学导论》除了导言，总体上分为5篇：本体论与认识论、审美观、伦理观、历史观、哲学发展的历程。这5篇又分为29章。另有一余论。

由目录再结合内容，张世英的体系呈现出以下几个特点。

第一，哲学的核心：人生在世。从目录上看，张世英哲学体系由本体论、认识论、审美观、伦理观、历史观所组成。但这五部分有一个核心，就是"人生在世"的结构。在这里，可以看到海德格尔对张世英的影响和张世英对海德格尔的修正。海德格尔是从宇宙性的存在（Being）到个人性的此在（Dasein）。前者是超越任何具体性的宇宙本体论，后者是人在具体（有限）时空中去认识体悟宇宙性本体的出发点，人的认识只能从此在出发。因此海德格尔把此在作为基本的本体

---

① 叶秀山：《哲学要义》，第126—127页。

论。张世英把"此在在此"作为基础，又进一步把个人性的此在变成普遍的"人"，把本来具有很强个别内涵的"此在在此"中后一个代表具体时空的"此"，变成具有更强普遍性意味的"在世"，从而让"人生在世"成为自己的思想核心。在把个别性的"此在在此"变成普遍的"人生在世"之后，人生在世就可以按照张世英的逻辑分为两种结构："人—世界"和"主体—客体"。人—世界结构包括原始的天人合一和高级的天人合一结构。主体—客体结构只有一种，分为三种，这三种在世结构既有历史先后和价值高低，又有黑格尔式的正反合的结构。先是原始的天人合一，然后是主体—客体，最后是高级的天人合一。这样人—世界结构成了哲学的最高境界，主体—客体结构成了较低的境界。张世英的整个体系都以这一人生在世的结构来进行安排。这样张世英的哲学体系可以归为：一个核心（人生在世），两个结构（人—世界和主体—客体）。

第二，哲学的四大分支。由哲学核心而来的各哲学部门的等级。张世英的哲学由人生在世而展开为五大门类：本体论、知识论、审美观、伦理观、历史观。在张世英的框架里，本体论与认识论必须合起来讲，因此，这两部分构成了一部分：本体论与认识论。因此，人生在世由四个部分组成：本体论与认识论、审美观、伦理观、历史观。

第三，哲学体系的主要内容是本体论与认识论合一提出的新观念：在场/不在场的结构；对在场/不在场结构的呈现需要想象；在场/不在场结构引出的是去蔽的真理观。

1. 在场/不在场结构。由人在世界中的两种结构引申出两种超越，由主体—客体结构而来的纵向超越和由人—世界结构而来的横向超越。纵向超越就是超越感性达到理性，超越个别达到一般，超越现象达到本质。纵向超越就是西方古典哲学的一种主体认识客体，获得客体的本质、规律的传统套路。横向超越则是从西方现当代哲学（胡塞尔、海德格尔、伽达默尔、德里达）与中国传统哲学具有共性的人—世界结构中产生的超越。张世英运用了德里达的"在场"与"不在场"来讲述这一超越：

所谓"在场"(presence)或"在场的东西"(the present)是指当前呈现或当前呈现的东西之意,也就是平常说的出席或出席的东西,所谓"不在场"(absence)或"不在场的东西"(the absent)就是指未呈现在当前或缺席之意。例如我现在呈现在当前这个神态是与我父母、祖辈的血统、我周围的各种环境、我所受过的教育等等有形的、无形的、直接的、间接的、近的、远的各式各类的东西或因素息息相通、紧密相联的,然而这些东西或因素并未呈现在当前。我现在呈现在当前的这个神态是在场的东西,那些未呈现的各式各样的东西或因素是未在场的东西。然而,你要了解我为什么会呈现当前这样一个姿态,你就不能死盯住这一点在场的东西,而要超越它,超越到背后那种种不在场的东西中去,把在场与不在场结合为一个整体,这样,你才能真实地了解和把握我当前呈现的这样姿态。

……不要以为在场的东西只是指感性中的东西,凡属概念就不是在场的东西。恰恰相反,概念乃是把变动不居的、多样的特殊性方面抽象而得到的单纯的普遍性,如果说特殊的东西是变化不居的在场的东西,它可以出场,亦可以消失、不出场,那么,概念则是永恒不变的东西,是永恒出场的,所以西方现当代哲学家往往把概念哲学奉为至上的概念叫作"恒常的在场"(constant presence),至于这种概念哲学则一般地被贬称为"在场的形而上学"(metaphysics of presence),其特点就是驱向永恒的在场。①

这里,且先注意两点:一是在场与不在场相当于中国哲学的显隐结构,正是通过这一结构,张世英把西方现当代哲学与中国古代哲学联结了起来。二是在场与不场在结构只有在场(显)而无不在场(隐)的概念哲学的超越。正是基于这一超越,张世英的哲学有了多方面的

---

① 张世英:《哲学导论》,第29页。

转向。正是这一多方面的转向，形成了张世英哲学体系的独特之点。

2. 想象。纵向超越是从现象到本质、从具体到抽象、从特殊到一般，用的是思维，也就是主体—客体结构中的理性思维，亦即概念哲学的逻辑思维。横向超越要把出场和未出场的东西综合成一个整体，因此需要的是想象。纵向超越是从现象到本质、从具体到抽象、从特殊到一般，求的是抽出个别具体物的个别性和具体性而达到相同的共性，其思维的方向是求同，达到普遍的同一。横向超越是要从在场到不在场，进而把在场与不在场综合起来，这不但需要想象，而且想象的结果和目的不是走向无个别性的普遍的同一，而是保留在场之物与不在场之物的特殊性而又将这些不同之物联系起来，统一成一个整体，追求在场与不在场之间的相通，在相通的基础上形成一体。按照西方哲学的思路，纵向超越是在主体—客体结构中的主体性追求，而横向超越是在人—世界结构中的互主体性的追求。[①]

3. 去蔽真理观。在主体—客体结构中，主体的观念与客观的事物相符合就是真理，而在人—世界结构中，人不但要关注在场的东西，还要让在场的东西"与不在场的'存在者整体'（'世界整体'）关联起来，结合为一"，从而让这一"个别存在者如其所是地显示自身"。[②]这才是真理。这里的去蔽是指把被遮蔽的不在场者呈现出来，从而把被遮蔽的在场与不在场的整体性呈现出来。可以说，符合真理论重在把握一个已经与客观事物对照过了的概念性的本质，去蔽真理论则是让虚（不在场）实（在场）的整体性呈现出来。

可以说，张世英的本体论与认识论部分的新内容由三点构成，一是事物的构成是一种虚（不在场）/实（在场）结构，二是达到虚的一面以及虚实合一的整体需要的不是思维而是想象，三是虚实结构的真理不是符合而是去蔽。

---

① 张世英在本体论与认识论上提到了主体性，没有提互主体性，但其表述与主体间性内容相同，参看《哲学导论》第38—39页。但是在伦理观部分提到了主体性与互主体性，参看《哲学导论》第245—246页。

② 张世英：《哲学导论》，第65页。

第四，哲学四部分的等级地位。张世英在本体论与认识论这两个西方哲学的基本部分中，通过区分人—世界和主体—客体两种方式得出了三大基本思想之后，也就决定了其他三个部分的等级定位。审美观正好与人—世界相契合相一致，因此占据了最高的位置。这里，诗化哲学、诗意想象、诗性语言成为万物一体的哲学思想的最好表达。伦理观主要与主体—客体结构相联而处于较低的地位。但在这一部分里，又通过伦理与审美的关系，提出了一系列通向人—世界结构的问题。如：我与你（万物一体）和我与他（主客二分），"相遇的世界"（万物一体）和"被使用的世界"（主客二分），民胞物与（万物一体）和人类中心主义（主客二分），对话（万物一体）与独白（主客二分）……历史观在人—世界结构中，一方面呈现为由在场与不在场形成的中心与周边的关系，另一方面呈现为古今对话中人的意义的寻求和人的境界的寻求。

张世英的一个中心（人生在世）、四个部分（本体论和认识论、审美观、伦理观、历史观）的体系，是一个颇为独特的体系。然而，他正是在这一体系中，找到了西方哲学和中国古代哲学的结合点。

最后看余敦康的哲学体系。其《哲学导论》包括11讲：哲学是什么、轴心时代的突破、西方哲学（一）、西方哲学（二）、印度哲学（一）、印度哲学（二）、中国哲学（一）、中国哲学（二）、中国哲学（三）、中国哲学（四）、终极关怀。

余敦康的体系，从目录就显示得很清楚，首先追问什么是哲学，巡望古与今，游走东与西，每一文化，每一时代，每一哲学讲得甚有差异，没有一个标准。因此，哲学不能从定义出发，而要从实际出发，所谓实际，在余敦康那里，是哲学史的实际，余敦康通过雅斯贝尔斯、梁漱溟、金岳霖的论述，呈现了轴心时代（公元前800—前200年）在西方（准确点说应是地中海）、中国、印度同时出现的"哲学突破"（即在人类思想史上第一次出现了哲学），并认为只有这三个地方才有哲学。人类的哲学基本上就来自于这三种文化。这样，哲学原理只能在这三种文化中寻找。只要理解了这三种文化的哲学，也就理解了哲学原理。而这三种文化的哲学核心，前面讲过了，余敦康依照金岳霖之说，归之为：西方是逻各斯，印度是梵我同一，中国是道。从这三个核心中，各自产生出了一套哲学体系，各自的哲学体系有自己的发展历程。在讲清楚了这三套哲学体系之后，最后对什么是哲学做一总结：

> 虽然三大哲学系统不一样，但是都有共同性，这就是宇宙和人生的问题，我归结为天和人的问题。
>
> ……
>
> 不管三种哲学系统区别如何，都可以归结为天和人的问题、宇宙和人生的问题。在这个问题上有很多种思维模式，通过对哲学史的了解，我们知道有三种：1. 天人对立，也就是主体和客体的对立。把客体作为研究对象，主体要找出其中的普遍法则、结构。这是西方哲学的传统。2. 天人同一，天和人是无差别的一体，这个是印度哲学传统中梵我同一主旨的核心。3. 天人既对立又统一。这是中国哲学的传统，我们通常说中国哲学讲天人合一，其实这个讲法不确切。中国哲学采取的是对立统一的中道方式，从对立中寻求合一，在合一中看到对立。
>
> 哲学家的终极关怀是什么？用西方哲学的话来说，说不清楚；用中国哲学的话来说，一点就明。哲学家的终极关怀，实际上可以归结为横渠四句。横渠是谁？宋代的一位理学家，叫张载，字横渠。他说过四句话："为天地立心，为生民立命，为往圣继绝学，为万世开太平。"这四句就是著名的横渠四句。它既说出了古往今来所有哲学家的终极关怀，也说出了他们的伟大抱负。没有这个抱负，你不要学哲学。一个哲学家，一个小小的人，他居然可以为天地立心；天地有心没有？或者说宇宙有心没有？宇宙不是人，它能有心吗？因为它没有心，所以哲学家就要给它安一个心，这就是哲学家的功夫。生民就是人类，命可以说是人类的核心价值观；一般的人每天日子就这么过着，没有也不会去注意所

谓安身立命的问题，但是哲学家要考虑，他要考虑人、人类的核心价值观，人类的命运。为往圣继绝学，过去那些往圣先贤的学问，要继承，不能让它中断了；谁来继承，我，我就是这个中继站。火为什么能永远不灭？得继续往火里面添柴。每个哲学家就是把自己当作柴薪，奉献自己的一生，自己烧完了，还有后来的人继续，这叫薪尽而火传，哲学之火就是这样才能一直熊熊燃烧。这叫为往圣继绝学。目的是要干什么？要为万世开太平，为后来的人们缔造一个有秩序的世界。①

一句话，哲学就是关注天人关系的一种终极关怀。只是在这一终极关怀中，它显出了更偏爱中国哲学的天人既对立又统一的中道，而且用宋代哲学家张载的四句话作为哲学终极关怀的象征。余敦康的哲学体系讲起来很简单，先问哲学为何，然后把哲学展开为西方哲学、印度哲学、中国哲学，最后从三者中总结出共同的东西：哲学是一种对天人关系的终极关怀。

三、四本原理著作显出的理论转向关键点

四本哲学原理著作，呈现出了不同的哲学体系结构方式。但作为中国改革开放时代到新阶段的20世纪90年代后期和新世纪以来的哲学建构，四本哲学原理著作在呈现理论资源、哲学视野、体系结构、关键术语等诸方面差异的同时，又具有作为哲学在新时代革新和演进中的共同点。这共同点，可以体现在两个方面：一是四本哲学原理著作的核心词所呈现出来的整体动向，二是四本哲学原理著作依托哲学资源而展开的宏大的哲学视野。下面把这两个方面结合起来予以论述。

孙正聿《哲学通论》的核心词是：反思（reflection）。叶秀山《哲学要义》的核心词是：存在（Being）。张世英《哲学导论》的核

---

① 余敦康：《哲学导论》。

心词是：在场与不在场（presence/absence）。余敦康《哲学导论》的核心词是：终极关怀。当把这四个核心词从四本原理著作中抽离出来，放到一起，正好呈现出了中国改革开放以来哲学变革的主要思想和路径。

1. 反思

"反思"是孙正聿哲学的核心，也是他关于哲学的定义（"哲学是一种'反思'的思维活动"）。反思，顾名思义，是对一种东西拉开距离或保持距离进行思考。前面说过，正是由"反"所突出的这一"拉开距离"，让哲学思考站在了一个超越现实功利的中立的立场。用叶秀山和张世英的话来说，是摆脱现实偏见的自由的立场，让哲学从投身世界的政治型哲学回到反思世界的学术型哲学。孙正聿的《哲学通论》主要包含了对两个方面的反思，一是对被现实公认为应是如此的常识进行思考，二是对共和国成立以来的教科书哲学进行思考。常识代表的是现实的观念、流行的观念、功用的观念，包括在整个社会中运行的政治哲学思想、人生哲学思想、实用哲学思想。而真正的哲学不是认同于这些常识，而是把自己区别于这些常识，并对这些常识进行反思。在这一点上，可以说，是让哲学从大众性回到精英性、从现实性回到超越性。共和国成立以来的教科书哲学就是一种具有常识性质的大众哲学，就是一种与现实功利紧密相联的实用哲学。从这一角度看，对常识的反思同时就是对共和国成立之初的教科书哲学的反思。共和国成立之初的教科书哲学主要来自苏联马克思主义哲学。为了对教科书哲学进行反思，孙正聿回溯与苏联马克思主义既有联系而又不同的马克思主义哲学文本本身，马克思主义哲学是在整个西方哲学源远流长的传统中成长起来的，孙正聿为了回到马克思主义哲学文本而进一步回到西方哲学。因此，孙正聿《哲学通论》的现实动力是对社会公认的常识和教科书哲学的反思，但他进行反思的资源是马克思主义哲学文本和西方哲学文本所共有的反思立场。然而，"反思"的提出，为改革开放以来的哲学更新提供了一个方向和路径。

2. 存在

从一种宏观的视野看，由"反思"的进一步前行，特别是沿着"反思"内蕴的超越性和这一超越性的理论来源进一步前行，一个最可能的结果，就是走向西方哲学的核心：存在（Being）。而叶秀山的《哲学要义》就代表了这一理所当然的结果。"反思"所具有与常识、与现实、与功利拉开距离的超越性立场，从哲学传统看最正宗的就是西方哲学。因此，这一路向要走向彻底，就是走向西方哲学。而西方哲学的核心概念就是：存在（Being）。从这一角度看，可以说，叶秀山的《哲学要义》是孙正聿的《哲学通论》的一种逻辑延伸。

Being（存在）是西方哲学的根本和基础。最难用某一汉语（存在、是、有……）来对译。民国时期的陈康因为对 Being 的西方内涵的洞悉和论述而卓立于中国现代哲学界。Being 在恩格斯关于哲学体系的著作中开始被遮蔽，苏联型马克思主义哲学和中国型马克思主义哲学更是被物质型存在所代替。因此，孙正聿从马克思主义哲学出发，以及从在马克思主义框架中呈现出来的西方哲学出发，虽然仍要提存在第一，但这个被马克思主义化了的"存在"几乎没有 Being 味。改革开放以后的中国学术界在对西哲史的学术研究中，一个让西方哲学原本呈现的重要活动，就是对 Being 的学术讨论。叶秀山与所有西方哲学研究者一道，重新呈现了 Being 对于整个西方哲学的重要性和基础性。但叶秀山与其他人不一样的理论勇气在于，他把 Being 作为哲学原理的基础。亚里士多德说，Being 是一个过去、现在、未来都要讲的问题。但叶秀山的《哲学要义》把 Being 作为哲学原理来讲，就把中国新时代的哲学改革向超越性方向演进，建立在一个牢固的基础之上。存在（Being）和存在者（beings），是（Being）和是某物（beings），有（Being）和有物存在（beings），最能从一个本体论角度讲清楚哲学对现实的反思和哲学对现实的超越性。从哲学史来说，Being 让哲学的反思回到古希腊，再从古希腊往前展望。整个哲学的发展，特别是 19 世纪以来马克思主义哲学与西方现代哲学的分途（孙正聿表述为马克思主义哲学的实践转向和西方哲学的语言转向），以及随西方文化的扩张而来的西方哲学向各非西方文化的扩张而产生的世界性的哲学对话和哲学变异，都可以得到一个更深的理解。因此，回到 Being（存在），以 Being（存在）作为哲学原理的基础，在一个西方文化仍是世界的主流文化、哲学之为哲学其思维模式和框架在很大程度上仍受西方文化的重大影响的语境中，这种思想路径的开拓是中国哲学原理变革中的重要的一步。

3. 在场与不在场

哲学的演进回到 Being（存在），就回到了西方哲学的本原。让人可以从最根本的地方去重思哲学的本质。并从一种新的出发点去思考哲学的展开。但 Being 这一最正宗的出发点又是西方型的，而不是中国型的，Being 对于中国人来说又是最难理解和最难表达的。能不能够既在根本上理解哲学的西方本原，同时又从这一西方的本原中看到一种世界哲学的普遍性，特别是看到西方哲学与中国哲学共同拥有的普遍性呢？

张世英的《哲学导论》做的正是这一工作。

张世英借助海德格尔对 Being 的反思，不但看到了 Being（存在）与 beings（存在者）的结构，这一结构主导了从苏格拉底、柏拉图到黑格尔的主客二分和现象—本质的思考，而且看到了 Being（存在）与 Dasein（此在）结构。这一结构对 Dasein 的强调，不但引出与传统的符合真理观不同的去蔽真理观，进而由 Dasein（此在）与 Being（存在）的关系得出了在场与不在场结构。这一结构与中国哲学的有无相成、虚实相生正好契合。西方哲学的最根本的东西与中国哲学的最根本的东西在"在场"与"不在场"的结构里，得到了一种共性。虽然从哲学派别上讲，张世英的理论，第一，把"在场"与"不在场"的结构完全做了海德格尔式的解说，而忽略了德里达的解说，是可以讨论的；第二，进一步把"在场"与"不在场"总结为中国哲学天人合一的万物一体，从而既带了很浓的中国哲学色彩，又抬高了审美在哲学上的意义，也因此形成了张世英哲学体系的基本面貌，也是可以讨论的；第三，在对"在场"与"不在场"结构及中国的显隐结构进行论述时，他基本上是按照西方的方式论述，而在对中国哲学的有无相成、虚实相生的内在精神的论述上，仍有很多可以讨论的地方。但他通过"在场"与"不在场"结构讲出了中西共同的天人合一的万物一体思想，不但在寻找中西哲学的共同互通上有一个很好的起点，而且为走向未来的跨越中西的哲学原理的构建，给出了一个较好的支点。我们看到，从"在场"与"不在场"结构出发，既可以回到西方哲学的 Being（有），也可以进入中国哲学的"无"。"天下万物皆生于有，有生于无"，这个"无"就是不可道的"道"。张世英的核心概念"在场"与"不在场"在哲学原理变革上的重要意义就显示出来了。

4. 终极关怀

"在场"与"不在场"结构可以沟通中西，在一个全球化的时代，要建立一个具有全球性普适意义的哲学原理，只有中国和西方就可以了吗？这不但是中国和西方以外的文化（如印度文化、伊斯兰文化、俄罗斯文化……）的学人要询问的，也是中国和西方学人自身要询问的。正是在这一全球化的背景下，余敦康的《哲学导论》所提出来的问题显得重要起来。余敦康用了一个西方文化的词汇：终极关怀（extremely concern），但用了中国文化的注解：为天地立心，为生民立命，为往圣继绝学，为万世开太平。一个终极性的万世性的哲学，当然不应当只是中国哲学和西方哲学，因此，余敦康加上了印度哲学。余敦康说，只有这三个地方才有哲学，对于轴心时代（公元前800—前200年）而言，可以勉强说通，但对于轴心时代以后世界思想的复杂演进，则简单化了。虽然如此，余敦康在雅斯贝尔斯、梁漱溟、金岳霖等先哲的基础上，在中国哲学正需在全球化时代重建自身的重要关头，拈出终极关怀的宏大境界，提出中、西、印哲学的比较与会通，对于开拓新时代中国哲学原理变革的思路，无疑具有重要的意义。

从中国哲学原理变革的大视野去看这四本哲学原著作,反思、存在、在场与不在场、终极关怀既代表了四本著作各自的思路,又呈现出了四本著作在时代感召下的整体逻辑。

从"原理"到"导论":哲学基本观念的变迁[①]

张立波[②]

改革开放以来,中国哲学界特别是马克思主义哲学研究领域发生了一系列的变革。归结起来,主要包括三个方面的内容:首先,对基本概念、命题和理论做出重新阐释;其次,对哲学原理教科书体系进行反思和重构;再次,就是从"原理"走向"导论"。这三个方面依次递进,层层深入,对此,学术界已经有各种各样的分析与阐述。本文希望通过对三本《哲学导论》的对比,展现在"原理"到"导论"的转换过程中,在基本观念上究竟发生了哪些变迁,这些变迁又具有什么样的积极意义。

所谓"原理",顾名思义,就是本原性、源出性的道理、真理和哲理。通常所说的基本观点、立场和方法,都属于"原理"的有机组成。毫无疑问,哲学作为一种精神自觉,乃是对本原或源出性存在的追问,这种追问无休无止,只有把它落实在某一种理论上,才会出现"原理"。"原理"一旦形成,追问就成为多余,成为庸人自扰,我们只需在"原理"的平台上理论联系实际,就足以解决所有的问题了。质言之,"原理"是和哲学的本性相抵触的。它固化了思想的"原版"和"底板",教条主义和本本主义也就相依而生。从"原理"转向"导论",意味着马克思主义哲学再度释放出创造性的能量,现代西方哲学的其他流派也参与到我们面向现实和未来的思想创造中来,中国传统的精神智慧更是获得积极挖掘和创造性的转化。

"哲学原理"存在很多问题,"导论"却也面临着诸多的质疑,首

[①] 本文原载《社会科学辑刊》2008年第4期,2008年7月。
[②] 张立波:中国人民大学哲学院教授。

当其冲就是阿多诺强调过的,名副其实的哲学是无法介绍的。他的理由是,哲学中的命题和结论固然重要,其中凝结的思考更为关键,前者作为信息可以从一处传递到另一处,由某个人教授给其他人,后者则需要追随作者,重新历经思考的整个过程。[①] 如此说来,"导论"面临的困难丝毫不亚于"原理"。"原理"也好,"导论"也罢,都难免遭遇过度自信的诘问。如果说"原理"的问题在于轻巧地把某种哲学乃至某种哲学的某种阐释视作唯一的本原式的真理,从而导致教条、偏执与僵化,"导论"的困难则在于引导绝非轻而易举的事情。和"原理"径直把读者引向最基本、根本的道理、真理相比,"导论"固然谦逊了许多,却也担当起"路标"的角色。"路标"的作用绝非小可。"原理"是"不知其不可为而为之","导论"是"知其不可为而为之"。认识到这一点,我们对"导论"会抱有充分的赞赏,同时又不能不始终有所保留。"路标"终将被行人置于身后,这是它的遗憾,也是它的幸运。作为历史性产物的"导论"终究是临时性、暂时性的思想存在物。这样说,正是给予它崇高的位置。

从根本上看,这种崇高的位置缘于20世纪90年代之后的思想语境。对于这个语境,可以有这样那样的命名,但无论怎样命名,对启蒙的反思都是题中应有之义。[②] 这里的启蒙,既是指80年代的新启蒙运动,也是指"五四"新文化运动以来时断时续的启蒙思潮,进而指向17到18世纪的百余年间,以法国为中心展开的启蒙运动。传统与现代、主体与客体的二元对立,理性的分化以及工具理性的盛行,对发展规律的迷信以及本质主义的理解,等等,都是启蒙的思想内核。对启蒙的反思涉及三个方面的议题:启蒙是否属于历史的必然产物?

[①] 维尔默:《论现代和后现代的辩证法:遵循阿多诺的理性批判》,钦文译,商务印书馆,2003年,第149—150页。

[②] 关于海外华人学者的近期思考,可以参看杜维明和黄万盛的对话:《启蒙的反思》,载哈佛燕京学社主编:《启蒙的反思》,江苏教育出版社,2005年。关于国内学者的讨论概貌,可以参看许纪霖等:《启蒙的自我瓦解:1990年代以来中国思想文化界重大论争研究》,吉林出版集团有限责任公司,2007年。

启蒙的理论预设和价值前提是否无懈可击？启蒙的现实效应是否合乎起初的目的？所有议题的思考，都再度汇聚到这样一个主题：中国向何处去？中国的现代化向何处去？关于激进与保守的论争，"人文精神"的论争，后现代与后殖民文化的论争，市民社会的论争，等等，都是对于这样一个主题的探索。而所有这些探索，都作为最基本的要素，嵌入"导论"写作的背景之中。在各种"导论"中即使看不到相应的显性文字，也必须考虑到这些因素的存在。只有这样，我们才能对"导论"的意图有更为充分的体认，对"导论"的历史定位有更为明确的把握。如果说"原理"到"导论"意味着一种过渡，那就是从对启蒙的执迷渡往反思的彼岸；如果说从"原理"到"导论"意味着一种转向，那就是"后启蒙"时代正在到来。这样一个背景是我们定位"导论"时应当考虑到的，从"原理"向"导论"的转变是否彻底，也有赖于对这个背景的自觉意识。简言之，"原理"属于启蒙时代的产物，"导论"是后启蒙时期的新生事物。

十余年间，国内高校陆续开设"哲学导论"课程，以之命名的专著性教材亦有数种。其中有三本引起广泛的关注，一本是孙正聿著，一本是张世英著，一本是王德峰著。在下面的论述中，为简便起见，分别称作"孙本""张本"和"王本"。

我们先来谈谈"孙本"。

从目录可以看出，"孙本"包括三个部分：第一章《哲学是什么》属于基本的引论，第二章《哲学的研究领域》介绍了八个二级学科；第三、四、五、六章从外延方面，把哲学和宗教、艺术、常识、科学区分开来；其余的八章都是从内涵方面来展开，可以归为一类。可以看出，"孙本"作为"导论"，着重于深入研究之前的知识性和思想性的准备工作，即着重于分析或梳理有关哲学自身的重要问题，如哲学的学科状况、哲学的研究领域、哲学的社会功能，特别是哲学的主要特性。

哲学的旨归在于塑造和引领新的时代精神。这一纲领性的认识促成了"孙本"的思想高度和叙事方式。"孙本"思考的重心，就是在后启蒙时期，哲学能够做些什么，人们通过哲学学习能够学到什么，以及通过哲学的学习，能够有什么样的收获。"孙本"无意反启蒙，相反，它更为突出地强调启蒙最初的基本精神。譬如，在对哲学及其派别斗争的理解中，"孙本"解析了科学主义和人本主义的概念，批判科学主义而弘扬科学精神，倡导从人文主义的事业去理解科学，并在对科学的人文主义理解中，消弭科学主义与人本主义的对峙。只有这样，才能更好地实现哲学的目标："爱智的哲学，它要激发人们的想象力、批判力和创造力，它要弘扬人们的主体意识、反思态度和探索精神。"[①]哲学在原初的意义上就是启蒙，从"原理"转向"启蒙"，正是回到哲学的本来面目。这样一种认识，很容易让读者联想到利奥塔的观点："在现代中已有了后现代，因为现代性就是现代的时间性，它自身就包含着自我超越、改变自己的冲动力……现代性是从其构成上，不间断地受孕于后现代性的。"[②]"孙本"中"清理地基"的工作方式，正是对于哲学的自我清洗、清理和梳理，即以思想为对象反过来而思之，以启蒙为对象反过来而思之。

从标题来看，"孙本"有哲学、宗教、艺术、常识、科学一类的大词，人类性、民族性、反思性、批判性、派别性、时代性、创造性为另一类的大词，难免有"宏大叙事"的嫌疑。但若把这些大词放在作者关于"后教科书范式"的阐述中加以理解，嫌疑就不攻自破。[③]不再是从教科书提出问题，而是从现实生活、从理论自身提出问题，一方面持之以恒地坚持哲学"面向现实"，另一方面自觉地以"哲学方式"面向现实。所有的大词都是在哲学反思的前提下加以使用的。很多习以为常的词被打上引号，也正是为了把它们从日常的、庸俗化的使用中区分出来，赋予其新的、特殊的含义。哲学研究的不是自然，而是"自然"，不是社会，而是"社会"，不是思维，而是"思维"，因而也

[①] 孙正聿：《哲学导论》，中国人民大学出版社，2000年，第2页。
[②] 利奥塔：《非人：时间漫谈》，罗国祥译，商务印书馆，2000年，第26页。
[③] 孙正聿：《从体系意识到问题意识：九十年代中国的哲学主流》，载《长白学刊》1994年第1期；《当代中国的哲学历程》，载《教学与研究》2001年第8期。

就不是以整个世界,而是以"整个世界"为研究对象。哲学的基本问题是"思维和存在"的关系问题,不能把它简单地、直接地归结为或等同于"精神和物质"的关系问题。对于"宏大叙事","孙本"并不泛泛地一概反对,而是依然坚持寻求"本体"和"崇高"的"宏大叙事",从哲学对人类自身存在的关切去理解这种"宏大叙事",也就是从哲学作为人类关于自身存在的理论形态的自我意识,去坚持哲学对"本体"的寻求。

以反思的、批判的方式追寻"本体"即"崇高",乃是哲学的"天命"。随着后现代思潮的弥漫播撒,"躲避崇高"成为人云亦云的时尚。"孙本"却固执地在"小我"和"大我"之间寻求平衡,超越两极对立的思维方式,辩证地看待理想与现实、道德与利益、传统与现代、规则与选择、崇高与平凡的关系,在理想主义与功利主义、统一规范与多样选择之间寻求一种"必要的张力"。这是一种艰苦卓绝的思想努力。"后启蒙"在"孙本"中的表现,就是不断地伸展这种"必要的张力"。为此,"孙本"一次次地做出区分,经由这些区分,和曾经的哲学原理及其培育的常识拉开距离。既然是哲学导论,当然要把哲学和宗教、艺术、常识、科学区分开来,问题在于,这样的区分何以可能?在多大意义上是可能的?特别是在后现代的语境中,区分是否必要?对于这些问题,作者显然了然于胸。之所以做出区分,不是出于截然对立的二元思维,作者很清楚哲学和宗教、艺术、科学之间的密切联系。这样,与其说是在做出区分,不如说是在探讨联系。区分是为了更好地联系,深层的联系也只有通过必要乃至充分的区分,才能得到更好的体现。所有联系都需要以"中介"的观点来看待,所有关于区分的探讨,目的都在于"深化我们对哲学与人类把握世界其他方式相互关系的理解,从而深化对哲学自身的理解"[1]。基于这样的思考,"孙本"没有简单地摒弃以往的命题,如哲学是"世界观理论"和"普遍规律说",而是对它们做出新的阐释。"世界观"是人对自己与世界的

---

[1] 孙正聿:《哲学导论》,第85页。

关系的理解,"世界观理论"是理解和协调人与世界之间关系的理论。只有理解哲学对理论思维的前提批判,才能理解哲学基本问题的真实意义、把握哲学的反思的思维方式。从根本上说,人类生活的"现代世界"就是现代哲学反思的对象。

下面我们谈谈"王本"。

相比较"孙本"先扫清外围,再切近内核,"王本"除第一章对于哲学的一般界定、第二章《哲学的诞生》外,其余篇幅都交给了哲学的问题域:本体论、形而上学、认识论、先验哲学和历史哲学。对这几大问题域的阐述和讨论,构成"王本"的主干。它较为充分地展示了哲学问题的缘起、性质、意义、求解的动力与途径,以及这些问题与人类生活世界的关系。叙述的力度和强度,在相当程度上就缘于这种展示的视角和切入方式。

作者借助哲学史的材料,引领我们进入这种或那种思想境域,开始真正地思考。道路是崎岖不平的,每一步的前行都需要特别的努力。哲学导论最基本的要义,就是把读者引入哲学的历史潮流中去,至少是引入某种哲学思考或某个哲学家的思考之中。正是在这种努力中,我们一再感受到思想之"识"的诱惑和魅力,也深深地体会到急切和焦虑。如果说急切缘于用词和句式,焦虑则和更大的关怀有关。百余年来中国进步思想家们急于改造固有的思想和文化,迫切地从西方引入"最新的""最当用的"知识、观念和方法,然而何为新?何为当用?引入又谈何容易!哲学真理要通过人的个体生命来体现,当代人渴求真理,但已缺乏把它辨认出来的心灵和将其现实地展开出来的力量,因此,重新记起并守护住人类最本己的文化生命,就成了哲学在当代的首要使命。① 行文的匆促,和文本中弥漫的异化感、危机意识、使命感、责任感唇齿相依。

东西方哲学的对话和会通,是当代哲学的最大任务。这要求东西方思想平等对话,共同培育人类的文明。"王本"深知这一点,却又

---

① 王德峰:《哲学导论》,复旦大学出版社,2000年,第281页。

不能不遗憾地承认，直到目前，这还只能是良好的愿望。20世纪初以来，中国学者大抵是以西方哲学的学术规范、标准和框架来阐述中国哲学，实际上未能真正展开中西哲学的比较研究，遑论对话和沟通了。因此，作者一再强调，不要误以为西方哲学是哲学之为哲学的标准形态，而在具体的写作中，又不能不依据西方哲学的路数来导引哲学思考。[①]"王本"的焦虑，在某种意义上说，即可归咎于这种无可奈何的心态。

理性与历史的统一，是黑格尔哲学发展的必然归宿。理性应当成为历史的，与此同时，历史也当成为理性的，这原本属于黑格尔的崇高追求，被"王本"照单全收了。"王本"的落脚点是历史哲学。作者认为在中国思想传统中，历史原本与哲学合二为一，这种观点即使无可非议，我们也不能不思考这样一个问题：中华民族的历史在什么时候、什么意义上可以成为理性史的一部分？困惑还在于，理性这一宏大的历史叙事在20世纪后，业已遭到海德格尔强有力的质疑。对中国人的历史意识来说，我们既要迅速抵达黑格尔和马克思的层面，又不能不"拥抱"海德格尔这样的哲学家。这真可谓"惶恐滩头说惶恐，零丁洋里叹零丁"。

在"结束语"之前，"王本"仅仅谈到马克思和黑格尔，这是否预示着哲学的"导论"到此为止了呢？姑且妄言揣测。"导论"从"本体论与形而上学"谈到"认识论与先验哲学"，止于"历史哲学"，强调人的本质在其历史中显露并证明自己。"历史哲学"的最后一节"历史与自然"，批评黑格尔哲学的根本谬误，在于把自然界从历史中放逐出去了，唯有马克思的新本体论视域，才在克服近代理性本体论的意义上，最终代表了唯物主义原则的胜利。而马克思的本体论革命，也只不过是近代哲学的当代批判之先声。在"结束语"中，海德格尔闪亮登场。联想其《哲学的终结和思的任务》《面向思的事情》等著述，可以不无理由地说，"王本"之为"导论"，意在穿越传统哲学和近代哲

[①] 王德峰：《哲学导论》，第66、73页。

学的殿堂,把读者带到当代哲学的入门处。

福柯所理解的现代性不是一个时代及其特征,而是一种态度:"人们是否能把现代性看作一种态度而不是历史的一个时期。我说的态度是指对于现时性的一种关系方式:一些人所做的自愿选择,一种思考和感觉的方式,一种行动、行为的方式。它既标志着属性也表现为一种使命。当然,它也有一点像希腊人叫作 ETHOS(气质)的东西。"① 在福柯看来,作为态度的现代性"使人得以把握现时中的'英雄'的东西。现代性并不是一种对短暂的现在的敏感,而是一种使现在'英雄化'的意愿"。福柯显然是在讥讽的意义上使用"英雄"这个词的,不过,讥讽并不等同于批判,从而不等同于彻底的摒弃,而是希望通过"对我们的历史存在做永久批判",克服"启蒙"的局限。"王本"的作者会怎样看待福柯的这种意识呢?那种"英雄"的东西似乎很容易发见:"我们必得探寻和表达能够守护我们的存在之根的思想,这是当代哲学变革的根本使命,其崇高的旨趣在于重新发现人类文化创造最基本的原动力。"② 我们自己的思想英雄在哪里呢?黑格尔也好,海德格尔也罢,都是西方的哲学英雄。在后启蒙时代,我们依然需要自己的英雄,这是颇具有讥讽意味的。

最后我们谈谈"张本"。

除"导言"外,"张本"分为五篇:本体论与认识论;审美观;伦理观;历史观;哲学发展的历程。通观该书,唯美是它的特质。且不说第二篇以"审美观"为题,第一、三、四篇都贯穿着美的、唯美的意识。哲学本身就是艺术哲学,人生的家园只有在艺术中、在审美意识中,才能真正地抵达。审美意识是人与世界融合的产物,它的核心在于"超越",它给人以自由,自由在于超越必然。

从"导言"中可以看出,作者始终在思考这样一个问题:当今的中国需要提倡一种什么样的哲学?就此而言,"张本"作为哲学导论,

---

① 福柯:《何谓启蒙》,载杜小真:《福柯集》,上海远东出版社,1998年,第534页。
② 王德峰:《哲学导论》,第278页。

或可称作"未来哲学导论",它构造了一个想象的哲学乌托邦:哲学是追求人与万物一体的境界之学。在这个乌托邦图景中,中国传统哲学中人与万物一体的思想、西方现当代关于人与世界融合为一的思想,同西方近代的主客关系思想结合起来。这样的建构具有特别的思想勇气。"五四"新文化运动以来的启蒙思潮中,中国传统思想在政治、经济、社会和文化方面作为制度建设的资源几乎被完全抛弃了,所谓现代化往往被等同于"西方化"。直到启蒙的反思得以兴起,才引发了对本土传统的改造、再造与再认识。"张本"以为,中国的"万物一体"可以为人类思想史上真、善、美的真正统一提供可贵的基石。同时,它也仍有待于开发和阐发,有待于我们在此基础上吸取西方哲学思想的优秀成果,建立起自己的宏伟大厦。[1]

在一些议题中,作者采取了平行的共时性叙述,例如,中西哲学史都兼有"天人合一"和"主客二分"的思想。在更多的时候,作者借鉴了海德格尔"在世"、"去蔽"、想象、超越等概念,这一方面意味着对海德格尔的充分借重,另一方面也是考虑到晚期海德格尔对中国老庄哲学的关注。[2] 在海德格尔那里,"存在"(Sein)的希腊源头有"从隐蔽中破茧而出""从幽暗到光亮中"的意思。一些中国学者认为,中文的"在"是由"土"和"有"组成,是"草木之初"的意思;"存"是"有""子",是"人之初"的意思,因此,中文"存在"与海德格尔的"存在"异曲同工。"张本"力图在中国传统思想的"人生境界"与西方现当代一些思想家所讲的"生活世界"间探寻对话的机缘,着力吸取中国"前主客关系的天人合一"的合理之处,把它同西方近代的"主体—客体"式相结合,走一条具有民族特色的"后主客关系的天人合一"的哲学之路,富有启迪,值得赞赏。在这个过程中,哲学被极大限度地美学化,意识形态维度和本体论维度交织纠葛,则需

---

[1] 张世英:《哲学导论》,北京大学出版社,2002年,第233页。
[2] 有关此一议题的详细讨论,参看张祥龙:《海德格尔思想与中国天道》,生活·读书·新知三联书店,1996年。

要审慎看待。①

　　从多元文化教育的视角来看,"张本"提供了一个范例。多元文化教育要求在传授陈述性知识时,运用人类大家庭中多种多样的例子和内容,对基本概念、准则及概括所举的例子取自丰富而广泛的文化基础,通过不同的文化视角,使课程真正反映各种知识的文化多样性和多视点的特性。②"张本"致力于对"不同而相通"的阐释,把中国传统思想与西方思想糅合、会通,就是用"万物一体""民胞物与"的思想精神来提高和沟通不同的精神境界。"万物一体"是不同境界之间得以沟通的本体论根据。有了这种思想精神,就有可能进行商谈、平等对话、建立共同遵守的道德规范。

　　三位作者都没有简单地摒弃启蒙思想,而是在一个更高的视点上据以把握。超越哲学的知识论立场为人类重建精神的家园,是三者的共识。在"孙本"中,"只有超越哲学的知识论立场,才能真正理解哲学反思,并实现对思想的前提批判"③。在"王本"中,"在本体论上拯救人的感性的文化生命,是当代哲学变革的根本主题"④。在"张本"中,"用中国传统的天人合一代替和排斥主客关系的思维方式,当然不行,但取中国传统的天人合一之优点与西方的主客关系思维方式相结合,则是必由之路"⑤。由于治学路径有所不同,"导论"的面貌也就迥然有别。在"孙本"中,我们很容易感觉到,作者是从马克思主义哲学的知识背景出发的。当然,这里所说的马克思主义哲学不再是苏联哲学教科书的那种样式,而是中国学者在改革开放三十年来孜孜以求所阐发的马克思主义哲学。在当代中国的思想语境中,脚踏实地

---

① 沃林:《海德格尔的弟子们》,张国清、王大林译,江苏教育出版社,2005 年,第 12 页。
② 奥恩斯坦等:《课程:基础、原理和问题》,柯森译,江苏教育出版社,2002 年,第 387—389 页。
③ 孙正聿:《哲学导论》,第 148 页。
④ 王德峰:《哲学导论》,第 270—271 页。
⑤ 张世英:《哲学导论》,第 405 页。

的哲学思考以及对于哲学的思考，都不能不从既有的苏联模式教科书体系出发，背离它，远离它。在这种背离和远离中，我们逐渐"回到马克思"，真正体认马克思主义哲学的当代价值。在这个意义上，"孙本"典型地表现出从"原理"到"导论"的变迁路线。"王本"的思想基座是黑格尔或早期马克思，坚持人类在劳动的基础上赢得了自身作为主体性的精神存在，而后转向海德格尔，这很容易让我们联想起马尔库塞。他在黑格尔、马克思和海德格尔的思想间穿梭，力图把马克思主义和现象学创造性地结合起来。其中，劳动概念扮演了至关重要的角色。宽泛地说，"王本"是经由西方马克思主义"开出"的"导论"。在"张本"中，海德格尔始终扮演着穿针引线的角色，所谓的中西会通都是由于这个角色才得以可能。而且，由于哈贝马斯和罗蒂时隐时现，"张本"中的海德格尔哲学愈显诗意，愈来愈成为一种全球化时代的美妙音响。无论怎样，"张本"是缘于中西哲学会通的"导论"尝试。

"孙本"的基调是从容的，"王本"的基调是急促的，"张本"的基调是浪漫的。基调的差异，和文本的思想重心直接相关。"孙本"更多地提示了从事哲学思考的方法，引领我们多侧面地思考哲学，为深入学习和研究哲学打开思路，奠定一个高起点的基础。"王本"更多地表现出独特的姿态，作者或者引领前行，或者自己只是站在路口。作为读者的我们顺着他目光所及、他手臂所伸展的方向，逐渐前行。道路本身"不是固定的，而是可供人们在上面来回移动的，还可供人们继续开拓。在它上面，人们不能希冀捡取任何现成的果实，但它却标示了代表着希望的方向"[①]。"张本"则给我们这样一种意向与立场：历尽沧桑的长者坐在中国古文明的院落里，品茶饮酒，宣称"希望就是做出某种抉择"[②]，超越有限，追寻无限，这希望是崇高的向往、审美的向往，也是"民吾同胞"的道德向往。

---

① 王德峰：《哲学导论》，第 279 页。
② 张世英：《哲学导论》，第 409 页。

就思想的品格而言,"孙本"以高度见长,"王本"以力度取胜,"张本"以圆润性为重,各有千秋,我们无意进行等级上的高低评价。我们所能做的,是基于"后启蒙"的背景来判断它们各自的抉择与取向。与此同时,又借助它们各自的抉择与取向,来判断"后启蒙"在中国的具体呈现和多重面相。随着市场经济的迅速推进,"世俗化"的现象普遍呈现,工具理性成为大众广泛的意识形态,人的存在方式由"人对人的依附性"转向"人对物的依赖性为基础的人的独立性","人在神圣形象中的自我异化"转为"人在非神圣形象中的自我异化"。一方面是现代化的期待,另一方面是现代性的忧思,20世纪90年代思想文化界的一系列重大论争都是围绕这个矛盾展开的。"大一统"的"原理"显然过于虚妄,无法应对现实生活的矛盾重重和诸般分化。"导论"应运而生,它通过对本体的重新思考、对终极价值的重新阐释,为人们"安身立命"提供合法化的依据。而三本"导论"的不同特点,既表明对这种依据的不同探寻,也意味着对时代境况的不同体认。

在后启蒙时期,客观上具有绝对约束力的意义系统很难立足。从"哲学原理"到"哲学导论",意味着从一元走向多元,从简单接受定论转向苦心孤诣、上下求索。哲学所能提供的,是多元化的价值、含义和生活方式,这一多元化是交往潜力释放的结果。如果我们把课程看作不同的文本,将文化视作一系列相互影响、生成附加文本的文本,将哲学视为争取人们注意力的文本,那么,三种不同的"导论"意味着思考的不同方式,而非接受某种特定的哲学观,我们可以从一个文本得到另一种解读,将一个文本融入另一个文本,或者,从诸多文本中得出一个全新的文本。哲学更多地作为视点、视界和视域而发挥出强有力的作用,诸种"导论"众声喧哗,蔚为大观,构成"后启蒙"的华丽景象。

"万有相通"与"人类命运共同体"的构建

李 智[①]

在中国的思想传统中,"万物一体"是一个根本的哲学命题,它超越了物本论、心本论或精神本体论等一切西方哲学本体论形式,为中国人和中国文化的基本世界观(宇宙观)奠定了独特的本体论基础。在当代,张世英先生对传统的"万物一体"论做出了具有时代意义的卓越解读,创立了"万有相通"哲学,并提出了现代意义上的"天人合一"人类生存观和"和而不同"人际交往观。张世英的现代化了的"万物一体"即"万有相通"思想为"人类命运共同体"理念提供了哲学的形上学之基,而跨文化传播或沟通这种现代化了的"万物一体"/"万有相通"境界成为构建人类命运共同体的一条现实路径。

一、"万有相通"的"天人合一"人类生存观

作为中国文化中的一个根本的哲学命题,"万物一体"形成于儒学的宋明理学及心学阶段,而其思想源远流长,萌芽、发显于先秦孔孟的仁学及易学中。所谓"万物一体",就是"万物原本是一体",是指世界上的万物,包括人在内,千差万别,各不相同,但又息息相通,融为一体。[②] 或者说,是指宇宙或天地万物息息相关,"一气流(贯)通"而不可"间隔",从而融合为一个人与万物具有生命关联的一体化的整体。正是在这个意义上讲,"一"(整体)即"多"(个体),"多"(个体)即"一"(整体),因而有所谓"月映万川"或"一滴水见太

---

① 李智:中国传媒大学教授。
② 张世英:《哲学导论》,北京大学出版社,2016年,第250页。

阳"之说。基于这种"万物一体"性，宋儒张载提出"民吾同胞，物吾与也"，即所谓"民胞物与"。"万物一体"的根本所在既不是其中的物质因素，也不是其中的精神因素，而是"一体"本身——"一体"是唯一真实的。因而，从哲学本体论的角度看，"万物一体"既不是西方哲学的物本论（物质本体论），也不是其心本论（精神本体论），而是绝对的一元本体论。而且，"万物一体"观超越或者说无涉于任何目的论和形而上学假设，它不是把世界理解为先验的即先天既定（现成、既成）的理想性存在物，也不去探究和先行认定当下世界之所以存在的最终原因（依据）及其追求发展的终极目标。也就是说，"万物一体"观不预设不断生成、变化着的人类世界的背后有任何先行存在而且永恒的设计（即抽象的结构），如同某种超验的力量（如造物主、概念王国）。"万物（一）体"就是"万物（一）体"，"万物（一）体"就是一切，除此之外，别无"他物"。这是中国人的一元论世界观——世界只有一个，就是人融身、依寓、繁忙、"纠缠"于其生存于其中、与之"打交道"、对之"有所作为"的"这"唯一一个生生不息的经验世界。"万物一体"为中国人和中国文化的基本世界观（宇宙观）奠定了哲学本体论基础。在当代，张世英通过对古今中西哲学的融会贯通，把西方特别是近现代西方哲学中"主客二分"即主体性思想传统融入中国古代哲学"万物一体"的思想传统中，提出了新的"万物一体"哲学——"万有相通"哲学。由此，中国传统的"万物一体"论发展成为现代化了的"万有相通"论。

基于"万物一体"这一中国人的世界观的本体论根据，张世英提出"人生在世"即人与世界（万物）的两种关系结构（所谓"在世界之中"的两种含义）：一是"主体—客体"相分即"主客二分"式；二是"人—世界"合一即"天人合一"式。前者是把人看作与世界万物处于彼此外在、相互现成而独立的关系之中。在这种外在的关系中，人以我为主（体），以他人、他物为客（体），即把世界万物对象化、客体化。继而，主体凭着认识事物（客体）的本质、规律性以征服客体，使客体为我所用，从而达到主体与客体的统一。后者则是视"人与天地万物一体""天地万物与人原本是一体",人寓于、沉浸于、融于天地万物之中。因而,人与天地万物的关系是内在的。在这种内在的关系中,人与天地(即万物,包括他人)共处(共存、共在)而互动、互构。更准确地说,人与世界是相通、相融的,即两者相互沟通("交通"),且相互融合即交融为一体。① 在这两种在世结构之间,张世英认为,前者是西方人的人生在世结构,后者是中国人的人生在世结构。"万物一体"为中国人的"天人合一"式在世结构提供了本体论依据。张世英同时认为,中国的"天人合一"在世结构存在两种形态:一种是原始、低级的未经"主—客"二分式思想洗礼的"天人合一"即"前主客关系的天人合一",譬如老庄的"天人合一";一种是经历且包摄和超越了"主—客"二分式的更高一级的"天人合一"即"后主客关系的天人合一",譬如鸦片战争以后的先进思想家的"天人合一"。在后一种"天人合一"观的观照下,人面对自然,不再只是被动屈从,而是主动顺应;人面对人(即他人),不再只是消极"克己",而是积极适应——总之,"未来的田园诗人将不会是像陶渊明那样'箪瓢屡空,晏如也'的'无怀氏之民',而是坐在高精尖的科技园里也能进入万物一体、物我两忘的高远境界的积极进取之士"②。鉴于现代性建立在"主—客"二分认识论即主体性哲学基础之上,这是一种现代意义上的"天人合一"观,更完整地说,是一种现代化了的"天人合一"人类生存观。鉴于张世英的"万有相通"的哲学既继承了中国古代哲学中"万物一体"的思想传统,又融合了西方特别是近现代西方哲学中"主客二分"的思想传统,后一种"后主客关系的天人合一"观同时是一种"万有相通"的"天人合一"观。基于此,张世英明确指出,这种"万有相通"的"天人合一"应该是一条既具有中国本民族特色又符合人类未来发展方向的哲学之路。③

---

① 参看张世英:《哲学导论》,北京大学出版社,2016年,第3—4页。
② 同上,第253页。
③ 同上,第12—14页。

二、"万有相通"的"和而不同"人际交往观

"万有相通"即为万物不同而相通。"万有相通"包括人与人同为一体相通和人与自然同为一体相通两种情况。这两种一体相通统一于"一体之仁"中。所谓"一体之仁",就是贯穿于万物之中即同时贯穿于人与人之间和人与自然之间的一种统一的情感——爱(近似于西方的"博爱")。从这个意义上说,"一体之仁"即为"一体之爱"。"一体之仁"充分表达出了"万物一体"的伦理道德含义。明儒王阳明就是用"一体之仁"来解释宇宙万物(包括人和自然)相互吸引在一起,且融合为一体的。"仁"不仅与同类之人为一体,而且与有知觉之鸟兽、无知觉之瓦石为一体。由此,"生生之德"的生命创造推动着人与社会、人与自然的整体和谐,作为主体的人的情感和知觉推及他人及万物,使人间及宇宙成一有情的和谐世界。总而言之,"仁者以天地万物为一体"。这同时也表达出了中国传统文化中奠基于"万物一体"论的"和而不同"(更合乎逻辑地讲,"不同而和")的和谐观。

张世英认为,"万物一体"之"仁(爱)"并非只意味着相互同一、趋同、吸引、融合,而无区别、差异、矛盾、冲突和排斥;并非只意味着和谐而无斗争。人与自然之间的和谐是不排斥斗争的,人与人之间的和谐并非纯然无矛盾的。"万物不同而相通",说的就是不同东西之间的相通。这就意味着"互相融通为一体的东西之间包含有不同、有差异,因而也就有矛盾、有冲突、有斗争,绝对的纯之又纯的无差异是抽象的,实际上是不存在的"[①]。鉴于现代性建立在差异性基础之上,这种强调"不同"(差异、矛盾和斗争)的一面、视"不同"为"和"存在的先决条件而把"和"建立在"不同"基础之上的"和而不同"和谐观可以被称为现代意义——"万有相通"意义——上的"和而不同"和谐观。

---

① 张世英:《哲学导论》,第251页。

人与自然之间的和谐中之所以蕴含着斗争,是因为人在与自然打交道的过程中并不能消灭自然界的自律性、自在性,也不能消灭与自然界的实在性联系在一起的异己性:"作为社会劳动的相关者,客体化的自然界保留着两种特性,即面对支配它的主体,它自身的独立性和外在性。"① 而自然界之所以具有如此绝对的自律性和异己性,是因为自然物无心灵、无精神。因而,它不能理解人从而主动地约束自己,使自己适应人。由此,人与自然之间没法实现相互理解、相互承认,从而做不到相互约束、相互适应;而只能通过人对自然规律和必然性的认识和主动顺应自然,进而使自然适应人,以进入人与自然愈益相通相融、和谐相处的境地。

和人与自然的关系相对的是,人与人之间则是有心灵者与有心灵者之间的关系(人是有心灵、有精神的),而且人皆交往和生活于同一个共同体之中。因而,人和人**可以**相互理解、相互承认(源于人己一体的所谓"同情心":人同此心,心同此理""设身处地""将心比心",以至于"心心相印"),从而可以相互约束、相互适应,以便日益与对方(他人)相通相融、和谐相处。

不过,人与人之间的和谐中同样蕴含着矛盾。其间之所以存在矛盾,是因为人与人的相互理解、承认、约束、适应乃至于相通相融并不取消每个个人的差异/相异性、独特性抑或个性,人与人的和谐相处并非保持人际间的绝对"同一性"或"一致性"(Consensus)。也就是说,任何人都具有独立性和自主性。由此,在人类社会这个生存和交往的共同体内,任何"主体"或任何人的主体地位都不是绝对的,而是相对的,是"主体间性"(或"交互主体性",inter-subjectivity)的,即主体与其相对的"客体"(对象)是互为主客体的,居于主体或客体地位的双方随时随地可以互易其位。

鉴于人与人之间存在着差异,人与人要和谐相处,首要的是包容、容忍和尊重他人的独特性、个性抑或异己性,而不是消灭彼此间的相

---

① 哈贝马斯:《认识与兴趣》,郭官义、李黎译,学林出版社,1999年,第28页。

异性，强求一致。"用强求一致所得来的和谐相处、相通相融，总是脆弱的，不如通过承认他人的不同一性，反而更能得到相互理解、和谐相处。""我们尤其不能把中国传统哲学所讲的和谐相处一味按封建统治者的立场解释成消灭相异性，我们应当学会在承认相异性、尊重相异性中求和谐。"[①] 用利科的话来说，就是在"冲突"（即"争执"：不同的人之间的柔性对抗性相互作用，通常表现为"自由讨论""平等对话""保持协商"[②]）中求和谐。因而，这是一种现代化了的亦即"万有相通"的"和而不同"人际交往观。

三、基于"万有相通"沟通的"人类命运共同体"构建

人类社会是由各民族、各群体包括统治者与被统治者所组成。人类社会之所以是一个命运共同体，乃因为人类社会原本是一体的，人类社会中的万事万物（包括人）是相通相融的。因此，"万物一体（万有相通）"是人类命运共同体的本体论根据。"各民族、各群体包括统治者与被统治者彼此各不相同，千差万别，这是客观事实，不可能强求一律，我们平常讲宽容，其实就是容许各自的特（殊）性和差异性；但这些不同的民族、群体包括统治者与被统治者又是处于息息相通的万物一体之中的。因此，他们一方面可以容许对方的特性和差异性，另一方面又可以相互沟通，建立同类感和共通感。"[③] 西方以哈贝马斯的商谈伦理学为代表建立跨国/跨文化普遍/普世性道德规范的企图都需要建立在"万物一体（万有相通）"论的基础上。这套跨文化、为世界各国各民族所共享的普遍主义价值规范之所以可能被跨文化地建构起来，即在世界各地文化的跨文明平等对话过程中形成，关键还在于"万物一体（万有相通）"之根之本。这是因为这种跨文化建构不止

---

① 张世英：《哲学导论》，第 255 页。
② Paul Ricoeur, *From Text to Action* II, Northwestern University Press, 1991, pp. 334–335.
③ 张世英：《哲学导论》，第 74 页。

于在各文化现成存在、未作改变的价值规范之间"发现"或找到彼此现存的共同之处("交集")而达成所谓"重叠共识",而且在于对话双方更为积极地、深度地相互介入而相互影响和改变,并在此前提下达成具有普适性规范原则意义的跨文化共识,因而这种平等对话取向的跨文明普遍主义规范建构是一个极为艰难的跨文化实践过程。对此,张世英认为,只有交往双方都有了"万物一体(万有相通)"的境界(对万物一体或万有相通的感悟或体悟,表现为同类感和共通感即所谓"同情心"),才有可能进行积极商谈、进行平等对话,在互动和相互作用中建立起共同遵守的道德规范。而这种境界不是原则上不可能达到的,因为人人都"先验地"生活于万物一体(万有相通)之中。①

长期浸淫于"万物一体"之中的中国人倾向于用"天人合一""和而不同"的思维方式和价值取向来把握世界和与世界打交道,而长期置身于主客关系之中的西方人则习惯于用"主客二分"的主体性思维和个人主义价值取向来把握世界和与世界打交道。而迄今为止,在文化日益全球化而又日益民族主义化的背景下,无论是西方人还是东方人,都普遍缺乏"万物一体(万有相通)"的境界,各自都以自我为中心和主体,以他人为客体和被利用的对象,以至于陷入人人为敌或为竞争对手的境地。由此,中华"万物一体"的思想传统尤其是现代化了的"万物一体"即"万有相通"思想境界(包括现代意义上的"天人合一"人类生存观和"和而不同"人际交往观)的跨文化传播或沟通就成了构建人类命运共同体的关键所在。

而跨文化传播(沟通)现代化了的"万物一体"即"万有相通"境界的关键,在于推动全球化进程即促进跨国界的交往互动。各民族人民的精神境界一旦形成之后,它便有相对稳定性即所谓"固执性",但这种稳定性是相对的,精神境界是可移易的。因为随着经济全球化的日益发展,各民族文化将逐步地经过严酷的斗争而走向融合。这就构成了各民族的精神境界之间得以沟通的大趋势。在未来,随着中国

---

① 参看张世英:《哲学导论》,第 75 页。

的国际地位和综合国力不断提升，以（现代化了的）"万物一体"（"万有相通"）思想为灵魂的中华民族文化必将进一步"走出去"，走向全球，为世界各国人民所理解和认同。这也就意味着，"万物一体"（"万有相通"）精神境界将实现全球范围内的跨文化沟通。届时，"人类命运共同体"将从理念转化为现实。

追问哲学在当代中国的起点[①]

——读张世英、俞宣孟先生之本体观有感

刘潼福[②]

起点问题,是一个本体论问题。哲学本体论主要有两个视角:最初是从时间先后的生存视角追溯起点,这一视角,随着自然科学的发展,早期依靠猜测的模糊本体逐渐被科学精准的研究成果所取代,慢慢淡出视野;后来的本体论主要是从理念的普遍性视角追溯起点,这一视角,因为没有时间先后,绝对的本体与追溯本体的思维同在,凸显了人的存在价值,正在成为显学。张世英先生的本体观兼容了两个视角;而俞宣孟先生的本体观,主要是从后一视角展开的研究。

学界泰斗张世英创立了"万有相通"的本体哲学。这一本体哲学从宏观上立足于当代中国的现实基础,其目标是"恢复被破坏了的人与自然、人与人以及自然与自然的和谐关系"。他的"万有相通"本体观既传承了中国"天人合一"的传统,又吸收了西方哲学长期主客对立思维的成果,在两者结合的基础上建立起"主客相融的自觉整体观,展现了一种超越'有'而达到'无'……的'即世而出世'的境界"[③]。

张世英先生的"万有相通"本体观,面对当代世界的现实,融会中、西、马哲之精华,并以中国思维的特色展现出来,对指导当代中国的哲学发展确有重大的开创性价值。但"万有相通"的本体作为一种自觉的本体,是超越个体局限后站到总体高度上的产物。尽管在绝

[①] 本文原载《哲学分析》2017年第4期,此次发表有所增补。
[②] 刘潼福:上海社会科学院、上海华夏社会发展研究院研究员。
[③] 胡自信:《论张世英"万有相通哲学"的原创性》,载《哲学分析》2017年第1期,第9页。

对的意义上本体即总体，两者可以互释，但在相对的认识过程中，从本体到总体的过渡却相隔千山万水，具有天壤之别。领悟世界的总体是哲学认识的完成，而追问世界的本体是哲学认识的开始，没有开始何来完成？由于时代不同，认识的起点也不同，追问哲学的起点，避免认识的歧途，无疑与完成总体认识形成对等的价值。

与张世英先生的总体本体观不同，俞宣孟先生关注的是哲学开端的本体观。他在《关于哲学的开端问题》一文中指出："哲学本身的开端不是时间上在先的东西，而是哲学内部追寻自身根据的过程中将发现的东西……它倒是较后才出现的。"也就是说，作者同样立足于中西哲学在当代中国汇合的现实，对现有哲学的开端（或起点、本体）因存疑而追问。并认为："哲学就是一再从生活的各种角度追问其最终根据，又将这个最终根据作为开端贯彻到生活中的活动。"[1]

"万有相通"的本体观，仿佛统观世界的北斗导航；追问开端的本体观，好比降落岑麓的实地探索，两者功能不同，价值互为依存。本文试图在两位先生观点的基础上，提出自己思索的问题，以求教于学界。

一问：何为当代中国的哲学起点？

什么是哲学在当代中国的共同起点？在学界长期探索，尤其是张、俞两位先生深入研究的基础上，这个原本聚万千宏论仍长期存疑的问题，现在渐渐显得清晰明了起来。

哲学作为时代精神的精华，必随时代的变化而变化。因而，当代中国的哲学，显然已经不是传统意义上的"中国哲学"，作为思维之根的传统中国哲学，在经历百多年马克思哲学的批判改造和西方哲学的渗透融合后，已经发生了很大的嬗变。虽然学科意义上的三种哲学各有自己的领域，可以相互区分，但作为面对现实、指导实践的时代精神，它们必须找到共同的起点，建立互通的基础。否则，指导思想的分庭抗礼，必然导致实践世界的离析乱象。

---

[1] 俞宣孟：《关于哲学的开端问题》，载《哲学分析》2016 年第 6 期，第 70、72 页。

初入哲学之门可清晰见到：西方哲学从水、火、原子等具体元素中寻找世界的本质，而中国哲学从太极阴阳滋生万物追溯天人合一的境界，故学界向有"西哲重物，中哲重人"之说。但深入研究发现：寻找具体元素的西方哲学只在古希腊早期昙花一现，因为科技手段尚未出现，人类无法依靠有限经验去猜测无限世界。所以当柏拉图发明了超越经验世界的"理念"，建立了具有普遍性效用的抽象概念本体，加上亚里士多德创造的形式逻辑可以被运用于抽象概念间做无限的推理和演绎，整个西方哲学就在概念逻辑的基础上建构起了一个完全不依赖真实世界而存在的"理念世界"。虽然纯粹的"理念世界"本就是人的思维形式，但当思维用以寻找世界、研究对象时，自身并不在被研究的范围中，因而，作为理念哲学的本体，在追溯绝对的"有""无"转化中，最后只能落户于神秘而异化的"上帝"基础之上。正是这种与科学实证世界日益脱离的理念世界，构成了西方哲学长期唯物与唯心的本体论哲学之争。直到康德提出了"物自体"和"理念世界"不可逾越的两岸理论，才如雷鸣地震般从根本上唤醒了西方哲学沉迷理念世界之梦，近代西方哲学才开始出现理念世界寻找如何通向真实世界的大转折。

在这一转折中，黑格尔沿着普遍性概念的哲学方法，发现了绝对观念异化出自然和人类的逻辑路径，继续维护着上帝创造一切的宗教信念。费尔巴哈对黑格尔的批判就是要将哲学彻底拉回到人本身，他在早年就指出："现在的主要问题是如何消除人类由来已久的关于彼岸和此岸的矛盾心理，以便使人类能全心全意地把注意力集中于自己、现世和现在……我要把人，就是说把完整无缺的人……拥抱在我的怀里。"[①] 这里，无论是黑格尔的绝对精神还是费尔巴哈的现实之人，总之，在他们这里，人被唤醒了。而在此之前，西方哲学因为舍弃人本身，无法找到沟通两岸的途径。正如俞宣孟先生概括的："西方哲学一

---

① 费尔巴哈：《费尔巴哈哲学著作选集》（上卷），生活·读书·新知三联书店，1959年，第223、227—228页。

开始就限定哲学是观察、解释世界的，把人自己遗落在外。"西方"传统哲学追寻关于世界的普遍知识的时候，作为追寻者的人自己是被晾在一边的，直到近代，西方哲学界才强烈感觉到了这个缺陷，价值学、美学、心理学以及所谓人文哲学在近代的兴起，恰恰说明原来传统哲学在这些问题上的忽略"①。

如同造桥先要打桩一样，要建立两岸沟通的哲学桥梁，首先要寻找支撑哲学桥梁的基点。然而，哲学的思维之河是如此变幻莫测，要确立一个足以承受贯通两个世界之大桥的稳定基点并不是一件容易的事。海德格尔几乎花费了毕生的心血去做这项工作，重点落在"存在"（是）和"此在"的论证中。学界普遍感到海氏哲学的艰涩，其实，海氏的语言艰涩只是假象，真正的艰涩在于对人本的把握。因为能同时将理念的抽象世界与感知的真实世界沟通并结合起来的，只有处于特定状态下的人。为把握这种特定的状态并完成本体论的建构，海氏就要排除一切成见，做出纯粹的规定，其实质就是在规定"人本"。换句话说，只有人本的基点纯粹而无杂质，在此基因上建构起来的思维桥梁才能牢固。这一真谛，在俞先生的研究中已有清晰的阐明："并非任何'是者'都能成为'是'的意义问题的入手处，只有一种'是者'可用，那就是我们每个人自己……他以生存规定'此是'之'是'，这实际上就是指人的生命。唯其生命的展开才是具有自觉意识的展开，海德格尔才能进一步把它称为'谋划'（project），也才能说，'此是'对自身之'是'是领悟着的。反过来说，各种东西在人的解释中成为这样那样的'是者'，其根据就在于生命活动具有的领悟。由此进一步说开去，我们所认为的一切，无非是对自己生命活动中展开出来的东西的解释。"②

海德格尔对哲学本体的思考，颇有中国道家关于"道"的意蕴，这也是他相当欣赏中国道家理论的缘故。这种共鸣，显示了西方哲学

---

① 俞宣孟：《关于哲学的开端问题》，第 80、82 页。

② 同上，第 82 页。

的今天与中国哲学的起始遥相呼应。但这并不表示中国哲学比西方哲学有先见之明，因为中国哲学的起点有先见却并不明，在对人本的认识上，充满神秘和模糊。

若按照认识的规律来看，中国传统哲学与西方哲学的开端一样，也是从探寻有无开始追溯世界的本原，只不过采取的视角不同。与群岛特点的古希腊之重交易、尚自由的生存方式不同，起源于中原大地的中国早期思维受农耕特点影响，更关注天地阴阳、四时变化的总体。因而，中国哲学虽提倡天人合一，却并不凸显人本，而以顺应天命为本。张世英认为中国传统文化的第一个缺点就是缺乏科学的分析，第二个缺点就是缺乏自我独立。[1] 由此出现了中国特有的异己崇拜，如山神、河神、土地、树神等各种物神崇拜，以及关公、钟馗、玄女、太上老君等各种人神崇拜。这种具体多元神性的异化，虽不同于西方因普遍性概念导致的单一上帝的异化，却也反映出哲学思维中人本的缺位。唐宋时期儒、道、佛三家融合，中国哲学开始出现各种涉及人本的概念探讨，到宋明理学达到顶峰。冯友兰认为，即使朱熹"谓性即理，理和心仍然相隔在两个世界"，直到王阳明的心学，才令"良知"通过"知行合一"的实践功夫达到心物不分的境界。但"良知之有无，则心理学不能定也"。[2] 也就是说王阳明的本体还只是道德实践中以"良知"为前提的领悟功夫，"一悟本体，即是功夫，人己内外，一齐俱透了"[3]，并没有提升到西方哲学普遍性高度的人本层面。如俞先生说："宋儒对心性问题的关注，虽然没有明确道出其最终的目标，但在这个方向上一路追问下去，是可以达到终点的，这个终点就是生命的原始状态。反过来，把这个终点立起来，就可以成为哲学的唯一出发点。"[4]

遗憾的是，即使今天的人们从阳明心学中可以发掘出对人本有所觉悟的哲学起点，因为大一统的封建政体和克己复礼的儒学体系从根

---

[1] 参看张世英：《九十思问》，中国人民大学出版社，2016年，第243页。
[2] 冯友兰：《中国哲学史（下）》，华东师范大学出版社，2015年，第221—230页。
[3] 王阳明：《王阳明全集（下）》，上海古籍出版社，1992年，第117页。
[4] 俞宣孟：《关于哲学的开端问题》，第82页。

本上束缚了人性，近代中国实际上并没有完成人本哲学的建构。只是在西方科学和哲学百多年的冲击渗透下，当代中国才获得了人本意识的初步解放，形成了本体意义上人与世界的对等和交流。作为当代中国哲学思维的代表之一，张世英先生的"万有相通"本体哲学，就是吸纳西方哲学后的产物，因为能够充当"万有相通"之本体功能的，不可能是别的什么存在，只能是自觉的人。如他自己所说："自然界和社会上的各种事物以至个人自己的各种先天的和后天的生理因素和心理因素，以远近程度不同和千变万化的联系方式构成千姿百态的交叉点或'本我'，因此每一个交叉点、每一个'本我'虽然都是同一个宇宙之网的整体，但彼此之间又有各自的个性与独特性。个体性融合在整体性之中，每个'本我'即是整体，整体即是每一个'本我'。这就是为什么'本我'既有我性又超出我性而为宇宙整体的道理。正因为如此，我与他人、他物才融为一体，无有隔碍，而又能同时保持我自己的独立性、创造性和自由。这也就是我所谓的'天人合一'或'万物一体'。"① 由上简述可见，中西哲学在当代中国的会通都指向了"人本"的起点。

同样，马克思主义的哲学也不例外。尽管早年流入中国的马克思主义哲学以唯物主义的物质为本体，以资本生产引起的阶级斗争为主导，但随着社会主义革命的成功，人们很快发现这些理论并非马克思主义哲学的核心，真正的核心是对人本自觉的重视。1894年，意大利社会主义者卡内帕写信给恩格斯，请他用简短的字句概括社会主义新纪元的本质。恩格斯回复说："要用几句话来概括未来新时代的精神，而又不堕入空想主义或者不流于空泛辞藻，几乎是不可能的……但是除了《共产党宣言》中的下面这句话，我再也找不出合适的了：'代替那存在着阶级和阶级对立的资产阶级旧社会的，将是这样一个联合体，在那里，每个人的自由发展是一切人自由发展的条件。'"② 恩格

---

① 张世英：《天人之际——中西哲学的困惑与选择》，人民出版社，1995年，第268页。
② 马克思、恩格斯：《马克思恩格斯选集》第4卷，人民出版社，1995年，第730—731页。

斯这封信没有被编入中文第一版的《马克思恩格斯选集》（人民出版社 1972 年版），因为这段话所表达的思想不仅与中国当时强调的"阶级斗争"理论相抵触，也与一直提倡"无产阶级专政"的斯大林模式相抵触。那是一个高唱马克思主义赞歌却又回避马克思主义核心的怪异年代，它所制造的认识误区，极大地干扰了人们对马克思主义哲学的正确理解。

严格说来，实现人类真正的理想是马克思一生的追求。这种理想的支撑点是以人为本、以自我完美为目标的哲学。马克思青年时期的人生哲学，就准确地指向了"人本"和"自我完美"这两个核心命题："人的本性是这样的：人只有为同时代人的完美、为他们的幸福而工作，自己才能达到完美。"① 但是，在现实社会中，人和社会怎样才能达到完美状态呢？从早年的《经济学—哲学手稿》到晚年的《人类学笔记》，从《共产党宣言》到《资本论》，马克思始终在思考完美人本如何实现的问题。

例如从资本发展的规律中预测到人本解放和提升的必然性。在马克思的时代，虽然还远未出现将世界变成一个整体的经济全球化，但其规律性趋势却早已被马克思所洞察："尽管按照资本的本性来说，它本身是狭隘的，但它力求全面地发展生产力……这种趋势是资本所具有的……生产力的自由的、毫无阻碍的、不断进步的和全面发展……的前提是超越出发点。"② 又如从国家理论中探索人本解放和自由的必然性。马克思早年认为，国家是压迫人性的工具，在《评一个普鲁士人的〈普鲁士国王和社会改革〉一文》中提出了"消灭国家"③ 的口号；在《哲学的贫困》中提出了用自由人联合体取代政权④ 的理论；在《德意志意识形态》中，提出了无产者"为了实现自己的个性，就应当消灭他们迄今面临的生存条件，……他们应当推翻国家，使自己的个

---

① 马克思、恩格斯:《马克思恩格斯选集》第 1 卷，第 459 页。
② 马克思、恩格斯:《马克思恩格斯选集》第 30 卷，第 539、592 页。
③ 马克思、恩格斯:《马克思恩格斯选集》第 3 卷，第 386 页。
④ 马克思、恩格斯:《马克思恩格斯选集》第 1 卷，第 194 页。

性得以实现"①。但在《家庭、私有制和国家的起源》一书中,晚年的马克思和恩格斯不再将国家和人本相对立,认识到国家具有"缓和冲突""保持秩序"的功能,真正的问题是国家富裕后,人性如何从贪欲财富的异己状态回归人本的觉悟。为此他们将希望寄托在人性的最后自觉上:"总有一天,人类的理智一定会强健到能够支配财富。"②

马克思虽然没有撰写纯粹的理论哲学,但他关于哲学不只是解释世界还要改变世界的经典名言及其注重实践的哲学思想,揭示了近代西方哲学向实践和人本觉悟转折的根本性质。以致后人在理解马克思主义哲学时,在物质本体还是实践本体上引起了长期的争论,其争论的焦点便是如何在本体中注入人的能动性。

二问:人本的哲学起点是什么?

如果说中、西、马哲在当代中国共同指向了"人本",那么什么是"人本"的哲学起点就成了随之而来的问题。

关于人本,中国通俗文化《三字经》的第一句就是:"人之初,性本善。"在中国,虽然有荀子的性恶论,但中国文化以儒家孟子主张的性本善为主流。在西方,人是什么?著名谚语称之为"一半天使,一半魔鬼"。虽然苏格拉底的哲学曾经将"善"作为基点,但统治西方精神的基督教原罪论和立法基点却都是建立在"性本恶"的前提上。黑格尔曾经说过:"说人本性是善的这句话时,是说出了一种很伟大的思想;但是,……当人们说人本性是恶的这句话时,是说出了一种更伟大得多的思想。"恩格斯非常赞赏黑格尔的这句话,并指出:"一方面,每一种新的进步都必然表现为对某种神圣事物的亵渎,表现为对陈旧的、日渐衰亡的、但为旧习惯所崇奉的秩序的叛逆,另一方面,自从阶级对立产生以来,正是人的恶劣的情欲——贪欲和权势欲成了历史发展的杠杆。"③可见,关于人的本质,在东方和西方同样是一个争论

---

① 马克思、恩格斯:《马克思恩格斯选集》第1卷,第121页。
② 马克思、恩格斯:《马克思恩格斯选集》第4卷,第170—179页。
③ 同上,第237页。

不休、没有定论的命题。

如果说性本善恶之判、天使魔鬼之分只是对人性的现象描述，还不算深入本体的哲学思考，那么中国儒家的仁、义、礼、智、信，无一不能作为确立人本的代名词，历代儒家在每一个名词上都做出了大量的文章以引导和规范人们的行为；而在西方，自由、平等、博爱则被视为体现人本的最高概念，无数西方思想家在此基础上撰写了传世名著。尽管这些伦理道德层面的具体的人本定义，可能仍然没有达到纯粹意义上哲学本体的高度，但纯粹的哲学本体要想从它们身上进一步提升出来也并非易事。例如，费尔巴哈看到了宗教的实质是借助神的虚构来建立人与人的关系，他试图用人间的真实关系取代神的虚构，于是找到了"爱"作为起点建立起自己的人本哲学。但是现实中并无普遍而抽象的"爱"，爱的本体导致了费尔巴哈"哲学中的最后一点革命性也消失了"[①]，最终令哲学家本人也完全脱离了现实。

费尔巴哈的人本主义，开始是将马克思、恩格斯从黑格尔绝对精神统治中解放出来的启蒙哲学。他用人的本质取代绝对精神化身的上帝，给在理念世界彼岸陷入迷茫的西方哲学展现了此岸一片生动的人本世界。不过这种展现仿佛海市蜃楼，令人神往却没有通达的道路。马克思在《关于费尔巴哈的提纲》中留下了一句著名的论断："人的本质不是单个人所固有的抽象物，在其现实性上，它是一切社会关系的总和。"[②] 初看起来，这一内涵无限的"总和"对于追溯本体的哲学思维犹如老虎吃天，无从下口。但是马克思和恩格斯的观点非常明确，那就是要从阶级、劳动的实践、经济和社会发展的规律中去追寻对人本的规定。这样的表述，实际上将人本的理解融化在了历史的长河中。人本是一种随时感觉、到处作用、不容怀疑的存在，却令人难以从理论哲学上找到它的身影。

表面上，马克思没有顺着费尔巴哈的哲学去深入探索"人本"，却

---

① 马克思、恩格斯：《马克思恩格斯选集》第4卷，第241页。
② 马克思、恩格斯：《马克思恩格斯选集》第1卷，第60页。

用黑格尔的哲学方法毕生探索了"资本",似乎在哲学上远离了"人本"。但从马克思坚持哲学要改变现实的观点看,则是从现实的角度在接近人本。因为马克思认为"全部人类历史的第一个前提无疑是有生命的个人的存在",但这种存在的特点首先不是区别于动物的思想意识或宗教,而是开始生产自己的生活资料。因此,"他们是什么样的,这同他们的生产是一致的——既和他们生产什么一致,又和他们怎样生产一致"①。而在生产和"人本"的关系中,首先支配生产的不是"人本"而是"资本",资本是横亘在通向人本道路上的汪洋大海或高山深壑。正是这种清晰的洞见,导致马克思用了 42 年的时间去撰写《资本论》,履行着哲学转变的使命。他在《〈黑格尔法哲学批判〉导言》中对这一思想做了清晰的表达:"哲学不消灭无产阶级,就不能成为现实;无产阶级不把哲学变成现实,就不可能消灭自身。"②显然,变成现实的哲学是很难用语言表述的,更不是一个抽象的本体概念可以把握的。但在传统西方哲学看来,这还是哲学吗?以致学界长期难以确认马克思哲学的本体。不过西方概念哲学难以理解的马克思哲学的特点,在中国文化中恰恰获得了"心有灵犀一点通"的效果。

中国智慧重视的正好就是现实世界和实践本身,认为概念语言难以表达真实。如孟子曰:"游于圣人之门者难为言。"③庄子言:"夫知者不言,言者不知,故圣人行不言之教。"④诸圣皆强调退隐语言概念以冥契事体之意。孔子也是一生没有著作,有学者认为:"非不能也,乃不为也。孔子说自己'述而不作',他是不屑于著作的。"⑤中国文化重实践体悟而轻文字知识的现象,是中国智慧的一大特点。如在《论语·公冶长》中,子贡曰:"夫子之文章,可得而闻也;夫子之言性与天道,不可得而闻也。"其意思是说,孔夫子的文章可以拿来阅读,孔

---

① 马克思、恩格斯:《马克思恩格斯选集》第 1 卷,第 67—68 页。
② 同上,第 16 页。
③ 《孟子·尽心上》。
④ 《庄子·知北游》。
⑤ 陈建明:《从〈论语〉看中国哲学的特点》,载《学习》2008 年第 2 期。

夫子说的人性和天道，你是无法拿来阅读的。言外之意一目了然，就是要靠一生去实践和体验。如果说儒家在轻视文字知识的同时多少还看到了它在推行"礼教"过程中的传播功能，那么道家、名家则近乎到了完全不信文字知识及其传播效应的地步。他们不但在把握具体事物上不主张语言表达，有"大象无形""天下无指""得意忘言"①之说，更在具体实践上反对语言系统产生的反面作用，如老子反对儒家的仁、义、礼、智说教，将它们看成对人性的遮蔽和颠覆。②

综上所述，在两岸哲学如何转折这一令人困惑的问题上，中、西、马三种哲学出现了戏剧性的缠绕：近代西方哲学意识到要跨越理性的此岸去到现实的彼岸，但执着于普遍概念的传统思维，令这种跨越仿佛拉着自己的头发难以飞离此岸；马克思哲学变革了西哲的传统，真切地飞到了现实的彼岸，却似乎不见了哲学的身影；本就在现实彼岸、应该成为西哲转折目标的中国智慧却面临"哲学合法性"的质疑。

其实，三种哲学缠绕的不过是一种基本的哲学现象：普遍（或抽象）与特殊（或具体）的关系。哲学追求的是普遍真理，但这种真理就像人的灵魂附着在具体的实践身上，不见其有独立的踪影。人们用哲学去分析外界事物时，它们的结合犹如一位手术高明的外科医生给人开刀，清晰有效。但当人们要对哲学自身的基础进行分析，如同外科医生要自己解剖自己的脑袋寻找灵魂时，就令问题变得严峻和复杂起来。存在主义开创者克尔凯郭尔就认为："在普遍本质（哲学家们所关心的）和每个人的特殊存在之间横亘着一条不可逾越的鸿沟。对特殊的问题不能给予永恒的或普遍的回答。……在存在（永恒）与变化（时间）之间存在着谁也无法通过心理活动加以掌握的本质矛盾。"③马克思没有正面回答这个问题，但在谈到政治经济学方法的两条道路理论（"表象——抽象——具体再现"）时，也承认了其中的差别。如

---

① 《老子》第四十一章、《公孙龙子·指物论》、《庄子·外物》。
② 参看《老子》第三十八章。
③ 宾克莱：《理想的冲突——西方社会中变化着的价值观念》，商务印书馆，1983年，第179页。

他在批判黑格尔时说:"因此,黑格尔陷入幻觉,把实在理解为自我综合、自我深化和自我运动的思维的结果,其实,从抽象上升到具体的方法,只是思维用来掌握具体、把它当作一个精神上的具体再现出来的方式。但决不是具体本身的产生过程。"[1] 马尔库塞在1978年发表了《论具体哲学》,试图通过将哲学追求真理的过程等同于人类的存在方式,进而以人类的实存为出发点建立"具体哲学"。他认为:"只有通过具体哲学,积极介入现实生活的处境和困境,将生活带入真理、将哲学概念生动化,理论与实践的统一才可能成为现实,哲学也将恢复其'第一科学'的名称。"[2] 但自从哲学诞生于古希腊后,不断将自己对普遍性的追问衍化到了具体学科中,从自然科学到人文科学,每一种学科分类都以其具体领域分有了普遍哲学之抽象的灵魂,于是就有了科学哲学、政治哲学、经济哲学、历史哲学、法哲学,等等。每一门具体学科中的哲学灵魂,都属于具体的"具体哲学",于是抽象的"具体哲学"与各学科具体的"具体哲学"之间,重又陷入了普遍(或抽象)与特殊(或具体)的矛盾陷阱,问题并没有得到真正解决。

不过马尔库塞将哲学追求真理的过程看成人类存在的方式,这是很重要的观点。因为普遍哲学对"存在"的追问如果离开了人的生存思索前提将失去任何意义,关于存在的真理只能是,也只有在人思索状态的"此在"形态中。从这个前提看,思索者"此在"拥有的具体状态因其正在追求普遍的存在本身而合而为一,哲学上普遍和具体的概念对立,通过人的存在而得到了统一。为此,马尔库塞认为:"重新从具体的人类实存出发,朝向具体的人类实存而看待和追问哲学,这不正是某种必要的哲学开端吗?"[3] 他的这一观点是在详尽阐述了存在和此在的关系后得出的,而这正是海德格尔哲学的重要起点。为了更好地弄清这个起点,让我们再回到海德格尔的哲学中。

---

[1] 马克思、恩格斯:《马克思恩格斯选集》第2卷,第18—19页。
[2] 马尔库塞:《论具体哲学》,王宏健译,载《哲学分析》2017年第1期,第25页。
[3] 同上,第27页。

最初看来，作为具体存在的人因为思索着绝对永恒的普遍真理，个体的具体性和真理的普遍性就在思维着的人（此在的存在）这一起点上得到了统一。这也是笛卡尔"我思故我在"命题的基本含义，但深入考察就会发现，这是一种粗糙而想当然的统一，因为每个思索着的具体个人都受到特殊环境和先前观念的限制，很难站到绝对普遍的真理起点上。因此海德格尔要严格区别同一存在形态（思维着的个人）中两种不同的存在，他强调："存在者的存在本身不'是'一种存在者。"这段话的意思仿佛老子强调"道可道，非常道"、量子力学要区分原子统一形态中质能的差异一样，他主张在追问存在的时候，不要受到历史和其他因素的干扰，"存在作为问之所问要求一种本己的展示方式，这种展示方式本质上有别于对存在者的揭示"。以上的思考是精致而合理的，但他紧接着就得出结论说："据此……要求一种本己的概念方式。"① 这个断言从西方哲学的传统路径看自然是没有疑义的，但并不等于是没有问题的，我们留待后面追问。

为了寻找"本己"的存在概念，他在否定了其他各种存在如"存在者"（seiend）、"有"（es gibt）、"生存"（existenz）等概念后，回到了巴门尼德那里。他将νσειν（认识）作为解释存在的线索并将其领会为具有"在场"意义的"本真存在者的存在者"。但νσειν在这里并不是真正的起点，因为认识不可能停留于一点上，哪怕它是最基本的起点，如果没有现象的展开，也无法认识。所以νσειν这一起点必然引出时间和现象，如海德格尔自己所说："只有把时间状态的问题讲清楚，才可能为存在的意义问题提供具体而微的答复……存在论只有作为现象学才是可能的。"② 这两个坐标的延伸和展开，就构成了论著《存在与时间》全部的复杂性。

海德格尔的《存在与时间》以"存在"和"时间"命名，而这两

---

① 海德格尔：《存在与时间》，陈嘉映、王庆节译，生活·读书·新知三联书店，2006年，第8页。
② 同上，第22—23、30、42页。

个概念，在前文引述中已经看到，克尔凯郭尔认为它们是心理无法掌握的矛盾，那么海德格尔在著作中是如何解决这一矛盾的呢？

首先，看他的问题提出。由于哲学上追问的"存在"都是处于"此在"的人的思索，所以不弄清"此在"的存在本质就不可能弄清哲学上"存在"的含义。张世英认为，海德格尔将"此在"的在场性和一般"存在"的不在场性统一起来的观点，与中国传统阴阳合一的哲学思维非常相似，在东西哲学沟通方面，看了"简直大开眼界"①。不过正反的场景或概念，一步入同一论，就会陷入一种绕圈式的矛盾。正如海德格尔自己所说："这样做不是显然莽撞地坠入了一种循环吗？必须先就存在者的存在来规定存在者，然后却根据此在这种存在者才提出存在问题，这不是兜圈子又是什么？"他用复杂而晦涩的长篇语言表述了这一循环的现实合理性。如果跳出他的晦涩表述，这种合理性其实并不难以理解：这一在逻辑上似乎无解的循环问题，在现实中到处存在，通俗的就是"先有鸡还是先有蛋"的问题，深奥的比如"先有宇宙还是先有时空"的问题，比较绕人的还有"先有'有'还是先有'无'的问题"，等等。世界并不是在这些问题得到清晰解答以后才发展的，相反就是在发展中通过暂时给定的存在去进行认识。这种过程好比跳远，人们无法事先练习何脚在先，只能以临近边缘时落地的脚为起跳点，跳远就这样完成了。如果把落地的脚称为"此在"，就正如海德格尔总结的："此在具有优先地位这一点已经初露端倪了。"② 显然，这个问题的解答不是在对左右脚"存在"概念的绝对追问和比较中，而是在过程展开的时间中。

其次，看他解决问题的路径。既然"此在"就是现实中具体的人，而具体的人都会因为受到历史和环境的影响而变得不纯粹。且不说一般的人，就连康德这样具有探索和创新精神的大哲学家，在海德格尔看来，也会受历史观念的影响："康德耽搁了一件本质性的大事：耽搁

---

① 参看张世英：《九十思问》，第 240 页。
② 海德格尔：《存在与时间》，第 9、10 页。

了此在的存在论,而这耽搁又是由于康德继承了笛卡尔的存在论立场才一并造成的。"① 为此,他要求从概念上清理"此在",使之立足于最纯净的起点。当然,这个起点不可能是一个没有内涵的纯基点,相反要像一颗"种子",在微小而纯粹的存在形态中包含整个世界的结构。如他所说:"此在解释中的这一'先天结构'绝不是拼凑到一起的一种规定性,它源始地始终地就是一整体结构……从'世界'这一结构环节着眼来廓清'在世界之中存在',……是让人们看显现在世界之内的'存在者'身上的东西。"② 从世界的整体结构中认识存在者自我,这已经非常不容易,但如此还只是认识了生存着的自我(有),而对于生存背后的"能在",亦即"向死"(无),"存在者本质上就抗拒把它作为整体存在来把捉的可能性",而完整的存在认识,恰恰是需要"把此在在死亡中的'向终结存在'从而也就是这一存在者的整体存在收入对可能的整体存在的讨论"。③ 显然,海德格尔将传统哲学抽象的有无关系,用参透生死以对整体存在感悟的形式来表现。没有参透生死的一生时间,就无法认识整体的存在。张世英认为,"中国人讲'天人合一''万物一体'里面有重大缺点,一天到晚老讲彼此不分、人己不分、什么东西都是合一,结果个人首先就被湮没在自然里面"④。而海德格尔的观点对中国传统"天人合一"的缺陷是一个重要的补充。因为要理解海德格尔这一"在时空万物中却又不是其中一物"的存在,全靠"存在者的整体性"或"万有相通",而"只有采取超越的态度以达到'无'的境界,才算真正把握了整体"⑤。

简而言之,具体的存在(人)通过一生的时间去领悟普遍的存在,是海德格尔《存在与时间》关于人本的总体表述,而其中注入时间的

---

① 海德格尔:《存在与时间》,第 28 页。
② 同上,第 48、74 页。
③ 同上,第 269 页。
④ 张世英:《九十思问》,第 243 页。
⑤ 胡自信:《论张世英"万有相通哲学"的原创性》,载《哲学分析》2017 年第 1 期,第 9 页。

"存在",便是人本的哲学起点。但这个起点是清晰的吗?人同样度过一生,有的升华,有的沉沦,这是"存在本体"无法回答的问题,还要诉诸"良知",他说:"良知这一此在现象像死亡一样要求一种本然的生存论上的阐释。"① 至此,海德格尔作为起点的"存在本体"在绝对的追问下,重又要回到具体的道德领域去寻找答案,与中国的阳明心学一样殊途同归于概念的循环陷阱。

三问:人本起点的困境何在?

从海德格尔的宏篇大论中可以发现,他是在用一连串深奥而晦涩的概念展开方式来完成对人本的认识。而这种认识,早在古希腊德尔菲神庙的唯一碑铭上就以如下的名言提了出来:"你要认识你自己。"卢梭称它"比伦理学家们的一切巨著都更重要、更为深奥"②。但如何认识自己却始终是哲学上的难题,因为不明人本,就无从认识自己,更妄言认识世界;但从海德格尔的存在论中,我们看到了相反的循环:人若不认识世界又何以认识自己,更遑论透视本质!这是一个从循环论开始到循环论结束的绕人命题。

为了避免生命哲学或心理学等各种物质化或非物质化的具体人本,如生命、主体、质料、灵魂、意识、精神、气质等概念造成的既成误解,海德格尔采用了古希腊巴门尼德最早使用的、就词源意义而言最纯粹的"是"("存在")做起点,他认为"设若事先未经存在论基本规定加以净化……会使人误入歧途,……这可不是拘泥于术语"③。这一路径如果不用晦涩的语言表述也属非常普遍的常识,如同杂质过多的元素影响化学反应的精准、误差太大的基础影响宏伟大厦的稳固一样,建立纯净的起点确实具有理想上的合理性。但问题是,任何所谓的净化都是相对的,哪怕是 9999 金,总还有 0.0001 的杂质存在,这一杂质对肉眼可能被忽略,但在高倍显微镜下就变成了泰山。即使在抽象

---

① 海德格尔:《存在与时间》,第 270 页。
② 卢梭:《论人类不平等的起源和基础》,李常山译,商务印书馆,1962 年,第 62 页。
③ 海德格尔:《存在与时间》,第 54—55 页。

的概念上，绝对的净化也是难以想象的，例如纯粹静止不含运动的物质和没有物质形态的纯粹运动，在物理学上都是不可思议的。正因此，在粒子湮灭为纯能量的现象背后引出了对暗物质的探索。纯粹的东西，在抽象的概念中是以形而上的性质存在的。这种存在方式，一接触现实，就会立即幻化出矛盾或对立，例如传统的人本就始终没有摆脱肉体和精神、思维与存在的矛盾。那么在海德格尔净化了的存在（是）概念中是否就消解了矛盾呢？

海德格尔哲学最晦涩的地方，就在于他表述不同层次上的"存在者"与其背后的"存在"（是）的关系。这个绝对存在着的"是"，如同基督教的上帝，创造着一切，却从不现身；亦如黑格尔的绝对精神，贯穿在一切存在的物质形态中，本身却不具有物质的形态；它作为存在者的信念是永恒的存在，它作为存在者的感知是无法捉摸的存在。俞宣孟先生概括道："我们一切能够认识、能够表达的东西无不是在这个'是'的过程中是其所是、成为是者的。或者说是者是'是'的结果。这样的'是'在我们领悟一切是者的过程中，它本身却不是任何是者。"[①] 这个关系俨然就是罗素集合论悖论在哲学本体论上的翻版，也是传统本体论始终无法摆脱的困境。例如，唯物主义把一切存在归结为"物质"本体，结果，作为本体存在的物质本身变成了非物质的概念；而唯心主义将一切存在归结为精神，结果作为最高精神存在的上帝只能以人格化的形态保留于每个具体的肉身之中。根据哥德尔"形式系统的不完备性"定理，形式系统的这种天然悖论，使得在具体的存在（存在者）概念和抽象的存在（纯存在）概念之间，恰如克尔凯郭尔所预言的，横亘着一条逻辑无法逾越的鸿沟。

既然无时间先后的概念形式系统无法跨越这条鸿沟，那么时间是否能够逾越它呢？海德格尔企图从时间上将对存在的了解推向原始的存在者，但是正如俞宣孟先生所说："原始状态的生命之谓原始，它与物、与世界浑然一体，没有物我的区分，更没有种种其他的区分，以

---

① 俞宣孟：《本体论研究》，上海人民出版社，1999年，第490页。

此为出发点，就避免了寻常会陷入的二元矛盾。但是，原始生命既然是原始的，我们怎么去把捉它呢？人们使用语言谈论任何问题的时候都不是所谓生命的原始状态，语言能谈论原始状态吗？"事实上，哲学并不缺少将时间推向原始的表达方式，如太极、混沌、无限，等等。俞先生认为，《周易》中作为哲学开端来表达的太极也不彻底，"因为，既然太极在人之先，人怎么知道曾经有太极呢？除非有人先在，他把握着太极。但是，又说人也是从太极中生化出来的，在先的是太极。太极学说中隐伏着太极和人何者在先的循环"[1]。显然，为了摆脱普遍性的矛盾而去诉诸存在的时间先后，等于从理念论重新退回到生存论。事实上，无论从黑洞和大爆炸的宇宙演化还是肉体和灵魂的生命轮回看，生存论视角绝对的起点是不存在的。为摆脱时间中轮回的困境，问题又要重新回到普遍性中，通过概念的同时性去回避矛盾、寻找出路。于是我们看到，抽象的哲学思维如同被关在由两个视角编织而成的时空牢笼中来回冲撞，无法突破。

时间上寻找起点会陷入何者在先的矛盾，空间上寻找起点则会分出更多矛盾。如太极起点需要分出阴阳去认识，阴阳的展开就陷入了天地两隔、男女两性的矛盾；混沌的起点需要分出物质和运动去认识，运动的展开就陷入波粒二象、遗传变异的矛盾；无限的起点需要分出有无去认识，有无的展开就陷入相对与绝对、普遍与抽象的矛盾。以至于从认识的角度看，毛泽东在《矛盾论》中直接宣布矛盾乃世界的本质，并且这种本质论成为一个时代指导阶级斗争的主要思维方法。

然而，矛盾真的是世界之本质吗？首先"矛盾"命题的提出就不是来自世界的本质而是来自语言概念的极端化。韩非子的矛盾故事是矛盾命题的来源，但它并不是由真实的事物构成，而是由当事人两种极端的语言所虚构。事实上，只要用矛刺盾，结果就一定没有矛盾。在实际生活中，"对立统一"的矛盾命题也并非真的存在，而是抽取时间或混淆空间后的假象。例如两个当事人对立时，其间并没有统一，

---

[1] 俞宣孟：《关于哲学的开端问题》，第81、88页。

统一只是存在于法官的调解理念和未来和解的可能性之中。所谓对立统一的矛盾，只是混淆或重合不同时空概念时产生的错觉。即使夫妻之间"床头吵，床尾好"，表明吵架对立时，对立双方已经蕴含着和好的潜质，这种对立统一的矛盾也不过是压缩了时空关系的含混表述。至于人生理想和现实的冲突、愿望和生存的两难，常常不是靠理性的分析去解决，而是靠时间的忍耐或空间的转换去消解。"矛盾"是人本常常陷入的理念状态，而"时空"又是悄无声息消解矛盾的现实状态。

俞先生认为，中国以太极开端的二元矛盾有时空限制，而西方以普遍开端的逻辑对立没有时空限制："中国古人提出太极作为哲学的开端，西方哲学以普遍的观念为开端，二者的取向和特征有明显区别。普遍对于特殊是逻辑的关系，它们二者是同时存在的，或者说，它们不是时空中的关系，而只是思想上所把握的一种关系。太极对于从中生化出来的东西是时间的关系，哪怕中国哲学中谈到的有与无也不是逻辑关系，而是从无生有的关系。"哲学要摆脱二元论困境，"除了走普遍性之路，哲学还能有其他的开端吗？"[①] 这段分析是非常精准的，正因此，我们从中恰恰不是发现了概念哲学的出路，而是见到了概念哲学的困境。就以最通俗的父子关系为例：父亲和儿子的称谓，从概念上看是同时出现的逻辑关系，不受时空限制，所以西方人重人格平等；但从两个人体出现的年龄和存在方式看，就无法摆脱时空先后的生养关系，故中国人重孝悌服从；两种关系各有合理，也各有偏颇，它们之间可以互补但不能互相取代。中国哲学需要补西方哲学的分析理性课，而西方哲学需要向中国哲学的现实性靠拢。西方哲学不就是因为固守普遍性的道路而始终无法走向现实的彼岸，才导致近代哲学的重大变革吗？其实俞先生在文章一开始就触及了这种困境，他说："任何学问的开端都有一种设定，……而对这个开端本身，在学科之内是不予说明的。"不是不想说明，而是"超出了设定范围"。[②] 人们企图

---

① 俞宣孟：《关于哲学的开端问题》，第77页。
② 同上，第70页。

从宗教或哲学中寻找对开端的解释，但并不因为神和普遍概念解释了一切具体学科的起点，也就具备了解释自身起点的能力。哲学和宗教的明灯可以照亮一切对象却难免"灯下黑"，物理学在寻找本质中陷入波粒二象性的纠缠；生物学在寻找本质中陷入遗传变异的纠缠；量子学在寻找本质中陷入了量子纠缠和暗物质与暗能量的纠缠。中国智慧早就发现"物极必反"，万事没有最终起点，哲学和宗教岂能独自拥有？

如同追逐自己的尾巴，千年的哲学在语言和逻辑的世界绕了无数大圈，始终在人本问题上找不到起点的归宿，这就令我们不得不重新审视道家"天下无指""得意忘言""圣人行不言之教"的深意：超越文字概念，直面事物本真，人类能否认识世界？依靠什么认识世界？得到了怎样的认识结果？考古发现，人类历史约有数十万年之久，概念文字出现仅仅三千多年，在文字概念产生之前，人类就始终没有停止过对世界和人本的认识。或者说我们生活周围有不少大字不识却精明练达的智者，他们是怎么认识人生处理世事的呢？

四问：文字终极的背后是什么？

今日世界已形成对文字文化顶礼膜拜的格局，因为文字创造了科学文明，人类感觉无所不能。但为此得意的人类同时也深受人性异化各种危害的困扰，感叹人心不古，追忆伊甸时代。试问，从源头上造成人性异化的根源究竟是什么？恰如俗话所说，解铃还须系铃人：文明自文字始，异化当从文字治。如果当今哲学寻找人本的起点是正思考，那么追问人性异化的根源就是反思考，它们应该殊途同归。

文字造成脱离实际的异化现象，早在古埃及神话中就有自觉：埃及的发明神图提有很多发明，最主要的发明是文字。有一天，统治神塔穆斯会见图提，请他介绍发明文字对人类的价值。图提说："这项发明可以使埃及人受到更多教育，有更好的记忆，传播更多的知识，进行更多的研究发明。"塔穆斯回答说："但我的感觉却是相反，文字发明的结果会使学会文字的人善忘，因为他们依赖文字后就不再努力记忆；人们可以从文字中轻松学到知识，就不再投身世界寻找真知；人们以为吞下了很多文字知识就博学万能，其实却是一无所知；文字使人自以为是，远离真知。"

　　文字认识脱离实际的事例很多。我们且不说万有引力概念无法解释遥远庞大星系的规律运动这等宏伟的规律认识，也不说"人生识字糊涂始"这等复杂的社会认识，就以生活中的简单事情为例：炎炎夏日，有一种变声蝉鸣，其鸣声北方言表语音为"知——了"，南方根据方言会有"亚物质——"和"压死它——"等自创的言表语音，英语用"cica-da"的读音表达。站在树下，静听蝉鸣，但凡你用上述某种言表语音去比照，蝉鸣之声听上去就非常像先入为主的言表语音；但细细品味毕竟都相差甚远，却又很难找到更准确的言表形式。人间事物又有哪一样不是如此？但凡自然事物，一旦言表，不仅似是而非，并且还有多解，但凡多解就成派系，派系林立必有争斗。竞争百态虽然精彩，自然本色已被掩盖。

　　文字文明因为可记、可传、可教、可存、可对象化后被研究积累，因此人类在进入文字文明后获得了迅猛的发展。但在文字出现以前很久就有了语音文明，在当代语音和逻各斯中心主义看来，文字是语音的符号，语音是思想的符号，语音比文字更能表达思想的在场性。因此就在场性的视角看，文字智慧并不一定比语音智慧高明。如六祖慧能就不识字，但并不影响他对佛性的领悟，在听人朗读师兄神秀的佛偈"身似菩提树，心似明镜台；时时勤拂拭，勿使惹尘埃"后，随口而作的"菩提本无树，明镜亦非台；本来无一物，何处惹尘埃"，悟性便高出师兄很多，最终获得达摩祖师的真传。当然，这种高明，音消弥散，如果没有记忆或文字记载，后人是无法体会和了解的。但在文字发明之前，语音智慧是如何凭记忆传承的呢？

　　现代人已经习惯用文字来记载一种事实，表现思想的智慧；但在文字诞生以前，同样的事实和智慧通过什么来传承呢？曾经的历史将文明前的人类描述成茹毛饮血的野蛮种群，现代考古发现，文字出现前的人类智慧传承形式主要是图像思维。史前的女神时代（生殖崇拜的母系社会）曾经经历过3万至5万年漫长的和平治理和美好景象，六千年前克里特岛的文明"实际上超过了现代许多发展中社会的成就",令考古学家惊得目瞪口呆。①

　　以图像思维为主的历史,虽然在人类几十万年的发展中也只有几万年,但远比三千年的文字时代漫长。在新石器时代数万年的女性领导的社会中,图像思维占据重要的地位。在人类后来的绘画、舞蹈、建筑等象形艺术中,图像思维始终是厚重的基础。中国的象形文字起源于图像思维,西方在发明拼音文字之前,同样经历过图像思维的过渡阶段。在古希腊罗马盛行的雄辩术,就以古老的记忆术为基础。古老的记忆术是世界闻名的神秘学问之一,它的特点就是依靠图像化进行记忆和思维。现代研究发现,大脑的全部容量是当今美国国会图书馆藏书的50倍。因为图像与人脑具有结构的对应性,恰当的图像思维可以激发大脑记忆容量的潜能,其自动索取信息和逻辑组合的功能更为现代图书馆所望尘莫及。

　　需要注意的是,现代人说到记忆,常常会将它看成一字不差背诵课文或书本,这种记忆的数量和保存时间都非常有限。真正海量的长期不忘的记忆,并不是抽象的文字序列记忆,其靠的是储存文字的读音、字意和象形事物的联系所构成的相关图案或事件的方法。在没有文字的时代,古老的记忆术则是要将曾经发生的事情和其中的道理重新阐述出来,而记载这些内容的方式就是图案。一些描写记忆术的名著都会从如下的一个故事开始:古希腊著名诗人西蒙尼戴斯在贵族斯科帕斯举办的宴会上歌颂主人和双子神,但吝啬的主人只肯付给诗人一半酬劳,称另一半应该由双子神支付。不久诗人被告知门外有两个年轻人寻找,在他出门后,宴会厅坍塌了,两位年轻人即双子神用救生支付了酬劳。厅中死者面目全非,救援者无法辨认,诗人凭借场景记忆,将每个人的位置一一复原。这就是图像记忆的典故。

　　但生活周围的事情千千万万,转瞬即逝,如果不明其中的规律,如何能够将它们纳入简明的图案之中?显然,只有把握了事情发展的

---

① 理安·艾斯勒:《圣杯与剑:男女之间的战争》,程志民译,社会科学文献出版社,1995年,导论第4页,正文第13、41、42、44、103页。

内在规律，并发现了某种能将这种规律收纳起来的有效图案，这样的图像隐喻才会产生海量的记忆效应。例如仰韶文化中的人面鱼纹图就隐藏着当时人类治理社会的意识形态，其内涵的深刻性堪比现代文明[①]；小说《达·芬奇密码》所描述的千年秘密即潜藏在一个手势中；《女性主义的东方之路》一书将两千年西方哲学发展的复杂轨迹凝聚在一个圣杯图案中，将女性主义上百年的思想发展轨迹纳入一个金字塔图案中，这些都是象形思维所特有的神奇功能。由此可见，象形思维并非简单的记忆术，它通过图形的阐述，激发的是对事物本质的理解力和重新表现规律的创造力。

相比抽象的文字，图像思维更接近现实，中国文化比西方文化更务实的传统，显然与中国象形文字比西方符号文字更接近真相有关。事实上，文字交流固然有比较精准的特点，但各国各地文字语言的巨大差异，给实际交流造成了巨大的困难。相比语言文字之抽象交流的困难，图像和音乐的意会沟通要容易得多。现代驴友中有人不懂外语却靠绘画表意顺利周游世界。哲学追求的普遍性，在文字化的道路上荆棘坎坷、备受冷遇；而在图像音乐的道路上却莺歌燕舞、气象万千；面对其他的认识道路，哲学智慧难道只能固守抽象文字的唯一领域？

五问：哲学是否应该接纳新路？

哲学即使堪称思维的最高抽象，也不能改变思维固有的形式。思维作为宇宙发展中的存在，当然拥有宇宙发展的基本形式，今日量子世界的科学探索很大程度上并非先有事件后有认识，而是思维推理参与实验设计，然后才发现新的本质。这种由推理思维与实验结果共同确认的本体，展示了人和宇宙的共同本质，完全不同于早期哲学对世界本质或起源因模糊猜测而导致的主客对立。这种现象表明：没有思维规律和宇宙规律的共鸣相通，人类无法对起点进行认识从而也无法认识人本。如果张世英先生"万有相通"的本体观包括了这种共鸣相

---

① 参看夏国美等：《和谐社会意识形态溯源——仰韶文化神秘图像释秘》，载《西部学刊》2013 年第 12 期。

通,那么,无论是时间先后的生存论起点还是主客同在的认识论起点,在这种共鸣相通中就合而为一了。也就是说,人生观即世界观。

传统哲学之所以在人生观和世界观之间出现规则断裂和主客对立,便是因为以抽象文字的形式系统所进行的纯粹思维无法摆脱时空的困境,不能真正把握现实的人本。其实,现实的人本就是从受精卵开始发育的胚胎,但抽象的哲学会舍弃它的具体成因而追溯绝对的本质,这样就会陷入"有—无"之争。然而,有无之争真的就能追溯到本质吗?胚胎是父母性结合的产物,但当父母还未相认甚至他们自己尚未出世时,这一后世的胚胎在哲学上只能表现为"无"。但它作为自然界存在的元素却始终存在,属于不被感觉的"有"。它会按照某种命运之神的安排最后通过父母的奇遇变成可感的"有",因此在"无"中已经蕴含了"有"。这种抽象的表达就给神主宰世界留出了空间,导致二元对立。现代科学发现,在连续塌陷的宇宙大爆炸中,生命所需要的各种元素开始由轻到重分层析出,在特定的数码关系中以遗传基因的形式通过性的载体重合成生命。宇宙和生命并无主客对立的本原,它们在元素的层面同属数的结构本体。数的结构本体很难用抽象的概念把握,却可以相对轻松地用图像去描绘。如远古女神时代用倒三角作为生殖崇拜的象形图案,艾斯勒称之为"圣杯崇拜",其内涵的深刻性和丰富性就容纳了现代基因理论。因为胚胎发展总是一分为二的细胞分裂形式,将这种形式写成数学公式就是 2^{n-1},自然数代入其中,结果向上排列成圣杯图形,向下排列成金字塔图形。这种结构不仅蕴含了生命诞生的秘密,也蕴含了自然发展的秘密。数论中大量无解的质性,如哥德巴赫猜想、梅森质数猜想、孪生质数猜想和完美数猜想等,都蕴藏在这一结构中;基因编码的很多神秘法则也隐藏在这一结构中;甚至人类为了认识宇宙奥秘,在解剖(即用一分为二的方法分析)完分子、原子、基本粒子后,进一步解剖粒子湮灭后可能存在的暗物质和暗能量过程,也始终没有超越这一结构。它作为一种表达宇宙创生并展现生命过程的神秘"存在",难道不是哲学智慧所追求的简单"本质"?

何以复杂的人生会从这样简单的本质中,并在成千上万的年代和数量中，以基本不变的形式诞生出来？支撑这一生命结构万变不离其宗的"人本"，究竟是一种怎样的"存在"？当我们这样提出问题的时候，人类智慧的追问（哲学的追问本就应该是智慧的追问，但智慧的追问却不一定只能局限于抽象概念的追问）令我们会重新关注古希腊以数为宇宙本体的哲学家毕达哥拉斯。据说他是一个女神崇拜者[①]，他以"数是万物本源"的方式解释世界万物，第一个发明了"勾股弦定理"，提出了在人和宇宙的关系中存在"几何相等"的原理。这一发现，很可能与他对圣杯和金字塔的图像崇拜和不懈专研有关。[②] 这一学派提出了数是世界本质的观点，但文本失传，可能与古罗马亚历山大图书馆的被毁（该事件被称为"历史失去记忆的一天"）有关。这一哲学观点在现代几乎成为绝学。

　　图像和音乐的抽象形态就是几何与数。图像是事物的几何结构在空间中的存在形式，作为象形文字的基础，图像思维与哲学的关系通

[①] J. 霍克斯在《诸神的黎明：希腊的米诺斯和迈锡尼渊源》中写道，毕达哥拉斯"作为俄耳普斯主义的改革家，'采纳了激进的女权主义'"。纽约伦敦姆出版社，1968年，第283页。转引自理安·艾斯勒：《圣杯与剑》，第155页。

[②] 两直角边平方之和等于斜边平方的勾股弦定理，内蕴着动态的比例结构关系。若从自然数的结构看，比如凡短边是大于2的奇数，另两边就是一组相邻数：3—4、5；5—12、13；7—24、25；9—40、41……且三角形短边平方等于另两边长之和。此外两直角边的任意配比构成以斜边为直径的半圆轨迹。因此从动态轨迹看，直角三角形是象征完美的圆形结构的分形；从静态组合看，它也是神秘金字塔结构的分形。现代科学研究发现，金字塔的结构中蕴藏着很多神秘的数字关系，如胡夫大金字塔底面正方形的纵平分线延长至无穷则为地球的子午线；穿过胡夫大金字塔的子午线，正好把地球上的陆地和海洋分成均匀的两半；大金字塔4个底边长之和，除以高度的两倍，即为3.14——圆周率。尤其是金字塔中记载的142857这个数字，更是蕴藏着宇宙诸多神奇。当人们分别用1、2、3、4、5、6去乘时，数字会发生轮转性排列，当它与7相乘时，成为999999；将数字拆成142+857时得999，拆成14+28+57时得99，142857自身相乘得20408122449，前5位数加上后6位数又回归142857。随着人们用不同的方法去计算这个数字，越来越多的神奇关系被发现，以至有人认为这是一个蕴藏宇宙秘密的数字，所以古人将它刻写在金字塔内。这些现象说明远古女神社会对自然数的神奇关系已经很有研究，崇拜女神文化的毕达哥拉斯学派受女神文化影响而视数为世界的神秘本质，看来并非偶然。

过文字思维可以得到确认；音乐是 7 个音符（即基础之数）在时间中的流动形态，量数的形式常常被人们当作计算的工具而弃置哲学之外，但质数对认识事物本质的价值却是哲学所不应忽视的。文字诞生前，人类长期通过图像壁画、音乐舞蹈进行思想交流和传承，其中的智慧（即无文字的哲学）已透入人本，指导实践。这种带有神秘色彩的象数智慧并不专属西方毕达哥拉斯学派，其他文明亦有丰富的底蕴。中国自古就有阴阳八卦的象数思维，以东方的智慧延续着这一神秘的人本认识形式。自从莱布尼茨发明了二进制后，人类的计算机技术运用这一算式迅速迈进了神秘的生命领域，毕达哥拉斯关于数的认识路径得到了迅速的拓展。1943 年，薛定谔在《什么是生命》一书中明确提出"生命不过就是一组编码数字"以后，整个基因工程不断在证明着这一判断，不过那还是借助真实的生命体来展现的数字生命。1990 年 1 月 9 日，世界上第一例纯粹由数字本身表现的生命，在美国特拉华大学教授托马斯·雷（Thomas S. Ray）的计算机中诞生。之后，美国加州大学计算机教授克吉斯·阿亚米花了近十年的时间，制造了完全符合自然生命演化规律（能复制、会突变、相互竞争、遵循自然选择）的"阿威塔"数字生物。[1] 而今天，机器人驾驭生产技术、战胜围棋高手、代替精英管理等各种展现人类才能的奇迹正在不断诞生。神秘的质数效应通过电脑编程，直接变成人脑智慧，正在凸显哲学之人本性质。

从象和数进入生命本体的哲学之路，更契合东方中国和古老埃及的智慧源头，与传统西方概念哲学之路不同。生命本体注重建构，在它生长的过程中，时空是不能逆转的；而概念本体擅长分析，它在分析过程中没有时空限制，可以倒行逆施，其优点是创造了思想的自由，但缺点也是致命的，因为生命无法从中建构。概念分析的哲学犹如西医的手术刀，剖析了大量的活体，找到了很多构成生命本质的要素，解惑了远古和中哲长期含混难言的神秘人本，自然功高盖世。但这些

---

[1] 参看周露：《数字生命——第四种生命体》，载《百科知识》2014 年第 3 期。

本质要素就像风干的标本，丧失了活性，无法再现生命。正如理想的健康需要西医对疾病的专科防治，也需要中医的整体调理和彻悟生命的养生保健一样，鲜活的人本，同样需要象、数、文三足鼎立的立体哲学路径，按照中西哲学互补的方式去建构完整的认识。

张世英在《哲学导论》中提出的"万有相通"哲学观点，"把哲学的根本问题概括为人生在世的'在世结构'的问题。'结构'就是指人与世界相结合的关系和方式"[①]。而人与世界的结合，对每一个社会人来说，本都是自然的结果，因为没有人在今天可以生活在人造世界这个大社会以外，现实的个人都是被世界包裹的存在。但张世英在《朝闻道，夕死可矣》一文中指出：人要从被世界包裹的盲目状态变成自觉的醒悟者，关键在于提升个人的境界。而"如何提高个人境界的问题，丝毫不能脱离一个民族的文化传统而孤立地来考虑"[②]。但对于一个崇尚大一统而缺少独立自我和创造精神的传统文化来说，吸收西方文化的创造性，还自我独立自主的本性，又成为不可或缺的重要哲学精神。最后以百岁先哲张世英的观点作为本文的结论："我以为，'东方睡狮'之彻底觉醒，中华文化之光辉未来，还有待于更进一步的个性解放，有待于还'自我'独立自主之本性。"[③]

---

① 张世英：《九十思问》，第 125 页。
② 同上，第 137 页。
③ 同上，第 153 页。

不同者如何相通?

——谈谈张世英先生的"两种目标"说对于现象学翻译理论的启示

方向红[①]

一、张世英先生的"两种目标"说

张世英先生在新近出版的专著《中西哲学对话——不同而相通》中指出,哲学有两种目标:西方古典哲学把对相同性的认识视为首要任务,而自黑格尔之后的西方现当代哲学与中国古代哲学则认为把握现实之物的相通性是理论的重要任务。何谓相通?张先生的看法是:"彼此不同的东西而又能互相沟通,这就是我所说的相通。"[②] 张先生举例说,你的痛感虽不直接表现为我的痛感,但它可以牵动我的不忍之心,似乎我也在痛一样,这就是你与我的相通;在庄子与惠施关于鱼之乐的辩论中,就不同而言,惠施说得对,但就相通而论,庄子说出了不同者亦能相通的道理;儒家关于"见孺子之入井而必有怵惕恻隐之心"的说法更是不同而相通的典范例证。[③] 这样的解释,想必大家不会反对,但真正具有哲学意义的问题是,"不同的东西何以能够相通?相通的含义是什么?"[④] 显然,相通的定义及其运行机制才是哲学需要面对的困难。

[①] 方向红:中山大学哲学系教授。
[②] 张世英:《中西哲学对话——不同而相通》,东方出版中心,2020年,第48页。
[③] 同上,第49、51页。
[④] 同上,第50页。

张先生从辩证法的万物普遍联系和相互作用的理论、尼采关于事物是相互作用的总和的思想、莱布尼茨关于每一单子都是反映整个宇宙的一面镜子的说法以及华严宗的"一即一切,一切即一"的主张出发,通过对莱布尼茨和华严宗理论基础的扬弃,给出了关于相通的严格的定义:相通是不同者之间的无广延的但却是真实存在的交叉点,这个交叉点本身是全宇宙内部相互作用、相互影响的结晶。① 从这个定义出发,"不同"与"相通"都可以得到更清楚的解释:"说'不同',是指普遍的相互作用、相互联系的方式不同;说'相通',是指它们都**反映**唯一的全宇宙,或者说它们本是一体。"②

"反映"这个词道出了不同者如何相通的运行机制。张先生以一个个体的人为例,生动地阐明了相通的运行机制:"这里所谓的反映和镜子只有比喻意味,不能理解为照相那样,把宇宙整体的模样机械地、具体而微地缩小到每一交叉点或每一物、每一人这样的小小照片中。'反映'是指联系、作用、影响之类的含义。例如某一特殊的人之所以为他,乃是无限联系、作用、影响的结果,这些联系、作用和影响包括父母的以至祖祖辈辈的,朋友的以至不相识者的,近处的以至遥远的,现有的以至过去的,物质的以至精神的,有形的以至无形的,重要的以至不重要的,如此等等,以至无穷。总之,每一交叉点或每一物、每一人都向全宇宙开放而囊括一切,一切又向它集中,交织于它。就是在这种意义下,我说它'反映'全宇宙。"③

如果我们进一步追问,全宇宙内部的相互作用和相互影响,其载体或承担者是什么,那么,我们会发现,张先生对此也做过思考并给出了正面的回答。在说明时间上的不同者也具有相通性这个论断时,张先生指出,其"根据就在于古与今虽不同而又相通,二者原本'一体''一气流通'"④。

---

① 张世英:《中西哲学对话——不同而相通》,第52—53页。
② 同上,第53页。强调形式为引者所加。
③ 同上,第54页。
④ 同上,第57页。

二、张世英先生"两种目标"说的现象学意义

接下来我们要对张世英先生的"两种目标"说进行现象学的转换，这样做是基于以下几点考虑。

首先与我们的主题有关。现象学翻译理论已经完成了对传统翻译理论的突破，但自身仍面临很多根本的困难，本文希望张先生的思考能给现象学翻译理论带来新的启示。然而，张先生的思想来源十分复杂多样，既有来自辩证法的，也有来自唯理论的；既有来自当代的，也有来自古典的；既有来自哲学的，也有来自美学和宗教的。这些丰富的思想资源，特别是其中的概念和术语，例如"反映""镜子"等，无法直接与现象学对接对应，因此也很难直接服务于对现象学翻译理论的反思。这是我们进行现象学转换的理由或者动力学上的考虑。

其次与张先生自身的现象学思考有关。在张先生的理论库中，现象学本身也是一个重要的组成部分，他对胡塞尔、海德格尔和德里达的娴熟应用就证明了这一点。此外，值得一提的是，张先生的很多思考，例如对"反映"和"镜子"等概念的审慎使用以及所附加的种种限制和说明等，本身就体现了现象学的"面向实事本身"的精神和彻底的现象学还原的意识，只不过他在这样做的时候没有使用现象学的名称而已。这是我们进行现象学转换的合法性考虑。

基于以上考虑，现在我们可以对"两种目标"说进行现象学转换了。我以为，海德格尔的"存在者整体"（das Seiende im Ganzen）说可以完美地对应张先生关于相通的思考。从上面的梳理中，我们知道，张先生的相通概念具有三个要素：全宇宙或全宇宙的唯一性，不同者原本的"一体"即"一气流通"，无广延的但却是真实存在的交叉点；而海德格尔的存在者整体也具有三个要素：囊括一切时间（过去、现在、未来）、空间（在场、不在场）和模态（现实、必然、可能）的存在者之大全，贯穿于大全中的那个特定存在者即此在，此在之"此"（Da）作为此在与他人以及此在与世界的交会点。很明显，张先生的

全宇宙或全宇宙的唯一性就相当于海德格尔的存在者之大全。海德格尔的那个贯穿于整体中的存在者说的正是张先生那个全宇宙内部相互作用、相互影响的载体即作为"一气流通"之"一体",作为交会点的"此"恰恰不具有广延的性质但却真实存在。

当然,严格地讲,海德格尔与张先生两人的学说之间还有一点差异。一方面,张先生最终把贯穿宇宙的"一体"理解为流通不息的"一气",而海德格尔的那个位于总体之中的存在者(das Seiende)则更具广泛性,它不仅可以囊括"气",更可以指此在、单子、神、意识、权力意志,等等;另一方面,海德格尔在《存在与时间》时期把相通视为作为人的此在之间的领会,而张先生的相通则指包括人在内的万物之间的相通。不过,需要补充说明的是,海德格尔自上个世纪30年代开始已在一般存在者的意义上理解此在并把这个意义上的此在写为"此 – 在"(Da-sein)。

经过现象学的转换,我们现在便可以对张先生的相通说给出这样的表述:万物相通而不相同,相通乃在于万物交会于"此"(Da),这个"此"既非对象,亦非实在的空间,而是事物的聚会与敞开之所。这个"此"在物那里表现为相互联系、相互影响和相互作用,在人那里显现为语言、领会和情绪。这个"此"乃存在本身和那个贯穿于存在者整体中的存在者共作而成。

带着这样的理解,让我们具体地考察一下在翻译过程中不同语言的相通性问题。

三、翻译如何做到不同而相通?

翻译是一种摆渡,在德文中径直就是一个词:uebersetzen。

让我们设想:一条大河分隔两岸,两岸是说着不同语言的思想。

我们现在的问题是:一岸之思想如何摆渡至另一岸?这个问题可以细分为两个问题:第一,是谁推动了思想的摆渡?第二,思想可以不走样地摆渡过河吗?关于第一个问题,普遍的观点是,正是译者或者社会历史的某种需要推动了思想的传播。从某种意义上说，这样的看法是有道理的，例如，某个译者的眼光和行动推动了一部译作的问世，某个历史事件、某种社会风尚促成了一批译作的问世。可是，如果我们随倪梁康先生把翻译大致做"技术类""文学类"和"思想类"的区分，那么，也许我们会同意德里达的说法，思想类翻译的动力来自思想自身的吁请"请翻我吧"，或者说，"渡我吧"。因为"我"不该被遗忘，因为"我"必须继续生存，"我"必须重生，以便在另一个空间与他者邂逅。被思想召唤着甚或"胁迫"着去翻译，这是我们常常见到的译者们的表述。

至于第二个问题，现在几乎不会有人天真地做出肯定回答了，但大家对于走样在多大程度上可以容忍的观点却大相径庭。例如，有人坚持字面直译，有人提倡诠释式翻译，有人声称翻译即背叛。与所有这些回答相对，德里达一方面认为，翻译是必要的，也是可能的，另一方面他又指出，不走样是不可能的，走样的程度会超出我们的想象，达到无法容忍的程度，以至于思想自身在吁请翻译的同时发出恳求："请不要翻我吧。"在德里达看来，每一种思想、每一个文本都是独一无二的，每一次的翻译不仅会面临另一种语言中的符号带来的新的意义链的生产和流动，更严重的是，还会面临这种语言系统在总体上的规制，在意义的无法追踪的、无限的延异中，思想随时都有失去自身的风险。在这个意义上，翻译成了一件既无必要也不可能的事情。

如此一来，翻译成了不可能的可能、没有必要的必要，思想的摆渡究竟要如何进行？若想回应这个难题，我们需要回到一个更基本的问题：思想是如何发生和传播的？它和语言的关系如何？让我们从现象学的视角出发对这两个问题做一点思考。我们从第二个问题开始。众所周知，自古希腊哲学开始，思想和语言（当然还有存在）的同一性就已确立并得到了绝大部分思想家的坚持和贯彻。在现象学这里，初看起来，各个哲学家的观点似乎略有不同。胡塞尔把思想和语言的同一性关系转换为意义和表达的交织性关系，他在《纯粹现象学和现象学哲学的观念》（第一卷）中就曾明确指出，表达不是某种类似于涂在物品上的油漆或像穿在它上面的一件衣服。从这里我们可以得出结论,言语声音与意义是源初地交织在一起的。胡塞尔的这个观点一直到其晚年的《几何学的起源》中仍未改变。海德格尔则直接把思想与语言的同一性跟思与诗的同一性画上了等号。在德里达的眼里,任何把思想与语言区分开并将其中的一个置于另一个之先的做法都属于某种形式的中心主义,都必须遭到解构。在梅洛-庞蒂看来,言语不能单纯被看作思维的外壳,思维与语言的同一性定位在表达着的身体上。为什么同为现象学家,有的承认思想与语言的同一性,有的仅仅认可思想与语言的交织性呢?

这种表面上的差异其实源于思考语言的视角。当胡塞尔从日常语言的角度考察意义和表达的关系时,他看到的是思想与语言的交织性,可当他探讨纯粹逻辑句法的可能性时,他倚重的反而是作为意向性的我思维度;在海德格尔那里,思的发生来自存在的呼声或抛掷,而语言又是存在的家园,因此,思想和语言在存在论上必然具有同一性,但在非本真的生存中,领会与解释却并不具有同一性,不过,它们的交织性是显而易见的,没有领会,解释无处"植根",没有解释,领会无以"成形";解构主义视思想和语言的交织为理所当然,但当德里达晚期把解构主义推进到"过先验论"的层面时,他自认为他的先验论比胡塞尔走得更远更彻底,在那里,思想和句法、理念和准则尚未分裂为二;在梅洛-庞蒂的文本中,我们既可以看到失语症患者由于失去思想与言语的交织性而带来的各种症状,也可以看到在身体知觉中思想与语言的同一性发生,因为语言和对语言的意识须臾不可分离。

也许,我们可以把与思想交织在一起的语言称为普通语言,把与思想同一的语言称为"纯语言"(本雅明语)。各民族的日常语言、科学语言、非本真的生存论语言等都属于普通语言,而纯粹逻辑句法、本真的生存论语言、"过先验论"语言以及身体的表达性都属于"纯语言"。在对语言做了这样的划分之后,上述现象学家的种种分歧也就不复存在了。

现在我们可以回到第一个问题了。很明显,作为"纯语言"的语言涉及思想的发生，而作为普通语言的语言则与思想的传播密切相关。我们这里尝试从梅洛-庞蒂的身体现象学出发对思想的发生做个描述。首先需要辩护的一点是，以身体为支点探讨"纯语言"和思想的关系是合适的，因为这里的身体不是经验主义者或理性主义者眼里的身体，也不是自然科学意义上的身体，而是"现象的身体"，即经过现象学还原的且"在世界之中"的生存论身体。这样的身体在梅洛-庞蒂这里正是思想和纯粹语言生发的场所：思想在成形之前首先是某种无以名状的体验，而作为现象的身体以某种生存论的变化体验着这种体验；词语在对事件命名之前首先需要作用于我的现象身体；例如，一方面是颈背部的某种僵硬感，另一方面是"硬"的语音动作，这个动作实现了对"僵硬"的体验结构并引起了身体上的某种生存论的变化；再比如，我的身体突然产生出一种难以形容的感觉，似乎有一条道路在身体中被开辟出来，一种震耳欲聋的感觉沿着这条道路侵入到身体之中并在一种深红色的光环中扑面而来，这时，我的口腔不由自主地变成球形，做出"rot"（德文，"红色的"的意思）的发音动作。显然，在思想的发生阶段，体验的原始形态和思想的最初命名在现象的身体中是同一个过程，就是说，思想与语言是同一的。

在思想的传播阶段，一个民族的思想与该民族特有的语音和文字系统始终是交织在一起的。思想立于体验之上，每个体验总是连着其他体验。至于同样的一些体验，为什么对于某些民族来说，它们总是聚合在一起，而对于另一些民族来说，却又互不相干，其答案可能隐藏在一个民族的生存论境况中。我们知道，每个民族都有自己的生活世界。一个民族带有共性的体验必定受制于特定的地理环境系统和社会历史状况，并因此而形成特定的体验簇。这些体验簇在口腔的不由自主的发音动作中发出该民族的语音之后，表现在普通语言上就是某些声音或文字总是以联想的方式成群结队地出现。换言之，与体验簇相对的是语音簇和语词簇。这就为思想的翻译或摆渡带来了挑战：如何在一个民族的语词簇中为处于另外一个民族的语词簇中的某个词语找到合适的对应者？

这看起来是不可能完成的任务。每个民族都有自己独特的风土人情和社会历史传统，一个语词在一个民族中所引发的体验和联想在另一个民族中如何可能完全对应？就连本雅明也说，即使同样是面包，德文的"Brot"（面包）与法文的"pain"（面包）在形状、大小、口味方面给人带来的体验和引发的联想也是非常不同的。日常词汇的翻译尚且如此，更不用说那些描述细腻、表述严谨的思考了。可是，在现实中，翻译的任务似乎已经完成，不同民族长期以来成功的交流和沟通反复地证明了这一点。其中的理由也许可以从胡塞尔的生活世界理论得到说明。每个民族都有自己的生活世界，这个世界是主观的、独特的，可是，尽管如此，不同的生活世界还是具有相同的结构的。也许我们可以这样回答本雅明的担忧，虽然"Brot"和"pain"不是一回事，但是，由面粉发酵并经烘焙的可充饥之物是它们的共同特征。在结构性的意义上，我们可以允许用这两个词彼此作为对方的对等词。

可这就是我们所谓的翻译吗？思想的摆渡可以无视体验簇和语词簇的差异而进行吗？仅仅从共同的特征、功能和结构出发，充其量只是一种"技术的翻译"。而"思想的翻译"，当然也包括"文学的翻译"，必须最大限度地把一门语言中的体验簇和语词簇带进另一门语言。如何做到这一点呢？把思想的发生和向另一门语言的摆渡这两个过程联系起来看，也许可以给我们提供新的思路。

在思想的发生过程中，思想与语言是同一的。在这里，体验和体验簇汇聚为梅洛－庞蒂意义上的节点，节点表现为德里达意义上的"先验的声音"或海德格尔所谓的"缄默的呼声"。这样的声音或呼声通过某一群人的身体表达出来，便形成这一民族的语言，这种语言包含着这一民族的诗—史—思。这个民族的某位天才的诗人—史学家—思想家用自己独特的言语文字创造性地将其再现出来，一部伟大的作品便成型了。接下来的翻译过程其实是上面思想发生进程的逆过程。译者首先面对的是作品的语言，他需要将作者独具特色的语言含义和作品风格摆渡至自己的话语系统中。译者的言语文字依托的是另一个民族的语言系统，而这个语言系统可以回溯至该民族的生存论境况，即该民族的体验和体验簇以及语词和语词簇。译者的任务不仅是要保留原作的风格、给出功能或结构上的对应词,更重要的是,找出具有相同或类似体验或体验簇的语词或语词簇。

译者的最后的任务是困难的、看似无法完成的,因为每个民族的社会历史处境和生存论状况都不尽相同,他们的体验簇和语词簇有可能交叉,但绝不可能完全一致。如何能找到准确的翻译同时涵盖两个语言相异民族的相关的体验簇?可是,另一方面,这个任务,用德里达的词来说,又是绝对"必要的"。因为翻译正是要通过对那个最合适的词语的寻找再造原作的体验,以便生成我们自己的体验,并以此为基础,扩展、扭转我们的体验或体验簇且最终固定在某个语词或语词簇上。

寻找最合适的表达,或者说寻找"最确当的翻译"(德里达语),是译者孜孜以求的理想。这个理想注定是无法完全实现的。德里达曾借用《威尼斯商人》中的情节,把"最确当的翻译"比喻为安东尼奥和夏洛克之间的契约遵守难题:如何可以割下一磅肉而不流下一滴血?与此类似,如何可以找到"最确当的"语词或语词簇而不扰动相应的体验或体验簇?德里达并没有给我们提供答案,他最终让我们求助于鲍西亚式的慈悲和宽容。

除了走向伦理要求,我们真的就无路可走了吗?也许张先生的"两种目标"说可以给我们提供启发。

四、关于"最大相通点"的设想

诚然,德里达关于翻译的"不可能的可能""没有必要的必要"的说法以某种辩证的方式深刻地揭示了现象学翻译理论遭遇的困境,并从中引出了翻译理论的伦理学基础问题。可是,辩证的方式在某种意义上不恰恰是对现象学的偏离吗?我们能不能继续沿着现象学的道路面对这里的困境呢?

考察德里达的"最确当的翻译"这个表述,我们可以发现其中隐藏着张世英先生所批判的"相同性"思维。翻译的最高理想是实现两个不同民族的体验和体验簇、语词和语词簇的完全相同,换言之,不滴一滴血的割肉才是最完美的割肉。当然,这是不可能做到的。那么,退而求其次,在所有可能的翻译中找到一个最合适、最恰当的翻译也是值得追求的。正如割肉,既然不可避免地要流血,那么流血越少,证明割肉的手段越高明。显然,德里达在这里把现成的后备或待选术语之间的比较当成翻译的最基本手段了。

难道翻译通常不正是在既有的术语概念之间进行拣选吗?难道这意味着每次都要求我们创造新的概念?我承认,在具体的翻译过程中,我们并不是随时创造新的概念,实际情况是,对于重要的词语,我们常常有多个与之相对应的翻译,我们检视这些译词,对比它们在语义和风格上与原文的契合度。我们甚至还会更进一步,对翻译和被翻译的词语在各自文化的体验簇和语词簇中可能引起的效应及其范围进行权衡。

然而,这样的做法仍然是某种形式的相同性思维,或者说仍然保留了相同性目标的印迹,因为它是从业已完成的词语向与该词语相关的体验簇和语词簇进行"认识论的"回溯,而不是相反,从体验簇或语词簇向业已完成的词语的"生成性"回溯。前一种回溯方式把交叉点或汇通点当成现成的对象,这会导致翻译语词的选择被固化在一个或几个语词簇中,甚至被固定在词典的释义框架中,而后一种回溯方式则把交叉点甚至相同点当成形成中的非对象,这可能导致某个处于完全不相干的语词簇中的词语作为选择对象凸显出来。

后一种回溯方式对核心术语的翻译至关重要,我们不妨试着从张先生的"两种目标"说略做说明。对于一个核心术语或关键概念,译者必须进入原语言中去,找到相关的语词簇,发掘一系列相联的思想体验或体验簇并以现象学的方式展示纯语言向普通语言的诸种转换过程,即梅洛－庞蒂意义上的诸多"节点"的形成过程,然后带着这些语词簇和体验簇返回到目标语言中去,并将其置于纯语言的基础之上,考察它们在目标语言中从纯语言向普通语言的诸种转换过程,即梅洛-庞蒂意义上的诸多"节点"的形成过程，最后对形成的诸多节点（当然也可以说是"交叉点"）进行甄别、比较和筛选，找出最能引发最主要思想体验或体验簇、最能涵盖最主要语词或语词簇的节点或交叉点。这也就是我所谓的"最大相通点"。

依据这一回溯方式，在翻译实践上会带来两个后果。首先，也许某个古语成语俚语俗语恰好符合要求成为"最大相通点"，这时，这个语词的独特的思想意义和体验价值便凸显出来，为该语言中的人们重新认识并为他们打开早已封闭的体验空间和意义关联；其次，也许根本找不到"最大相通点"。在这种情况下，与其提供一个勉强相通的术语，不如创造一个新词，因为前者会通过一个似是而非的节点把该语言的读者导入与原语言完全不同的另一个体验系统和语词系统之中，而后者则会由于新词带来的间距化效应而能最大程度地聚拢并维持原来的体验系统和语词系统，并有可能在后来的应用中为这个民族带来新的体验簇和语词簇，这对于扩展该民族的体验范围、丰富其语言表达、改造其体验和语言的关联结构都是大有裨益的。

中国哲学何处去？[①]

——与张世英先生商榷

郭云峰[②]

进入新世纪后，很多学者都在思考中国哲学的发展应该向何处去的问题，并且进行了有益的探索。总体而言，对于如何发展中国哲学可以归结为三个模式：1.以马克思主义哲学为基础，吸收借鉴中外哲学的有益成分，把马克思主义中国化，这是主流的模式；2.以中国哲学为基础，吸收马克思主义哲学和西方哲学的有益成分，实现中国古典哲学的现代化；3.以存在主义、实用主义、自由主义等思想为基础，吸收借鉴中国哲学和马克思主义哲学的相关内容，发展中国化的存在主义、实用主义或自由主义哲学，等等。二十多年来，张世英先生通过《天人之际——中西哲学的困惑与选择》《进入澄明之境——哲学的新方向》和一系列论文，提出了自己关于中国哲学发展方向的新主张。他认为，未来中国哲学的方向应该像海德格尔哲学那样，突破传统哲学主客分裂的局限，从传统哲学所追求的纵向超越发展到横向超越，最终实现主客一体，使个人达到万物一体的境界。[③]应该说，这一观点的提出，是在综合了中国哲学、西方哲学和马克思主义哲学的现代成果之后的一次重要哲学探索。自张先生的观点提出以来，在国内哲学界产生了较大影响，也启发了有关思考。应该肯定的是，张先生确实切中了近现代中国哲学发展过去存在的一些问题，有针对性地弥补了某些不足。例如，把主客体截然对立起来，忽视主客融合的倾向；

[①] 本文原载《兰州学刊》2017年第1期，《高等学校文科学术文摘》2017年第2期转载。
[②] 郭云峰：南京大学马克思主义学院副教授，南京大学中国特色社会主义理论研究中心研究员。
[③] 张世英：《进入澄明之境——哲学的新方向》，商务印书馆，1999年，第8—18页。

重视自然科学的功用性，忽视人文科学提升人生境界的超越性。但是，仔细想来，张先生所指明的未来中国哲学的新方向非常值得进一步商榷，还有不少问题需要进一步明确，故写作此文就教于张世英先生和各位学界同仁。

一、对中西方哲学发展现状的基本判断

张世英先生的主要观点大致可以归纳为以下几点：首先，他认为西方哲学史的发展经历了主客未分、主客二分和主客融合阶段。① 当代中国哲学经历了前两个阶段，但是还没有经历最后一个阶段。他认为，中国传统哲学所说的天人合一还是前主客关系的，还没有经历主客二分的阶段；马克思主义哲学因为仅仅颠倒了唯心主义的主客关系，也没有超越主客二分的阶段。因此，当代中国哲学需要在主客二分的基础上超越这个有局限性的阶段，发展到主客融合的高级阶段。这是对当代中国哲学发展现状的基本判断。其次，传统西方哲学的超越方式过去是依靠理性和思维所实现的纵向超越，也就是从现象向作为本质的理念世界的有底的超越。现代哲学的趋势则是回到现实生活中来，从现实中超越。但是，超越的方式不再是过去那种纵向的超越，而是依靠想象所实现的横向超越。② 最后，超越的目标过去是对作为本质的理念或者概念的追寻，现在则应该放弃这种目标，代之以对作为现象的显现的世界和不在场的隐蔽事物的整体理解的追求③，也就是说，力图实现天地万物相通相融的一体状态（它有点类似于儒家所说的"民胞物与"状态）。

接下来，本文将围绕以上观点逐次展开分析。首先，如何看待中西方哲学发展的现状？

---

① 张世英：《天人之际——中西哲学的困惑与选择》，人民出版社，1995 年，第 48—51 页。
② 张世英：《哲学的新方向》，载《北京大学学报》（哲学社会科学版）1998 年第 2 期。
③ 张世英：《进入澄明之境——哲学的新方向》，第 89—93 页。

张先生认为，西方哲学史的发展经历了三个阶段，即主客未分、主客二分和主客融合阶段。我认为，这一区分确实从主客关系的角度反映了西方哲学发展的大致脉络，揭示了现当代西方哲学发展的新趋势，即力图超越主客二元对立，走向主客融合的倾向。但是，张先生认为马克思主义哲学目前局限于主客对立的二分阶段，中国传统哲学则因未能经过主客二分阶段的充分准备而未达到真正的主客融合。个人认为，这个判断是很成问题的。

众所周知，马克思主义哲学是在批判以主客二分为特征的唯心主义和形而上学唯物主义思想的基础上发展起来的。尤其是马克思的哲学，它明确地批评唯心主义和传统唯物主义的局限，主张既重视对自然和社会的客观认识，也重视人的能动作用的发挥。[1] 马克思明确地谈到了作为融合主客对立的"关于人的科学"之建构的重要性。他说："自然科学往后将包括关于人的科学，正像关于人的科学包括自然科学一样：这将是一门科学。"[2] 这一"关于人的科学"是指以唯物史观为基础、包括自然科学和社会科学在内的超越主客二元对立的综合的哲学形态。在《1844年经济学哲学手稿》中，马克思还明确谈到了要把唯物主义和唯心主义统一起来，要把主客二元对立和分裂的哲学统一起来，他称之为"自然主义"和"人道主义"。[3] 马克思认为，这种主客二元分裂的局面表现出哲学的深层危机，它需要通过建构一种新哲学才能加以解决。

从文明传承的角度来说，我们知道中国哲学历来一直就有天人合一、知行合一、仁智合一的传统，根本就没有出现过欧洲因为中世纪时期基督教哲学中神权长期压制理性，导致理性需要再次启蒙的情况。作为中国传统哲学主流的儒家哲学本质上是一种崇尚仁爱和理性的哲学，也就是一种要把无知、幼稚和无理性的人教育为具有健康人格的

---

[1] 马克思、恩格斯：《马克思恩格斯文集》第1卷，人民出版社，2009年，第499页。
[2] 同上，第194页。
[3] 同上，第209页。

人的哲学。如果说中国也受过佛教（被尼采称之为虚无主义）等思潮的影响，那么这种影响和激发多数也是正面的，并没有使得中国文化长期陷入蒙昧主义和虚无主义的情况。当然，中国传统哲学在历史上某些时期也存在一些局限。必须承认，因为朝代更替和社会动荡等因素，中国哲学的优秀传统有时没有能够进一步发扬光大，它甚至一度因为自我本位主义而变得保守了。

新中国成立以后，可以看到许多知识分子自觉地把中国传统哲学研究与以马克思主义哲学为主体的西方哲学结合起来，例如冯友兰、张岱年、贺麟、冯契、任继愈、孙叔平等人主动地用马克思主义哲学的立场、观点和方法解释中国传统哲学。尽管结合得还不尽完善，然而毕竟开启了把马克思主义哲学、中国传统哲学和西方哲学相结合的范例。这意味着，中国传统哲学的发展已经不再是停留在过去狭小的民族文化的小圈子里，而是主动地将其思想的视野置于现代世界哲学研究成果的基础上。在这个过程中，过去处在分裂和对立状态的中国传统哲学已经和马克思主义哲学以及其他西方哲学流派实现了初步融合。

现代中国哲学的发展目前可以说既存在把主客体二分以突出主体地位的要求，也存在超越主客体的对立而加以融合的发展要求。事实上，这种主客关系在本质上反映的是人和自然（包括社会）的关系（或天人关系），它表现出人所处的具体状况（奴役抑或自由），是人与自然的现实状况在哲学主客关系中的反映。在任何时候，哲学发展都需要至少满足两个维度的要求：一方面满足为主体争取独立和自由权利的要求，这就需要通过主客二分以突出主体的能动方面；一方面满足建立完整且科学的信仰和开展实践之要求，这就需要超越主客对立以实现万物相融相通，消除由主客对立带来的负面影响（这包括自我的焦虑、人与自然关系的失调、人与人之间关系的紧张）。

由此来看，哲学中主客二分阶段的出现并不表现为一种低级阶段，而是一种主体提出的自由和发展要求在哲学上的反映，它是主体在走向自由和全面发展过程中出现的必然现象。在任何时候，这一要求都不可能消失，因为它是一种终极要求。因此，它也意味着哲学中的主客二分思维模式不会轻易消失，而是会长期存在。它是哲学进入高级阶段的表现。主客关系的分离和统一关系是主体在追求自由的过程中必然产生的问题，在这个意义上说，哲学的新开展问题不能单纯依靠消除主客二分而达到万物一体的融合去完成个体的超越，而是要同时重视理性、道德主体的建构以及具体的社会实践，要认识到主客二分和主客融合的哲学趋势会长期存在。

二、超越的方式：理解和具体的实践

张世英先生认为，西方传统哲学在超越的时候是借助理性和思维追求作为普遍性和同一性的"概念"或"理念"。现代哲学和未来哲学则应该放弃这种纵向的超越方式，代之以依靠想象从生活世界超越到作为显现的现实世界和不在场的真实世界的整体，这是一种横向的超越方式。应该说，达到对世界的通透理解是所有哲学的最高追求。张先生所说的这一追求事实上可以被看作哲学的理想目标，只有达到这一目标的哲学才能被称为真正的哲学。单纯认识事物的普遍性确实已经不够，还要认识事物之间的丰富关系，要理解不同事物存在的合理性、局限性以及发展的可能性。以马克思的实践哲学为核心的哲学理论一直重视对这一目标的追求，并且取得了丰富的成果，它已经并继续改变着对世界发展的思维方式和理解深度。因为实践哲学的功绩，今日用联系和发展的观点理解世界已经成为常识，尽管许多人尚抱着偏见，还不能完整地理解马克思实践哲学的精髓。

实践哲学认为，哲学首先要面对处在具体社会中的现实的人，而不是仅仅面对自己的意识和想象。只有深入理解现实，才有可能更好地改变现实。对真实的人以及他所处的真实的状况都无法理解，也不理解造成目前问题的深层原因，谈何超越呢？当然，认识真实的人不能只从单一的角度进行，我们可以从不同的角度展开对"现实"的认识，这就为不同哲学流派发展的合法性创造了可能。任何哲学都不能武断地宣称它掌握了绝对真理，只有从不同角度切入对"现实"的认识，才能实现哲学所追求的对"真理"的把握。

从中国传统哲学发展的角度来说也是如此。无论是儒家在不同时期的新开展，还是道家在不同时期的表述，抑或是被中国化的佛学的思辨，都致力于对最高智慧的追寻。要达到这一点，必须从生活世界或者肉身的此在出发，超出这一庸常的状态，看到不在场的真实世界，把在场和不在场的事物统一为全面和整体的认识。只不过不同时期、不同的哲学家因为开端选择的失当、知识的局限和方法的限制，往往只能触及对"真理"的局部认识。因此，问题不在于是否从生活世界超越到不在场的世界（因为中国传统哲学家都一直在这样做，都在努力揭示那个不在场的"真实"），而是在于开端选择是否恰当、知识是否完备、方法是否正确。

基于以上认识，我认为，提出当代哲学追求完整理解的重要任务固然很重要，但是，最重要的却是如何实现这个任务。开端、知识准备和方法因此就显得极为重要，它决定着理解事物的深度和广度。要实现这一重要任务，单单具有热情和真情是远远不够的。在这个意义上说，每一种不同的哲学流派都应该认识到自己的优点和局限，不能把它的贡献无限夸大，更不能站在自己的立场完全否定其他哲学的价值。只有极端主义思想才会这样做。

张先生提出用想象代替思维和理性以完成横向超越，这一思路应该说是达到个人之万物一体境界的重要途径。它对于运用思维、理性和辩证的方法研究哲学问题是一个重要补充。但是，其实辩证的方法本身就包含运用想象进行理解的成分。例如，从具体上升到抽象、再从抽象走向具体，这本身就需要借助想象。列宁事实上也肯定过想象对于认识的重要作用，他在阅读亚里士多德《形而上学》的批语中说："因为即使在最简单的概括中，在最基本的一般观念（一般'桌子'）中，都有一定成分的幻想。"[1] 这里所说的"幻想"指的就是想象。中

---

[1] 列宁：《列宁专题文集·论辩证唯物主义和历史唯物主义》，人民出版社，2009年，第162页。

国哲学中使用"智的直觉"对现实进行抽象,同样也使用了想象的方法,否则就无法区分出闻见之知和德性之知。因此,运用想象加深对现实生活的理解是哲学一直使用的方法。西方哲学在其某些发展时期忽视想象的作用,不能说成是所有哲学都忽视想象的作用。

从马克思的实践哲学和中国传统哲学(尤其是儒家哲学)的视角来看,仅仅使用想象完成一种超越是远远不够的。想象至多能够促进理解,或者如张先生所说,它还有助于提高人生境界、形成健康人格。必须承认,提高人生境界和培育健康人格是极为重要的实践目的。但是,要做到这一点,仅仅使用想象是远远不够的。毋宁说,这其实是一个系统"工程",既需要个人理解上的改变,也需要现实生活和社会发展条件等方面的改变。只有依靠思维、理性、辩证法和想象的结合才能彻底完成理解的任务,也只有依靠具体的实践才能带来个人和社会的改变,实现质的飞跃。否则,单纯依靠想象达到的理解只是一种局部和抽象的理解,它既不能把握现实的发展,更不能推动现实的发展。任何脱离具体的实践所开展的超越,都还是列宁所说的僧侣主义的哲学表现。

在实现对现实或世界的充分理解之后,其实工作刚刚开始。重要的是带着这种透彻的理解去开展具体的实践,这是完成真正超越的途径。马克思在历史上实现了划时代的哲学革命,主要表现在从理论哲学向实践哲学转变,从形而上学向科学的哲学转变。他不仅重视对现实或世界的全面和深入理解的实践,而且重视物质生产实践和社会实践。[1] 他认为对生活和现实的超越包括理解上的超越和个人实现全面发展以及具体生活得以改善意义上的超越。人的全面发展既离不开个人对于世界的透彻理解,更离不开社会发展为其提供的各方面的必要条件。如果忽视后者,只强调前者,必然导致社会发展停滞不前,也造成哲学所追求的人的自由和发展成为空话。在这个意义上说,后一种

---

[1] 唐正东:《有原则的实践:马克思实践概念的应有之义及当代意义》,载《马克思主义与现实》2014年第3期。

超越才是真正意义上的超越。

除了理解的实践之外,中国传统哲学(尤其是儒家哲学)还重视生活实践。在如何保持人与人的关系和谐方面,中国哲学提供了极为宝贵的文化资源。它提供了人们之间如何友爱相处的处世哲学(例如忠恕之道)。当然,过去由于受到封建社会的影响,这一处世哲学中存在着一些不再适合当代中国发展要求的内容。我们需要去粗取精,将其进行创造性地转化,以适应中国特色社会主义建设的要求。近代以来,儒家思想的发展主动地和马克思主义的实践哲学相结合。尽管这一结合还需要进一步深化,然而毕竟取得了丰硕的成果。中国哲学因为吸收了马克思主义哲学的成果,使其对世界的理解更加透彻全面。因此,对于美德的养成、社会的和谐以及修养的方式等问题,也有了更加深入的理解。可以说,因为将马克思的实践哲学和中国传统哲学有效地结合起来,当代中国实践哲学的发展已经到了一个新的阶段,即,从浅层次的融合走向深度融合的阶段。这一融合的过程,要在解释和解决中国人自身问题的过程中逐步实现,而不能仅仅在想象中实现。

三、超越的目标:万物一体和自由

张世英先生提出的超越目标是从可见和在场的现象世界超越到不可见、不在场的世界,最终实现万物间的相融相通。不可否认,这一目标非常重要,但是,张先生似乎仍然满足于停留在理解的阶段。这一点与他对自由概念的解释有关。他认为,最高的自由不是认识必然性的自由,也不是道德的自由,而是艺术的自由。这是一种信仰的自由,也是通过艺术的直观和想象所达到的审美的自由。[1]应该说,经过艺术而达到的自由是一种个人自由的形式,它对于个体塑造自身、创造自身具有重要的意义。但是,这种自由毕竟还是一种理解和想象上

---

[1] 张世英:《中西方关于自由问题的哲学思考》,载《江海学刊》1994年第2期。

的自由，它还是传统的意志自由的一种形式。我们今天有必要继续完善意志自由的形式，使其有助于自我修养的完成。但是，人们对自由的要求是多方面的，不能以意志的自由代替所有的自由形式，更不能认为它是最重要的自由。

我们知道，近代以来，马克思实现了哲学的重要转折，即，从形而上学的思辨哲学向实践哲学的转变。这一转变之所以具有革命意义，就是因为它极大地深化了人们对世界的理解，改变了传统哲学对于物质生产实践和普通劳动者的偏见。也正因为如此，它不仅批判了封建的和资本主义的意识形态，而且激发了世界范围的反殖民主义的解放运动，深刻地改变了世界的面貌。实践哲学重视对世界的全面理解，但是更重视对世界的改变。它认为主要的实践形式表现为生产实践，同时还表现为以自由、和谐和正义为目的的社会实践，例如维护劳动阶级利益的政治实践、改革的实践等。[①] 正是通过这些具体的实践方式，过去被压迫的阶级才得以解放，也正是通过具体的实践的开展，才有了新中国成立以来所取得的巨大成就和国际地位的改变。如果仅仅致力于意志和想象的自由，忽视其他更迫切、更重要的自由目标的实现，我想，这些成果是不可能取得的，我们的超越也只能是自娱自乐。

不可否认，万物一体的境界是一种哲学上的高远境界。中国现代哲学家冯友兰先生曾经区分了人生的四层境界，它包括自然境界（混沌未开的低级阶段）、功利境界（能够辨别善恶美丑、能够趋善避恶的阶段）、道德境界（能够先人后己、舍生取义的境界）和天地境界（建立在道德境界基础上、能够实现万物与我为一的境界）。这最后一个境界是最高境界，但是，它是以道德境界为基础的。张世英先生却回避了道德境界，认为道德很容易被统治阶级所左右，所以认为道德境界低于审美境界。我认为，这一看法存在严重局限。任何道德的实现都不是抽象的，都需要在具体的环境下通过具体的途径去展开，而这恰

---

① 郭云峰：《实践与时间——对马克思时间概念的历史性解读》，南京大学出版社，2016 年，第 116—123 页。

恰离不开和政治的结合。不能简单地认为所有和政治结合的道德都是不好的，更不能轻易加以抛弃。这一做法不如说是一种逍遥主义的逃遁之途，它往往回避问题，拒绝承担相应的社会责任。

从实践哲学的角度来说，冯友兰先生提出的道德境界和天地境界也是所有马克思主义者追求的境界。道德境界是为人民服务、先人后己、舍生取义的境界，这种境界在中国近代以来的革命党人和共产党人身上得到了鲜明的体现。天地境界则是掌握了科学世界观的所有有识之士能够达到的最高境界，也只有掌握科学世界观的人才能真正达到这一境界。我想，仅仅依靠想象把世界联系起来思考，还不足以达到这一境界，因为如此思考的内容还是抽象的。没有落实到具体的实现自由途径的哲学一定是缺乏根基的，最终只能走向个人主义的玄学和悲情的空谈。

以上谈到的只是问题的一个方面，其实和个人境界同样重要的还有我们生活于其中的这个世界的改变，也就是我们日常生活的改变。如果境界提升了，社会生活条件却没有改善，这种高远境界就只能是虚无缥缈的想象的存在。在个人境界的改变和具体生活环境的改变之间，解决这一矛盾的只有依靠变革社会的实践。关于这一点，马克思也说过："环境的改变和人的活动或自我改变的一致，只能被看作是并合理地理解为革命的实践。"[①] 实践哲学认为，通过理解所获得的境界固然重要，但是，只有通过物质生产实践、社会实践等方式不断解决我们生活中的矛盾和难题，以实现社会与自然的和谐、实现每个人自由而全面的发展，这才是最终目的。万物一体境界的实现有助于实现这个目的，但是不能以这个境界代替最终目的。

总之，中国哲学的新方向不应该是仅仅追求万物相融相通的境界，而应该是把理解所能达到的境界和实践所要达到的目的这两种超越方式结合起来，以完成对人和现实的真正改造，实现自然、人和社会的和谐发展，实现各国、各民族之间的和谐发展。

---

① 马克思、恩格斯：《马克思恩格斯文集》第 1 卷，第 500 页。

中国是发展中的大国，它面临的难题和挑战是空前的。要解决好中国的问题，只有建立在全面认识的基础上，坚持走中国特色社会主义的道路，通过具体深化改革的实践，才能化解当前现实中存在的突出问题和矛盾。就此而言，理解并实践科学发展观可以有效解决中国当前面临的问题。习近平所提出的治国理政的主张也表现出实践哲学致力于解决具体问题的特点，这对于贯彻科学发展观是非常有效的实践推进。

面对中国的问题，我认为，未来中国哲学的发展应该以科学的实践哲学为主体，其他哲学流派作补充。实际上，每一种哲学流派各有侧重，往往解决的是我们生活中的某一类问题。只有以科学的实践哲学为主体，实现广泛的哲学家的联合，才能既达到万物一体的通透理解，也达到对世界的向善的改变，最终实现自然、人和社会的和谐发展。

2

第二部分

"美在自由"的美学观

人生终极意义的神圣体验

叶　朗　顾春芳

张世英先生在《境界与文化》一书中提出了"美感的神圣性"这个美学观点。他说："中国传统的万物一体的境界，还缺乏基督教那种令人敬畏的宗教情感，我认为我们未尝不可以从西方的基督教里吸取一点宗教情怀，对传统的万物一体做出新的诠释，把它当作我们民族的'上帝'而生死以之地加以崇拜，这个'上帝'不在超验的彼岸，而就在此岸，就在我们的心中。这样，我们所讲的'万物一体'的境界之美，就不仅具有超功利性和愉悦性，而且具有神圣性。""具有神圣性的'万物一体'的境界是人生终极关怀之所在，是最高价值之所在，是美的根源。"

张世英先生的"美感的神圣性"的思考和归纳，对于我们今天从事美学研究和美育工作都有极为重要的启示意义。"美感的神圣性"所在，就是"万物一体"的境界。"万物一体"的境界表明人生的意义不在彼岸而在此岸，这种对人生终极意义的体验就是带有神圣性的体验。这一思想向我们指出："万物一体"的境界是人生的终极关怀所在；"万物一体"的境界是人生的最高价值所在；"万物一体"的境界是美的根源，也是美的神圣性所在。

一

"美感的神圣性"这一命题，有着深厚的中西方哲学美学的积淀。

第一，"美感的神圣性"的命题，吸收了西方古典哲学美学中关于"美与心灵""美与精神信仰"的联系的思想，吸收了古希腊以来柏拉图的"理念之美"、普罗提诺的"艺术之美体现神性"等思想，并且沿着"美"在它的最高实现上是一种超越个体的"境界之美"的思想道路，肯定了"美"具有显示心灵、光辉和活力的特点。它也吸收了中世纪基督宗教美学中的道德内涵，即审美不应该只是个体的享受和精神的超越，而应当具有道德意义上的人格之美。基督宗教美学认为美是上帝光辉的显现。而中世纪的美学家和思想家也都认为"美之为美在于美的事物显示了上帝的光辉"，神圣之美应该超越一般感性形象和外在形式，超越世俗世界和现实功利，应该具备更深层的意蕴，能够显示出人生的最高价值与意义。

第二，"美感的神圣性"的命题，也吸收借鉴了西方哲学和美学史上康德、席勒、尼采以及海德格尔等人的思想，那就是美的终极性体验必然在超越现实世界的苦难中实现，人生终极价值和意义的实现在"此岸"而不在"彼岸"。"美感的神圣性"的命题是要把美的意义最终实现于现实世界，这一思想试图证明实现人生最终极的意义不再需要通过世俗和神性的贯通而获得，不再基于宗教或神性而得到阐释。一方面艺术承担救赎的使命成为可能，另一方面美的意义和独立地位得到了前所未有的肯定。康德认为美具有解放的作用，审美可以把人从各种功利束缚中解放出来。席勒继承和发展了康德的思想，他进一步认为只有"审美的人"才是"自由的人""完全的人"。到了法兰克福学派，他们把艺术的救赎与反对"异化""单向度的人"以及人的自我解放的承诺更加紧密地关联起来。海德格尔更是倡导人回到具体的生活世界，"诗意地栖居"在大地，回到一种"本真状态"，达到"澄明之境"，从而得到万物一体的审美享受。他认为："美是作为无蔽的真理的一种现身方式。"在我们这个生活世界中充满了意义和美，这些意义和美向我们显示了存在的本来面貌。这些思想强调了美的独立地位。这些思想也启示我们："美感的神圣性"可以在超越现实苦难世界的过程中，在一个去除功利欲求的心灵里得以实现，它的实现在我们生活的世界，不必臣服于上帝的足下。通向天国的道路也不必仰赖上帝，而完全仰赖人类自己。

第三，"美感的神圣性"的命题还有着中国儒、道两家关于"万物一体"的传统哲学美学思想的深厚基础。就儒家美学而言,神圣的体验包含一种极高的人生智慧,所谓"大而化之之谓圣,圣而不可知之之谓神"。这种神圣体验并不是在人类之上想象一位人格神或终极的彼岸世界,而是体现"仁者以天地万物为一体"的精神境界。中国传统美学中"天人合一"的思想,就体现出这样一种至高的精神境界。人不是卑微的存在,而是宇宙大化的参与者,因此人在自然、社会和自我世界的实现,上升到"天"的高度,孟子所谓"万物皆备于我,反身而诚,乐莫大焉",就指向这一种高度和境界。王阳明所说"无人心则无天地万物,无天地万物则无人心,人心与天地万物一气流通",也正是指向天人合一的境界。中国美学中"民胞物与"的思想,体现的是在至高的精神境界的光照下对"万物一体"的真理的领悟和体验。

"美感的神圣性"的命题体现了对中西方美学思想最深层以及最核心的内涵的把握。"美感的神圣性"向我们揭示了对于至高的美的领悟和体验,是自由心灵的一种超越和飞升。这种自由心灵的超越和飞升因其在人生意义上的终极的实现,闪耀着"神性的光辉"。它启示我们,对至高的美的领悟不应该停留在表面的、肤浅的耳目之娱,而应该追求崇高神圣的精神体验和灵魂超越,在万物一体、天人合一的境界中,感受那种崇高神圣的体验。

二

"美感的神圣性",或者说"神圣之美",区别于其他的美感形态,它是一种崇高的精神境界、一种"万物一体"的觉解。

美感有一般意义上的超功利性、愉悦性等特点,但并非所有的美感都有神圣性。美有低层次和高层次之分,美的神圣性体验是一种高层次的美。"美感的神圣性",不是一般的追求耳目之娱和声色之美。美感的神圣性体验区别于其他美感体验的根本在于,它是人类至高的精神追求,它与生命意义的终极体验联系在一起。美感在其最高层次上,也就是在对宇宙无限整体的美的感受这个层次上,具有神圣性。

这个层次的美感，是与宇宙神交，是一种庄严感、神秘感和神圣感，是一种谦卑感和敬畏感，是一种灵魂的狂喜。这是最深层的美感，也是最高的美感。康德把那种出于责任的动机而服从道德律的意志称为"神圣意志"。这种最深层的美感可以唤起一种道德感，唤起"神圣意志"，唤起一种"完全的善"，从而令"美感的神圣"包含了伦理的因素和要求，"神圣"的内涵也就得到了更深一层的拓展。它一方面是审美上的"崇高的美"，另一方面具有伦理意义上"完全的善"，还具备生命意义上的"全然的自由"。

产生"美感的神圣性"的体验可能来自不同的方面，有来自宗教的神圣体验，有来自艺术的神圣体验，有来自科学的神圣体验，有来自自然景观的神圣体验，有来自日常生活的神圣体验。这些来自不同方面的神圣性体验有一些共同点：其一，这些体验都指向一种终极的生命意义的领悟，都指向一种喜悦、平静、美好、超脱的精神状态，都指向一种超越个体生命有限存在和有限意义的心灵自由境界。达到这种心灵境界，人不再感到孤独，不再感觉被抛弃，生命的短暂和有限不再构成对人的精神的威胁或者重压，因为人寻找到了那个永恒存在的生命之源，人融入了那个永恒存在的生命之源。在那里，他感到万物一体、天人合一。其二，在神圣性的体验中包含着对"永恒之光"的发现。这种"永恒之光"不是物理意义上的光，这种光是内在的心灵之光，是一种绝对价值和终极价值的体现。这种精神之光、心灵之光放射出来，照亮了一个原本平凡的世界，照亮了一片风景，照亮了一泓清泉，照亮一个生灵，照亮了一段音乐，照亮了一首诗歌，照亮了霞光万道的清晨，照亮了落日余晖中的归帆，照亮了一个平凡世界的全部意义，照亮了通往这个意义世界的人生道路。这种精神之光、心灵之光，向我们呈现出一个最终极的美好的精神归宿。这是"美感的神圣性"所在。

所以，神圣性的美感体验是一种崇高的精神境界，它的核心是对"万物一体"智慧的领悟。"万物一体"的觉解是个体生命在现实世界中生发神圣性美感体验的基础，又是实现"天人合一"精神境界的终点。中国哲学不讲"上帝",而讲"圣人"。"上帝"是外在的人格神,而"圣人"只是心灵的最高境界,也就是"天人合一"的境界,冯友兰称之为"天地境界"。人和动物不同,人能意识到自己的有限性,因而人会产生对一种最完满的无限性的敬畏、仰望与崇拜的感情。万物一体是每个个别的人最终极的根源。人若能够运用灵明之性,回到"万物一体"的怀抱,实现"天人合一"的境界,就能在有限的人生中与无限融合为一。"天人合一"的境界是中国哲学讲的"安身立命"之所在,也就是人生的终极关怀之所在,是人生的最高价值所在。"万物一体"的觉解是美的根源,也是美的神圣性所在。

三

"美感的神圣性"的体验,并不离开日常生活,就在于日常生活之中,这里包含着人与自然万物、与社会生活以及人与自己的最平常的相处。美的神圣性体验作为高层次的美感体验,并不意味着脱离现实世界而追求在宗教彼岸的世界,它可以落实于现实人生。

神圣性的美感体验是超越现实功利的一种精神体验。这种精神体验不可能在一个沉溺于现实世俗利益的心灵中获得,但这种精神体验并不能离开现实世界,也不能拒绝和逃避现实世界。所以,"美感的神圣性"体验虽然超乎功利,但并非完全脱离现实、不问世事的人生体验,而是由"万物一体"的智慧的觉解,最后落实于"民胞物与"的人文关怀和精神境界。张世英先生提出以对"万物一体"的崇敬和敬畏之情来建立一种无神论的宗教,目的也是要在现实世界中(而非在超验的彼岸)寻找人生的终极价值。

无论是海德格尔所提出的"诗意的栖居"、复归"本真状态",还是中国古人所说的一气运化、生生不息的"自然",其根本都是倡导人应该从抽象的概念回到历史的、具体的现实世界中来,也就是回到"生活世界"中来。"天地有大美而不言",人与万物同属一个大生命世界,天地万物都包含有活泼泼的生命和生意,这种生命和生意本身彰显了一个大美无言的万物一体的境界。同时这个世界也是一个充满意味和情趣的世界。这是一个本原的世界。由于人们习惯用主客二分的思维模式看待世界，用功利得失的心态对待万物，因此一个本来如是的"生活世界"的美的光芒被遮蔽了。超越主客二分的思维，超越功利实用的目的，就可以使人心恢复到一种"本真状态"，回到"天人合一"的境界。与西方基督宗教式的神圣体验不同，中国美学思想所倡导的神圣体验源自人与世界万物一体的最本原的存在。老子提出"域中有四大，而人居其一焉"（《老子》二十五章），孟子标举人性乃"天之所与我者"（《孟子·告子上》），张载提出："因诚至明，故天人合一。"程颢论天人关系时说："天人本无二，不必言合。"禅宗所谓"砍柴担水做饭，无非是道"。这些思想的核心都是天人合一，都倡导人在日常生活中体验并实现人生的全部意义。

　　日常生活的神圣之美的体验可以源于自然万物。无意中打开窗户看到远山的落日、金灿灿的暮色，太阳即将下山，大地一片宁静，从清晨到夜晚，光呈现着壮观的宇宙戏剧；或者是和孩子漫步海边，童真的脸上沉思的表情，听到亘古不变的涛声，人与自然奇妙的对话；或者是注视山涧的一泓清泉，一个小虫在水面耕耘出的圈圈涟漪，所有这些无不是可以触动灵魂的神圣感觉。这些瞬间的体验提示我们，原来上帝的国度真切地存在在我们脚下的土地，神圣的体验不在天国，而在生活的本身。人、生灵、万事万物的身上都体现宇宙的神性，体现着宇宙的生意，体现着宇宙的"大全"。松尾芭蕉俳说："当我细细看，呵，一朵荠花，开在篱墙边。"用功利的目光审视，这一朵荠花何其渺小，何其卑微，就如同用功利的目光审视人类，那可贵的、灿烂的生命之光一定被尊贵和卑贱的权衡审视所遮蔽。以功利之心、世俗之眼看世界，看不见那篱墙边荠花的灿烂，看不见在那偶然和短暂的生命之中的永恒的意义的显现，也看不见包含在自然和现实景象之下的神圣的奇迹。只有恢复自然之眼和澄明之心，才能回到一个万物一体的世界，以物观物，从而看到世界万物的无限意趣，获得一种庄严的、神圣性的美感体验。

日常生活中的衣食住行、婚丧嫁娶、送往迎来，如果以审美的眼光去观照，这些生活现象本身就处处充满丰富的意味和情趣。正如法国哲学家阿多（Pierre Hadot）所说："不再把世界看作我们行动的简单的框架，而是在世界之中看待它，通过世界看待它本身。这种态度即具有一种存在的价值，也具有一种理论的价值，还有明天的一些时刻的无限价值，人们带着感恩接纳这些时刻，如同一种不期而遇的机遇。但他也可以让人认真地对待在生命中的每个时刻。做惯常的事，但并不如惯常一样，相反，仿佛第一次这样做，同时，在这种行动中，发现所蕴含的一切意味。"中国传统文化素来注重在日常生活中营造美的氛围，喝酒要行酒令，穿衣要熏香，春天赏花，夏日观荷，秋日赏月，冬日踏雪，日常行为都要有一套礼仪规矩，过节也要有与节日相配的活动和仪式。历代的文学艺术作品都向我们揭示出，中华民族的先人早就创造出了一种充满情趣和精致的生活，琴棋书画、喝茶品香、抚琴挂画无不是这种充满情趣和精致生活的所在。中华文化中还有非常丰富的民俗风情，这种民俗风情包含有人生、历史的内涵，包含着百姓的生活追求和精神面貌，当这种民俗文化完全超越日常生活而成为纯粹审美的活动时就成了节庆和狂欢活动。

总之，"美感的神圣性"不离现实世界，不离生活日用。"美感的神圣性"体验、"天人合一"的境界并非宗教的"人格神"、柏拉图的"理念"世界或人类历史上其他种种彼岸世界的信仰的替代物。提出"美感的神圣性"的命题不是为了禁锢人的心灵，恰恰在于解放人类的心灵，让解放的心灵真正体验"万物一体""民胞物与"的智慧和思想，把高远的精神追求落实在现实世界，落实在日常生活，落实在一个充满矛盾和苦难的世界，落实在对待万事万物的关系之中，也就是把高悬在天边的神圣性接到脚踏实地的大地和人间。

有了"万物一体""天人合一"的精神追求，从表面上看，世界还是一样的世界，生活还是一样的生活，但是意义不一样了，气象不一样了，因为高远的心灵境界为平淡的世界和人生注入了一种神圣性。

四

"美感的神圣性"的体验就存在于现实人生之中，存在于日常生活之中，但这种体验只有在精神境界的不断超越和提升中才有可能实现。"美感的神圣性"的命题体现出一种至高的人生追求、一种崇高的人生境界，它远远高出一般的审美体验，它的产生需要一种心灵的提升。所以，"美感的神圣性"的命题并不是一个静态的命题，它是一种心灵的导向、精神的导向，它向人们揭示了一个心灵世界不断上升的道路。

前面说过，美感有不同的层次。最大量的是对生活中一个具体事物或一个具体场景的美感，如一树海棠的美感，一片草地的美感，"竹喧归浣女，莲动下渔舟"的美感，"舞低杨柳楼心月，歌尽桃花扇底风"的美感，等等。比这高一层是对整个人生的感受，我们称之为人生感、历史感，如"问君能有几多愁，恰似一江春水向东流"，又如"流光容易把人抛，红了樱桃，绿了芭蕉"，等等。《红楼梦》里的贾宝玉，由春天的一棵大杏树，"花褪残红青杏小""绿叶成荫，子满枝"，引发对人生的某种哲理性的领悟，从而发出深沉的感叹。这是人生感。林黛玉的《葬花词》"天尽头，何处有香丘？"也是一种人生感。最高一层，是对宇宙无限整体（"万物一体"的境界）和绝对美的感受，我们称之为宇宙感，也就是爱因斯坦说的宇宙宗教情感（惊奇、赞赏、崇拜、敬畏、狂喜），这是对个体生命的有限存在和有限意义的超越，通过观照绝对无限的存在、"最终极的美""最灿烂的美"，个体生命的意义和永恒存在的意义合为一体，从而达到一种绝对的升华。这是"万物一体""天人合一"的神圣境界，也就是古代儒家说的"仁者"的境界、冯友兰说的"天地境界"。

美感的这几种不同的层次并不是互相隔绝的，它们都是在现实人生中引发的，因而它们是互相连通的。这种连通，取决于人生经验、文化教养和心灵境界的提升。人们在日常生活中对于具体事物的美感，可以上升到"万物一体""天人合一"的境界，上升到儒家说的"仁者"的境界。美国盲聋女作家、教育家海伦·凯勒说过，如果给她三天时间，这三天她可以用眼睛看到世界，她怎么度过这三天？她要把所有亲爱的朋友叫到身边来，长时间看他们的脸，看他们脸上显示的内心的美；她要长时间看一个婴儿的脸，捕捉那热切的、天真无邪的美；她要到树林中长时间漫步，使自己陶醉在自然世界的美之中；她要一早起来看日出，"怀着敬畏看太阳用来唤醒沉睡的地球的、用光构成的万千宏伟景象"；她要去大都会博物馆，去看拉斐尔、达·芬奇、伦勃朗、柯罗的绘画，探视这些伟大的艺术作品表现的人类的心灵；她要站到纽约的热闹街口，"只是看人"，看行人脸上的微笑，看川流不息的色彩的万花筒。海伦·凯勒说的这些都是日常生活中很普通、很平常的美感，但是其中蕴含着一种对人生神圣价值的追求，她超越自我，与世界、与各种"非我"的东西融合，这是一种万物一体、天人合一的神圣感。这种神圣感，出自海伦·凯勒那至善至美的心灵世界。托尔斯泰把这种对平凡世界的神圣体验写进了《战争与和平》。安德烈公爵受了致命重伤之后，仰面躺在奥斯特里兹的战场上，在死一样寂静的空气里，他望见了一片蓝天，便想："我以前怎么就没有发现天空竟是如此的高远？"这是一个经过战争洗礼的心灵的顿悟，他领悟了现实世界神圣的美，他领悟了人生在世的全部意义。

　　美的神圣性作为高层次的生命体验，是精神世界提升的结果。这一境界的获得源于一种对生命意义的深刻领悟、一种洞察宇宙生命本质和真相的智慧。这种精神体验，无法得之于知识化、理论化的传授。知识和理论只能起到导引的作用。这一境界的获得只能在觉悟的心灵世界中产生和存在，只能源于对人生永恒的困惑和苦难不断的自我超越。它是除宗教之外的、人类对苦难的世俗世界的内在超越的方式，这种超越的实现是人生最终极的意义实现。这种人生终极意义的实现可以通过对于生活本身的阐释，对于美和艺术的解释、传播和领悟，把人的精神持续地导向一种觉悟的喜悦，从而使"美感的神圣性"在现实世界的实现成为一种可能。

五

  我们今天讨论"美感的神圣性"的意义何在呢？就是张世英先生说的，我们要赋予人世以神圣性。基督宗教的美指向上帝，我们的美指向人生。美除了应讲究感性形象和形式之外，还应该具有更深层的内蕴。这内蕴根本在于显示人生最高的意义和价值。我们非常赞同张世英先生的这种见解。日常生活的万事万物之中包含着无限的生机和美，现实人生中存在着一种绝对价值和神圣价值，而每一个人与这个"无限的生机和美""绝对价值和神圣价值"正是一个不可分离的整体。

  这种绝对价值和神圣价值的实现不在别处，就存在于我们这个短暂的、有限的人生之中，存在于一朵花、一叶草、一片动人无际的风景之中，存在于有情的众生之中，存在于对于个体生命的有限存在和有限意义的超越之中，存在于自我心灵的解放之中。历史上许多大科学家、大哲学家、大艺术家都坚持在现实生活中寻找人生的终极价值，追求美的神圣性。科学家追求美感的神圣性，杨振宁先生讲得最好。杨振宁先生说，研究物理学的人从牛顿的运动方程、麦克斯韦方程、爱因斯坦狭义与广义相对论方程、狄拉克方程、海森堡方程等这些"造物者的诗篇"中可以获得一种美感、一种庄严感、一种神圣感、一种初窥宇宙奥秘的畏惧感，他们可以从中感受到哥特式教堂想要体现的那种崇高美、灵魂美、宗教美、最终极的美。我们不是研究物理学的，但是我们从爱因斯坦的讲话和文章中，也会感觉到一种来自宇宙高处、深处的神圣性，有如巴赫的管风琴系列作品发出的雄伟的声音。艺术家追求美感的神圣性，贝多芬是一个伟大的代表。《第九交响曲》就是心灵的彻悟，《欢乐颂》是超越了生命的本体、超越了此岸世界和彼岸世界的终极的欢乐。贝多芬的音乐启示我们，在经历了命运的磨难之后，抬起眼睛，朝着天空，歌颂生命，放下心灵的负担，了解生命的意义，了解我们生存于这个世界的意义。

  "美感的神圣性"的思想，指向人生的根本意义问题，体现了一种深刻的智慧和对于崇高的人生境界的向往。这一思想在东西方哲学和美学史上有着一以贯之的思考。今天，这一思想的提出也给予我们一种深刻的启示和精神的光照。那就是：人作为一种偶然的、短暂的存在，在向生之意义的寻找过程中，在寻找精神家园的过程中，不断从苦难的尘世和精神的沼泽中突围出来，从对神与上帝的臣服、膜拜、赞美中渐渐苏醒，面向现实人生寻找人生的崇高价值和绝对意义。每个人的生命都是极为偶然的、有限的、短暂的存在，正是"美感的神圣性"体验让我们从偶然的、有限的、短暂的存在中领悟生命的尊贵、不朽和意义，从平凡的、渺小的事物中窥见宇宙的秘密和永恒的归途。人生的最高价值和终极意义就在于对"万物一体"的智慧和境界的领悟，在于对一个充满苦难的"有涯"人生的超越。这种超越，在精神上的实现不再是对宗教彼岸世界的憧憬，而是在现实世界中寻找一种人生的终极意义和绝对意义，获得精神的自由和灵魂的重生。

一个有着高远的精神追求的人，必然相信世界上有一种神圣的、绝对的价值存在。他们追求人生的这种神圣的价值，并且在自己灵魂深处分享这种神圣性。正是这种信念和追求，使他们生发出无限的生命力和创造力，生发出对宇宙人生无限的爱。在当代中国寻求这种具有精神性、神圣性的美，需要有一大批具有文化责任感的学者、科学家、艺术家立足于本民族的文化积累，做出能够反映我们的时代精神的创造。

张世英对中国当代美学理论的推进[①]

毛宣国[②]

张世英是中国当代著名的哲学家和哲学史家,也是对中国当代美学做出重要贡献的理论家。张世英的美学思想,已引起了学术界的关注。著名美学家叶朗充分肯定了张世英的理论贡献,认为他的著作,如《天人之际——中西哲学的困惑与选择》《进入澄明之境——哲学的新方向》《哲学导论》《境界与文化——成人之道》等,"对于中西美学的沟通和融合,对于美学理论的建设,都有很大的推进作用"[③]。笔者赞成叶先生的这一评价,拟从三个方面具体谈谈张世英对中国当代美学理论的推进。

一、哲学本体的关注与中国传统美学价值的发现

张世英长期从事西方古典哲学,特别是德国古典哲学的研究。他的美学思考,与他对哲学本体问题的关注密不可分。张世英说,正是上世纪80年代初中国哲学界主体性的讨论,使他意识到西方传统哲学对主体性理解的片面性,开始关注西方现代哲学,并从尼采、海德格尔等人对西方传统哲学的主客二分和主体性原则的批判中,体会到人对世界万物的基本态度有主客二分和主客不分两种,并进一步体会到中国传统哲学"天人合一"思想的可贵。[④] 这种天人合一的观念与思维模式,在

[①] 本文原载《中国文艺评论》2016年第6期。
[②] 毛宣国:中南大学文学院教授。
[③] 叶朗:《美学原理》,北京大学出版社,2009年,第12页。
[④] 张世英:《天人之际——中西哲学的困惑与选择》,人民出版社,1995年。

张世英看来，特别适合于美学。因为审美活动不是一种科学认识，而是一种体验。体验就是不问主客、不分主客，是人与物的交融，是"天人合一"。以此为出发点，张世英开始了他的美学思考和理论建构。

张世英认为，西方传统哲学有一个特点，就是哲学与诗的脱离，把人引向抽象的概念世界。对于这样的哲学必须加以超越。他明确指出："哲学不能老停留于抽象概念，而应当重现实，不能老停留于思维和理论，而应当重想象重实践，不能老停留于哲学本身，而应当与人生相结合，与诗和文学相结合。所以我在本书中提出并讨论了诸如思维与想象、诗与思、在场与不在场、隐蔽与显现、言与无言之类的新范畴。"[①]他把这称为"哲学的新方向"，认为它"超越哲学的旧传统，把哲学变成真正贴近于人、贴近于生活的有激情的东西"[②]。张世英所说的"哲学的新方向"，不是从概念出发，不是将哲学看成一种认识、看成只与思维相关的关系，而是强调哲学的诗意，强调想象对于哲学思维的重要性。他认为，"哲学要现实化，就必须诗化，也就是把哲学变成诗的哲学、艺术的哲学"[③]。诗的哲学和艺术的哲学的目标不是知识和概念，而是提高人生境界。张世英认为，当把哲学界定为普遍规律之学，也就是将哲学界定为科学的时代终结以后，还应该有一门可以称为哲学的学问，那就是以提高境界为目标的学问。哲学就是"关于人对世界的态度或人生境界之学"[④]，"以提高人生境界为目标的哲学决非抛弃普遍概念和普遍规律，决非抛弃知识，而是在它们的基础上提高我们的人生境界"[⑤]，"哲学应以建立在万物一体基础上的诗意境界和民胞物与的精神为目标，这种境界是真善美三者的统一"[⑥]。境界之学的提倡，在《哲学导论》中主要偏于从个人修养的角度展开，而在

---

① 张世英：《进入澄明之境——哲学的新方向》，商务印书馆，1999年，第3页。
② 同上，第3页。
③ 张世英：《哲学导论》，北京大学出版社，2002年，第252页。
④ 同上，第9页。
⑤ 同上，第11页。
⑥ 同上，第16页。

2007年出版的《境界与文化——成人之道》中,张世英则比较集中地思考了个人的人生境界与一个民族的文化的关系问题。在人生的各种文化活动中、各种人生境界之间的关系中,"审美境界"又处于核心地位,它是人生最高的境界,不仅超越"欲求""求实",而且也超越"道德"的境界。人们只有在审美境界中,才超越了物与我之间的分隔与界限,达到了人与世界的融合为一。

对于张世英的"哲学的新方向"理论和"审美境界"的提倡,学术界或许存在着不同的认识与评价。笔者认为,这不是问题的关键所在。问题的关键在于,张世英的这一理论尝试,是试图为处于转型期的中国当代哲学与美学寻求一种新的哲学美学思考方向。这种哲学思考的意义不仅在于,它重新审视了西方传统哲学观念,而且也有助于重新发掘中国传统哲学与美学的价值。叶朗谈到中国近现代美学发展的历史进程时,将朱光潜作为中国现代美学最具代表性的人物,认为他的美学思想集中体现了美学这门学科发展的历史趋势:一是反映了西方美学从古典走向现代的趋势,二是反映了中国近代以来寻求中西美学融合的历史趋势。张世英的美学理论与研究,同样反映了这两种趋势。与朱光潜不同的是,张世英的美学思考更明显地表现出向中国传统哲学美学回归的趋势。他借用中国传统哲学"天人合一"的术语来探讨中国传统哲学与西方传统哲学的不同以及与西方现代一些重要哲学思潮的相同相通,认为"中国的天人合一的传统思想给中国人带来了人与物、人与自然交融和谐的高远境界"[1],不是主客二分,而是天人合一才能解释审美意识,所以中国哲学和美学必须告别西方传统的主客二分的哲学和美学,走天人合一的道路。他还在西方现象学哲学思想的启发下探讨了中国传统哲学"超越在场"思维特征的意义,认为"中国古代哲学有重现实、重想象、重哲学与文学相结合的优点"[2],有不同于西方传统哲学的"在场形而上学"的"不在场"的思

---

[1] 张世英:《天人之际——中西哲学的困惑与选择》,第3页。
[2] 张世英:《进入澄明之境——哲学的新方向》,第3页。

维传统，而这些对于中国当代哲学美学的思维转向具有重要意义。张世英用"万物一体""民胞物与"等概念来解释哲学与审美，提倡"境界"之学，这些概念都来自中国传统哲学美学。张世英把他的哲学称为"万有相通的哲学"，认为"哲学之最高任务不是认识相同性，而是把握相通性"①，这种认识也来自中国传统哲学思想的启发。他说："西方古典哲学家大多重认识论，把认识相同性视为哲学的重要任务，中国古代哲学家大多重本体论（存在论），认为把握现实的东西之彼此相通是哲学的重要任务。"② 在他看来，只有中国哲学的万有相通、万物一体的思想，才能突破西方传统哲学的主客二分的思维模式，"从宇宙整体的内部体验到一种物我（包括人和己）两忘的境界"③，这正是最高的审美意义和价值所在。

张世英向中国传统哲学美学的回归是一种哲学本体意义上的回归，也是充分认识到西方传统哲学弊端之后的一种回归。这种回归对于中国当代美学研究的意义，只要我们回顾一下百年来中国美学的发展进程就不难明白。这种哲学本体意义上的回归并不始于张世英。早在上世纪 30 年代，中国哲学美学界就有人试图从中国传统形而上哲学本体思维的高度来思考美学问题。比如，方东美在《生命情调与美感》《哲学三慧》《中国人生哲学精义》等著作和演讲中，就试图用中国传统的生命哲学思想来阐发中西审美、艺术、科学观念的不同。他认为，"生命大化流行，自然与人，万物一切，为一大生广生之创造力所弥漫贯注，赋予生命，而一以贯之"④——这是中国哲学基本精神之所在，所以中国古人不像西方人那样多将生命寄于科学，而是寄于艺术，富有艺术和审美的生命情调。方东美还意识到中国传统哲学思维与西方近现代哲学思维的不同。他说，"从近代欧洲人看来，人和宇宙的关系则

---

① 张世英：《进入澄明之境——哲学的新方向》，第 37 页。
② 张世英：《哲学导论》，第 37 页。
③ 同上，第 46 页。
④ 方东美：《中国哲学精神及其发展》，台北成均出版社，1983 年，第 98 页。

是二分法所产生的敌对系统，有时是二元对立，有时是多元分立"①，即主客二分和心物二元，而"从中国人看来，人与宇宙的关系则是彼此相因、同情交感的和谐中道"②，即天人合一、心物一体。对于中国哲学来说，"宇宙乃是普遍生命流行的境界""我们立足宇宙之中，与天地广大和谐，与人同情感应，与物物均调浃合，所以无一处不能顺此普遍生命，而与之全体同流"③。不过，这种对哲学本体的关注，并没有引起学术界的普遍关注。在中国美学界，长期以来存在着一种倾向，那就是认为美学来自西方，只有西方美学才有系统的理论和哲学观念，只有西方美学才称得上具有普遍意义的美学。所以中国美学要做的事就是如何追赶西方美学潮流，用西方的思维和观念来看待中国美学。美学研究也就不再关注中国的哲学和形而上思想传统，而转向对中国具体的艺术理论和艺术经验的研究。王国维、宗白华、朱光潜等人都曾意识到追赶西方美学潮流的理论缺陷，并做出努力试图改变这一状况，也取得了一定成效，但由于缺乏新的哲学思想基础和对中西方哲学的系统反思，都未能使这一状况得到真正改变。宗白华是中国现代美学界少有的关注中国传统哲学和形而上学思想价值的美学家，写作于上世纪二三十年代的《形上学》笔记便反映了他对中国传统形而上思想如天人关系等的深入思考。《笔记》还比较了中西哲学思维的差异，认为希腊哲学出发于宗教与哲学的对立，于是走向"纯逻辑""纯数理""纯科学化"的道路，无法将逻辑理性与生命价值统一起来。中国哲学则不是将哲学与宗教对立起来，故对古代宗教仪式、礼乐保持敬仰的心态，于是将生命价值与理性统一起来。④但宗白华并没有对西方哲学的普遍价值产生怀疑，在理论上也接受了西方哲学美学特别是生命哲学美学的观点。他的美学也可以说是以"生命"为

---

① 方东美：《中国人生哲学》，载蒋国保、周亚洲编：《生命理想与文化类型》，中国广播电视出版社，1992年，第65页。
② 同上，第65页。
③ 同上，第83页。
④ 宗白华：《宗白华全集》第1卷，安徽教育出版社，1994年，第600—601页。

本体的美学，这一美学思想的来源除了中国传统美学之外，也深受叔本华、柏格森、歌德等人思想的影响。所以他在进行中西哲学美学思想的比较时，也不可能认识到西方哲学思想的根本缺陷，于是将重点放在中西美学研究对象与方法上的差异比较上。他认为西方美学长期将美学作为哲学的分支学科，美的哲学思考构成了对美学的基本规定。而中国传统美学更重视的是艺术审美实践，中国美学史的研究应该紧密结合中国艺术实践展开。朱光潜也是如此，他对西方传统的以认识论为中心的哲学美学的理论缺陷是有所认识的，但是由于缺乏新的哲学理论的支撑，所以也无法创建一种新的美学理论来突破西方认识论美学的局限。晚年，他对自己的美学研究进行了反思，意识到自己翻译和评介西方美学的那些著作和文字的理论局限，所以将《诗论》看成是自己最有价值、最有原创性的著作。不过，《诗论》只是一部关于中国古代诗歌艺术的重要论著，并非一部哲学美学著作，所以也无法提出关于中国美学的重大理论问题。上世纪50年代，中国学术界开展了一场美学大讨论，并形成了以李泽厚等人为代表的实践美学流派。但实践美学并没有突破西方传统的哲学美学观念，同时也缺乏对中国传统哲学美学精神的认识，无法将中国美学特别是具有哲学本体关注的中国美学研究推向前进。从上世纪80年代中期起，人们已意识到实践美学的缺陷，批评、质疑之声不断，出现了后实践美学一类的理论思潮。由于这一理论思潮主要还是运用西方近现代哲学武器批判实践美学，缺乏新的哲学本体支撑，缺乏对中国传统美学价值的发掘与认识，这样的批评质疑之声也缺乏力量，导致的后果之一就是中国美学仿佛一下失去了发展的方向：美学研究中的浅薄、实用主义思潮甚嚣尘上，在许多人的眼中，美学应该被还原为具体的艺术经验和艺术理论的研究，而真正属于美学的哲学的、形而上的思想品格常常被人们弃之若敝。

从这里，我们可以见出张世英关于美的哲学思考以及向中国传统哲学美学回归的特殊意义所在。张世英美学研究的一个最大特点，就是有一种哲学的本体的关注与自觉。他深切地意识到中国美学界长期以来习惯用西方传统哲学美学观念看待美学的缺陷,所以竭力从中国传统美学与西方现代美学中汲取思想营养,用新的哲学美学观念来引领中国的美学研究。在中国当代美学家中,张世英是最早认识到西方传统哲学主体原则和主客二分思维模式的缺陷的代表性人物。他的美学研究的目的就是要克服主客二分思维模式的缺陷及其他对中国美学造成的负面影响,为中国美学研究寻求一个新的方向。张世英的美学研究,可以说体现了美学最本质的东西,那就是美学离不开哲学。如果考虑到中国美学界长期以来习惯于用西方哲学美学思想来理解美学,考虑到中国当代美学对中国传统哲学观念和形而上思想传统的忽视,张世英从中国传统哲学中发掘的"天人合一""万物一体""万有相通""民胞物与"等哲学观念,对于我们认识中国传统美学的价值乃至中国美学如何走向世界,无疑具有重要的理论意义。中国美学要走向世界,原因是多方面的,但很重要的一点,那就是要有一种形而上的哲学本体意识与关注,要重视中国哲学美学在这方面的理论思维成果,而不是将美学简单地还原为艺术理论和艺术实践经验的研究。

二、现象学哲学美学的接受对中国当代美学的意义

张世英向中国传统美学的回归、对中国传统美学价值的再发现,与他对西方哲学美学的研究与接受有着密切的关系。张世英所确立的哲学新方向,不仅本源于中国传统哲学,也是对西方现代哲学,特别是现象学哲学美学理论成果予以接受并予以创造性转化的结果。

张世英所关注的西方现象学哲学美学代表人物主要有三个:黑格尔、胡塞尔和海德格尔。黑格尔是传统意义上的哲学家,其思维方式是主客二分,其"绝对精神"的哲学将同一的、永恒的、抽象的本质或普遍性的东西作为追求的目的,其实质应该是背离现象学的。在张世英的哲学理论中,也常常将黑格尔作为传统哲学的一个代表人物加以批判。那么,他为什么要将黑格尔作为现象学哲学美学研究的一个重要对象?这不仅仅是因为他从黑格尔的《精神现象学》中所提出的

"实体本质上即是主体"命题中看到了其与胡塞尔所提出的"面向事情本身"的现象学口号之间的关系,看到了一种批判西方传统"主客二分"思维方式的精神。更重要的是,他认为黑格尔所描述的"实体自身转化为主体"的历史过程告诉我们:"任何一个认识对象的意义,都不仅包含个人的认识在内,而且包含了整个民族以至整个人类思想文化的内容,它是个人和全民族、全人类思想文化的结晶。黑格尔所谓当实体完全表明自己即是主体之时,精神现象学也就结束了。这个断语的深层内涵就是:当实体、对象在意识中活动之初,它没有任何意义,什么也不是,但到了精神现象学结束之时,它已经经历了精神现象学所描述的经验意识活动、发展的各个阶段,亦即个人认识和整个民族以及全人类思想文化发展的各个阶段,这样,实体、对象的意义也就最充分地展示、显露出来了……例如一朵花的意义,对于我们今人来说,特别是对于一个具有深厚文化底蕴的今人来说,它就不仅是红红绿绿而已,也不仅是植物而已,而是具有道德含义、审美含义、宗教含义,等等。"[1]而这些正是胡塞尔现象学哲学所缺乏的。他认为,胡塞尔只能说是通过"悬置""还原"等现象学方法,从理论上抽象地说明了事物的真实意义在于把独立自在之物转化为意识的为我之物,黑格尔的《精神现象学》则通过富有历史感的描述,解释了"实体自身如何转化为主体"的问题,所以它成为以现象学观点认识事物、把握事物的一个光辉的范例。[2]

对于胡塞尔现象学哲学美学的意义,张世英是充分肯定的。他认为,"胡塞尔的现象学专注于'事物本身',它要求达到事物在直观中出场的本来面貌,不允许别的事物闯入事物本身"[3],已具有了反对旧形而上学的主客关系模式的意义。胡塞尔所讲的对象是意向性对象,对象就是它在意向性地出场中所呈现的那个样子,而没有什么不在意

---

[1] 张世英:《现象学口号"面向事情本身"的源头——黑格尔的〈精神现象学〉——胡塞尔与黑格尔的一点对照》,载《江海学刊》2007年第2期。
[2] 同上。
[3] 张世英:《进入澄明之境——哲学的新方向》,第8—9页。

向中出场的所谓独立的存在,这一观点已表明了胡塞尔与那种崇尚抽象或自在的旧形而上学的分歧。但是,在张世英看来,胡塞尔的现象学始终缺乏一个历史的维度,缺乏人生意义和价值的关怀。而这一局限性,在海德格尔那里在很大程度上得到克服。他说:"胡塞尔晚年提出的'生活世界'和'主体间性'的观念以及对于欧洲文明危机、文化危机的关怀,表明他已意识到他的现象学缺乏文化意蕴、缺乏对人生意义和价值的关怀的局限性,但他终其一生,一直没有把他的现象学同人生、同历史文化有机结合起来,并把它发展成为一个以此为特点的有系统的哲学。而把哲学与人生紧密结合起来的这一特点,乃是由他的学生海德格尔所倡导、由海氏以后的一些后现代主义思想家们以各不相同的方式所陆续发展起来的。"① 所以他特别重视海德格尔的现象学哲学美学思想,他对现象学哲学美学的接受与运用,也主要以海德格尔的存在论现象学为对象。

张世英认为,在西方哲学史上,长期存在着一种"由表及里、由浅及深、由感性中的东西到理解中的东西"的追根问底的方式,这种追问是"以主体—客体关系的公式为前提""以形而上的、永恒的、抽象的本质或普遍性、同一性为根底"②,而以海德格尔为代表存在论的现象学哲学美学,"已不满足于这种追根问底的方式,不满足于追求旧形而上学的本体世界,追求抽象的、永恒的本质,而要求回到具体的、变动不居的现实世界"③。这种哲学的追问"并不主张停留于当前在场的东西之中""而是从当前在场的东西超越到其背后的未出场的东西,这未出场的东西也和当前在场的东西一样是现实的事物,而不是什么抽象的永恒的本质或概念"④。他认为,胡塞尔的现象学思想包含着与海德格尔相似的"超越在场"的思想成分,因为"胡塞尔在很多

---

① 张世英:《现象学口号"面向事情本身"的源头——黑格尔的〈精神现象学〉——胡塞尔与黑格尔的一点对照》。
② 张世英:《进入澄明之境——哲学的新方向》,第8页。
③ 同上,第8页。
④ 同上,第8页。

地方谈到事物的'明暗层次'的统一，谈到事物总要涉及到它所暗含的大视野。这实际上意味着，感性直观中出场（'明'）的事物都是出现于由其他许多未出场（'暗'）的事物所构成的视域之中"[1]。但是由于胡塞尔的现象学缺乏历史的维度与人生的内涵，所以这样的思想成分只是暗含、并不彰显的。海德格尔则不然。因为他是将"人生在世"作为其理论前提，认为人乃是融身在世界之中、依寓于世界之中，世界乃由于人的在此而对人揭示自己、展示自己，其关于隐蔽与显现的理论、关于"在手"与"上手"的理论、关于"此在"与"世界"相融合的理论，已清楚地意识到事物所隐蔽于其中或者说植根于其中的未出场的东西，不是旧形而上学所讲的抽象的本质或独立的自在世界，而是人生在世、现实的东西，是"作为隐蔽于在场的当前事物背后的不在场的、然而又是现实的事物"[2]，它的意义自然是丰富无限、不可穷尽的。

正是受到海德格尔现象学哲学美学思想的启发与引导，张世英对审美和艺术基本理论问题进行了新的思考。张世英认为，海德格尔的一大贡献就是"强调'隐蔽'和不在场的东西对于'敞亮'和在场的东西的极端重要性，正是'隐蔽'和不在场的东西使得一个存在物之'去蔽'和出场成为可能"[3]。诗意或艺术品的审美意义就在于，它能从在场中把握不在场，"从看到的东西中体会和抓住未看到的东西，从说到的东西中体会和抓住未说到的东西"[4]。比如，马致远的小令"枯藤老树昏鸦，小桥流水人家，古道西风瘦马。夕阳西下，断肠人在天涯"，如果执着于表面所写的那些东西，则毫无诗意，但若把表面所写的那些可见、可说的东西放回到它们的"隐蔽"处，则可以体会到这首小令所敞开的是一幅满目凄凉的景象和诗人的惆怅之情，就会觉得诗意无穷。

---

[1] 张世英：《进入澄明之境——哲学的新方向》，第10页。
[2] 同上，第11页。
[3] 同上，第92页。
[4] 同上，第92页。

也正是从这种重视"隐蔽"和"不在场"的哲学观点出发,张世英强调了"想象"对于审美活动的重要性。他说:"诗意或艺术品的审美意义所隐蔽于其中的不可穷尽性和不在场性,乃是我们的想象得以驰骋的空间和余地。"① 那么,什么是张世英所理解的"想象"呢? 他认为,对于"想象",西方哲学史有两种理解:一种是把外在对象看成是原本,而意识中想象的东西不过是原本的模仿或影像。他对这种"想象"的理解是否定的,认为它是旧形而上学的观点。另一种是从康德开始并由胡塞尔、海德格尔等人发扬光大的想象概念,即想象"不是对一物之原本的模仿或影像,而是把不同的东西综合为一个整体的能力,具体地说,是把出场的东西和未出场的东西综合为一个整体的综合能力"②。这一意义的想象,可以使不同的东西——在场的与不在场的,显现的与隐蔽的,过去的与今天的——互相沟通、互相融合,所以要把握万物相通的现实整体,就需要这种想象。想象不仅使人回到现实,也让隐蔽的东西得以敞亮而显示事物的意义。想象不仅适合于艺术,不仅适合于历史研究,而且也适合于日常的语言交谈。因为语言、谈话总是在现实的、具体的情境中进行的,这种情景是隐蔽在直接言谈背后的东西,"只有想象才能使我们体会到直接言谈的背后的意义,才能使谈话的一方进入到和参与到另一方的世界中去,从而实现人与人之间的'相通'"③。对想象的追求并不排斥对思维的追求,但是"思维以把握事物的相同性(同一性、普遍性)为己任;想象以把握不同事物间即在场的显现的事物与不在场的隐蔽的事物间的相通性为目标"④,所以想象超越了思维。想象与思维相比,更能代表哲学发展的方向。

从海德格尔存在论现象学的哲学美学观念出发并结合中国古代"天人合一"与"情景合一"的理论,张世英还对"审美意识"的本

---

① 张世英:《进入澄明之境——哲学的新方向》,第93页。
② 同上,第12页。
③ 同上,第17页。
④ 同上,第109页。

质以及"审美意识"与"道德意识"的关系做了论述。他认为,审美意识不属于主客关系,它也不是认识,而是一种情感、情绪、情调或体验,是"天人合一"的"意境""心境"和"情境"。比如,李白的《早发白帝城》,如果简单地把这首诗理解为描写三峡水流之急速,那就不过是按照主客关系模式对客体(三峡水流)的一种认识,就太缺乏诗意、太缺乏审美意识了。这首诗的意境主要在于诗人借水流之急速表现自己含冤流放、遇赦归来、顺江而下的畅快心情。这里,水流之急速与心情之畅快,"一气流通",无有间隔,完全是一种天人合一的境界,根本没有什么主体与客体之别,也没有什么主体对客体的思维和认识。① 张世英不否定审美活动中可以包含认识、包含"思",但他把这种认识、这种"思"称为"思致"。"'思致'是思想—认识在人心中沉积日久已经转化(超越)为感情和直接性的东西"②,所以它在本质上属于情感和存在论的范畴而非认识论意义上的"思"。"审美意识的本质在于人与世界的合一、人与存在的契合或者说人与万物的一体性"③,它在本质上是超越有限、超越道德意识的,因为"道德意识并未真正达到人与天地万物一体的境界"④。但是,审美意识不可能排除道德意识。这是因为,"人与万物一体的关系是精神性的统一体之内的关系,这一点也是人对人的责任感和帮助他人谋幸福的道德意识的理论根据。所以在万物一体的审美意识中应包含人对人的责任感和为他人谋幸福的道德意识。善是美的必然结论,善包括在美之中"⑤。从审美意识与道德意识统一的立场出发,张世英反对那种只从愉悦性来理解审美意识、将审美意识看成是不负道德责任的观点,而是认为审美意识中既有愉悦感,也有道德责任感,是愉悦感与道德责任感的统一。

---

① 张世英:《进入澄明之境——哲学的新方向》,第123页。
② 同上,第126页。
③ 张世英:《哲学导论》,北京大学出版社,2002年,第246页。
④ 同上,第243页。
⑤ 同上,第246页。

张世英对以海德格尔为代表的现象学哲学美学的接受中,贯穿着一个核心,那就是他特别强调要破除旧形而上学的主客二分而回到天人合一的立场,特别重视海氏强调隐蔽对敞亮、不在场对在场的重要性的哲学观念,即"显隐说"的意义,认为它与西方传统的那种重视在场而忽视不在场的艺术哲学,也就是"典型说"有着本质区别。他认为,"典型说"是以概念哲学为理论基础,"典型就是作为普遍性的本质概念,艺术品或诗就在于从特殊的感性事物中见出普遍性、见出本质概念",它要求能说出某事物是"什么"。① 而"显隐说"则突破了概念化的思维,"显隐说"的审美意识要求回复到人与万物一体之本然,在于说明事物"怎样"从隐蔽处显现自身,"也就是要显示事物是怎样从隐蔽中构成显现于当前的这个样子"②。所以"显隐说"代表着西方新的艺术哲学的方向,这个方向"就是要强调隐蔽对敞亮、不在场对在场的极端重要性。美的定义于是由普遍概念在感性事物中的显现转向为不出场的事物在出场的事物中的显现"③。

张世英的上述思考对中国当代美学理论建设有三方面的意义。

第一,它强调用"天人合一"而非"主客二分",强调从在场的东西超越到不在场的东西,用"显隐说"而不是"典型说"的思维方式来看待美学基本理论问题,对于破除中国当代美学界长期执着于"主客二分",执着于"在场",将美的问题抽象化、本质化的思维方式有一定意义。虽然在中国当代美学界中,也出现了像朱光潜那样重视审美经验、像宗白华那样关注艺术与审美实践的美学家,但从总体上来说,他们在很长一段时间内是将美学的问题抽象化、本质化,是脱离丰富的、活生生的美的现象去讲美,究其本质就在于受到"主客二分"思维方式的影响,把寻求在场、寻求普遍性与抽象本质的东西作为美学研究的根本,而忽视了不在场、丰富的美的现象对于美学研究的意

---

① 张世英:《哲学导论》,第 145—146 页。
② 同上,第 149 页。
③ 同上,第 151 页。

义。张世英的哲学美学思考，对破除这种"主客二分"的本质化的思维方式，让美学研究回到具体的、变动不居的现实世界，回到活生生的现实的审美活动中，其意义是显见的。

第二，它以人与世界、人与万物交融相通的眼光看待艺术审美，突出了想象和情感体验在审美活动中的意义，对于破除长期以来在中国美学界占据主导地位的认识论美学模式有一定意义。对美学的认识论模式，中国美学界也曾有过质疑与反思。比如，在上世纪50年代的美学大讨论中，朱光潜对将美的活动看成是一种认识活动的观点提出过质疑，认为这是唯心美学留下的一个须经重新审定的概念。[1]李泽厚在上世纪70年代末80年代初也提出过艺术不是一种认识的观点。但是由于其哲学基本观念的缺陷，他们都未能从认识论的美学模式中走出来。比如，朱光潜将美定义为"客观方面某些事物、性质和形状适合主观方面意识形态，可以交融在一起而成为一个完整形象的那种特质"[2]，李泽厚将美定义为"主观意识、情感和客观对象的统一"[3]，就是从"主客二分"的认识论的美学模式来看待美的问题。而张世英的哲学美学思考则不然，他不再用主客二分的模式看待问题，也不是把认识事物的真假、把握美的普遍本质作为美学研究的根本问题，而是强调人在认识世界万物之先就已融身在世界之中。强调想象与情感在审美活动中的意义。在他看来，想象包含了思维又突破了思维的极限，所以它具有超越思维、超越逻辑的意义，能代替西方传统哲学所讲的认识而进入一个新的境界。审美意识则是人与世界融合的产物，是"天人合一"的"意境""心境"或"情境"，所以它根本不管什么外在于人的对象，根本不是认识，而是一种体验。这些看法，是从人与世界的本源性关系中把握美，显然突破了认识论的美学观点和思维模式，更接近美的本体。

---

[1] 朱光潜：《论美是客观与主观的统一》，载《朱光潜全集》第5卷，安徽教育出版社，1989年，第70页。
[2] 同上，第82页。
[3] 李泽厚：《美学四讲》，生活·读书·新知三联书店，1989年，第82页。

第三，张世英对现象学哲学美学观念的接受，与他对中国古代哲学美学和艺术精神的阐发是结合在一起的，这种接受有助于人们重新发现与认识中国古代美学的价值。比如，他以海德格尔存在论现象学为基础提出了"显隐说"，并与西方传统艺术哲学的"典型说"相比较，这种比较就让人们对中国古代美学中的"隐秀说"有了新的认识。张世英认为，中国古典诗在从显现中写出隐蔽、运用无穷的想象力方面，可以与海德格尔所代表的西方艺术哲学新方向——"显隐说"互相辉映。刘勰《文心雕龙·隐秀》云，"情在词外曰'隐'，状溢目前曰'秀'"，其实就是讲隐蔽与显现的关系。它的妙处就在于从"目前"的（在场的）东西中想象到"词外"的（不在场的）东西，令人感到"语少意足，有无穷意味"。但这词外之情、言外之意不是抽象的本质概念，它仍然是现实的，只不过这现实的东西隐蔽在词外、言外而未出场而已。以"显隐说"的观点去看待中国古代的"隐秀说"，看待中国古代"意在言外"的审美传统，并不是像有的理论家认为的那样，是从个别事物中看出普遍性，而是要冲破同类的界限，想象、玩味到根本不同类的事物。想象到的东西仍然是活生生的、有血有肉的具体现实，而不是经过抽象化、普遍化的东西。所以它对艺术创造非常重要，这也是中国古代美学要提出"隐秀说"，重视词外之情、言外之意的原因所在[1]，也是中国传统美学重视"意象之美"的原因所在。张世英的这种解读，显然能启发人们重新认识和探讨中国古代美学诗学的重要理论问题及其价值。

三、"人生境界"和"美的神圣性"说的理论价值

张世英之所以重视中国传统美学的价值，重视中国古代的"隐秀"（意象）说和"意在言外"的审美传统，重视以海德格尔为代表的现象学关于隐蔽与显现、在场与不在场关系的论述，还有一个很重要

---

[1] 张世英：《哲学导论》，第156—159页。

的原因,那就是他认为在这些审美传统和观念表述中,包含着一种超越意识,有一种超越现实的高远的精神追求,这也就是人们通常所说的"诗意美"和"境界美"。张世英的美学,也可以说是一种追求"诗意"和高扬人的"精神境界"的美学,对"人生境界"问题的讨论与对"美的神圣性"观点的提出,就是这种美学意识的鲜明体现。

人生境界的问题,是中国传统哲学十分重视的一个问题。在很多中国古代哲学家看来,追求高品位的人生境界对于一个人的一生非常重要。在中国现代哲学家,特别是现代新儒家那里,人生境界是他们关注的一个重要问题。作为现代新儒学的代表人物,冯友兰的"境界"理论对于理解"人生境界"问题有着重要价值。冯友兰认为,人与动物的最大不同,就在于动物不了解它所生活的世界,而人对于宇宙人生有"觉解"。人不但有觉解,而且能了解其觉解,所以人所追求的是一种有意义、有价值的人生。人对于宇宙人生觉解的程度不同,宇宙人生对于他的意义也就不同。根据"觉解"程度的不同,冯友兰将人生境界分为四个品位:自然境界、功利境界、道德境界和天地境界。其中,自然境界最低,天地境界最高。处在天地境界中的人,对人生有最高的觉解,不仅意识到人是社会的一部分,而且意识到人是宇宙的一部分,所以他的一切行为的目的是"知天""事天",在人与宇宙、人与天地的统一中实现其人生价值。① "天地境界"在冯友兰那里被视为一种"哲学境界"。不过,许多人认为,冯友兰的"天地境界"只有作为审美境界才有可能。张世英的"人生境界"理论与中国传统哲学有着密切的关系,与冯友兰的"境界"论也有某种相似。张世英与冯友兰一样,强调最高的人生境界是人与宇宙、人与天地的统一,强调人与动物的区别在于动物不了解它所生活的世界,而人则对于自己生活于其中的世界有觉解。比如,他用王阳明的"人心一点灵明"观点来说明"境界",认为"正是这点'灵明'构成了一个人的'境界',动物不能超越,故无境界之可言。'境界'就是一个人的'灵明'所

---

① 参看冯友兰的《贞元六书·新原人》,华东师范大学出版社,1996年。

照亮了的、他所生活于其中的、有意义的世界。动物没有自己的世界"①，就是如此。他将"境界"分为"欲求""求实""道德""审美"四个层次，与冯友兰的"境界"层次划分也有某种相似。不过，张世英对"人生境界"的理解，远超出了中国传统哲学美学思想的范畴，他将西方现代哲学的"超越在场""生活世界""时间场域"等概念范畴纳入其中，认为"境界"不仅仅是个人主观的"觉解"，也是天地万物的无穷关联，在这关联中包括自然的、历史的、文化的、教育等因素以及个人所处的具体环境和具体遭遇，其内涵比起冯友兰的"境界"论丰富得多。

在张世英看来，"境界"可以被看成是个体根据一定历史文化条件和处境的自由选择。他说："境界乃是个人在一定的历史时代条件下、一定的文化背景下、一定的社会体制下、以至在某些个人的具体遭遇下所长期沉积、铸造起来的一种生活心态和生活方式，也可以说，境界是无穷的客观关联的内在化。这种内在化的东西又指引着一个人的各种社会行为的选择，包括其爱好的风格。一个人的行为选择是自由的——自我决定的，但又是受他的生活心态和生活模式即境界所指引的。"②从这一意义上说，个人的精神境界对于民族文化的构成非常重要，"境界"也可以指个人的精神境界，"离开了个人的精神境界，所谓民族文化不过是空洞的名词"③。同时他又认为，"个人的精神境界又是在他所属的社会文化、民族文化的影响下形成的""有某一种文化，就有某一种境界。西方的基督教文化产生了西方人的境界，包括他们的道德境界、审美境界、宗教境界；中国的儒释道三大文化支柱，也各有其相应的精神境界，其中也包括他们各自的道德境界、审美境界等。凡此种种，都说明，要提高个人的精神境界，最重要的是弘扬民族文化"④。

---

① 张世英：《哲学导论》，第79页。
② 同上，第84页。
③ 张世英：《境界与文化——成人之道》，人民出版社，2007年，第1页。
④ 同上，第281—282页。

张世英对"人生境界"的这一理解，蕴含着双重意味。一方面，他看到了"境界"对于个体人生的重要性。他之所以提倡"境界"，追求诗意的美，就是看到了"境界"和诗意的生活对于一个人的生活有重要的指引和导向作用。他将"境界"看成是"浓缩和结合一个人的过去、现在和未来三者而成的一种思维导向，也可以叫作'思路'或'路子'"①，认为一个人的生活有没有一种精神的导引和境界的追求是很不一样的。他说："人生就是人的生活、人的实践，人生所首先面对的就是人所生活于其中、实践于其中的生活世界。但人在这个生活世界中怎样生活、怎样实践，就要看他的那点'灵明'怎样来照亮这个世界，也就是说，要看他有什么样的境界。一个只有低级境界的人必然过着低级趣味的生活，一个有着诗意境界的人则过着诗意的生活。"②另一方面，由于个人的精神境界是在文化和历史传统中形成的，所以弘扬民族文化，探索人生各种文化活动、各种人生境界之间的关系，以期为提高人的精神境界探索一条有益的途径，又成为张世英"境界"说的重要内容。在这一方面，他特别重视中国传统的"万物一体"的哲学观，并试图将它与西方传统的主客二分哲学结合起来，并参考西方后现代主义文化中某些与中国传统文化相通之处（如反对超感性和理性至上的观点，主张哲学与诗意人生相结合的观点），提倡一种超越主客二分的"万物一体"观。他认为，"此种意义的'万物一体'乃真善美统一的总根源。此种'万物一体'观乃是在当今国际思潮的大背景下对中国传统的'万物一体'观的一种新的诠释和发展"③。他之所以提倡万物一体的境界观，目的就是"希望人皆能以此种新的'万物一体'的境界为最高追求，走上成人之道"④。

与"人生境界"理论相关联，张世英还提出了"美的神圣性"的观点。他说："中国传统的'万物一体'的境界，还缺乏基督教的那种

---

① 张世英：《哲学导论》，第80页。
② 同上，第80页。
③ 张世英：《境界与文化——成人之道》，第4页。
④ 同上，第4页。

令人敬畏的宗教感情。我认为我们未尝不可以从西方的基督教那里吸取一点宗教情怀,对传统的'万物一体'做出新的诠释,把它当作我们民族的'上帝'而生死以之地加以崇拜,这个'上帝'不在超验的彼岸,而就在此岸,就在我们的心中。这样,我们所讲的'万物一体'的境界之美,就不仅具有超功利性和愉悦性,而且具有神圣性。""具有神圣性的'万物一体'的境界,是人生的终极关怀之所在,是最高价值之所在,是美的根源。"① 在张世英看来,"美的神圣性",或者说"万物一体"的境界之美,不可能脱离人的自然感情,但它超越了自然感情,是对自然感情的升华。"美的神圣性"与人世痛苦密切相关,但又不同于痛苦本身,它是经受了痛苦而又从痛苦中超拔出来的一种深层的美的愉悦之感。"美的神圣性"是与道德紧密结合的,但是它又不等同于道德,它是超道德的。他说:"我所谓超越道德之美就是指这种高远境界之美,而非指单纯的感性事物之美、娱人耳目之美。一个仅仅拘泥于从道德上的'应该'观念出发而行为的人,虽然是一个有道德的人,但不一定有高远的境界和胸襟。而一个真正有高远境界的人,必然也是一个讲道德的人,美的境界包含道德而又超越之。"②

张世英之所以提倡"美的神圣性",是因为他看到在我们当前的社会现实中,人们普遍追求好看好听的声色之美,而忽视了声色之美背后的心灵之美的支撑。或者说,缺乏一种超越现实的高远的精神境界。他提出"美的神圣性"命题,虽然追溯到西方基督教审美传统,强调基督教审美传统中关于美与心灵、美与对上帝的信仰、"艺术之美体现神性"等的观念对于形成"美的神圣性"思想的重要性,但主要目的却是为了回归到现实,解决现实生活中诗意、神圣性缺乏的问题。他说:"美不限于感官形象,而是超越了感官形象,是上帝的光辉。这是中世纪基督教神学—美学观点的核心。批判其人格神的意义之后,这一点是值得我们重视和借鉴的。我以为我们的美学应当建立在这样一

---

① 张世英:《境界与文化——成人之道》,第244—245页。
② 同上,第245页。

种观点的基础之上：美，除了应讲究感性形象和形式之外，还必须具备更深层的内蕴，这内蕴的根本在于显示人生的最高意义和价值。"①在这里，"美的神圣性"已从基督教的上帝和宗教神坛走向了人间，走向了人们的现实生活。正因此，他特别欣赏海德格尔关于"澄明之境"是"神圣性"的思想："'澄明将每一事物都保持在宁静和完整之中，澄明是神圣的。对诗人来说，最高者与神圣是同一个东西，即澄明。''神圣的'一词，是相对于日常现实生活的功用性而言的。日常现实生活，特别是现代技术化，把任何事物包括人都加以'对象化'，都变成使用的对象，人的世界从而变得千篇一律，现代人生活的'白天'变成了扼杀人的自由的'黑夜'。这样的世界是'不神圣的'。而艺术和诗，却使人'突然地'进入到一个全新的'神圣的领域'。此种'神圣之光'照耀出万物之本然，一切都自由自在。西方美学思想中的美的神圣性和自由，从此便由传统的抽象性转向具体性了。我认为西方思想文化史上，对美感的神圣性和自由的认识，至此可算达到了顶峰。"②这种欣赏的目的也就是要回到现实的生活，解决现实生活中美的神圣性和诗意的匮乏问题。他说："我们讲美的神圣性，决不是要脱离现实性，脱离现实的生活。例如饮茶，就可以有单纯的现实境界，又可以同时有诗意的审美境界。一个没有审美境界的人，饮茶就是解渴而已。一个有诗意的人，一方面还能品出茶的诗意来。既有现实性，又有神圣性；既有了低级欲求的满足，又有了审美的享受。"③"美的神圣性"变成了与现实人生亲密相处的东西，落实到人的生活最平常的领域中。这种神圣性与西方传统文化中那种以宗教意识和信仰为核心的神圣性，显然是有着重要的区别的。不仅如此，张世英还用"美的神圣性"理论重新解释了西方后现代艺术的价值。他认为后现代艺术"敢于直面日常生活，把男女的欲望、本能展现在文化创作之中，让人

---

① 张世英：《境界与文化——成人之道》，第232—233页。
② 张世英：《美感的神圣性》，载《北京大学学报》2015年第3期。
③ 同上。

性的最'卑微'的方面闪耀着美的神圣性的光辉。后现代艺术并不是欲望、本能的简单再现，而是具有审美的神圣性。也许这正是后现代艺术在西方美学史上最大的突破"[1]。

张世英关于"人生境界"和"美的神圣性"的阐述对于中国当代美学理论的意义何在呢？最重要的意义就在于它提升了中国当代美学研究的理论和精神层次。在中国美学界，对美的理解长期以来存在着一种观点，那就是将美看成是一种认识、一种知识形态的东西，或者将美学意义上的美与常识意义上的美、与一般人用日常眼光进行审美判断的活动和能力等同起来，而忽视了，人们之所以从事审美活动，最重要的目的应该是丰富人的心灵，提升人的精神境界。上世纪50年代，朱光潜曾提出"美学意义的美"的概念，但是他所说的"美学意义的美"主要是指经过人们认识和体会过的艺术美，基本上还是属于知识论和认识论的范畴。[2] 而张世英对"美"的认识，则完全超越了常识和认识的范畴。他说："我们的美学不能只讲感性事物之漂亮、美丽，而应以提高人的审美境界为最高目标。"[3] 在张世英看来，审美不再是一种认识，也不是一种日常意义上的美与漂亮，而是人生的最高追求，是人的精神和心灵境界的提升。但是这种提升又不是绝缘于日常生活，与日常生活无关的。他在"人生境界"理论的基础上提出"美的神圣性"命题，意义也在于此。张世英所提倡的"美的神圣性"，与西方传统文化以宗教意识和信仰为核心的神圣性不一样，它不是指向上帝，而是指向人世。他看到了现实人生包含着无限的生机和美，有一种神圣性和永恒性的价值存在，所以只有赋予人世以"美的神圣性"，才能真正突出超越日常生活的声色之美和感性事物之美，指向高远的人生境界，使人们的生活更有意义。对于张世英"美的神圣性"命题对于中国美学的意义，我们可以用叶朗先生的一段话来概括，以

---

[1] 张世英：《境界与文化——成人之道》，第255页。
[2] 朱光潜：《朱光潜全集》第5卷，第82页。
[3] 张世英：《境界与文化——成人之道》，第244页。

作为本文的结束,它也可以被看成是张世英这样执着于高远的境界之美、执着于诗意人生的学者的精神写照:

> 一个有着高远的精神追求的人,必然相信世界上有一种神圣的、绝对的价值存在。他们追求人生的这种神圣的价值,并在自己的灵魂深处分享这种神圣性。正是这种信念和追求,使他们生发出无限的生命力和创造力,生发出对宇宙人生无限的爱。在当代中国寻求这种具有精神性、神圣性的美,需要有一大批具有文化责任感的学者、科学家、艺术家立足于本民族的文化积累,做出能反映我们的时代精神的创造。[1]

---

[1] 叶朗、顾春芳:《人生终极意义的神圣体验》,载《北京大学学报》2015年第3期。

论张世英先生的美学思想及其与中国美学的关系[1]

李昌舒[2]

20世纪90年代以来，张世英先生的几部著作对美学多有涉及[3]，审美在其哲学体系中具有十分重要的地位。探讨张先生的美学思想，对于理解他的哲学体系具有重要意义。从另一个角度讲，张先生的美学思想已经引起美学界的关注，几部著作屡屡被美学研究者引用。因此，探讨张先生的美学思想，对于把握当代中国美学同样具有重要意义。

一

美学的一个基本问题是审美意识，即美如何发生的问题。张先生认为，审美意识来自天人合一。"我的基本观点是，按主客关系式看待人与世界的关系，按主客关系的生活态度来生活，就没有审美意识可言；审美意识，不属于主客关系，而是属于人与世界的融合，或者说天人合一。"[4] 这种观点不仅与西方传统美学大异其趣，而且与国内美学界的传统观点相距甚远。张先生对国内的美学研究十分熟悉，他的美学思想具有很强的现实针对性。他说："过去，哲学界、美学界，一般都是把审美意识放在主客关系中来讨论：有的主张审美意识主要源

---

[1] 本文原载《江海学刊》2005年第2期。
[2] 李昌舒：南京大学文学院教授。
[3] 这几部著作是：《天人之际——中西哲学的困惑与选择》，人民出版社，1995年；《进入澄明之境——哲学的新方向》，商务印书馆，1999年；《哲学导论》，北京大学出版社，2002年；《新哲学讲演录》，广西师范大学出版社，2004年。
[4] 张世英：《新哲学讲演录》，第203页。

于主体;有的主张审美意识主要源于客体;有的主张审美意识是主客的统一。不管这三种观点中的哪一种,都逃不出主客关系的模式。"①这里的三种观点是美学界所熟知的,它源自20世纪五六十年代的"美学大讨论",其核心可以归结为:美在心还是在物?80年代以来,美学界的一般观点是,把美归为心或物都是片面的,美应该是主客观的交融统一。但在张先生看来,这种"统一"其实仍是一种主客关系式的思想,因为"统一"是在承认主客二分的基础上,谈二者之间由此及彼的认识论意义上的统一;张先生的天人合一则是从存在论上讲,人与世界本来就是相通相融的。表现在美学上,前者为典型说,后者则为显隐说。②典型说不仅是西方传统美学的基本思想,也是一种在我国文艺理论界影响很大的观点。张先生认为,典型说的"要害就是把审美意识看成认识,是认识事物的本质概念,认识事物是'什么',把美学看作是'主体—客体'关系式的认识论"③。

张先生明确反对把审美当作认识,"审美意识不是认识,美学不是认识论"④。他从尼采、海德格尔等人的思想中得到启发,"任何一物都与世界万物,包括人在内,有千丝万缕的相互联系、相互作用、相互影响,它的'集合'乃是集无穷的东西于一身。它表现为在场的东西,而它的内涵和意蕴则寓于无穷无尽的不在场的东西之中"。张先生借用中国哲学的术语,称这种"集合"为"'天人合一'的整体"。⑤审美就是要由有限的在场之"显"显现不在场的无限之"隐",进入一种天人合一的整体,此即显隐说。"人和其他任何事物一样,本来都是扎根

---

① 张世英:《新哲学讲演录》,第203页。
② 需要说明的是:第一,对于张先生哲学的基本概念,杨寿堪等几位先生的文章已有较详细的概述,因此,本文对这些概念一般不做具体解释;第二,一些十分重要的概念,如超主客二分、想象、境界、万物一体等,因其他几篇文章已有所阐发,故本文也未深入展开。但这些概念是张先生美学的重要概念,是全面理解张先生美学所必须掌握的。
③ 张世英:《新哲学讲演录》,第236页。
④ 同上,第260页。
⑤ 同上,第89—90页。

在无穷尽性的隐蔽之中,是与它合一的,这合一的整体就是人生的家园。自从有了自我意识,能区分主体与客体之后,人一般地就……失去了家园。……人生的家园只有在审美意识中、在艺术中,或者说,在诗意中才能达到。"① 传统美学讲认识,要通过个别事物认识普遍概念,这可以说是一种认识论美学;张先生的美学讲天人合一,要通过在场显现不在场,在场与不在场的结合就是天人合一,这是每个存在者原初的家园,这可以说是一种存在论美学。

显隐说直接来自海德格尔等人的艺术哲学,但又与中国古典美学中的隐秀说相近。"海德格尔的显隐说我看译成隐秀说一点也不会有失原意。"② 就中国古典美学而言,刘勰的隐秀说是对意象的一种规定。意象是中国古典美学的基本范畴,意与象的关系大致可以概括为:由象见意,意在象外。中国古典美学非常强调"象外"之"意"。但"象外"并不离弃"象",而是即"象"而"象外",或者说,"象"必须超越自身,进至"象外",而"象外"也必须通过"象"来表现。"象"与"象外"是不即不离、内外一如的。在此意义上可以说,意与象的关系也是一种在场与不在场、显与隐的关系。更重要的是,意象的归宿也在于天人合一。宗白华先生说得好:"'以追光蹑影之笔,写通天尽人之怀',这两句话表现出中国艺术的最后理想和最高成就。"③ 可以说,张先生的存在论美学虽然主要来自西方现当代人文主义思潮,却又与中国古典美学相一致。这一点对于中国美学研究具有重要意义。很长一段时间里,研究者或主动或被动、或自觉或不自觉地把美学与认识论挂钩。近年来,有些研究者尤其是一些中国古典美学的研究者已经注意到二者的不同。一位研究者曾感叹道:长期以来,我们的美学原理研究和中国美学史研究是两驾马车,各行其道。就是说,美学原理讲的那一套观点不能应用到中国美学史中。换句话说,作为材料

---

① 张世英:《新哲学讲演录》,第 246—247 页。
② 同上,第 248 页。
③ 宗白华:《宗白华全集》第 2 卷,安徽教育出版社,1994 年,第 328 页。

的美学史与作为论点的原理存在着很大差距。这恐怕是国内很多美学研究者深感困惑而又颇为无奈的一件事。现在，张先生的剖析使我们明白：我们的美学原理的基础是西方传统美学所讲的是认识论意义上的美学，而我们的古典美学史是存在论意义上的美学。换句话说，前者所讲的是主客关系的典型说，后者所讲的是天人合一的显隐说。长期以来，我们美学研究中原理和历史脱节的症结或许就在于此。

从显隐说出发，张先生提出了新的美的定义："美的定义于是由普遍概念在感性事物中的显现转向为不出场的事物在出场的事物中的显现。"① 美的本质是美学史上一个十分重要又十分复杂的问题。早在两千多年前，柏拉图在《大希庇阿斯篇》中就借苏格拉底之口说出一句著名的话："美是难的。"美学史上恐怕没有哪句话比这句话更为著名。② 20世纪中期，分析哲学兴起，维特根斯坦等人干脆将美的本质归结为一个"假问题"。此论一出，宛如当头一棒，将无数殚精竭虑的研究者从迷梦中惊醒：无论是在西方，还是在中国，很多研究者都放弃了对美的本质的思考。上世纪80年代以来，国内的美学教材大多对此略做历史描述便匆匆带过。在此背景下，张先生的研究具有特殊的意义。首先，从美的本质问题入手，最能接触到美学的核心，如果能解决这一问题，哪怕只是稍稍推进一点，都将是美学研究中的重大突破（维特根斯坦晚年就认为这一问题是有意义的，只是太难了）。尤其是在大多数学者视之为畏途、避而不谈的背景下，张先生的尝试不仅需要厚实的学术功底，更需要难得的学术勇气，因为这实在是一项"出力不讨好"的工作。其次，张先生的视角是独特的，至少是国内迄今为止尚未出现的，或许其中的一些具体观点还值得进一步探讨，但

---

① 张世英：《新哲学讲演录》，第241页。
② "两千多年来，西方美学的历史，就是不断地去对柏拉图的提问进行重答的历史。……这不仅意味着每一次的回答，都像柏拉图的回答一样，不令人满意，而且意味着，在从一个不令人满意的回答到另一个不令人满意的回答的周而复始、不断重复的过程中，西方文化一直处于渴求知道什么是美而又始终不知道美是什么的精神困境之中。"参看张法：《美学导论》，中国人民大学出版社，2004年，第29页。

其方法论上的意义是不容忽视的。综观近年来的美学研究，我们可以发现，张先生的这一观点在美学界已经引起很大反响，很多研究者，尤其是中国古典美学的研究者已经尝试着把它运用到美学研究中。

二

审美意识为什么能由"显"及"隐"？或者说，审美意识能超越主客二分的依据是什么？这就涉及想象。张先生认为，想象使显在的与潜在的东西"结合为一个'共时性'的整体"。"正是这个整体构成我们想象的空间，它使不同的东西，在场的与不在场的、显现的与隐蔽的、过去的与今天的互相沟通、互相融合。"① 宇宙中的人和人、人和物、物和物都是无限关联的，想象的意义在于使宇宙的无限关联性得以呈现。换句话说，宇宙的无限关联性只有在想象中才能被把握。

想象是一切艺术的共性，想象是美学的一个重要范畴。但在近年来的中国美学研究中，想象并未受到重视。一方面，无论是西方传统美学，还是中国古典美学，对想象的思考已经很充分，似乎很难再讲出什么新意；另一方面，与认识论美学密切相连，新中国成立后关于形象思维曾有过很深入的研究，研究者们试图用形象思维来解释想象，但这种尝试略显牵强，而且把想象与思维（虽然是特殊的形象思维）相联系也妨碍了对想象的深入研究。张先生从存在论的视角来重新诠释，想象意味着由"显"及"隐"，意味着存在论上的天人合一，意味着从有限超越到无限。

这种无限也就是张先生所讲的人与世界的相融或万物一体，万物一体是通过想象对宇宙的无限关联性的体悟。万物一体与境界密切相连，"境界是无穷的客观关联的内在化"②。境界是人的主观心理与客观的无限关联性交融合一的产物。境界有不同类型，万物一体是人所

---

① 张世英：《新哲学讲演录》，第81页。
② 同上，第158页。

应追求的最高境界。张先生的哲学就是"追求人与万物一体的境界之学"①。与此相应的审美范畴是崇高,"崇高就是对无限的东西的一种崇敬之情,因此,崇高应该是超越有限的审美意识的最高峰"②。所谓无限的东西指在场与不在场的东西结合为一,也就是万物一体,在此意义上,崇高与万物一体紧密相连。"人能在审美意识中体悟到与万物一体,这就是一种崇高的境界。"③张先生对崇高十分推崇,如果说超主客二分(或者说天人合一)是张先生美学思想的根基,崇高则可以说是其美学大厦的顶端。

西方美学的基本类型是美和崇高。一般说来,美具有直接的吸引力,表现为人和对象之间的和谐,人能从对象中直接获得愉快;崇高则是间接的吸引,人与对象之间首先是排斥、抗拒,是一种冲突,经历了一个从痛感到快感的转换过程。崇高意味着人与审美对象的对立,这种冲突、对抗是西方哲学主客二分思想的表现。中国哲学追求的是天人合一,人与对象主要表现为和谐、统一的关系,这决定了崇高在中国美学中的缺乏。需要注意的是,中国美学中的壮美与崇高相似,因为二者的对象都是巨大、无限的,但二者有质的区别:"人与形体力量巨大的感性客体是同一还是对立,是共振还是排斥,构成崇高与壮美区别的关键。"④因此,中国美学中,"审美类型,基本上是美的类型"⑤。依据张先生划分的人的精神发展的三个阶段,中国美学的美属于原始的"天人合一"阶段,西方美学的崇高则属于"主体—客体"关系阶段。如果说前者偏于静止,过于强调人对自然的顺从、和谐;后者则偏于抗争,过于强调人对自然、世界的征服。在张先生看来,一方面,人要积极行动起来,不断超越自我,不断奋斗;另一方面,这种超越、奋斗最终要落实为一种万物一体的境界。也许可以说,

---

① 张世英:《哲学导论》,第 9 页。
② 张世英:《新哲学讲演录》,第 271 页。
③ 张世英:《哲学导论》,第 190 页。
④ 张法:《美学导论》,第 119 页。
⑤ 同上,第 92 页。

张先生的崇高既吸取了西方美学的主客二分，又突出了中国美学的万物一体。这种意义上的崇高就是张先生所讲的高级的"天人合一"，它是人的精神发展的最高阶段。

张先生的崇高美学对于中国古典美学的现代转换具有重要意义。正如很多研究者指出的，中国古典美学尤其是道、禅美学确实有远离人间、偏于静态的倾向，这主要表现为对淡远、清幽、荒寒意境的推崇。[①] 这不能不说是中国古典美学的一个不足。张先生说："我们通常总爱把万物一体的境界理解为一种恬静、淡远，甚至理解为一种冷漠。我却把我们对'万物一体'的体悟与宏伟气魄意义下的崇高联系在一起。"[②] 张先生的美学与现实人生密切结合，他不是教人超脱红尘、游离于现实之外，而是催人奋进、教人磨炼。张先生说："人生的最高境界不应是悠闲自在，而是经受得起痛苦的超越。万物一体的崇高正是这样的境界，它是超越有限的意识所无穷追寻的目标。"[③] 张先生的崇高有三个突出特点：(1) 崇高是一种无限，但不是抽象概念的无限，而是人与万物一体的无限；(2) 崇高是一个过程，可以说是永不休止、漫长而曲折的过程；(3) 崇高意味着一种英勇的精神，"超越之路意味着痛苦和磨炼之路，高远的境界与忍受痛苦是不可分离的"[④]。

在一定意义上可以说，这三点正是中国古典美学相对欠缺的。一段时间以来，中国古典美学的现代转换是学界关注的一个重要问题，很多研究者做了各种很有价值的尝试。张先生的崇高美学，无疑是其

[①] "我们看晚唐以后的美学思潮所提倡的那些东西，'神'也好，'韵'也好，'境'也好，关键都是一个'外'字。……有多少个'外'呀！'外'是什么？'外'不就是超脱吗？超脱了实际事物，于是回到了内在的心性，即所谓'神'。超脱了实际事物，也就超脱了由实际事物激起的喜怒哀乐之情，于是走向了淡远之'韵'。既超脱了实际事物，又超脱了喜怒哀乐之情，于是进入了'无事在身，并无事在心，水边林下，悠然忘我'的无我之'境'。"参看成复旺：《中国古代的人学与美学》，中国人民大学出版社，1992年，第402—403页。

[②] 张世英：《新哲学讲演录》，第287页。

[③] 张世英：《哲学导论》，第190页。

[④] 张世英：《新哲学讲演录》，第196页。

中颇具启发性的一项成果。张先生曾把艺术哲学的新方向概括为三个转向:"我以为从主—客关系的在世结构到超主客关系的在世结构,从重在场(显)到重不在场(隐),从典型说到显隐说,就是当今美学或艺术哲学的新方向。"①这是十分精当的。就中国古典美学而言,我们也许可以在张先生的三个转向之后再添上一点:从美到崇高,乃是中国古典美学的现代转向的新方向。

张先生的崇高美学对我们的现实生活同样具有重要意义。"崇高的特点在于有限自身的力量与它所向往的东西——无限不相称,它不可能充分表达无限,但它却仍然为无限而英勇奋争,这种精神令人崇敬,所以才叫作崇高。"②崇高意味着不断超越、勇于抗争的气概,意味着永不停止、艰难曲折的磨炼。崇高不仅是美学境界,也是道德意识。审美意识的崇高境界能促进道德意识的提高,崇高带给我们的是一种超越物我对立、超越利害计较的无限感受,能给我们"'民胞物与'的责任感和同类感"③。张先生称自己的哲学为"希望哲学",我们也可以称他的美学为"希望美学"。在《新哲学讲演录》的最后,张先生说:"人生的希望有大有小,有高有低,我以为人生最大最高的希望就是希望超越有限,达到无限,与万物为一,这种希望乃是一种崇高的向往,它既是审美的向往,也是'民胞物与'的道德向往。……只有有了'万物一体'的领悟,才能以'坦荡荡'的态度对待日常生活中的各种希望和失望。"④崇高是希望美学的最高境界,也是我们每个人应追求的最高境界。

三

张先生的美学有一个重要特征,即对现实生活的关注。在张先生

---

① 张世英:《新哲学讲演录》,第 251 页。
② 同上,第 271 页。
③ 同上,第 337 页。
④ 同上,第 579 页。

看来，人的超越有两种：纵向与横向。前者是思维的超越，指向抽象概念；后者是想象的超越，指向现实世界。"只有通过想象才能达到最真实而又最现实、最具体、最生动的生活境界。"①与此相应，无限也有两种："传统美学所要显现的无限一般地说是指普遍性概念，指超感性的抽象本质或理念，所以它的基本观点是典型说……我们所说的无限是指当前的在场物背后所深藏的无限关联，这种观点重在通过在场的东西显现不在场的东西，这里的不在场的无限不是抽象的概念，而是具体的现实世界。"②张先生认为，人应追求的不是前者，而应是后者，因为前者只能是思维中把握的抽象的无限，在实际生活中并不可能；后者是想象中把握的具体的无限，是我们在现实生活中可能实现的。更为重要的是，前者会引导人脱离现实，沉湎于抽象的概念之中；后者则使人回到生动、具体的现实生活。张先生的美学不是玄思冥想的"空中楼阁"，而与现实生活有紧密联系。"我们越深入火热的生活，我们就越需要哲学，需要审美，需要有诗的意境。"③也许可以说，较之于传统的概念美学，张先生的美学是一种生活美学。

长期以来，哲学给人的印象是远离现实的"象牙之塔"，张先生长期致力于西方哲学尤其是黑格尔哲学研究，对此有着十分深刻的认识。在一定意义上可以说，张先生的哲学正是针对传统的概念哲学而发。张先生认为，哲学应该从抽象的概念王国转向具体的现实世界，这就是哲学的现实化，它依赖于审美。"我以为哲学要现实化，就必须诗化，也就是说要把哲学变成诗的哲学，变成艺术的哲学。……'人皆诗意地栖居在大地上。''大地'就是现实的意思，人能诗意地生活在现实中，哲学、诗（艺术）、人生三者也就结合为一体了。我提出哲学、艺术、人生三位一体。"④也许可以说，张先生的哲学是现实的诗意化，张先生的美学是哲学的现实化。在此意义上，美学成为哲学的

---

① 张世英：《新哲学讲演录》，第88页。
② 同上，第168页。
③ 同上，第168页。
④ 同上，第253页。

发展方向，张先生的哲学是一种诗意的或者说审美的哲学。"哲学由旧方向到新方向的转变就这样把人从抽象的概念王国转向具体的现实王国，由天上转向人间，由枯燥、贫乏、苍白的世界转向活生生的有诗意的生活世界。这样，哲学本身就是艺术哲学。人本来就是诗意地栖居在这大地上。人生在世的在世结构原本就是富有诗意的。通常把艺术哲学（或者用我们通常所用的术语来说，美学）看成是哲学的一个分支的看法应该说是过时了。哲学从本质上讲应该是美学。"[1]哲学、艺术哲学、美学，这三者在张先生那里是合而为一的。这意味着，此处有两个"三位一体"：一个是哲学、艺术、人生，一个是哲学、艺术哲学、美学。前者是根本，是基础；后者从前者而来，从属于前者。具体的现实人生、活泼泼的生活世界是张先生哲学、美学的归宿。正是在这一点上，哲学即美学。

就张先生的哲学本身而言，美学只是哲学的一部分，但美学又是哲学的核心。张先生的哲学纲领是"两种在世结构"和"三个精神发展的阶段"。作为个人精神发展的最高阶段，"超主客关系的人与世界的合一"是一种"审美意识"，在张先生看来，"精神意识发展的最高阶段是审美意识"[2]。审美意识的核心是超越有限，由"显"及"隐"，从而达到万物一体的境界。张先生认为，人能有万物一体的境界，就能有道德之善、科学之真。"'万物一体'集真善美于一体。"[3]这就是说，万物一体是张先生哲学的最高境界，这种境界的实现依赖于审美意识。用中国哲学的术语说，作为境界的万物一体与作为功夫的超越有限，都首先是审美范畴。也许可以说，只有通过审美意识，才能超越有限，才能有万物一体。在此意义上也可以说，哲学即美学。

张先生是国内外知名的哲学家，但从其近年来的一系列著作来看，张先生当之无愧是一位美学大家。当代美学界应充分认识到张先生美

---

[1] 张世英：《新哲学讲演录》，第361页。
[2] 同上，第242页。
[3] 同上，第53页。

学思想的重要价值。① 相对于张先生丰富而颇具张力的美学思想来说，本文只是一个挂一漏万、浅尝辄止的初步探讨②，但愿能起到抛砖引玉的作用，以期更多的研究者来关注、发掘张先生的美学思想。

---

① 这里我们不妨引用李泽厚先生的一段话："有意思的现象是，在美学史上占最为显赫地位的，常常是哲学家。美学史上最为重要的理论也常常是从哲学角度提出的……这种美学经常只是作为某种哲学思想或体系的一个部分或方面，从哲学上提出了有关美或艺术的某种根本观点，从而支配、影响了整个美学领域的各个问题，使人们得到崭新的启发或观念。尽管这些哲学家们并不一定直接谈及许多具体艺术问题或艺术作品，也没有对审美心理或艺术欣赏、创作以及美学语词做精细的研究，但他们……的观点、理论倒常常比那些精细的鉴赏批评或科学分析，影响更为深远。"（李泽厚：《李泽厚十年集》第 1 卷，安徽文艺出版社，1994 年，第 433 页）从中我们更能体会到张先生美学思想的特殊意义。

② 这主要基于两点考虑：第一，张先生的很多美学范畴，并不仅仅是美学意义上的，也是其哲学体系中的基本范畴。因此，把握张先生的美学，必须从其哲学整体出发，把这些范畴放在哲学背景中来理解。限于学力和时间，本文只是在美学范围内探讨，这不仅影响到理解的深度，而且会有片面和错误之嫌。第二，就美学而言，张先生的一些重要范畴，如实践和自由，是近年来中国美学热烈讨论的内容，张先生对此有新颖而深刻的阐发。另外，张先生对于惊异、语言等范畴的解析，也是颇具启发性的。限于篇幅，本文对此尚未涉及。

六经责我开生面

——读《中西古典哲理名句：张世英书法集》

彭国华[①]

2018 年，97 岁高龄的著名哲学家张世英先生出版了《中西古典哲理名句：张世英书法集》，学界一时传为佳话。是年 12 月 18 日，"美在自由——《中西古典哲理名句：张世英书法集》新书沙龙"在北京大学燕南园举行，哲学界、艺术界的多位专家学者齐聚一堂，畅谈心得。2019 年 1 月 12 日，《光明日报》"光明悦读"栏目以整版篇幅报道了这次座谈会的盛况。北京大学文科资深教授、美学家叶朗认为："我们读张先生的书，不单纯是读到文字，而且是读到张先生的人格性情、心灵节奏、生命情调。张先生的书有一种从他心灵深处发出的光芒。这是一种精神的光芒、一种对高远的精神境界的追求，这种精神追求，给人生注入了一种严肃性和神圣性。"[②] 北京大学美学与美育研究中心主任朱良志教授认为："这本书将哲学中一些关键问题罗列出来，连缀一体，其中反映张先生的哲学倾向、他对中西哲学的独特把握、他自己的智慧人生。"[③] 两位教授的发言，为我们深入把握张先生这部作品的旨趣，进而理解张先生为学为人的境界提供了启示。这种旨趣和境界，笔者想以明儒黄宗羲的一句名言"六经责我开生面"概括之[④]，从"形"与"神"两个层面予以解读，并就境界与超越的实现路径问题稍做引申，略陈管见。

---

① 彭国华：人民日报社理论部副主任、高级编辑。
② 《光明日报》2019 年 1 月 12 日第 9 版。
③ 同上。
④ 基于张先生的学术思想背景，本文所说的"六经"，既包括中华优秀传统文化的经典著作，也包括西方哲学、伦理学、美学经典著作。

一、察"形":通会之际,人书俱老

与张先生其他等身的学术著作相比,这部作品显得比较独特。它是一部书法集,而非严格意义上的学术著作。在书中,张先生以中国书法为表现形式,书写了150余条中西哲理名句,并请北京大学哲学系李超杰副教授对这些名句逐条做出注释。中国书法是"造型"的艺术。人们欣赏一幅中国书法作品,最直观的是作品的书体、线条、点画、结构、章法、布局等表现形态。这些造型本身就包含丰富的技巧和韵味,能够使人产生审美体验,得到艺术熏陶。同时,中国传统文人的艺术活动尤其是所谓"文人画"和"文人书法",总是通过其"造型",有意无意地呈现和流露作为作者的文人学士的审美情趣、思想格局、人生境界。较之其"造型",这些深层次的内涵更令人玩味无穷。正如唐代书法家、书法理论家孙过庭所言:"夫潜神对弈,犹标坐隐之名;乐志垂纶,尚体行藏之趣。讵若功宣礼乐,妙拟神仙,犹挺埴之罔穷,与工炉而并运。好异尚奇之士;玩体势之多方;穷微测妙之夫,得推移之奥赜。"[①]从"形"的层面体察,张先生的这部书法集体现了雄浑苍劲、深厚博大的艺术特色和审美气象,以及万有相通、民胞物与的哲学追求和人生境界,是充分吸收中国传统书法经典宝藏滋养而怒放的一枝新葩,是"六经责我开生面"在张先生的书法艺术创作中的生动体现。

翻开这部书法集,对中国传统书法稍有了解的人即不难发现,张先生进行书法创作的基础是被世人称为"颜体"的唐代书法家颜真卿的楷书。这一点也可以从张先生本人那里得到验证,他在为该书所写的序言中写道:"我小时临摹的字帖,主要是颜真卿的《多宝塔感应碑文》。这次翻箱倒柜,又找出了几十年前的这个旧本,幸未缺损一字,

---

① 孙过庭:《书谱》,载《经典碑帖释文译注》,上海书画出版社,2009年,第425页。

而且父亲的藏书图章还清晰可见,我视之为传家珍宝。"①颜真卿是与柳公权、欧阳询、赵孟頫齐名的"楷书四大家"之一,世人以"颜筋柳骨"并称。我国历代书家对颜真卿的书法成就评价甚高。宋代大文豪、书法家苏东坡在《东坡题跋》中写道:"故诗至于杜子美,文至于韩退之,书至于颜鲁公,画至于吴道子,而古今之变,天下之能事毕矣。"②苏东坡认为,颜真卿的书法之所以具有"一变古法"的开创性意义,就在于他改变了初唐以来独尊"二王"书风的格局,开创了雍容大度、雄浑壮美的盛唐书风。

品味张先生的书法作品,可以在书风上明显感受到颜真卿《多宝塔碑》的影响,如用笔丰厚遒美、腴润沉稳,结体严谨致密、平稳匀称,等等。深入体察,则不难发现张先生自己强烈的个性特征、个人风格。《多宝塔碑》是颜真卿中年的作品,具有点画精良、布局工整的颜体楷书早期风格。反观张先生的作品,则并未刻意求"精"求"工",而是具有"抱朴归真"的天然意趣。从中我们可以追寻到颜书晚期作品如《麻姑仙坛记》《大唐中兴颂》《颜家庙碑》等的气息,但更多体现了张先生个人的审美情趣和艺术特色。孙过庭有云:"至如初学分布,但求平正;既知平正,务追险绝;既能险绝,复归平正。初谓未及,中则过之,后乃通会,通会之际,人书俱老。"③庶几可以体现张先生的书法作品于中正平和中蕴含质朴天然、雄浑大度、老辣苍劲的艺术特色。

考察张先生为何采用"颜体"书法的艺术表现形式,同样饶有意味。这涉及张先生的哲学追求和人生境界。张先生所建构的原创性哲学体系是"境界之学",以进入"万有相通""万物一体"的高远精神境界为目标。张先生认为:"任何一个人,和任何一个物一样,都是宇宙间无穷的相互关联(相互联系、相互作用、相互影响)的网络中

---

① 张世英:《中西古典哲理名句:张世英书法集》,译林出版社,2018年,"序言一"。
② 苏轼:《苏轼选集》,王永照选注,上海古籍出版社,2014年,第393—394页。
③ 孙过庭:《书谱》,第431页。

的一个聚集点或交叉点。"①"万有相通"的境界,就是要克服主体与客体,自我与他人,在场与不在场,过去、现在与未来等诸多二元对立,从宇宙整体、从宇宙间无穷的关联网络中体味"天人合一""万物一体"。这种境界可以具体落实到真、善、美三个层面:"整体观物曰真,民胞物与曰善,意在象外曰美,三者的总根源在万有相通。"② 所谓"意在象外",就是从万有相通的整体观出发,对当前显现的事物("象")背后隐蔽的事物("意")的无穷玩味。

在"万有相通""意在象外"的视域中,我们可以从张先生的书法作品"在场"的表现形态("象")即"颜体"楷书出发,深入体味诸多与之"相通""一体"但不"在场"的事件和因素("意")。如先生早年的学书经历,先生的父亲在学书以至为人上对先生的指点和熏陶,先生对先贤经典(尤其是儒家和道家经典)的深入研思而形成的思想境界和精神格局,先生与颜真卿在"书风"和为人上的"惺惺相惜",等等,这些构成了先生"颜体"书风形成的深远"境域"。本文仅从张先生与颜真卿跨越时空的"神交"出发,体察先生书风以至为学、为人的"象"外之"意"。

在我国古代灿若群星的诸多书家中,颜真卿是以端方正直、忠孝双全、仁民爱物的高尚品格而著称的。《新唐书》载:他"事亲孝""时五原有冤狱久不决,天且旱。真卿辩狱而雨,郡人呼'御史雨'"。③ "真卿立朝正色,刚而有礼,非公言直道,不萌于心。天下不以姓名称,而独曰鲁公。"④ 可以说,颜真卿的身上鲜明体现了张先生伦理学思想的核心追求,即"民吾同胞,物吾与也"的高尚情怀。这一点,不但促使张先生在书风上与"颜体"楷书多有亲近,而且促使张先生在人格修养和人生境界上与颜真卿形成强烈共鸣。

笔者在燕园求学时,曾亲炙于先生,之后又不时参与同先生有关

---

① 张世英:《哲学导论》,《张世英文集》第6卷,北京大学出版社,2016年,第77页。
② 张世英:《中西古典哲理名句:张世英书法集》,"附录二:我的哲学思想"。
③ 欧阳修、宋祁:《新唐书·列传第七十八》,中华书局,1975年,第4854页。
④ 同上,第4861页。

的重要学术活动或到先生家中问讯。在 20 余载的耳濡目染中，深深感受到了先生万有相通、爱无差等、民胞物与、一视同仁的人格风范。张先生说："我以为哲学是关于人的学问，本不应自外于实际生活，哲学家也应按自己的哲学信念生活，否则，哲学便会失去自己的光辉和生命力。"①先生是这样说的，也是这样做的。在他的身上，书品与人品、为学与为人是高度统一的。这一点，很值得我辈学人引以为烛照和镜鉴。在中国学术思想史上，固然不乏颜真卿、王阳明这样知行合一、言行一致的贤人君子，但文过饰非、巧言令色的"乡愿"并不鲜见。在学科日益分化、工具理性大行其道的现当代社会，"学问只为稻粱谋"甚或为学与为人背道而驰的现象也绝非个例。在人文社会科学领域，这样决计做不出"真学问"，也产生不了真正的大师。就此而论，倡导学习张先生的治学为人风范，无疑具有很强的现实意义。

二、会"神"：心游天地外，意在有无间

张先生的这本书是一部书法集，但其思想内涵则远远超出了传统书法集的范畴。毋宁说，它以书法集为表现形式，通过对中西古典哲理名句的遴选、书写和注释，浓缩了张先生对中西方哲学史的研思成果，以及先生自己的原创性哲学思想，是一部"六经注我"的学术著作。正如李超杰副教授在书的序言中所说的："张先生对这些古典名句的'选择'绝不是偶然的和随意的，在一定意义上甚至可以说，这些名句构成了张先生自己的'中西方哲学史大纲'。"②这些名句所蕴含和体现的共同旨趣，构成了这部著作的"神"。在笔者看来，其核心命意，就是一种"心游天地外，意在有无间"（张先生联句）的"后主客

---

① 张世英：《哲学导论》，第 306 页。
② 张世英：《中西古典哲理名句：张世英书法集》，"序言二"。

关系的天人合一"（张先生用语）境界。①

如前所述，张先生主张的哲学是"境界之学"，探讨的是人对世界或天地万物的态度问题或关系问题。②张先生认为，在中西哲学史上，这种态度或关系主要可以分为两类：一类是"主客二分"或"主客关系"，即以自我为主体、以他人他物为客体，强调主体凭着认识客体的本质、规律使客体为我所用，从而达到主体与客体的统一；另一类是"天人合一"或"人与天地万物为一体"的关系。张先生的哲学所主张的"万有相通"或"后主客关系的天人合一"境界，兼具这两类关系之长而避免其短，主张人与天地万物之间不仅是认识与被认识的关系，更不是征服与被征服的对象性关系，而是彼此相融相通，构成一个非课题化的有机整体即"生活世界"。

从彰显"万有相通"或"后主客关系的天人合一"的境界出发，张先生在这部著作中书写了多位中西方贤哲的名言。如中国哲学思想史中孔子所谓"己所不欲，勿施于人"（第4页）；墨子所谓"兼相爱，交相利，视人之国若视其国，视人之家若视其家，视人之身若视其身"（第12页）；孟子所谓"尽其心者知其性也，知其性则知天矣"（第26页）；老子所谓"道法自然"（第30页）、"上善若水"（第38页）；惠施所谓"泛爱万物，天地一体"（第42页）；庄子所谓"天地与我并生，而万物与我为一"（第44页）；刘勰所谓"情在词外曰隐，状溢目前曰秀"（第64页）；张载所谓"天地之塞吾其体，天地之帅吾其性，民吾同胞，物吾与也"（第70页）；陆象山所谓"宇宙便是吾心，吾心即是宇宙"（第76页）；王阳明所谓"天地万物与人原是一体，其发窍之最精处是人心一点灵明"（第84页）；叶燮所谓"凡物之美者，盈天地皆是也，然必待人之神明才慧而见"（第102页）；等等。西方哲学思想史中巴门尼德所谓"思想与它的存在是同一的"（第156页）；亚

---

① 这种境界，实际上就是前文所说的"万有相通"。这里用张先生的另外一种表述，意在展示其与中西方哲学史相关思想一脉相承又与时俱进的关系，并凸显这部著作中中西古典哲理名句的核心旨趣。

② 张世英：《哲学导论》，第3页。

里士多德所谓"普遍性不能离个体而独存,形式(普遍性)寓于个体事物之内"(第194页);莱布尼茨所谓"每个单子都是一面以各自方式反映全宇宙的镜子"(第244页);费希特所谓"任何把自己看成是别人的主人的人他自己就是奴隶"(第298页);谢林所谓"绝对:这种更高的东西本身既不是主体也不是客体,更不能同时是两者,而只是绝对的同一即主客的绝对的无差别"(第304页);黑格尔所谓"真理是全体"(第312页);等等。

张先生认为,以"主客二分"的态度来处理人对世界或天地万物的关系,旨在超越人的感性认识所把握的个别的、变化着的、有差异的现实事物,进而通过理性认识把握事物普遍的、不变的、同一的本质和抽象概念。这种从感性认识上升到理性认识的超越是在时间中实现的,张先生称之为"纵向超越"。以"万有相通"或"后主客关系的天人合一"的态度来处理人对世界或天地万物的关系,则并不追求从现实事物超越到抽象、永恒的本质和概念,而是旨在从当前"在场"的现实事物超越到其背后的未出场或"不在场"的现实事物。这种超越,张先生称之为"横向超越"。"所谓横向,就是指从现实事物到现实事物的意思。"[①]通过"横向超越",对当前显现的事物("象")背后隐蔽的事物("意")进行无穷玩味,使人们处于与世界融合为一的自然而然的自由境界,张先生称之为"审美境界"。这也是先生"万有相通"的哲学所追求的最高境界,其形象化表达,就是"心游天地外,意在有无间"。张先生所言"哲学的仙女总在仙凡之间翱翔""诗人哲人的鸽子应乘着气流在天地之间飞翔"[②],此之谓也。

三、悟"境":百虑而一致,殊途而同归

有限与无限、现实与理想、经验与超验的分裂是人类面临的永恒

---

① 张世英:《哲学导论》,第32页。
② 张世英:《中西古典哲理名句:张世英书法集》,"附录二:我的哲学思想"。

矛盾；偶在的、终有一死的人总是试图超越时空的局限，去体悟永恒的生命意义及无限的境界。因此，境界与超越构成了哲学、文学、艺术等诸多人文社会科学的一个永恒课题。张先生从人与天地万物的关系出发，将超越分为两重形态，即建立在"主客二分"基础上的"纵向超越"与建立在"万有相通"基础上的"横向超越"，并将通过后者而达到的"审美境界"作为终极追求，强调"审美是最高的人生精神境界"①。在笔者看来，这一思想构成了张先生哲学体系一以贯之的"道"，彰显了张先生哲学思想的鲜明特色和原创性。受此启发，笔者也想在境界与超越的问题上谈一点不成熟的看法，以就教于张先生和有缘读到这部研究文集的各位方家。

根据张先生关于两重超越和四种人生境界（"欲求境界""求实境界""道德境界""审美境界"）②的论述，笔者想从三个维度对超越进行归类：第一，世俗的维度，即通过经济的、政治的、法律的或道德的手段超越人的有限性。这种超越大致可以对应于张先生所说的"求实境界"与"道德境界"，它可以通过外在强力来实现，也可以内化为人的自律意识，但其取向是世俗的或者社会的。第二，审美的维度，它大致对应于张先生所说的"审美境界"，即通过直观、想象、体验等方式而达到一种超出日常经验的、主客不分、万物一体的崇高境界。第三，宗教的维度。③基督教三位一体的教义形态表明，上帝既是一种"外在的超越"，又是一种"内在的超越"：前者表现为上帝作为造物主与永恒，是不在时空之中的；后者表现为上帝的爱以临现的方式，内

---

① 张世英：《中西古典哲理名句：张世英书法集》，"附录二：我的哲学思想"。
② 参看张世英：《美在自由——中欧美学思想比较研究》，《张世英文集》第9卷，北京大学出版社，2016年，第318页及以下。
③ 张先生没有在"审美境界"之上另设一个"宗教境界"，他提出"美感的神圣性"概念，认为崇高美高于优美；所谓崇高美，就是一种对万有相通的"一体"的崇敬感，这是一种"无神论的宗教感情"，在且仅在此意义上，宗教感情是人生的最高境界。显然，张先生所言的宗教，与西方建立在人格神基础上的宗教如基督教等存在本质区别。参看张世英：《哲学导论》，第88页。

在于作为有限者的人心中。①

从超越的角度来看，西方近代哲学以"主客二分"为基础的"认识论转向"以及启蒙运动对人的主体性、理性的弘扬，后来演变为人对自身有限性的忽略甚至遗忘，即以自然的主宰者与自由的主宰者自居，并以工具理性的态度把他人甚至整个自然视为实现自身目的的手段。就此而言，西方现当代诸多哲学家、思想家对西方现代性的反思，既反映为对工具理性（以主体为中心的理性）的批判，也表现为人类对自身有限性之再度体认与超越的意识。张先生熟谙中国哲学史与西方哲学史、西方现当代哲学，他所提出的"万有相通"的哲学，既吸收了西方现当代哲学的理论滋养，也包含了对中国哲学史、当代中国哲学文化发展走向的反思与展望。他关于两重超越和四种人生境界的学说，集中体现了这一价值取向。在这一视域下，我们可以将张先生的哲学思想同当代德国哲学家、社会学家哈贝马斯的哲学思想进行比较性探析，以期进一步深化对境界与超越问题的认识。

张先生和哈贝马斯在学术背景和学术旨趣上存在诸多共性：二者都对德国古典哲学尤其是黑格尔哲学有着深入研究和同情性批判，从而成为西方现代性的扬弃者而非颠覆者；二者都从批判"主体中心""主客二分"入手建构了原创性哲学体系，从而成为当代世界少有的"百科全书"型的思想家；二者的哲学体系都有贯穿全局的核心理念，体现了"吾道一以贯之"的鲜明特色；等等。但二者的学术研究视域又存在明显不同：张先生是从中西会通入手立论的，一定意义上可以说是"中学为体、西学为用"；而哈贝马斯则主要从西方哲学文化内部来探讨问题，基本没有东方哲学文化的视域。同时，二者所建构的哲学体系在内涵和侧重点上不同：张先生的哲学体系包括本体论和认识论、伦理学、美学、历史哲学，而以"审美境界"为旨归；哈贝马斯的哲学体系包括认识论、社会哲学、伦理学、语言哲学、法哲学

---

① 参看许志伟：《基督教之三位一体教义：内在与超越》，载《冲突与互补：基督教哲学在中国》，社会科学文献出版社，2000年，第50页及以下。

等,"入世论"色彩浓厚。这一点在境界与超越问题上也有鲜明体现。

与张先生着重于"审美境界"不同的是,哈贝马斯是从世俗的层面来探讨超越问题的,他的交往行为理论和商谈伦理学,旨在克服"以主体为中心的理性",以论证和商谈的方式实现一种非扭曲的主体间性、交往合理性,建构以共识为基础的"理想的商谈情境"。他把这种构想称为"世内超越"(Transcendence in this World),而审美与宗教层面的超越在他看来则是一种"内在超越"(Transcendence from Within),即从主体自身来实现的对主体中心理性或工具理性的超越。哈贝马斯认为,交往合理性建立在主体间性基础上,是一种程序合理性,具有情境化、可错性特征,交往行为理论和商谈伦理学以形式语用学为学理基础。

哈贝马斯的交往行为理论与交往合理性概念受到了一些西方学者的批评。施奈德巴赫(Herbert Schnädelbach)认为,哈贝马斯的哲学(形式语用学)是一种合理性理论,而其社会理论则是一种批判的现代性理论,二者之间是相互依赖的:前者为后者提供"批判的标准",后者则以前者为基础而对社会的合理化展开批判。但是,一旦交往合理性成为一个程序性的、可错的概念,其有效性就是相对的,而建立在这一概念基础上的社会批判理论就失去了规范基础,无法承担起社会批判的职能。[1] 在笔者看来,施氏的这一批评表明,他仍然希望哈贝马斯的社会批判理论能够继承马克思主义的传统,成为具体社会运动的理论向导。哈贝马斯对这一批判提出了辩护。他指出,交往合理性并非不包含规范内容,相反,那些在言语行为中起构成作用的形式语用学原则对交往合理性而言是规范性的。但他同时认为,交往合理性不能成为一种实体性的概念,以之为基础的社会理论也不对社会的发展做出某种断语。[2] 哈贝马斯把形式语用学的原则作为理论的规范基础这

---

[1] Axel Honneth and Hans Joas eds., *Communicative Action: Essays on Jürgen Habermas's The Theory of Communicative Action*, Polity Press, 1991, pp. 8–22.

[2] Ibid., pp. 228–229.

一点说明，他实际上已经放弃了施氏所希望他坚持的上述立场。

杰·伯恩斯坦（Jay M. Bernstein）对哈贝马斯的交往合理性概念提出另一种批评。在他看来，哈氏的这一概念是针对西方近代哲学的主体中心理性提出的，哈氏本人将此视为哲学范式的转换。但伯恩斯坦要追问的是：为什么不能说交往合理性就是主体中心理性的产物，而从来就没有一种所谓纯粹的交往合理性呢？他认为，哈贝马斯与青年黑格尔都希望通过主体间的相互和解来克服理性与现代性的自身分裂，但二者的出发点是不同的：黑格尔的出发点是主体的自我意识与自我反思，而哈贝马斯的出发点是主体间的商谈与论证，由此确立的交往合理性具有准先验的特征。[①] 但在伯恩斯坦看来，交往合理性具有准先验性的这一观点是不成立的，因为主体间的相互交往离不开主体的自我意识与自我反思：个体只有意识到他人是一种与自己相同的"自我"（ego），才能与其他个体展开平等的交往。从这个意义上说，交往合理性与主体中心理性是无法分离的，没有所谓纯粹的交往合理性。[②]

在笔者看来，施奈德巴赫与伯恩斯坦对哈贝马斯的批评有其合理性。哲学作为时代精神的精华，不能仅仅满足于从形式和程序上说明问题，而放弃自身的实证性探究和规范功能。同时，主体性与主体间性是无法截然二分的，没有主体性就无所谓主体间性。但哈贝马斯之所以突出并深入论证交往合理性，主要是为了突出主体间的交往与共识对西方现代哲学和现代社会的意义，而并非要排斥主体的自我意识与自我反思，毋宁说他把后者作为了自己的理论前提。因此，在《关于现代性的哲学话语》一书中，哈贝马斯才把主体对语用学规则的合理重构以及方法论意义上的自我批评视为自我反思理论留给交往行为

[①] 在哈贝马斯看来，交往合理性的准先验性表现为：为了实现主体间的相互理解，在进行商谈和论证之前我们先要将语法规则、共识的需要等作为一种预设。

[②] J. M. Bernstein, "The Causality of Fate: Modernity and Modernism in Habermas", in Maurizio Passerin Denttreves and Seyla Benhabib eds., *Habermas and the Unfinished Project of Modernity*, Polity Press, 1996, pp. 245ff.

理论的两大遗产。① 然而，哈氏的交往合理性理论的确没有系统涉及交往行为中的自我意识和主体能动性问题。与哈贝马斯不同的是，张先生在倡导以"万有相通""万物一体""后主客关系的天人合一"等超越"主体中心理性"的同时，并没有忘记结合中国哲学文化传统、当代中国理想人格建构和哲学文化发展的现实，大力倡导补上"主体性"、"个体独立性"、科学精神的课，并在《中西文化与自我》《境界与文化》等著作中进行了史论结合的详尽论述。

受张先生和哈贝马斯的启发，笔者主张在形式与实质、程序与规范、主体性与主体间性有机统一的基础上建构协商理性，作为哈贝马斯所说的"世内超越"的主要方式。从一定意义上说，协商理性也是一种交往合理性。它建立在人与人之间的交往行为和商谈活动基础上，具有情境化、程序化特征，可视为一种程序合理性。同时，它又以达成共识、确立规范为价值取向，乃是一种实质理性或价值理性。这是协商理性不同于交往合理性的一个重要方面。此外，协商理性强调主体的自我意识、自我反思和主观能动性，以此作为所谓主体间性的基础与前提。

在超越的问题上，张先生的论述较少涉及宗教，一个主要原因，是他认为自己对宗教尤其是佛教缺乏研究。对此，我们不必苛求。② 同张先生相似的是，哈贝马斯的论域也较少涉及宗教，这一来是因为他"实在对神学的讨论不熟，不愿在一个没有经过充分考察的领域内发言"③；二来因为他长期把宗教视为一种合法化的政府权威，并认为在后形而上学的西方社会中，宗教已不再能承担社会整合的功能。哈氏的这种描述被批评者指责为犯了片面化与功能主义的错误。针对这种

---

① Jürgen Habermas, *Der Philosophische Diskurs der Moderne: Zwölf Vorlesungen*, Suhrkamp, 1985, S. 350.
② 实际上，张先生也着眼于对自己"万有相通"哲学的论证，对中国禅宗的"真我""无位真人"等有过精辟的分析（参看张世英：《哲学导论》第 103 页及以下）。
③ Jürgen Habermas, "Transcendence from Within, Transcendence in this World", Crossroad, 1992, p. 226.

指责，哈氏坦言："我对此不争辩。我同时承认将马克斯·韦伯所言的现代性中宗教的发展归结为'信仰力量的私人化'过于仓促，同时对如下问题给予肯定的回答也太过草率，这个问题就是：从宗教真理的观点看，在宗教世界观崩溃之后，除了一种普遍主义的责任伦理的世俗原则之外已不再有他物可被挽救，也就是说，可以在洞见的基础上因好的理由被接受。"①哈贝马斯意识到，宗教在西方现代社会中对人的内在超越仍然起着极其重要的作用，因而即使在后形而上学的立场上，哲学也不能取代与压制宗教。这一点对于我们今天探讨超越问题也具有启示和借鉴意义。

和张先生不同的是，在审美这个"内在超越"的问题上，哈贝马斯亦没有形成系统的理论，这一点构成了他和他之前的法兰克福学派思想家如阿多诺、马尔库塞之间的一个重大差别。后者对美学与艺术的分析把矛头直接对准了现代资本主义社会与文化。在阿多诺看来，现代资本主义社会是受技术合理性支配的，它以机器复制的方式，生产与再生产出大量无差别的消费品，这其中就包括电影、收音机与书报杂志等文化产品。技术合理性在这个社会中已经演变为统治的合理性，它甚至使得文化也技术化了，成为一种"文化工业"（cultural industry）。这种文化工业将艺术作品变成了齐一的消费品，"它以残酷的方式取消了文化保守派在真正的风格与人为的风格之间所做的区分。当一种风格服从于形式的冲动从外部施加的压力时我们称之为人工的。但是在文化工业中，每一个艺术题材的要素都由同一种设备产生，并打上了后者所代表的行话的烙印"②。西方浪漫主义运动以来，艺术和美学对工具理性的批判精神及其自律意识在资本主义的文化工业中几乎丧失殆尽：艺术成为一种他律性的存在。在这种情况下，阿多诺大力提倡艺术与工具理性及资本主义生产方式的对立，及艺术对资本主

---

① Jürgen Habermas, "Transcendence from Within, Transcendence in this World", p. 237.
② Max Horkheimer and Theodor W. Adorno, *Dialectic of Enlightenment*, trans. John Cumming, Continuum, 1988, p. 129.

义社会现实的批判,并将此视为审美现代性的重要标志。他说:"艺术中的现代性不仅是指人们模糊认识到的时代精神或涉及生产力解放的时尚感。从社会的角度来说,现代艺术取决于它与生产关系的对立;从审美的角度来说,现代艺术则取决于一种内在的成熟过程,该过程使某种行为方式变得陈腐无用。可以说,现代艺术更有可能反对而非赞同其所在的时代的精神。"[1]

马尔库塞的美学理论亦以对现代资本主义社会的批判为切入点。他认为,现代资本主义社会是一种发达的工业社会,同时也是一个没有反对派的极权主义社会。对资本主义制度而言,技术与工具理性成为控制社会的新的、更为有效的形式:它们不但决定了社会需要的职业、技能和态度,而且决定了人的需要与愿望。当政治权力成功地实现了对机器生产程序和国家机构的操纵时,它也就成功地实现了对社会的极权主义统治。在这样的社会中,那种以确立新的社会制度、生产发展方向以及新的生存方式为目的的变革都遭到遏制;社会成员日益成为丧失了批判意识的、被工具理性全面管制的"单向度的人"。马尔库塞指出:"抑制性的社会管理愈是合理、愈是有效、愈是技术性强、愈是全面,受管理的个人用以打破奴隶状态并获得自由的手段与方法就愈是不可想象。的确,把理性强加于整个社会是一种荒谬而又有害的观念,但嘲笑这种观念的社会却把它自己的成员变成了全面管理的对象,这样做的正当性是大可怀疑的。"[2] 马尔库塞认为,新极权主义的出现,是理论理性和实践理性所塑造的操作原则全面渗透到社会各个层面的必然结果。而浪漫主义以来的美学史就是一段反抗这种理性的专断、意图恢复感性应有地位的历史:"美学一词的哲学史反映了对感性(因而是肉体的)认识过程的压抑性看法。在这个历史上,作为一门独立学科的美学的基础抵抗着理性的压抑性统治:由于想要

---

[1] Theodor W. Adorno, *Aesthetic Theory*, trans. C. Lenhardt, Routledge & Kegan Paul, 1984, p. 50.

[2] 马尔库塞:《单向度的人——发达工业社会意识形态研究》,刘继译,上海译文出版社,1989年,第8页。

证实审美功能的核心地位并使之成为一种生存范畴,结果使感觉的固有真理价值在盛行的现实原则下没有发生退化。"① 在马尔库塞看来,西方现代艺术的重要使命在于使感性从被理性压抑的状态下摆脱出来,成为一种新感性。这种新感性不再服从资本主义的市场交换关系,它使得人们之间的相互关系不再建立在竞争和剥削的基础之上。而新感性的培育,又依赖于审美想象力的自由发挥。审美想象力以感觉所提供的经验材料为基础,并使感官与其对象的关系发生转化,从而创造出想象的自由王国。在西方发达工业社会的极权体系中,新感性日益成为一种政治力量与批判的武器,成为社会变革的新推动力:"正是在这种意味上,新感性已成为实践:新感性诞生于反对暴行和压迫的斗争,这场斗争,在根本上正奋力于一种崭新的生活方式和形式;它要否定整个现存体制,否定现存的道德和现存的文化;它认定了建立这样一个社会的权利:在这个新的社会中,由于贫困和劳苦的废除,一个新的天地诞生了,感性、娱乐、安宁和美,在这个天地中成为生存的诸种形式,因而也成为社会本身的形式。"②

从以上的简略梳理中我们可以看出,在法兰克福学派的美学家这里,艺术与审美突破了个体生命超越的层面,成为一种与资本主义极权统治相对立的现实批判力量。从这个角度来说,西方审美现代性精神的价值是值得肯定的,其内涵是值得研究的。但从另一方面来说,审美现代性精神的发展也蕴含或体现着自身的悖论。这主要表现在三个方面。

第一,美学乌托邦与现实生活世界之间的矛盾。西方审美现代性强调艺术的无功利性和自律,提倡审美与日常生活、日常经验的疏离,这一方面保持了艺术的超越性和批判性,另一方面也瓦解了艺术与日常生活世界的密切联系,使现代艺术成为少数文化精英的圈内游戏,

---

① 马尔库塞:《单向度的人——发达工业社会意识形态研究》,第 132 页。
② 马尔库塞:《审美之维》,李小兵译,生活·读书·新知三联书店,1989 年,第 108 页。

从而大大削弱了艺术的社会效应及其在资本主义社会中的批判功能。另外，阿多诺、马尔库塞等人大力强调艺术的社会批判功能，但这种批判归根到底不能脱离具体的物质实践和社会环境，批判的武器毕竟不能代替武器的批判。

第二，审美的反意识形态性与意识形态性的矛盾。在"为艺术而艺术"这句西方审美现代性口号中固然有否定日常经验与意识形态的内涵，但一种纯粹的、自足的艺术作品又可能成为一种新的"拜物教"和意识形态，而法西斯主义等反动的政治力量恰恰正是利用了极端化艺术的这种拜物性和意识形态特征。[1]也正是基于这种考虑，哈贝马斯才大力倡导日常实践中认知、道德—实践和审美—表现这三个层面内涵的协调发展，以避免极端化的恐怖主义行动的产生。他指出："在特定情境中下述情况是确实无疑的：恐怖主义的行动可以与这类文化要素中的某一个过度扩张，也就是说，与审美化政治、与道德禁欲主义对政治的替代或与教条主义原理对政治的征服存在着联系。"[2]

第三，西方浪漫主义以来的美学史揭示与批判了启蒙理性所蕴含的工具理性和自我中心主义的弊端，而极力提倡审美的自律性以及超越功能，但这种主张发展到极端却可能导致另一种形式的自我中心主义，即陷入想象、幻觉等自我封闭状态之中。对此别尔嘉耶夫有过深刻论述，他认为，浪漫主义不满意主客二分的思维模式，力图以审美的方式拓展主体生命的完满性与无限性，从而实现主体创造生命的价值与主体对自身的解救，这无疑是一种对唯理主义的抗争，也是浪漫主义的真理性所在。但他同时写道："但要警觉，主体性也可能成为人自身的封闭性，从而阻止人参与真实性的交往，使人沉溺于艺术的激情状态，受自我的奴役。无限的主体性也许启迪着生存意义上的真实性，也许演为幻象。浪漫主义者极易被美感幻象所俘获，这是浪漫主

---

[1] Theodor W. Adorno, *Aesthetic Theory*, p. 323.

[2] Jürgen Habermas, "Modernity: An Unfinished Project," in *Habermas and the Unfinished Project of Modernity*, Polity Press, 1996, p. 50.

义的另一面。"①

笔者认为,哈贝马斯的交往行为理论以及阿多诺、马尔库塞的美学理论,虽然在语境和侧重点上和张先生的"境界之学"有所不同,但其在超越"主客二分"的工具理性问题上具有相同的目标,可谓"百虑而一致,殊途而同归",对我们今天全面把握超越之"道"、提升人生境界都具有重要启示意义。此外,法兰克福学派从艺术和审美的层面对西方发达工业社会的批判,也可以为我们在这个问题上走出认识与实践误区提供"他山之石"和"前车之鉴"。从这个意义上说,张先生融贯古今、会通中西的治学精神和方法需要我们很好地继承和发扬光大。

---

① 别尔嘉耶夫:《人的奴役与自由》,徐黎明译,贵州人民出版社,1994年,第216页。

"万物一体"思想与中华诗学的审美特征[①]

张 晶[②]

一、从张世英的"人—世界"在世结构谈起

在中国哲学和思想传统中,"万物一体"是一个非常普遍、尤为重要的基本命题。在某种意义上说,"万物一体"是"天人合一"这个总体观念的具体理论表述,体现了中华民族与西方那种"天人二分"迥然有异的独特价值观。它虽然是儒家思想发生到理学阶段的代表性命题,但却超越了儒家思想的局限而具有代表中华民族哲学特色的性质。当代著名哲学家张世英教授通过中国哲学的"万物一体"观念生发出横向超越与纵向超越的中西哲学的差异。他指出:"以'人—世界'结构或'万物一体'为前提的'横向超越'也决不是摒弃概念、普遍性,它只是认为概念、普遍性不是离开感性中的特殊性而独立存在的,所以'横向超越'中的在场的东西和不在场的东西并不只是指简单的个别东西,而且往往是指包括概念、普遍性在内的复杂的事物,是'理在事中'的事物。"[③] 张世英先生又从"万物一体"观念提出了"相通"和"相同"的不同的本体论思想,而且认为应该以"万有相通"的本体观来认识人类社会和自然万物。从这个角度看,物我两忘的审美境界,应是人生境界的核心部分。这也就是在张世英的哲学体系中"审美观"占了相当重要位置的原因。张世英提出两种人生在世的结

[①] 本文原载《江苏社会科学》2016 年第 1 期。
[②] 张晶:中国传媒大学教授。
[③] 张世英:《哲学导论》,北京大学出版社,2008 年,第 30 页。

构：一是"主体—客体";二是"人—世界"。前者是把世界万物看成是与人处于彼此外在的关系之中,并且以我为主(体),以他人为客(体),主体凭着认识事物(客体)的本质、规律性以征服客体,使客体为我所用,从而达到主体与客体的统一。"人—世界"则是把二者视为血肉相连的关系。人是世界万物的灵魂,万物是肉体,人与世界万物是灵与肉的关系。在"人—世界"的在世结构的本体观中,中国哲学的"人与天地万物一体"是最典型的。在这种关系中,人与物的关系是共处和互动的关系。人与万物相通相融。人不仅作为有知识(知)的存在物,而且作为有情、有意、有本能、有下意识等的存在物而与世界万物构成一个有机的整体。①

所谓"人—世界"的在世结构,超越主客体二分的关系,而主张人与世界万物融合互动的关系。因此,它天然地与人的审美意识有着"血缘"联系。以往的美学对审美意识的基本看法,有的主张审美意识主要源于主体;有的主张审美意识主要源于客体;有的主张审美意识是主客体的统一。在张世英看来,这三种无论哪一种,都逃不出主客关系的模式。而这种模式的特点,在于把主体和客体都看成两个彼此外在、相互独立的实体。而在张世英看来,审美意识是人与世界的交融,用中国哲学的术语来说就是"天人合一"。这里的"天"指的是世界万物。它的具体内涵,体现得最为集中、最为典型的还在于宋明理学以来的"万物一体"观念之中。人与天地万物"一气流通",融为一体,不可"间隔",这个不可间隔的"一体"是唯一真实的。② 由此我们可以清晰地看到"万物一体"观念与审美意识之间的内在联系。

"万物一体"的命题,是在宋儒的思想体系中得以完善和成熟的,但其思想内涵,则是在孔孟的仁学及易学中就已明显地得以发显的。或者说,"万物一体"是对儒家仁学的一个重要概括。因此,本文在论述"万物一体"的思想时,并不限于宋明理学家如张载、程颢、王阳

---

① 参看张世英:《哲学导论》第一章第一节。
② 同上,第十一章。

明等人的相关论述。

作为中华民族的一种基本的人生观、宇宙观乃至于价值观，"万物一体"的观念表现出独特的观照人生、观照世界的方式，由此必然影响人们的审美观念和审美方式。从中国诗学的理论与创作实践体现出的审美意识看，与"万物一体"的观念有内在联系者颇多，本文试图寻绎其间的内在联系。

二、"万物一体"的哲学意蕴

"万物一体"所表达的是中国哲学中人与宇宙万物息息相关、构成具有生命力和一气贯注的整体的思想，是儒家仁学的集中体现。北宋思想家张载明确提出"天人合一"的重要命题，并在其《西铭》中有"故天地之塞，吾其体；天地之帅，吾其性。民吾同胞，物吾与也"的名言，已经表述了"万物一体"的基本内涵。著名理学家程颢非常推崇张载的《西铭》，认为"《订顽》一篇，意极完备，乃仁之体也"[1]，从而明确提出"万物一体"的重要命题。程颢说："所以谓万物一体者，皆有此理。"[2] 张载、程颢等以"万物一体"为仁的基本规定，这也是理学的一个重要特征。程颢又说："学者须先识仁。仁者，浑然与物同体。"[3] 程颢主张，圣人的"至仁"境界，就是将天地万物当成自己的肢体一样，与自己是一个有机的整体，其云："若夫至仁，则天地为一身，而天地之间，品物万形为四肢百体。夫人岂有视四肢百体而不爱者哉？圣人，仁之至也，独能体是心而已，曷尝支离多端而求之自外乎？"[4] 二程弟子最著名者是谢良佐（上蔡）和杨时（龟山），他们的学术宗旨都以"求仁"为目标。龟山以"万物一体"为"仁之体"。

---

[1] 程颢、程颐：《二程集》，中华书局，1981年，第15、16、33、74页。
[2] 同上，第15、16、33、74页。
[3] 同上，第15、16、33、74页。
[4] 同上，第15、16、33、74页。

杨时指出："能常操而存者，天下与吾一体也耳，孰非吾仁乎？"①又答门人问："万物与我为一，其仁之体乎？"曰："然。"②明代大思想家王阳明更从心学的立场出发，来表达"仁者以天地万物为一体"的观点，如说："夫圣人之心以天地万物为一体，其视天下之人无外内远近，凡有血气，皆其昆弟赤子之亲，莫不欲安全而教养之，以遂其万物一体之念。天下之人心，其始亦非有异于圣人也，特其间于有我之私，隔于物欲之蔽，大者以小，通者以塞，人各有心，至有视其父子兄弟如仇者。圣人有忧之，是以推其天地万物一体之仁以教天下，使之皆有以克其私去其蔽，以复其心体之同然。"③这在王阳明的论著中是比比皆是的。"万物一体"的思想是中国人宇宙论最为集中的表述，也是宋明理学家们融合儒家和道家关于人与自然的关系的观念之后，对于仁学的重新建构。"万物一体"主要包含了这样一些哲学内涵，同时也是仁学在新儒学阶段的理论进展。一是人与社会、人与自然整体和谐，并以"生生之德"的生命创造作为这种整体和谐的动力；二是以主体的情感和知觉推及他人及万物，使人间及宇宙成一有情世界；三是"一气流行"作为"万物一体"的基本物质元素，形成了人与宇宙万物的统一性。"万物一体"思想的这些哲学内涵，是从有关"万物一体"的相关论述中提炼出来的，但也未始不是带着笔者的倾向，具有非常丰富而且独特的美学基因，在某种意义上影响了中国美学的一些特质。从"万物一体"思想的哲学内涵来观照其所生成的中国美学特质，也许正是本文撰述的初衷所在。

人与万物的一体化，人与自然的和谐，而且形成一个生命关联的整体，这是先秦儒家"仁学"的基本内涵之一。如孔子所说的"天何言哉，四时行焉，百物生焉，天何言哉！"④认为宇宙自然以四时运行、万物生长为己任，这是与其关于"仁"的观念相关联的。孔子有"仁

---

① 引自陈来：《仁学本体论》，生活·读书·新知三联书店，2014年，第279页。
② 同上，第279页。
③ 王守仁：《拔本塞源论》，引自陈来：《仁学本体论》，第293页。
④ 《论语·阳货》，引自朱熹：《四书章句集注》，中华书局，1983年，第180页。

者乐山,智者乐水"的名言,也表现出孔子以自然山水为友生的情怀。蒙培元先生对此所做的阐释使我们从中得到启示,他说:"这正是仁智之士热爱大自然的写照,是人与自然和谐相处、从中得到无限乐趣的合伦理与审美而为一的境界。山水之乐无疑是自然美,但是只有当个体的生命情感融入到大自然的山水之中,进入情景交融的状态,才能感受到乐。——仁者不仅爱人,而且热爱大自然,山水是自然界特别是大地的象征,是一切生命的源泉与栖息地,对山水的热爱充分体现了仁者的情怀,也是仁者的生命依托。孔子很重视乐,把心中之乐看成是人生的最高追求;但乐不仅是一种主观感受,而是天人合一境界的最高体验,以山水为乐,就是这一境界的体现。"①蒙培元的这番阐释更多的是侧重于生态文明,却也揭明了儒家仁学的本来内涵。孟子发挥了孔子的仁学思想,并且明确提出了"仁民爱物"的仁学命题。"仁民"是对人的同情仁爱,"爱物"则是爱护人之外的动物、植物等。这是从生命的意义上,将人与万物连成一个整体的观念。"仁"在孟子这里就不仅是对他人的仁爱,还包括了对于万物的关怀。孟子还提出"万物皆备于我"的命题,也是从"我"的角度,将天地万物纳入人的主体观照之中,也即意味着万物与人成为一个生命的整体。《周易》更为明确地从生命创造的意义上来谈"易"。《易经》中的《系辞上》说:"生生之谓易。"以连续不断的创生过程作为"易"的正面解释,可以说揭示了"易"的内在本质。《系辞下》也说:"天地之大德曰生。"也是把"生"作为天地自然的"大德"。

宋明理学进一步彰显了先秦儒家的仁学思想,主要是"天人合一"的基本命题,并加以系统的阐发。"万物一体"在宋明理学中成为"仁"的主要内涵。张载最早明确提出"天人合一"说:"儒者则因明致诚,因诚致明,故天人合一,致学而可以成圣,得天而未始遗人,《易》所谓不遗、不流、不过者也。"②这是理学家对天人关系最为概括

---

① 蒙培元:《人与自然》,人民出版社,2004年,第104页。
② 张载:《张子正蒙·乾称》,载《张载集》,中华书局,1978年,第62、65页。

性的说明。张载还提出了在中国思想史上更具影响力的"民胞物与"的命题:"乾称父,坤称母,予兹藐焉,乃混然中处。故天地之塞,吾其体;天地之帅,吾其性。民吾同胞,物吾与也。"① 民胞物与就是以天下百姓为同胞,以世间万物为友生。张载认为人只是乾坤万物中之一物,而人的主体精神,又能贯通万物而成一体。人与万物之所以能合为一体,在于人性能与万物的感通。其后程颢明确提出"仁"即是"万物一体",强调"仁"的精神境界也即"万物一体"的境界。程颢说:"医书言手足痿痹为不仁,此言最善名状。仁者,以天地万物为一体,莫非己也。认得为己,何所不至?若不有诸己,自不与己相干。如手足不仁,气已不贯,皆不属己。故'博施济众',乃圣之功用。仁至难言,故止曰'己欲立而立人,己欲达而达人,能近取譬,可谓仁之方也已'。欲令如是观仁,可以得仁之体。"② 程颢的"万物一体",包含的意思是人作为主体与万物形成一个如人的身体一样的有机整体,将自然万物视为自己的身体的一部分,此为"仁"之境界。

"万物一体"的观念是人与宇宙万物的沟通融合,构成一个有机的整体。理学家以此为"仁"的境界。那么,人与万物的沟通又是如何可能的呢?这就在于人作为主体,将自己的情感和知觉推及万物,由此而与事物相互感通。"万物一体"说将人置于万物之中,但却并未消解人的主体作用,而是以主体的情感或知觉与万物相连通,这就成了"万物一体"的命题的逻辑前提。理学家所说之"心",更多的是指主体的情感或知觉的功能。张载以"感"来说明主体与万物相通的方式:"有无一,内外合,此人心之所自来也。若圣人则不能专以闻见为心,故能不专以闻见为用。无所不感者虚也,感即合也,咸也。以万物本一,故一能合异;以其能合异,故谓之感;若非有异则无合。天性,乾坤,阴阳也,二端故有感,本一故能合。天地生万物,所受虽不同,

---

① 张载:《张子正蒙·乾称》,第 62、65 页。
② 程颢、程颐:《二程集》,第 15、63、74 页。

皆无须臾之不感，所谓性即天道也。"①万物之所以能合而为一，是因其有共同的本根，即天道。因为有了共同的本根，才能将分殊之异合为一体。"合异"的方式与功能，在于主体之"感"。如前所述，程颢则将人与万物看作一个活生生的有机身体，"品物万类"则如同人的"四肢百体"，当然是不可分割的。程氏又说："医书有以手足风顽谓之四体不仁，为其疾痛不以累其心故也。夫手足在我，而疾痛不与知焉，非不仁而何？世之忍心无恩者，其自弃亦若是而已。"②"四肢百体"如果麻痹那就是"不仁"；而"仁"则是对于"四肢百体"痛痒的感知。程氏是以这种知觉的功能来说明主体和万物的关系的。

除了主体的情感和知觉功能之外，"万物一体"的实践意义还在于可以落实到物质的统一性，那就是"一气流行"。张载是以"气"作为天地万物的统一性物质的，也就是以往评价张载哲学时所说的"气一元"论。张载以"气"为宇宙万物之根本，并称之为"太虚"。而"气"又为运动、变化着的实体，它的聚散纲缊造就了万物之殊形。张载指出："太虚无形，气之本体，其聚其散，变化之客形尔；至静无感，性之渊源，有识有知，物交之客感尔。客感客形与无感无形，唯尽性者一之。"③南宋大儒朱熹也是以"一气流行"的观念作为"仁义礼智"的发生之源，如其答弟子说："郑问：仁是生底意，义礼智则如何？曰：天只是一元之气。春生时，全见是生；到夏长时，也只是这底；到秋来成遂，也只是这底；到冬天藏敛，也只是这底。仁义礼智割作四段，一个便是一个；浑沦看，只是一个。"④在朱子看来，作为人的精神境界的仁义礼智，以及作为自然之序的春夏秋冬，其本源都在于"气"。当然，在朱子哲学中，理是"气"的本源，"气"是理的表现。如其所说："天地之间有理有气。理也者，形而上之道也，生物之本也。气也者，形而下之器也，生物之具也。是以人物之生必禀

---

① 程颢、程颐：《二程集》，第15、63、74页。
② 同上，第15、63、74页。
③ 张载：《张子正蒙·太和》，载《张载集》，中华书局，2012年，第7页。
④ 朱熹：《朱子语类》第6卷，中华书局，1986年，第107页。

此理然后有性，必禀此气然后有形。"①朱子哲学中，理在气先是其重要的命题。理是形而上的，是宇宙万物之本根；气则是形而下的，是化生万物之具。在朱子哲学中，"理在气先"是其重要的本体论观念，"理"是天地宇宙的根本，也是世界统一的本体。朱熹是将天地万物看作一个统一的整体的，他所说的"理"或"太极"是自然与社会总的本根。朱子说："合天地万物而言，只是一个理。"②理是天地万物形成一个统一整体的本体，而之所以能够成为一个整体，却离不开气的生化万物的作用。朱熹对于理气关系说了很多，并提出"理在气先"是一种逻辑在先的关系。如说："或问：'理在先，气在后。'曰：'理与气本无先后可言。但推上去时，却如理在先，气在后相似。'"③朱熹谈到"气"的化育万物的功能时说："某谓天地别无勾当，只是以生物为心。一元之气，运转流通，略无停间，只是生出许多万物而已。"④万物之所以能够"一体"，"一气流行"是最基本的物质因素。

三、从"万物一体"观念生发出的中华美学气质

"万物一体"的哲学内涵颇为复杂，非本文可以说得清楚。但抽出这三个方面，是与中华美学的独特民族气质相关联的。"万物一体"作为一个重要的哲学命题，是在宋代得以提出和确立，而其丰富的内涵和清晰的脉络，是从先秦时期开始就奠定了坚实的基础的。中华民族的美学观念和审美方式有其独特的民族特征，且在文学艺术创作中有着广泛的呈现，其中一些重要的特征，与"万物一体"的思想有着深刻的内在联系；或者说，在某种意义上，"万物一体"的思想造就了中国美学的独特气质。粗略来看，大致有这样几个方面可以支持本文的认识：一是"万物一体"的观念使中国人在艺术创作的审美关系上呈

---

① 朱熹：《朱子文集》第58卷，《答黄道夫·一》。
② 朱熹：《朱子语类》第1卷，第2、3、4页。
③ 同上，第2、3、4页。
④ 同上，第2、3、4页。

现出特殊的样态,审美主客体的关系在更多的时候不是一对一的关系,审美对象呈现为有机性的完整的场域;二是由艺术家审美活动而创造出的文学艺术作品,有着元气淋漓的生命感;三是审美活动的主客体呈现出普遍的主体间性;四是审美主体不是孤立的,而是在对万象的映射中凸显其主体地位的。这几个方面有着非常密切的联系,但又可以分而论之。

审美主体与客体的关系,是一种明显的对象化关系,主体与客体在审美活动中是彼此对应而又相互依存的。没有主体的全身心对某个对象的投入观照,就谈不上审美对象或云审美客体的产生;反之,如果没有某个对象以其独特的形象、"灿烂的感性"(杜夫海纳语)激活面对着它的人,审美主体也就无从谈起。黑格尔谈到人与事物之间的对象化时,是以审美活动作为出发点的。黑格尔认为,人以两种方式获得对于自己的认识,其一是认识的方式,其二是实践的方式。实践的方式也正是审美活动的本质。黑格尔指出:"人通过实践的活动来达到为自己(认识自己),因为人有一种冲动,要在直接呈现于他面前的外在事物之中实现他自己,而且在这实践过程中认识他自己。人通过改变外在事物来达到这个目的,在这些外在事物上面刻下他自己的内心生活的烙印,而且发现他自己的性格在这些外在事物中复现了。"[1]黑格尔还以著名的例子来说明在艺术的审美活动中的对象化特征:"儿童的最早的冲动就有要以这种实践活动去改变外在事物的意味。例如一个小男孩把石头抛在河水里,以惊奇的神色去看水中所现的圆圈,觉得这是一个作品,在这作品中他看出他自己活动的结果。"[2]马克思更为明确地以"对象化"来阐述人与事物之间的关系,从而成为著名的美学论断。他说:"一切对象也对他说来成为他自身的对象化,成为确证和实现他的个性的对象,成为他的对象,而这等于说,对象成了

---

[1] 黑格尔:《美学》第1卷,朱光潜译,商务印书馆,1979年,第39页。
[2] 同上,第39页。

他本身。"[①]"对象化"之于审美活动，是一种专属的状态。正如朱光潜先生所说的："美感经验是一种极端的聚精会神的心理状态。全部精神都聚会在一个对象上面，所以该意象就成为一个独立自足的世界。"[②]在审美活动中的这种主客体的关系，似乎就应该是这种一对一的关系。因为如果没有主体和客体的这种在特定过程中的相互作用，也就无从谈起审美的发生。

"万物一体"的观念使中国人的审美有着更值得深入关注的特点。首先，中国诗学所体现出的对象化审美，在具体的外在事物作为诗人的感兴点外，还隐含着与之连通的一个具有生命感的整体世界。

从审美活动的方式上看，中国的文艺理论从一开始便提出主体和客体之间的对象化关系。如《老子》中所说的"涤除玄鉴"，虽是就体道的方式而言，却对后来的艺术创造和审美活动产生了一以贯之的影响。提出"天地与我并生，万物与我为一"（《庄子·齐物论》）的庄子，可谓"万物一体"思想的最早提倡者，他也主张观照过程中的"用志不分，乃凝于神"（《庄子·达生》）。这是主体和对象之间构成审美关系的必要条件。徐复观先生就此阐发道："就某一具体之艺术活动而言，则是忘去艺术对象以外之一切，以全神凝注于对象之上，此即所谓'用志不分'。以虚静之心照物，则心与物冥为一体，此时之某一物即系一切，而此外之物皆忘；此即成为美的观照。"[③]庄子提出的"心斋""坐忘"，之所以那么深刻地影响了后世的文艺理论，也在其"用志不分"的对象性观照。南朝大画家宗炳提出的"澄怀味象"，也正是在艺术创造之前的对象化的审美观照。在中国古代文艺理论中，这种说法也是随处可见的，可以看出无论在中国还是在西方，对于审美活动的基本方式，是有着颇为接近的看法的。但是本文所要说的不在这个"同"，而在其"异"。这个"异"又在何处？依笔者看来，中

[①] 马克思：《1844年经济学—哲学手稿》，刘丕坤译，人民出版社，1979年，第78页。
[②] 朱光潜：《文艺心理学》，漓江出版社，2011年，第8页。
[③] 徐复观：《中国艺术精神》，春风文艺出版社，1987年，第107页。

国古代的文艺理论或艺术创作中体现出来的审美关系,往往是在具体的审美对象的背后,有一个连通为一体的整体性世界。审美主体是以具体的物作为感兴点,所感发的审美情感,并非只是对这个具体的事物的投入,而是将与具体对象连通为一体的整体作为内涵了。南北朝时期的著名文论家刘勰提出的"隐秀",至为恰当地揭示了这种特质。刘勰说:"夫心术之动远矣,文情之变深矣,源奥而派生,根盛而颖峻,是以文之英蕤,有秀有隐。隐也者,文外之重旨者也;秀也者,篇中之独拔者也。隐以复意为工,秀以卓绝为巧,斯乃旧章之懿绩,才情之嘉会也。夫隐之为体,义生文外,秘响旁通,伏采潜发,譬爻象之变互体,川渎之韫珠玉也。"①刘勰所论,似乎从文章学角度更为清楚,而从美学的意义上,"隐秀"论的价值也可以得到阐发。隐和秀并非分开,而是一体化的。"秀"是作品中突出的亮点,适足以作为审美对象;而"隐"则是由"秀"蕴含的渊深的整体。如果把作品作为审美对象的话,即要通过对"秀"的感知而体验后面的"隐"之整体。《文心雕龙·物色》篇认为,主体在与自然物色的审美中获得创作感兴,主张自然物色在诗人眼中是一个"联类不穷"的有机世界。《比兴》篇的赞语说:"诗人比兴,触物圆览。物虽胡越,合则肝胆。"②"触物",是指诗人与具体物象的触发感兴,也即审美过程;关于"圆览",鲜有通达而确切的解释。已故著名龙学家牟世金先生释"圆"为"周全",并将"触物圆览"译为"是对事物进行了全面观察"③。我则认为,"圆览"是指由诗人的偶然"触物"感兴而生成的圆整的审美境界。这可以由后面的两句得到类似的理解。客观外物可能是胡越分离的,而在诗人的触物观照中,则成为肝胆相连的有机整体。

"万物一体"在物质上的可能性就在于"一气流行",庄子就已经说过"通天下一气耳"(《庄子·知北游》)。文艺理论中的"文气"说,

---

① 范文澜:《文心雕龙注》,人民文学出版社,1958年,第603、632页。
② 同上,第603、632页。
③ 陆侃如、牟世金:《文心雕龙译注》,齐鲁书社,1995年,第451页。

正是来源于中国古代的气论哲学思想。诗文之气，使作品产生了鸢飞鱼跃的生命感。这在诗歌篇什中是有普遍的呈现的。如陶渊明的《读山海经》："孟夏草木长，绕屋树扶疏。众鸟欣有托，吾亦爱吾庐。既耕亦已种，时还读我书。穷巷隔深辙，颇回故人车。欢然酌春酒，摘我园中蔬。微雨从东来，好风与之俱。泛览周王传，流观山海图。俯仰终宇宙，不乐复何如？"这样的篇什，充满着宇宙的生命感，诗人与景物连通一气、生机勃勃，众鸟、草木、微雨、好风，都和诗人成一整体。清人王士禛评之云："时当初夏，草木宜长，扶疏之树，绕我屋庐，不但众鸟欣然有此栖托，吾亦爱吾庐得托扶疏之荫。既耕田，复下种，还读吾庐之乐事尽矣。车大则辙深，此穷巷不来贵人，颇回故人之驾。欢然酌酒，而摘蔬以侑之，好风同微雨，俱能助我佳景，乃得博欢图传，以适我性。如此以终宇宙，足矣。若不知乐，又将如何哉！"[1]清人沈德潜在《古诗源》中也评此诗："观物观我，纯乎元气。"[2]都指出了这首陶诗名篇充满生命感的特征。唐代著名诗论家司空图以四言诗的形式作《二十四诗品》，每品都是一种风格境界，如"雄浑""冲淡""高古""劲健"等，而每一品的描绘，都是充满元气淋漓的生命力量的。明代诗论家谢榛主张"诗有造物"，就是指作品中的生命感，他说："诗有造物，一句不工，则一篇不纯，是造物不完也。造物之妙，悟者得之。譬诸产一婴儿，形体虽具，不可无啼声也。赵王枕易曰：'全篇工致而不流动，则神气索然。'亦造物不完也。"[3]

"万物一体"的思想，强调了人与万物之间的和谐共处，并将万物视同有知有情的友生。人与万物浑然一体，在于能够相通；相通的前提在于，人对万物的同格尊重，也就是推人及物。明代大思想家王阳明的论述中就明确指出了这层意思："大人者，以天地万物为一体者

---

[1] 《古学千金谱》第18卷，引自《陶渊明资料汇编》下册，中华书局，1962年，第291页。
[2] 沈德潜：《古诗源》第9卷，中华书局，2006年，第177页。
[3] 谢榛：《四溟诗话》第1卷，载丁福保辑：《历代诗话续编》，中华书局，1983年，第1139页。

也,其视天下犹一家,中国犹一人焉。若夫间形骸而分尔我者,小人矣。大人之能以天地万物为一体也,非意之也,其心之仁本若是,其与天地万物而为一也。岂唯大人,虽小人之心亦莫不然,彼顾自小之耳。是故见孺子之入井,而必有怵惕恻隐之心焉,是其仁之与孺子而为一体也;孺子犹同类者也,见鸟兽之哀鸣觳觫,而必有不忍之心焉,是其仁之与鸟兽而为一体也;鸟兽犹有知觉者也,见草木之摧折而必有悯恤之心焉,是其仁之与草木而为一体也;草木犹有生意者也,见瓦石之毁坏而必有顾惜之心焉,是其仁之与瓦石而为一体也;是其一体之仁也,虽小人之心亦必有之。"①王阳明通过这种层层相连的论证,具体地揭示了"一体之仁"的可理解性。这其中不仅"小人"(普通人)可以有一体之仁,孺子也可以有一体之仁。鸟兽、草木也都有"知觉""生意",因此也都有"一体之仁"。这种以人的情感、知觉推及于物,在中国的思想史上,也都是古已有之的。对于中国文学艺术创作来说,"万物一体"的观念,从审美的角度看,呈现出更多的交互主体性(或称"主体间性")。这种交互主体性,在审美过程中,就是审美主体不将对象视为与自己处于外在的关系的他物,而是以主体的情感、知觉等推及对象,如同可以互相晤谈的另一个主体。交互主体性作为现代哲学的术语,在现象学中显得尤为重要。胡塞尔是以交互主体性为依据来阐述意向性经验的。他说:"我是在那可变化而又和谐一致的形形色色的经验中把其他人经验为实在地存在着的。而且,一方面把他们看作是世界的对象,另一方面又不能单纯地把他们看作是自然的东西(Naturdinge)(尽管他们在某方面是作为物理的东西)。事实上,我也把他们看成是可以在心理上支配他们各自的自然身体(Naturleibem)的。与其他东西不一样,他们是连同其身体,作为心理—物理的对象在世界中存在的。另一方面,我同时把他们经验为这个世界的主体。他们同样在经验着我所经验的这同一个世界,而且还经验着我,甚至在我经验这个世界和在世界中的其他人时也如此。沿

---

① 王守仁:《王阳明全集》,上海古籍出版社,1992年,第968页。

着这个方向继续思考，我就能够解释各种各样的意向对象了。"①交互主体性是指主体将对象看成是和自己一样具有主体意识和经验的存在。这也是意向性的真正意义。

中国人的审美观念中普遍性地有着这种类似交互主体性的表述，当然也有许多在作品中的呈现。如刘勰在《文心雕龙·物色》中所说："山沓水匝，树杂云合。目既往还，心亦吐纳。春日迟迟，秋风飒飒。情往似赠，兴来如答。"这段赞语，被清代大学者纪昀称为"诸赞之中，此为第一"②。从审美的意义上看，这里所形容的，正是诗人与山水之间往还赠答，也即是互为主体。所谓"感兴"，也并非是诗人单方面的兴发情感，而是诗人与对象之间的互为感发。《文镜秘府论》所载的"十七势"感兴一势说："感兴势者，人心至感，必有应说，物色万象，爽然有如感会。"所谓"应说"，是指"物色"对诗人的回应。此处又以常建和王维的两首诗为例："如常建诗云：'泠泠七弦遍，万木澄幽阴。能使江月白，又令江水深。'又王维《哭殷四》：'泱漭寒郊外，萧条闻哭声。愁云为苍茫，飞鸟不能鸣。'"③这两首诗都是物色如同有情之人，使诗人受到心灵的回应。李白诗中颇为有名的《独坐》在这方面也是非常典型的："众鸟高飞尽，孤云独去闲。相看两不厌，只有敬亭山。"诗人与敬亭山，如同两个彼此青睐的知己互相欣赏，亹亹不厌。南宋大词人辛弃疾词中多有这种以物色为友生的篇章，如《鹧鸪天》下片："宁作我，岂其卿，人间走遍却归耕。一松一竹真朋友，山鸟山花好弟兄。"《菩萨蛮》上片："青山欲共高人语，联翩万马来无数。烟雨却低回，望来终不来。"《摸鱼儿》上片："更能消，几番风雨，匆匆春又归去。惜春长怕花开早，何况落红无数。春且住，见说道，天涯芳草无归路。怨春不语，算只有殷勤，画檐蛛网，尽日惹飞絮。"等等。杨春时教授近年来就主体间性进行了系统的研究，写出了

---

① 胡塞尔：《胡塞尔选集》，倪梁康选编，上海三联书店，1997年，第878页。
② 范文澜：《文心雕龙注》，第695页。
③ 遍照金刚：《文镜秘府论》，台北金枫出版社，1999年，第61页。

许多相关的论著,也曾专论中华美学的主体间性问题。杨春时先生指出:"中华美学也具有主体间性。在审美本质观方面,区别于西方美学的认识论,也区别于浪漫主义的表情论,中华美学是感兴论。它认为审美是外在世界对主体的感发和主体对世界的感应;而世界(包括社会和自然)不是死寂的客体而是有生命的主体,在自我主体与世界主体的交流和体验中,达到了天人合一的境界。"[①]这种以感兴论作为中华美学的主体间性的代表性理论,是我所认同的。从主体间性的意义来看,中国文艺理论中的"感兴",可说是最为典型的。而感兴的哲学基础,就在天人合一、万物一体等思想观念之中。

"万物一体"的仁学内涵,是以天地万物为一体,是讲人与万物相通为一的。其归结还在于"我"这个主体,而非主体的隐没。"万物一体"是"万物与我为一",无我也就无所谓"一体"。张载提倡的"万物一体",是以"大其心"为前提。其言:"大其心则能体天下之物,物有未体,则心为有外。"[②]"大其心"是张大主体之心的功能,冲破闻见的限制。张载所说的"大其心",是德行之知,所以能超越闻见之知。张载接着说:"世人之心,止于闻见之狭。圣人尽性,不以见闻梏其心,其视天下无一物非我。孟子谓尽心则知性知天以此。天大无外,故有外之心不足以合天心。见闻之知,乃物交而知,非德性所知;德性所知,不萌于见闻。"[③]可见,"万物一体"是以人的主体性为基础的。程颢则直接说:"仁者,以天地万物为一体,莫非己也。认得为己,何所不至?若不有诸己,自不与己相干。"[④]

"万物一体"观念中的主体意识,对于中国文艺理论中审美主体地位的认知,是有深刻影响的。人之为主体,是"为天地立心"的主体。主体并非孤立的主体,而是与万物相通相连的主体;万物并非无知无灵的万物,而是在主体的映照洞明中的万物。孔子的"仁者乐山,

---

① 杨春时:《中华美学的古典主体间性》,载《社会科学战线》2004年第1期。
② 张载:《张载集》,第24页。
③ 同上,第24页。
④ 程颢、程颐:《二程集》,第552页。

智者乐水",就是将山水置于仁智之士的情感映照之中了。刘勰在《文心雕龙》的开篇《原道》篇中,就从美学的角度将这个问题作为出发点了。刘勰是以"人文"的概念来谈人与天地万物关系的。《原道》篇曰:"文之为德也大矣,与天地并生者何哉?夫玄黄色杂,方圆体分,日月叠璧,以垂丽天之象;山川焕绮,以铺理地之形:此盖道之文也。仰观吐曜,俯察含章,高卑定位,故两仪既生矣。唯人参之,性灵所钟,是谓三才;为五行之秀,实天地之心。心生而言立,言立而文明,自然之道也。傍及万品,动植皆文:龙凤以藻绘呈瑞,虎豹以炳蔚凝姿;云霞雕色,有逾画工之妙;草木贲华,无待锦匠之奇:夫岂外饰?盖自然耳。"[1]有了"人文",才有天文、地文。傍及万品,动植皆文,则是人文作为天地之心烛照万物的结果。宗炳《画山水序》开端即言"圣人含道映物",是说天地万物是在"圣人"的"道心"观照之下呈现其美的。宗炳又提出"畅神",也是以主体的"神思"洞烛万物。《画山水序》中说:"峰岫峣嶷,云林森眇,圣贤映于绝代,万趣融其神思,余复何为哉?畅神而已。"[2]再如谢朓诗《暂使下都夜发新林至京邑赠西府同僚》《晚登三山还望京邑》等,以山水著称,然而,"大江流日夜,客心悲未央"的发端,使山水风光都笼罩在了诗人的心境之下。杜甫《江汉》一诗云:"江汉思归客,乾坤一腐儒。片云天共远,永夜月同孤。落日心犹壮,秋风病欲苏。古来存老马,不必取长途。"在天地之间,一个自称"腐儒"的诗人形象兀立于万象之间。南宋词人张孝祥的《念奴娇·过洞庭》的意境是最为典型的,词云:"洞庭青草,近中秋。更无一点风色。玉鉴琼田三万顷,著我扁舟一叶。素月分辉,明河共影,表里俱澄澈,悠然心会,妙处难与君说。应念岭表经年,孤光自照,肝胆皆冰雪。短发萧骚襟袖冷,稳泛沧浪空阔。尽吸西江,细斟北斗,万象为宾客。扣舷独笑,不知今夕何夕?"词人与天地万物成一整体,其核心却是词人。"万象为宾客"恰可说明这种

---

[1] 范文澜:《文心雕龙注》,第 1 页。
[2] 沈子丞编:《历代论画名著汇编》,文物出版社,1982 年,第 14 页。

审美关系。明代诗论家谢榛指出:"夫万景七情,合于登眺。若面前列群镜,无应不真,忧喜无两色,偏正唯一心;偏则得其半,正则得其全。镜犹心,光犹神也。思入杳冥,则无我无物,诗之造玄矣哉!"[1]

四、"万物一体"观的当代美学价值

"万物一体"的观念对于当代中国美学的发展具有积极的意义,不仅是理论的,也是实践的;不仅是历史的,也是现在和未来的。

首先是作为哲学资源,对生态美学的提升与持续发展能提供中华传统思想的有力支持。生态美学是近年来美学的一个新的重要分支,从美学的角度使我们对人与自然的关系予以重新的理解与认识,对于发生在全球范围内的环境危机提出了人在精神层面的应对策略。国内著名学者如曾繁仁、鲁枢元、袁鼎生等发表了大量的生态美学的论著,并且数次举办国际或国内的生态美学学术会议,在国际美学界产生了广泛的影响。生态美学主张人与自然应处于一种和谐的共生状态,破除人类中心主义,将主体性发展为主体间性,将人的平等扩展到人与自然的平等,将人的价值扩展为自然的价值。生态美学对于当代中国的生态文明建设、对于资源保护,都提供了相当有力的理论支持,同时,它也深刻影响了当代的文学艺术创作。"万物一体"观念作为中国哲学的重要命题,主张人与万物的相通共生,以"民胞物与"的情怀尊重天地自然。这对生态美学而言,是非常重要的哲学资源。

"万物一体"的观念在人与自然的关系上,是以体验而非认识为主要方式,有助深化理解审美关系的体验性质。"万物一体"观念认为,主体与万物的关系并非认识性的,而是体验性的。

《中庸》引孔子语"体物而不可遗"[2],就是由体察事物而与万物融合,从而产生了生机流行的微妙之感。蒙培元先生对此阐释道:"'体

---

[1] 谢榛:《四溟诗话》第 3 卷,第 1181 页。
[2] 朱熹:《四书章句集注》,第 25 页。

物不遗'就是由微之显,显微之间的统一性由此得到说明。神即诚显现于万物,在万物中发生作用,使万物具有生命力,活泼泼地,天地之间充满了生机。"①这里的"体物",就是在与万物相接中的体验。张载所说的"大其心则能体天下之物",即是通过主体的体验功夫而与"天下之物"的连通。这种体验则是通过耳目身体与外物的相接。张载指出:"耳目虽为性累,然合内外之德,知其为启之之要也。"②又说:"体物体身,道之本也。身而体道,其为人也大矣。道能物身故大,不能物身而累于身,则貌乎其卑矣。"③何谓"物身"?依笔者的理解,就是通过身体体验的途径,连通把握万物。这种对"仁者以万物为体"的哲学阐发,前所未有地提高了体验的作用,而且对文艺理论产生了全方位的渗透。中国诗学中最能代表中华民族审美思维特质的感兴论,其实正是最为典型的审美体验,而非认识论。审美价值的产生,正是在这种审美体验之中。在美学的范围内,体验的方式是产生艺术精品的根本之途。对"万物一体"观念的体认,可以深化艺术的审美创造实践,从而贡献出更多的不愧于时代的艺术品。

作为一个在中国思想史上具有重要意义的命题,"万物一体"虽由宋儒正式提出,而其作为仁学的主要内涵,直可上溯到先秦时期。不唯儒家,道家如庄子,也明确提出"万物与我为一"。这样一个基本观念,虽然主要由宋明理学家加以系统性地阐发建构,在中国的思想界却是具有普遍的认同感的。"万物一体"作为中国士大夫的价值观、宇宙观,对其审美思维发生着积极的、普遍的影响,因而形成了中国美学的一些特征,这在诗学理论和创作中都有很多呈现。

"万物一体"思想在张世英先生的哲学体系中占有非常重要的地位,尤其是在他晚近的一些著作如《天人之际》《进入澄明之境》《哲学导论》中,成为一以贯之的核心理念。先生以"人—世界"和"主

---

① 蒙培元:《人与自然》,第134页。
② 张载:《张载集》,第25页。
③ 同上,第25页。

体—客体"两种不同的在世结构,作为人与世界关系的两种不同的基本态度。"人—世界"的在世结构是以中国古代哲学中的"天人合一"观念作为思想根源的,而"万物一体"思想则是中国哲学中"人—世界"的在世结构的基本来源。张世英先生从中生发出真、善、美统一于"万物一体"的哲学命题,对于建构具有中国特色的哲学社会科学话语体系,具有重要的推动作用。值此先生百年寿诞之际,谨以此文作为献礼!

张世英"万物一体"学说的美学意蕴[①]

孙焘[②]

当今时代,"存在感"已经不仅是理论家的说辞,而早已进入当代中国社会文化生活的一般讨论中。探寻自我、信仰重建、多元共存、价值观整合,都是这个时代的迫切问题,也是各人文社科领域进一步发展的共同背景。在此背景下,中国当代美学就不能仅限于讨论美和艺术的概念,而要从反思审美活动的角度切入整个人类精神世界的建构。

张世英先生近年来提出的"万物一体"的思想是吸收、融贯中西思想资源而形成的哲学学说,对美学基本理论的推进也有多方面的启发意义。除了美学理论一般涉及的美和艺术的概念、美与真善的关系,张世英还从整体的哲学视角探讨了审美与历史、文化、信仰的关联。本文将从四个方面梳理张世英的哲学思想之于当今中国美学基础理论建设的意义,最后概括总结从朱光潜、宗白华到张世英的一以贯之的治学原则。

一、以"去蔽"而彰显存在意义

关于美学的基本概念"美"与"艺术",张世英提出了富有创见的、系统性的哲学阐释。这种哲学阐释并不是从辨析概念入手,而是从对"人"的哲学反思入手。张世英指出,人有一种超越有限性的内在追求,审美的需求寓于这种追求之中。在西方哲学的传统中,有两

[①] 本文原载《北京大学学报》(哲学社会科学版)2016年第7期。
[②] 孙焘:中国戏曲学院国际文化交流系副教授。

种超越有限存在的方式,一种是符合论,一种是去蔽论。两种超越方式塑造了不同的美学理论体系。

符合论把现实中的有限存在作为"现象",以追寻现象"背后"的"本质"来超越有限。美学中关于"美本质"的讨论,对"审美对象"及其"客观属性"的讨论,都是符合论的表现。符合论在艺术学当中则为"典型论"。依据"典型论"的观点,只有普遍的、抽象的概念才能揭示事物的"本质",个别事物只是反映本质概念的"典型形象"。张世英指出,"典型形象"受制于内涵和外延确定的抽象概念,取消了意味无穷的想象空间。[①] 符合论也导向主客二分的思想定式:作为"主体"的"我"和作为的"客体"的"我之外的世界"或者"我之外的他人"相对立而存在。主客二分的思维模式在黑格尔之后受到了西方哲学家的普遍质疑。中国学界比较熟悉的是以海德格尔为代表的"去蔽论"。

海德格尔以"此在"与"世界"为中心的存在论取代了主客二分的认识论。"此在"与"世界"的关系不是彼此外在和相对而立,而是"(此在)在(世界)之中"。张世英用中国人熟悉的"人生在世"来诠释海德格尔的"在之中"。"人生在世"意味着从整个现实世界的角度理解人生,也从人生的角度理解世界。离开了具体的"此人",并没有一个抽象的"人"存在。离开了现实的渴求、欢愉、苦痛、希望,也并没有一种抽象的"人生"存在。任何"在场"的存在者都跟其他无穷无尽的"不在场"的存在者具有联系,全部关联的"无止境的动态整体"即是宇宙本身。人之于宇宙并不是"意识反映物质",也不是"主体认识客观对象",而是一个具体的、有限的"存在者"对于无限"存在"的自我觉知。人之超越有限存在,就是觉解那些与自己切身相关并且在根本上塑造了自己的现实关联,不断去除观念和欲求对人生的束缚。去蔽论有助于我们破除本质主义的束缚。张世英认为哲学应

[①] 张世英:《哲学导论》,北京大学出版社,2016年,第177页。

当"由枯燥、贫乏、苍白的世界转向活生生的有诗意的生活世界"①。同样,美学也需要从"主体""客体""关系""实践""艺术品"等纯概念的圈子里走出,面向灵动的、多变的、丰富的审美活动本身。

现实中的人生意义的空洞化折射着思想领域几十年以来"见物不见心"的积弊,张世英的"万物一体"学说重新将"美"归于人的心灵。

宗白华论中国画法时强调"灵的空间"。②张世英也说:"人与万物(万物既包括物,也包括人)都处于一个无限的精神性联系的整体之中。无精神性的物本身是抽象的、无意义的。处于审美意识中的物(艺术品)之所以能与人对话、交流,就在于人与物处于精神性的统一体之中,处于人与世界的合一之中。"③对于"心"的重新发现,并不指向认识论话语中的那种被"客观"决定的所谓"主观",而是意义的生成过程。中国的学者尤其会联想到王阳明的"山中花树"的例子:离开了人心,深山中自开自落的花并不存在什么意义。只在被人欣赏之时,"此花颜色一时明白起来",方才显现为美丽的花朵。

其实,不仅深山里的花树不为人见,即便我们身边的事物也可能因为"熟视无睹"而沉寂。审美就是让那些日常熟视无睹的事物重新进入人的视野。叶朗认为,柳宗元的"美不自美,因人而彰"最能概括"美"的实质:"美"既不属于"客观事物",也不属于"主观意识",而来自"吾心"与"万化""相值而相取"所生成的具有丰富意义的"意象"。用形象的说法,就是人心"照亮"了世界万物。叶朗在《美学原理》中提出了"美在意象"的论断。④这个论断的思想基础,即是基于存在论思潮的去蔽论及其与中国古典美学思想相通的那些观念。存在哲学的去蔽论与中国古代思想在当代美学中的衔接反映着美学研究在基础理论层面取得突破的趋势。

---

① 张世英:《哲学导论》,第160页。
② 宗白华:《艺境》,北京大学出版社,1997年,第112页。
③ 张世英:《哲学导论》,第249页。
④ 叶朗:《美学原理》,北京大学出版社,2009年,第45—55页。

"符合论"和"去蔽论"也对应着不同的人与周围世界的关系。"符合论"设定了"主体"认识和控制"客体"的权力支配关系。比较而言,"去蔽"则是存在者从自身意义出发而超越自身的过程。经由这种超越,人意识到自己与其他事物、其他人一样都是平等的有限存在者。张世英多次引用20世纪德国宗教哲学家马丁·布伯提出的一对概念:"我—它"关系和"我—你"关系。在"我—它"关系中,世界对人呈现出来的面貌是"被使用的世界",而人最终也会把自己变成一种工具,只能依靠"身外之物"活在"过眼云烟"之中。"我—你"关系则支持了一个个存在者之间彼此平等的、意义丰富的"相遇的世界"。[①]张世英将之解释为"与人的灵魂深处直接见面",或说"赤诚相见"。[②]这种自由的、平等的、创造性的"我—你"关系是审美关系的存在论基础。在"存在感"已经逐渐比"占有感"更引起重视的当代中国,强调"被使用的世界"与"相遇的世界"之间的区分,不仅是一个理论问题,更回应着十分突出的现实问题。

二、境界论、崇高感与"感兴"

去蔽论与中国古代的境界论有更多交集和互动。境界论是中国美学的特色所在。

"世界"是人赋予了意义的宇宙。依据赋予意义的深度、广度和角度的不同,每个人都拥有其自己的世界,中国学者名之为"境界"。主张"境界"的学者,多将人生境界划分为不同的层次。冯友兰将由低到高的境界层次概括为"自然""功利""道德""天地"。[③]张世英近之,把境界层次概括为"欲求""求实""道德""审美"。自然的、欲求的境界以满足生物体的基本需要为主,近于一般的动物。但人都不

[①] 马丁·布伯:《我与你》,陈维纲译,商务印书馆,2015年,第16页。
[②] 张世英:《哲学导论》,第257—260页。
[③] 冯友兰:《新原人》,河南人民出版社,2000年,第496—509页。

会停留在自然境界,而总要寻求超越动物性,人与人的区别在于超越的方式。功利或求实的境界是通常所说的追逐名利,道德的境界则近于追求立德、立功、立言的"三不朽"。功利境界和道德境界的超越方式虽然广度不同,却都有"不自由"的局限性,美的境界则因自由而高远。就欲望言,审美是"对存在的淡漠";就观念言,审美打破了观念的拘执,"回到事物(人生)本身"。

张世英特别指出,审美境界的最高层是通于宗教信仰的"崇高感"。之所以不在审美境界之上设一宗教境界,是为避免有关于人格神崇拜的误解。他由是而提出了"无神的宗教感"。[1] 这体现了哲学家对于信仰的态度:信仰不是对于外在对象的迷信式追求,而是对整体存在意义的自觉。张世英将"无神的宗教感"置于审美境界之顶端,发挥和深化了蔡元培的"美育代宗教说"。

言境界者易流于虚蹈,张世英则追求理想与现实的统一。审美的自由境界固然高远,却不可以脱离功利的、道德的层面而单独成立。仅凭想象,或满足于口说的"万物一体""天人合一"等难免于浮面。张世英以研究黑格尔为学术根基,深得辩证法之精神。他强调"挣扎""磨炼""与忍受相结合的愉悦"。他说"希望总是与实现希望的劳作紧密相联的",并引用康德之语"希望是痛苦与幸福、黑暗与光明的转换。所以,一次希望就是一场不平静的战斗"[2]。

言境界者亦多失于玄秘。如何切实地让人的精神生活提升到审美境界?张世英提到两个重点,一个是"惊异",一个是"想象"。就美学而言,两者都与意象学说中的"感兴"有关。

张世英指出,儿童和诗人都常有诗意,两者的特点对应着"惊异"的两个阶段:一个是从混沌无知到自我意识初显的时候,另一个是打破一般的自我观念而创造新的、更大的世界的时候。前一个阶段是自

---

[1] 张世英:《境界与文化——成人之道》,北京大学出版社,2016年,第259页。
[2] 张世英:《哲学导论》,第425页。

发的，后一个阶段是自觉的。① 一般成年人的日常生活了无趣味，是因其自我意识通过知识、判断确立起来之后，失去了进一步创造和提升的余地。确定的知识、固化的判断都是"惊异"的对立面。少数人则以其创造性活动赋予人生新的意义，也为文化注入新的精神活力。老子主张"复归婴儿"，或亦有此理。

想象也让人突破现实的有限性。想象活动发生于人的内心世界，看似是完全主观的，但其价值却在为"客观"的事物赋予丰富的意义。现实的"物"表现为在场的东西，而它的内涵和意蕴则寓于与无穷无尽的不在场事物的联系中。这些处于遮蔽状态的不在场的事物的意义，就要靠想象来揭示。"想象为我们拓展一切可能的东西的疆界，它让我们伸展到自身之外，甚至伸展到一切存在的东西以外。"② 张世英还指出，想象揭示的联系并非仅限于艺术活动中，科学发现也以想象、虚拟为创造之源。③ 人心的创造力正是审美与科学之间的深层联系。

在认识（真）、道德（善）、审美（美）诸人类活动范围中，"惊异"和"想象"最常见于审美的领域。张世英对"惊异"和"想象"的阐述充实了意象学说中的"感兴"概念。"兴"者，起也，即精神世界的扩充和提升。人的精神世界需要由"惊异"激发，由"想象"推动而逐步接近"万物一体"的高境界。叶朗的"意象说"美学体系以"感兴"为审美活动之始，以"意境"指代高层次的审美超越，尤其强调艺术、科学与宗教神圣感的相互贯通。叶朗的意象说与张世英的境界论都来自中国美学的传承。

三、时间观、伦理观和文化观

审美是一种个人化的体验，但并没有一种脱离了历史、社会和文

---

① 张世英：《哲学导论》，第 148 页。
② 同上，第 53 页。
③ 张世英：《境界与文化——成人之道》，第 74 页。

化环境的"个人",也没有一种孤立的、纯粹的审美活动。对于审美活动的理论反思应有历史的、社会的和文化的层面。张世英的"万物一体"学说在历史观、伦理观和文化观等方面皆自成一体。他强调的"流动""不同而相通"有助于我们从更高的维度审视美学问题。

历史观、伦理观的深层是人的时间意识。"符合论"追求一种可以被概念定义的确定"本质"。科学概念,比如"圆"的定义,在其适用范围内永恒有效。然而社会科学和人文学科的概念却只能概括过往,不能一劳永逸地厘定社会生活。若从静止的概念化的角度看待历史,"传统"就不免是一种与今迥异的"国故"。就"传统"与当今的关系而言,人或激烈地"反传统",或执拗地"复古",两极端之间看似针锋相对,实则同一思路,都是把"传统"理解为确定不变的东西。张世英提倡"流变的历史整体观",主张"我们应当摒弃那种一提到发扬传统就是发思古之幽情、维护旧东西的陈腐观念,而应当强调如何从旧传统中敞开一个新世界。这种敞开一方面是由传统出发,一方面又是展现未来。出发点是既定的,前景则是无限的"[①]。执着"稳定"者不能察变,迷恋旧物则自绝于未来。中国文化的真精神蕴含于"其命维新"(《诗》)、"日新之谓盛德"(《易传》)等思想之中。中国美学、艺术学当中关于"法古"与"法自然"的讨论、当代有关"经典常新"的提法不绝如缕,张世英的"万物一体"("时间场域")为之做了哲学的阐发。

在跨文化互动日益深入的21世纪,"流动"和"相通"之于文化沟通的意义尤其凸显。近代以来,主客二分思维助长了现实中的隔阂与冲突。进入20世纪,尤其是"二战"以降,西方思想界逐渐在此层面上有了自觉。哈贝马斯的"商谈伦理"、伽达默尔的"视域融合"等都从"主体"这个理论设定入手来反思人类中心主义和西方文化中心主义。张世英梳理了这些理论上的努力,并提出了基于东方哲学的观点。他指出,理性的讨论可以推动合作,却不会激发情感上的认同。

[①] 张世英:《哲学导论》,第333页。

人能善待他人和万物，首先是基于彼此共存的"唯一宇宙"的情感体认。①"同类感"带来了内在的尊重，进而由"美"促进了对差异的欣赏。有了这种尊重和欣赏，古人理想中"由近取譬"的"仁"才得以可能，张载信仰的"仇必和而解"才得以可能。

张世英的"万物一体"学说将诉诸体验的"同类感"给予理论的阐发，也在思想的深层促进着当代中国美学的发展。限于篇幅，仅举两例。

一是关于"生态美"的讨论。随着大规模人类活动对自然生态的冲击，西方的有识之士最先开始掀起以自然生物、生态的"权利"为重点的生态主义思潮。美学界也有"生态美学"的口号。叶朗指出，建立在权利观念之上的是伦理学，而美学则要阐明万物何以为人欣赏。他指出，从中国《易传》的"生"到周敦颐、朱熹论"仁"，中国古代思想家以"生意"概括了一切众生在可欣赏意义上的共通处。生态美学当以这种"生意"作为基础。②"同类感"让伦理意义继续扩大，到达了美学意义的"生"。这跟由"道德境界"而上升至"审美境界"的思路一致。

二是从美学的角度反思个体与群体、文化与文明的关系。严复曾敏锐地以"群"与"己"的关系来剖析近代化以来的文化问题。群己关系在美学中的表现之一，是基于个体独特体验的审美经验如何具备普遍可传达性。这个问题早在德国古典哲学美学时期就已被康德、席勒等思想家意识到了。但他们囿于主客二分的思路，并没有对此给出很好的解释。19世纪哲学遗留给人类文明的最大教训之一，就是凌驾于人之上的"绝对精神"必成为压迫人的权力工具。"冷战"结束以来的多元主义、相对主义则走向另一极端，人与人、族群与族群之间倾向于冷漠地共存，缺乏积极的共享。张世英指出，不同于自然科学，人文学科旨在"使普遍性适合个体性"，重在个人的独特性如何为他人

---

① 张世英：《哲学导论》，第249页。
② 叶朗：《美学原理》，第197—198页。

所理解。①"万物一体"强调"同类感",却并不抹杀独特性。每一个个人都是独一无二的,都需要平等地尊重;每一个个人又与其他人、其他生物处于"唯一宇宙"之中,所以还可以互相欣赏。在当今多元文化交相碰撞、融合的时代,"和而不同"的理念不仅需要我们从理智上理解其价值,更要在真实的体验中去欣赏。欣赏差异是审美的意义所在。讲清楚这一道理,则是美学的任务。

四、从理论建设的层面看"万物一体"学说的当代价值

张世英的思想体现着清醒而敏锐的文化自觉和时代自觉。他对于"万物一体"的阐发既回应了当今时代的要求,也体现着理论建设本身的规律。

首先,张世英强调了确立自我意识之于当代文化发展的重要性。他提出中国思想发展的双重任务:既要超越主客二分的窠臼,又要树立"主体"观念。凡言中国文化之特点者,不离所谓"天人合一""万物一体"等。中国思想文化的整合性确实规避了西方哲学的主客二分传统导致的各种割裂。但不能说因为有了整合性,中国思想就一定比西方哲学更加高明。小农社会的旧的"天人合一""万物一体"的弊病是思想的随意和模糊,在现实中则成为权力的附庸。若对此弊端没有明确的意识而吸收外来思想,其产物就既是主客二分的,又是模糊随意和压制主体意识的。张世英指出,中国文化发展当前最需要的,反而是学习西方思想文化中的强调"在场""主体意识"的部分,如自主意识、科学态度、严谨分析的方法以至"征逐精神"等。② 审美境界最高阶段固然表现为忘我投入宇宙大化,但要达到这个境界,却要经过"无我"到"有我"再到"忘我"的漫长而曲折的发展。自我观念在其中是不可或缺的环节。中国古代的"无我之境"并不能直接成为当今

---

① 张世英:《中西文化与自我》,北京大学出版社,2016年,第15页。
② 同上,第85、133、321页。

美学的有效资源，就是因为它限于社会文化环境而没有发展出明确的自我意识。我们应更加重视近代以来的中国美学在自我观念方面的变革和积累。张世英指出，王国维对"境界"的阐释将"景"与"情"分别对应"客观的"与"主观的"，既是对清代叶燮"遇合说"的发展，又是对近代西方美学理论的直接引用，表明其"已明确地突破古典美学而跨进了中国近代美学思想的门槛"[1]。

张世英的这种观点并不是孤立的个人意见，现代中国美学的前辈学者已有了一定的积累。朱光潜的"距离说"就是一个例子。表面上看，朱光潜的"审美距离"学说从属于西方现代美学和艺术自19世纪到20世纪初兴起的"自律论"思潮。但其实朱先生并没有遵从"为艺术而艺术"的时说。他对"不即不离"和"生命情趣的往复"的强调[2]，表明他的学说实质是境界论的。朱光潜的思想来源与其说是近代西方的现代派，不如说更近于古代中国的道家。但与中国古代思想不同，朱光潜的"距离说"又是一种建立在清晰的自我意识基础上的境界论。就此而言，张世英的"万物一体"也承接了朱光潜的美学。今天我们的进一步的理论建设需要先把这些前辈学者的成果"照亮"，继续探索一种既有自我意识而又不膨胀自大的中国美学的发展道路。

其次，张世英对哲学本身也有自觉的反思，并启示着当代中国美学的理论自觉。他指出，哲学具有"奥秘性"与"公开性"的双重特点。[3]"奥秘性"是指思想的深邃性，要跟人云亦云的"常识"不一样，要有一定的质疑精神。"公开性"则是能对思想加以表述，使之可以被理解，简单地说就是"讲清楚"。这两个要求在一定程度上是矛盾对立的。"奥秘"与"公开"的区别还直接体现在语言上。"奥秘性"体现

---

[1] 张世英：《中西文化与自我》，第132页。
[2] "艺术能超脱实用目的，却不超脱经验。艺术家尽管自己不落到人情世故的圈套里，可是从来没有一个真正的大艺术家不了解人情世故。艺术尽管和实用世界隔着一种距离，可是从来也没有一个真正的大艺术作品不是人生的返照。"朱光潜：《文艺心理学》，安徽教育出版社，1996年，第25页。
[3] 张世英：《哲学导论》，第117页。

为"诗意的语言",打破日常意义的惯常联结方式,让人的精神得到更多的自由。但"自由"的代价就是失之于松散和随意,高度个人化的体验和表达很难积累和传播。"公开性"体现为概念式的语言。这种语言所支持的讨论长处在于规范、严谨,而代价则是概念体系在自相勾连中脱离了真实的生活经验和现实问题。

当代中国美学的理论自觉要求"奥秘性"与"公开性"的平衡。当代西方美学倾向于"公开"方向的概念分析。至其极端,学术写作就不再以问题为驱动,而仅仅为满足学科建制的要求,"为讨论而讨论"。中国古代美学则偏向于"奥秘"方向的诗意化。中国美学的核心概念"道""气"等,都以日常而诗意的言说去表达精妙的体悟。至其极端,则表现为旧的"天人合一"的随意性和模糊性。如果说传统的"道学"在小农社会的高语境文化环境中还能支持一些有建设性的讨论,在社会生活、价值观念和语言形式都已根本转型的当今则已无以为继。当今美学需要把敏锐的质疑、精妙的智慧与清晰的思考和表述结合起来。就此,张世英的哲学思考和写作就是一个范例。

五、小结

综上所述,张世英的"万物一体"学说在美学理论的不同层面都有启示意义。首先,该学说以区分"符合论"与"去蔽论"切入"美本质"问题,接续朱光潜、宗白华的学术传统而将审美重新归于人的心灵活动。"万物一体"聚焦于意象的生成过程,将"美"置于一种自由的、平等的、创造性的"我—你"关系和"相遇的世界"中,摆脱了认识论传统的束缚。其次,张世英将自由的审美境界置于精神世界的最高层面,以"无神的宗教感"("崇高感")作为审美理想。他强调面对现实的"挣扎"和"磨炼",也标举提振人心的"惊异"和"想象",充实和深化了意象理论中的"感兴"概念。再次,张世英的美学观是其自成一体的世界观、人生观的有机组成部分,其美学思想的背后是以"流动"和"不同而相通"为核心主张的历史观、伦理观和文化观。他提出以"同类感"促进我们对他人和万物的尊重和欣赏,为面对自然的生态美学与面对异文化的"和而不同"观念提供了理论支持。最后,张世英对当代中国思想的历史使命有着充分的自觉。他以"万物一体"纠正近代以来的主客二分之弊,又强调自我、自主、自由等观念以克服中国古代天人学说的模糊性和压迫性。他重视思想的展开方式和表述方式,力求发挥哲学的"公开性",把问题和概念分析清楚、讲清楚。

从朱光潜、宗白华到张世英,前后传承的美学学者有着一以贯之的治学原则。第一,他们围绕着当代中国哲学、美学的核心问题展开,在基本理论层面重新阐释"人心一点灵明"的意义。第二,他们对美学基本理论的探讨都不脱离实际的审美现象、艺术创作和欣赏,也都体现着对人生、历史、文化的关切。第三,他们以问题为中心广泛吸收外来的和传统的思想资源,不以成说为圭臬。中国古人提倡"为己之学","己"的真问题汇聚着整个时代的真问题。问题引领着研究。朱光潜化用克罗齐而更新了古代道家的境界论,张世英吸收了黑格尔、海德格尔、马丁·布伯等,也对古代禅宗、心学有所发挥。这些探索都有一以贯之的追求、原则和方法,并在时代问题的激发下不断推进。

3

第三部分

康德、黑格尔研究

张世英主编《黑格尔著作集》和《世界思想家译丛》的贡献和意义[①]

赵敦华[②]

北大哲学系号称长寿系,智慧的耄耋为数不少,至今尚没有百岁老人。1921 年出生的张世英先生是哲学系第一个百岁老人。我自张先生七十岁时认识他,多年聆听他的教导,尤其是在主编《世界思想家译丛》的过程中,张先生对我耳提面命,使我对外文著作的中译的意义和方法有了新的认识,曾在报刊上发表两篇推介张世英先生主编译丛的文章,现整理原稿,重新发表如下。

一、《黑格尔著作集》的理论意义和现实意义

西方哲学在中国的传播开始于 19、20 世纪之交,但完整地翻译西方哲学原著起步晚得多。直到抗日战争胜利之后,贺麟成立"西洋哲学编译会",才计划系统地翻译西方哲学著作,最初译出四种:贺麟译斯宾诺莎的《致知篇》、陈康译柏拉图的《巴曼尼得斯篇》、谢幼伟译鲁一士的《忠之哲学》和樊星南译鲁一士的《近代哲学的精神》。鲁一士(Josiah Royce)是美国黑格尔主义的主要代表,而斯宾诺莎对黑格尔有很大影响。可以说,西方哲学著作的第一批译著与黑格尔哲学有不解之缘。这个缘分不只是偶然的机遇,而有深刻的思想联系。新中国成立之后,中国人首先通过学习马克思主义认识到黑格尔哲学之重

[①] 本文分别原载《人民日报》2016 年 2 月 1 日和《解放日报》2014 年 4 月 11 日。此次发表有修改。
[②] 赵敦华:北京大学哲学系暨外国哲学研究所教授。

要，马列著作和黑格尔著作的翻译是同步进行的，当《马克思恩格斯全集》中文 1 版完工时，黑格尔大部分重要著作也被译成了中文。

20 世纪 80 年代起国内哲学界有"扬康（德）抑黑（格尔）"的意见，这种意见从未充分讨论，只是代表了一种流行的感觉和情绪，但对我国哲学界有较大影响，结果似乎是康德走红，黑格尔受冷落。我们现在可以理解这种感觉情绪之由来。比如，由于长期以来把黑格尔词语当作马列著作注释，把黑格尔哲学简单化、公式化，使人产生一种感觉，以为黑格尔语言晦涩难懂，但思想体系易于掌握；再如，觉得康德体系思想大有深究之处，可与现代西方哲学直接联通；又如，人们认为黑格尔是西方中心论的代表，而感到"真能懂中国儒学者还是康德"（牟宗三语），等等。从学理上说，康德固然重要，但实在没有必要在康德与黑格尔之间做"非此即彼"的选择。事实上，无论从哪个方面看，黑格尔对哲学的重要性都是不可或缺、不可取代的。

从西方哲学方面看，英美哲学中曾经有过"扬康抑黑"的主张，一方面因为英国分析哲学是在反黑格尔主义的背景中发展起来的，但罗素等人的批评只是针对英国的黑格尔主义者，未能触动黑格尔本人的哲学。另一方面是因为德语国家的分析哲学是在新康德主义的背景中发展起来的，传到英国之后，试图把康德的先验论改造为逻辑经验论。第一次和第二次世界大战之后，英美哲学界有人把军国主义甚至法西斯主义的思想来源归咎于黑格尔，但很快被发现那不过是没有文本依据的误解和曲解。有感于研读黑格尔著作之重要，英美哲学界相继对《逻辑学》《精神现象学》和《法哲学原理》展开集中的、重点的研究。至于在德国和法国，黑格尔研究从来都是哲学重镇和文化堡垒。依我之孔见，德法和英美的黑格尔研究各有特点。德国人对文献有执着的考证，按照德国唯心论传统对各种思想观点的来源、关联和辐射加以缜密研究；法国哲学家长袖善舞，按照文化潮流、社会需要和学派立场，不断从黑格尔著作中读出自我主张；英美哲学家对黑格尔的代表性著作进行析义辨理，深入分析黑格尔表述的论证结构、层次和步骤，把辩证法的思辨还原为历史经验的实在。这三种倾向始终相互影响，英美哲学家注意吸收德国的考证新成果，而德法研究者现在开始自觉运用分析方法重构黑格尔的论证。

从中国哲学方面看，黑格尔与中国文化似乎有一道鸿沟，我看这主要是心理障碍，黑格尔对中国古代文化有一些尖刻的评论，令中国传统文化的热爱者难以接受。实际上，康德也说过类似的话。康德和黑格尔的中国文化观是对前一时代伏尔泰、魁奈、莱布尼茨和沃尔夫等人的反动，他们的否定和那些"中国之友"的肯定都不符合古代中国的实际情况，成熟的学者不会为夸张的赞颂沾沾自喜，也无须对过分的苛责耿耿于怀。如果我们现在理性地看待中西文化交流初期出现的"深刻的片面"，比较全面地反思中国传统文化，那么障碍就会变成中西哲学比较研究的桥梁。中国学者对康德一向如此，对黑格尔也理应如此，上一代新儒家为我们树立榜样，牟宗三把"物自体—现象"之学作为哲学一般的框架，试图建立超越康德的道德形而上学；贺麟在近代唯心论的框架里梳理出陆王心学与德国唯心论相互平行对应的思路。张世英最近发表"中华精神现象学大纲"，讴歌中国文化精神自我觉醒的历程。

从马克思主义哲学看，一般把费尔巴哈和黑格尔并列为马克思哲学的两个来源，这个说法并不准确。马克思在青年黑格尔的派别中受费尔巴哈影响，在与青年黑格尔派彻底决裂之后与费尔巴哈基本无涉。相反，随着批判的深入，马克思受黑格尔的影响越来越大。在人们把黑格尔当作"死狗"的环境中，马克思在《资本论》中宣称"我公开承认我是这位大思想家的学生"。第二国际的理论家们却忽视了马克思的话，把马克思主义解释为庸俗唯物论和经济决定论，又启用新康德主义的"伦理社会主义"。在与第二国际的论战中，列宁和葛兰西、卢卡奇、科尔施等第一代西方马克思主义者在马克思著作中阐发出黑格尔辩证法的革命要素。只要看看马克思主义研究文献中黑格尔著作的检索量，即可知 20 世纪马克思主义理论发展在多大程度上依赖对黑格尔的解释和建构。

马克思主义中国化在很大程度上得益于马恩全集和黑格尔著作的

中译，这两方面的翻译是同步和对应的。如果说马恩全集中文1版和多年前分散出版的黑格尔译作相对应，那么中文2版与正在进行中的黑格尔全集历史考证版中译版相对应，而精粹的马恩文集与黑格尔著作理论版的中译版相对应。当然，我们也要看到某种不对称：中央编译局几百位专家经过几代连续不断的努力，全力以赴地承担巨大的国家工程；而黑格尔著作的翻译依靠少数译者和出版社的支持，还不时因偶然因素干扰而中断。黑格尔著作老、中、青三代译者凭借对哲学事业的热爱和执着奉献的热忱，在中国文化园地撒播哲学良种，改进了国人精神食材中营养和美味的配比，他们的辛勤耕耘的成果应该受到社会的尊重，我们向中国哲学界的这支卓越团队致敬！

尤其要向张世英先生致敬。张先生把自己的研究分成两个阶段：第一阶段专攻黑格尔哲学，第二阶段延伸到现代德国哲学，并全面审视中西哲学。虽然张先生非常谦虚，但我们知道他在两个阶段都取得享誉国内外的成果。比如，法国当代著名哲学家巴迪欧（Alain Badiou）把张先生的《论黑格尔的哲学》（1956年）、《论黑格尔的逻辑学》（1959年）、《黑格尔的哲学》（1972年）译为法文，并在《黑格尔辩证法的合理内核——张世英1972年一文的翻译、导读和评注》中认为张世英对黑格尔辩证法的研究比法国哲学家更多。张先生在耄耋之年为自己增加了一项新任务，担任《黑格尔著作集》的主编。张先生一丝不苟地负责组织、指导和审阅，保证了第一批高质量译作的问世。

《黑格尔著作集》20卷囊括了黑格尔的重要著述，大部分过去已经翻译出版，现在依据统一的德文理论版翻译，可以避免过去译本因版本不同所产生的一些缺陷。中青年译者有后发优势，但要注意吸收老一代翻译家的成果。西方哲学的中译术语现已比较成熟，黑格尔中译著作涉及这些术语的全部，其中绝大多数已是汉语中约定成俗的词汇。贺麟先生在《小逻辑》"译者引言"和"新版序言"中对11个关键术语做了专门说明，其中有几个至今仍有异议。尤其是Idee一词，贺先生力主译为"理念"，而不是"观念"，但现在越来越多人宁愿采用"观念"一词，连"唯心论"也要被"观念论"所取代。张慎副主编要我谈谈这个情况，我很乐意表示赞成贺先生译法，并做一点补充。

德文名词皆大写，die Idee 既可指大写的理念，也可指英文中小写的观念。然而，理念和观念的差距如同天上的太阳和沙滩上的画圆。黑格尔也没有把两者隔绝开来，他认为观念是理念的表象，犹如中国哲学有天心、道心、本心和人心等区别和联系。再者，"唯心论"的译法恰当表达出西方哲学概念的本意，与中国古代哲学"一切唯心""心即理"等命题相通。"唯 x 论"的中文句法结构表示以 x 为最高原则或根本的一元论理论，如"唯识论""唯名论""唯理论""唯意志论""唯生产力论"，等等。而"x 论"的句法结构表示研究 x 的理论，德国唯心论当然不等于研究观念的理论，"唯物论"不能被译作"物质论"。同理，"唯心论"不等于"理念论"，更不是"观念论"，甚至连经验论都谈不上是观念论，至少洛克和休谟不限于观念领域。过去把唯物论与唯心论的差别夸大为"两军对阵"模式是错误的，但不能因此而取消"唯物论"和"唯心论"这两个通行的中文术语。

二、思想走多远，人才能走多远

贺麟先生在抗战时期写道："西洋哲学之传播到中国来，实在太晚！中国哲学界缺乏先知先觉人士及早认识西洋哲学的真面目，批评地介绍到中国来，这使得中国的学术文化实在吃亏不小。"[①] 贺麟先生主持的"西洋哲学名著翻译委员会"大力引进西方哲学，解放后商务印书馆出版的《汉译世界名著》的"哲学"和"政治学"系列以翻译引进西方哲学名著为主。20 世纪 80 年代以来，三联书店、上海译文出版社、华夏出版社等大力翻译出版现代西方哲学著作。这些译著改变了中国学者对西方哲学知之甚少的局面。但也造成新的问题：西方哲学的译著即使被译为汉语，初学者也难以理解，或难以接受。王国

---

① 贺麟：《当代中国哲学》，上海书店出版社，1945 年，第 26 页。

维先生当年发现西方哲学中"可爱者不可信,可信者不可爱",不少读者至今仍有这样的体会。比如,有读者说:"对于研究者来说,原著和已经成为经典的研究性著作应是最为着力的地方。但哲学也需要普及,这样的哲学普及著作对于哲学爱好者和初学者都很有意义,起码可以避免误解,尤其是那种自以为是的误解。只是这样的书还太少,尤其是国内著作。"这些话表达出读者的迫切需求。

中华书局一向以出版中国思想文化典籍享誉海内外,2003 年,时任中华书局社长的宋一夫是北大哲学系毕业的博士,他具有融会中西思想的视野,为了克服中西哲学的隔阂,他请重望高名的张世英先生主编翻译一套西方哲学丛书,张先生要我和他一起主编。我们选择了国际著名教育出版巨头汤姆森出版集团(现为圣智学习出版公司)的《沃兹沃思哲学家丛书》(*Wadsworth-philosophers*)。"沃兹沃思"是高等教育教科书的系列丛书,门类齐全,其中的《哲学家丛书》已出版 88 本。这套丛书在国外是不可多得的哲学畅销书,不但是哲学教科书,而且是很多哲学业余爱好者的必读书。这套丛书在国外是哲学学生的参考书,在哲学业余爱好者中是畅销书。每本十万字左右,可以放在口袋里,随时拿出来阅读。要从一个哲学家几十万、几百万字的著作中提炼出一本"口袋书"可以讲清楚的道理,一定要有相当的学术功底和写作能力。这套丛书的作者都是专家,写作以普及和入门为目的,又不泛泛而谈;注重哲学家的人生经历和文化背景,又有学术性;介绍哲学家的独特思想和历史贡献,又不一味推崇,而是如实评论他的是非得失,或介绍哲学界关于他的争议。每本书后还附有该哲学家著作和重要第二手研究著作的书目,有兴趣的读者可继续学习。

《沃兹沃思哲学家丛书》包括耶稣、佛陀等宗教创始人,以及沃斯通克拉夫特、艾茵·兰德等文学家,还包括老子、庄子等中国思想家。中华书局在这套丛书中精选出中国人亟需了解的主要西方哲学家,以及陀思妥耶夫斯基、梭罗和加缪等富有哲理的文学家和思想家,改名为《世界思想家译丛》翻译出版。

张先生是我崇敬的前辈,多年聆听他的教导,这次协助他工作,更使我受益良多。张先生以他在学界的号召力和眼光，挑选出一批亲炙的或私淑的弟子，担任各书的译者。这些译者很多是北大哲学系和外哲所的毕业生，有的是学有专攻的知名学者，有的是崭露头角的后起之秀。他们以深厚的学养和翻译经验为基础，张先生亲自把关审稿，保证翻译信实可靠，保持了原书详明要略、可读性强的特点。可以说，这套丛书的翻译为原书增光添彩了。

本丛书45本分两辑出版后，得到读者好评。我看到这样一些网评："简明、流畅、通俗、易懂，即使你没有系统学过哲学，也能读懂"；"本书的脉络非常清晰，是一本通俗的入门书籍"；"集文化普及和学术研究为一体"；"要在一百来页中介绍清楚他的整个哲学体系，也只能是一种概述。但对于普通读者来说，这种概述很有意义，简单清晰的描述往往能解决很多阅读原著中出现的误解和迷惑"；等等。

这些评论让我感到欣慰，因为我深知哲学的普及读物比专业论著更难写。我在中学学几何时曾总结出这样的学习经验：不要满足于找到一道题的证明，而要找出步骤最少的证明，这才是最难、最有趣的智力训练。想不到学习哲学多年后也有了类似的学习经验：由简入繁易，化繁为简难。单从这一点看，柏拉图学园门楣上的题词"不懂几何者莫入此门"所言不虚。我先后撰写过十几本书，最厚的有八九十万字，但影响最大的只是两本三十余万字的教科书。我主编过七八本书，最厚的有一百多万字，但影响最大的是这套丛书中多种十几万字的小册子。现在学术界以研究专著为学问，以随笔感想为时尚。我的理想是写学术性、有个性的通俗读物，用简明的思想、流畅的文字化解西方哲学著作烦琐晦涩的思想，同时保持其细致缜密的辨析和论证。

西方哲学的思想传统、历史背景和语言表达，对中国大众确实比较生疏。正因为如此，我认为学西方哲学不能直接从读原著开始，哪怕是原著的中译本，初学者读起来也是一头雾水。中国人学西方哲学要有好的引导、好的入门介绍，我主张中国西方哲学专业研究者要承担当好大众学习向导的社会责任和公民义务。现在的中国大众和少数精英没有截然分别，都是身份平等的公民，人的智力本来就是平等的，现在义务教育普及了，大学生越来越多，受教育的权利和机会也是平等的。西方哲学不应是少数精神贵族自乐自娱的"爱智慧"，而是知识本身。知识只在不被人们知道的情况下才是不重要的，正如柏拉图描写的世世代代生活在洞穴里的囚徒，固执地认为洞壁上的投影才是真实有用的。生活在当代的人，思想走多远，人才能走多远。如果没有一点西方哲学知识，还坚持认为西方哲学不重要，那和"囚徒"和古代愚昧就没有多大区别了。

中西思维方式当然有差异，就连中国国内的两个群体的思维方式也不同。西方哲学是说理的学问、心灵的自我治疗、过幸福生活的道路。既然全世界人都是现代智人，"人同此心，心同此理"，中西哲学的差异是历史、文化和语言的差异。至于有人质疑是否需要读西方哲学的书，那要看你的"需要"和"实用"是什么。英国功利主义者密尔说，做痛苦的苏格拉底比做快乐的猪和傻瓜要好，因为猪和傻瓜只知道生活的一个方面，而苏格拉底知道问题的两个方面。现在越来越多的人认识到，在思想文化频繁交流的全球化时代，没有基本的西学知识，也不能真正懂得中华文化传统的精华。读一些西方哲学的书是青年学子的必修课，而且成为各种职业人继续教育的新时尚。比如，如果中国的官员和企业家熟读这几本书，向外国人谈起这些人的思想，他们会对你刮目相看，觉得这个中国人真有文化，居然知道西方人自己也不太了解的学问。这也能算作一种实用吧？

《世界思想家译丛》面面俱到，洋洋大观，如果哲学的业余爱好者不能阅读全部，不妨先读《苏格拉底》《笛卡尔》《帕斯卡尔》《陀思妥耶夫斯基》和《维特根斯坦》。我推荐这5本书。这不是因为这5个思想家最重要，而是综合考虑到历史影响和易接受程度两方面因素。苏格拉底是第一个把什么是好生活的思考和如何过好生活的方法结合起来的哲学家，西方大学生学哲学的第一课就是讲苏格拉底。笛卡尔和帕斯卡尔是同时代人，在当时都是第一流的数学家和科学家，但两人的哲学相反，开启了理性主义和非理性主义的先河。俄国作家陀思妥耶夫斯基的小说，比 20 世纪西方存在主义的哲学和文学更早、更生动。维特根斯坦开创了 20 世纪英美主流哲学的两大学派，而且用格言方式写作，既有语言和逻辑的智力运作，又贴近日常生活。

张世英与中国黑格尔哲学研究[1]

王蓉蓉（Robin Wang）[2]　著　周铁影　译

北京大学哲学系张世英教授，是当代中国学者中著名的黑格尔哲学研究专家。张教授德高望重，被誉为黑格尔哲学领域健在的学者中最富有成就的研究者，他对黑格尔的《精神现象学》《逻辑学》《精神哲学》（包括"艺术哲学"，即"美学"）都有深入研究。他的研究范围更是涉及黑格尔所有的德语著作（除"自然哲学"之外）。他的研究成果包括18部专著及大量学术论文，其代表作《论黑格尔的哲学》（《黑格尔哲学导论》）已有12种版本，发行超过20万册；他的《论黑格尔的逻辑学》在1959到2008年间，已经过四次版本的修订；在主编《黑格尔辞典》的过程中，张教授将近一百万的术语由德文译为中文。目前，张教授正忙于《黑格尔全集》（二十卷本）的编纂工作，这套巨著即将由人民出版社出版。毫不夸张地说，张世英教授的研究工作影响了一代中国学人，使得他们对西方哲学思想产生更大的兴趣，进而对其进行研究和理解。

张教授的成就不只仅仅局限于中国学术界。比如，1972年，包括阿兰·巴迪欧（Alain Badiou）、白乐桑（Joël Bellassen）和路易斯·莫索（Louis Mossot）在内的一批年轻的法国学者有幸来到中国学习黑格尔哲学。他们出版了《黑格尔辩证法的理性内核》（*Le noyau rationnel de la dialectique hegelienne*）、《张世英作品翻译，介绍与评论》（*Traductions, introductions et commentaires, autour d'un texte de Zhang*

---

[1] 本文原载 *The ASIANetwork Exchange: A Journal for Asian Studies in the Liberal Arts*, Vol. 22, No. 1, Fall/Winter (pp. 90–96), 2014。

[2] 王蓉蓉：洛杉矶罗耀拉大学哲学系教授。

Shiying）等著作，将学习成果带回法语世界。此外，张教授于 20 世纪八九十年代在欧洲和美国参加了一系列国际哲学研讨会。借此机会，他得以与来自世界不同地方的黑格尔专家交流互动，并且进一步对他们的思想产生了影响。本文旨在简要叙述张教授在黑格尔哲学领域的研究成就，希望可以借此为多元化阐释和解读黑格尔哲学提供一种新的动力，并且能够在全球化背景下促进欧洲哲学研究的复兴。同时，为了更好地处理当代的一些哲学问题，我们需要同时在东西方思想中遨游，而在这一方面，张教授丰硕的成果可能为我们提供了一个很好的榜样。

一、为什么是黑格尔？——张世英教授的黑格尔研究阶段

现年九十高龄的张教授，在 20 世纪 30 年代接受了传统的中国教育，他九岁起就开始跟随父亲学习中国经典。和他的同龄人一样，张教授的求学经历是和近代中国的社会和政治变迁交织在一起的。这些历史事件塑造了他鲜明的个性，坚定了他的学术信念。作为现代中国知识分子的典范，他体现了这一群体的精神气质。

从 1949 年新中国成立至今近六十年的时间里，张教授的黑格尔研究经历了两个主要阶段。1948 到 1978 年间，国内的政治力量出于自身的目的，力图控制甚至压制哲学研究。他们认为，作为意识形态工具的哲学，有义务为政府的政治宣传服务。因此，20 世纪 50 到 70 年代，马克思与黑格尔之间的联系使得中国的学者自然有理由去研究黑格尔哲学。1978 年改革开放前夕，由于"马克思主义三个来源之说"的影响，中国学术界只关心黑格尔哲学（而轻视康德的著作）。这些学者排斥黑格尔哲学中的唯心主义，而只接纳其辩证法中的"合理内核"。在这种情况下，黑格尔成为得以在中国学界被自由讨论的唯一的西方思想家。因此，张教授早期的黑格尔研究，主要集中在黑格尔哲学和马克思主义思想的联系上。在这一阶段，他的工作涉及黑格尔和马克思哲学的翻译、解释和讨论。

自 1978 年改革开放以来，哲学逐渐脱离政治从而获得其自主性。同样，张教授也在其研究中享有了更多自由。过去三十年间，张教授对黑格尔的研究集中转向了以下两个主题：1) 黑格尔在哲学由现代转向后现代的阶段中所扮演的角色。关于该主题，张教授关注的是西方哲学的历史发展是如何从以黑格尔思想为代表的传统话语，向现代和后现代更迭的。2) 传统中国哲学与黑格尔哲学的比较。在对该主题的研究中，张教授以传统中国哲学为基础，对古代中国思想和以黑格尔为代表的西方哲学进行了更深层次的比较研究，对其在黑格尔哲学体系中所发现的人的"主体性"和"自由本性"等概念加以研究和推进。张教授认为，《精神现象学》这部伟大的著作说明了人类终将达成"自我实现"（self-actualization）和"主客体统一"（integration of subject and object）。张教授对黑格尔哲学的阐释和推进有别于中国传统哲学，后者强调的是一种先天的、整全性的"人与自然相统一"的观念。

二、张世英教授的黑格尔研究方法

即使对西方人而言，黑格尔的著作也是非常艰涩的，那么，它怎么可能被一个持有完全不同世界观的中国人所理解呢？对此疑虑的回应是，张教授将传统中国的注释方法（评注）应用于黑格尔哲学的解读中。在《论黑格尔的〈逻辑学〉》一书中，张教授将文本按照章节和段落分解开来，并把每一章节分为两部分：解释和注释。这一方式是他研究工作潜在的一种固定结构。

张教授在每章节中的解释部分所强调的主题，是解读者们所面对的困难，以及黑格尔本人的意图。受中国问学方式的影响，张教授反对从孤立的词、句、章节出发，对黑格尔论述的意涵断章取义，而应从整全的视角尝试理解黑格尔原本的意图。这种问学方法在中国文化中有着深厚的根基，即所谓"既见树木，又见森林"。该观点认为，只有抓住了文本的整全性，我们才能够理解各个部分的独特性。这种方法被上升为对"一多合一"的存在论表述。换言之，中国文化是"一多不分"的。

在注释部分，张教授也采用了两种方法：一种是通过联系黑格尔其他著作中的相关材料进行注释，由此使其与黑格尔的《逻辑学》相联系，使读者得以在诸多黑格尔著作中形成互参；另一种是采用西方学界对黑格尔哲学的解释。这种方法极其烦琐，需要张教授对西方关于黑格尔哲学的解释有广泛的了解。作为《黑格尔辞典》的主编，张教授亲自撰写了其中近十万字的内容，每一词条都是根据黑格尔著作的德文原版编写的。编写这本辞典的目的在于，使中国读者获得一个理解黑格尔思想的清晰的路径，并为学者们提供一种便捷的资源以协助他们对黑格尔进行研究。作为张教授在北京大学的研究生，我在本书的编纂过程中亲身体会到了他在黑格尔研究方面的渊博学识。

三、对中国黑格尔研究的主要贡献

张教授对黑格尔的广泛研究开创了一种当代中国的模式，为研究来自其他文化的哲学思想提供了一种范例。首先，这一模式详细探讨了中国学者能从其他学派和文化思想中的"他者性"（otherness）中学到什么；其次，这一模式将他者性带入自己的传统中，并使其成为由差异性所构成的统一体中的一部分。

运用这种双重方法，张教授提出了许多有趣且富有创见的对黑格尔哲学的解读。张教授认为，黑格尔哲学在近代形而上学和后现代现象学的联结上发挥了重要作用。不同于一些西方后现代哲学家们对黑格尔"主体性"的攻击，张教授的解读把黑格尔哲学中的"主体性"提升到了一个关键地位。尽管一些西方后现代哲学家反对黑格尔的主体性观点，张教授仍强调黑格尔哲学对近现代思想的积极影响。他声称，黑格尔哲学不仅代表了传统形而上学的高峰，还蕴含并预示了形而上学自身的消解以及一些重要的近现代思想中的概念。事实上，许多近现代的著名哲学家，都是站在黑格尔的肩膀上，才达到了他们所取得的成就。张教授在其纪念黑格尔《精神现象学》出版二百周年的论文《黑格尔的〈精神现象学〉》一文中，列举了诸多近现代现象学从黑格尔那里所继承的方法。"我们过去经常说，黑格尔是西方传统形而上学之集大成者，其实，我们更应该着重说，黑格尔是他死后的西方现当代哲学的先驱。"对张教授而言，现象学口号"回到事情本身"——近现代最重要的思潮之一——与"面向事情本身"的说法是相似的。在张教授看来，这一概念可以追溯到黑格尔的《精神现象学》，并且其实质也只有从黑格尔《精神现象学》关于"实体本质上即是主体"的命题和思想中才能得到真切的理解和说明。

对此，张教授从中国的语境出发给出了一个例子。他问道，"当一个人初次看见山东曲阜的孔庙时，如何理解它的内涵呢？"张教授告诉我们，只有通过参观孔庙的完整过程，才能逐渐体会到儒家教化的完整性。张教授用这个例子说明黑格尔关于过程和完整性的观点。在《精神现象学》序言中，黑格尔指出，"哲学或真理绝不是在单纯的最后结论中就能得到表达的。一般人总以为在最终的普遍性结论中就表达尽了事情本身，而不注重达到这个结论的特殊性过程；事情并不穷尽于目的，而是穷尽于其实现中，实际的整体（actual unity）也不是结果，而是结果连同其成为结果的过程。这一过程，或者说这一整体，就是将'实体即主体'这一观念实现出来的过程"。所以，对黑格尔来说，"实体"是作为认识者的自我的对象，是主体。在认识过程的开始，实体和作为认识者的自我之间，或者说客体和主体之间是存在张力的。在认识过程中，实体逐渐展现其本质，与此同时，它也逐渐成为主体的表现。这也就是说，客体作为认识者的自我逐渐展现其特点；客体也就越发相似于主体。至此，主客体之间的张力得以消解并以实体的形式逐渐统一，使其自身作为主体完全实现出来。你能否回到孔庙的例子，告诉我们它是如何将我们这里所说的特性展示出来的么？黑格尔《精神现象学》的全部就是对实体成为主体过程的描述。

黑格尔《精神现象学》出版近一百年后，现代现象学的开创者胡塞尔重新提出，面对客体就是"走近事情本身"。随后，胡塞尔将这一观点发展为"回到事情本身"。根据胡塞尔自己的解释，这一论述只关注事物是如何显现于我们意识之中的，同时排除了一切意识之外的东西。为了达到"回到事情本身"的目的，胡塞尔引入了一系列概念，以及一个专门的术语，用来排除一切只与意识相关 (relative to)、而只存在于 (exist in) 意识之中的实体。这些概念和术语包括悬置 (suspension)、现象学还原 (phenomenological reduction)、先验还原 (transcendental reduction) 和本质还原 (essential reduction) 等。结果是，作为现象学核心的"普遍本质"(general essence)，成为存在于意识之中、而非超越于意识之外的东西。

尽管胡塞尔和黑格尔在研究方法和对象上都有所不同，但我们仍可以将胡塞尔"回到事情本身"的口号视为黑格尔"致力于事情""实体即主体"的回音。这也就是张教授如何找到黑格尔哲学和胡塞尔现象学之间的联系的。张教授的工作为把现象学引入中国学界做出了开创性的尝试，无疑，他也是中国现象学研究的先行者。

四、黑格尔的主体性与中国的天人合一

透过中国视角，张教授从黑格尔哲学中发现了什么呢？在张教授看来，黑格尔哲学中有两个至关重要的问题可以作为很好的跨文化交流的焦点：1）人的"主体性"；2）自由的本质。在《自我实现的历程——解读黑格尔〈精神现象学〉》一书中，张教授把黑格尔的著作当作达到"自我实现"和"主客体统一"的道路的充分表现。这一理解出自张教授中国哲学的语境和背景。张教授认为，天人合一的观念是贯穿中国哲学传统的一个重要主题，但该观念忽视了人的主体性和自由。通过对黑格尔哲学的研究，发现这一缺陷，或许是张教授对中国哲学发展所做的最为重要的贡献之一。

张教授还就黑格尔哲学和中国哲学的异同点进行了区分，特别是有关辩证法的问题。在他看来，黑格尔哲学力图揭示的是主体性如何克服客体性，而西方哲学传统的基本思维方式正是"主客二分"的。尽管柏拉图创立了这一思维方式，真正应用"主客二分"方式建立起

"主体性哲学"的则是笛卡尔。

"主体性"指的是主体的主动性,即它如何认识并作用于客体。黑格尔是传统主体性哲学的代表,他主张主客体之间并非绝对对立,而是辩证关系,这就是他所说的"对立统一",或主客体的统一体。黑格尔哲学中的"对立统一"概念与中国传统哲学中的"阴阳合一"概念有相似之处,其相似点就在于它们都是"相反相成"的。此外,张教授认为,黑格尔对统一体的强调,意味着个体从属于整体,这也相似于中国传统哲学中的整体性思想。新中国成立前,一些学者夸大甚至歪曲黑格尔哲学中的这个方面,为了服务于当权者而完全抹杀其哲学中的"主体性"。张教授承认整体高于个体,但他意识到,主体仍然是黑格尔关于整体概念中的一个重要部分。

事实上,黑格尔的"对立统一"是一个整体,它完全建立在"主客二分"的基础之上。黑格尔的"对立统一"概念认为,"积极"本质上内在地包含了"消极"。张教授对此的评注是,我们要承认,这里所说的"本质上"是指"阴阳合一"是"相反相成"的。由此我们可以看出,对张教授来说,黑格尔哲学和中国传统哲学之间在关键点上是有相似之处的。

但是,黑格尔辩证法是"绝对理念"这一整体中的一部分,后者是超感性和非实体性的,毕竟它仍是"二元对立论"的一种变形。黑格尔的绝对理念论有其外在性和彼岸性,这使它有别于中国传统哲学中的辩证思想。中国的辩证思想强调"天人合一"的概念以及"变动不居中的不变"(continuity through change),二者都属于客观实在性的范畴,而不承认有超感性世界的存在。"相反相成"和"祸福相依"(interchange with each other)所关注的都是现实世界中事物之间的关系。所有现实的事物都是相互联系并构成一个整体的,这就是"对立统一"在中国思想中的含义。

反之,黑格尔思想中主客体之间的"对立统一",存在着主体不断克服客体对其反作用的漫长过程。当主客体之间较小的张力被克服后,会达成较小的统一,随之该统一又会面临更大的张力。正是由于主体所具有的主体性，较小的统一才能不断克服更大的张力而成为较大的统一。最后，最终的统一——"绝对主体"（absolute subject）（"绝对理念"或"绝对精神"）——是对所有张力的最终调和。张教授引用乔赛亚·罗伊斯书中的话："绝对主体"在化解了各种张力（矛盾）之后，成为一个老练的赢家。黑格尔《精神现象学》中的自我实现是一个独立自我神采飞扬的历程。

将这种观点与中国传统思想"天人合一"和"变动不居中的不变"相比，后者意在将自我消解于"统一性"之中，并试图消除自我与他人、主体与客体之间的差别，以"无我"作为生命的最终理想。具体而言，个体或自我是从属于各种社会团体的（如家庭、家族、民族、国家），个体必须依靠并归属于这些社会团体。个体畏惧自由行事，只能在社会允许的范围内发表意见、采取行动；换言之，在张教授看来，个体天然地将自己消解于整体之中，忽视了人作为主体所具有的认识和改造自然的力量，这也就导致了中国自然科学发展的落后。

对中国的辩证法思想而言（"天人合一"和"变动不居中的不变"），自我实现的过程是一个历史阶段。在此过程中，自我试图摆脱封建制度下的社会团体和自然形成的团体，成为具有自主性的个体。张教授认为，这一历史阶段在中国尚未完成。与西方自我实现过程的生机勃勃相比，中国的这一过程显得更为沉重。这一差异源自中国传统思想和西方哲学中两种不同的辩证法思想。

张教授认为，出于对中国和西方哲学发展的考量，二者应相互融合、互为补充。在经济全球化和日益频繁的文化交流中，中国和西方文化的融合成为主流，但这种融合并非任意混合。未来可能出现的是一种既相互交融又有所区分的中-西方文化（Chinese-Western culture），它是在保留二者各自优点的同时，吸收对方的长处产生的。

张教授认为，之前被西方文化视为具有启蒙意义的一些概念（如"民主""科学"和"自主性"）已经暴露出诸多问题："自我膨胀""极端个人主义""对自然的霸权主义""科学至上主义"和"人类中心主义"等。所有这些问题都可以归结为"自我专制主义"或"唯我独尊"。

相反，中国传统文化的哲学世界观建基于"天人合一"的观念，强调的是整体意识。当面对困难时，个体应与他人密切合作，集中每个人的力量形成一个统一的、坚不可摧的力量。张教授认为这种行为有它的优势并值得保留，但它对中国文化的负面作用在于，它使得个体被淹没在群体之中，缺乏自主性和创造性。张教授赞同将一种与中国文化中集体优先的思想不同的概念纳入进来，比如西方文化中的个人主义、列维纳斯提出的以"他人"为优先的观点和一些当代西方学者所持的"万物一体"的观点。

张教授所提出的新的"天人合一"的概念，试图将西方"主客二分"中的主体性精神带入中国传统的"天人合一"思想。他认为，由此所产生的结果是"万物不同而相通"。在这一"和而不同"的概念下，我们不仅能通过认识到个体的唯一性而正视其独特性，更能接纳这一正面的负责任的观念，即意识到万物是息息相关的。对他人的尊重，同时意味着对他人各自的"自我"的发现，也就是对他人特殊性的尊重。张教授反复重申的"自我"正是我们每个人所拥有的东西，而不是对个人主义而言具有排他性的"自我"或"自我专制主义"。在当前的语境下，"爱众人"的观念被张教授用中文表达为孔子所说的"仁者爱人"。该观念也可以理解为，尊重每个他者"自我"的价值。张教授认为，近千年的中国封建制度的核心，就是抹杀人的特殊性、压抑其自由，从而实现强求一致的目的。在张教授看来，这也就是"爱众人"的观念无法在中国真正实现的原因。只有通过尊重他人的"自我"、废除强求一致的政策，并建立一个"和而不同"的世界，才有可能实现"爱众人"的观念。一旦中国文化完成了这一过程，东方这头"沉睡的雄狮"变得温柔且有力的时代才会到来。

张世英先生的康德黑格尔研究[①]

杨 河[②]

张世英先生在西南联大读书时就开始学习和研究哲学，70多年来以"不求闻达，要做学问中人"为座右铭，心无旁骛，潜心学术，教书育人。从最初阐释德国古典哲学的辩证法思想到深究其中的主体性和自由精神，再到晚年会通古今中西，将"天人合一"与"主—客"关系结合起来，自成新的"万物一体"的哲学思想，一路走来，留下了丰硕的思想成果，其中对康德黑格尔哲学的研究，是贯穿于其中的基本方面。

一

张世英在西南联大选择哲学，受中国黑格尔专家贺麟的影响很大。新中国成立以后，张世英对黑格尔哲学的研究渐入佳境，1957年前后在黑格尔哲学的研究上取得一系列引人注目的成果，先后发表了《论黑格尔的哲学》（上海人民出版社，1956年）；《论黑格尔的〈逻辑学〉》（上海人民出版社，1959年）；《黑格尔〈精神现象学〉述评》（上海人民出版社，1962年）；《黑格尔〈逻辑学〉关于概念发展否定之否定的思想》（《哲学研究》，1957年）；《批判黑格尔的客观唯心主义》（《新建设》，1958年）；《批判黑格尔的思维与存在同一性的学说》（《新建设》，1959年）；《黑格尔论真理的特点》（《新建设》，1964年）；《马

[①] 该文主要摘自杨河、邓安庆：《康德黑格尔哲学在中国》，首都师范大学出版社，2002年。

[②] 杨河：北京大学马克思主义学院教授。

克思主义以前西方哲学史上关于一般到个别理论的发展》(《新建设》,1964年)。这些关于黑格尔哲学的研究,可以分为两大部分,一部分从整体上概括黑格尔哲学的基本观点并加以马克思主义的评论,一部分是对黑格尔《逻辑学》和《精神现象学》的专门研究。

在整体性的研究方面,《论黑格尔的哲学》是代表作,这本仅4.7万字的小册子,极其简明而又概要地论述了黑格尔的社会政治观点、客观唯心主义体系和辩证法的基本思想,并在最后专门用一章分析了黑格尔哲学的内在矛盾。该书1956年出第一版,1957年出第二版,到1961年4月就已9次印刷,发行量10余万册。1972年又出新版,一次印刷7万册,足见其影响之大,实为新中国成立以来少有。

该书的第一个特点,是它的叙述做到了全面性和概要性的统一,言简意赅地勾画出了黑格尔哲学的基本轮廓。对于黑格尔的社会政治观点,作者从黑格尔"凡是合理的就是现实的,凡是现实的就是合理的"的著名命题入手,分析了黑格尔社会政治观点的保守性质,认为黑格尔对待革命的态度基本上和当时德国资产阶级的态度相一致,一方面拥护资产阶级私有财产,容许资产阶级参加国家管理,另一方面又维护等级制度,抬高普鲁士国家,把贵族看作国家的第一等级,反对资产阶级民主主义,从客观唯心主义角度歪曲地解释人类历史的发展,将其看作"绝对精神"的实现,借以论证他的欧洲中心的历史观。

对于黑格尔的客观唯心主义哲学体系,作者简要地描述了这个体系的基本结构和内容,并分析了造成这个体系的认识论根源:黑格尔"把人的思维、精神夸大了,歪曲成了一种脱离人的、超人的东西,使之变成了整个宇宙的、整个世界的精神、思维,他硬把本来依附于人和人的思维、精神与人和人脑分开来,把它看成一种独立存在的东西,并进一步以它为自然和历史的根源和创造主"[1]。

对于黑格尔哲学的"合理内核",作者将其概括为关于不断运动、变化、发展和内在联系的思想,关于矛盾是运动根源的思想,关于从

---

[1] 张世英:《论黑格尔的哲学》,上海人民出版社,1959年,第21页。

量变转化为根本的质变的思想,关于认识由抽象到具体、由简单到复杂的思想,关于思维与存在、逻辑与历史一致的思想以及关于逻辑与认识论相一致的思想这六个方面的内容。作者认为,黑格尔辩证法的"合理内核"之根本在于,"黑格尔在他的唯心主义的、概念的辩证法中天才地猜测到了、不自觉地反映了客观事物本身的辩证法"[①]。黑格尔在理论上"提出了辩证发展的普遍性与永恒性问题,它企图把整个世界当作一种不断运动、变化和发展的过程,并企图发现其中的内在联系,它以'伟大的历史感'(恩格斯话)为基础,它在研究问题时,经常出于历史的角度,出于发展和联系的观点,因此,在当时,只有黑格尔的辩证法是唯一可以利用、唯一可以从它着手的方法。马克思和恩格斯在创造辩证唯物主义的时候,就正是利用了黑格尔辩证法中的这样一些合理的东西"[②]。

该书的第二个特点,是它较系统地揭示了黑格尔哲学的性质和内在矛盾。

对于黑格尔辩证法的唯心主义性质,作者将其归纳为三点:第一,辩证发展的主体不是客观的物质世界,而是"绝对精神"。客观世界的一切过程都被归结为"绝对精神"自我发展和自我认识的过程。第二,辩证发展的过程不是客观事物自身的辩证发展过程,而是概念的纯逻辑的推演过程。客观事物本身的联系和发展被认为只不过是概念的反光,是概念自我运动的印迹。因此,黑格尔虽然强调逻辑的形式不是空洞的而是有内容的,但归根到底,他所讲的逻辑形式,仍然是没有真实内容的纯粹思想的形式和纯粹抽象的概念。第三,黑格尔把只在认识中发生的过程,错误地看成实际具体事物的发生过程,认为主观的、思维的活动是构成客观真理的本质的环节,认为实在、实际的具体事物本身也是通过我们从抽象、空泛到具体、深刻的这样一种认识过程而思想出来的结果。

---

① 张世英:《论黑格尔的哲学》,第46—47页。
② 同上,第46—47页。

在分别分析了黑格尔哲学的唯心主义性质和辩证法的合理内核之后、作者将黑格尔哲学的内在矛盾做了一个相当精要的概括："黑格尔辩证法本质的歪曲及其哲学的内在矛盾主要在于以下几个方面：一、辩证法的本质在于承认辩证发展的普遍性，承认辩证发展不仅在精神、概念的领域内进行，而且，首先是在客观物质世界中、在自然界和社会物质生活的领域中进行，但是黑格尔辩证法的唯心主义性质却决定着他把辩证发展的范围只限制在精神、概念的范围之内，而且还头脚倒置地认为不是主观辩证法以客观辩证法为源泉，而是相反。二、辩证法的本质在于承认辩证发展的永恒性，承认辩证发展不仅在过去，而且在现在和将来也是无止境地进行。但是，黑格尔的唯心主义体系却宣布了发展的最后终结，使得他把辩证法只用之于过去，而没有应用到现在和将来。三、辩证法的本质在于承认对立面的斗争是永恒不息的发展的基础。但是，黑格尔的唯心主义体系却迫使他最终调和了矛盾——这样，黑格尔的唯心主义体系就把辩证法本来所固有的一些最为重要和最为革命的原则都加以歪曲了，并从而使他的辩证法全身都沾染了形而上学，因而也就不可能战胜形而上学。"[①] 张世英的这些论点，在以后一个相当长的时间，在一些中青年学者的论文中和一些大学的西方哲学教材中被反复引用。

在从整体上研究黑格尔哲学的同时，张世英对黑格尔的《逻辑学》和《精神现象学》的研究也取得了重要的成果。《逻辑学》是黑格尔哲学体系中最为重要的著作，是研究黑格尔哲学的必读书和首读书。解放前后对该书进行研究的学者不在少数，贺麟和与张世英同辈的学者都曾从不同角度解释过这部著作的基本思想。张世英的《论黑格尔的逻辑学》的最大特色在于"论""述"结合，重在"论"。全书共有十二章，对《逻辑学》基本结构和内容的叙述只有第十、十一、十二这三章，其余九章基本上都是针对《逻辑学》中的重要问题进行分析和评论，体现了张世英学术研究的一大特点：在原著中进行分析，在

[①] 张世英：《论黑格尔的哲学》，第61—62页。

分析中再现原著,既在原著之中又在原著之外。在原著之外,就是要客观地确定原著的理论地位和意义,这就需要一定的参照系和一定的方法论指导原则。张世英所采用的指导原则就是纵向的比较(在西方哲学史特别是德国古典哲学的发展中来确定《逻辑学》思想的历史的理论地位和意义)和横向的比较(在马克思主义哲学和黑格尔哲学之间的比较分析中来确定黑格尔哲学的理论地位和现实意义)。

例如在该书第三章《黑格尔的唯心主义和思维与存在同一说》中,作者首先分析了在思维与存在同一问题上从康德到黑格尔的认识过程,指出,康德原则上否认思维与存在有同一性,认为思想永远不能把握客观存在("自在之物")的本来面貌。费希特和谢林都力图克服康德的不可知论,从彻底的唯心主义的立场出发,主张思维和存在有同一性。费希特取消了康德的"自在之物",认为它是"自我"的产物——"非我"。谢林断言,"自我"和"非我"都产生于"绝对","绝对"是思维和存在的"无差别的统一"。黑格尔批判地吸收了费希特和谢林关于思维与存在同一的思想,并进一步将其在《小逻辑》中发挥为三个基本点:第一,"存在即思维,没有思维以外的客观存在"。第二,"一切事物都是思维与存在两个方面的统一,思维是存在的本质,存在是思维的内容"。第三,"思维与存在的同一是一个矛盾发展的过程,即由'自在'(潜在)到'自为'(展开)、由有限到无限、由相对到绝对、由直观的多样性到多样性的同一、由表面的现象到深刻的本质的过程,一句话,是思维把握存在、占有存在的过程"。[①] 然后,作者根据马克思主义经典作家的论述对黑格尔的思维与存在同一学说进行了批判,指出,黑格尔关于思维与存在同一的这些理论,虽然合理地看到了思维与存在、精神与物质之间的辩证法,特别是看到了思维、精神的能动作用和创造作用,看到了劳动的本质在于克服物质,使物质成为"已有",但是这"都是在唯心主义的歪曲形式下表达的。马克思在《黑格尔辩证法和哲学一般的批判》一文中对黑格尔《精神现象

[①] 张世英:《论黑格尔的哲学》,第70、71、77页。

学》中思维和存在对立同一理论的唯心主义性质做了深刻细致的批判。马克思的这一批判对黑格尔的逻辑学也是完全适用的。首先，黑格尔所谓的存在或对象既然不是在思维之外独立存在的东西，而是思维的'外在化'，那么，它也就不能算作真正客观的存在或对象，它实际上不是别的，只是自我意识……只是对象化了的自我意识，作为对象的自我意识"。其次，"黑格尔所讲的思维与存在统一的过程（亦即思维克服存在、使存在为自己所占有的统一过程）也是一种假象。黑格尔无论在《逻辑学》或《精神现象学》中，都提出了这样一个思想，即认识的最高阶段是，思维能认识到存在也是一种精神性或思想性的东西。马克思指出，要正确实现思维和存在、主体和客体的统一，要真正占有客观存在，使它服从主体的需要，成为己有，那只有通过人的物质生产实践，通过我们人对客观世界的实际作用，才有可能……'黑格尔所认识的并承认的劳动乃是抽象的精神的劳动'，显然，黑格尔这样一种所谓'同化'或'占有'完全是虚伪的"。[①]张世英由这种分析最后所得出的结论是，尽管黑格尔在无限与有限、绝对和相对、本质和现象、概念和感性材料的关系问题上，比康德的看法深刻合理，但由于他把客观事物的本质和反映客观事物本质的思维、概念混为一谈，把认识中发生的过程看成是客观事物的本质发生的过程，所以，"黑格尔的思维与存在同一说，是比康德哲学更加彻底的唯心主义"[②]。

再如，黑格尔逻辑学中关于逻辑、认识论、本体论三者一致的思想，是列宁在读黑格尔《逻辑学》时明确肯定过的。但如何理解这三者的一致，是个重要的理论问题，大家的看法也不尽相同。张世英在这部著作中专门论述了这个问题。他认为，黑格尔哲学中逻辑学与本体论的一致在于，黑格尔从唯心主义思维与存在同一的原则出发，认为思维不仅是我们的主观思维，同时又是事物或对象的本质，因此逻辑学与形而上学合流了。形而上学乃是研究思想所把握住的事物的科

[①] 张世英：《论黑格尔的逻辑学》，上海人民出版社，1959年，第75—76页。
[②] 同上，第81页。

学，而思想乃是足以表示事物的本质。张世英指出，黑格尔不仅明确地提出了逻辑学和本体论合流的思想，而且在自己的逻辑学中具体贯彻了这一思想。一方面，他以"客观逻辑"的名义将存在或事物的一切规定性都包括在自己的逻辑学内，使"客观逻辑"取得了以往形而上学的地位；另一方面，他在"主观逻辑"中做了一番改造旧逻辑的工作，使概念、判断、推理等思维形式不是僵死的、固定的，而是和认识内容的深化过程相一致的。由这一点，黑格尔进一步推论出逻辑学和认识论相一致的思想。逻辑范畴既然不是空洞的外壳，而是具有实在内容的，那么，在黑格尔看来，这种逻辑范畴的展开过程当然同时也就是认识论。逻辑学的每一概念实际上就成了认识深化过程的一个阶段、一个步骤。黑格尔就是这样根据他的唯心主义的思维与存在同一说，认为由抽象到具体、由直观多样性到多样性的统一、由表面直接的东西到深刻的本质的东西这一过程，就是存在获得自己的本质和真理性的过程。这样一来，黑格尔整个逻辑学的概念发生系列，就不仅是一种认识过程，而且也是存在自身产生和发展的过程。逻辑、认识论于是完全和本体论等同起来了。[①] 张世英充分肯定了黑格尔的逻辑学中关于逻辑、认识论、本体论三者统一思想中合理的因素，即现实的历史中存在着逻辑，而各个逻辑概念、范畴都是获取"具体真理"过程的阶段、步骤。但是"他犯了把逻辑、认识论同本体论等同起来的错误"。"马克思主义辩证法也主张事物的发展是一个由简单到复杂的过程，主张简单的范畴在历史上一般存在于比较复杂的范畴之先，并且，复杂的范畴包括简单的范畴在内，因此马克思说'在这个限度内，从最简单上升到复杂这个抽象思维的进程符合现实的历史过程'。但是这并不是说，现实事物由简单到复杂的发展过程，同黑格尔所描述的那种由抽象到具体、由表面直接到深刻本质、由非真实到真实的认识过程是一回事。"[②] 张世英的这个分析，较好地体现了列宁对黑格

---

① 张世英:《论黑格尔的逻辑学》,第225页。
② 同上,225—226页。

尔哲学评论的基本精神，同时也符合《逻辑学》的原意，既反映出黑格尔思想在哲学发展史中的前进性，又揭示了这种前进中所付出的理论代价。

该书在1980年出第三版时，作者根据列宁《哲学笔记》的一段"警句"——"不钻研和不理解黑格尔的全部逻辑学，就不能完全理解马克思的《资本论》，特别是它的第一章。"——专门写了一个附录，说明马克思在《资本论》中是怎样把黑格尔逻辑学中辩证法的合理形式运用于政治经济学研究的。作者不仅指出了"马克思《资本论》中所采用的辩证方法主要有两个特点：一是把概念、范畴的推移转化看成是由于内在矛盾面不断发展的过程，叫作矛盾分析法；一是把概念、范畴的推移转化看成是由简单到复杂的发展过程，叫作由抽象到具体的方法。显然，这两个特点都渊源于黑格尔的逻辑学"，而且具体分析了这些辩证方法在《资本论》中的贯彻过程。由于对黑格尔《逻辑学》有精深的了解，所以在解释列宁的"警句"时，这个附录表现出的理论水准是高于很多其他学者对同一问题的认识的。

《黑格尔〈精神现象学〉述评》写作的时候，贺麟的《精神现象学》中译本下卷还未出版，但张世英的所用的德文原著与贺麟的翻译原本却是一样，都是荷夫麦斯特本，这就保证了在原著内容安排上的一致性。

《精神现象学》写成于1806年，出版于1807年，是黑格尔的第一部名著。在这部著作中，黑格尔第一次阐发了自己独立的哲学基本观点。这部著作的出版，是黑格尔哲学成为整个德国古典唯心主义派别发展的顶峰的开端。马克思认为它是黑格尔哲学的诞生地，恩格斯将它看作与精神胚胎学和精神古生物学类似的学问。黑格尔在此书中，把现实的人看成是"绝对精神"的表现，其发展过程不过是一连串意识形态的演进，从意识对现实的最简单、最直接的感觉起一直到他所谓对现实的真正"哲学"观点（"绝对知识"）为止。由于是从意识的发展来反映人的历史发展，这本书非常晦涩难读。在贺麟的中译本出版之前，中国哲学界对这本书的内容是很少有人知晓的。贺麟的中译本上卷出版之后，人们得以阅读原文，但还存在着两个困难，一是对于刚入门或入门不深的黑格尔哲学研究者来讲，很难搞清楚黑格尔在此书中讲的是什么以及什么是其中的基本精神；二是由于中译本下卷未出，即使费了力气从上卷中知晓初步的学者来讲，也难以从整体上把握该书的内容和结构。张世英的《黑格尔〈精神现象学〉述评》正是在这两个方面起了解惑去困的作用。

《述评》除前言和结论外，按照《精神现象学》的体系，分六章介绍讲解了该书的内容，为读者提供了一个很好的"导读手册"。其中尤为重要的是作者在前言、第一章《精神现象学》的"序言"和结论中所分析和论述的一些问题。

第一，关于《精神现象学》与黑格尔哲学体系三部分逻辑学、自然哲学和精神哲学之间的关系。张世英首先指出了黑格尔哲学体系建构的基本原则，是描述"绝对精神"或"绝对理念"发展的过程。第一部分"逻辑学"，是关于"绝对理念"在没有体现为自然与人类社会之前的情况的学问，即研究"理念之自在自为"的学问；第二部分"自然哲学"，是关于"绝对理念"体现为自然的学问，即研究"理念之外在化"的学问；第三部分"精神哲学"，是关于"绝对理念"体现为人类社会的学问，即研究"理念由外在而回复到自身"的学问。因此，张世英认为，黑格尔的哲学体系应是关于"理念"本身的学问，也就是说是"逻辑学""自然哲学"和"精神哲学"三部分。至于"精神现象学"的地位，张世英的看法是，它是黑格尔整个体系的"导言"，因为黑格尔在《精神现象学》的最后一章《绝对知识》中就讲过，精神、意识在经过"精神现象学"所描述的一系列具体的意识形态之漫长发展过程之后，最后达到了概念（"理念"），这之后的发展则是概念（"理念"）以自己为根据的运动。在《大逻辑》第一版（1812年）的序言中，黑格尔在谈到他的"科学系统"时也说过类似的话，认为"现象学"是这个系统的第一部分，第二部分包括逻辑学和两门具体的哲学科学，即自然哲学和精神哲学。张世英认为，这个第二部分就是1817年黑格尔写成的《哲学全书》。另外，由于黑格尔在《精神现象学》中所讲的人的意识发展史与他后来写的《精神哲学》的内容约略相当,"所以,从这方面来看,我们诚然也可以把精神现象学归并到黑格尔哲学体系的第三部分之中"①。为此,张世英反对德国哲学家尼可拉·哈特曼在《德国唯心主义哲学》一书中,把黑格尔哲学系统分为"精神现象学""逻辑学""基于逻辑学的系统"三部分的观点,认为"这种分法违背了黑格尔本人把自己的哲学体系按其最高原则——'绝对理念'之发展阶段而分成'逻辑学''自然哲学''精神哲学'三部分这一重要事实……其目的无非在于突出黑格尔关于逻辑学是'自然哲学'与'精神哲学'之灵魂、'自然哲学'与'精神哲学'则不过是'逻辑学'之应用这一唯心主义思想,而抹杀黑格尔哲学中所包含的辩证方法。哈特曼的分法,不是一个简单的分类问题,它实际上包含着新黑格尔主义的思想色彩"②。张世英的这个看法,与贺麟当时对黑格尔哲学体系的看法是有所不同的,这个分歧在 80 年代进一步引起了中国哲学界学者的思考。

第二,关于《精神现象学》的基本思想问题。马克思在《1844 年经济学哲学手稿》中曾指出,黑格尔精神现象学的最后成果是"作为推动原则和创造原则的否定性的辩证法"。张世英在该书的第一章中认为,《精神现象学》的"序言"尤其具有马克思所说的这种性质,并从中归纳出这种辩证法的几个要点:第一,真理是一个"系统"(过程),它既不在单纯的结论,也不在单纯的开端;第二,"绝对"(真理)是主体,是对立面统一与"圆圈"式的发展过程;第三,认识"绝对"(真理)的途径是通过分析又扬弃分析的规定性而达到内容的"有机整体";第四,认识"绝对(真理)的过程是主客对立统一的过程;第五,真理不是与虚妄隔绝的,求真理的方法就是内容自身运动的必然性;第六,哲学研究既不是"形式思维",也不是"不进行推理的天才灵感",而是"避免打乱概念的内在节奏""让内容按照他自己的本

---

① 张世英:《黑格尔〈精神现象学〉述评》,上海人民出版社,1962 年,第 4 页。
② 同上,第 5 页。

性、即按照他自己的自身而自行运动,并从而考察这种运动"的"概念思维"。《精神现象学》中所贯穿的这些思想表明,黑格尔"猜测到真实的东西或真理不是孤立的,而是一个有机的整体,是对立面的统一;猜测到认识不是静止的而是一个矛盾发展的过程;猜测到主客之间既是对立的,又是同一的;猜测到主体的能动作用,主体向客体转化;猜测到劳动的本质在于克服客体,使客体'成为己有'(亦即由客体回复到主体);猜测到人类历史是不断寻求自由的历史,亦即主体方面不断克服其与客体方面的对立而求得统一的历史"①。

当然,在黑格尔哲学中,这种统一乃是虚假的,因为它"实际上是在单纯主观的抽象的思想范围之内虚构出来的一种对立统一……要真正在人类历史过程中实现主客体的统一,要真正使主体占有客观世界,使之成为己有,那只有通过社会人的物质生产实践,通过其对客观世界的实际作用,才有可能"②。

《论黑格尔的哲学》《论黑格尔的逻辑学》和《黑格尔〈精神现象学〉述评》的出版,是这一时期中国学者在黑格尔哲学研究上的重要成果。新中国成立以后,中国哲学界就开始探索一条研究黑格尔哲学的新的路子,这条新路子要求从马克思主义的角度而不是新黑格尔主义的角度全面地理解和掌握黑格尔哲学体系及其内在矛盾。这三部专著,既有宏观上的论述和概括,又有微观上的分析和综合,可以看作这条新路子初步形成的标志。当然,这并不仅仅是张世英个人的贡献,实际上它体现了新中国成立以来贺麟等一批学者共同努力的结果,是集当时中外(主要是苏联)黑格尔研究之大成而又加上自己的独立见解的成果。它们的问世,不但得到了大陆哲学界的充分肯定,而且在港、台地区和国外也产生了一定影响。日本学者将《论黑格尔的逻辑学》译成日文出版,认为它是中国"系统地论述"黑格尔逻辑学部分的"第一部专著"。

---

① 张世英:《黑格尔〈精神现象学〉述评》,第107—108页。
② 同上,第110—111页。

二

"文化大革命"中,张世英在困难的条件下,坚持德国哲学的资料积累和研究工作。"文化大革命"结束后,他全面展开了教学和科研活动,一是先后指导了一批德国哲学的硕士研究生和博士研究生,形成了一个有特色的研究群体;二是主持出版了《德国哲学》和《中西哲学与文化》两份不定期专刊和《黑格尔辞典》,扩展了国内学者之间以及与国外学者之间的学术交流;三是开辟了不少新的研究领域,发表了较以前多的著作、论文及随笔,并参加了一系列国际国内学术讨论会,形成了自己学术研究的另一次高峰,给予中国康德黑格尔哲学研究以重要影响。比较有代表性的成果是:《黑格尔〈小逻辑〉绎注》(吉林人民出版社,1982年);《论黑格尔的精神哲学》(上海人民出版社,1986年);《康德的〈纯粹理性批判〉》(北京大学出版社,1987年);《天人之际——中西哲学的困惑与选择》(人民出版社,1995年);《进入澄明之境——哲学的新方法》(商务印书馆,1999年);《北窗呓语——张世英随笔》(东方出版社,1998年);《黑格尔论反思》(载《论康德黑格尔哲学》,上海人民出版社,1981年);《新黑格尔主义论著选辑》(商务印书馆,1997年、2000年)。

贯穿在这些著作和论文中的一个基本趋向就是:研究视角的转换。这种转换大体上经历了三个阶段。

第一阶段,从对康德黑格尔理论体系的概念分析转换到人的主体性精神分析。1985年,在《黑格尔的精神哲学》付梓后,张世英在该书的序中写道:约在1965年以前,就准备撰写《论黑格尔的精神哲学》,当时已细读了1830年第三版《哲学全书》的第三部分即《精神哲学》,并根据《黑格尔全集》格洛克纳版比较系统地摘译了其中的重要段落,还做了一批批语,正打算动笔之际,"文化大革命"开始了,那些材料便一直装在一个纸糊的袋里。1982年才开始执笔,时作时辍,直到1984年"五一"以后才真正集中精力撰写此书的绝大部分。

"二十年来的人世沧桑使我深深感到,哲学的中心课题应该是研究人,回避人的问题而谈哲学,这种哲学必然是苍白无力的。我现在认为,能够认识这一点,是能否真正理解黑格尔思想的关键。1965年我虽已为写作这本书做了些准备,但那时并没有这个基本想法,至少是对这点体会不深,我想,当时即使完成了这本书,也不可能以这样的面貌出现,距离真正揭示黑格尔精神哲学和精髓将更远。"①

正是这个转换,铸成了《论黑格尔的精神哲学》与60年代问世的《论黑格尔的逻辑学》的不同特点。后者主要是将黑格尔哲学作为一个概念体系加以分析论述,而前者则强调黑格尔哲学的内在灵魂是人的问题。作者写道:"黑格尔的精神哲学是他的全部哲学体系的顶峰,用他自己的话来说,是'最高的学问'。而精神哲学就是关于人的哲学。人的本质在黑格尔看来是精神,是自由。我正是想把黑格尔的这个基本观点贯穿全书。《精神哲学》从'主观精神'到客观精神,以至于'绝对精神'就是讲的人如何从一般动物的意识区分开来,达到精神、自由以及精神、自由的发展史。人的精神本质或自由本质是在《精神哲学》所描述的诸如自我意识、理论、实践、法权、道德、家庭、社会、需要、劳动、国家、艺术、宗教、哲学等等一系列的环节或阶段中来逐步实现的,精神、自由和上述这些环节所构成的体系是一而二、二而一的统一体。离开这些环节而谈精神、自由,则精神、自由必然是空洞抽象的,人生的意义也必然是虚无缥缈的。反之,离开人的精神本质或自由本质而谈其中任何一个环节,则这些环节必然成为僵死的、无灵魂的躯壳。黑格尔的这些思想是建立在唯心主义基础之上的,但又确实是很深刻的,比起一切旧唯物主义者在这方面的论述要高明得多。黑格尔强调,西方近代哲学的一个重要特征是重视人的精神本质或自由本质,重视人的'主体性'(Subjektivitaaet)。我们亟需批判地吸取西方近代哲学的这个优点。"②

---

① 张世英:《论黑格尔的精神哲学》,上海人民出版社,1986年,第1—2页。
② 同上,第2页。

过去，张世英在论述黑格尔体系三大部分即"逻辑学""自然哲学"和"精神哲学"的关系时，较多地是强调"逻辑学"的核心地位，现在，则突出了"精神哲学"的重要性。在该书的"序言"中，他将逻辑学、自然哲学和精神哲学三者的关系概括为："一、从'逻辑上'说，理念是在先的东西（即所谓'逻辑在先'，在这个意义下，逻辑学是讲事物的'灵魂'的哲学，自然哲学和精神哲学不过是'应用逻辑学'）。二、从时间上说，自然是最先的东西，它先于人的精神，先于逻辑理念。三、从自然预先以精神为自己发展的目标来说，精神先于自然；从精神是理念和自然的统一与'真理'是最现实、最具体的东西来说，精神更是'绝对'在先者。精神哲学是最高的科学。"[①]

为了突出精神哲学这个关于人的学问的"最高的科学性"，在该书的内容安排上，张世英在阐述了"精神哲学"中的"主观精神"即心理学，"客观精神"即伦理学和政治哲学，"绝对精神"即艺术观、宗教观和哲学观后，还专门写了《黑格尔国家学说中的主体性原则》和《绝对精神与人》两章，集中论述了黑格尔哲学中人的问题，提出了有重要影响的看法。

第一，主体性原则是近代哲学的基本原则，也是黑格尔精神哲学中的基本原则。作者认为："在黑格尔看来，古希腊哲学中的思维与存在浑然一体，人尚未被看成是'主体'，尚未被看成是具有'主体性'的东西而与客体相对立；中世纪的哲学原则是思维与存在割裂，自由或主体性也没有被看成构成人的本质的东西，只有近代哲学才意识到思维与存在的对立，并力图发挥'主体性'以克服这种对立，把握它们之间的统一，所以近代哲学的原则是'主体性'原则。和这种哲学上的发展过程相适应，黑尔认为，有无'主体性'，也是划分近代和古代政治生活的关键，甚至划分西方与东方政治生活的关键。"[②]整个"精神哲学"都贯穿了主体性原则，在"主观精神中，意识由低级阶段

---

① 张世英：《论黑格尔的精神哲学》，第7页。
② 同上，第203—204页。

到高级阶段的发展趋势，是由主客浑然一体经过分离对立达到对立统一"，这个过程就是向"主体性"目标前进的过程。"客观精神"中，从"伦理"领域的"家庭"阶段经过"市民社会"阶段到"国家"阶段的发展过程，也是"主体性"原则的发展过程。"'抽象法'领域中的'主性体'是作为占有外在物（即'所有物'）的人格而存在的，尚受外在物的限制，并非自我决定的自由；'道德'领域的'主体性'是自我决定，不受外来的侵犯，这里，人才真正规定为'主体'，但这里的主体性有主观片面性；'伦理'领域的'主体性'是与客观性、普遍性相结合的'主体性'，而从'家庭'经过'市民社会'到'国家'，又是这种'主体性'原则进一步的辩证发展。'国家'在黑格尔看来包含了前此诸阶段，又扬弃了它们，乃是'主体性'原则的最高阶段……'国家'的发展构成世界历史，这个历史也是'主体性'原则从低级到高级的发展史，'日耳曼王国'是这一发展的最高阶段，此后，'主体性'原则仍将在这个阶段内继续不断前进和发展。"[①] 当然，"黑格尔并不满足于社会政治性的'主体性'，在他看来，这种主体化仍然是有限的，必须突破'客观精神'的范围，进入'绝对精神'，这才超出有限性的'主体性'，达到无限性的'主体性'，亦即真正的、最充分、最完满的'主体性'"[②]。在这里，张世英一改过去在论述黑格尔哲学时的通用模式：列举黑格尔辩证法的几个要点，然后指出其与唯心主义体系的矛盾，最后用马克思主义观点加以批判，而是从一个更广泛的视域来看黑格尔哲学。即从以启蒙运动为开端的近代哲学发展的整体精神来理解黑格尔哲学的性质和历史地位，使人们更能认识黑格尔哲学的时代性。

第二，主体性原则的核心是自由，自由是"精神哲学"的中心概念。作者认为："黑格尔关于人的学说有很多深刻的东西，对我们也很有启发。（一）人都有其独立自由的方面，也就是西方哲学史上一般

[①] 张世英：《论黑格尔的精神哲学》，第 228 页。
[②] 同上。

所说的'自由意志'。这个方面的含义比单纯的实践或能动的改造作用要广泛得多，它既包含这一层意思，又不止于此，它还包含自我意识、自我选择、个性的发挥、自由自主等等含义。黑格尔所说的'主体性'颇足以表达这方面的内涵……黑格尔关于人的学说着重告诉我们，否认人的'自由意志'或'主体性'就是否认人的独特的意义和价值……（二）黑格尔的独到之处在于：他不仅看到了人的二重性即自然的方面与精神的方面，而且他要求把二者统一起来，认为人的精神本质和自由本质不是要简单地抛弃自然的方面，而是既包含又超出自然的方面，只有这样，人的使命才有永恒的价值……（三）与此相联系，黑格尔还断言，精神出于自然而又'多于'自然、'高于'自然。这是贯穿在黑格尔哲学体系中的一个基本思想……人的'自由意志'或'主体性'的发展过程可以说是个不断'多于'或'高于'自然的过程，也是一个不断'多于'或'高于'客体的过程……（四）黑格尔的独到之处还在于他反对把自由理解为任性，把主体性理解为脱离客体性，把个体理解为脱离共性，他极力主张自由与必然相结合才是真正的自由，主体性与客体性相结合才是真正的主体性，个体与共性相结合才是真正的个性，并且这种结合是漫长曲折矛盾复杂的过程和体系，其中包含诸如实践、劳动、法权、道德、家庭、社会、国家、艺术、宗教、哲学等等一系列的环节或因素。这是黑格尔在西方哲学史上的一大贡献。"[1]

第三，真正的主体性自由，是对立面的统一。作者指出，在黑格尔看来，彼此分裂、对立的东西，都不是真实的，只有存在统一性的东西才是真实的，不过这种统一不是脱离矛盾、对立的抽象统一，而是包含它们在内的统一，叫作具体统一或具体同一。"另一方面，黑格尔作为一个客观唯心主义者，又认为只有精神性的东西才具有统一性……脱离精神无真实性和脱离统一无真实性，这两条原则在黑格尔那里是有机地结合在一起的。也就因为这个缘故，黑格尔才认为精神

---

[1] 张世英：《论黑格尔的精神哲学》，第 277 页。

的特点是对立面的统一,是自由……从这里也就可以看到,对立统一之所以成为黑格尔全部辩证法的核心,是同他把精神哲学看作最高的学问,把论证人的自由本质看作哲学的最高目的分不开的。"①

张世英认为,黑格尔之所以在哲学上推崇人的主体性、人的自由是有着历史发展的必然性的。古希腊绝大多数哲学家主要探讨本体论问题,把人作为具有自由意志的主体而与客体相对立和相关联,这样的问题是他们提不出来的。只是从智者开始,才有了本体论研究到人的研究的转向。智者、苏格拉底以及以后的怀疑主义等派别,使古代哲学达到了自我意识的原则,从此,西方哲学史关于人的哲学研究,关于人的自由本质的认识,前进了一步。中世纪基督教占统治地位,在其关于人神合一的教义中包含着一个原则:上帝面前人人自由平等,这个原则虽有一定反对等级制的意义,但远非认自由为构成人之为人的本质的观点。只有到了自由资本主义时期的哲学——近代哲学,才把人逐步深入地理解为具有自由意志的主体。"不过,近代哲学对人的自由本质的认识也有一个发展过程,文艺复兴时期把人权从神权的束缚下解放出来,在一定程度上展示了人的自由本质。但 17—18 世纪的哲学又认为人完全受制于自然界的因果必然性,甚至把人看成是一架机器,这样人的本质仍然没有得到充分认识。"德国古典唯心主义哲学家康德、费希特、谢林、黑格尔看到了这一点,"起而再一次为维护人类精神的独立自主性,为阐发人的自由本质而斗争。这是西方哲学史上人权的第二次解放。如果说在'文艺复兴'时期人权的第一次解放中,人为自己的独立自主和自由本质而与神做斗争,那么,在 18 世纪末 19 世纪初德国古典唯心主义哲学期间人权的第二次解放中,人则是为了自己的独立自主和自由本质,而不能不在继续摆脱神学束缚的同时,着重同机械的宇宙观做斗争。其实,德国古典唯心主义哲学特别是黑格尔哲学之所以富于辩证法思想,其最根本的最现实的目的也就在这里。不理解德国古典唯心主义辩证法同论证精神的独立自主和

---

① 张世英:《论黑格尔的精神现象学》,第 282 页。

人的自由本质之间的内在联系,就不能真正把握德国古典唯心主义辩证法的灵魂与实质"①。这个看法成了张世英以后研究德国古典哲学和整个西方哲学发展史的一个重要趋向。此后不久出版的《康德的〈纯粹理性批判〉》首先印证了这一点。该书没有像以前的学者只是逐章逐节地解释康德的思想、分析康德提出的问题,而是突出弘扬了康德关于主体性原则和人的自由本质的思想。在该书的"序"中,作者明言:"康德是德国古典唯心主义哲学家中第一个强调和系统论证统一性以及人的主体性和自由本质的人。本书所贯穿的一个基本思想就要说明康德的《纯粹理性批判》一书实系他所向往的未来形而上学(玄学)的一个导论:他讲现象界实系为了建立本体界;他限定知识和必然性的范围实系为人的主体性和自由本质留地盘;他关于统一性的理论实系说明,一个真正的人或者说人的主体性,在于人是一个包括着和统率着各种自然科学知识的自由的最高统一体,而在他看来这样的统一体也就是一个道德行为的主体。我们今天既要重视发展自然科学,重视物质文明,又要重视人的独立自主性,重视精神文明。那么,在如何把两者结合起来、统一起来的问题上难道不可以从康德哲学中特别是他的统一性学说和主体性学说中得到一些启发吗?"②为了突出这一主题,作者在书中除了概括地论述了《纯粹理性批判》中一般必须讲的内容,诸如"绪论"中的先天综合判断问题,"先验感性论"中的时间空间问题,"先验分析论"中的范畴、图式和原理等问题,"先验辩证论"中的先验幻想、理念和辩证推论等问题外,还另列了三个专题:"康德主体学说的历史意义""《纯粹理性批判》是未来形而上学的导论"以及"实践理性高于理论理性",具体阐明作者的上述看法。

作者认为,康德哲学的中心是主体性学说,康德所面临的任务是要在文艺复兴以后,使人权进一步从单纯因果必然性的束缚下解放出来,使人的主体性在笛卡尔早已提出的"我思"的基础上得到进一步

---

① 张世英:《论黑格尔的精神哲学》,第 280 页。
② 张世英:《康德的〈纯粹理性批判〉》,北京大学出版社,1987 年,第 1—2 页。

发展，实现西方哲学史上人权的第二次解放。

作者认为，文艺复兴以来发现了人，可是人怎么会有独立自主性？这就是康德哲学所要说明的问题。康德的回答是："人有两重性，一重是人的自然方面，一重是人的自由意志方面。人的自然方面的属性是受因果必然性支配的……人的一些行为是由自己的意志决定的……他把人的两重性看成是两个世界里面的东西，一个是属于不可知领域的自由世界，一个是属于可知领域的必然世界，而康德的重点是强调自由，其根本目的是为了说明人的行为是自我决定的。"[①]康德由此提出了自己的主体性思想，其第一个方面，是以自由与必然的关系来说明人的主体性，这是康德关于人作为实践主体的思想，它表现为四种对立：现象与本体的对立、知性与理性的对立、理论理性与实践理性的对立以及必然与自由的对立，四种对立最后都可能归结为必然与自由的对立。"这四种对立都贯穿于《纯粹理性批判》全书，以至于他的整个三个'批判'之中。这四种对立最终都是为了说明人的主体性、人的自由意志、人的独立自主性。在这四者之中，每一种对立的前一方都是要加以限制的，都是为后一方面留地盘：限制现象的范围是为本体留地盘，限制知性的范围是为理性留地盘，限制知识的范围是为信仰留地盘，总括起来说，限制必然性的范围是为自由留地盘。"[②]其目的是为了说明实践理性所把握的东西比理论理性所把握的东西要高，只有通过实践理性，通过信仰，把握了自由的主体，才能满足人的理性的最高要求。康德的三个批判哲学主要就是要说明这个问题。

康德主体性思想的第二个方面，在作者看来是关于人作为认识主体的思想。相对于前一个方面，这后一个方面是"从属"的，但也是重要的。"康德从认识论角度所阐明的主体学说究竟是什么？用简单一句话来说，就是强调人在认识中的主观能动性，强调'人为自然立法'。

[①] 张世英：《康德的〈纯粹理性批判〉》，第16—17页。
[②] 同上，第22页。

反过来说，没有人的能动性就没有人的主体性。"①人在认识中的主体性，也是通过对立体现出来的，第一是知识的两个来源即感性和知性的对立；第二是"表现"（Erscheinung）和"现象"（Phenomena）的对立。作者认为，这两种对立，实际上是康德要说明人的认识能力对于我们所要把握的东西进行的两次综合。第一次综合是直观的综合，把感觉材料纳入时间和空间这两种先天直观形式中，通过这种综合便有了感性知识。第二次综合是知性的综合，把感性知识纳入知性范围，形成科学知识。这两次综合的主体都是自我，自我是一切知识的逻辑前提。总之，在康德哲学中，"人作为主体有两个方面：一是实践的主体，一是认识的主体……第一，这两个意义的主体乃同一个自我，我们并不是把人分成两半，而是讲同一个主体的两个方面，是从两个不同的角度来考察自我。第二，无论是实践的主体，还是认识的主体，它们都是指统一性，都是指独立自主性，包括我们说的主观能动性。第三，作为实践的主体要高于作为识的主体，这就是实践高于认识，自由高于必然，道德高于知识，自由是人的本质，自我决定是人的本质"②。

张世英的这种解释，的确有新意，扭转了过去对康德哲学的一些理解。首先，它将康德的限制知识而为信仰留地盘这个表面上消极的命题转换成了为自由留地盘这个有着积极意义的命题；其次，它将"先验自我"这个过去被认为是康德主观唯心主义根源的东西转换成了主体性之自我的东西，希望以此来更充分地揭示康德哲学中的合理之处和突出康德提出的一系列哲学问题的时代意义，可以说是对康德哲学的一种新解。

主体性研究方向的转化，是张世英这一时期最重要的学术特点。但在《论黑格尔的精神哲学》和《康德的〈纯粹理性批判〉》中，这种视角转变还是一个开始，因为它还主要限于如何纠正过去对康德黑格尔哲学的不适当评价、清除日丹诺夫讲话精神的消极影响这个范围内，

---

① 张世英:《康德的〈纯粹理性批判〉》，第34页。
② 同上，第40页。

在一定意义上，可以被看作冲破"左"倾束缚、解放思想、开辟学术研究新界的一种尝试。但主体性问题并不是一个超时代的问题。的确，它是近代哲学的重要特征，有其形成的历史必然性，当然也就有其一定的历史局限性。当西方哲学进入现代阶段时，主体性的思维方式已开始受到了哲学家的不同程度的批判和反思。这一点，在20世纪80年代，还没有引起中国哲学界的充分重视。主要原因在于，我们对一些重要现代西方哲学家的原著及其思想还缺乏系统的认识，特别是对一些新的哲学思潮如现象学、存在主义、解释学以至于后现代主义等，更是如此。主体性问题的研究，只是使我们有可能深刻地认识西方哲学在近代的所谓认识论转向。对于这个转向中所涉及的种种内在矛盾及其走向，还需要做深入的分析和研究。而这一点，当时还来不及进行，即使就张世英这样具有深厚的理论基础和敏锐的学术眼光的著名学者来讲，也有一个认识逐步发展的过程。在完成《论黑格尔的精神哲学》十年后，他在与《光明日报》记者的谈话中坦言："80年代初哲学界开始讨论主体性问题引起了我潜心研究西方主体性概念的兴趣。我读了许多西方学者对于主体性和主客关系的批评，这些学者既包括尼采、海德格尔等已故现代哲学家，也包括一些当今正活跃于国际哲学舞台上的欧美哲学教授。在我所参加的许多次国际学术讨论会上，经常听到的是关于'主体性过时'甚至'主体死亡'的话题。我虽然至今不赞成抛弃主体和主体性，但也深感近半个世纪以来，我国哲学界一般被束缚于主客关系的思维模式之中，似乎全部的人生或哲学的最高任务就只是在主体与客体之间搭上认识的桥而已，根本不去考虑还有超主客的更高的人生境界，也根本不去考虑哲学的更高任务就是要达到这种境界，我在研读现当代欧洲大陆哲学家尼采、狄尔泰、海德格尔、伽达默尔等人的著作及中国古代哲学思想的过程中，似乎找到了人生和哲学一个富有诗意的新天地。这就是我研究转向的主要原因。"[1]

---

[1] 张世英：《北窗呓语——张世英随笔》，东方出版社，1998年，第301—302页。

应该说，张世英80年代在论康德黑格尔哲学的著作和论文中，这种转向还没有完成，突出表现在：第一，张世英当时坚持认为，贯穿在康德黑格尔哲学中的基本精神是主体性，弘扬了主体性就是弘扬了人的自由。第二，主体性的体现不在多样性而在于统一性。他在《康德的〈纯粹理性批判〉》的"序"中讲得很清楚："德国古典唯心主义哲学家从康德到黑格尔均以统一性（Einheit）为他们哲学的根本原则，而统一性在他们看来又是和人的主体性（Subjectivist）联系在一起的；没有统一性就谈不上主体性，没有主体性也不能理解统一性。因此，主体性以及与之相关联的精神性、自我、自我意识、自由等都成了他们哲学的中心概念。但是，自从现代哲学中的许多派别兴起以后，多样性的思想几乎占了绝对优势，统一性概念遭到严重破坏，人的主体性也往往被抹杀。因此，近年在联邦德国又萌发了一种回归到德国古典唯心主义哲学的趋势，要在新的历史条件下，从新的角度，探讨德国古典唯心主义哲学中的统一性概念，以便进一步阐发人的主体性原则。"[①] 这一点，张世英在这一时期的论著中多次强调过。第三，在如何把握统一性上，黑格尔的理性主义是正确的。在《论黑格尔的精神哲学》的附录《新黑格尔主义论人》中，作者写道："人如何把握对立面的统一。黑格尔认为人可以通过漫长曲折的理性认识的过程——通过从形式逻辑的思维到辩证逻辑思维过程以达到对立面的统一；神秘主义者则把思维、理性认识狭隘地理解为只是形式逻辑思维，即西方哲学史上一般所说的'知性思维'，他们否认辩证思维（即黑格尔所说的'理性思维'），于是他们主张事物的真实面貌……对立面的统一不能靠思维、靠理性认识来把握，而只能靠一种神秘的直觉（不管各个神秘主义者对这种神秘的直觉有各不相同的理解，或者有多种不同的称谓）来把握。黑格尔肯定思维可以把握对立面的统一，这个基本思想是正确的，但他站在唯心主义的立场，因而不可能彻底解决这个问题；神秘主义者认为对立统一只能靠神秘的直觉去把握，这个结论本

---

① 张世英：《康德的〈纯粹理性批判〉》，第1页。

身是错误的。"① 这里讲的神秘主义者,既指新黑格尔主义,又指存在主义。

张世英当时的基本趋向,是用康德黑格尔哲学来批判现代西方哲学思潮(主要是他指的非理性主义思潮),同时又用马克思主义的观点来批判康德黑格尔哲学。这种对康德黑格尔哲学的肯定,主要就是根据其中所包含的主体性思想。这个看法后来发生了变化,起因就是对主体性哲学所具有的主客二分式思维方式的反思。这是张世英哲学研究视角转变的第二阶段。

第二阶段,主体性哲学及其思维方式的批判性反思。在完成或者说在写作《论黑格尔的精神哲学》和《康德的〈纯粹理性批判〉》时,张世英已开始系统地研究尼采、胡塞尔、海德格尔、伽达默尔以及德里达等人的思想。并且在 80 年代后期 90 年代初期的中西文化交流、对话热潮中自觉地将这些西方现代哲学家的思想与中国传统文化观念特别是道家、禅宗的思想加以比较。这种比较使张世英反思一个重要的问题:康德黑格尔哲学中的主体性意识是否能真正体现人的自由?他对这个问题的看法与以前有了很大不同。在 1995 年出版的《天人之际——中西哲学的困惑与选择》一书的"序"中,作者认为,主体性问题是与主客二分关系密切相关的。在我国哲学界,将哲学问题归结为仅仅是主客二分的关系问题的看法,占着主导地位,而对于"西方当代哲学的一些重要派别已把主体性和主客二分视为过时的概念,我国学术界则很少涉及,当有人提到'主体死亡'的口号时,甚至被视为奇谈怪论。——所有这些,都引起我极大的疑惑和兴趣。人对世界万物的关系是否只是主体对客体的关系?西方传统哲学的主客关系是否囊括了哲学问题的全部?西方当代哲学的许多重要思想学说,特别是人文主义思潮,能用主客二分的模式说明吗?中国传统哲学能用主客二分的模式来涵盖吗?……中国哲学今后的发展将与西方现当代哲学发生什么样的相互作用和影响?我长期研究西方古典哲学,特别是

---

① 张世英:《论黑格尔的精神哲学》,第 311 页。

德国古典哲学,主客二分的思维模式和主体性原则紧紧框住了我、束缚住了我。但上述一系列问题的缠绕引起了我集中读西方现当代哲学家尼采、狄尔泰、海德格尔、伽达默尔、德里达等人的著作的兴趣,也引起了我读中国传统哲学特别是道家著作的兴趣。这两类书的思想都是与主客二分、主体性不同道的东西,前一类属于主张主体死亡或接近死亡的书,后一类书属于尚未达到主体性原则的书,但它们二者有重要的相似之处而与西方传统哲学相对立,这两类书都启发了我,仅仅囿于主客二分式,只能使眼光狭窄"①。

何为"主客二分"?作者的解释是:"人和世界万物是两个相互对立彼此外在的实体,人是主体,世界万物是客体,人通过认识(这是指广义的认识,其中也包括实践——通常把实践理解为人从世界万物之外进入和深入到世界万物之中,对外物加以改造的活动)以解决世界万物的本质究竟是什么的问题,这种主客二分关系是笛卡尔建立的,狄尔泰称之为'桥梁建筑型',此种关系形态统治了几千年的西方哲学史,以至于恩格斯把全部哲学的基本问题概括为'思维和存在的关系问题'。"②

那么,康德黑格尔哲学在其中的地位又如何呢?作者认为,这须要从主体性形而上学的发展过程来认识。在作者看来,主客二分或主体性原则的明确建立,是在笛卡尔的"我思故我在"的命题及其二元论哲学中完成的。伴随着主体性原则而来的是形而上学,因为把主体与客体看成是彼此对立的实体,就很自然会产生一个无限的、永恒的、超感官的本体世界。这种形而上学的代表人物有笛卡尔、莱布尼茨、沃尔夫等,或者是产生一个不可认识的世界,这是洛克的形而上学。康德的批判哲学和理性形而上学一样,认为普遍性和必然性植根于理性,但康德着重批判了理性主义形而上学把思想概念直接应用于事物本身或本体的观点,认为超感性的本体世界——上帝、灵魂等——只

---

① 张世英:《天人之际——中西哲学的困惑与选择》,人民出版社,1995年,第1—2页。
② 同上,第1—2页。

能是不可认识的公设或假设,这样,康德就"动摇了理性主义形而上学所奉为至尊的理性思想的权威,动摇了它的超感性的形而上的本体世界的崇高地位,给予了主体性形而上学以打击"。但是"康德的主客二分式思想也是很明显的:他把经验、知识看成是作为主体的自我与作为客体的物自身两个彼此外在的东西交互作用的产物;把具有必然性的现象界与具有主体性和自由的本体界分离开来;把主体、自我也看作是不可知的物自身。这些,都说明他仍然保留了主体性形而上学的特征"①。作者认为,黑格尔的思辨哲学不同于理性主义形而上学、经验主义和康德的批判哲学,他反对把无限与有限、绝对与相对、普遍与特殊、永恒与无常对立起来,而主张两者的结合,反对把绝对看成最终是超验的对象,而主张绝对是自然和人类活动的生动的逻辑形式发展的过程,反对认识须从一个被给予的、现成的基础或前提出发,而主张认识是一个始点和终点相结合的圆圈。他还特别反对理性主义形而上学把无限的东西当作"物"或具体对象来看待的观点。这样,黑格尔就"使主体性形而上学遭到了前所未有的打击。但是黑格尔是否就因此而摆脱了主体性形而上学呢?也不能这样说,相反,黑格尔的思辨哲学可以说是由笛卡尔奠基的近代主体性形而上学的一种完善"②。因为他"在一定程度上纠正了理性主义形而上学、经验主义和康德批判哲学的缺点……恢复了康德所打击过的绝对化的理性的地位,重新给绝对的、无限的、普遍的、永恒的形而上世界以理性的论证……他虽然声称他关于人的哲学——精神哲学——是最高、最具体的学问。单纯论述思想概念的逻辑和单纯论述自然的自然哲学两者分开来都是片面的、抽象的,但他毕竟认为逻辑学的纯粹思想和纯粹概念是一切现实的东西(即自然和人)的灵魂和本质……可以说,黑格尔是西方近代哲学史上最大的主体性形而上学家"③。作者认为,自黑

---

① 张世英:《天人之际——中西哲学的困惑与选择》,第372—374页。
② 同上,第374页。
③ 同上,第374—375页。

格尔以后，以尼采、狄尔泰、海德格尔等人为代表的现代人文主义思潮明确反对主客二分和主体性原则，从而也反对近代哲学中的主体性形而上学。现代后结构主义甚至提出了"主体死亡"的口号。这表明，主体性原则和主体性形而上学已处于愈来愈衰退的状态，"几乎走完了它的全部生命过程……从西方哲学所走过的这一段历史过程可以看到，主客二分式和主体性原则既给西方人带来了好处，也带来了弊病，它抛弃了中世纪教会神权宰割一切的局面，使西方世界科学昌盛，物质文明发达；但它另外制造了一个'上帝'，即超感性的形而上学本体世界，这个'上帝'以新的形式压制了西方人的自由本质和个性发展，于是批判传统形而上学就成了西方现代哲学所不得不面临的一个重大任务"[①]。

从这种对西方近代哲学发展史的描述和解释中，可以明显看到张世英对他前一时期大加肯定的主体性哲学的批判性反思，这种反思显然是由对西方近代哲学与西方现代哲学之间关系的认识所引发的。它没有否定前一时期所确定的哲学的根本是人的问题这一视角，但对康德特别是黑格尔哲学在这一问题上的理论贡献有了一些新的看法。

首先，在人的自由的问题上，张世英60年代对黑格尔哲学的研究中充分肯定了黑格尔关于自由是对必然性的认识的思想，在80年代写作《论黑格尔的精神哲学》时，又从人的主体性出发论证了自由，并认为黑格尔在这个问题上的看法高于康德，因为他把自由与精神的对立统一联系在一起，把自由概念与体系概念结合在一起，因而在西方哲学史上是一个前无古人的创见。在《天人之际》中，这些看法有了改变，书中写道："思想界流行一种看法，认为自由是对必然性的认识，这是否就是最高层次的自由呢？我不否认，比起盲从必然性来，能对必然性有所认识，确实要自由得多，但单纯认识必然性就变得是真正的自由吗？认识必然性毕竟还是对必然性的一种服从呀！有没有超出必然性的自由呢……其实，在几千年的中西哲学史上，哲学家们都在不断地思考和探索如何超出必然性的问题。所以也可以说，这是

[①] 张世英：《天人之际——中西哲学的困惑与选择》，第90页。

个老问题。"①

对这个老问题重新做哲学史的分析,张世英看到了康德高于黑格尔之处,这就是,康德反对了形而上学家笛卡尔、斯宾诺莎、莱布尼茨、沃尔夫等在主客二分基础上对自由所做的认识论把握,"主张在必然性的领域之上,还有一个自由的本体界……把自由从所谓对必然性的认识的老框框中提升到超必然性知识的领域……黑格尔批评了康德截然划分必然性和自由、知识和信仰的观点,恢复了康德以前旧形而上学以知识性概念陈述无限和本体的思想,只不过黑格尔反对旧形而上学的知识性概念的片面性和抽象性;他企图运用辩证法把康德划分开来的自由和必然两个领域结合起来。实际上黑格尔又回到了斯宾诺莎关于自由即对必然的认识的老路子上去,只不过他把自由理解为一个漫长曲折的辩证发展过程或主客统一过程,亦即认识过程。他的这一辩证法使康德费尽力量从必然性中提升出来的纯粹自由境界又纠缠在必然性的网罗之中,使自由成了一个永远不可企及的幽灵"②。

其次,在统一性、整体性和多样性的关系问题上,张世英过去肯定较多的是前者,认为这是黑格尔哲学中集西方哲学发展史之大成之点和自由的最高境界,因为精神的自由就在于它是主客的对立统一。这种统一性和普遍性就是人生的意义和价值之根本所在。而在《天人之际》中,这种看法有所淡化。一方面,作者指出,从康德到黑格尔的德国古典唯心主义哲学所强调的统一性、整体性原则,由于强调个人的自由与整个社会国家的统一、自由与必然性的统一,而忽视了个性价值,因而与强调多样性和个人价值的现代哲学相对立;另一方面,作者又认为,即使是在现在,西方人也并未完全抛弃德国古典唯心主义的统一性原则,他们希望找到一种统一性形式,解释当前社会的各种现象,这种新趋势兴起的主要原因就在于多样性原则不能满足人们对主体性的要求。人们认识到,主体和统一性不可分,要发展人的主

---

① 张世英:《天人之际——中西哲学的困惑与选择》,第 100 页。
② 同上,第 102 页。

体性就不能不讲统一性。

但到底是以多样性、个别性为原则才能发展人的主体性？还是以统一性、整体性为原则才能发展人的主体性？作者在这个问题上的回答不是像以前简单地肯定后者，而是留有余地地指出："这也许是当前和今后哲学所要讨论的中心议题之一，特别是讲中西哲学之结合时所要讨论的中心议题之一。"①在该书的"序"中，作者更为明确地指出："西方当代许多哲学家正大谈哲学的终结。我同意那种以形而上的抽象普遍性、统一性、终极性为最高原则的哲学确乎应当终结；与此相联系的是，所谓寻找普遍规律的哲学也应该终结。"②这里无疑也包括黑格尔的哲学。

再次，在对人生或哲学最高境界——自由——的认识和把握上，张世英也改变了在《论黑格尔的精神哲学》和《康德的〈纯粹理性批判〉》中所诉诸的理性主义方法，而转而分析过去所批判过的"神秘主义"方法。作者认为，境界不能等同于旧形而上学对于世界的观念，境界是宇宙万物之整体，整体不是总和，而是一个包含人生意义在内的概念，其内容比总和要丰富得多，它是变动的、时间性的。由于从柏拉图到黑格尔的西方形而上学传统扼杀了人生活于其中的境界或变动不居的时域，所以他们的哲学并没有真正说明人的自由。境界既然不是抽象概括，不是普遍概念，因此，"靠主客二分式的知识命题和主谓式语言来言说境界，那是说不完、道不清的……按照海德格尔的思想，只有用诗的言才可以表达一个人的世界或境界。诗具有独特性、一次性，境界可以通过诗意或审美意识一次性体验到、把握到"③。张世英是同意海德格尔这个看法的，承认诗与思的不同，并且诗高于思（传统哲学意义上的），这就必然要求超出理性主义的认识范围。张世英过去反复批评过新黑格尔主义的神秘主义认识论，这时他区分了主

---

① 张世英：《天人之际——中西哲学的困惑与选择》，第 75 页。
② 同上，第 6 页。
③ 同上，第 282 页。

客二分的神秘主义（新黑格尔主义的）和天人合一的"神秘"主义，认为"把握天人合一之无限整体的功能，正是人的神秘之所在，只要我们不把神秘做贬义的理解和解释。我们应该承认这种神秘，给超理性以明确的地位"[1]。

在此后写成的《进入澄明之境》中，张世英在谈到人生整体之"天"的境界时，更清楚地坦言了自己的认识过程："我们一般都把这种以'天'为最高原则、承认有不可说者的思想贴上神秘主义的标签，就以为可以一棍子打死，我过去也是这样看问题。其实，这是由于不懂得把握人与存在合一之整体，正是哲学思考之第一要义，不懂得只有在不可说的地方，通过'天'的境界，才能真正把握这种整体的意义。这种观点片面地以为人对世界万物的唯一态度和关系就是主客关系式，因而认为哲学的最高任务只是把握客体或对象性事物之本质，而看不到对上述整体之把握；这种观点还在于片面的理性至上主义，以为最高、最真实的东西只是可以通过概念、通过逻辑来认识的，只是可以言说的，而看不到正是不可说的地方，在一般所谓神秘的地方，有着最真实、最深刻的意义。如果我们能承认人是超理性的存在，承认人在平常说的感性认识和理性认识之上还有超理性，那么，我们就不会因这种整体之神秘和不可说而否认它。"[2]

最后，在自我问题上，主体性哲学的核心是"自我"，对主体性哲学的批判性反思必然涉及对"自我"的重新认识。张世英在《天人之际》中区分了"自我"与"本我"，前者指在主客二分中的日常生活中的"主体"，后者指天人合一中的"人"。对于"主体"的"自我"，"都是把自我当作与外物、与他人彼此外在、互相对立的实体，这样看待自我，则自我总是不自由的，表面上有主体性，但归根结底，它总是受外物的限制，受他人的限制"[3]。作者认为，康德在对笛卡尔的

---

[1] 张世英:《天人之际——中西哲学的困惑与选择》，第301—302页。
[2] 张世英:《进入澄明之境——哲学的新方向》，商务印书馆，1999年，第57—58页。
[3] 同上，第257页。

"自我"进行批判时,已经对这种思想有所突破。"康德着重论证自我不是实体,目的在于说明自我的自由本质;把自我看成是实体,那就是把自我看成是现象界的东西,是被决定的东西,只有把自我看成是非实体性的东西,这样的自我才是自由的。显然,康德在西方哲学史上为自我的非实体化,为论证自我的主体性和自由本质迈进了一大步,这也是康德的一大贡献。"[1]但康德仍未脱离主客二分式,因为这个"自我"还具有"形式同一性"的逻辑主体的意义。至于黑格尔的"自我"则又是回复到了实体性,并且把绝对精神看成是"自我"发展的最高阶段。作者认为,其实,中国传统哲学和宗教所推崇的天人合一的"人"就是"本我"("真我"比"自我"更深更广),西方现代哲学家如尼采、海德格尔、伽达默尔等人在批判黑格尔的"自我"学说时,"实在已经是对'本我'多少有所了悟。真正悟到了'本我',从'本我'的观点出发看事物,则'自我'所无能为力的因素都囊括在'本我'之内,'本我'就是天人合一,我就是最终决定者,这是真正的、最高的自由境界"[2]。

这一时期,张世英总的研究趋向,是在前一阶段将康德黑格尔哲学的基本思想归结为人的主体性学说的基础上,进一步将其置于与中国传统哲学和西方现代哲学的比较中来确定其历史地位。换言之,是在 50 和 60 年代引马克思主义作为批判因素入康德黑格尔哲学研究之后,转变视角,引中国传统哲学和西方现代哲学思维方式和成果作为批判因素入康德黑格尔哲学研究。这个转变的学术意义,已经不再是简单地从唯物和唯心之间的对立来确定康德黑格尔哲学的历史地位,而是在肯定其为唯心主义哲学的前提下,进一步探讨它们在人与自然以及个人与社会的关系问题上,在理论上提供了什么和缺失了什么。这个探讨的切入点是主体性,对主体性的研究一旦走出近代哲学的视域,主体性本身就成了一个问题。中国传统哲学的非主客二分和西方

---

[1] 张世英:《进入澄明之境——哲学的新方向》,第 258 页。
[2] 同上,第 271 页。

现代哲学的反主客二分趋向都构成了对这一问题反思的参照系。张世英在这一时期发表的大量关于中西哲学史以及西方近代哲学与现代哲学之间的比较性研究文章，正是这种反思的集中表现。但反思还不是目的，反思在一定程度上正如张世英所说的，是一种"困惑"或"烦恼"。由它去酝酿出一种新的境界，使我们在超越中做出"选择"，这是张世英研究视角转变的第三个阶段：主体性哲学及其思维方式的超越。

三

在写作《天人之际》时，张世英实际上已经提出了"超越"的问题，力图论证新时代的哲学趋向。他认为："哲学，人各不同，不可能强求普遍一致的哲学，但出现一种能引起人们共鸣的哲学则是完全可能的，共鸣有赖于差异。西方当今的后现代主义或后哲学，是西方的历史时代处于转折点的产物。当今中国的历史时代也处在一个重要关头，贫穷的时代即将过去，时代呼唤着一种新的、能引起人们共鸣的哲学的出现，呼唤着富有的伟大哲人和诗人的降临。"[①] 这种新的"能引起人们共鸣的哲学"是什么样的呢？在 1999 年出版的《进入澄明之境——哲学的新方向》和 1998 年出版的《北窗呓语——张世英随笔》中，张世英较清楚地表达了自己的看法。

在 1999 年回答《哲学动态》杂志社记者的提问中，张世英谈到了促成哲学这一方向的转变所具有的现实意义，"如果过分夸大了主体性的功能，就走向了反面，诸如环境污染、生态破坏等恶果，从而危及人类自身的可持续发展。相反，如果我们能够超越主客体的思维方式，用'后主体性'的思维方式来'善待'这个世界，来正确处理人与自然的关系，就会少受自然的报复"[②]。

---

① 张世英：《天人之际——中西哲学的困惑与选择》，第 287—288 页。
② 《哲学的问题与方向探讨——访张世英教授》，载《哲学动态》1999 年第 7 期。

"后主体性"这个概念，是张世英对西方现代哲学家特别是海德格尔关于"此在与世界的关系"的一种称谓，这种称谓建立在如下解释中：中国古代哲学的"天人合一"是"前主体性的"，即没有经过"主体—客体"关系洗礼的天人合一，海德格尔等人的思想是从对西方近代主体性哲学的批判中产生的，是从笛卡尔、康德和黑格尔等人的思想中走出来的，故是"后主体性的天人合一"。

晚年的张世英，几乎完全跳出了黑格尔形而上学的窠臼。他在《北窗呓语——张世英随笔》中写道："从西方哲学史特别是德国古典哲学、黑格尔哲学的教学、科研和写作中，我深入地学习和领会了辩证法，特别是黑格尔的概念辩证法，曾经幻想改造黑格尔的体系，建立自己的一套辩证概念的体系……我自以为一旦建成了这个体系，我的哲学追求就算达到目的地了。现在回想起来，那完全是一套空中楼阁，是由黑格尔集其大成的西方传统形而上学以共性压制个性、以抽象本质压制具体性的思想翻版，我美其名曰改造黑格尔，实际上未脱黑格尔形而上学的窠臼。感谢时代的发展打破了我的幻想，我又有了新的思想转变。我欢呼：'我又一次否定了我自己。'"[①]张世英把这种自我否定看作人生的一次"回归"——"我近些年来读西方的海德格尔，每每与中国的道家、陶渊明相联系，我似乎又回到了童年和青年时代的个性和思想爱好。克尔凯郭尔说过：一个人自己的思想是他生活的家。我从黑格尔转向尼采、海德格尔、道家和陶渊明，恍惚间又看到了自己的家。"[②]

远离黑格尔，在张世英看来，就是远离概念的抽象王国，使哲学返回人的现实生活，他喻之为"天女下凡"。"下凡"又不是沉沦于日常生活，真正的哲学家应当是"诗意地栖居"。

当然，远离黑格尔并非是完全抛弃黑格尔，康德黑格尔哲学有其不可否认的地位和作用。即使在今天，它们也仍受到一定重视，因为

---

① 张世英：《北窗呓语——张世英随笔》，第334页。
② 同上，第341页。

中国哲学的发展还需要借鉴西方近代的主体性思想。在1998年发表的《20世纪中国哲学之回顾与展望》一文中，张世英提出中国传统的天人合一与西方近代的主客式两种思维方式结合的问题。他认为，西方哲学史上自笛卡尔到黑格尔的近代哲学的主导原则是主体性和主客关系的思维模式，现当代的许多哲学家对主客式采取批判的态度而主张主客浑一。中国哲学史长期以天人合一为主导。19世纪末20世纪初的一批先进思想家起而反对天人合一，强调我与非我之分和"心之力"，大力介绍和赞赏笛卡尔和康德的主体性哲学和主客式。"五四运动"所提倡的民主与科学从哲学的深度来看就是召唤西方近代的主客关系的思维模式和主体性。"五四"以后至今，我们所走的这条道路在步伐上太缓慢、太曲折。21世纪的中国哲学必将继续发展主客关系的思维模式和主体性。但西方近代的主客式和主体性由于被吹胀到至高无上的地位而产生了种种弊端。21世纪的中国哲学应该批判地吸取天人合一思想之合理处，把西方近代的主客思维方式补充进来，使两者相结合。21世纪的中国哲学将是二者相结合的哲学。

张世英称这种新哲学为"万有相通的哲学"，在《天人之际——中西哲学的困惑与选择》中，其基本思想已经提出："自然界和社会上的各种事物以至个人自己的各种先天的和后天的各种生理因素和心理因素，以远近程度不同和千变万化的联系方式构成千姿百态的交叉点或'本我'，因此每一个交叉点、每一个'本我'虽然都是同一个宇宙之网的整体，但彼此之间又有各自的个性和独特性。个体性融合在整体性之中，每个'本我'即是整体，整体即是每一个'本我'。这就是为什么'本我'既有我性又超出我性而为宇宙整体的道理。正因为如此，我与他人、他物才融为一体，无有隔碍，而又能同时保持我自己的独立性、创造性和自由。这也就是我所谓的'天人合一'或'万物一体'。"①

"万有相通"新的哲学观念的提出，从一定意义上讲，是张世英

---

① 张世英:《天人之际——中西哲学的困惑与选择》，第268页。

研究西方哲学视角转变的完成，也是他一生对康德黑格尔哲学研究的一个自我总结。这个新的哲学观念的提出，为消解中西传统哲学思维方式之"壁垒"，解决中国哲学向何处去的问题提供了独特的智慧和方案，体现了张世英广阔的学术视野、深邃的学术眼光、宽厚的学术胸怀和自我批判、自我超越的学术精神，是对真、善、美不懈追求的学者本色的真实写照。

精神哲学

——张世英先生哲学研究的开创之功与未竟之业

邓安庆[①]

张世英先生（1921.5.20—2020.9.10）作为当代最为著名的哲学家，首先是作为黑格尔研究专家闻名于世，其最大成就当然首先体现在对黑格尔哲学的精深研究和广泛普及上。他的第一部著作，是以他1955年6月在《光明日报》上连续刊载的《关于黑格尔辩证法的几个问题》为基础扩充改写而成的《论黑格尔的哲学》。该书1956年由上海人民出版社初版，虽然只有4.7万字，但影响非常大。到1972年出第三版时，共重印11次，发行了20余万册，这是当今学术著作根本不可能达到的天文数字。这部书也是张世英先生产生世界影响的一部著作，因为法国汉学家白乐桑（Jöel Bellassen）把该书带到法国，翻译为法文并做了评注，于1971年在法国出版，书名为《黑格尔辩证法的合理内核：张世英一本书的翻译和评注》，对当时的青年学者、后来成为世界著名哲学家的巴迪欧（Alain Badiou）认识黑格尔辩证法的积极意义产生了直接影响。2011年，这本书又由青年学者涂子谦（Tzuchien Tho）翻译成英文出版。

这本书的成功给我们研究者提出了一个严峻的"解释课题"，为什么一个青年学者所写的第一部并不很"学术"、相反深刻打下了"不做科研""在政治运动的夹缝中，挤出时间做了一点学术研究工作"[②]的时代烙印的著作却产生了最大的影响力？连先生自己也称根本"没想到"，并说"现在看来，思想观点大多过时，对人们的赞誉，我感到惭

---

① 邓安庆：复旦大学哲学学院教授。
② 张世英：《进入澄明之境——哲学的新方向》，商务印书馆，1999年，第57—58页。

愧"，甚至说："那是一个以政治压倒学术的时代，我的上述那些论文和著作，都是在各种政治运动的夹缝中写成的，因而也都不同程度地打上了那个时代的政治烙印。回顾这一时期的学术成果，深感惭愧。"①

这里涉及两个问题，一个是哲学的"时代烙印"，一个是哲学对"时代精神需求"的满足。黑格尔哲学本身就要求哲学要将时代把握在其思想之中，因而任何哲学都不可能不打上时代的烙印；同时，一种哲学的意义却同时又要满足时代的精神需求。但这两点之间无疑充满了张力。我想张先生自己"深感惭愧"的东西，无非是在那个"政治压倒学术"的时代，对于黑格尔唯心主义的过于政治化的批判，而恰恰是这种"批判"本身在"政治运动的夹缝中"才能让黑格尔辩证法的"合理内核"以某种"扭曲的"方式呈现出来。当然这恰恰体现了辩证法的力量，因为辩证法坚信，只有当精神直面它的否定性并与之周旋，它才是一种肯定的势力。在那个盛行革命大批判的时代，无论在法国还是在中国都是通过对黑格尔进行批判，才从被批判者的精神中吸取某种肯定性的势力。因为在大批判中，真正的哲人依然感受到了某种强烈的精神渴求，这种渴求本身不仅是"批判"不能满足的，而且显示出批判的扭曲。这也正是青年巴迪欧和我们中国的学者都是在这种"批判之后""剩余下来"的积极内核中，吸收黑格尔哲学精神遗产的秘密。因而，我们不得不承认，张世英先生对于黑格尔哲学的开创之功，依然是其对黑格尔的批判中呈现出来的、满足时代精神需要的对黑格尔哲学所做的通俗化诠释工作。

我们只需看看《论黑格尔的哲学》的内容就可看出其通俗化的解释路向：(1) 黑格尔哲学产生的社会根源和思想条件；(2) 黑格尔的生平和著作；(3) 黑格尔的社会历史观；(4) 黑格尔的客观唯心主义哲学体系；(5) 黑格尔哲学的"合理内核"；(6) 黑格尔辩证法的唯心主义性质；(7) 黑格尔对辩证法本质的歪曲，辩证法与黑格尔唯心主义体系的矛盾；(8) 结语。

---

① 张世英：《进入澄明之境——哲学的新方向》，第99页。

到了 20 世纪 80 年代，结束了"以阶级斗争为纲"的政治路线，"改革开放"注入了中华大地新的时代精神，这时张先生出版了对我们这代大学生影响最大的书，即《黑格尔〈小逻辑〉绎注》（1982 年吉林人民出版社出版）。该书的内容以先生在吉林、武汉、上海等多地通俗讲解黑格尔《小逻辑》为基础。它的最大特色是按照《小逻辑》每一节的内容逐节"讲解"并对其中涉及的人物和概念进行"注释"，因而具有"通俗易懂"的特点却又顾及对黑格尔整个哲学体系的整体理解，适合初学者了解和把握黑格尔的哲学。后来先生自己说这是"一本让我下了一番死功夫的书"[1]。所谓"死功夫"无非就是对黑格尔哲学涉及的概念、人物和体系所做的精深探究。因为任何深入浅出的通俗阐释，无不以阐释者自身深入文本灵魂中去的学术研究做基础，而这恰恰是张世英先生的功夫所在。

在此期间，张世英先生还翻译了一本小书《青年黑格尔的哲学思想》（1983 年吉林人民出版社出版），这是一本当时让我读得激情澎湃的书，它选译库诺·菲舍尔（Kuno Fischer, 1824—1907 年）的十一卷《近代哲学史》的第八卷《黑格尔的生平、著作和学说》第一部前六章和第二部第二到第四章的部分内容[2]，其中所述的青年黑格尔"沿着朝阳奋进"以追求自由和真理的远大志向，把握时代精神的使命。这本书不仅契合于改革开放后中国的精神风貌，而且确实是吸引我们青年学子进入哲学殿堂的最好读物。

当然，1981 年张世英先生出版的《论黑格尔的逻辑学》第三版（1959 年第一版，1964 年第二版），就不能算作一本通俗化诠释的书，而是一本名副其实的学术性专著。张先生自己说这是他"着力最多、最深的"书[3]，是可以理解的。因为直到今天，这也是国内唯一一本专门以研究黑格尔"逻辑学"为书名的书，不仅包含了《大逻辑》与

---

[1] 张世英：《张世英回忆录》，中华书局，2013 年，第 117 页。
[2] 吉林人民出版社 1983 年版。
[3] 《张世英文集》第 2 卷说明。

《小逻辑》两书的解读，而且贯彻了贺麟先生一直主张的从逻辑学出发理解和把握黑格尔哲学体系的这一正统的诠释黑格尔方法，因而极大地影响了国人解读黑格尔哲学的框架。它不仅通过一般读者的阅读，而且通过作为中国大学专业哲学教授的必备参考书而影响了几代学人。

到了20世纪80年代中期，张世英先生又出版了我国第一部研究黑格尔精神哲学的专著：《论黑格尔的精神哲学》（1986年上海人民出版社出版）。当时黑格尔的《精神哲学》或《哲学全书》都还没有中译本，随着这本书的出版，张先生把国内黑格尔研究从逻辑学或辩证法的研究推进到"实践哲学"中。这是黑格尔研究的一个重大推进，因为之前无论是逻辑学还是辩证法的研究，都强调黑格尔哲学作为马克思主义之来源，辩证法也是在马克思主义唯物辩证法的思维框架中来被理解和定位的，而只有将研究推进到黑格尔本人的实践哲学中，黑格尔哲学本身在西方哲学史和现代性中的意义才能被凸显出来。因此，这本书的开创之功非常之大，对80年代中期之后的哲学思潮的影响力是显而易见的，因为特别契合当时的时代精神。张先生在"序"里这样写道："黑格尔的精神哲学是他的全部哲学体系的顶峰，用他自己的话说，是'最高的学问'。而精神哲学就是关于人的哲学。人的本质在黑格尔看来就是精神，是自由。我正是想把黑格尔的这个基本观点贯穿全书。"[①]

可见，这本书改写了之前仅仅从辩证法"合理内核"来把握黑格尔的进路，它以通透的讲法呈现出黑格尔纯粹概念之间复杂而思辨的逻辑进展，明确完成了黑格尔研究重心的几重转变：（1）精神哲学是关于人的哲学，将"人"从"阶级斗争"的"阶级人格"抽身出来，哲学是关于普遍的、大写的"人"的研究；（2）人的哲学之核心是人的主体性之确立；（3）主体性的核心不仅仅是"主观能动性"，而是成为一个自由的存在者；（4）自由存在者之存在意义不是原子化个人的孤独存在，而是一个自由人格在绝对精神引领下走向"世界历史"的

[①] 张世英：《论黑格尔哲学三书》，北京大学出版社，2016年，第65页。

进程,其中最为重要的步伐是一个走出血缘家庭的主体自由人格由市民社会走向公民社会的法治化、社会化进程,在此进程中将伦理生活的正义性一步步推向在一个现代性国家中的完成。

所以,这本书实质地推动了20世纪80年代中国最为重要的两大轰轰烈烈的思潮:人的哲学及其异化和主体性朝哲学化的方向深入。整个80年代,中国社会精神都沉浸在人的主体性之自由中,这是国人主体自由精神在经历了长时间"革命浩劫"之灾难后的第一次真正觉醒。该书见证、引导和推动了中国人自由精神的觉醒历程。随后,1988年,张世英先生在湖北大学成功主办了改革开放之后第一次大型国际哲学研讨会"德国哲学中的人的问题",与会的国际著名哲学家之多是空前的,也因此把国人的自由主体性哲学研究推向了一个新高潮。在这些会议上,张世英先生发表了《黑格尔国家学说中的"主体性"原则》,陈修斋先生发表了《莱布尼茨对主体性原则的贡献》,杨祖陶先生发表了《黑格尔逻辑学中的主体性原则》,陈家琪先生发表了《主体的纯粹形式与文化人类学》。这些论文都令来自德国、法国、瑞士、美国、日本等国家的著名哲学家对中国同行的思辨水平和哲学深度惊叹不已,同时对引导中国哲学向人回归和通往主体性产生了深远和深刻的影响。

精神哲学的研究应该说是张世英先生黑格尔研究的最高峰,是关于黑格尔哲学最为纯粹的学术研究,既没有了从前"政治压倒学术"的弊端,也还没有以后以黑格尔来"比较中国哲学"的"额外超越性"压力。尽管这是自己给自己的压力,但只要有此压力,就存在一个纯粹思想"外溢"后是否能保持其自身客观性理解的困难,能否化解这一困难,是对一个哲学家思想力度的极大考验。而张世英先生在20世纪90年代之后的黑格尔研究明显地给了自己接受这样一种考验的机会,也是其学术研究的一个明显转向:以黑格尔精神哲学的主体性自由来会通、理解和推进中国哲学。其标志性的成果就是2001年山东人民出版社出版的《自我实现的历程——解读黑格尔〈精神现象学〉》。

从这本书的"后记"中我才知道,张先生早在1962年就出版过一本《黑格尔〈精神现象学〉述评》，但当时主要是立足于"批判黑格尔哲学的唯心主义，即使对他的'合理内核'也理解得非常肤浅。我现在写的这本《解读黑格尔〈精神现象学〉》不仅在篇幅上比先前的《述评》扩大了两倍，而且在观点上和解释上都有大不同于过去的新见，主要是从西方现代思潮最前沿的观点解读黑格尔"。因此，要能准确把握和理解这本书的新见，我们得从考察这些"大不同于过去的新见"出发。这些"新见"我以为可以简单地概括为以下几个方面。

第一，强调黑格尔哲学是理解现代西方哲学的一把钥匙。现代西方哲学的主流是反黑格尔主义的，而张先生通过分析现代西方哲学关于人的主体性思想，无论是主张主客分离的还是主张主客融合的，甚至主张"主体死亡"的，都离不开黑格尔这个"发源地与出发点，可以毫不夸张地说，不懂黑格尔哲学，就既不能理解西方古典哲学，也不能理解西方现代哲学，它是通达西方整个哲学以至整个西方思想文化的一把钥匙"[①]。从肯定黑格尔的积极意义出发理解现代西方哲学，和从现代西方哲学对黑格尔的批判出发重新解读黑格尔依然是不同的，当然其中还需要更为细致的论证。黑格尔的主体性在何种程度上超越了近代以来的主体哲学，又在何种意义上继续影响了现代哲学中的某些思潮，如何同反主体性的哲学能够相容，这都是需要更进一步研究的问题。

第二，从哲学人类学角度重构《精神现象学》是这本书最大的创新。"二战"之后，西方普遍地从《精神现象学》来解读黑格尔，以突破之前从逻辑学（形而上学）出发的黑格尔哲学的"总体体系"。原因大家都清楚，就是自从逻辑实证主义提出拒斥形而上学之后，哲学界普遍地对黑格尔那个无所不包的理性体系感到厌倦和压抑。而《精神现象学》作为青年黑格尔的第一个体系，作为"意识的经验科学"（黑格尔交付此书第一部分时用的副标题）依然带有在科学时代可亲可敬的形式，而它的深邃性足以通过意识经验的发展而把人类精神和历史

[①] 张世英：《自我实现的历程——解读黑格尔〈精神现象学〉》，山东人民出版社，2001年，第27页。

世界风云变幻的潮流都呈现为一个具有内在发展的历程,这在任何时代都是对人类理性极具挑战性的诱惑。但张世英先生在解读"意识的经验科学"时并非是顾及反形而上学,却是引入了哲学人类学视野,既不把意识发展进程仅仅视为认识的发展,也不把意识的发展仅仅视为人类精神由主观到客观再到绝对的这一显性解读模式。相反,他既把意识的发展视为个人自我实现的历程,同时也视为人类精神自我实现的历程:"《精神现象学》的主要特点之一就是强调自我实现的历程的漫长性、矛盾性与曲折性。"并说:"一个伟大的人格,一种'上下与天地同流'(《孟子·尽心上》)的浩远境界,必须具有克服和战胜各种对立面的内在动力,黑格尔称之曰'否定性'。人的自我实现就是一个否定性的辩证过程,靠着这种否定性,人才能一步一步地冲破重重阻力,吞食各种对立面,不断地扩充自我,从而实现自我。黑格尔的《精神现象学》就是一部描述人为了实现自我、达到主客同一所必须通过的战斗历程的伟大著作。"①

第三,在这部解读《精神现象学》的著作中,张先生一改之前的黑格尔专著"以西释西"的做法,第一次明显地采取了"以中释西"的做法。譬如在简短的两页"序"中,先用孟子"天将降大任于斯人也,必先苦其心志,劳其筋骨,饿其体肤,空乏其身……"来解黑格尔自我实现的过程是漫长而艰苦的,接着又用庄子、孟子来解释谢林与黑格尔的对立:"在中国哲学史上,庄子主张通过'心斋''坐忘'以达到'天地与我并生而万物与我同一'(《庄子·齐物论》)的境界,'心斋''坐忘'多少有点类似于谢林的浪漫式的直观方法,不免有'手枪发射'、一蹴而就之嫌。孟子主张通过'强恕''求仁''反身而诚'以达到'上下与天地同流',这是走的一条非浪漫式的道路。相对地说,黑格尔走的道路与孟子相近,但这只是就孟子与庄子相对比而言。"②

---

① 张世英:《自我实现的历程——解读黑格尔〈精神现象学〉》,第1页。
② 同上,第2页。

实际上，从张先生的行文来看，他非常清楚这种比较与阐释非常容易造成误解，是很危险的做法，所以他要把这里的判断"黑格尔走的道路与孟子相近"限制在非常有限的意义上，即孟子与庄子相比不是浪漫式的，就如黑格尔与谢林相比不是浪漫式的一样。超出这一比较之外，说黑格尔走与孟子相近的道路就是令人不可接受的。

张世英先生之所以要冒着这种风险转向"以中释西"和"以西释中"这种"双向格义"的道路，是与他从 1990 年之后转向思考中国文化之未来走向有密切关系。他通过概括作为西方哲学发展之最高顶峰的黑格尔主体性哲学是通过主客相分达到主客同一的，而判定中国传统哲学走的是天人合一的"成人之道"。通过这种比较，他不仅仅是要把中西哲学都定向为同一种"成人"的人学，更是要建立一种超越主客二分式和自我主体性的"新的万物一体"的中国哲学。而通往这种新哲学途中的最重要成果就是《天人之际——中西哲学的困惑与选择》。这本书不仅以宏观的比较理清了中西"成人"哲学的不同途径，而且从中国哲学的角度提出了"哲学应以提高人生境界为主要任务"[1]。在此之后，张先生又研究了现代西方哲学关于"在场"与"不在场"的生活哲学，于 1999 年出版《进入澄明之境——哲学的新方向》，于是之后的哲学方向更加明确。2001 年出版的《哲学导论》不仅从本体论和认识论角度提出了"人—世界"和"主体—客体"两种在世结构，从这两种在世结构划分出了个人精神的发展阶段，继而提出了人生的四种境界、通往四种境界的两种超越模式（纵向超越和横向超越）和两种目标（相同和相通）。于是新的哲学体系也就定位于天人合一到万有相通。[2] 这就是当今许许多多的学者高度评价的当代最富创造性的哲学体系。由于已有高度赞誉的定论，本文对此不再赘述。

在这里，我更感兴趣的是张先生在建立了自己富有创见的哲学体系之后，依然在做的中国哲学探索：《觉醒的历程——中华精神现象学

---

[1] 张世英:《天人之际——中西哲学的困惑与选择》，人民出版社，1995 年，第 286 页。
[2] 张世英:《哲学导论》，北京大学出版社，2016 年，第 409 页。

大纲》。

由于张世英先生已经把哲学的最高任务定位为"成人之道"和"将人生境界提升为审美境界","做个有诗意的自由人"于是也就成为张先生"成人之道"的最终答案。西方的自由人格的自我实现之路已经在黑格尔的现象学中得到了系统的考察，而中国哲学却还未能为中国文化做出这一具有历史必然性的系统探究。因此，张世英先生晚年的哲学抱负就鲜明地体现在这里。如果说《美在自由——中欧美学思想比较研究》依然还是在通过中西美学的比较研究以补充对人生审美境界的讨论，那么《觉醒的历程——中华精神现象学大纲》则显然是要为中华文化的未来建立起现象学的论证，以强调"自我的主体性和人的自由本质在当今中华思想文化发展阶段中的现实的迫切性和首要性"。"在中华思想文化史上，个体性自我为争取独立自主而奋力自拔的进程至今尚未结束，启蒙维艰。我以为，'东方睡狮'之彻底觉醒、中华文化之光辉未来，还有待于个体性自我的大解放。《觉醒的历程——中华精神现象学大纲》一书，是对'东方睡狮'自我觉醒的艰难历程的一组简要论述，我希望此书对我中华儿女的自我觉醒能多少起一点促进作用。"[①]

确实，该书只是一个概要性的现象学描述，它分为以下六篇：

第一篇，光辉灿烂的童年，强调"无我的仁德"、"无我之美"、屈原的崇高境界；

第二篇，思想的一元化，强调从贾谊品格中的"个体性自我"之闪光到张衡科学求实境界与审美境界相结合的自由精神；

第三篇，中华思想史上自我的朦胧觉醒，研究魏晋玄学、道教影响下的自我觉醒和陶渊明不"自以心为形役"的崇高品格；

第四篇，自我觉醒历程中的另一番景象——佛教思想的传入；

第五篇，从"天理"到"人欲"，从"理学"到"实学"；

第六篇，西方的"船坚炮利"对"东方睡狮"的震撼，强调中华

[①] 张世英：《觉醒的历程——中华精神现象学大纲》，中华书局，2013年，"自序"。

文化第一次吸收了西方主体性思想的新鲜血液。

总之，我们没有谁会因这个粗线条的现象学描绘而否认这一中华精神现象学探索的巨大意义，正如每一个真正有价值的开端都在抽象而简单中蕴含着开辟未来之丰富多彩的世界的潜力一样。我们不能指望先生以一己之力就把中华文化的主体性这一几千年的发展历程都未能完成的任务在一本书中予以完成。他的开创之功赫然在目，其功业的光辉照亮了未来。因为先生的未竟之业正是中华文化的未竟之业，沿着先生照亮的这一方向，担负起探索中华文化主体性的觉醒与确立的使命，是吾辈对先生表达最崇高敬仰的最有价值的方式。

论张世英对黑格尔学术的贡献[①]

李超杰[②]

中国人介绍和研究黑格尔哲学已有百余年的历史。1949 年以前，老一辈黑格尔专家张颐、贺麟等人一般都有海外留学的经历，他们不但介绍和研究黑格尔哲学，而且把黑格尔哲学带进了中国的大学课堂，为后来中国的黑格尔研究培养了一批人才。张世英先生就是在西南联大求学期间通过贺麟先生的"哲学概论"课与黑格尔结缘的。他的大学毕业论文即由贺先生指导，题目是《论新黑格尔主义者布拉德雷的哲学思想》。在以后 60 余年的时间里，张世英先生的研究重点有所变化，但他从来没有在严格的意义上离开过黑格尔。纵观张先生几十年的黑格尔哲学研究历程，可以看到这样几个鲜明特点：第一，研究范围广泛。他对黑格尔哲学的几乎所有部分均有深入研究，并且均有相应的高水平研究成果问世。第二，研究视野开阔。前 30 年，他基本上是在西方哲学史特别是德国古典哲学的背景下研究黑格尔；后 30 年，他基本上是在现当代西方哲学和中西哲学比较的视野下审视黑格尔。第三，注重概念分析。由于受过分析哲学和逻辑学大师金岳霖先生的亲传，张先生对黑格尔的解读总是逻辑严谨、条理清楚、语言流畅。最难能可贵的一点是，他每每能够让黑格尔说中国话，易于被中国人所接受和理解。第四，国际影响巨大。1987 年，第 14 届德国哲学大会主席马尔夸特教授在会上称他为"中国著名的黑格尔专家"。1989 年，格洛伊教授在德国权威杂志《哲学研究》上撰文称，张世英教授"在

[①] 本文原载《哲学分析》第 8 卷第 1 期，2017 年 2 月。
[②] 李超杰：北京大学哲学系暨外国哲学研究所副教授。

西方广为人知。在中国,他是享有盛名的哲学家"[①]。2007年,加拿大麦吉尔大学彼得·巴腾(Peter Button)教授在《东西方哲学》杂志上撰文称:"中国人对辩证逻辑的探讨清楚地表明,就方法而言,我们起码必须认真学习张世英对黑格尔的解读,让他带领我们领会(他所理解的)黑格尔。做出这些努力之前,我们几乎没有权利评判中国人对(西方)哲学的研究所达到的水平。"[②] 可以毫不夸张地说,就其对黑格尔哲学研究的广度、深度、成果和影响而言,张先生是中国当代最杰出的黑格尔专家。本文拟对张先生几部有代表性的黑格尔哲学研究著作做一简单的梳理,以期展示他对中国黑格尔学术做出的杰出贡献。

一、对黑格尔哲学的总体研究

沃·考夫曼曾经说过:"如果忽视他的生活和时代,就不能完全充分了解黑格尔的哲学,而且在历史上还很少有发生过这么多事件的时期。……他自己的思想,绝不是在象牙塔中织成的一张网,而是与他所生活的时代发生的事件密切相关的。不但他的历史哲学或政治哲学,而且他的整个哲学概念以致他自己的使命,都确实是这样。"[③] 这段话不但适用于黑格尔,也适用于张世英先生的黑格尔研究。1949 至 1979 年的 30 年间,由于沾了马克思主义哲学的光,黑格尔哲学在中国一度成为"显学"。这一时期,对黑格尔哲学的"官方定位"是:他的哲学体系是唯心的、保守的和反动的;他的辩证法有一定的"合理内核",

---

[①] 格洛伊:《关于人的理论——中国国际哲学讨论会侧记》,载《湖北大学学报》1990年第 2 期。
[②] 彼得·巴腾:《否定性与辩证唯物主义:张世英对黑格尔辩证逻辑的解读》,胡自信译,载《哲学分析》2013 年第 3 期,第 83 页。
[③] 沃·考夫曼:《黑格尔——一种新解说》,张翼星译,北京大学出版社,1989 年,第 2 页。

猜测到了事物本身的辩证法；他的辩证法的"合理内核"作为被"改造"的对象、他的唯心主义体系作为被"批判"的对象，从正反两方面构成了马克思主义哲学的理论来源之一。30 年间，中国哲学界对黑格尔哲学的研究基本上都是以上述"官方定位"为"指导思想"，这种情况在相当大程度上妨碍了人们对黑格尔哲学的深入研究与准确把握。张世英先生黑格尔研究的第一个时期恰与这 30 年相重合，因而不可避免地带有那个时代的烙印。

张先生的第一本黑格尔哲学研究著作是初版于 1956 年的《论黑格尔的哲学》。张先生自己多次说过：这本书受当时"左"的教条主义影响，有不少过"左"的评论，甚至"思想观点大多过时"。但从学术史的角度看，这本全面介绍黑格尔哲学的"小书"仍然有下述几点历史意义和现实意义。第一，在上述"官方定位"的框架下，它对黑格尔的唯心主义哲学体系和辩证法的"合理内核"进行了初步的梳理，对黑格尔思辨辩证法与辩证唯物主义的关系进行了比较细致的分析和讨论。第二，它对黑格尔哲学的若干重要原则和思想进行了初步的提炼和概括，比如，关于思维与存在同一的原则，关于本体论、逻辑学和认识论一致性的原则，关于认识是从抽象到具体的过程的思想等。第三，它对黑格尔哲学各个部分即逻辑学、自然哲学和精神哲学的基本内容做了提纲挈领式的介绍。第四，它在国内外产生了广泛的社会影响。该书中文版先后印行了 20 余万册，在当时是不多见的黑格尔哲学的入门书，甚至成了很多人的哲学"启蒙读物"。而且，该书引起了国外学术界的关注，先后被译为法文（1978 年）和英文（2011 年），并曾对法国当代著名哲学家巴迪欧产生过重要影响。第五，它对黑格尔的"体系哲学"进行了批判，认为黑格尔体系的结构"是人为地凑成的"。"体系哲学"与"非体系哲学"之争在德国古典哲学内部已经出现。黑格尔对谢林哲学的评价是：从来没有一个贯彻到底的整体。而在谢林眼中，哲学的尊严和最高成就，不是实现一个封闭的、完成了的体系，而在于不懈的探索和追求。早在 1795 年，谢林就曾经写道："对于哲学的心灵来说，没有什么比听到下述说法更令人不安的了：自此以后，全部哲学被认为落入一个体系的桎梏之中。"[1] 实际上，现当代西方哲学对黑格尔的反叛，一个重要内容就是对其无所不包的、自我封闭的、完成了的哲学体系的不满。

80 年代以后，中国的黑格尔研究逐渐摆脱了前一个时期的"官方定位"。在对黑格尔哲学的总体研究和介绍方面，张世英先生的另一个重要成果就是由他主编的《黑格尔辞典》（1991 年由吉林人民出版社出版）。该书系国家"七五"社会科学规划重点科研项目，曾获首届国家社会科学基金项目优秀成果三等奖。这部辞典有如下几个特点：第一，撰稿人阵容强大。当时国内黑格尔哲学、德国古典哲学和西方哲学方面的很多著名专家都参与了词条的撰写。这些专家包括：张世英、苗力田、梁志学、杨祖陶、陈启伟、陈京璇、钟宇人、杨寿堪、侯鸿勋、朱德生、陈村富、舒炜光、蒋永福、李毓章、谭鑫田、冒从虎等。其中，张先生本人撰写了 10 余万字。第二，词条内容丰富。不仅包括黑格尔哲学体系及其各个部门的基本概念和范畴，黑格尔本人的常用术语和专门术语，黑格尔本人的著述，而且包括黑格尔著作中涉及的若干学说、事件、概念和术语等，凡 468 条。此外，在附录部分对《黑格尔全集》的若干版本进行了评介。第三，释文力求忠实黑格尔的原文、原义，并反映国内外黑格尔哲学研究的最新成果。可以说，这部专业辞典代表了 20 世纪 80 年代中国黑格尔研究的最高水平。应当说，为一位哲学家"立典"，不仅表明了这位哲学家的重要性，而且反映了一个国家对这位哲学家的研究深度。

90 年代以后，张世英先生在一系列著作中提出了对黑格尔哲学的重新理解和整体评价。本文的第四部分将联系张先生关于黑格尔精神现象学的研究成果对这方面内容做专门介绍，这里仅就他在《黑格尔著作集》"总序"中对黑格尔哲学所做的三点总体评价做一简单介绍和发挥。

---

[1] F. W. J. Schelling, *The Grounding of Positive Philosophy: The Berlin Lectures*, State University of New York Press, 2007, p. 3.

第一，黑格尔哲学是一种既重视现实又超越现实的哲学。张先生此处所说的"现实"当指"经验现实"。黑格尔哲学是一种高度抽象的"思辨哲学"，但透过这层"思辨的外衣"，我们可以深切地感受到它的"现实关怀"。在黑格尔看来，哲学不能脱离"现在"。如果主观意识"把现在看作空虚的东西，于是就超脱现在，以为这样便可知道更好的东西，那么，这种主观意识是存在于真空中的"[1]。哲学不能脱离"时代"，它"并不站在它的时代以外"。"每一哲学都是它的时代的哲学，它是精神发展的全部锁链里面的一环，因此它只能满足那适合于它的时代的要求或兴趣。"[2]哲学不能脱离"历史"，因为"概念所教导的也必然就是历史所呈示的"。哲学也不能脱离"经验"。哲学的内容就是现实，而我们对于这种内容的最初的意识便叫作经验。所以，哲学必然与经验保持一致。但哲学又必须超越"现实"，表现在：哲学必须超越"现在"，因为"最关紧要的是，在有时间性的瞬即消失的假象中，去认识内在的实体和现在事物中的永久东西"[3]。哲学必须超越时代，必须是"时代精神的精华"，"是被把握在思想中的它的时代"，"是对时代精神的实质的思维，并将此实质作为它的对象"。哲学不是历史进程的简单呈现，作为思想或"理想的东西"，它要到现实成熟之后把自身提升为"一个理智王国的形态"。哲学应当超越经验，尤其是超越经验中"偶然的存在"和"琐碎的事物"。否则，哲学不仅有"管闲事"之嫌，而且还会偏离自身的真理。毕竟，哲学研究的对象是"理念"，"理念"才是真正的"现实性"，而表现于时间中的特殊事物、社会状况乃至典章制度等"只不过是现实性的浅显外在的方面而已"。张先生认为，黑格尔哲学中所包含的重视具体性和现实性的内容，"蕴涵和预示了传统形而上学的倾覆和现当代哲学的某些重要思想"。

第二，黑格尔哲学是一种揭示人的自由本质、以追求自由为人生

---

[1] 黑格尔：《法哲学原理》，张企泰、范扬译，商务印书馆，1961年，第11页。
[2] 黑格尔：《哲学史讲演录》第1卷，贺麟、王太庆译，商务印书馆，1959年，第48页。
[3] 黑格尔：《法哲学原理》，第11页。

最高目标的哲学。在黑格尔看来，人的本性就是自由，但自由不是任性或任意，后者只是一种"形式的自由"或"主观假想的自由"，而不是"自由的本身"。自由并不排斥必然性。"精神在它的必然性里是自由的，也只有在必然性里才可以寻得它的自由，一如它的必然性只是建筑在它的自由上面。"①真正的自由表现为精神自身的对立统一。"精神自己二元化自己，自己乖离自己，但却是为了能够发现自己，为了能够回复自己。只有这才是自由；〔因为即使从外在的看法，我们也说：〕自由乃是不依赖他物，〔不受外力压迫〕，不牵连在他物里面。当精神回复到它自己时，它就达到了更自由的地步。只有在这里才有真正的自性，只有在这里才有真正的自信。只有在思想里，而不在任何别的东西里，精神才能达到这种自由。"②张先生认为，一部西方哲学史就是人的个体性和自由本质萌生和发展的历史，黑格尔无疑是这个历史进程中的一个重要里程碑。黑格尔哲学实即自由的哲学，它对于缺乏自我、主体性和个人自由的中国传统思想"应能起到冲击的作用"。

第三，黑格尔辩证法的实质是"辩证的否定性"。辩证法是黑格尔奉献给全人类的一个伟大的理智创造。张先生强调，黑格尔辩证法的实质和核心就是"辩证的否定性"。"辩证的否定"不是简单地抛弃旧事物，而是"扬弃"即克服与保留的统一。这种"否定性"是"创新的源泉和动力"，是"自我前进的灵魂"。"中华文化要振兴、前进，就得讲辩证哲学，就得有'否定性'的动力。"③实际上，正是黑格尔"扬弃"的辩证法或"否定性辩证法"最初把张世英先生引向了黑格尔哲学。几十年来，张先生一直对黑格尔的这一思想情有独钟。加拿大麦吉尔大学彼得·巴腾教授在《东西方哲学》杂志上撰文，专门介绍了张先生在这方面的研究成就，认为张先生在一系列著作中"突出了

---

① 黑格尔：《哲学史讲演录》第1卷，第31页。
② 同上，第28页。
③ 《黑格尔著作集》总序，人民出版社。

思辨辩证法与否定性这一问题"。"张世英清楚地知道,不能充分说明否定在黑格尔辩证法中所起的作用,辩证法的创造力与革命性就可能被削弱。"①"张世英详细阐述的否定原则赋予辩证的中介过程一种能力:它能克服一切实在的事物的直接性。"②

二、对黑格尔逻辑学的研究

张先生研读过黑格尔的几乎所有著作,但用他自己的话说:他着力最多、最深的是黑格尔的逻辑学,包括《大逻辑》和《小逻辑》,成果是《论黑格尔的逻辑学》和《黑格尔〈小逻辑〉绎注》。《论黑格尔的逻辑学》初版于1959年,1964年第二版,1981年第三版,三版总计印数10万册。这本书被日本学者译成日文在日本出版。实际上,在该书第三版出版前后,张先生曾在全国多所高校讲授黑格尔的逻辑学,并有若干根据讲课录音整理的讲稿流传。80年代初期,笔者就读于河北大学哲学系,曾经亲自聆听张先生的黑格尔逻辑学课程。现在,手头仍然保存着根据张先生1980年春季在武汉师范学院的讲课录音整理的《黑格尔〈逻辑学〉解说》一书。可以说,从60年代至今,《论黑格尔的逻辑学》一直是国人研究黑格尔逻辑学的重要参考书。

《论黑格尔的逻辑学》分为两个部分:第一部分从总体上对黑格尔《逻辑学》的若干基本思想做了系统的提炼和梳理;第二部分则对《逻辑学》的"存在论""本质论"和"概念论"进行解读。王阳明说,做学问要抓住"本原"和"头脑",第一部分所做的工作就是要抓住黑格尔哲学特别是《逻辑学》的"本原"和"头脑"。第一,在对黑格尔哲学的定性上,张先生认为,一方面,黑格尔把精神"泛化"为事物乃至宇宙的本质,从而用客观唯心主义代替了主观唯心主义;另一方面,

---

① 彼得·巴腾:《否定性与辩证唯物主义:张世英对黑格尔辩证逻辑的解读》,第73页。

② 同上,第74页。

他的"逻辑在先"说和康德哲学一脉相承,都是先验唯心论。第二,黑格尔逻辑学的全部内容或唯一目标就是把握"具体概念",即描述"概念"由抽象到具体、由简单到复杂的辩证发展过程。第三,对立面的同一和矛盾的思想不限于"本质论",而是贯穿于黑格尔的整个逻辑学,而且,矛盾是推动黑格尔逻辑学全部范畴转化的唯一动力和源泉。第四,逻辑学、认识论、本体论的一致性。黑格尔用同质的"精神"把意识和对象统一起来,提出了唯心主义的思维与存在同一说,从而彻底打通了逻辑学、认识论和本体论之间的壁垒。第五,强调"辩证的否定"的意义。肯定和否定是对立的统一,是可以相互转化的。"辩证的否定"不是"单纯的否定",而是包含肯定于自身之中即"否定之否定"。第六,突出了黑格尔概念的"圆圈"式发展的意义。黑格尔之前,居支配地位的是笛卡尔的线性论证模式:只要起点正确、论证过程严格,结论必然正确。黑格尔的"圆圈论"则表明:事实上,我们无法找到这样一个出发点和基础,一切都必须在体系中并通过体系获得自身的意义。

黑格尔的逻辑学无疑是晦涩难懂的。1812年底,《大逻辑》的"本质论"部分出版后,黑格尔在致葛尔特的信中写道:"我很抱歉,人们抱怨这书在表述上难懂。这样抽象的对象的本性自身,就决定它的表述不能像一本普通教本那样轻而易举。真正的思辨哲学既不能穿洛克哲学的外套,也不能着普通法国哲学的上装。在一个外行人看来,真正的思辨哲学很像是一个颠倒了的世界,是和他们的日常观念相矛盾的。"[①] 为了让更为广泛的读者走近黑格尔的逻辑学、领略德国思辨哲学之美,张世英先生下了比《论黑格尔的逻辑学》更大的功夫,用他自己的话说,"下了一番死功夫",于1982年为读者呈现了《黑格尔〈小逻辑〉绎注》。《绎注》实际上是《论黑格尔的逻辑学》的姊妹篇,后者重在"论述",前者则重在"注解"。此书的特点是逐节讲解和注释《小逻辑》。讲解部分不求面面俱到,而是用通俗易懂的语言给出每

---

① 苗力田译编:《黑格尔通信百封》,上海人民出版社,1981年,第220页。

一节的大意，尤重难点的解答。注释部分则采用两种方法：一是"以黑格尔注黑格尔"，即把黑格尔在《小逻辑》以及所有其他著作中相关的论述和材料放在一起，以便读者能够相互参照。为此，张先生几乎翻遍了黑格尔的所有著作，可谓用心良苦。二是"以他人注黑格尔"，即把当时所能找到的西方黑格尔专家的解读放在相应的段落下，使读者得以在更为广阔的视野和背景下理解黑格尔。可以说，这本书的写作方式本身就是对黑格尔哲学思想的具体运用。黑格尔说过："关于理念或绝对的科学，本质上应是一个体系，因为真理作为具体的，它必定是在自身中展开其自身，而且必定是联系在一起和保持在一起的统一体，换言之，真理就是全体。"[①]

国外学者特别重视张先生对黑格尔逻辑学的研究，认为这一研究对于人们理解黑格尔哲学与马克思主义哲学的关系具有重要意义。法国著名哲学家巴迪欧是这样，加拿大的彼得·巴腾也是这样。彼得·巴腾说："张世英的主要目的是阐述大部头的《大逻辑》与篇幅稍短的《小逻辑》，重点强调辩证思想的主要特征。"[②] "20世纪50年代的张世英以及1915年的列宁，均求助于黑格尔的逻辑学，他们都有明确的目的：在概念（Begriff）中探索具体可感而丰富多彩的物质实体，这种物质实体并非悄然无声，完全受制于人们对'那种不可言喻的事物'的直接经验。"[③] 他还说："张世英用思辨的方法，着力解读《小逻辑》对知性的缺陷性的论述。对思辨问题的这种兴趣正是张世英解读《逻辑学》的点睛之笔。"[④]

三、对黑格尔精神哲学的研究

早在60年代中期以前，张先生就已经准备撰写《论黑格尔的精神

---

① 黑格尔：《小逻辑》，贺麟译，商务印书馆，1980年，第56页。
② 彼得·巴腾：《否定性与辩证唯物主义：张世英对黑格尔辩证逻辑的解读》，第73页。
③ 同上，第82页。
④ 同上，第79页。

哲学》,并为此做了大量的资料准备。后来爆发了"文化大革命",这些资料只能无奈地躺在纸袋里。直到80年代中期,这本"拖延了20年的小书"才得以面世。张先生不止一次感恩"时间",因为如果没有这种拖延,这本书"肯定是一堆'大批判'"。考虑到《精神哲学》讨论的内容与现实生活更为接近,尤其是涉及道德、市民社会和国家等"敏感"内容,张先生对于"时间"的"感恩"显然是由衷而发。《论黑格尔的精神哲学》是中国学术界系统研究和论述黑格尔精神哲学的第一部专著。

《论黑格尔的精神哲学》对黑格尔精神哲学的三个部分即主观精神、客观精神和绝对精神依次进行了解读。其中,下面两个观点尤为重要。第一,张先生认为,精神哲学实即黑格尔的人学,而黑格尔所理解的人的本质就是精神、自由或主体性。"《精神哲学》从'主观精神'到'客观精神'以至于'绝对精神',就是讲的人如何从一般动物的意识区分开来,达到人所特有的自我意识,达到精神、自由,以及精神、自由的发展史。"[①]"主观精神"所要表达的是个人意识如何从主客未分、经主客对立、最后达到主客统一的历史,亦即个人的"主体性"从隐到显的过程,而且,这个历史和哲学史具有对应关系。"客观精神"所要表达的是主体性如何在社会政治生活中从抽象到具体、从片面到全面的发展历程。在抽象法领域,主体性表现为对外物(财产)的单纯占有,因而只是抽象的主体性;到了道德领域,主体性表现为主体对自身的自觉,表现为自由意志;而到了伦理领域,尤其是在国家中,主体性扬弃了道德阶段的"主观性",实现了特殊性与普遍性、主观性与客观性的统一,达到了真正的主体性和自由。第二,张先生特别强调"主观精神"在黑格尔哲学体系中的意义,认为不理解"主观精神",就不能真正理解黑格尔的逻辑学。在黑格尔的哲学体系中,逻辑学、自然哲学和精神哲学都以"理念"为对象:逻辑学研究的是

[①] 张世英:《论黑格尔的精神哲学》,载《张世英文集》第3卷,北京大学出版社,2016年,第65—66页。

自在自为的理念即"纯粹概念",自然哲学研究的是表现于自然界的理念,精神哲学研究的是由异在而返回自身的理念。在本体论上,"纯粹概念"是"逻辑在先"的。但在认识论上,人们总是先有经验意识,然后形成"纯粹概念"。没有"主观精神"所提供的概念的"发生史",逻辑学的"纯粹概念"将永远是一个"阴影的王国"。

张先生在一系列著作中对"客观精神"和"绝对精神"所涉及的若干具体内容如道德、国家、艺术、宗教等进行了讨论。由于篇幅所限,这里仅就张先生在现当代哲学背景下对黑格尔美学的分析批判做一简单介绍。第一,关于审美与惊异。由柏拉图肇始的传统形而上学制造了哲学(美学)与惊异的对立。在柏拉图那里,人们惊异于感性世界的感性表象,而哲学的展开则是惊异的终止。黑格尔继承了这一观点,认为惊异只存在于哲学、宗教和艺术的开端,而此"三者的展开和目的则都远离惊异"。就此而言,黑格尔美学仍然属于柏拉图主义的旧传统。以海德格尔为代表的现当代美学则认为,惊异是哲学和审美意识的灵魂。惊异不只是哲学的开端,哲学本身就令人惊异。"海德格尔恢复了存在,恢复了惊异,从而也恢复了哲学的生气和美妙。"[1] 第二,关于哲学与艺术的关系。哲学与艺术(诗)的争论由来已久。柏拉图确立了哲学对于艺术的优先性:哲学以"理念"为对象,艺术则以"理念"的"影像"为对象,因而艺术是远离真理的。青年时期的黑格尔曾把艺术置于哲学之上,但到了成熟时期他又回到了柏拉图的旧传统,把艺术置于宗教和哲学之下,坚守"对于对象性世界的散文式看法"与"诗和艺术的立场"的二元对立。"黑格尔贬低艺术,他是主客式的散文哲学家,而非诗人哲学家。"[2] 海德格尔以其"去蔽"的真理观,彻底打通了"存在""真理""艺术"和"自由":艺术不再是真理的附庸,而是真理发生的绝佳场所,于是,哲学和艺术(诗)结合成了一个整体。第三,关于典型说与显隐说。西方传统美学以典

---

[1] 张世英:《哲学导论》,《张世英文集》第 6 卷,第 151 页。
[2] 同上,第 157 页。

型说为核心，其理论基础是概念哲学，它追求的是"什么"。黑格尔所谓"美是理念的感性显现"，"仍然是要求艺术品以追求理念即普遍性的本质概念为最高目标：凡符合艺术品之理念的就是真的艺术品"。[1]以海德格尔为代表的现当代美学则强调显隐说，它追求的是"如何"，即事物是如何得以显现的。"美的定义于是由普遍概念在感性事物中的显现转向为不出场的事物在出场的事物中的显现。"[2]第四，关于审美价值的区分。黑格尔以精神战胜物质的程度为划分艺术门类高低的标准：建筑最具物质性，因而是最低的艺术门类；诗以语言为媒介，最少物质性，因而是最高级的艺术门类。张先生认为，黑格尔这个思想值得注意，"由此出发，似乎可以达到人与万物皆因语言而存在、而有意义的西方现当代哲学的结论"[3]。当然，黑格尔还没有真正达到现当代美学的水平，因为他还不懂得一切艺术品乃至世界万物皆有语言性和诗性。

张先生认为，黑格尔的精神哲学是其全部哲学体系的最高峰，"精神哲学部分应比他的逻辑学部分受到更大的重视"[4]。

四、对黑格尔精神现象学的研究

20世纪80年代中后期，张先生的学术研究发生了一次"转向"，即由研究康德、黑格尔等德国古典哲学转向现当代西方哲学和中西哲学的比较研究。但"转向"之后，张先生并没有放弃黑格尔研究，而是在一个更大的视野内为黑格尔哲学赋予了新的活力。这方面的一个重要成果就是2001年出版的《自我实现的历程——解读黑格尔〈精神现象学〉》。这本书有三个重要特点：第一，和1962年出版的《黑格

---

[1] 张世英：《哲学导论》，第155—156页。
[2] 同上，第159—160页。
[3] 同上，第187页。
[4] 张世英：《我的哲学追求》，载《张世英文集》第10卷，北京大学出版社，2016年，第699页。

尔〈精神现象学〉述评》不同,《自我实现的历程》主要是从西方现当代思潮最前沿的观点解读黑格尔。第二,它不是亦步亦趋地跟随西方"后现代哲学"对黑格尔的解读,一味反对黑格尔,而是更多地强调黑格尔哲学与现当代西方哲学的关联。第三,和张先生过去论黑格尔的著作不同,它不完全是讲解黑格尔哲学的哲学史著作,而是融会了张先生自己晚年的哲学思想和观点。①

西方传统形而上学的一个重要特征是二重世界的建构。按照这种模式,我们生活于其中的现实世界或经验世界并不是最真实的,只是"真实的世界"的摹本或表现;这个"真实的世界"是"外在超越"的,就是说,在经验世界"之外""之上"或"之后"。这个传统始于柏拉图。康德哲学是在二重世界框架内试图突破这一框架的一种企图:那个外在超越的最高本体仍然存在,但已经在我们的知识范围之外。黑格尔认为康德哲学的最大问题就是假定了一个和意识格格不入的"物自体",所以,他以其"思维和存在的同一说"反对康德的不可知论,从而不但复活了康德所批判的世界二重化的形而上学,而且把传统形而上学推向顶峰。现当代西方哲学家都在这个问题上远离了黑格尔。"转向"之后的张世英先生一方面站在现当代西方哲学的高度批判黑格尔,认为他"仍然陷入西方自苏格拉底—柏拉图以来的传统形而上学的窠臼,他的哲学基本上还是走的'纵向超越'的方向,并未达到现当代人文主义思想家们所走的'横向超越'的水平"②。另一方面又看到了黑格尔哲学与现当代西方哲学对接的可能性。比如,在讨论黑格尔宗教观的过程中,张先生指出,黑格尔"强调无限的精神一定要表现于有限精神之中,无限的精神一定要通过有限精神而存在,这就表明他在宗教观中要贯彻他想把永恒与时间、彼岸与现世结合为一的原则,这是对传统形而上学的分裂观点的一种批判"③。而且,

---

① 张世英:《自我实现的历程——解读黑格尔〈精神现象学〉》,山东人民出版社,2011年,第288—289页。
② 同上,第160—161页。
③ 同上,第160页。

"西方现当代人文主义思潮的思想家们正是继承了黑格尔的这一基本思想"[1]。

西方传统形而上学的另一个重要特征就是主客二分的思维模式。这种模式实际上是由柏拉图和亚里士多德开启的"视觉中心论"的一个后果。视觉带给人的是一种"距离感",是天地万物相对于人的"外在性"。"'主体—客体'的思维模式,其要旨就是认为主体(人)与客体(外部世界)原来是彼此外在的,人为主,世界万物为客,世界万物只不过处于被认识、被利用和被征服的对象的地位,人通过认识、利用和征服客体以达到主客的对立统一。"[2]这种肇始于古希腊的思维模式,在近代哲学中得以最终确立,并在黑格尔那里达到顶峰。现当代西方哲学家大都对以黑格尔为最大代表的"主体—客体"形而上学表示不满,呼唤人与世界融为一体的更为源始的"生活世界"。张世英先生一方面站在西方现当代哲学的高度批判黑格尔,认为"近代的'主体性哲学'特别是以黑格尔为顶峰的德国古典唯心主义,有吹胀主体、自我的特征,主体、自我或主体性(主体性指'主体—客体'式中主体支配客体的特性,离开主客关系,谈不上主体性)被夸张、抬高和绝对化到唯一的、至高无上的地位,于是本来对发展科学和物质生产起促进作用的'主体性哲学'反而越来越产生了许多流弊"[3]。另一方面又认为"西方现当代哲学思潮中的主客融合论或超主客关系论,实际上在黑格尔哲学中已经有了自己的思想渊源"[4]。这就是黑格尔在《精神现象学》中提出的实体即主体的著名观点。按照这种观点,实体或对象并不是不同于主体的"他者",毋宁说,对象和主体都是同一个"精神"(的显现),所以,主体对客体的认识实即"精神"的自我认识,其间没有任何隔膜。在此意义上可以说:"不懂黑格尔哲学,就既

---

[1] 张世英:《自我实现的历程——解读黑格尔〈精神现象学〉》,山东人民出版社,2011年,第160页。
[2] 张世英:《自我实现的历程——解读黑格尔〈精神现象学〉》,第24页。
[3] 同上,第25页。
[4] 同上,第26页。

不能理解西方古典哲学,也不能理解西方现当代哲学,它是通达西方整个哲学以至整个西方思想文化的一把钥匙。"①

现当代西方哲学的一个重要特征是从"主体性哲学"到"主体间性哲学"的转向。启蒙运动以来,理性和主体性成为西方文化的"主旋律"。霍克海默和阿多诺将这种"理性和主体至上"的现象称为"启蒙的神话",包括:技术的神话、工具理性的神话、普遍主义的神话、宏大叙事的神话、西方中心论的神话等。在他们看来,20世纪的很多灾难如环境破坏、法西斯主义和极权主义等都是"启蒙的神话"的后果。现当代西方哲学家大都试图超越"启蒙的神话",超越"主体性哲学",呼唤一种"主体间性哲学"。张世英先生认为,黑格尔的"主体性哲学"中已经内在地包含了"主体间性哲学"的思想,这就是《精神现象学》"自我意识"环节所讲的"相互承认"的思想。黑格尔说:"自我意识只有在一个别的自我意识里才获得它的满足。"②自我意识"所以存在只是由于被对方承认"③。在此意义上,胡塞尔晚年的"交互主体性现象学"和哈贝马斯的"商谈伦理学"都是接着黑格尔讲的。

谈到黑格尔的"现象学",就不能不谈胡塞尔的"现象学"以及二者的关系。胡塞尔的现象学无疑是20世纪以来最重要的哲学思潮之一,但黑格尔对于意识现象的研究表明,"现象学并不是从胡塞尔才开始的,他至多代表了现象学的一个新起点"④。胡塞尔本人并不喜欢黑格尔,在他看来,他的现象学是接着笛卡尔而不是黑格尔讲的。有学者认为,黑格尔的现象学和胡塞尔的现象学是"一种风马牛不相及的东西"。张世英先生则强调,应该到黑格尔《精神现象学》中寻找现象学的基本口号——面向事情本身——的源头。"西方现当代现象学的标志性口号是'面向事情本身',而这个口号实质上最早是黑格尔在《精

---

① 张世英:《自我实现的历程——解读黑格尔〈精神现象学〉》,第27页。
② 黑格尔:《精神现象学》上卷,贺麟、王玖兴译,商务印书馆,1962年,第121页。
③ 同上,第122页。
④ 汤姆·罗克摩尔:《黑格尔:之前和之后》,柯小刚译,北京大学出版社,2005年,第254页。

神现象学》的序言中提出的。这个口号的内涵,即使在现当代现象学这里,其实质也只有从黑格尔《精神现象学》关于'实体本质上即是主体'的命题和思想中得到真切的理解和说明。"[①] 胡塞尔的"回到事情本身",不是把我们引导到远离意识、在意识之外的"客观实在",而是旨在使我们摆脱"自然态度",回到意识和主体,关注事物在意识中的"源始"显现。黑格尔"实体即主体"的命题所要表明的也是:"自然意识"所认为独立自在的东西,不断展示为越来越具有主体性和真实性,从而在漫长的过程中使"事情本身"得以呈现。在此意义上,黑格尔不仅是现象学的先驱,而且是整个西方现当代哲学的先驱。

五、对黑格尔文献的翻译

中国人移译黑格尔著作已有百年历史。期间,黑格尔的若干重要著作早已被译为中文,但在 21 世纪之前,还没有中文版的《黑格尔全集》。翻译、出版《黑格尔全集》是中国黑格尔学人几十年的梦想。早在 20 世纪 60 年代初,商务印书馆即有翻译出版《黑格尔全集》的设想,并组成了由贺麟先生牵头的工作小组,"文化大革命"使这一计划化为泡影。80 年代初,该项目拟重新启动,成立了《黑格尔全集》编委会,由贺麟先生任名誉主任委员。后因种种原因该项目再次搁浅。80 年代末,我的大学同学、时任河北人民出版社社长的王亚民(现任故宫博物院副院长)通过我和张先生联系,拟请张先生牵头,组织翻译《黑格尔全集》,并承诺:河北人民出版社准备出资 100 万元用于该书的翻译、校对和组织工作。因当时贺先生尚在,由贺先生牵头的商务版《黑格尔全集》项目名义上还在,顾及师生之情的张先生没有接受河北人民出版社的邀请。时光荏苒。2006 年,受人民出版社之邀,德高望重的张先生以 85 岁高龄出任 20 卷本中文版《黑格尔著作集》的主编。这套著作集据历史悠久、流传甚广、内容可靠的"理论

[①] 张世英:《归途:我的哲学生涯》,人民出版社,2008 年,第 217—218 页。

著作版"《黑格尔著作集》译出，译者多为国内黑格尔和德国古典哲学领域的专家，其中多人有德国留学背景。自 2015 年开始，这套被列为"十二五"国家重点图书项目的著作集已经陆续面世，并引起学术界的高度关注。可喜的是，由梁志学先生牵头、中国社会科学院立项、商务印书馆出版、依据"历史考订版"的另一套《黑格尔全集》翻译工程也在同时展开。从各国编辑、翻译、出版《黑格尔全集》的经验看，这项工作不仅仅是一项单纯的编辑或翻译工作，而是一项有组织的黑格尔哲学系统研究工程。我们相信，这两个项目的推进和完成，必将极大地推动中国的黑格尔学术，是一项功在当代、利在千秋的伟业。

在黑格尔文献的翻译方面，张世英先生主持的另一个大型项目是商务印书馆出版的《新黑格尔论著选辑》（上、下卷）。这套《选辑》是受当时的国家教育委员会委托编译的，并被列入 1985 至 1990 年哲学类专业教材编选计划。兴起于 19 世纪下半叶、第二次世界大战后逐渐衰落的黑格尔复兴运动即新黑格尔主义，是黑格尔学术的重要组成部分，而对新黑格尔主义观点的批判性分析本身就是张先生黑格尔研究工作的一大特色。从内容上看，这本《选辑》收录了斯特林、格林、布拉特雷、鲍桑魁、麦克塔加尔特、缪尔和芬德莱等英国新黑格尔主义者的著作，克洛纳、格罗克纳和拉松等德国新黑格尔主义者的著作，罗伊斯、布兰夏德和缪勒等美国新黑格尔主义者的著作，克罗齐和詹梯利等意大利新黑格尔主义者的著作，以及法国新黑格尔主义者伊波利特的著作。一直到今天，这套《选辑》仍然是人们理解黑格尔哲学、黑格尔主义和新黑格尔主义的重要参考文献。

六、结语：始终如一的"黑格尔情结"

经过几十年的"求索"和"勤耕"，张世英先生在会通中西方哲学和文化的基础上，形成了具有鲜明个性的哲学体系："新的万物一体"的哲学观——"万有相通的哲学"。其主要内容见于《天人之际——中西哲学的困惑与选择》（1995 年）、《进入澄明之境——哲学的新方向》(1999年)、《哲学导论》(2002年)、《境界与文化——成人之道》(2007年)、《中西文化与自我》(2011年)、《觉醒的历程——中华精神现象学大纲》(2013年)等著作。细心的读者会发现，在这个当代中国最具"原创性"的哲学体系中，不仅融合了西方现当代哲学和中国古代哲学，而且仍然可以看到黑格尔的身影。张先生始终强调，我们既要继承黑格尔，又要超越黑格尔。对于当代中国社会来说，当务之急是重新学习黑格尔哲学，特别是他有关主体性和自由的思想。"中国当前需要继续沿着'五四运动'所开辟的道路，发扬科学和民主，与此相应的是在哲学上还需要继续召唤西方近代的主体性哲学。黑格尔哲学在中国并未过时，我们应该着重吸取其以主体性—自由为发展目标的基本精神。"①

---

① 张世英:《自我实现的历程——解读黑格尔〈精神现象学〉》，第373页。

西方学者看张世英的黑格尔哲学研究[①]

胡自信

20余年来,我国学术界围绕著名哲学家张世英的思想,发表了不少论著,这些著作从不同方面,探讨了张世英哲学的贡献。在研读这些论著的过程中,我发现一个缺憾:所有论述都指向张世英的后期哲学(改革开放之后),极少谈他的前期哲学(改革开放以前)。毫无疑问,其"后期思想"较之于"前期思想",更具开拓精神。这种情况符合张先生的自述:

> 回顾这一时期的学术成果,不胜愧汗。那是一个以政治压倒学术的时代。我的……那些有关西方哲学史的论文和评述黑格尔的著作,都是在各种政治运动的夹缝中写作的,因而也都打上了当时的政治烙印。……为了服务于当时的政治,这些批判现在看来,大多过时,少有对哲学史的原作原意做出切实的深刻的分析。[②]

在张先生看来,前期那些著作不够"切实而深刻",观点陈旧,缺乏学术性。我觉得这是自谦之词,虽然客观,但"不够全面、准确"。"不够全面"的意思是,这种看法忽视了西方学者对张世英的研究,其中有两个重要文献,即法国著名哲学家阿兰·巴迪欧(Alain Badiou)的《黑格尔辩证法中的合理内核:对张世英的一部著作的翻译、介绍

[①] 本文原载《江海学刊》2016年第5期。
[②] 张世英:《归途:我的哲学生涯》,人民出版社,2008年,第73页。

与评论》[1]与北美汉学家彼得·巴腾（Peter Button）的《否定性与辩证唯物主义：张世英对黑格尔辩证逻辑的解读》[2]；"不够准确"的意思是，历史地看，他的"前期哲学"也具有一定的创新精神，用现在的话说，是"西方哲学的中国化"。原来在提出上述自我评论时，张先生还没有这两个文献的具体信息。机缘巧合，作为张先生的学生，我很荣幸地与这两个重要文献有一定"缘分"。在后来出版的回忆录中，张先生对前一个文献做了如下描述：

> 去年（2012 年）7 月中旬，我连续收到我的博士生、英国兰开夏大学孔子学院院长胡自信教授的两三份电子邮件，主要内容是："我们孔子学院正在主持召开全英汉语教师大会，一位来自法国的嘉宾、世界著名汉学家白乐桑（Jöel Bellassen）在与我交谈时，说他与您'有缘'——1974 到 1975 年，他曾在北大学习汉语及中国文化。1975 年回到法国后，他与另一位法国学者、当代法国最著名的哲学家巴迪欧（Badiou）合著了一本研究您的《论黑格尔的哲学》的著作，书名《论黑格尔辩证法的合理内核——根据张世英的一本书》（内容包括翻译、介绍、评注您的《论黑格尔的哲学》一书，1978 年在巴黎出版，2011 年重印）。"[3]

我与后一个文献的关系是，张先生有一位亲友，无意中从网上搜索到这篇文章，告知了张先生，而我有幸成为其中文版的译者。

就"张世英哲学"而言，这两篇文献的重要性，起码包括以下

---

[1] Alain Badiou, Jöel Bellassen and Louis Mossot, *The Rational Kernel of the Hegelian Dialectic: Translations, Introductions and Commentary on a Text by Zhang Shiying*, ed. and trans. Tzuchien Tho, re.press, 2011.

[2] Peter Button, "Negativity and Dialectical Materialism: Zhang Shiying's Reading of Hegel's Dialectical Logic", *Philosophy East and West*, Vol. 57, No. 1, January 2007, pp. 63–82.

[3] 张世英：《张世英回忆录》，中华书局，2013 年，第 344 页。

三个方面：(1)"前期哲学"已使张先生成为有国际影响力的哲学家。(2)这也是西方对中国学术的认可，用现在的话说，张先生增强了国人的"学术自信"。(3)"前期思想"是"张世英哲学"的有机组成部分，前期思想中的辩证法同样是其"后期哲学"的灵魂。

下文将这两个文献分而述之。

巴迪欧的《黑格尔辩证法中的合理内核》是一本很难读的小册子。我有多部张先生的赠书，其中的两部尤为珍贵：一部是张先生出版于1956年的《论黑格尔的哲学》（上海人民出版社），另一部就是巴迪欧的《黑格尔辩证法中的合理内核》英文版。前者称得上是文物了：书页粗糙、泛黄、易碎，繁体字印刷，封面呈少许褪色的浅红色，全书共76页，价格0.22元。版权页上的信息，清楚地反映了这部著作在当时的巨大影响："1956年4月第1版，1957年1月第2版，1960年2月第8次印刷。"[①] 根据张先生的自述，该书"前后发行过3版，重印11次，共销售20余万册。……后来不少人来信说，这本书是他们学习黑格尔或学哲学的'启蒙读物'"[②]。由此可见，当年巴迪欧的合作者白乐桑选择张世英，作为其了解中国哲学的窗口，是有充分根据的。

巴迪欧《黑格尔辩证法中的合理内核》一书的英文版译者兼编者，为台湾青年学者涂子谦（Tzuchien Tho）。此书除了翻译巴迪欧所评论的张世英著《论黑格尔的哲学》的第四章《论黑格尔哲学的"合理内核"》外，还包括以下重要内容：译者兼编者撰写的《导论》，巴迪欧撰写的《黑格尔在法国》（1977年11月）与《黑格尔在中国》（1978年1月），以及涂子谦对巴迪欧的采访录。该书对于我国读者了解张世英前期哲学的国际影响和巴迪欧的早期思想，具有重要意义。巴迪欧是当代西方激进左派最著名的哲学家之一、著名的巴黎高等师范学院哲学系教授，曾担任该系主任；白乐桑是法国国民教育部汉语总督学、著名汉学家。写作该书时，正值中国的"文化大革命"，很多法国人，

---

① 张世英：《论黑格尔的哲学》，上海人民出版社，1957年，版权页。
② 张世英：《归途：我的哲学生涯》，第72页。

尤其是法国青年，深受中国"文化大革命"的影响，巴迪欧与白乐桑也不例外，他们都是毛泽东主义（Maoism，即西方的毛泽东思想）的热烈追随者。有学者称，发生于巴黎而震惊世界的"五月风暴"（1968年5月），是法国的"文化大革命"。这种说法不无道理。巴迪欧承认，"五月风暴"深刻地影响了他后来的思想，包括《黑格尔辩证法中的合理内核》。面对此书，我们自然会问：这些西方学者为什么要翻译、评注一部由中国学者撰写的、论述黑格尔哲学的著作呢？巴迪欧回答如下：

> 当时我是毛泽东主义组织（UCFML）的激进分子，约尔·白乐桑是该组织的同情者，还是毛派汉学家组织的一员，该组织名为"东风"，并以此为名编辑出版一本期刊，白乐桑把（张世英的——引者注）这本书介绍给我们，特别是我们后来决定翻译的那部分内容。路易斯·莫索（Louis Mossot）是我早年教过的学生之一，他也是毛泽东主义组织的同情者，我们一起讨论过很多问题。我们都对辩证法问题有浓厚兴趣，特别是毛泽东在《矛盾论》与《关于正确处理人民内部矛盾的问题》两个文献中提出的新论点。于是我们三人决定，合写一本书，做一些介绍和具体的评注。该书旨在表明，"一分为二"的原则，不是对辩证法的大致概括，相反，这是一种独创的新论点，这种论点克服了粗俗的斯大林主义的缺陷。[①]

究竟是如何找到张先生的这部著作的，巴迪欧说得不够具体。白乐桑曾告诉我，1974到1975年间，他在北京大学学习。到北大以前，他的主科是哲学。在北大期间，他听过张先生的课，所以他说张先生

[①] Alain Badiou, Jöel Bellassen and Louis Mossot, *The Rational Kernel of the Hegelian Dialectic: Translations, Introductions and Commentary on a Text by Zhang Shiying*, pp. 89–90.

是他的老师。他在汉语及中国文化方面的造诣，得到张先生的高度评价："白乐桑汉语之流畅地道，可以毫不夸张地说，与中国人无异；其对中国思想文化了解之深透，可与中国研究国学的学者相媲美。难怪他有'法国的中国人'的称号哩！"① 就是这个既懂汉语、又来过中国、又有哲学背景、又听过张先生讲课的法国学者，把《论黑格尔的哲学》介绍给巴迪欧与其合作者，并主持、承担了该书的法语翻译。②

《黑格尔辩证法中的合理内核》的主要内容是什么？根据上一段引文，我们可以简单地说，巴迪欧要用"毛泽东主义"来剖析张世英哲学中的黑格尔。这与毛泽东的辩证法思想密切相关。毛泽东明确指出："一分为二，这是个普遍的现象，这就是辩证法。"③ 巴迪欧认为，"一分为二"是毛泽东的创新，同时也是该书的中心论点。巴迪欧对"一分为二"的重视，还表现在涂子谦对巴迪欧的采访录中，这个具有重要意义的采访录的题目是："从'红色年代'到共产主义设想：一分为二的三十年。"④ 涂子谦为该书英译本撰写的导论的标题，又是一例："一分为二？区别对待不同事情。"⑤ 在"一分为二"的问题上，张先生既强调"一"，也强调"二"，他指出："我们一方面要肯定马克思主义

---

① 张世英：《张世英回忆录》，第 345 页。
② 蓝江认为，"巴迪欧在 70 年代另一个主要工作是深入到黑格尔的哲学中进行研究，尤其是'毛主义'之下的黑格尔哲学。他的 1978 年的著作《黑格尔辩证法的核心》正是解决这一问题，值得注意的是，巴迪欧对黑格尔的哲学的研究不是就黑格尔来论黑格尔……他对黑格尔的解读毋宁是通过'毛主义'来折射黑格尔辩证法思想。为此，巴迪欧还专门翻译了中国哲学家张世英的几本关于黑格尔的著作"。该文的注释 7 还具体指出："这里翻译的张世英的著作包括《论黑格尔的哲学》（1956 年）、《论黑格尔的逻辑学》（1959 年）、《黑格尔的哲学》（1972 年）。现在没有证据表明巴迪欧懂中文，这里所谓的'翻译'很可能是从英文翻译成法文。"（蓝江：《谁是巴迪欧？》，载《南京社会科学》2009 年第 6 期，第 30、32 页）我认为，蓝江所谓巴迪欧通过"毛主义"来解释黑格尔辩证法，是中肯的。但他所谓"巴迪欧翻译了张世英的几本黑格尔著作""这些翻译很可能是从英文翻译成法文"，显然是错误的。
③ 毛泽东：《党内团结的辩证方法》，载《毛泽东选集》第 5 卷，第 498 页。
④ Alain Badiou, Jöel Bellassen and Louis Mossot, *The Rational Kernel of the Hegelian Dialectic: Translations, Introductions and Commentary on a Text by Zhang Shiying*, p. 87.
⑤ Ibid, "Introduction", p. 11.

哲学与黑格尔哲学的合理因素之间的继承关系，一方面也要指出马克思主义辩证法与黑格尔辩证法的根本对立。——这就是我们正确评价黑格尔哲学以及阐述马克思主义哲学与黑格尔哲学的关系问题的基本原则。"[1] 与张先生不同，巴迪欧只强调"二"，不强调"一"。"二"指事物的不同因素之间的对立，"一"指这些因素之间的统一。请看巴迪欧对张世英哲学的解读：

> 因此，在黑格尔哲学中，有一条唯物主义（与辩证法）的道路，这才是合理内核，才是其哲学中具有"批判性与革命性"的一面。从内部看，就辩证法而言，这条道路与唯心主义道路正好对立。在黑格尔辩证法中，这种矛盾存在于所有的时间和"地点"。从某种意义上说，在考察黑格尔的运动概念时，张世英所使用的，似乎就是这样的解释原则。[2]

巴迪欧的解读与张先生的思想显然是一致的，表明他深懂张世英的思想，他同意张世英肯定黑格尔的辩证法合理内核的观点。据悉，是张先生的著作使青年巴迪欧发生了学术思想上的转变，即从先前一味否定黑格尔哲学转变为肯定黑格尔哲学有辩证法的合理内核。

巴迪欧与涂子谦均坦言，这本书晦涩难懂。这是因为，巴迪欧早期思想中的"一分为二"原则，直到后期哲学中才成熟起来。[3] 巴迪欧

---

[1] 张世英：《论黑格尔的哲学》，第 76 页。迄今为止，在黑格尔与马克思主义的关系问题上，我国的马克思主义哲学仍然坚持张先生所阐述的这种立场。举例如下："在哲学方面，到了 19 世纪中叶，以黑格尔哲学为代表的辩证法和以费尔巴哈为代表的唯物主义已经达到在旧哲学范围内不可超越的理论水平，同时，二者也存在着在旧哲学范畴内不可解决的内在矛盾。如果说全人类的哲学遗产是马克思主义哲学得以产生的文化积淀，那么，德国古典哲学则为马克思主义哲学的产生提供了直接的理论来源。"（陈先达、杨耕编：《马克思主义哲学原理》，中国人民大学出版社，2014 年，第 20 页）

[2] Alain Badiou, Jöel Bellassen and Louis Mossot, *The Rational Kernel of the Hegelian Dialectic: Translations, Introductions and Commentary on a Text by Zhang Shiying*, p. 81.

[3] Ibid.

自己说,"我不敢肯定,我们真的能'读懂'它。也许我们应该在它里面走一走,而不是读懂它。……我觉得我不敢说,那本书很成功,毋宁说那只是一种尝试,我们没有把这种尝试进行到底,所以它仍保持原样"①。该书的晦涩难懂有两个原因:一是因为它不完整,再就是因为它仅仅是一个起点。我们知道,起点蕴含着终点。只有到了终点,我们才能看到起点的真面目。单独来看,该书晦涩难懂;历史地看,它是尔后巴迪欧哲学的出发点。在这个出发点上,风华正茂的哲学家对很多问题感兴趣:马列主义,毛泽东主义,黑格尔哲学,以及中国的黑格尔哲学——张世英眼中的黑格尔。

巴迪欧的这部著作是对张世英哲学的充分肯定,它明确指出:"1956 年,张世英出版了一部名为《论黑格尔的哲学》的重要著作,当时他是北京大学哲学系教授。在此后的 1959 年,他又出版了另一部重要著作《论黑格尔的逻辑学》……"②一个西方学者如此称道一个中国学者讲西方哲学的著作为"重要著作",这着实难能可贵,又鼓舞人心。我们看到,黑格尔哲学是连接张世英与巴迪欧的纽带,也是他们的共同追求。巴迪欧说,"在我的任何一部哲学著作中,起码有一章是论述黑格尔哲学的"③。我认为这句话同样适用于张先生。尽管张世英后期哲学对黑格尔的理性至上主义多有批评,但是细心的读者一定能发现,黑格尔的辩证法仍然发挥着关键性作用(例如"显现与隐蔽"式存在论与"主客不分——主客二分——主客合一"型思维模式的辩证法)。改革开放之前,以张世英为代表的中国哲学,就是这样走向欧洲、走向世界的。

彼得·巴腾的《否定性与辩证唯物主义:张世英对黑格尔辩证逻辑的解读》是我们研究张世英前期思想的又一重要文献。这篇论文发

---

① Alain Badiou, Jöel Bellassen and Louis Mossot, *The Rational Kernel of the Hegelian Dialectic: Translations, Introductions and Commentary on a Text by Zhang Shiying*, pp. 99–100.

② Ibid., p. 18.

③ Ibid., p. 95.

表于 2007 年。此文的重要性之一是，改革开放将近三十年了，中国人的思想观念发生了翻天覆地的变化，"张世英哲学的前期思想"已然成为一个被遗忘的角落；我国学人无人问津的这个角落，却迎来了西方学者彼得·巴腾的这项专题研究。这怎能不发人深省？出现在我们面前的一个最紧迫、最简单也最重要的问题是：巴腾感兴趣的问题是什么？他又是如何解决这一问题的？作为汉学家，巴腾发现，西方汉学界长期以来对中国学术怀有偏见，究其根源，在于西方汉学家一直误解辩证唯物主义。何以如此？巴腾认为，因为他们始终没有认识到，黑格尔的辩证法在中国的辩证唯物主义思想中起着至关重要的作用。在这篇文章中，巴腾开宗明义，摆出西方汉学界的成见：

> 人们觉得讨论辩证唯物主义的学术用语——尤其是在关于中国的相关研究中——模糊不清，总让人觉得那是集权制度的意识形态，空洞无物。这种术语上的模糊不清，令更多的读者望而却步。在他们看来，中国的辩证唯物主义无关紧要，毫无哲学意义——这种看法有时颇为流行。沃纳·梅思纳（Werner Meissner）曾著书立说，探讨中国的辩证唯物主义。在考察 20 世纪 30 年代中国的辩证唯物主义论著与当时的政治形势时，他评论如下：
>
> 政治斗争决定着所有的哲学讨论、相关概念之间的关系以及发表的时间。
>
> 使政治斗争发生变化的任何事件，也能使不同"哲学概念"之间的关系发生变化。
>
> 反之，"哲学概念"之间的关系的任何变化，都预示着现实政治斗争即将发生或已经发生变化。
>
> 由于存在这样的相互作用，人们所用的任何哲学概念都不可能有任何思想内容。实际上，它们空洞无物。[1]

---

[1] 彼得·巴腾：《否定性与辩证唯物主义：张世英对黑格尔辩证逻辑的解读》，载《哲学分析》2013 年第 4 卷第 3 期，第 67—68 页。

1945年夏，这种观点又回响在耶稣会学者古斯塔夫·维特（Gustav Wetter）对苏联的辩证唯物主义的研究中。在教皇东方研究院，他以"苏联的辩证唯物主义"为题，做了一系列讲座，发誓与苏联辩证唯物主义"决一死战"。1952年，维特将这些讲座以《苏联辩证唯物主义的历史与体系》为名公诸于世。[①] 根据巴腾的分析，西方汉学家据此认为，"辩证唯物主义缺乏哲学内容。更糟糕的是，他们以为采用黑格尔的术语只是为了装点门面、冒充哲学，以掩盖一种既无理论意义又独断专横的意识形态"[②]。20世纪40至50年代，中国的辩证唯物主义与苏联的辩证唯物主义一脉相承，西方汉学家自然会一视同仁地对待它们。果真如此吗？中国的辩证唯物主义真的没有任何思想内容吗？他们研究黑格尔，难道只是为了利用那些好看的术语装点门面？巴腾的回答很响亮："张世英的研究清楚地证明，这种观点是错误的……实际上，人们未能准确地理解中国的辩证唯物主义，主要是因为他们没有理解辩证唯物主义中的黑格尔因素。"[③]

巴腾所谓"张世英对黑格尔辩证逻辑的解读"，主要是指张先生的《论黑格尔的逻辑学》。巴腾依据的是《论黑格尔的逻辑学》1959年版（上海人民出版社）。当西方汉学界用梅思纳—维特的目光看待中国哲学，特别是中国的辩证唯物主义时，张先生发表了这部在国内外产生了重要影响的论著。其在国外的影响至少包括北美与日本两个国家。如上所述，北美的巴腾对该书做了专题研究；在东方，"日本学者曾（把该书——引者注）译成日文在日本出版，译者序言说，'这是中国第一部系统地研究黑格尔逻辑学的专著'"[④]。该书在国内的影响更加明显。诚如其日文版序言所述，这是我国第一部系统阐述黑格尔逻辑学的专著，这是其国内影响的第一个方面。其次，该书先后有三个版

---

① 彼得·巴腾：《否定性与辩证唯物主义：张世英对黑格尔辩证逻辑的解读》，第70页。
② 同上，第69页。
③ 同上，第68—69页。
④ 张世英：《归途：我的哲学生涯》，第73页。

本（1959、1964、1981年），2010年中国人民大学出版社又一次重印了该书第3版，由此可见其长久的影响力。对于这样一部具有广泛而持久影响力的著作，张先生却淡然处之，在其回忆录《归途：我的哲学生涯》中，他用于介绍该书的文字，还不到三行。学术界对此书的兴趣，却持续了半个世纪。我认为，这种兴趣很有可能延续下去。

张先生的《论黑格尔的逻辑学》，比维特的《苏联辩证唯物主义的历史与体系》晚7年，二者属于同一个时代。巴腾选择前者来研究中国的辩证唯物主义，以反驳后者的错误论调，真可谓独具慧眼。从巴腾的角度看，张世英是如何解读黑格尔的辩证逻辑的？张世英的辩证唯物主义有何具体内容？巴腾的回答很明确：

> 张世英主要分析了否定之否定规律，为中国的马克思主义思维辩证法提供了合法的理论根据。按照这种分析，否定是辩证法的具体表现，人们在讨论否定之否定规律时，经常提到这一特征。张世英清楚地知道，不能充分说明否定在黑格尔辩证法中所起的作用，辩证法的创造力与革命性就可能被削弱。[①]

1959年版《论黑格尔的逻辑学》共分八章，从不同方面论述黑格尔的唯心主义辩证法。巴腾感兴趣的是张先生对否定之否定规律的阐述。他举了两个例子：一个是黑格尔提到的化学家，一个是形式逻辑与辩证逻辑的关系。在《小逻辑》第227节，黑格尔以化学家为例，来说明"抽象的认识"之不足。化学家能够把一块肉分析为不同的化学元素，人们可以说，肉是由这些化学元素组成的，却不可以说，这些化学元素就是肉。把肉分析为化学元素，是对肉的"第一次否定"，即黑格尔所谓"抽象的否定""形式的否定"或"单纯的否定"。要认识真正的肉，就必须进行"第二次否定"，即黑格尔所谓"否定之否

[①] 彼得·巴腾：《否定性与辩证唯物主义：张世英对黑格尔辩证逻辑的解读》，第73页。

定""绝对的否定"或"具体的否定"。①"否定之否定"就是把肉与其化学元素"合二为一",就是清楚地认识到,一方面,肉与其化学元素不可分割,另一方面,二者又有明显的差异,它们共同构成一个"具体的、否定的统一体"——肉"不是"一种模糊不清的物质,而是这样一些化学元素,反之,这些化学元素也"不是"一些没有确定性的、独立不依的物质,而是"肉的"组成部分。经过"否定之否定"而达到的这种"具体认识",高于"单纯的否定"所达到的"抽象认识"。根据巴腾的分析,

> 张世英的任务有两个方面。一方面,他想通过分析辩证法来阐述否定。为了实现这个目标,他必须深入探讨辩证法及其在整个辩证唯物主义中所发挥的作用。与此同时,他还想证明,人们通常认为,形式逻辑与辩证逻辑是完全对立的,但是这种观点不知不觉地犯了形式逻辑的那种错误。对辩证唯物主义者来说,一味地反对形式逻辑,支持辩证逻辑,必然会忽视知性在清楚地阐述对象时所起的关键作用。……张世英用思辨的方法,着力解读《小逻辑》对知性的缺陷性的论述。对思辨问题的这种兴趣正是张世英解读《逻辑学》的点睛之笔。②

巴腾所谓张世英"对思辨问题的兴趣",指的是张先生既重辩证逻辑,又重形式逻辑。如果把二者对立起来,那就犯了知性的、形式逻辑的错误;反过来,如果忽视知性的形式逻辑的作用,那同样是犯了知性的错误。巴腾所谓"张世英解读《逻辑学》的点睛之笔",指的是后者,而非前者。一般来说,辩证逻辑高于形式逻辑,这一点不难理解。但是,形式逻辑是辩证逻辑的一个"不可或缺的"环节,这一点

---

① 张世英:《论黑格尔的逻辑学》,上海人民出版社,1959年,第119—121页。
② 彼得·巴腾:《否定性与辩证唯物主义:张世英对黑格尔辩证逻辑的解读》,第78—79页。

就不容易理解了。张先生对这个问题的强调,立足于我国学者提出的一些问题,既有"中国特色",又有创新精神——他丰富并深化了黑格尔原来的论述。还是以化学家的那个例子来说吧。只有把"肉"分析为不同的"化学元素",人们才能"清楚地把握"肉的本质。肉与化学元素是不同的,这是形式逻辑的贡献。在此基础上,辩证逻辑才能进行"否定之否定",实现"肉"与其"化学元素"的辩证统一,即"具体的、否定的统一"。

由此可见,张先生对黑格尔逻辑学的阐述,既非"空洞无物",亦非单纯的"政治斗争的工具",使用黑格尔的哲学术语,也不是为了"装点门面";相反,那是一种中国化的、但合乎西方学术传统的、有理有据而又深入浅出的哲学理论。因此巴腾深有感触地说:

> 以张世英为例,中国人对辩证逻辑的探讨清楚地表明,就方法而言,我们起码必须认真学习张世英对黑格尔的解读,让他带领我们领会(他所理解的)黑格尔。做出这些努力之前,我们几乎没有权利评判中国人对(西方)哲学的研究所达到的水平。[①]

哲学是时代精神的精华。20世纪70年代,巴迪欧的张世英哲学研究,旨在反对资本主义社会的种种弊端。21世纪初,巴腾的张世英哲学研究,旨在纠正西方汉学界久已形成的偏见:中国的辩证唯物主义"空洞无物",根本不是哲学。他们的共同点是:他们认为,张世英是那个时代的中国最具代表性的马克思主义哲学家或辩证唯物主义者之一。遗憾的是,我国的张世英哲学研究,尚未顾及这个方面。因此西方学者的这些研究,值得我们借鉴。如张先生所言,当时的政治形势不允许学者心存成名成家之念,大家都是"哲学工作者"。西方学者却把他当作"哲学家"。因为哲学与政治毕竟不同,政治形势不允许"哲学工作者"成为"哲学家",这是"极左"思潮对学术的压制。但哲学

---

① 彼得·巴腾:《否定性与辩证唯物主义:张世英对黑格尔辩证逻辑的解读》,第83页。

家就是哲学家，因为他撰写了哲学著作，好比艺术家就是艺术家，因为他创造了艺术作品。显然是基于这个简单的事实，巴迪欧与巴腾才深入研究了张先生的前期哲学。其不言而喻的基本假设是，这种哲学具有某种内在价值。巴迪欧与巴腾的不同点在于，前者重视张世英哲学的时代性与实践性，后者强调其学术性。无论时代性、实践性，抑或学术性，都是哲学的重要属性。哲学反映时代精神，不同的时代精神共同构成一个开放的、跨越时空的而又对立统一的整体。正是这个对立统一的历史性整体，把不同时代、不同地域和不同观点的哲学家联系在一起。

否定性与辩证唯物主义

——张世英对黑格尔辩证逻辑的解读[1]

彼得·巴腾[2] 著　　胡自信 译

西方学者把中国的辩证唯物主义描述为一座富丽堂皇的波特金大厦。其言外之意是,从一个小的方面来看,该理论仿佛高耸入云,乃最最重要的哲学体系,但是稍加注意,读者就会发现,它没有任何"思想内容";回首冷战时期的敌对状态,这种观点不足为奇。人们觉得——尤其是中国研究——学术用语模糊不清。谈到辩证唯物主义,人们总觉得那是集权制度的意识形态,空洞无物;面对这种模糊不清,他们本该三思而行。在他们看来,中国的辩证唯物主义无关紧要、毫无哲学意义——这种看法有时颇为流行。有学者曾著书立说,探讨中国的辩证唯物主义;在考察20世纪30年代中国的辩证唯物主义论著与当时的政治形势时,他评论如下:

> 政治形势并非中国辩证唯物主义论著的背景,哲学大戏就是在这个戏台上演出的,相反,政治斗争才是"哲学"讨论的真实内容。
> 政治斗争决定着所有的哲学讨论、相关概念之间的关系以及发表的时间。
> 使政治斗争发生变化的任何事件,也能使不同"哲学概念"之间的关系发生变化。
> 反之,哲学概念之间的关系的任何变化,都预示着现实政治

---

[1] 本文原载《哲学分析》第4卷第3期,2013年6月。
[2] Peter Button, Department of East Asian Studies, McGill University.

斗争即将发生或已经发生变化。

由于存在这样的相互作用，人们所用的任何哲学概念都不可能有任何思想内容。实际上，它们空洞无物。

如果这些概念没有思想内容，它们就是通用的。如果它们空洞无物、可以通用，它们就不再是哲学概念。①

该书的基本假设之一是，外来的辩证唯物主义哲学本来就空洞无物，它来到中国时，本来是一具僵尸②，中国人对它的讨论必然"空洞无物"。由此看来，中国的左倾政治——在这种情况下，人们很难称它为实践——要么根本没有方向，要么以某种被彻底压抑或神秘化的理论能力为指南，这种能力虽然完全独立于思想者，却以某种方式发挥着作用。张世英的研究将清楚地证明，这种观点是错误的。③

然后这位学者在语言的层面，把中国思想排除于人们所认为的（西方）哲学传统之外。④ 18 世纪末 19 世纪初，有些德国思想家声称，汉语结构奇特，不可能成为现代自然科学与哲学的媒介；在重申这种观点的同时，这位学者指出，唯因如此，原汁原味的西方哲学概念绝不可能被恰如其分地翻译成汉语。因此，辩证法、哲学、形式逻辑等术语虽在中国发展很快，却不会有任何哲学内容。对中国人来说，这些术语仍然是一些半生不熟的"象征符号"。在本书结尾处，作者还

---

① Meissner, *Philosophy and Politics in China: The Controversy over Dialectical Materialism in the 1930s*, trans. Richard Mann, Stanford University Press, 1990, p. 4.
② "最后……中国的辩证唯物主义主要是阐述 20 世纪 30 年代翻译过来的苏联哲学手册，后者的学术价值无论如何都值得怀疑。"（Ibid., p. 191）
③ 张世英：《论黑格尔的逻辑学》，人民出版社，1959 年。张世英 1921 年生于武汉。1946 年在昆明的西南联大哲学系毕业后，他先后执教于母校与武汉大学。1952 年，他调入北京大学哲学系。
④ 这种分析类似于酒井直树所谓的弥合，即捏造一种符合"自己"的正确哲学传统的观点。酒井这样写道："事实上，这种不言而喻的期待（别人也熟悉'自己'的传统文化）所假定的是，既然那些文献的作者与研究者同为'日本人'，他们必定有一些外国人不可能有的共同点。"（Naoki Sakai, *Translation and Subjectivity: On "Japan" and Cultural Nationalism*, University of Minnesota Press, 1997, p. 45）

为这些"象征符号"做了一个清楚的图表,一列是象征符号,另一列是它们的所指对象。举例来说,形式逻辑"象征"国民党,辩证逻辑"象征"共产党。[1] 这些汉语概念不可能有"真正的哲学内容",因为它们不是真正的词汇,而是象征符号,它们象征着苏联辩证唯物主义本来就有的一些"空洞的教条"。[2] 具有讽刺意味的是,如果该书作者读一读黑格尔的《逻辑学》、对哲学或语言学有所了解,中国辩证唯物主义的那些术语就不会像他所说的那样空洞无物、只有象征意义。不管怎么说,该书宣称汉语不适于表达概念、进行思辨推理;我们必须指出,这是基于道听途说,因为黑格尔并不认为,掌握汉语是其诸多成就之一。[3]

实际上,人们未能准确地理解中国的辩证唯物主义,主要是因为他们没有理解辩证唯物主义中的黑格尔因素。这个因素之所以被忽视,很大程度上与耶稣会学者古斯塔夫·维特有关,他在《辩证唯物主义》[4] 中探讨了苏联的哲学。我认为维特的分析显然有失公允,但是问题不在这里,而在汉学界没有认识到维特这部著作的真正意义。在该

---

[1] Meissner, *Philosophy and Politics in China*, pp. 174–179.

[2] Ibid., p. 182. Gustav Wetter 虽以批判的态度全面阐述了苏联的辩证唯物主义(如下所述),但是他没有如此极端的看法。我要做一个重要补充:Nick Knight 研究了中国马克思主义哲学家李达的思想,像他这样长期地、不懈地研究中国辩证唯物主义的学者寥寥无几。他的研究清楚地表明,李达对辩证唯物主义的理解是非常全面的。Knight 著作的主要缺陷是,与该领域的其他学者一样,他没有阐述中国辩证唯物主义思想中的黑格尔因素。See Nick Knight, *Li Da and Marxist Philosophy in China*, Westview Press, 1990. Joshua Fogel 探讨艾思奇思想的著作同样具有这种缺陷。See Joshua Fogel, *Ai Ssu-chi's Contribution to the Development of Chinese Marxism*, Harvard University Press, 1987.

[3] 在《逻辑学》第二版序言中,黑格尔探讨了所谓用德语研究哲学的优越性问题。他这样写道:"一种语言如果有很多逻辑术语,即具体的、单独的用来表达思维规定的一些术语,这便是一种优势;许多介词和冠词所表达的是思维建立起来的一些关系;据说汉语尚未发展到这一阶段,或者说发展得不够成熟。"(Hegel, *Science of Logic*, trans. A. V. Miller, Humanities Press International, 1969, p. 32)

[4] Wetter, *Dialectical Materialism: A Historical and Systematic Survey of Philosophy in the Soviet Union*, trans. Peter Heath, Routledge and K. Paul, 1958.

书的序言中，维特明确指出，"辩证唯物主义采用了黑格尔的术语，因此该书所做的简要阐述可能使读者觉得，除了辩证唯物主义所讲的那些观点，还有某种'更深刻'的思想。只有通过深入研究苏联辩证唯物主义的哲学观点与推论，人们才能清楚地认识到，事实并非如此"[1]。汉学家对辩证唯物主义的阐述有时会误解这种观点，他们以为这种看法是说，总的来看，辩证唯物主义缺乏哲学内容。更糟糕的是，他们以为采用黑格尔的术语只是为了装点门面、冒充哲学，以掩盖一种既无理论意义又独断专横的意识形态。

1945 年夏，维特在教皇东方研究院以苏联的辩证唯物主义为题，做了一系列讲座。后来他写了一部长达六百页、自诩为要与苏联辩证唯物主义哲学"决一死战"（geistige Auseinadersetzung）的论著；该书即以上述讲座为基础。梵蒂冈敌视共产主义，维特实际上是梵蒂冈的神学盟友；他没有开宗明义地宣布自己的立场，相反他把读者的注意力引向其他方面。[2] 他指责苏联哲学家独断专行，"在陈述对立面的观点时，不能恪守客观公正"[3]。维特把"资产阶级哲学"作为其尚未公开的神学立场的替身，他批评苏联哲学家，说他们未能严肃对待这种哲学。从完全世俗的——人文主义的——角度来看，如果维特能与苏联哲学进行某种对话，那么他在西方哲学方面的学术修养本来可以使其哲学分析具有相当的权威性。然而从神学的角度看，信仰似乎使他无法进行任何有意义的学术交流。由于某些毋庸置疑的原因，哲学或神学领域的这种对抗是无法避免的。换言之，维特很清楚，哲学与宗教的关系才是问题的关键。谈到苏联哲学，维特指出：

---

[1] Wetter, *Dialectical Materialism: A Historical and Systematic Survey of Philosophy in the Soviet Union*, p. xi.

[2] Wetter, *Der Dialektische Materialismus: Seine Geschichte und sein System in Der Sowjetunion*, Herder, 1952, p. v. 维特的著作最初是用意大利语出版的；参看 Wetter, *Il materialimo dialettico sovietico*, 1948。

[3] Wetter, *Dialectical Materialism*, p. x.

就历史上各种形态的基督教而言，人们应当看到，天主教与布尔什维克主义具有最大的相似性，虽然它们的证据恰好相反；从另一方面看，这似乎意味着，布尔什维克主义与天主教会的对立，也是所有对立面中最尖锐的一种对立。①

如果我们坚持把这种对立理解（按照黑格尔所谓的 Verstand）为天主教会与不信神的共产主义之间发生的一场冷战，那么维特所谓布尔什维克主义（马克思主义的一种形态）与天主教思想（基督教的一种形态）具有深层相似性的说法，更加难以理解。②维特多次提到"真正的辩证法"，他认为，苏联的辩证唯物主义中完全没有这种东西——人们经常不加批评地把这种指责加于中国的辩证唯物主义——根据这一线索，人们就能看到维特所批判的最终目标，即黑格尔。在维特看来，天主教信仰与苏联辩证唯物主义是对立的，其实质即"真正的辩证法"或如下所述的否定。③维特相信"真正的辩证法"，不是因为他信奉黑格尔哲学，而是因为黑格尔的思维辩证法好像是在探讨宗教体验。研究中国辩证唯物主义的汉学家，应该仔细阅读维特的以下论述：

---

① Ibid., p. 560. 维特援引教皇庇护十一世1937年的通谕 *Divini Redemptoris*："尊敬的教友们，你们务必提高警惕，严防这些蛊惑人心的说教。共产主义本来就有害无益；希望拯救基督教文化的人，不要在任何事情上支持它。"（Wetter, *Dialectical Materialism*, p. 561）

② 黑格尔认为，人的理解力能够提出概念，并让它们保持对立。张世英在解析黑格尔的《逻辑学》时，理解力在辩证逻辑中具有重要作用。在谈到现代俄国特有的无神论时，维特引述了陀思妥耶夫斯基的观点："我们的人民不仅变成了无神论者，而且相信无神论，它仿佛是一种宗教。"（Wetter, *Dialectical Materialism*, p. 560）

③ Diane Coole 所著 *Nagativity and Politics* 对否定的分析堪称典范，以下关于否定的论述很大程度上得益于这部著作。库勒的研究使我受益良多，她不仅指出黑格尔哲学中僵化的、死板的、令人窒息的因素，而且揭示了否定在黑格尔哲学中的其他表现形式；黑格尔常常不由自主地说，否定具有创造力。库勒认为，否定的后一种含义出现于后结构主义的许多思想中。参看 Diane Coole, *Nagativity and Politics: Dionysus and Dialectics from Kant to Post-Structuralism*, Routledge, 2000。

更深层次的新方法。尽管它坚决反对任何形式的"神秘主义",但是由于辩证唯物主义坚持"矛盾"论,其信徒同样能够感受世界的矛盾与神秘,这就为具有真正哲学意义的"神奇感"的复活铺平了道路。①

维特对苏联的辩证唯物主义做过长篇大论,如果这段话正确地描述了那些讨论的特征,那么人们同样可以用它们来描述中国的辩证唯物主义,尤其是他们对黑格尔逻辑学的解读。维特对苏联哲学做出的让步并非心甘情愿,这说明,像苏联——以及"红色中国"——那样,真正意义上的辩证唯物主义教育起码有一种意想不到的好处:受教育者会产生一种"神奇感";在完全世俗化的、追求自由民主的西方社会,信仰与知识泾渭分明,人们是不可能产生这种神奇感的。在维特看来,正因为辩证唯物主义坚决反对神秘主义,它才能把"真正的哲学"当作神学,虽然"其证据恰好相反"。

黑格尔改变了哲学与宗教的关系,德里达在《丧钟》里曾引述路德维希·费尔巴哈提出的人们应该如何理解黑格尔哲学的问题:

> 因此,从黑格尔哲学最基本的原理中,我们就能看到,在处理哲学与宗教的关系时,他坚持什么原则,得出什么结论;简言之,哲学不但没有抛弃神学教条,相反,通过否定理性主义,它恢复了神学的权威,消除了理性与神学的对立。这就是黑格尔辩证法的秘密所在,它用哲学否定了神学,然后又用神学否定了哲学。②

费尔巴哈的结论是,黑格尔不过是用唯心主义哲学取代了宗教。

---

① Wetter, *Dialectical Materialism*, p. 562. 作者强调了某些表达方式。
② Derrida, *Glas*, trans. John P. Leavey Jr., and Richard Rand, University of Nebraska, 1986, p. 202.

如上述引文所示，辩证唯物主义中的黑格尔因素使得哲学与神学的界限模糊不清。这有助于我们理解，维特对苏联哲学的看法为什么会模棱两可。

简言之，这种模糊性绝非起因于无神论与宗教信仰之间进行的那场冷战。毋宁说，一方面，费尔巴哈与马克思主义者都想夺回神的权利，人类把这些权利让与他们制造出的上帝。另一方面，从维特的观点看，辩证唯物主义拒斥"通俗易懂的机械唯物主义"，因此它可能让神学承担真正意义上的现代哲学的风险。问题是，如黑格尔所言，"真正的（思维）辩证法"能够真正成为人类理性的保护区，抑或如维特所言，启蒙运动时期，人文主义者宣称，人类能够掌握绝对真理，20世纪的辩证唯物主义是这种思想的翻版，这种观点注定会失败。在以下讨论中，通过研究张世英对黑格尔逻辑学所做的辩证唯物主义解读，我初步考察了他对这个问题的回答。

巴特勒这样写道："社会制度与生活方式的改变、种族灭绝与大屠杀以残酷的、无可辩驳的事实说明，人类的生存是偶然的。"[1] 西蒙娜·德·波伏娃之所以对黑格尔感兴趣，是因为她深切感受到，历史是一种负担。巴特勒引述波伏娃的论证："我们已经发现了历史的真相与分量；但是我们不明白它有什么意义。"[2] 历史真相可能具有某种普遍意义，由此看来，以上引述确实不同于人们所熟悉的后现代历史观。尽管如此，20世纪40年代，当贺麟开始翻译《小逻辑》（即《哲学全书纲要》第一部分《逻辑学》）的时候，那种全球性的破坏力也在亚洲激发了一种颇为相似的情绪，人们考察历史与人的本质；他们认为，研究黑格尔的辩证逻辑对他们回答这些问题也许大有裨益。

第二次世界大战结束后，国共两党之间的内战不断升级，中国共产党的辩证唯物主义哲学信念更加坚定。1949年，中国共产党取得胜

---

[1] Butler, *Subjects of Desire: Hegelian Reflections in Twentieth-Century France,* Columbia University Press, 1999, p. 62.

[2] Ibid., p. 62.

利；人们不难理解，对中国的马克思列宁主义来说，辩证法具有重要意义，人们必将深入研究这种理论。人们翻译、研究黑格尔的《小逻辑》，是为了弄清辩证唯物主义究竟在哪些方面得益于黑格尔。二者显然有某种联系，但这丝毫不能说明它们之间的确切关系。探讨黑格尔与辩证唯物主义的关系显然是有政治风险的，因为在中国，黑格尔哲学的地位始终模糊不清，（消极地看）它是德国唯心主义的最高成就；（积极地看）它是马克思主义辩证法至关重要的理论源泉。中国人非常熟悉列宁的《哲学笔记》。从这本书来看，列宁曾仔细研读黑格尔的《逻辑学》，这充分说明，研究黑格尔的逻辑学有助于人们更好地理解辩证唯物主义；《哲学笔记》的语言却晦涩难懂。[1]

我之所以解读张世英对黑格尔逻辑学的研究，部分原因在于，我想更好地理解否定概念的演化过程。这个概念逐渐发生变化，不再指现存事物的灭亡，反而被看作创造力的真正源泉。[2] 张世英的主要目的是阐述大部头的《大逻辑》与篇幅稍短的《小逻辑》，重点强调辩证思想的主要特征。黛安·库勒最近发表了她对黑格尔哲学中否定概念的创造性意义的研究。我想指出，库勒的观点能够很好地解释张世英重点强调的黑格尔的辩证逻辑所具有的那些特征。换言之，张世英根据否定在思维辩证法中发挥作用的方式来探讨黑格尔的逻辑学，这恰恰是因为思辨仿佛是他克服唯心主义哲学中那些僵化、空洞的抽象概念的一种手段。张世英对黑格尔的解读显然受制于当时的政治形势，因

---

[1] 1949年，中国大陆解放不久，贺麟就举办了一个为期一年的黑格尔哲学讲习班。在第一学期，学生们研读德语版与英语版的《小逻辑》，贺麟的翻译工作也在同时进行。在第二学期，学生们研读列宁的《哲学笔记》（黑格尔：《小逻辑》，贺麟译，商务印书馆，2000年，第10页）。张世英对黑格尔的研究以《大逻辑》和《小逻辑》为基础，合二为一，以下统称黑格尔的《逻辑学》。

[2] 巴特勒探讨了战后西方黑格尔研究所经历的这种变化，追溯了法国人解读黑格尔时所发生的重要变化："在黑格尔思想中，否定不仅表现为毁灭，而且表现为一种持续不断的变化的可能性。历史证明，作为否定的体现者，人类之所以能够承受否定，是因为他能够通过自由的行动而吸收、概括否定。"（Butler, *Subjects of Desire*, p. 62）Diane Coole 在 *Negativity and Politics* 一书中，也详细讨论了这个问题。

此，黑格尔辩证法与马克思主义辩证法之间的任何关系只能产生于某种扬弃（Aufhebung）。众所周知，尽管黑格尔辩证法为辩证唯物主义做出了贡献，但是人们必须剥去其神秘的伪装，保留其"合理内核"。[1]然而，这殊非易事。张世英主要分析了否定之否定规律，为中国的马克思主义思维辩证法提供了合法的理论根据。按照这种分析，否定是辩证法的具体表现，人们在讨论否定之否定规律时，经常提到这一特征。张世英清楚地知道，不能充分说明否定在黑格尔辩证法中所起的作用，辩证法的创造力与革命性就可能被削弱。

张世英的这些分析有时很接近黑格尔逻辑学的观点，这是很危险的，在20世纪50年代后期的中国，人们很容易认为，这种分析具有"唯心主义"或"神秘主义"色彩，可能导致政治性灾难。举例来说，张世英的做法是，小心翼翼地阐释《小逻辑》中的有关命题。在"本质论"的第一段，黑格尔描述了否定与简单否定的区别，后者抽去了事物"所有明确的规定"。

因此，提取或抽象的否定过程落在本质之外——因此，本质成为与其前提无关的一种简单结论——成为一具抽象的骷髅。[2]否定过程并非外在于存在，而是本质自身的辩证运动，因此本质的真理应该是存在返回自身——在自身之内的存在。[3]

在正文后面，黑格尔又做了一些口头说明（Zuzätze），进一步阐述以上论点：

简单地把上帝看作彼岸世界的最高存在，这就是说，我们把

---

[1] Karl Marx, *The Marx-Engels Reader*, trans. Robert Tucker, W. W. Norton Company, 1978, p. 302.
[2] 无论就本义或比喻义而言，"骷髅"或头盖骨意味着死亡，如下所述，《逻辑学》与张世英的分析都经常使用这一比喻。《牛津英语词典》对"骷髅"做了如下定义："炼金术与化学用语。任何物质经蒸馏或升华后的残留物，'所有精华已被提取，毫无价值，只能扔掉'（Willis, 1681）。"（www.oed.com [accessed June 9, 2004]）Wallace 在译文中明确指出，黑格尔指的是后一种含义。
[3] Hegel, *Hegel's Logic*, trans. William Wallace, Oxford University Press, 1975, p. 162.

眼前这个世界当作一种直接性、一种永恒而真实的东西,全然忘记了真正的存在,它是对所有直接性事物的超越。如果上帝是抽象的、超越感官的存在,所有区别与具体特征都在他之外,他就是一个空洞的名字,就是抽象理智的一具骷髅。如果我们认识到,从表面来看,事物并没有真实性,我们才能真正认识上帝。①

在这些口头说明中,上帝只是一种"抽象的不可感知的存在"(黑格尔认为,这是"现代启蒙运动"的观点),这个例子表达了一种错误的本质论,因为它把本质理解为抽象的"骷髅"。作为本质,绝对真理不是某种空洞的、没有任何规定性的抽象概念。②相反本质的真理就是"它自身的辩证运动",这种运动发生于存在自身之内。

张世英一定会详细分析上述引文,但他绝不会求助于"对上帝的正确认识"。在讨论黑格尔逻辑学中的否定之否定时,张世英清楚地指出,"真正的存在(Wesen)不过是对所有现成事物的超越"③。其次,张世英详细阐述的否定原则赋予辩证的中介过程一种能力:它能克服一切实在的事物的直接性;永恒的原则对于理解辩证唯物主义的革命性至关重要,资产阶级哲学的实证性往往是辩证唯物主义的批判对象。最后,在分析形式逻辑与辩证逻辑的差异时,张世英常常提到黑格尔对"抽象知性"(abstrahierenden Verstand)的批评。张世英对黑格尔的否定原则进行了辩证唯物主义的改造;在黑格尔的逻辑学中,否定概念往往见诸宗教语言;不用说,张世英一定会与黑格尔保持距离。这个问题直接关乎以上所述信仰与知识的关系以及黑格尔所做的调解。

---

① Hegel, *Hegel's Logic*, p. 164.
② 库勒称此为"单纯的否定":"首先,反思式思维把纯粹的本质理解为对任何有规定性的事物的(外在)否定;本质('空洞的、无生命的''单纯的否定')是对有规定性的事物的第一次否定……但是后来反思式思维认识到,这只是一些抽象的对立面,本质的否定不是外在于存在,而是存在以自身为中介的'永恒运动',因此它否定了自身。当存在以假象的形式出现时,这不过是'本质的否定',其'内在的虚无正是本质自身的否定性特征'。"(Coole, *Negativity and Politics*, p. 49)
③ Hegel, *Hegel's Logic*, p. 164.

如果黑格尔辩证法有助于中国（或苏联）的辩证唯物主义者逐步实现这种和解，那肯定不是为了基督教，更不是为了天主教。黛安·库勒认为，人们必须感觉敏锐，以把握黑格尔在阐述否定时所使用的不同"文体"。黑格尔所讨论的否定带有某种不确定性，唯因如此，他才能既与现代耶稣会神学家，又与中国和苏联的辩证唯物主义者产生强烈共鸣。

在《丧钟》里，德里达创造性地解释了黑格尔，这会使人想起张世英分析黑格尔时所使用的那些关键词之一，以及这些词与黑格尔的宗教观的联系：

> 他们（犹太人）只关心不可见的东西（无限的主体必然是不可见、不可感的）；因为他们看不到那不可见的东西，所以他们一如既往（du même coup）专注于可见的事物，石头就是石头……他们看不到不可见的东西、感觉不到不可感觉的东西；他们不能在可见的事物中感受（感受的作用就在于调解、联合）那不可见的事物、在可感知的事物中感受那不可感知的东西，让二者的统一体进入他们的心灵：他们不能把爱与美结合起来，不能把对美的追求与可感事物与不可感事物的统一体、有限的事物与无限的事物的统一体结合起来。①

德里达认为，这种缺陷起源于康德提出的抽象知性。从黑格尔的《早期神学著作》来看，随着基督教的爱的理论的兴起，人们才能在有限事物中实现与无限事物的辩证统一，在可感事物中实现与不可感事物的辩证统一，才能在丰富多彩的感性实在中，而不是在某个抽象的来世把握绝对真理。从早期的宗教著作到后期的逻辑著作，黑格尔的思想历程正是其坚定信念逐步显现的过程：绝对理念使人们能够"通

---

① Derrida, *Glas*, p. 48.

过理性把握无限"①。伊波利特在《逻辑与生存》一书中明确指出,黑格尔、费尔巴哈与马克思三者之间关系紧张;从某种意义上说,这也清楚地告诉读者,张世英与黑格尔的关系具有重要意义:

> 通过提高自己的能力,人能够生产并再生产自身。他创造自己的历史;黑格尔已经为这种历史哲学奠定了基础……为了获得认可,人必须进行斗争;普遍的自我意识即人以此为中介而实现其类存在,我们通常称之为人的本质。马克思显然是用这种类存在或人的本质取代了黑格尔的绝对理念。②

张世英研究黑格尔逻辑学中的辩证法的一个必然结果是,读者会觉得心神不安,张世英在分析否定概念时,一定有这种感受。伊波利特所理解的马克思主义的人道主义与他所做的注解完全一致,只是提法稍有不同——"我们通常所谓人的本质";这种观点常常出现在张世英的分析中。马克思主义的人道主义也承认否定,这种否定酷似伊波利特通过萨特而认识到的黑格尔对人的理解:"人是这样一种存在者:他不是现在这样的存在者,而是一种不同于现在的存在者。"③

张世英强调黑格尔的辩证逻辑的重要性,常常以生命为论题。这就突出了曾多次出现于《大逻辑》与《小逻辑》的一种生动的关系:一方面,历史上在先的形式逻辑与死亡联系在一起;另一方面,辩证逻辑与生命联系在一起。④ 黑格尔极其清晰而连贯地阐述了知性(Verstand)与辩证理性的区别;在张世英把辩证逻辑定位于中国辩证唯物主

---

① Butler, *Subjects of Desire*, p. 84.
② Hyppolite, *Logic and Existence*, trans. Leonard Lawlor and Amit Sen, State University of New York Press, 1997, p. 180.
③ Ibid., p. 184.
④ 巴特勒认为,伊波利特在解读《精神现象学》时,也强调了类似的问题:"伊波利特让黑格尔的现象学描述回溯至生命与永不停息的欲望这一环节。"(Butler, *Subjects of Desire*, p. 80)科耶夫对黑格尔的解释具有明显的人类中心论色彩,伊波利特试图用黑格尔的生命范畴来克服这一缺陷。

义思想的过程中，上述区分发挥着重要作用。对形式逻辑与辩证逻辑的讨论快要结束时，张世英引述了《大逻辑》开头部分的一段话，在这段话里，黑格尔讨论了以往的逻辑体系留给他的"传统"。兹将该段引述如下：

> 这种传统，这些熟知的逻辑思维形式，应该被看作一个极其重要的来源，实际上，这是一种值得感谢的必要条件和前提，尽管它们只是一些出现于不同场合的枯燥无味的思路或没有生命的骨骼。①

为什么要感谢这些枯燥无味的思路或没有生命的骨骼；在黑格尔把传统逻辑改造为思辨逻辑的过程中，它们是如何发挥重要作用的，我们不得而知。黑格尔对以前的逻辑体系的态度模棱两可，颇具辩证色彩。在阐述自己的逻辑时，他往往表现出这一特征；我们在这里看到了他对死亡所做的诸多比喻之一。黑格尔在其逻辑著作中经常把死亡比作与精神完全分离的枯萎的残骸。② 这些残骸似乎是人类留下的，用以描述思维的缺陷，因为它不能正确看待自己——换言之，思维不能在自身之内认识那个让它充满活力的原则。这些残骸象征思维的缺陷，但是有的时候人们不得不说，它们不仅仅是关于思维缺陷的一种比喻或象征。毋宁说有时它们看上去的确是思维缺陷所致，因此它们被当作骷髅。我们必须区分死亡与作为残骸的死物。《精神现象学》告诫我们，必须克服对死亡的厌恶。更令人不安的是，我们不仅与它斗

---

① 我对米勒的译文做了修改。张世英既使用贺麟的《小逻辑》中译本，又使用德文版的《大逻辑》。参看张世英：《论黑格尔的逻辑学》，第 195 页。Hegel, *Science of Logic*, p. 31. 着重号为作者所加。

② "实际上，逻辑与精神一样，也可被解释为一种比喻，以阐述一个不能通过逻辑或语法来说明的过程。辩证法能够把部分与整体、保存与超越（Aufhebung）、同一与差异灵活地结合起来，这种活力说明，辩证法实际上具有一种难以置信的多样性，因此它能引发否定之否定。"（Coole, *Negativity and Politics*, p. 51）

争，实际上我们离不开这种"非现实"，黑格尔把这个过程叫作"在否定的东西那里逗留"（众所周知，齐泽克的著作即以此为名）：

> 憎恨知性，就因为知性硬要它做它所不能做的事情。但精神的生活不是害怕死亡而幸免于蹂躏的生活，而是敢于承担死亡并在死亡中得以自存的生活……精神是这样的力量，不是因为它作为肯定的东西对否定的东西根本不加理睬，犹如我们平常对某种否定的东西只说这是虚无的或虚假的就算了事而随即转身他向不再闻问的那样，相反，精神所以是这种力量，乃是因为它敢于面对面地正视否定的东西并停留在那里。①

精神的生活往往会遭受蹂躏或死亡，与死亡相伴。生命与死亡的话题常常出现于黑格尔的《逻辑学》，后者对它们有详尽的论述。从某种意义上说，《逻辑学》是一部探讨传统的逻辑判断形式的哲学著作。人们通常认为，哲学家不可能在这里把思维方式与有机体的腐烂放在一起进行论述。辩证法或思辨逻辑与矛盾（以及库勒所谓的否定）得以存在的那个过程，也就是生命得以存在的过程。随着有机体内矛盾的终结，有机体也将终结：

> 有生命的存在证明，它足以把对方（无机自然）纳入自身之内，因为后者无法抵御这种力量。被有生命的行为者所征服的无机自然之所以遭此厄运，是因为它本质上正是生命现在所是的那

---

① Hegel, *Phenomenology of Spirit*, trans. A. V. Miller, Oxford University Press, 1977, p. 19. 伊波利特在 *Logic and Existence* 中，曾大篇幅地引述这一段。他认为："黑格尔的思想超越了纯粹的人道主义与绝对的思辨生活，前者是一些并不忠实于他的信徒提出的理论。我们既不能忽视另一方面（纯粹的人道主义），也不能忽视能证明这种观点的黑格尔的论述；我们认为，黑格尔选取的是思辨概念存在的自我而非人的自我。"(Hyppolite, *Logic and Existence,* p. 107)（中译文引自《精神现象学》上卷，贺麟、王玖兴译，商务印书馆，1983 年，第 21 页——译者注）

种东西……灵魂离开肉体之后，客观性所具有的那些基本力量就开始发挥作用。人们可以说，这些力量总是充满生机，时刻准备着在有机体内发挥作用；生命就是与这些力量进行不懈的斗争。[①]

在《小逻辑》的结尾部分，黑格尔解释说，生命本身是直接性的理念。直接性是开始阶段，此后，把理念带入中介与区别这一阶段的那种形式，是认识（Erkenntnis）。因此，"区别丰富了"[②]理念开始阶段的统一性。当然，理念不会在那里止步，它必须前进，直至绝对理念。张世英强调认识的有限性，因为它不能把对象理解为一个"有机的整体"：

> 只有辩证思维才能如实反映具体对象；形式逻辑的思维方式仅仅孤立地在静止的、分离的状态中把握一个片面，自然是不可能认识具体的对象和真理的全部复杂性。[③]

张世英援引黑格尔关于化学家的比喻，化学家把一块儿肉分解为"氮、碳、氧"等化学元素。黑格尔指出，说肉是由这些元素组成的，是有道理的，"但是，这些抽象的物质却不再是肉了"[④]。张世英所强调的是，这个过程是一个不可或缺的阶段，不经过这个阶段，人们就不可能获得真知。因此，张世英的任务有两个方面。一方面，他想通过分析辩证法来阐述否定。为了实现这个目标，他必须深入探讨辩证法及其在整个辩证唯物主义中所发挥的作用。与此同时，他还想证明，人们通常认为，形式逻辑与辩证逻辑是完全对立的，但是这种观点不知不觉地犯了形式逻辑的那种错误。对辩证唯物主义者来说，一味地反对形式逻辑、支持辩证逻辑，必然会忽视知性在清楚地阐述对象时

[①] Hegel, *Hegel's Logic*, p. 281.
[②] Ibid., p. 279.
[③] 张世英：《论黑格尔的逻辑学》，第194页。
[④] 同上；Hegel, *Hegel's Logic*, p. 285.

所起的关键作用。

在题为"黑格尔'逻辑学'中关于辩证逻辑与形式逻辑的区别与关系的理论"的一章,张世英进一步分析了这个基本问题。黑格尔在《大逻辑》与《小逻辑》中曾反复讨论这种区别,张世英仔细分析这一问题,归根结底,是为了探讨某些学者的论点。这些学者认为,黑格尔的辩证逻辑"基本上否定了形式逻辑的作用"①,黑格尔对逻辑学的贡献使形式逻辑变得毫无意义。张世英认为,黑格尔的辩证逻辑概念实际上以形式逻辑为前提。黑格尔指出了形式逻辑的很多缺陷,他能前后一贯地指出这种缺陷,这充分说明,形式逻辑具有重要意义。在张世英看来,黑格尔的成就在于,他清楚地指出了知性在使用形式逻辑的范畴时所发挥的作用。

"非此即彼"②是形式逻辑的主要特征,只有通过辩证逻辑的具体概念,人们才能克服这一缺陷,辩证逻辑能够揭示"此"与"彼"的转换过程。形式逻辑则不然。张世英指出,从形式逻辑的角度看,"此"与"彼"互相排斥,中间有一道不可逾越的鸿沟。张世英字斟句酌地说,这并不意味着黑格尔不承认形式逻辑的作用。毋宁说张世英想告诉读者,知性所服务的形式逻辑的观点是"认识过程"③中一个不可或缺的环节。

张世英对这个问题的讨论参考了黑格尔在《小逻辑》第三篇"概念论"的开始部分所做的一些论述。黑格尔的论述旨在说明,必须根据辩证法的真理来改造以前人们使用的概念一词。张世英在其论述中清楚地指出,黑格尔承认,传统的概念一词虽有缺陷,但必不可少。黑格尔说,"我们的心灵"常常把概念一词简单地理解为具有"抽象的普遍性"的"普遍概念"。对概念的这种理解起源于知性的立场。④张世英引用黑格尔的话说,知性通常所用的这种"概念"确实具有一种

---

① 张世英:《论黑格尔的逻辑学》,第 195 页。
② 同上,第 169 页。
③ 同上,第 182 页。
④ Hegel, *Hegel's Logic*, p. 227.

不可或缺的"清晰性":

> 概念的各环节有其异中之同,有其区别中的不可分离性。——这也可叫作概念的明晰性,里面有了区别,但又不造成脱节或模糊,而仍是同样透明的。[①]

他认为,只有"遵守形式逻辑的规则",人们才能保持不同事物的清晰性。与此同时,辩证逻辑才能告诉人们,两种不同的事物实际上是如何联系在一起的。只有从知性的角度看,一种事物的清晰性才会遮蔽另一种事物的清晰性,换言之,这两种事物才会处于绝对对立的状态。

正如张世英所言,归根结底,知性与理性的关系才是黑格尔批评形式逻辑的基石。张世英用思辨的方法,着力解读《小逻辑》对知性的缺陷性的论述。对思辨问题的这种兴趣正是张世英解读《逻辑学》的点睛之笔。

人们应该如何理解思辨问题,我将详细地引述黑格尔的论证:

> 思辨真理,这里还可略加提示,其意义颇与宗教意识和宗教学说里所谓神秘主义相近。但在现时,一说到神秘主义,大家总一律把它当作与神奇奥妙和不可思议同一意义。由于各人的思想路径和前此的教育背景不同,对于他们所理解的神秘主义,就会有不同的估价。虔诚信教的人大都信以为真实无妄,而在思想开明的人,却又认为是迷信和虚幻。关于此点,我们首先要指出,只有对于那以抽象的同一性为原则的知性,神秘的真理才是神奇奥妙的;而那与思辨真理同义的神秘真理,乃是那样一些规定性的具体统一,这些规定性只有在它们分离和对立的情况下,对知

[①] 张世英:《论黑格尔的逻辑学》,第 170 页;Hegel, *Encyclopedia Logic*, p. 229. (中译文引自张世英:《论黑格尔的逻辑学》,第 170 页——译者注)

性来说才是真实的。如果那些承认神秘真理为真实无妄的人，也同样听任人们把神秘真理纯粹当作神奇奥妙的东西，因而只让知性一面大放厥词，以致思维对他们来说也同样只有设定抽象同一性的意义。因此，依他们看来，为了达到真理，必须摒弃思维，或者正如一般人所常说的那样，人们必须把理性禁闭起来。①

如下所述，黑格尔恰恰是把诞生于思维辩证法的运动过程的那种真理，比作神秘主义的优势，即思辨真理的优势。思辨与宗教经验、神秘主义关系密切，这是《逻辑学》的一大特色，学术界通常认为，这一特色起源于黑格尔早期对基督教以及宗教的可证实性的论述。②黑格尔明确指出，在他看来，人们完全可以把真正的神秘主义，或者说神秘主义本身，当作"最高真理"。神秘主义的缺陷在于，它仍然以抽象的方式看待自己，仍然受制于知性的立场。神秘主义一旦从理性的立场把握自身，即以思辨的方式看待自身，它就转变为名副其实的思辨真理。因此，黑格尔得出这样的结论：

> 与此相反，理性的思辨真理即在于把对立的双方包含在自身之内，作为两个观念性的环节。因此一切理性的真理均可以同时称为神秘的，但这只是说，这种真理是超出知性范围的，但这绝不是说，理性真理完全非思维所能接近和掌握。③

---

① Hegel, *Hegel's Logic*, p. 121. （中译文引自《小逻辑》，贺麟译，商务印书馆，1986年，第184页——译者注）
② 伊波利特在解读黑格尔的《逻辑学》时，曾讨论过这个问题："黑格尔在《哲学随笔》中这样写道，能够从有限的生命上升到无限的生命的，是宗教而不是哲学。如果说黑格尔试图在后来的《逻辑学》中，以理性的方式来描述主体对生命或自我的存在的直观，早期的时候，他认为它们不是思维的对象，那么我们不能因此而断言，早期的这种直观已荡然无存，相反他的整个思想体系正发端于此。" Hyppolite, *Genesis and Structure of Hegel's Phenomenology of Spirit*, trans. Samuel Cherniak and John Heckman, Northwestern University Press, 1975, p. 147.
③ Hegel, *Hegel's Logic*, p. 121. （中译文引自《小逻辑》，第184页——译者注）

这些评论是《小逻辑》第 82 节的附释，该节论述黑格尔所谓"思辨的阶段"。张世英把这个关键段落与后来论述亚里士多德的一个段落联系起来进行分析，以区分"思辨概念"与知性的作用。① 张世英的目的是强调以下事实：辩证逻辑包含形式逻辑，后者是前者的重要组成部分。②

这里我要强调的是，在阐释第 82 节时，张世英显然觉得，没有必要提醒读者密切关注上述引文中黑格尔关于神秘主义的论述。黑格尔明确地把思辨等同于神秘主义，这很可能令张世英难以释怀。我们知道，他的这部著作出版于反右运动之后。纵观全书，张世英始终赞同思辨辩证法，并且认为，它在彻底的辩证唯物主义体系中发挥着必不可少的重要作用。黑格尔所谓上帝是否仅仅是一种修辞手法，通过例证来阐述思想，这个问题并无明确答案。一方面，黑格尔清楚地看到，宗教只有"形象思维"，辩证法却能以思辨的方式认识宗教真理：

> 宗教是意识的一种形态，正如真理是为了所有的人，各种不同教化的人的。但对于真理的科学认识乃是这种意识的一特殊形态，寻求这种知识的工作不是所有的人，而只是少数的人所能胜任的。但两者的内容实质却是一样的，有如荷马所说，有一些星辰具有两个名字，一个在神灵的语言里，另一个在世间人的日常语言里。所以真理的内容实质也可说是表现在两种语言里，一为感情的、表象的、理智的，基于有限范畴和片面抽象思维的流行语言，另一为具体概念的语言。③

换言之，宗教与哲学的认识对象是相同的；不同的只是其把握对象的方式。在张世英看来，辩证法为人们认识这些重要思想提供了最

---

① 张世英：《论黑格尔的逻辑学》，第 197 页。
② 同上。
③ Hegel, *Hegel's Logic*, p. xxxix；着重号为原文所有。参看 Hegel, *Werke*, Suhrkamp, 1969, Vol. 8, p. 24.（中译文引自《小逻辑》，第 12 页——译者注）

"科学"的方法。通过阅读列宁的《哲学笔记》，张世英深知，语言往往具有关键作用。尽管黑格尔在"概念论"中清楚地指出，"概念的立场就是绝对唯心主义的立场"①，列宁还是对《大逻辑》评价如下：

> 值得注意的是，论述"绝对理念"那一章几乎没有提到上帝（这里甚至没有附带地提一下"神"的"概念"），不仅如此——请注意——这一章几乎没有任何特别具有唯心主义色彩的观点，只有辩证法这一主题思想。黑格尔逻辑学的结论与本质是辩证法——这一点尤其值得关注。另外一点是：就黑格尔著作而言，在这篇最具唯心主义色彩的文章中，唯心主义最少，唯物主义最多。"很矛盾"，但这是事实！②

因此列宁认为，在黑格尔的这部"最具唯心主义色彩"的著作中，这一章的"唯物主义最多"。可以说列宁实际上同意黑格尔关于宗教把握绝对真理的那种方式。对黑格尔来说，使用宗教语言，不过是以"形象思维"的方式来表达他用"科学的语言"阐述过的思想。如果我们清楚地知道，黑格尔所阐述的"辩证法"已经超越了宗教思维，上述类比就是完全正确的。在列宁看来，哲学唯心主义的缺陷在于，"它片面地、过分地、极端地……把知识的某一特征、方面或维度，发展（扩充、扩展）为一种绝对真理，与物质、自然相脱节，它们被神化了"③。根据张世英的上述分析，我们可以把这种观点重新表述如下：哲学唯心主义的缺陷在于，它从知性这个有限的角度抽象地理解自身，随后又把这种缺陷绝对化了。这正是此前黑格尔所反对的、"现代启蒙运动者"眼中的上帝。这也正是辩证唯物主义的无神论所反对的

---

① Hegel, *Hegel's Logic*, p. 223.
② Lenin, *Collected Works*, Foreign Languages Publishing House, 1960–1972, Vol. 38, p. 234.
③ 引自 Wetter, *Dialectical Materialism*, p. 122。

上帝。①

对张世英来说，重要的是，人们必须明确区分思辨辩证法与传统逻辑中那些缺乏生机的思维方式。张世英的著作详细解读了思辨辩证法，并且开始阐述腐朽而保守的唯心主义与朴素而革命的唯物主义之间那种一清二楚的、政治上令人欣慰的对称性。张世英要在辩证法领域，为形式逻辑和知性逻辑所发挥的作用，划出一个合法的区域；从某种意义上说，这种努力其实应作如是观：人们能以更深入、更辩证的方式，来理解唯心主义与唯物主义的关系。20世纪50年代的张世英以及1915年的列宁，均求助于黑格尔的逻辑学，他们都有明确的目的：在概念（Begriff）中探索具体可感而丰富多彩的物质实体，这种物质实体并非悄然无声，完全受制于人们对"那种不可言喻的事物"的直接经验。②张世英很清楚，只有经历过具体概念这个发展阶段的唯物主义，才具有重要意义。否则唯物主义就会是"愚蠢的唯物主义"，列宁在《哲学笔记》中批评过这种思想——这种唯物主义可能没有任何革命意义。

如上所述，张世英对形式逻辑与辩证逻辑的关系感兴趣，因为他要合理地解释辩证法中的思辨因素。这部著作的第五章专门分析"否定之否定"③。张世英认为，人们会用"形式思维"的有限的观点，错误地理解否定概念。他考察了《大逻辑》结尾部分的一段话，这一段

---

① 华莱士引证了黑格尔的一封信，这封信专门探讨了无神论问题："所有讨论宗教的思辨哲学都可能走向无神论；关键在于，谁是它的引路人；我们这个时代特有的虔诚以及煽动者的险恶用心，不会让我们找到引路人。"（Hegel, *Encyclopedia Logic*, p. xxxix）辩证唯物主义所理解的辩证法，已经包含了黑格尔这里所谓思辨哲学的内在可能性。

② Hyppolite, *Genesis and Structure of Hegel's Phenomenology of Spirit*, p. 87. 伊波利特参考了《精神现象学》前面部分对感性确定性的论述："对不可言喻的事物的感觉会显得深不可测、无比丰富，但是它不能出示任何证据，也不能进行自我验证，唯恐失去其直接性。"（出处同上）

③ 这一章的标题是《黑格尔逻辑学中关于概念的圆圈式发展、关于否定之否定的思想》（张世英：《论黑格尔的逻辑学》，第95页）。

讨论的是矛盾问题。黑格尔认为，尽管形式思维也能思考矛盾，但是它把矛盾看作"不可思议的"。对形式思维来说，除了"同时并存和前后相续"① 两种方式，人们不可能以其他任何方式思考"包含着矛盾的事物"。黑格尔写道："形式思维实际上也思考矛盾，只是它很快就转身他向；它认为矛盾是不可思议的，所以无须重视，于是它走向抽象的否定。"② 形式思维的错误在于，它把否定之否定简单地理解为一连串的抽象否定。对否定的这种理解只是让这两个词处于一种外在对立的状态。"这很难说是辩证的否定。"张世英写道。毋宁说辩证的否定以"内在的否定"为基础，在这样的否定过程中，否定"包含着"肯定。③

正是在这个地方，在黑格尔剖析"内在否定"的时候，张世英充分肯定了否定性在辩证唯物主义中所占有的核心位置：

> 正因为这个缘故，概念运动、转化的源泉才存在于概念的内部，而不是在它之外。黑格尔说，"内在的否定性"是概念"自己运动的灵魂"，是"一切物质生活和精神生活之原则"。……"否定性形成概念运动中的转折点。这个否定性是自身的否定关系的一个单纯之点，是一切活动的内在泉源，是生命的和精神的自己运动的内在泉源，是辩证法的灵魂，而所有真理的东西本身都含有这种辩证法的灵魂。"④

---

① Hegel, *Science of Logic*, p. 835.
② Ibid., p. 835.
③ 张世英：《论黑格尔的逻辑学》，第 123 页。黑格尔在《大逻辑》中这样写道："因为它是否定，**但它是肯定的否定**，它包含肯定于自身之内。因此它是对立面，却不是某种与它无关的对立面——否则，它就不可能是对立面，也不可能是一种关系——毋宁说它是**在自身之内的对立面，是对立面的对立面**；因此，它把对立面包含于自身之内，因此它是**矛盾**，是已经建立起来的**它自身的辩证运动**。"（Hegel, *Science of Logic*, p. 835）
④ 张世英：《论黑格尔的逻辑学》，第 123 页。

这段引文清楚地指出，张世英认为，否定性是辩证唯物主义的核心。张世英在文章中把否定性看作真理的"辩证法的灵魂"，没有对人们通常所谓唯心主义的危险做任何限制。毋庸赘述，张世英对黑格尔逻辑学中辩证逻辑与形式逻辑的关系的详细讨论，与梅斯纳所谓没有哲学意义的"符号斗争"毫不相干。实际上，这种观点的与众不同之处在于，像张世英这样的中国辩证唯物主义者汲取了黑格尔的辩证法，他们清楚地知道，让辩证逻辑与形式逻辑处于外在对立的状态，乃是不得要领。在这个问题上，汉学家们却一贯如此。在梅斯纳看来"毫无"哲学意义的那些文章，正是那些本来能够让他警觉的文章；抽象地理解这两种逻辑的区别是危险的。对他来说，这些文章没有其他任何含义，只是一些简单的符号，象征国共两党之间的军事及政治斗争。①

以张世英为例，中国学者对黑格尔的研究在辩证唯物主义的发展过程中起过哪些重要作用，西方人很少研究这个问题，因此，现在来评估它对新中国成立后中国哲学的影响，为时尚早。②我认为，因为没有合理地解释中国辩证唯物主义中的黑格尔因素，所以长期以来，我们对它的理解一直具有严重缺陷。更糟糕的是，中国学者清楚地知道，要把握辩证唯物主义中的**辩证法思想**，就必须仔细攻读黑格尔的逻辑学；完全忽视这个问题，只能为我们提供如下借口：中国的辩证唯物主义在哲学上发育不良。辩证法概念应当承认，"否定性是一种运动或

---

① 以张世英为例，中国人对辩证逻辑的探讨清楚地表明，就方法而言，我们起码必须认真学习张世英对黑格尔的解读，让他带领我们领会（他所理解的）黑格尔。做出这些努力之前，我们几乎没有权利评判中国人对（西方）哲学的研究所达到的水平。

② 梅斯纳在一个脚注中提到一部尚未出版的著作，作者是罗伯特·舒曼（Robert Schumann），1977年作于德国，书名是《形式逻辑及其与辩证唯物主义的关系：发生在中华人民共和国的一场哲学争论》（Die Formale Logik und ihr Verhaltnis zum Dialektischen Materialismus. Eine Philosophische Debatte in der Volksreblik China）。梅斯纳没有详细讨论这部著作，只是泛泛地说，"不过（舒曼）从'哲学的角度'审读过那些文章……"如上所述，那正是我们所需要的。

能量，它是理性的基础，它渗透并且创造理性"[①]；如何才能证明这样的辩证法概念，根据以上分析，这个问题曾困扰中国的辩证唯物主义。张世英的论述表明，僵化的、三位一体的辩证法根本不能解释诞生于 20 世纪的中国的那种辩证法，那是一种富有创造性的革命力量。库勒认为，黑格尔与马克思都没有表明他们对否定性的态度，否则他们会捍卫这一原则；要真正理解中国的革命思想在哪些方面曾因为这些缺陷而经受挫折，我们还必须走很长的路。中国革命的曲折的历史进程昭示人们，如果他们能够认清并且证明，这种具有创造力的否定性正是中国的辩证唯物主义所包含的辩证法的核心，这种否定性就很可能被抛弃。

[①] Coole, *Negativity and Politics*, p. 73.